Amsterdam

„Hat man sich erst einmal zum Reisen entschlossen, ist das Wichtigste auch schon geschafft.

Also, los geht's!"

TONY WHEELER, GRÜNDER VON LONELY PLANET

CATHERINE LE NEVEZ,
KATE MORGAN, BARBARA WOOLSEY

Inhalt

Reiseplanung 4

Amsterdam erkunden 60

Amsterdam verstehen 243

Praktische Informationen 279

Cityatlas 310

COVID-19

Vor Erscheinen dieses Führers wurde geprüft, ob die beschriebenen Einrichtungen trotz Pandemie noch geöffnet sind. Die wirtschaftlichen und sozialen Folgen werden jedoch noch lange spürbar sein, und viele der Geschäfte, Dienstleistungen und Veranstaltungen können weiterhin Einschränkungen unterliegen. Einige Locations sind vielleicht vorübergehend geschlossen, haben Öffnungszeiten geändert oder verlangen Reservierungen; einige könnten auch dauerhaft geschlossen sein. Daher vor dem Besuch über die aktuellen Entwicklungen informieren!

(links) **Noordermarkt S. 156** Einer von Amsterdams zahlreichen Märkten.

(rechts) **Sticky Fingers S. 178** Hausgemachte Kuchen und guter Kaffee.

Jordaan & der Westen
S. 142

Amsterdam Noord
S. 208

Altstadt & Rotlichtviertel
S. 64

Westlicher Grachtengürtel
S. 108

Nieuwmarkt, Plantage & die östlichen Inseln
S. 88

Südlicher Grachtengürtel
S. 123

De Pijp
S. 183

Vondelpark & der Süden
S. 158

Oosterpark & das Viertel östlich der Amstel
S. 198

Rechts: Traditionelle Häuser an einem Kanal

S.BORISOV/SHUTTERSTOCK ©

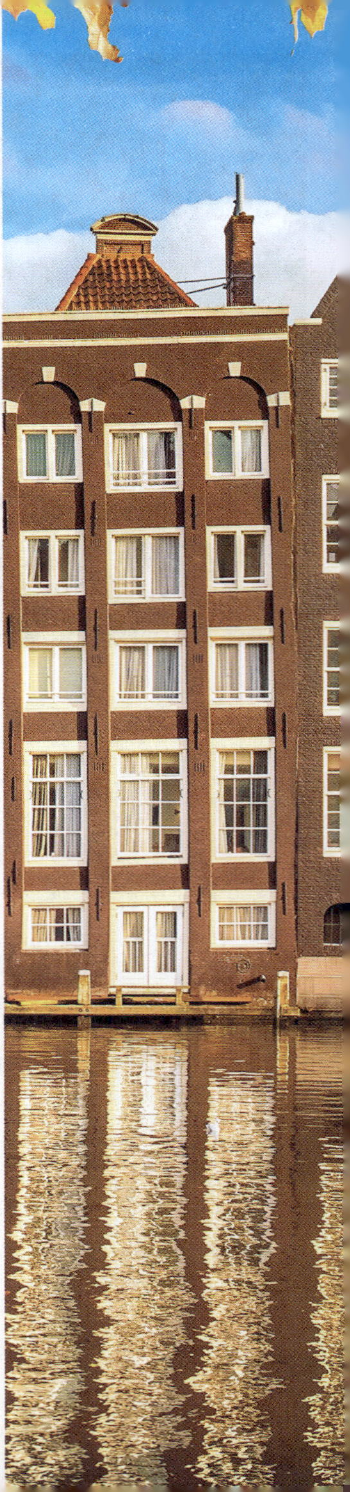

WILLKOMMEN IN

Amsterdam

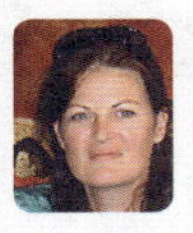

Amsterdams Balance zwischen den Kontrasten inspiriert mich. Mit den Stadthäusern des Goldenen Zeitalters, Gemälden alter Meister und jenever-*Verkostungsräumen steckt die Stadt voller Geschichte und steht zugleich an vorderster Front im Hinblick auf Innovation, Nachhaltigkeit und progressive Arbeitskultur. Sie ist niederländisch durch und durch, und doch der Schmelztiegel einer Vielfalt von Kulturen – eine europäische Hauptstadt, dennoch kompakt und intim. Und trotz ihres berühmt-berüchtigten Rufs beheimatet sie entschleunigte, fast ländliche Nachbarschaften und umgenutzte Industrieareale.*

Von Catherine Le Nevez, Autorin
Mehr zu unseren Autoren siehe S. 343.

Amsterdams Top-Erlebnisse

1 KUNST

Ein reiches künstlerisches Erbe verfestigt Amsterdams Ruf als eine der großen Kulturhauptstädte Europas. Angesichts ihrer Größe bietet die Stadt eine außergewöhnliche Dichte an Museen, viele davon in spektakulären Räumlichkeiten, die die Kunstwerke eindrucksvoll in Szene setzen. Vertreten sind dabei alle erdenklichen Genres, von prachtvollen Gemälden alter Meister wie dem ehemaligen Amsterdam-Bewohner Rembrandt bis hin zu modernen Meisterwerken und zeitgenössischen Installationen.

Rijksmuseum

Die Schatzkammer des Landes enttäuscht nicht. Zu den Top-Attraktionen zählen Rembrandts gigantische *Nachtwache* und Vermeers *Dienstmagd mit Milchkrug* in der Ehrengalerie (Bild rechts), während die Ecken und Nischen der restlichen 1,5 km langen Räume eine große künstlerische Vielfalt bergen. S. 160

MARTIN BERGSMA/SHUTTERSTOCK ©

INGEHOGENBIJL/SHUTTERSTOCK ©

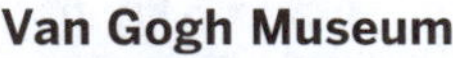

ADAM SZULY/SHUTTERSTOCK ©

Van Gogh Museum

Mit der weltweit größten Sammlung des niederländischen Künstlers Vincent van Gogh (über 200 Gemälde, 400 Zeichnungen und 700 seiner Briefe) bietet dieses Museum eine Reise in die aufgewühlte Seele des Malers und dessen Werk. Bilder von Zeitgenossen wie Gauguin, Toulouse-Lautrec und Monet runden den Blick in die Vergangenheit ab. S. 163

Stedelijk Museum

Picasso, Chagall, Mondrian, Warhol, Lichtenstein und die CoBrA-Gruppe zählen zu den großen Namen im Stedelijk Museum (Bild oben), einer Top-Adresse für moderne und zeitgenössische Kunst. S. 165

2 GESCHICHTE

Amsterdam blickt auf eine bewegte Geschichte zurück, vom prägenden Mittelalter und dem Goldenen Zeitalter im 17. Jh., als das zum UNESCO-Welterbe gehörende Grachtensystem entstand, über die finsteren Weltkriegsjahre bis hin zur Flower-Power-Bewegung der 1960- und 1970er-Jahre und dem neuen Jahrtausend. Historische Museen erzählen anschaulich von Schlüsselmomenten der Vergangenheit, die Gegenwart und Zukunft prägen.

Amsterdam Museum

Die faszinierenden Exponate im Amsterdam Museum (Bild rechts) nehmen Besucher mit auf eine Reise in Amsterdams bewegte Geschichte der letzten 1000 Jahre, die von Unternehmergeist, Freidenkern, Bürgerlichkeit und Kreativität geprägt waren. S. 70

LIUDMILA ERMOLENKO/SHUTTERSTOCK ©

ANAMEJIA18/GETTY IMAGES ©

REPINA VALERIYA/SHUTTERSTOCK ©

Het Scheepvaartmuseum

Die Seefahrt ist von entscheidender Bedeutung für die Entwicklung und den wirtschaftlichen Erfolg Amsterdams. In einem imposanten Gebäude am Hafen (Bild links) zeigt Het Scheepvaartmuseum maritime Exponate, darunter alte Karten und den maßstabsgetreuen Nachbau eines der größten Schiffe der Niederländischen Ostindien-Kompanie. S. 96

Anne Frank Huis

Das Anne Frank Huis (Bild oben rechts) erinnert auf eindrückliche Weise an den Zweiten Weltkrieg. Hinter einem Bücherregal verbirgt sich das Geheimversteck: Stufen führen hinauf in den dunklen, stickigen Bereich, wo sich die Familie Frank versteckt hielt, bis sie von den Nazis verhaftet und in Konzentrationslager geschickt wurde. S. 110

3 RADKULTUR

In Amsterdam gibt es mehr Fahrräder als Autos. Ob Clubbesucher, Kirchgänger, Polizisten oder Banker mit wehenden Krawatten: Hier tritt jeder in die Pedale. Mit dem Rad geht's zur Arbeit, zum Einkaufen und zum Treffen mit Freunden. Mit einem Leihrad tut man es den Einheimischen gleich, zudem gelangt man damit im Nu in die Außenbezirke der Stadt sowie in das von Windmühlen gespickte Umland und in urtümliche Dörfer.

Amsterdam Noord

Eine kurze kostenlose Fährfahrt über das IJ führt in das Szeneviertel Amsterdam Noord (Bild unten). Mit seinem umgestalteten Industriehafen, der angesagten Kunstszene und dem ländlichen Flair lässt es sich bestens mit dem Fahrrad erkunden. S. 208

SARA WINTER/SHUTTERSTOCK ©

Amsterdamse Bos

Der weitläufige Amsterdamse Bos (Amsterdamer Wald; Bild oben) am südwestlichen Stadtrand wird von Radwegen durchzogen. S. 167

Muiden

Malerische Ortschaften vor den Stadttoren Amsterdams lassen sich wunderbar mit dem Rad erkunden, darunter Muiden (Bild rechts) östlich der Stadt mit einem hübschen Hafen und einer märchenhaften Burg aus dem Mittelalter. S. 201

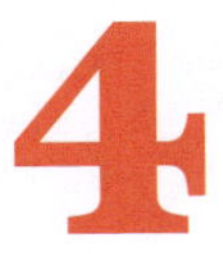

4 URBANE IDYLLE

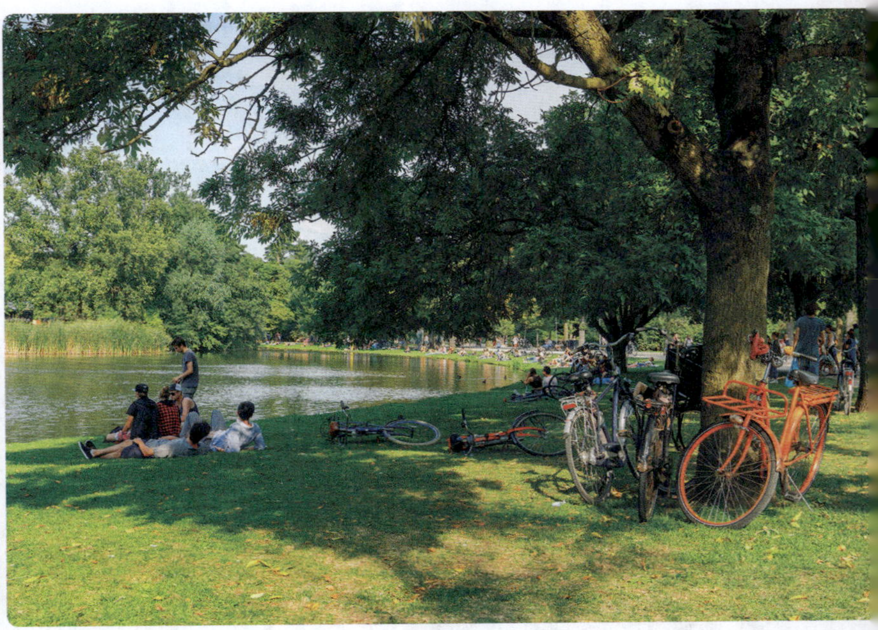

KAVALENKAU/SHUTTERSTOCK ©

Wer auf Sonne, frische Luft und schattige Erholung von hohen Sommertemperaturen aus ist, wird in Amsterdam schnell fündig. Die Stadt bietet Grünflächen jeder Größe, von schattigen Plätzen und begrünten Sitzmöglichkeiten bis hin zu weitläufigen Anlagen, nur einen Steinwurf vom urbanen Trubel entfernt. Die Parks laden zu sportlichen Aktivitäten, einem Picknick oder einfach ein wenig Erholung mit Blick auf das bunte Treiben ein.

Vondelpark

In der Nähe des belebten Leidseplein und doch Welten entfernt, beherbergt der Vondelpark (Bild oben) zahlreiche Teiche, Rasenflächen, Gebüsch, Skulpturen und Fußwege, die Lust auf Bewegung an der frischen Luft machen. S. 166

Sarphatipark

Im Herzen des dorfähnlichen Stadtviertels De Pijp führen verschlungene Wege vorbei an den beschaulichen Teichen des Sarphatipark, dessen Grünflächen zum Verweilen einladen. S. 185

Westerpark

Der weitläufige, von Wasser und Natur geprägte Westerpark grenzt an ein ehemaliges Gaswerk, das in ein vielfältiges Kulturzentrum verwandelt wurde. S. 146

5 BRAUNE CAFÉS

Lust auf ein urtypisches Amsterdamer Erlebnis? Dann auf in eines der vielen berühmten *bruin cafés* (braune Cafés, traditionelle niederländische Kneipen)! Sie sind schon lange im Geschäft und verdanken ihren Namen der Holztäfelung und den Rauchflecken an den Wänden, die über die Jahrhunderte entstanden. Neben Tischen mit Kerzen und Holzböden macht die Cafés vor allem die landestypische *gezelligheid* aus.

POSTERIORI/SHUTTERSTOCK ©

INNA FELKER/SHUTTERSTOCK ©

In 't Aepjen

Wenn die Wände sprechen könnten, hätten sie viel über dieses Holzgebäude und seine Besucher zu erzählen, schließlich ist die Kneipe schon seit 1519 im Geschäft. S. 79

't Smalle

Unter den vielen braunen Cafés im Viertel Jordaan sticht das 't Smalle (Bild oben rechts) am Kanal, eine ehemalige Brennerei für *jenever* mit alten Porzellanzapfhähnen, heraus. S. 151

't Arendsnest

Das 't Arendsnest am westlichen Grachtengürtel überzeugt vor allem mit der großen Bierauswahl. S. 117

Oben links: Innenraum eines braunen Cafés

Unten links: Café im Rotlichtviertel (S. 79)

6 VON MARKT ZU MARKT

PPICTURES/SHUTTERSTOCK ©

PROTASOV AN/SHUTTERSTOCK ©

Amsterdam liebt Märkte. Das Angebot auf den Straßenmärkten reicht von Seide und Fahrradschlössern über Gewürze und Käse bis hin zu landestypischen Snacks wie *stroopwafels* (mit Sirup gefüllte Waffeln). Auf den Flohmärkten gibt's Porzellankannen und anderen Trödel, und der Oudemanhuispoort-Buchmarkt zieht seit jeher Literaturliebhaber an. Zudem gibt's einen Antiquitätenmarkt, einen Kunstmarkt, den schwimmenden Bloemenmarkt und spezielle Markt-Events.

Albert Cuypmarkt

Auf dem kultigen Albert Cuypmarkt in De Pijp, dem König aller Märkte, gibt es an sechs Tagen in der Woche Blumen, Kleider, Essen und alle möglichen Haushaltswaren. S. 187

Oben links: Käse auf dem Albert Cuypmarkt

Lindengrachtmarkt

Der Lindengracht Markt in Jordaan lockt mit frischen Lebensmitteln Feinschmecker an. Samstagmorgens herrscht hier eine wunderbar gesellige Atmosphäre. S. 156

Waterlooplein-Flohmarkt

Kuriose Elektrowaren, esoterische Mitbringsel, billige Fahrradersatzteile und vieles mehr gibt's auf dem ältesten Flohmarkt der Niederlande in der Nähe des Nieuwmarkt. S. 106

Was gibt's Neues?

Wandlungsfähigkeit und Ambition gehören zu Amsterdams DNA. Die niederländische Hauptstadt stellt sich den Herausforderungen der Gegenwart und findet kreative Wege, um den Themen Umweltverschmutzung, Übertourismus und Bevölkerungswachstum auf vielfältige und spannende Weise zu begegnen.

Plastik angeln

Auf einer Tour mit Plastic Whale (S. 284), dem ersten „Plastikangeln"-Anbieter, können Teilnehmer neben dem Sightseeing helfen, die Stadt sauber zu halten. Mit Netzen fischt man auf einer Fahrt durch Amsterdams Grachten Plastikmüll aus dem Wasser, der dann zu Möbeln und Booten verarbeitet wird.

Öko-Hotel

Stilvolle Unterkünfte mit makelloser Ökobilanz: Das sind die Conscious Hotels. Der jüngste Neuzugang, das Conscious Hotel Westerpark (S. 236) in einem riesigen Backsteingebäude auf dem früheren Gaswerkgelände, das heute den kulturellen Hotspot Westergasfabriek beherbergt, setzt auf Strom aus Windkraft, recycelte Materialien und aquaponische Wände zum Anbau von Biogemüse und -kräutern fürs Café.

Kanalbrückenhäuser

Im Rahmen des Konzepts der SWEETS Hotel (S. 229) wurden 28 historische Kanalbrückenhäuser, in denen einst Brückenwärter lebten, in Ferienwohnungen für Kurzurlauber nach bester niederländischer Art verwandelt. Zu den charmanten Optionen zählen das SWEETS Hotel Overtoomsesluis (S. 238) zwischen Vondelpark und Rembrandtpark sowie das SWEETS Hotel Gerben Wagenaarbrug (S. 241) am Noordhollandsch Kanaal in Amsterdam Noord.

Essen aus der Box

Kulinarisch ist Amsterdam stets offen für Neues. Der gefeierte Küchenchef und Sternekoch Ron Blaauw, der mit der Ron Gastrobar (S. 174) legere Küche neu erfand, startete die Gastrobar At Home. Die „Abendessen-Boxen" mit einfachen Rezepten sowie

INSIDERWISSEN

NEUES AUS AMSTERDAM

Von Catherine Le Nevez, Lonely Planet Autorin

Nachhaltigkeit wird in Amsterdam großgeschrieben. Angesichts der Lage rund 2 m unter dem Meeresspiegel spielt das Thema Umwelt eine wichtige Rolle und man ist stets auf der Suche nach cleveren Lösungen für die Bewahrung und Entwicklung der Stadt.

Der steigenden Einwohnerzahl tragen städtische Bauprojekte in neu erschlossenen Industrieflächen wie dem östlichen und westlichen Hafenviertel (an beiden Seiten des Hauptbahnhofs), am anderen Ufer des IJ in Amsterdam Noord oder auf den Inseln von IJburg, die um die Jahrtausendwende künstlich angelegt wurden, Rechnung. Allesamt versprechen sie faszinierende Erkundungstouren. Zugleich entsteht unter den Straßen und Grachten der Stadt neue Infrastruktur, darunter Tausende Fahrradstellplätze.

Zu den technischen Innovationen zählen außerdem Radwege mit Solarpaneelen, ein schwimmendes Ökoviertel und eine Edelstahlbrücke aus dem 3D-Drucker. Es gibt so viele nachhaltige Touristenattraktionen, Unterkünfte, Restaurants und Einkaufsläden wie nie zuvor, wobei ständig neue entstehen. Wie der Rest der Welt blickt auch Amsterdam auf schwierige Jahre zurück, die Zukunft ist jedoch inspirierend!

die Cocktail- und Weinboxen inklusive Blaauws Spotify-Playlist sind perfekt, wenn man eine Unterkunft mit Küche hat.

Vegane Küche

Amsterdam bleibt ein Pionier des veganen Trends und hat ein paar Neulinge aufzuweisen. Dazu gehören das tolle Café Meatless District (S. 150) und die Vegan Junk Food Bar (S. 171) mit mehreren Filialen in der Stadt. Das gehobene Restaurant Bonboon (S. 100) kredenzt edle vegane Speisen, während Mr & Mrs Watson (S. 203) für vegane Käseplatten und Fondues bekannt ist.

Kaffeekultur

Amsterdam steht weiterhin für hochwertige Kaffeekultur mit hervorragenden Röstereien, die auf nachhaltige Quellen setzen, wie dem Drupa (S. 151) im Jordaan, das seine Bohnen direkt von den Erzeugern bezieht. Andere fantastische Vertreter sind z. B. Jones Brothers Coffee (S. 195), Lot Sixty One (S. 176) und Espressofabriek (S. 154).

Brauhaus im Vondelpark

Die beliebte Amsterdamer Craft-Bier-Brauerei Brouwerij 't IJ hat das einer fliegenden Untertasse ähnelnde Blauwe Theehuis (S. 178) im Vondelpark übernommen und serviert sein frisch gezapftes Bier nun den ganzen Tag über in dieser grünen Oase. Daneben gibt es Kaffee, Sandwiches und Pizzas. Die sonnige Terrasse ist für viele Einheimische mittlerweile der Lieblingsplatz.

Cocktail-Kuriositäten

Niederländische Seefahrer beglichen ihre Barrechnungen einst mit exotischen Tieren und Kuriositäten, die sie von ihren Reisen mitbrachten. Das Dekor und die mit einheimischen Spirituosen gemischten Cocktails im Rosalia's Menagerie (S.102) erinnern an diese Tradition. Man kann hier auch übernachten: Ein geheimer Eingang führt zu einem halben Dutzend individuell gestalteten Boutique-Hotelzimmern mit Blick auf den Kanal oder den versteckten grünen Hof.

Archäologische Schätze

Bei dem rund 15 Jahre dauernden Bau von Amsterdams Noord/Zuidlijn (Nord-Süd-Metrolinie), die Amsterdam Noord und das World Trade Centre miteinander verbindet, kamen unter den Straßen und Wasserwegen über 134 000 archäologische Fundstücke (die ältesten gehen auf 2400 v. Chr. zurück) zum Vorschein. Rund 9500 davon sind in Glasvitrinen zwischen den Rolltreppen der Rokin-Metrostation ausgestellt (S. 69).

INFOS IM INTERNET

Anregungen und aktuelle News gibt's unter www.lonelyplanet.com/the-netherlands/amsterdam/articles.

Amsterdam Foodie (Instagram @amsterdamfoodie) Restaurantführer, Rezepte und Einblicke.

Your Little Black Book (www.yourlittleblackbook.me) Neueröffnungen, thematisch sortierte Tipps, Veranstaltungen und eine Stadttour-App.

Amsterdammers in Amsterdam (@amsterdammers.in.amsterdam) Instagram-Feed zum lokalen Street Style.

Broadcast Amsterdam (www.broadcastamsterdam.nl) Podcasts, Nachrichten, Programme, Veranstaltungskalender und ein lokaler Radiosender auf Englisch, der rund um die Uhr läuft.

Dutch News (www.dutchnews.nl) Englischsprachige Nachrichten.

I amsterdam (@Iamsterdam) Twitter-Account der Tourismusbehörde.

KURZINFOS

Anteil der Amsterdamer, die täglich Rad fahren 67 %

Anzahl der stützenden Holzpfähle unter Amsterdams Innenstadt 11 Mio.

Einwohner 873 338

Verbesserte Anbindung

Nach einigen Verzögerungen gibt es nun direkte Eurostar-Verbindungen zwischen London und Amsterdam (unter 4 Std. pro Strecke). Die Züge halten auch in Rotterdam, der zweitgrößten Stadt der Niederlande.

Um Amsterdams Schiphol International Airport zu entlasten und die Zahl der Flüge zu erhöhen, sollen viele Airlines und Frachtunternehmen nach Lelystad (S. 280), 50 km östlich von Amsterdam, verlagert werden. Damit möchte man außerdem das Umland der Hauptstadt für Besucher interessant machen und somit dem Übertourismus in Amsterdam entgegenwirken.

Gut zu wissen

Weitere Informationen siehe S. 279

Währung
Euro (€)

Sprache
Niederländisch

Visa
Ein Visum ist für Bürger der EU und der Schweiz nicht erforderlich.

Geld
Geldautomaten gibt es praktisch überall. Kreditkarten werden in den meisten Hotels, aber nicht in allen Restaurants akzeptiert. Nicht-niederländische und -europäische Kreditkarten werden manchmal abgelehnt.

Handys
Niederländische SIM-Karten sind überall erhältlich und können in den meisten Handys ohne SIM-Lock benutzt werden.

Zeit
Mitteleuropäische Zeit (MEZ)

Touristeninformation
Das I amsterdam Visitor Centre (S. 291) befindet sich vor dem Bahnhof Amsterdam Centraal.

Tagesbudget

Günstig: Unter 130 €
- Bett im Schlafsaal: 25–60 €
- Supermärkte und Tagesgerichte zur Mittagszeit: 20 €
- Eintrittskarte für die Spätvorstellung im Boom Chicago: 15 €
- Fahrradverleih pro Tag: 12 €

Mittelteuer: 130–300 €
- Doppelzimmer: ab 150 €
- Drei-Gänge-Menü in einem mittleren Restaurant: 40 €
- Eintrittskarte fürs Concertgebouw: 40 €
- Tagesfahrkarte für den Canal Bus: 21 €

Teuer: Über 300 €
- Doppelzimmer im 4-Sterne-Hotel: ab 250 €
- Fünf-Gänge-Menü in einem Spitzenrestaurant: ab 80 €
- Private zweistündige Grachtenfahrt mit einem Mietboot: ab 90 €

Reiseplanung

Vier Monate vorher Buchung der Unterkunft; besonders wenn man in den Sommermonaten oder an den Wochenenden anreisen möchte.

Zwei Monate vorher Veranstaltungskalender der Clubs und Theater durchsehen und gegebenenfalls Eintrittskarten buchen.

Zwei Wochen vorher Reservierungen in bevorzugten Restaurants vornehmen, Stadtrundgänge oder Fahrradtouren reservieren und online Eintrittskarten für beliebte Sehenswürdigkeiten wie das Van Gogh Museum (S. 163), das Anne Frank Huis (S. 110) und das Rijksmuseum (S. 160) reservieren.

Websites

Lonely Planet (www.lonelyplanet.com/amsterdam) Informationen, Hotelbewertungen und mehr.

I amsterdam (www.iamsterdam.com) Offizielles Portal der Stadt mit Sightseeing-, Unterkunfts- und Eventinformationen.

Dutch News (www.dutchnews.nl) Neuigkeiten und Veranstaltungstipps.

Overdose.am (www.overdose.am) Kunst, Musik und Mode.

REISEZEIT

Im Sommer (Juni bis August) ist Hochsaison; dann ist es warm und lange hell, um zu radeln. Von März bis Mai blühen die Tulpen.

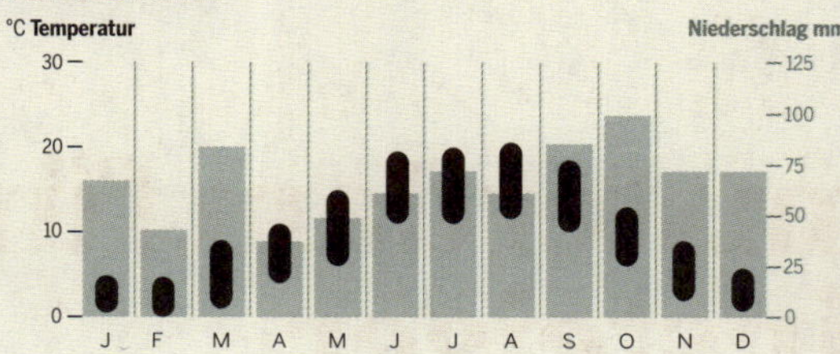

Ankunft in Amsterdam

Züge von **Schiphol Airport** zum Hauptbahnhof Centraal zwischen 6 und 0.30 Uhr etwa alle zehn Minuten; zu anderen Zeiten stündlich. Die Fahrt dauert 15 Minuten und kostet 5,20 €; Taxis kosten 37,50 €.

Centraal Station Bahnhof in der Stadtmitte von Amsterdam mit Anschluss an die meisten Straßenbahn- und U-Bahn-Linien. Taxis stehen beim Vordereingang (an der Westseite).

Busbahnhof Euroline-Busse kommen am Duivendrecht Bahnhof südlich des Stadtzentrums an. Von dort U-Bahn oder Zugverbindung zur Centraal Station. FlixBusse fahren zum Sloterdijk Bahnhof, westlich des Stadtzentrums gelegen. Von dort gibt es eine sechsminütige Verbindung mit der U-Bahn oder dem Zug zur Centraal Station.

Mehr zur **Ankunft** auf S. 280

Unterwegs vor Ort

GVB-Fahrkarten in Form einer Chipkarte sind die bequemste Option für die öffentlichen Verkehrsmittel. Sie sind bei den GVB-Fahrkartenschaltern oder bei der Touristeninformation sowie an Bord (keine Barzahlung möglich) erhältlich. In den öffentlichen Verkehrsmitteln selbst werden keine Fahrkarten verkauft. Die Karte bei jedem Ein- und Ausstieg vor das rosafarbene Lesegerät halten.

Zu Fuß Das Zentrum von Amsterdam ist relativ klein und gut zu Fuß zu erkunden.

Fahrrad Die von den Einheimischen bevorzugte Fortbewegungsart. Fahrradverleiher gibt es überall, Räder kosten um die 12 € pro Tag.

Straßenbahn Schnell, häufig und allgegenwärtig, fährt von 6 bis 0.30 Uhr.

Bus & U-Bahn Bedienen speziell die äußeren Bezirke; U-Bahn-Linie 52 verbindet Amsterdam Noord mit dem World Trade Center im Süden und durchquert dabei das Zentrum und De Pijp.

Boot Kostenlose Boote nach Nord-Amsterdam fahren vom Anleger hinter der Centraal Station ab.

Taxi Teuer und nicht sehr flott im Amsterdamer Straßenlabyrinth

Mehr zum Thema **Unterwegs vor Ort** auf S. 281

Schlafen

Während Festivals, im Sommer (Juni bis August) und an den Wochenenden (ganzjährig) steigen die Preise und die Besuchermassen an. Zu diesen Zeiten empfiehlt es sich, weit im Voraus zu buchen. Von Oktober bis April (ausgenommen Weihnachten, Neujahr und Ostern) sind die Preise am niedrigsten.

Infos im Internet

Lonely Planet (lonelyplanet.com/the-netherlands/amsterdam/hotels) Empfehlungen und Reservierungen.

I amsterdam (www.iamsterdam.com) Offizielle Website der Stadt mit breitem Angebotsspektrum, auch für Kurzaufenthalte.

Hotels.nl (www.hotels.nl) Angebote für größere Hotels.

CityMundo (amsterdam.citymundo.com) Vermittlung von Apartments und Hausbooten.

Weitere Infos zu **Unterkünften** auf S. 229

Amsterdam für Einsteiger

Weitere Informationen siehe S. 279

Checkliste

➡ Pass oder Personalausweis sollten noch wenigstens sechs Monate nach der Einreise gültig sein.

➡ Die Hausbank oder das Kreditkartenunternehmen sollte über die Reisepläne informiert werden.

➡ Man sollte für eine geeignete Reiseversicherung sorgen.

➡ 2017 wurden Roaming-Gebühren fürs mobile Telefonieren im EU-Ausland abgeschafft (für Schweizer gelten sie weiterhin). Telefonate ins Ausland sind aber nach wie vor teurer als Telefonate im Inland.

Reisegepäck

➡ Gute, bequeme Schuhe – Amsterdam ist am besten zu Fuß (oder per Fahrrad) zu erkunden

➡ Schirm oder Regenjacke, weil es immer mal regnen kann

➡ Einen kleinen Tagesrucksack (je kleiner, desto besser, um Kontrollen beim Museumsbesuch zu vermeiden)

Top-Tipps für die Reise

➡ Museumsbesuche gut planen, um lange Schlangen zu vermeiden. Sofern möglich, Eintrittskarten vorab erwerben; die meisten können per Handy gescannt werden.

➡ In Mittelklasse- und Top-Restaurants fürs Abendessen reservieren – viele Restaurants sind klein, und die Gäste bleiben gern länger, sodass man ohne Reservierung vielleicht keinen Platz bekommt.

➡ Es empfiehlt sich, eine Mischung aus Bargeld und Kreditkarten mitzunehmen, da oft nur das eine oder das andere akzeptiert wird.

➡ Viel zu Fuß gehen – so erlebt man die recht kompakte Stadt hautnah und kann versteckte Gassen und Geschäfte erkunden.

➡ Auf einer Bootsfahrt oder mit einem gemieteten Boot erhält man eine andere Perspektive der Stadt.

Richtig angezogen

Die Amsterdamer kleiden sich stilvoll, aber auch praktisch. Abends tragen die meisten Leute Jeans und hippe Stiefel.

Man sollte auf das wechselhafte holländische Wetter eingestellt sein – auch im Sommer kann es recht kühl werden. Im Frühjahr, Sommer und Herbst ist man mit einem leichten Trenchcoat oder einer Jacke und einem kleinen Regenschirm gut aufs Wetter eingestellt, und man fällt auch nicht als Tourist auf. Im Winter ist dagegen ein richtiger Wintermantel angesagt, außerdem Hut, Schal und Handschuhe, denn es kann ziemlich frostig werden.

Vorgewarnt

Amsterdam ist eine sichere und überschaubare Stadt, und wer seinen gesunden Menschenverstand nutzt, sollte keine Probleme haben.

➡ In touristisch frequentierten Gegenden ist besondere Vorsicht vor Taschendieben geboten.

➡ Bei Nacht sollte man Straßen im Rotlichtviertel meiden.

➡ Es ist nicht erlaubt, Fotos der Damen in den Fenstern des Rotlichtviertels zu machen. Dieses Verbot wird auch strikt durchgesetzt.

➡ An den Grachten ist besondere Vorsicht geboten. Sie sind meist nicht gesichert.

➡ Auf Fahrräder achten. Niemals auf den Radwegen gehen und stets acht geben, bevor man einen Radweg überquert.

Unterwegs vor Ort

➡ **Fahrräder** Viele Leihräder sind als solche markiert; um nicht aufzufallen, sollte man daher einen Fahrradverleih ohne Kennzeichnung wählen wie zum Beispiel Black Bikes (S. 33).

➡ **Boote** Ein eigenes Boot mieten, um wie die Amsterdamer auf den Wasserstraßen zu fahren.

➡ **Geführte Touren** Auf einem der von Ehrenamtlichen geführten Mee-In-Mokum-Stadtspaziergang (S. 285) Insider-Wissen erfahren.

Steuern & Erstattungen

Die Mehrwertsteuer („BTW") wird auf die meisten Güter und Dienstleistungen aufgeschlagen und ist in der Regel schon im Preis enthalten. Sie beträgt in Restaurants, Hotels, für Bücher, Medikamente, in Verkehrsmitteln und Museen 6 % und 21 % für die meisten anderen Artikel.

Nicht-EU-Bürger können einen Antrag auf Rückerstattung der Mehrwertsteuer stellen, wenn mindestens 50 € am Tag in einem Geschäft ausgegeben wurden. Mehr Infos gibt's auf der Website des Steuerbüros (www.belastingdienst.nl).

Trinkgeld

In Restaurants sind 10 % üblich, bei Hotelporters 1–2 € pro Gepäckstück, bei Taxifahrern 5–10 %. Siehe S. 287 für weitere Infos.

RICHARD NEBESKY/LONELY PLANET ©

Holländische Clogs auf dem Albert Cuypmarkt (S. 187)

Etikette

➡ **Begrüßung** Fester Handschlag mit doppeltem oder dreifachem Wangenkuss.

➡ **Marihuana & Alkohol** Niemals auf der Straße „Gras" rauchen oder Bier trinken.

➡ **Rauchen** In Bars oder Restaurants darf nicht geraucht werden.

➡ **Direktheit** Ihre Direktheit sollte man den Amsterdamern nicht krumm nehmen – sie rührt von einem Verlangen nach Ehrlichkeit her.

➡ **Radwege** Nicht auf den Radwegen gehen und vor dem Überqueren eines Radwegs nach rechts und links schauen!

Sprache

Die offizielle Sprache ist Niederländisch, Englisch aber weit verbreitet. Viele Restaurants und Cafés haben neben niederländischen auch englische Speisekarten und in den meisten Museen gibt es Informationstafeln in beiden Sprachen.

Siehe S. 292 für weitere Informationen.

Perfekte Tage

1. Tag

Vondelpark & der Süden (S. 158)

Am besten beginnt man mit den Top-Attraktionen und fährt mit der Straßenbahn zum **Van Gogh Museum** und **Rijksmuseum**. Dort ist es immer voll, sodass man sich die Eintrittskarten am besten vorher besorgt. Wer sich eher für moderne Kunst interessiert, lässt eines der beiden Museen weg und geht ins **Stedelijk Museum**. Sie liegen alle drei dicht beieinander.

Mittags Der Slow Food Favourit Gartine (S. 74) baut seine Zutaten im eigenen Garten an.

Altstadt (S. 64)

Den Nachmittag verbringt man im alten Stadtzentrum. Zuerst wird der versteckt liegende Innenhof und Garten des **Begijnhof** erkundet. Für einen Einblick in die niederländische Geschichte geht es von dort die Straße zum **Dam** hinauf, wo sich **Königspalast**, **Nieuwe Kerk** und **Nationaal Monument** drängeln. Anschließend genehmigt man sich wie die Einheimischen bei **Wynand Fockink** einen *jenever*.

Abends Im D'Vijff Vlieghen (S. 76) bekommt man exquisite Gerichte in altertümlicher Atmosphäre.

Rotlichtviertel (S. 64)

Abends geht es ins Rotlichtviertel. Ein Bummel an der Warmoesstraat oder am Oudezijds Achterburgwal führt vorbei an Fetischläden, Sexshows, Coffeeshops und den Frauen. Danach geht es in eine Kneipe wie ins **In 't Aepjen**.

2. Tag

De Pijp (S. 183)

Der zweite Tag beginnt mit einem Bummel über den **Albert Cuypmarkt**, Amsterdams größten Straßenmarkt, auf dem sich Käse, Fisch, *stroopwafels* (Sirupwaffeln) und billige Klamotten stapeln. Dann lässt man sich bei der **Heineken Experience** durchschütteln, aufwärmen und „abfüllen" – wie das Bier, das man am Ende der Brauereitour zu trinken bekommt.

Mittags Zum Brunchen nach De Pijp; am besten ist Bakers & Roasters (S. 191; ganztätig).

Südlicher Grachtengürtel (S. 123)

Nun geht es hinüber zum südlichen Grachtengürtel mit dem prächtigen Gouden Bocht (Goldenen Bogen). Einen Eindruck vom opulenten Leben an einer Gracht vermittelt das **Museum Van Loon**; Katzenfreunde zieht es vielleicht ins **Kattenkabinet**. Schön ist auch ein Bummel über den bunten **Bloemenmarkt**.

Abends Bio-Gerichte und Ausblicke auf die Gracht im Buffet van Odette (S. 130)

Südlicher Grachtengürtel (S. 123)

Nach Sonnenuntergang ist es Zeit, am hyperaktiven **Leidseplein** feiern zu gehen. Das coolste Programm bieten **Paradiso** und **Melkweg**. Aber auch die Clubs und *bruine cafés* rund um den Platz wie das **Café de Spuyt** oder das **Eijlders** sind einen Besuch wert. Wer die ganze Nacht durchtanzen will, fährt aus der Stadt zu Clubs wie dem **Warehouse Elementenstraat**.

Het Scheepvaartmuseum (S. 96)

Heineken Experience (S. 185)

3. Tag

Vondelpark & der Süden (S. 158)

Der lang gezogene, aber schmale **Vondelpark** bietet sich für einen morgendlichen Spaziergang an oder noch besser eine kleine Radtour vorbei an seinen Teichen, Gärten und Skulpturen.

Mittags Zeitlose holländische Favoriten im Bistro Bij Ons (S. 115) genießen.

Westlicher Grachtengürtel (S. 108)

Danach folgt ein Besuch in den **Negen Straatjes**, eine Ansammlung von Spezialgeschäften. Ein Besuch im nahen Anne Frank Huis ist für jeden Amsterdam-Besucher ein Muss. Die klaustrophobischen Räume, deren Fenster nach wie vor verdunkelt sind, vermitteln einen beklemmenden Eindruck von Annes Leben im Verborgenen. Das rotkarierte Tagebuch, in dem sie ihre Aufzeichnungen notierte, mit eigenen Augen zu sehen ist ganz einfach bewegend.

Abends Ausblicke auf die Grachten und außergewöhnliche moderne Küche im De Belhamel (S. 115).

Jordaan (S. 142)

Für den Abend bietet sich ein Besuch des geselligen Jordaan-Viertels an, das dem alten Amsterdam am nächsten kommen soll. Hier kann man auf der Grachtenterrasse des **'t Smalle** ein Gläschen trinken, die Hausboot-Party im **Café P 96** mitfeiern oder in zahllosen anderen gemütlichen Lokalen herrlich zechen.

4. Tag

Nieuwmarkt, Plantage & die östlichen Inseln (S. 88)

Der Tag beginnt mit einem Bummel über den **Waterlooplein-Flohmarkt** in Nieuwmarkt. Seinem nahe gelegenen Atelier nach zu urteilen, liebte auch Rembrandt die Märkte. Das **Museum het Rembrandthuis** gibt einen Einblick in das Allerheiligste des Meisters. Nebenan bietet **Gassan Diamonds** kostenlose Führungen an. Und dann gibt es noch das **Verzetsmuseum** und **Het Scheepvaartmuseum**.

Mittags Bei Tokoman (S. 97) gibt es scharf gewürzte surinamische Sandwiches.

Amsterdam Noord (S. 208)

Mit einer der kostenlosen Fähren geht es weiter nach Noord, einem der coolsten Stadtviertel Amsterdams. Im **EYE Film Institute** kann man einen Blick auf kinematografische Exponate werfen und danach die Künstlerateliers in der **Kunststad**, der ehemaligen **NDSM-Schiffswerft** besuchen. Vom **A'DAM Toren** hat man über den IJ gute Ausblicke zum Stadtzentrum.

Abends Fantastische Ausblicke im Moon (S. 212) auf dem A'DAM Turm.

Oosterpark & das Viertel östlich der Amstel (S. 198)

In Noord gibt es ein fantastisches Nachtleben. Alternativ kann man auch auf die Stadtseite der IJ zurückkehren und den Abend auf der Terrasse des **De Ysbreeker** verbringen.

Unbekanntes Amsterdam

Amsterdam zählt zu Europas beliebtesten Urlaubszielen. Aufgrund der kurzen Wege locken jedoch unweit der großen Attraktionen weniger bekannte Museen und Galerien, hübsche Grünanlagen, einzigartige Grachtenfahrten und faszinierende hiesige Stadtviertel abseits der Touristenpfade.

Tourismus in Amsterdam

Im Jahr 2019, bevor die COVID-19-Pandemie den internationalen Tourismus zum Erliegen brachte, erlebte Amsterdam mit fast 22 Mio. Besuchern (2018 waren es 19 Mio.) einen Tourismusboom – angesichts von 873 338 Einwohnern eine bemerkenswerte Zahl.

Neben der Masse ist auch die Art des Tourismus ein Problem: Partygänger stören Anwohner, über kurze Zeiträume vermietete Ferienwohnungen treiben Mieten und Grundstückspreise in die Höhe und Läden und Gemeindeeinrichtungen werden von lukrativen Souvenir- und Snackgeschäften verdrängt. Die Stadt reagierte mit einem drastischen Schritt: Amsterdam wird nicht mehr aktiv als Touristenziel beworben, während nach Lösungen gesucht wird, mit den Besuchermassen umzugehen. Führungen durch das Rotlichtviertel wurden ebenso verboten wie kostenlose Stadttouren, zudem müssen Touranbieter eine Genehmigung vorweisen und strenge Vorgaben einhalten.

Während der internationale Tourismus wieder erwacht, möchte Stad in Balans (Stadt in Balance; www.amsterdam.nl/en/policy/policy-city-balance), ein städtisches Programm gegen Übertourismus, Amsterdam für seine Bewohner attraktiver und gleichzeitig besucherfreundlich machen. Diskutiert wird z. B., ausländischen Besuchern den Zutritt zu Coffeeshops zu verwehren, Bordelle vom Rotlichtviertel in ein eigens gebautes Zentrum außerhalb der Stadt zu verlegen, Regeln für private Zimmervermietungen im Zentrum zu finden (ein komplettes Verbot wurde zu Redaktionsschluss juristisch einkassiert) und die Zahl der Übernachtungen auf 10 bis 20 Mio. im Jahr zu begrenzen.

Ausflüge abseits der Touristenpfade

Vom Wasser aus eröffnen sich neue Perspektiven auf Amsterdams Grachten, vor allem, wenn man sich für eine der vielen Alternativen zu den Sightseeing-Fahrten entscheidet. Eine tolle Option sind die emissionsfreien Elektroboote, die Anbieter wie Boaty (S. 195) verleihen. Zu den Grachtentouren der anderen Art zählen die entspannten, unkonventionellen Ausflüge von Those Dam Boat Guys (S. 37). Zudem gibt es Initiativen mit sozialem Anspruch (S. 284) wie geführte Touren an Bord eines früheren Flüchtlingsboots oder „Plastikangeln" auf Booten aus geangeltem und recyceltem Plastikmüll zur Förderung von nachhaltigem Reisen (S. 284).

Unbekanntere Museen und Galerien bieten ebenfalls außergewöhnliche Eindrücke. Die imposante Auswahl an Fundstücken, die beim Bau der Nord-Süd-Metrolinie entdeckt wurden und im Rahmen des Projektes Below the Surface (S. 69) in der Rokon-Metrostation ausgestellt sind, vermittelt Geschichte auf andere Art. Hunderte Künstler arbeiten in der Amsterdam Noord's Kunststad (S. 211; Kunststadt) und stellen dort aus. Kunstwerke mit Katzenbezug zeigt das Kattenkabinet (S. 128) in einem Haus an der Gouden Bocht, und das weltweit erste Museum für nachhaltige Mode, Fashion for Good (S. 69), zeigt, wo Klamotten herkommen. Daneben locken noch unzählige weitere Überraschungen.

Auch bei einem Streifzug durch die Stadtviertel lassen sich Architektur, coole Attraktionen und Treffpunkte fernab des Touristenradars mit den Augen eines Einheimischen erleben (S. 29).

Monat für Monat

TOP-EVENTS

Koningsdag, April

Grachtenfestival, August

Amsterdam Dance Event, Oktober

Pride Amsterdam, Juli/August

Amsterdam Light Festival, Anfang Dezember bis Mitte Januar

Januar

Im kalten, düsteren Januar warten keine Schlangen vor den Museen und es bleibt mehr Zeit, um in den heimeligen Cafés zu chillen.

Nationale Tulpendag

Am dritten Samstag im Januar beginnt mit dem Tulpendag (www.tulpentijd.nl) die Tulpensaison, die bis Ende April dauert. Auf dem Dam werden 200000 Tulpen ausgestellt und am frühen Nachmittag kann man durch die Farbpalette flanieren und sich kostenlos eine Tulpe mitnehmen.

Februar

Der Februar bietet kaum Feste, eignet sich aber hervorragend, um die Stadt außerhalb der Hochsaison und die Amsterdamer *gezelligheid* in gemütlichen Kneipen zu erleben.

Chinesisches Neujahrsfest

Amsterdam zelebriert das Chinesische Neujahr (www.iamsterdam.com) mit einer Parade vom buddhistischen Tempel Kuan Yin in Chinatown zum Nieuwmarkt und mit Festivitäten am Dam.

März

Das Wetter im Vorfrühling kann unbeständig sein, aber wenn es mitspielt, kommt man bei der Tulpenblüte in den Keukenhof-Gärten (S. 224) so richtig in Schwung.

DGTL

Am Osterwochenende findet auf dem Gelände der NDSM-Werft das dreitägige Techno und House Festival DGTL (www.dgtl.nl) statt. Die ehemalige Schiffswerft ist zu einem kreativen Hotspot in Amsterdam Noord avanciert.

April

Die Tage werden länger, die Temperaturen steigen, und die Blumen blühen in allen Farben – alles bereitet sich auf den Königstag vor, das Highlight des Festkalenders.

Koningsdag

Der Koningsdag ist eine der größten (und besten) Straßenpartys Europas und findet zu Ehren des Geburtstags von König Willem-Alexander am 27. April (bzw. 26. April, falls der 27. ein Sonntag ist) statt. Da gibt es lautstarke Feierstimmung, Musik und *oranjekoorts* (orangefarbenes Feierfieber), aber auch einen riesigen Flohmarkt.

World Press Photo

Von Mitte April bis Mitte Juli stellt die international renommierte World Press Photo (www.worldpressphoto.org) die besten fotojournalistischen Arbeiten des Jahres in der Nieuwe Kerk aus.

Mai

Auf den Volkstrauertag am 4. Mai folgen am 5. die Feiern zum Tag der Befreiung. Der milde Mai eignet sich wunderbar dazu, auf blumengeschmückten Caféterrassen abzuhängen.

Nationale Molendag

Am zweiten Wochenende im Mai öffnen viele der 1200 Windmühlen im ganzen Land ihre Tore (www.molens.nl) und lassen die Öffentlichkeit an ihrem knarrenden Inneren teilhaben. Die teilnehmenden Mühlen sind an einem blauen Wimpel erkennbar.

Juni

Zur Sommerhochsaison strömen die Massen in die Stadt. Es ist sonnig und warm, ideal für Fahrradtouren und eine Einkehr auf einer Terrasse an einer der Grachten.

Holland Festival

Theater, Tanz und Oper der großen Namen trifft auf digitalen Film und experimentelle Musik der kleinen Namen, und das bei einem der landesweit größten Spektakel der darstellenden Kunst (www.hollandfestival.nl). Die Mischung aus intellektuellen bis hin zu irritierenden Darbietungen findet an verschiedenen Veranstaltungsorten statt.

Open Tuinen Dagen

Die Tage der offenen Gärten (www.opentuinendagen.nl) am dritten Wochenende im Juni bieten die Möglichkeit, in etwa 25 private Gärten entlang der Grachten hineinzuschauen.

Juli

Die Tage sind lang, die Sonne scheint. Die Massen tummeln sich in den Straßen und auf den Grachten und versetzen die ganze Stadt in Partystimmung, während die Einheimischen in den lässigen Lokalen in weniger besuchten Vierteln zu finden sind.

Amsterdam Roots Festival

Beim einwöchigen Amsterdam Roots Festival (www.amsterdamroots.nl) Anfang Juli dreht sich an verschiedenen Veranstaltungsorten alles um Weltmusik, etwa im Bimhuis und Oosterpark im Osten der Stadt.

Over het IJ Festival

Während dieses zehn Tage dauernden Festivals Mitte Juli finden an unterschiedlichen Schauplätzen auf dem Gelände der ehemaligen NDSM-Werft in Amsterdam Noord unkonventionelle Inszenierungen der darstellenden Künste statt (www.overhetij.nl).

August

Der Hochsommer wartet mit vielen Events auf, und die Temperaturen sind viel erträglicher als in einigen anderen europäischen Kulturmetropolen.

Pride Amsterdam

Ende Juli bis Anfang August findet das Pride Amsterdam Festival (S. 288) statt. Höhepunkt ist die Pride Parade zu Wasser, etwa auf der Prinsengracht und der Amstel.

Grachtenfestival

Mitte August erklingt beim Grachtenfestival (www.grachtenfestival.nl) in Parks und versteckten Gärten an den Grachten klassische Musik, und zwar auf über 250 Konzerten an 90 Austragungsorten. Sehenswert ist das kostenlose Prinsengracht Concert (www.prinsengrachtconcert.nl) auf einer auf der Prinsengracht schwimmenden Bühne.

Uitmarkt

Ende August zeigen Amsterdams kulturelle Einrichtungen während der dreitägigen Großveranstaltung Uitmarkt (www.uitmarkt.nl) auf Freilichtbühnen Vorschauen auf die nächste Saison. Ergänzend finden große Konzerte statt.

September

Der September ist einer der besten Monate für eine Amsterdamreise: Dann finden ausgelassene Festivals statt, es herrscht schönes Wetter und es sind weniger Besucher da.

Amsterdam City Swim

Anfang September springen über 3000 Leute beim City Swim (www.amsterdamcityswim.nl) ins Wasser, um Geld für einen guten Zweck zu sammeln. Die Strecke variiert je nach Bedingungen.

Oktober

Die Parks und Gärten erstrahlen in Herbstfarben, das Wetter ist oft mild, die Preise fallen und die Warteschlangen werden kürzer.

Amsterdam Dance Event

An fünf langen, schweißtreibenden Tagen und Nächten Mitte Oktober findet das große Tanz-Musik-Festival ADE (www.amsterdam-dance-event.nl) statt, bei dem DJs und Künstler auf-

Oben) Geöffnete Windmühlen am Nationale Molendag in Zaanse Schans (S. 228)
Unten) Ein Kanal während des Amsterdam Light Festivals

OLENA Z/SHUTTERSTOCK ©

UNIQUE VISION/SHUTTERSTOCK ©

treten und Partygänger über 1000 Events an mehr als 200 Veranstaltungsorten in der Stadt besuchen.

November

Kulturevents und günstige Nebensaisonpreise trösten über die kürzeren Tage und kalten Abende hinweg, und die Ankunft von Sinterklaas läutet die Weihnachtszeit ein.

Sinterklaas Intocht

Der heilige Nikolaus kommt Mitte bis Ende November per Schiff aus Spanien (www.sintinamsterdam.nl) und reitet in einer Parade zum Dam und Leidseplein.

Dezember

Die Magie des Winters erfüllt die Stadt (manchmal fällt sogar Schnee), Eislaufbahnen werden u. a. am Museumplein aufgebaut und Amsterdam erstrahlt im Funkeln der Lichter.

Amsterdam Light Festival

53 Tage von Ende November bis Mitte Januar dauert das Light Festival (www.amsterdamlightfestival.com), bei dem sich rund 25 Lichtkunst-Installationen in den Wasserwegen widerspiegeln. Bewundern kann man das Ganze bei einem Spaziergang, im Rahmen einer Tour oder – als besonderes Highlight – auf einer Bootsfahrt.

Silvester

Feuerwerkskörper steigen auf und überall finden Partys statt. Die Schauplätze wechseln: Infos in der Touristeninformation (S. 291).

Reisen mit Kindern

Aufatmen ist angesagt: Amsterdam ist eine der kinderfreundlichsten Städte Europas mit einer Atmosphäre, die Kinder nahezu überall willkommen heißt. Fast alle Gegenden – abgesehen vom Rotlichtviertel natürlich – sind bestens geeignet für die Kleinen.

KAVALENKAU/SHUTTERSTOCK ©

Outdooraktivitäten

Die zahlreichen Grünflächen, Parks und Grachten bieten eine Menge Möglichkeiten für Aktivitäten mit dem Nachwuchs.

Parks & Spielplätze

Beliebt bei Kindern ist die Spielwiese des Vondelpark (S. 166): Dieser bietet Picknickplätze im Grünen und Ententeiche, außerdem futuristische Rutschen am westlichen Ende und in der Mitte einen Spielplatz. Auch der Westerpark (S. 146) hat einen grandiosen Spielplatz. Nicht zu verachten sind auch Sarphatipark (S. 185) und Oosterpark (S. 202) mit Freiflächen zum Herumtollen. Der Amsterdamse Bos (S. 167) ist eine Waldfläche mit Paddelmöglichkeiten, einem Kletterpark und einem Ziegenhof.

Winterzauber

Kinder lieben die Eisbahnen, die zur Adventszeit auf Plätzen wie dem Museumplein (S. 167) aus dem Boden schießen. Auf keinen Fall sollte man die Weihnachtsleckereien wie *poffertjes* (kleine Pancakes) oder *speculaas* (Spekulatius) verpassen, die um Sinterklaas (Nikolaus, 5. Dezember) herum auf den Märkten angeboten werden!

Grachten

Auf den Grachten locken tolle Fahrten mit einem Tretboot von **Canal Bike** (www.stromma.nl; 10€ pro Pers. & Std.; ⏲Öffnungszeiten variieren, letzte Abfahrt 16.30 Uhr).

Königlicher Tiergarten Artis

Die Affen, die Großkatzen, die Fische und das Planetarium lassen Kinderaugen im Artis Royal Zoo (S. 94) leuchten; Teenies und Erwachsene lieben das schön angelegte Gelände. Es lohnt sich ein Blick ins Innere von Micropia, einem Gebäude, das zur Anlage gehört, dabei handelt es sich um einen „Zoo“ für Mikroben. Hier wird gezeigt, wie Bakterien beim Küssen von einer zur anderen Person wechseln und welche Mikroben in den Exkrementen von Ameisenbären, Löwen und anderen Tieren hausen.

Spaß im Museum

Amsterdam bietet eine Menge kindgerechte, lehrreiche und unterhaltsame Museen.

NEMO Science Museum

Viele praktische Experimente beantworten im liebevoll ausgestatten NEMO-Wissenschaftsmuseum (S. 96) all diese Wie- und Warum-Fragen.

Het Scheepvaartmuseum

Auf dem nachgebauten Schiff der Dutch East India Company von 1749, das neben dem Schifffahrtsmuseum (S. 96) vertäut liegt, können Kinder eine Kanone abfeuern, die Fracht hochwinden und sich abseilen.

Tropenmuseum

Die Juniorabteilung des Museums (S. 200) widmet sich exotischen Orten – ein Hit.

Joods Historisch Museum

Dieses Museum (S. 92) wartet mit einer tollen Ausstellung für Kinder über das jüdische Leben in Amsterdam auf.

Verzetsmuseum

Das Verzetsmuseum Junior (S. 96) macht Kindern den niederländischen Widerstand anhand der Erlebnisse von vier Gleichaltrigen verständlich: Eva, Jan, Nelly und Henk.

Van Gogh Museum

Im Van Gogh Museum (S. 163) wartet eine kostenlose Schatzsuche für Kinder, bei der sie nach Gegenständen auf den Gemälden und Ausstellungsstücken suchen müssen. Für diejenigen, die die Schätze erfolgreich finden, liegt ein kleiner Preis bereit.

Strände & Burgen

Stadtstrände

Jeden Sommer entstehen am Stadtrand eine Reihe hübscher Strände entlang des IJ. Während die meisten mit DJs und Cocktails vor allem Erwachsene anziehen, präsentieren sich andere familienfreundlich – Auskunft erteilt die Touristeninformation. Blijburg (S. 103) ist der einzige Strand, an dem man schwimmen kann, und dort befindet sich auch ein Wassersportzentrum.

Muiderslot

Etwas außerhalb liegt das Muiderslot (S. 201), eine Burg aus dem 13. Jh. wie aus dem Märchen mit Zugbrücke, Burggraben, Türmen und Zinnen. Hier werden an bestimmten Tagen auch Aktionen für Kinder geboten (z. B. Greifvogelschau). Gut kombinierbar mit einem Besuch im Fort auf der nahe gelegenen Insel Pampus (S. 201).

Ideen für Regentage

Es ist klug, einen Plan für Regentage in der Hinterhand zu haben. Vielleicht ist der sogar so gut, dass die Sonne gar nicht mehr rauskommen soll.

TunFun

In diesem unterirdischen Allround-Vergnügungspark (S. 106) können die Kleinen sich mal so richtig austoben.

Kino

Bei einem Besuch im Art-déco-Kino Pathé Tuschinskitheater (S. 138) oder im Movies (S. 155) gucken die Kids bei einer Tüte Popcorn die neuesten Streifen, während die Eltern die historische Kulisse bewundern.

Hallenbäder

Im Zuiderbad (S. 182) lässt sich gut ein Regentag überbrücken. Die Erwachsenen entzückt das prächtige Interieur.

Centrale Bibliotheek Amsterdam

In der spektakulären, modernen OBA: Openbare Bibliotheek Amsterdam (S. 97) ist Kindern eine ganze Etage gewidmet. Es gibt gemütliche Leseecken und das großartige, von der Künstlerin Karina Content gestaltete Mouse Mansion mit 100 wunder-

GUT ZU WISSEN

➡ **Eintritt** Kinderpreise gelten für Personen unter 18 Jahren. Allerdings liegt in vielen Touristenattraktionen die Altersgrenze für freien oder ermäßigten Eintritt bei zwölf Jahren. An manchen Sehenswürdigkeiten gilt freier Eintritt nur für Kinder unter sechs.

➡ **Fahrradsitze** Die meisten Firmen verleihen ihre Fahrräder mit Kindersitzen.

Babysitter Viele teure Hotels bieten einen Babysitterdienst (gegen Gebühr).

ROBIN BOUWMEESTER/SHUTTERSTOCK ©

Poffertjes (S. 44)

schönen, detailgetreuen Räumen. Für die jungen Besucher finden wöchentlich Vorlesestunden statt (teilweise auf Englisch).

Küche für Kinder

Während Amsterdams Gourmetszene mit vielen abenteuerlichen und raffinierten Kreationen beeindruckt, kann man auch immer noch jede Menge Essen finden, das Kindern schmeckt.

Sandwichläden

Ein *broodje* (belegtes Brötchen) oder *tosti* (getoastetes Sandwich) kommt immer gut an. Für beides gibt's in der Stadt jede Menge Quellen, z. B. Broodje Bert (S. 76).

Pfannkuchen

Diesen kindgerechten Gaumenschmaus gibt es an jeder Ecke. Zu den ersten Adressen gehören Pancakes! (S. 115) und die Pancake Bakery (S. 116).

Für echte Pfannkuchenfans ist eine Fahrt auf **De Pannenkoekenboot** (Karte S. 341; ☎020-626 88 17; www.pannenkoekenboot.nl; Ms van Riemsdijkweg; Erw./Kind ab 21,50/16,50 €; ⛴NDSM-werf) ein Muss. Die Brunch- und Dinnerfahrten legen an der NDSM-Werft in Amsterdam Noord ab, die gut mit einer kostenlosen Fähre erreichbar ist.

Burger

Gourmet Burger mit Bio-Zutaten boomen auch weiterhin in Amsterdam. Besonders gut sind sie bei Butcher (S. 187) und Geflipt (S. 186) in De Pijp.

Pommes

Pommes mit Mayo oder anderen leckeren Soßen sind bei Alt und Jung nach wie vor beliebt. Zu den lokalen Institutionen gehören Vleminckx (S. 74) in der Nähe des Spui und Wil Graanstra Friteshuis (S. 114) beim Anne Frank Huis. Frites uit Zuyd (S. 188) kreiert knusprige Schönheiten.

Eis

Die Waffelhörnchen bei Jordino (S. 147) sind mit Schokolade überzogen. Bei IJsmolen (S. 99) gibt es einzigartige holländische Sorten wie *stroopwafels* (mit Karamelsirup gefüllte Waffeln). Zudem liegt die Eisdiele an einer Windmühle.

Cafes & Restaurants

Besonders kinderfreundlich sind Het Groot Melkhuis (S. 178), Café Toussaint (S. 174) und das Café Noorderlicht (S. 214), das mit einem großen Spielplatz punktet. Im **Kinderkookkafé** (Karte S. 334 f., D5; ☎020-625 32 57; www.kinderkookkafe.nl; Vondelpark 6b; Gerichte 1–4 €; ⏲10–17 Uhr; 👪; 🚊1 Overtoom), können Kinder selbst kochen.

Märkte

Kinder suchen auf Märkten gern nach Vertrautem und Exotischem. Auf dem Albert Cuypmarkt (S. 190) gibt's *stroopwafels*, *poffertjes*, Smoothies, Süßigkeiten und frisches Obst. Hier kann man sich auch für ein Picknick im nahen Sarphatipark eindecken.

Kinderfreundliche Läden

Aberdutzende Geschäfte haben es auf die junge Kundschaft abgesehen.

Knuffels (S. 106) bietet Stofftiere, Mechanisch Speelgoed (S. 157) nostalgisches mechanisches Spielzeug und De Winkel van Nijntje (S. 181) Dinge, die mit der berühmtesten Figur des Illustrators Dick Bruna zu tun haben – dem niedlichen Hasen Miffy (Nijntje auf Niederländisch).

Het Oud-Hollandsch Snoepwinkeltje (S. 155) wartet mit Unmengen an Gläsern voller holländischer Süßigkeiten auf.

Wie die Einheimischen

Amsterdam ist ein unglaublich beliebtes Reiseziel. Doch man kann den Touristenmassen mühelos entfliehen: Einfach ein Fahrrad mieten, ins nächste bruin café *(klassische niederländische Kneipe) setzen oder einen kostenlosen Kurs in niederländischer Kultur mitnehmen.*

MATT MUNRO/LONELY PLANET ©

Wynand Fockink (S. 81)

Erkunden der Viertel

Abseits der touristischen Zentren sind Amsterdams außerhalb liegende Viertel leicht zu erreichen und perfekt, um das Leben vor Ort kennenzulernen. Gute Ausgangspunkte sind die Galerien und postindustriellen Cafés, Bars und Restaurants von Amsterdam Noord, die Hinterhöfe des dorfähnlichen De Pijp (wie der versteckte Platz Van der Helstplein, der von Cafés, Kneipen und Bars gesäumt ist), der bereits gentrifizierte Westen einschließlich eines weiteren postindustriellen Hotspots, des ehemaligen Gaswerks und heutigen Kulturzentrums Westergasfabriek (S. 146), und das multikulturelle Viertel Oost (Osten).

Die Kultur der Gezelligheid

Diese speziell holländische Charakteristik, die man vor allem in *bruine cafés* findet, ist einer der besten Gründe, um Amsterdam zu besuchen. *Gezellig* wird übersetzt als „gemütlich", „freundlich", „leger", „gesellig", doch *gezelligheid* – der Zustand des *gezellig*-Seins – ist elementarer. Es ist das Gefühl, dass die Welt in Ordnung ist, oft während man sich auf einen Drink mit Freunden trifft. Und nahezu jede nicht allzu helle Kneipe eignet sich dafür.

Rauf aufs Rad!

Schnell kapiert man in Amsterdam, dass die Einheimischen immer mit dem Fahrrad fahren. Sie radeln zum Zahnarzt, zur Arbeit, zur Oper und zum Brunch; sie radeln bei Schnee, Regen, Sonnenschein und Nebel.

Also leiht man sich auch als Besucher ein Rad nicht nur für eine Tour durch den Vondelpark, sondern absolviert damit am besten gleich das gesamte Sightseeing- und Ausgehprogramm. Im Abend-Dress ins Theater zu radeln stößt nur bei Touristen auf Verwunderung. Also, rauf aufs Rad, nur so lässt sich das authentische Amsterdam entdecken.

Unterwegs in den Niederlanden

Holland ist kein Synonym für die Niederlande und bezeichnet eigentlich nur die Provinzen Nord- und Südholland. (Amsterdam ist die größte Stadt Nordhollands, Haarlem die Provinzhauptstadt.) Der Rest des Landes ist nicht Holland, auch wenn selbst Einheimische ihn oft so bezeichnen.

Unterwegs in Amsterdam

Angesichts der konzentrisch angelegten Grachten und der ähnlich benannten Straßen kann man sich in Amsterdam recht leicht verirren. Hier einige Hinweise: Eine *gracht* wie die Egelantiersgracht ist etwas anderes als eine *straat* (Straße) wie die Egelantiersstraat. Einer *dwarsstraat* (Querstraße), die von einer *straat* abzweigt, ist oft *eerste*, *tweede*, *derde* und *vierde* (erste, zweite, dritte und vierte; auf Karten 1e, 2e, 3e und 4e bezeichnet) vorangestellt. Die Eerste Egelantiersdwarsstraat z. B. ist die erste Querstraße der Egelantiersstraat, also die dem Stadtzentrum am nächsten liegende Querstraße. Straßen, denen *lange* oder *korte* vorangestellt ist, sind einfach längere oder kürzere Straßen mit demselben Namen. Durchgehende lange Straße wechseln unterwegs übrigens öfter den Namen.

Niederländische Geschichte

Am Herdenkingsdag (Gedenktag; 4. Mai) legt König Willem-Alexander einen Kranz für die Opfer des Zweiten Weltkriegs am Nationaal Monument (S. 70) auf dem Dam nieder. Um Punkt 20 Uhr hält die Stadt feierlich für eine zweiminütige Schweigeminute inne.

Am darauf folgenden Bevrijdingsdag (Tag der Befreiung; 5. Mai) feiern die Amsterdamer mit viel Jubel, Reden, Konzerten und Straßenfesten das Ende der Besatzung durch die Nazis im Jahr 1945. Am meisten los ist rund um Dam, Vondelpark (S. 158) und Museumplein (S. 167).

Feiern wie die Einheimischen

Den jeweils eigenen Charme der vielfältigen Viertel von Amsterdam genießt man am besten bei einem der lebhaften Stadtteilfeste.

Von Mitte Juli bis Anfang August findet an den meisten Wochenenden im Nelson Mandelapark das Kulturfest **Kwaku Festival** (www.kwakufestival.nl; 🚋Tulastraat) statt. Lieder des Jordaan erklingen beim Jordaan Festival (S. 148).

Ähnlich wie am Königstag feiern die Einheimischen auch beim Uitmarkt (S. 24), mit dem Ende August die Kultursaison beginnt.

Oranjefieber

Wer je einem Sportereignis beigewohnt hat, an dem die Niederlande teilnahmen, kennt schon die *oranjegekte* (OranjeWahnsinn), auch bekannt als *oranjekoorts* (Oranjefieber). Ursprünglich wurde die traditionelle Farbe des niederländischen Königshauses von Oranien-Nassau nur zu Feiern der Monarchie getragen. Aber insbesondere seit der Fußball-Weltmeisterschaft 1974, als bei jedem Spiel Zehntausende in Orange gekleidete Fans ihre Mannschaft anfeuerten, hat es sich zu einem echten niederländischen Phänomen entwickelt, sich möglichst verrückt in Orange zu kleiden – mit Schals, Perücken, Kunstpelzzylinder, Gesichtsfarben und Federboas. Wer also wie die Einheimischen feiern will, weiß nun, welche Farbe er dazu tragen muss!

Lokale Erlebnisse

Die Initiative Untourist Guide (www.untouristguide.com) fördert lokale Erlebnisse, bei denen sich Besucher als positive „Changemaker" engagieren können, z. B. bei Upcycling-Workshops oder beim Unkrautjäten auf einem städtischen Bauernhof. Reservieren kann man online oder bei **I amsterdam** (Karte S. 312 f.; www.iamsterdam.com; De Ruijterkade 28a, Centraal Station; 🕐Mo–Mi 8–19, Do–Sa bis 20, So 10–18 Uhr; 🚋2/4/11/12/13/14/17/24/26 Centraal Station).

Ein Angebot für soziales Engagement ist u. a. Plastic Whale (S. 284): Man schippert durch die Wasserstraßen Amsterdams und hilft mit Netzen dabei, Plastikmüll aus den Flüssen, Häfen und Kanälen zu fischen. Die gesammelten Materialien werden für die Herstellung von Möbeln und sogar von den Neunsitzer-Elektrobooten verwendet, in denen die Touren gemacht werden.

Bei der Rederij Lampedusa (S. 284) bieten Geflüchtete Ausflugsfahrten auf ehemaligen Flüchtlingsbooten an, bei denen sich alles um die Einwanderung dreht.

Amsterdam gratis

uch wenn die Kosten für Jnterkunft und Essen sich rasch ummieren können, gibt es ichtblicke. Der Grachtengürtel st eine Weltkulturerbestätte der JNESCO (also ein kostenloses Museum). Es lässt sich auch mmer etwas finden, was man msonst unternehmen kann.

nststad (S. 211)

Sehenswürdigkeiten gratis

Schuttersgalerij

Durch die beeindruckende Sammlung an Porträts (S. 70) vom Goldenen Zeitalter bis zur Moderne bummeln.

Gärten des Rijksmuseum

Selbst viele Einheimische wissen nicht, dass die Renaissance- und Barockgärten (S. 160) des Museums mit Rosen, Hecken und Statuen kostenlos zugänglich sind.

Begijnhof

Den versteckten Komplex (S. 67) aus dem 14. Jh. mit seinen Kirchen erkunden.

Stadsarchief

Man kann nie wissen, was für Schätze sich in den Gewölben des Stadtarchivs (S. 127) finden lassen.

Gassan Diamonds

Verschiedene Schliffarten von Diamanten kennenlernen (S. 93).

Albert Cuypmarkt

Auf Amsterdams geschäftigstem Markt (S. 187) und anderen Märkten stöbern.

ARCAM

Ein faszinierender Blick auf Amsterdams Architektur (S. 97) – Vergangenheit, Gegenwart und Zukunft.

Kunststad

Eine Erkundung der weitläufigen Ateliers (S. 211) in Amsterdam Noord.

GUT ZU WISSEN

- **Rabattkarten** Verschiedene Rabattkarten (S. 286) bieten Rabatte oder kostenlosen Zugang in vielen Sehenswürdigkeiten, Läden und Restaurants.
- **Ermäßigungen** Studenten und Senioren sollten einen Personalausweis oder Reisepass mit sich führen und ihn bei jeder Gelegenheit für ermäßigte Eintritte vorzeigen.
- **WLAN** Die Website www.wifiamsterdam.nl informiert über kostenlose Hotspots in der Stadt.

IRISPHOTO1/SHUTTERSTOCK ©

Die Gärten (S. 160) des Rijksmuseum

Dachterrasse des NEMO Science Museum

Einer der besten Blicke auf Amsterdam geht von der Dachterrasse dieses Baus aus (S. 96).

Gratis-Unterhaltung

Verbilligte Eintrittskarten für denselben Tag gibt es im Last Minute Ticket Shop (www.lastminuteticketshop.nl).

Concertgebouw

Ein bisschen Drängeln ist erforderlich, um in die Konzerte am Mittwochmittag (S. 179; September bis Juni) hineinzukommen; oft handelt es sich um die Probe für ein Konzert am Abend.

Muziektheater

Am Dienstagmittag gibt es meist (S. 105; September bis Mai) ein klassisches Konzert.

Bimhuis

Jazz-Sessions (S. 105) heizen an Dienstagabenden die Atmosphäre auf.

Openluchttheater

Während des Sommers gibt es im Freilichttheater (S. 179) des Vondelpark Konzerte und Aufführungen für Kinder.

EYE Film Instituut

Im Untergeschoss gibt es Plätze, wo man gratis Filme (S. 211) ansehen kann.

Mulligans

Gratis Musik-Sessions und Gigs im beliebtesten irischen Pub (S. 138).

Koningsdag

Die ultimative Party (S. 23), eines von vielen Events, die kostenlos sind. (Vielleicht sollte man ein paar Euro für Bier und eine billige orangefarbene Perücke in der Tasche haben.)

Gratis unterwegs

Fähren

Kostenlose Fähren verkehren von hinter dem Hauptbahnhof in 15 Minuten zur NDSM-werf, dem Kunstviertel in Amsterdam Noord, in fünf Mintuten zum EYE Film Institute auf der anderen Flussseite und in fünf Minuten zum Ijplein.

Mit dem Fahrrad

Fahrräder sind in Amsterdam fast weiter verbreitet als Autos; wer wie ein Einheimischer durch die Stadt fahren will, braucht ein Zweirad. Mietfräder gibt es überall. Damit wird die Stadt dann zur Spielwiese. Radfahren ist die wichtigste Betätigung bei einem Besuch in Amsterdam.

Fahrradverleih

Fahrradverleiher gibt es überall; man muss seinen Pass oder Personalausweis vorzeigen und eine Kaution (meist 80 bis 100 €) per Kreditkarte oder in bar hinterlegen. Die Miete für ein einfaches Rad liegt um 11 € für 24 Stunden. Räder mit Schaltung, Handbremse und Versicherung sind teurer, ein E-Bike bekommt man ab 25 € für 24 Stunden. Eine Diebstahlversicherung (ab 3 €/Tag) ist ratsam.

Ajax Bike (Karte S. 338 f.; ☎06 1729 4284; www.ajaxbike.nl; Gerard Doustraat 153; Fahrradverleih 4/24 Std. ab 7/9,50 €, 3-stündige geführte Tour ab 20 €; ⏲Mo–Sa 10–17.30, So 12–16 Uhr; 🚋4 Stadhouderskade) In De Pijp, Sonderangebote für City-, Kinder-, Tandem- und Lastenräder.

Bike City (Karte S. 330 f.; ☎020-626 37 21; www.bikecity.nl; Bloemgracht 68–70; Fahrradverleih pro Tag ab 14 €; ⏲9–17.30 Uhr; 🚋13/17 Westermarkt) Jordaan Laden; die Fahrräder tragen keinen Werbeaufdruck, sodass man wie ein Einheimischer aussieht.

Black Bikes (Karte S. 312 f; ☎0852 737 454; www.black-bikes.com; Nieuwezijds Voorburgwal 146; Fahrradverleih 3/24 Std. ab 6,50/9 €, E-Bikes 24/37,50 €; ⏲Mo–Fr 8–20, Sa & So 9–19 Uhr; 🚋2/11/12/13/17 Nieuwezijds Kolk) City-, Kinder-, Tandem- und Lastenräder ohne Markierung in zehn Läden; darunter auch dieser im Zentrum.

Damstraat Rent-a-Bike (Karte S. 316 f; ☎020-625 50 29; www.rentabike.nl; Damstraat 20-22; Fahrradverleih pro 3/24 Std. ab 7/9,50 €; ⏲9–18 Uhr🚋4/14/24 Dam) Fahrradverleih aller Fahrradtypen im Laden unweit vom Dam.

MacBike (Karte S. 312 f; ☎020-624 83 91; www.macbike.nl; De Ruijterkade 34b; Fahrradverleih pro 3/24 Std. ab 7,50/9,75 €, E-Bikes 15/25 €; ⏲9–18 Uhr; 🚋2/4/11/12/13/14/17/24/26 Centraal Station) Gehört zu den touristischsten Firmen (die Fahrräder sind leuchtend rot und tragen Logos). Günstige Lage am Bahnhof Amsterdam Centraal mit Zweigstellen am Waterlooplein (Karte S. 296; ☎020-428 70 05; Waterlooplein 199; ⏲9–18 Uhr; Ⓜ Waterlooplein) und Leidseplein (Karte S. 304; ☎020-528 76 88; Weteringschans 2; ⏲9–18 Uhr; 🚋1/2/5/7/11/12/19 Leidseplein). Große Auswahl.

Bike-Sharing & Apps

Donkey Republic (www.donkey.bike) Ein Fahrrad über Bluetooth freischalten/zurückbringen. 24 Stunden kosten 12 €. Das Rad muss an der gleichen Station zurückgegeben werden; ansonsten werden zusätzliche 20 € fällig.

FlickBike (www.flickbike.nl) Mithilfe der App können freie Fahrräder in der Stadt lokalisiert werden. 30 Min. kosten 1 €. Mit dem QR Code werden die Fährrader entriegelt bzw. abgeschlossen. Sie können an jedem Fahrradständer in Amsterdam zurückgegeben werden.

Spinlister (www.spinlister.com) Airbnb für Fahrräder. Fahrräder werden direkt von den Amsterdamern gemietet. Die Preise variieren.

Radtouren

Radtouren sind ideal, um Amsterdam kennenzulernen, die Fahrradmiete ist natürlich inklusive. Reservierung ist ratsam. Es gibt viele tolle Angebote, z. B.:

Orangebike (Karte S. 341 f; ☎06 4684 2083; www.orange-bike.nl; Buiksloterweg 5c; Touren 22,50–37,50 €, Fahrradverleih pro Std./Tag ab 5/11 €; ⏲9–18 Uhr; ⛴Buiksloterweg) Traditionelle Stadt- und Landrundfahrten (auch eine Strandtour) sowie themenbezogene Touren wie die Snack-Tour oder Architektur-Tour.

Mike's Bike Tours (Karte S. 320 f; ☎020-622 79 70; www.mikesbiketoursamsterdam.com; Prins Hendrikkade 176a; Stadttouren Erw./Kind ab 28/25 €, Tour aufs Land ab 32 €; ⏲Büro März–Okt. 9–18 Uhr, Nov.–Feb. ab 10 Uhr; 🚌22/48 Prins Hendrikkade) Fantastische Touren durch die Stadt, das Hafengebiet oder durch die mit Windmühlen übersäte Umgebung.

Yellow Bike (Karte S. 312 f; ☎020-620 69 40; www.yellowbike.nl; Nieuwezijds Kolk 29; Stadttouren ab 24,50 €, Waterland Tour 34,50 €; ⏲Büro 9.30–18 Uhr; 🚋2/11/12/13/17 Nieuwezijds Kolk) Touren durch die Stadt oder die ländliche Waterland Region.

Verkehrsregeln fürs Rad

➡ Es gibt keine Helmpflicht, Helme sind aber unbedingt zu empfehlen; die meisten Anbieter verleihen Helme für ca. 2,50 € pro Tag (oder man bringt seinen eigenen mit).

➡ Amsterdam hat über 500 km Radwege. Radspuren am Fahrbahnrand sind mit weißen Linien und Fahrradsymbolen gekennzeichnet.

➡ Immer nur in Fahrtrichtung radeln und alle Ampeln und Verkehrsschilder beachten.

➡ Vor dem Abbiegen Handzeichen geben.

➡ Eine Fahrradklingel ist vorgeschrieben.

➡ Bei Dunkelheit mit weiß oder gelb leuchtender Vorderlampe und rotem Reflektor-Rücklicht radeln.

➡ An Bahnhöfen und Straßenbahnhaltestellen nur in Fahrradständern parken.

➡ Auf Gehwegen ist das Radeln verboten.

Tipps für Radfahrer

➡ Die meisten Räder haben zwei Schlösser, eins fürs Vorderrad, eins fürs Hinterrad. Mit einem davon sollte man das Rad sicher anketten.

➡ Straßenbahnschienen im stumpfen Winkel überqueren, damit man nicht stecken bleibt.

➡ Auf Fahrzeuge, andere Radler und unachtsame Fußgänger achten.

➡ Andere Verkehrsteilnehmer so oft wie nötig durch Klingeln warnen.

Online Reiseplaner

Fietsersbond (www.routeplanner.fietsersbond.nl) Offizieller Routenplaner der Dutch Cyclists' Union.

Holland Cycling (www.holland-cycling.com) Jede Menge aktuelle Informationen wie Reparaturwerkstätten für Fahrräder.

Route You (www.routeyou.com) Eignet sich vor allem für landschaftlich reizvolle Strecken.

S.BORISOV/SHUTTERSTOCK ©

Brücke über die Leidsegracht

Grachten

Die Bürger von Amsterdam wussten schon immer, dass ihr Grachtengürtel, der während des Goldenen Zeitalters entstand, etwas ganz Besonderes ist. Die UNESCO schloss sich im Jahr 2010 dieser Meinung an, als sie die Kanäle zum Weltkulturerbe erklärte. Heute besitzt die Stadt 165 Kanäle, über die 1753 Brücken führen – mehr als in jeder anderen Stadt weltweit.

Geschichte

Die Grachten waren einst nicht nur malerisch schöne Wasserwege oder Transportwege, sondern wesentlich, um das wasserdurchtränkte Land trockenzulegen und eine Nutzung zu ermöglichen. Sie lösten das wichtigste Problem: Land und Meer voneinander zu trennen.

Kleine Grachtenkunde

Die Niederländer nennen ihre Kanäle Grachten, und die bekanntesten bilden den zentralen *grachtengordel* (Grachtengürtel). Im frühen 17. Jh. entstanden die malerischen Wasserstraßen. Damals drängte Amsterdams Bevölkerung über die mittelalterliche Stadtmauer hinaus, und es wurde ein groß angelegtes Stadterweiterungsprojekt ins Leben gerufen. Ein wichtiger Bestandteil dieses Plans waren die konzentrisch angelegten Kanäle.

HAUPTGRACHTEN

Die halbkreisförmigen Hauptgrachten vom Zentrum aus gesehen heißen Singel, Herengracht, Keizersgracht und Prinsengracht. Mit Ausnahme des ehemaligen Festungsgrabens **Singel** sind sie alphabetisch angeordnet. Die **Herengracht** (S. 113) entwickelte sich zu

GUT ZU WISSEN

Sicherheit an den Grachten

➡ Praktisch keine der Grachten in Amsterdam ist durch ein Geländer gesichert. Kleine Kinder im Auge behalten, damit sie nicht ein unfreiwilliges Bad nehmen.

Sicherheit beim Schlittschuhlaufen

➡ Erst aufs Eis gehen, wenn dort größere Gruppen unterwegs sind. Vorsicht ist vor allem am Rand und unter Brücken geboten – dort ist das Eis dünn.

Regeln und Rat für Bootsfahrten

➡ Auf den Wasserwegen rechts (steuerbord) halten.

➡ Kommerzieller Verkehr (auch Tourboote) und Boote von rechts haben Vorfahrt.

➡ Als Geschwindigkeitsbegrenzung gelten 7,5 km/h (das ist die Höchstgeschwindigkeit vieler Elektroboote).

➡ Rettungswesten sind nicht zwingend (aber zu empfehlen).

➡ Alkohol (oder Drogenkonsum) am Steuer ist verboten.

➡ Lärm und laute Musik an Bord ist ebenfalls untersagt.

➡ Viele Brücken haben nur eine niedrige Durchfahrt (weniger als 2 m).

➡ Man darf überall in der Stadt anlegen außer unter Brücken, auf schmalen Grachten, an Kreuzungen und Rettungstreppen oder Stellen, die durch entsprechende Verbotsschilder markiert sind.

➡ Bei Dämmerung das Licht einschalten.

einem Wohngebiet für die wohlhabendsten Bürger – daher der Name. Sie bebauten die Gracht mit prachtvollen Patrizierhäusern, besonders am Gouden Bocht. Fast genauso nobel war die **Keizersgracht** (Kaisergracht), eine Huldigung an Kaiser Maximilian I. Die **Prinsengracht** (S. 115), benannt nach Wilhelm dem Schweiger – Fürst von Oranien und erster Landesvater –, kam etwas bescheidener daher. Mit ihren kleineren Wohn- und Lagerhäusern diente sie als Abgrenzung zum Arbeiterviertel Jordaan weiter außerhalb.

QUERGRACHTEN

Die Quergrachten verlaufen wie Radspeichen von innen nach außen. Die wichtigsten sind – von West nach Ost, ebenfalls in alphabetischer Reihenfolge – die Brouwersgracht, Leidsegracht und Reguliersgracht. Die **Brouwersgracht** ist eine der hübschesten Grachten. Sie verdankt ihren Namen den vielen Brauereien, die sie im 16. und 17. Jh. säumten. Die **Leidsegracht** war der wichtigste Wasserweg zur Stadt Leiden, nach der sie auch benannt wurde. Die friedliche **Reguliersgracht** wurde nach einem Mönchsorden benannt, dessen Kloster in der Nähe lag. Sie ist auch als „Gracht der sieben Brücken" bekannt und bei den Grachtenrundfahrten beliebt.

Brücken

Einige sehenswerte Brücken überspannen die Gewässer. Amsterdams älteste und mit 39 m breiteste Brücke ist die Torensluis-Brücke (S. 118) über den Singel, die 1648 errichtet wurde. Die Blauwbrug (S. 128) über die Amstel bietet Fischskulpturen und kronenverzierte Straßenlaternen. Und die als Filmlocation beliebte Magere Brug (S. 125) über die Amstel erstrahlt nachts im Schein von 1200 winzigen Lämpchen. Auf den westlichen Inseln bezaubert die schmale Drieharingenbrug (S. 145).

Hausboote

Rund 2500 Hausboote dümpeln auf Amsterdams Grachten. Das Leben auf dem Wasser kam nach dem Zweiten Weltkrieg in Mode, als viele Menschen vor der Wohnungsknappheit auf ausgediente Lastkähne auswichen. Besonders hübsch ist die Bootsparade auf der Prinsengracht. Das Hausboot-Museum (S. 144) bietet die Chance, die gemütlich-beengten Wohnverhältnisse hautnah zu erleben. Außerdem laden verschiedene Unterkünfte zur Übernachtung auf dem Wasser ein.

Grünere Grachten

Das Wasser in Amsterdams Grachten ist zwar nicht kristallklar – jedes Jahr werden 12 000 bis 15 000 Fahrräder aus ihnen geborgen –, doch sind sie heute sauberer als je zuvor. Zum Teil ist dies den Schleusen zu verdanken, die größtenteils dreimal pro Woche geschlossen werden, damit frisches Wasser aus dem IJsselmeer in die Grachten gepumpt werden kann. Durch die entstehende Strömung wird das stehende Grachtenwasser durch die offenen Schleusen auf der anderen Seite der Stadt ins Meer hinausgespült – am südlichen Grachtengürtel kann man sich die mächtigen Amstelsluizen (S. 128) anschauen. Außerdem verkehren auf den Grachten regelmäßig Reinigungsboote. Und seit 2005 müssen Hausboote an das städtische Abwassernetz angeschlossen sein, was dann bis 2017 in die Tat umgesetzt sein dürfte. Durch all diese Maßnahmen hat sich die Wasserqualität stark verbessert. Davon zeugen auch die Tiere, die es jetzt wieder in den Grachten gibt: Rund 20 Fisch- und Krabbenarten tummeln sich unter der Wasseroberfläche. Diese locken Wasservögel an wie Möwen, Reiher, Enten, Wasserhühner und Kormorane. Vielleicht sieht man sogar neongrüne Halsbandsittiche – auf jeden Fall hört man sie. Dies ist natürlich keine heimische Art; ihr Vorkommen in der Stadt geht auf einen Tierhändler zurück, der 1976 ein Sittichpaar – von dessen Kreischen genervt – im Vondelpark aussetzte. Heute gibt es mehr als 6000 frei lebende Sittiche in der Stadt.

Als Teil eines umfassenden Programms zur Nachhaltigkeit erlaubt die Stadt Amsterdam nur noch Elektroboote auf den Hauptgrachten, um Emissionen und Lärm zu reduzieren und so die Wasserwege so unberührt wie möglich zu erhalten.

Schlittschuhlaufen

Schlittschuhlaufen war in den Niederlanden populär, lange bevor die ersten Schlittschuhläufer auf den Winterlandschaften des Goldenen Zeitalters auftauchten. Die ersten Schlittschuhe bestanden aus Schenkelknochen oder Rippen von Kühen, in die kleine Löcher gebohrt und die an den Füßen befestigt wurden. Wenn Grachten und Teiche zufrieren, zieht es alle aufs Eis.

Bootstouren

Grachtentouren sind sehr touristisch, aber sie bieten eine gute Möglichkeit, die Stadt zu besichtigen. Mehrere Veranstalter bieten Touren ab der Centraal Station, dem Damrak, dem Rokin und von gegenüber dem Rijksmuseum an. Die Preise sind überall ähnlich. Um beschlagene Scheiben zu vermeiden, empfiehlt sich ein Boot mit offenem Sitzbereich. Besonders romantisch sind Abendfahrten unter den beleuchteten Brücken; sie kosten ein wenig mehr.

Those Dam Boat Guys (Karte S. 330 f; ☎020-210 16 69; www.thosedamboatguys.com; Touren 25 €; ⏲März–Sept. auf Reservierung; 🚋13/17 Westermarkt) Kleine, entspannte Touren.

Schlittschuhlaufen auf einer Gracht

Grachten

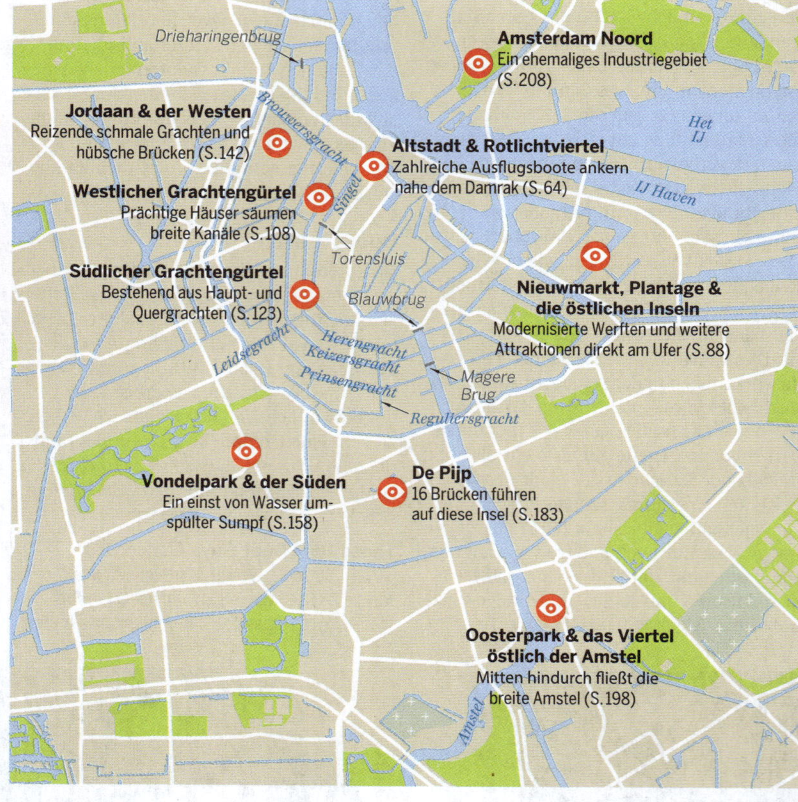

Canal Bus (S. 282) Praktische Hop-on-Hop-off-Touren.

Blue Boat Company (Karte S. 334 f; ☎020-679 13 70; www.blueboat.nl; Stadhouderskade 501; 75-min. Tour Erw./Kind 18,5/9 €; 🚋1/2/5/7/10 Leidseplein) Tag- und Nachttouren sowie verschiedene Thementouren, etwa eine Piratentour für Kinder.

Wetlands Safari (Karte S. 312 f; ☎06 5355 2669; www.wetlandssafari.nl; inkl. Transport & Picknick Erw./Kind 64/35 €; ⏲Anfang April bis Sept. Mo–Fr 9.30, Sa & So 10 Uhr; 🚋2/4/11/12/13/14/17/24/26 Centraal Station) Zugegeben, das ist keine Grachtentour, aber ein wunderbarer Bootsausflug durch Feuchtgebiete vorbei an Windmühlen und Dörfern aus dem 17. Jh.

Bootsvermietungen

Wer lieber auf eigene Faust losziehen möchte, kann bei verschiedenen Anbietern Boote leihen. Für Boote unter 15 m Länge oder mit einer Höchstgeschwindigkeit unter 20 km/h braucht man keinen Bootsführerschein. Die Verleiher geben eine Einführung; wasserfeste Pläne sind an Bord. Es besteht auch die Möglichkeit, per Kajak auf dem Wasser unterwegs zu sein.

Canal Bike (S. 26) Mit dem Tretboot durch die Grachten planschen.

Boaty (S. 195) Vermietet nahe dem Hotel Okura in De Pijp coole kleine Elekroboote.

Boats4Rent (Karte S. 325; ☎06 2632 6420; www.bootjehureninamsterdam.com; Polonceaukade 2; Boot für 3/10 Std. ab 79/179 €; ⏲März–Mitte Okt. auf Reservierung; 🚋Van Limburg Stirumstraat) Elektrische Mietboote neben beim Westerpark.

Canal Motorboats (Karte S. 325; ☎020-422 70 07; www.canalmotorboats.com; Zandhoek 10a; Leihgebühr 1./2./3./4. Std. 50/40/30/20 €, weitere Stunden je 20 €; ⏲10 Uhr–Sonnenuntergang; 🚋48 Westerdoksdijk) Kleine Aluminiumboote für bis zu sieben Passagiere.

Top-Tipps

Prinsengracht (S. 115) Die lebhafteste von Amsterdams inneren Grachten, mit Cafés, Läden und Hausbooten an den Kais.

Reguliersgracht (S. 125) Hier kann man durch die Bögen von sieben Brücken sehen.

Brouwersgracht (S. 144) Einheimische schwören, dass dies die schönste Gracht ist, obwohl es ernsthafte Konkurrenz gibt.

Herengracht (S. 113) Amsterdams eindrucksvollste Gracht, an der am Goldenen Bogen die schönsten Gebäude der Stadt liegen.

Bloemgracht (S. 144) An dieser wunderbaren Gracht liegt eine Reihe schöner Giebelhäuser.

Egelantiersgracht (S. 145) Eine elegante, heitere Gracht, die man (fast) ganz für sich allein hat.

Schönste Grachtenmuseen

Hausboot-Museum (S. 144) Auf diesem Schiff von 1914, das heute Museum ist, kann man entdecken, wie *gezellig* (gesellig, gemütlich) das Leben auf einem Hausboot sein kann.

Het Grachtenhuis (S. 112) Einfallsreiche Multimedia-Displays erläutern, wie der Grachtengürtel und seine schönen Häuser gebaut wurden.

Museum Van Loon (S. 127) Großartiges Grachtenhaus aus dem Goldenen Zeitalter.

Museum Willet-Holthuysen (S. 128) Üppige Liegenschaft an einer Gracht.

Kattenkabinet (S. 128) Das Katzenmuseum nimmt das einzige Grachtenhaus ein, das am Goldenen Bogen für die Öffentlichkeit zugänglich ist.

Schönste Feste & Events an den Grachten

Königstag (S. 23) Bei einer der größten Straßenpartys in Europa ist an den Grachten der Stadt sehr viel los.

Grachtenfestival (S. 24) Klassische Musik an den Grachten und auf dem Wasser an Bord von Booten.

Pride Amsterdam (S. 288) Amsterdam ist stolzer Gastgeber des einzigen Gay-Pride-Festivals auf dem Wasser.

Open Tuinen Dagen (S. 24) Die Tage der offenen Gärten bieten die Möglichkeit, Dutzende von Privatgärten an den Grachten zu besuchen.

Sinterklaas Intocht (S. 25) Sogar der hl. Nikolaus kommt mit dem Boot in die Stadt und läutet so die Adventszeit ein.

Amsterdam Light Festival (S. 25) Zu Fuß oder mit dem Boot kann man bewundern, wie sich die 25 Lichtinstallationen im Wasser spiegeln.

Amsterdam City Swim (S. 24) Einheimische strampeln und plantschen durch die Grachten, um dadurch Geld für einen guten Zweck zu sammeln.

Beste Unterkünfte an den Grachten

SWEETS Hotel (S. 229) Übernachtung in einem von 28 renovierten Grachten-Brückenhäusern.

Houseboat Ms Luctor (S. 226) Ein schönes 1913 gebautes Boot mit Mahagoni-Paneelen ankert an einem ruhigen Platz beim Hauptbahnhof.

De Dageraad (S. 233) Gastlichkeit in den Eastern Docklands bietet das ökofreundliche B&B auf einem Boot von 1929.

Little Amstel (S. 240) Zwei-Zimmer-B&B in toller Lage auf der Amstel.

Beste Restaurants an den Grachten

De Belhamel (S. 115) Am Anfang der Herrengracht stehen die Tische dieses hervorragenden Restaurants in wunderbarer Umgebung.

Buffet van Odette (S. 130) Einfache, aber kreative Küche mit Blick auf die Häuser an der Prinsengracht.

Gebr Hartering (S. 101) Hier konkurrieren die ausgezeichnet angerichteten modernen holländischen Gerichte mit der wirklich romantischen Lage am Kanal.

De Prins (S. 148) Dieses *bruin café* (traditioneller holländischer Pub) serviert an Tischen entlang der Prinsengracht köstliches Fondue.

Bester Platz für einen Drink am Kanal

't Smalle (S. 151) Auf der steinernen Terrasse einer ehemaligen *jenever*-Brennerei aus dem 18. Jh.

Café P 96 (S. 153) Die Sommerterrasse dieser bis spät geöffneten Kneipe befindet sich auf einem Hausboot.

Café Papeneiland (S. 151) Ein Juwel von 1642 an der Ecke von Prinsengracht und Brouwersgracht.

Café Binnen Buiten (S. 196) Der beste Platz auf einer Terrasse an der Gracht in Amsterdams „Quartier Latin", De Pijp.

Café de Ceuvel (S. 214) Hotspot am Kanal in Amsterdam Noord, jenseits des Ij.

S4SVISUALS/SHUTTERSTOCK ©

Tropenmuseum (S. 210)

Museen & Galerien

Amsterdams Museen von Weltrang ziehen jährlich Millionen Besucher an. Man kann hier keinen Kilometer weit laufen, ohne auf ein Meisterwerk zu stoßen. Die Museen in den Grachtenhäusern sind eine örtliche Spezialität. Und natürlich gibt es in dieser außergewöhnlichen Stadt auch außergewöhnliche Museen, die sich Themen von Handtaschen bis zu Hausbooten widmen.

Kunst in Hülle und Fülle

Die Kunstsammlungen sind zum großen Teil den alten niederländischen Meistern wie Johannes Vermeer, Frans Hals und Rembrandt van Rijn zu verdanken. Diese wirkten im Goldenen Zeitalter, als das neue Bürgertum (Kaufleute und Händler) bereit war, für dekorative Gemälde Geld auszugeben. Diese Werke füllen nun die Säle der großen Museen.

Weitere Schätze

Durch den niederländischen Überseehandel des Goldenen Zeitalters gelangten Silber, Porzellan und allerlei Gegenstände aus den fernen Kolonien in die Stadt. Sie bilden die Grundlage folgender Sammlungen: Rijksmuseum (S. 160), Amsterdam Museum (S. 70), Het Scheepvaartmuseum (S. 96) und Tropenmuseum (S. 200).

Grachtenhausmuseen

Es gibt zwei Arten: Bei der ersten, wie dem Museum Van Loon (S. 127), wurde das Haus als Wohnstätte bewahrt. Die opulente Einrichtung zeugt davon, wie die wohlhabendsten Amsterdamer früher lebten. Bei der anderen Variante dient das elegante Haus als Kulisse für Spezialsammlungen wie etwa die Katzenkunst des Kattenkabinet (S. 128).

Gegenwartskunst

Van Gogh und die Meister des Goldenen Zeitalters heimsen viel Aufmerksamkeit ein, aber die Amsterdamer Kunstszene hat mehr zu bieten. Zeitgenössische Galerien in der Stadt stellen Werke junger Künstler aus. Viele davon, z. B. W139 (S. 73), fand man früher in besetzten Häusern, heute gehören sie zum Mainstream. Galeriegegenden sind das Jordaan-Viertel und der südliche Grachtengürtel. Bei Kunststad (S. 211) kann man Künstlern bei der Arbeit zusehen.

Langes Warten vermeiden

Vor allem im Sommer sind die Schlangen vor dem Van Gogh Museum, dem Rijksmuseum, dem Anne Frank Huis und anderen Museen oft lang. Hier einige Tipps:

Vorteil von E-Tickets An vielen Sehenswürdigkeiten sind sie mit einem kleinen oder gar keinem Aufpreis erhältlich. Mit ihnen kann man einen separaten Eingang ohne Warteschlangen nutzen. In seltenen Fällen muss man diese Karten ausdrucken.

Später hingehen Am kürzesten sind die Schlangen am späten Nachmittag und abends, beim Rijksmuseum und Van Gogh Museum (im Sommer freitag- und samstagabends geöffnet) ab 15 Uhr, beim Anne Frank Huis (im Sommer jeden Tag abends und im Winter samstagabends geöffnet) ab 18 Uhr.

Ermäßigungskarte kaufen Mit einer Rabattkarte spart man nicht nur Geld, man hat für gewöhnlich auch separate, kürzere Warteschlangen.

Museen & Galerien in den Stadtvierteln

- **Altstadt & Rotlichtviertel** (S. 69) Sakrales (Kirchenmuseen) und Profanes (Sexmuseum,Haschisch-, Marihuana- & Hanfmuseum).
- **Nieuwmarkt, Plantage & die östlichen Inseln** (S. 90) Museum het Rembrandthuis, NEMO Science Museum, Het Scheepvaartmuseum und das Verzetsmuseum.
- **Westlicher Grachtengürtel** (S. 110) Das Anne Frank Huis zieht die Massen an; es gibt aber auch kleinere Museen zu den Grachten.
- **Südlicher Grachtengürtel** (S. 125) Hermitage Amsterdam und einige skurrile Museen.
- **Jordaan & der Westen** (S. 144) Kunst abseits des Mainstream, von Tulpen über Hausboote bis zu fluoreszierender Kunst.
- **Vondelpark & der Süden** (S. 160) Hier befindet sich das Museumsviertel mit den großen Dreien: Van Gogh Museum, Rijksmuseum und Stedelijk Museum.
- **De Pijp** (S. 185) In der Heineken Experience erfährt man alles übers Bierbrauen.
- **Oosterpark & das Viertel östlich der Amstel** (S. 200) Ethnografische Ausstellungen im Tropenmuseum.
- **Amsterdam Noord** (S. 210) In der Kunststad arbeiten rund 250 Künstler in ihren Ateliers.

GUT ZU WISSEN

Öffnungszeiten

- Museen sind oft von 10 bis 17 Uhr geöffnet, manche sind montags geschlossen.
- Das Van Gogh Museum hat von Mitte Juni bis August freitags und samstags bis 21 Uhr sowie von September bis Mitte Juni freitags bis 21 Uhr geöffnet.
- Das Anne Frank Huis hat von April bis Oktober täglich bis 22 Uhr, von November bis März samstags bis 22 Uhr geöffnet.

Eintrittspreise

- Der Eintrittspreis beträgt in der Regel zwischen 8 und 18 €.
- Kinder unter 13 Jahre sind oft kostenlos oder zahlen nur den halben Preis.
- Audioguides kosten etwa 5 €.

Top-Tipps

- Für große Museen vorab buchen.
- Online-Tickets haben oft feste Zeitfenster.
- Die Schlangen sind am späten Nachmittag und am Abend kürzer.
- Freitag, Samstag und Sonntag sind die besucherreichsten Tage.
- Viele Hotels verkaufen Eintrittskarten der großen Museen ohne Aufpreis als Service für ihre Gäste; am besten beim Hotelpersonal fragen.

Empfehlungen für einen Kartenkauf im Voraus

Van Gogh Museum & Rijksmuseum So kommt man in die schnellere Schlange.

Anne Frank Huis E-Tickets werden oft mit festgelegter Besuchszeit verkauft.

Stedelijk Museum Schlange umgehen.

Heineken Experience E-Tickets bieten einen geringen Rabatt und kürzere Schlangen.

Het Grachtenhuis E-Tickets garantieren den Zugang zu den limitierten Führungen.

Top-Tipps

Van Gogh Museum (S. 163) Mit der weltgrößten Sammlung von Werken des gequälten Künstlers.

Rijksmuseum (S. 160) Rembrandt, Vermeer, Kristallkelche und Wunderlampen findet man in der Schatzkammer der Nation.

Anne Frank Huis (S. 110) Der „geheime Anbau" und Annes klaustrophobisches Schlafzimmer bieten einen beklemmenden Einblick ins Dasein während des Zweiten Weltkriegs.

Pianola Museum (S. 144) Aus alten Pianolas erklingen seltener Jazz und Klassik.

Kunstmuseen

Museum het Rembrandthuis (S. 90) Atelier und Wohnhaus des alten Meisters.

Stedelijk Museum (S. 165) Moderne Kunst von Picasso über Mondrian bis Warhol.

Hermitage Amsterdam (S. 126) Zeigt große Ausstellungen mit Werken aus dem reichen Fundus des russischen Mutterhauses.

FOAM (S. 125) Hippes Fotomuseum mit wechselnden Ausstellungen.

Geschichtsmuseen

Amsterdam Museum (S. 70) Sieben Jahrhunderte fesselnder Stadtgeschichte.

Verzetsmuseum (S. 96) Hier wird gezeigt, wie der niederländische Widerstand während der deutschen Besatzung im Zweiten Weltkrieg operierte.

Het Grachtenhuis (S. 112) Erläutert die Geschichte von Amsterdams Grachten.

Ungewöhnliche Museen

Sexmuseum Amsterdam (S. 71) Die unanständigen Kunstwerke garantieren spaßige und verrückte Erlebnisse.

Electric Ladyland (S. 145) Das weltweit erste Museum für fluoreszierende Kunst bietet schräge Erlebnisse im Dunkeln.

Schönste Grachtenhaus-Museen

Museum Van Loon (S. 127) In diesem üppigen Stadthaus scheinen die Räume Familiengeheimnisse zu hüten.

Museum Willet-Holthuysen (S. 118) Großartige Gemälde, Porzellan und ein Garten im französischen Stil mit einer Sonnenuhr.

Kattenkabinet (S. 128) Kunst zum Thema Katzen (darunter Arbeiten von Picasso und Rembrandt) füllt ein weitläufiges Grachtenhaus am Goldenen Bogen.

Unterschätzte Museen

Tropenmuseum (S. 200) Umfassende Sammlung an Ritualmasken, spitzen Speeren und anderen Beutestücken aus den Kolonien.

Het Scheepvaartmuseum (S. 96) Schifffahrtsmuseum mit alten Globen, mysteriösen Galionsfiguren und dem Nachbau eines Schoners.

Museum Ons' Lieve Heer op Solder (S. 74) Sieht aus wie ein ganz gewöhnliches Grachtenhaus, birgt aber in Wahrheit eine Kirche des 17. Jhs. voller alter Schätze.

Galerien & Kunstzentren

W139 (S. 73) Politische Multimediakunst im Rotlichtviertel.

Schuttersgalerij (S. 70) Sammlung riesiger Porträts vom Goldenen Zeitalter bis zur Moderne.

Kunststad (S. 211) Kreative Ateliers in den Räumen einer früheren Werft.

Die besten Museen für Kinder

NEMO (S. 96) Für Kinder gestaltete interaktive Exponate drinnen und eine Terrasse für Wasservergnügen im Sommer auf dem Dach.

Joods Historisch Museum (S. 92) Die Abteilung für Kinder zeigt die Reproduktion einer jüdischen Wohnung mit einem interaktiven Musikzimmer und einer Küche, in der gebacken werden darf.

Madame Tussauds Amsterdam (S. 71) Kids finden es toll, ihre Idole von nah zu sehen.

Micropia (S. 94) Das erste Mikrobenmuseum der Welt besitzt eine Kotwand, ein „Kiss-o-Meter" und weitere ungewöhnliche Exponate.

Käse im 't Kaasboertje (S. 197)

Essen gehen

Amsterdams spannende Restaurantszene hat für jeden etwas zu bieten: klassische niederländische Snacks, neu erfundene traditionelle Rezepte in modernen Restaurants, trendy Einrichtungen mit brandneuen Konzepten, eine Reihe von neuen, extrem gesunden, oft vegetarischen oder veganen Lokalen und dazu eine wachsende Zahl von Wein-, Cocktail- und Craft-Bier-Bars. In dieser multinationalen Stadt gibt es auch eine Fülle von Küchen aus aller Welt.

GUT ZU WISSEN

Öffnungszeiten

Die meisten Restaurants sind von 11 bis 14.30 Uhr und abends von 18 bis 22 Uhr geöffnet.

Preiskategorien

Preis für ein Hauptgericht am Abend:

€ unter 12 €

€€ 12–25 €

€€€ über 25 €

Reservierungen

Restaurants im mittleren und oberen Preisrahmen sollte man im Vorfeld reservieren. Fast jeder spricht Englisch. In vielen Restaurants kann man auch online reservieren.

Bargeld & Karten

Viele Restaurants akzeptieren keine Kreditkarten. Wenn die Karten akzeptiert werden, kostet es 5 % Aufpreis. Andererseits gibt es auch immer mehr Lokale, die nur Karten akzeptieren. Unbedingt zuerst checken.

Geld sparen

Dagschotel ist das Tagesgericht, wer mehr Hunger hat, nimmt das *dagmenu* (ein festes Menü mit mehreren Gängen).

Trinkgeld

Trinkgelder sind üblich, allerdings nur im Rahmen: 5 % bis 10 % bei einem Snack im Café (etwa auf 10 € aufrunden, wenn die Rechnung 9,50 € beträgt), 10 % bis 15 % bei einem Essen im Restaurant (15 %, wenn der Service außergewöhnlich gut war).

Beste Websites

➡ **Amsterdam Foodie** (www.amsterdamfoodie.nl) Restaurantkritiken.

➡ **Your Little Black Book** (www.yourlittleblackbook.me) Hier erfährt man, was in der Stadt neu und hot ist.

➡ **Dutch Review** (www.dutchreview.com) Neuigkeiten und Kritiken zu Restaurants in der ganzen Stadt (und im Land).

Aktuelle Trends

Restaurants mit einem Konzept spezialisieren sich oft auf ein Thema, etwa Avocados. Weitere Trends sind Gourmet-Streetfood (*poke*-Salat, Ramen, Tacos, ...) sowie der tägliche Brunch. Auch zeitgenössische niederländische Küche ist im Aufwind. Amsterdam war lange Zeit führend, was die vegetarische Küche angeht, und ist heute mit zahlreichen Restaurants in der ganzen Stadt Vorreiter in Sachen vegane Küche.

Amsterdam ist ein wichtiger Ort für Start-up-Unternehmen; das gilt auch für den Restaurantbereich. Überall in der Stadt findet man Mini-Ketten einheimischer Esslokale. Zu den beliebtesten zählen Stach (Gourmet-Sandwiches und Delikatessen), SLA (den eigenen Salat zusammenstellen), De Bakkerswinkel (Gebäck), De Pizzabakkers (Pizza und Prosecco) und Butcher (Burgers); doch es gibt noch zahllose andere.

Die Foodhallen (S. 172) in De Hallen, dem ehemaligen Straßenbahndepot, das zum Kulturzentrum geworden ist, bieten zahlreiche Lokale unter einem Dach; hier kann man die aktuellen Trends kennenlernen. Festivals wie das Küchen-Wagen-Event **Rollende Keukens** (Rollende Küchen; www.rollendekeukens.amsterdam; ⌚Ende Mai/Anfang Juni; 🚋5 Van Hallstraat) eignen sich auch gut, um den Zeitgeist aufzuspüren.

Spezialitäten

TRADITIONELLE NIEDERLÄNDISCHE KÜCHE

Die traditionelle Küche basiert auf Fleisch, Kartoffeln und Gemüse. Typisch ist z. B. *stamppot* (Stampftopf) aus Kartoffeln und Gemüse (meist Grünkohl oder Endivien), der mit Räucherwurst und Schweinefleisch serviert wird. *Erwtensoep* ist eine Erbsensuppe mit Wurst und Speck. *Pannenkoeken* sind dünne Pfannkuchen, die mit süßen oder herzhaften Zutaten belegt werden. Eine Miniversion mit Zucker oder Sirup sind die *poffertjes*; diese gibt es frisch zubereitet auf Märkten. Viele Imbissbuden und Kneipen bieten *appeltaart* (Apfelkuchen) mit *slagroom* (Schlagsahne). Zum Frühstück essen Holländer auf ihrem Butterbrot *hagelslag* (Schokostreusel).

MODERNE NIEDERLÄNDISCHE KÜCHE

Durch die traditionelle niederländische Küche weht ein frischer Wind: Uralte Rezepte werden neu interpretiert. Kreative Köche nutzen auch Ideen aus der restlichen Welt und wenden diese auf Fleisch, Fisch und Gemüse aus der Region an. Für diese moderne Küche ist Amsterdam das Zentrum.

INDONESISCH & SURINAMESISCH

Die historischen Bindungen der Niederlande an Indonesien und Surinam bedeuten, dass es sehr viele Restaurants mit der Küche dieser Weltgegenden gibt. Berühmtestes Gericht aus Indonesien ist die *rijsttafel* (Reistafel): ein Dutzend oder mehr kleine Gerichte wie geschmortes Rindfleisch, Schweinefleisch mit Erdnusssoße oder Rippchen, zu denen Reis gereicht wird. Andere beliebte Gerichte sind *nasi goreng* – eine Reispfanne mit Zwiebeln, Schweinefleisch, Garnelen und Gewürzen, oft mit Spiegel- oder Rührei bedeckt – und *bami goreng*, dasselbe mit Nudeln statt Reis. Die Schärfe der Gerichte wird meist an europäische Gaumen angepasst. Wer sein Essen *pedis* (scharf) bestellt, sollte sich auf etwas gefasst machen.

In der karibischen Küche Surinams spielen Currygerichte mit Huhn, Lamm oder Rind die Hauptrolle. Mit Fleisch- oder Gemüsecurry gefülltes Roti-Fladenbrot ist köstlich, sättigend und günstig.

Snacks

Vlaamse frites/patat Die legendären, aus der ganzen Kartoffel geschnittenen Pommes frites mit einem Berg Mayonnaise oder einer anderen Soße.

Kroketten Frittierte „Würstchen" mit diversen Hackfleischfüllungen. Beliebt in *bruine cafés* (traditionelle niederländische Kneipen) sind mit Fleisch gefüllte *bitterballen* – kleine ballförmige Kroketten (mit Senf serviert).

Haring Hering ist ein Leibgericht der Niederländer und an Ständen überall in der Stadt zu haben. Er wird eingesalzen oder eingelegt, nie gegart. Dazu gehören Zwiebelwürfel und süßsaure Gürkchen.

Auf die Schnelle

Neben Restaurants und *eetcafés*, erschwinglichen Esslokalen, gibt es noch mehrere Möglichkeiten, seinen Hunger zu stillen.

So gibt es *broodjeszaken* (Sandwichläden). Hier erhält man nach seiner Wahl belegte helle oder Vollkornbrötchen.

Auch Imbisse findet man überall. Am bekanntesten ist FEBO mit gelben Automatenfensterchen, aus denen man sich gegen Münzeinwurf eine frittierte Köstlichkeit ziehen kann. Die Filialen sind bis in die Morgenstunden geöffnet, und ein fettiger Snack nach einer ausgedehnten Zechtour ist eine niederländische Tradition.

Käse

Holländer lieben ihren *kaas*. Gouda macht zwei Drittel des verkauften Käses aus. Die leckersten Varianten haben einen kräftigen Geschmack, z. B. alter *(oud)* Gouda, mit Senf ein beliebter Kneipenimbiss. Edamer ist trockener und weniger cremig. Ein Exportschlager ist der leichte Leidener mit Kreuzkümmel.

Süßigkeiten

Am bekanntesten ist *drop*, süßes oder salziges Lakritz mit unterschiedlichen Geschmacksrichtungen. *Stroopwafels* sind gefüllt, gewöhnlich mit dickflüssigem Karamellsirup.

Essen in den Stadtvierteln

- **Altstadt & Rotlichtviertel** (S. 74) Von eleganten niederländischen bis zu Zeedijks asiatischen Restaurants und Sandwich-Shops.
- **Nieuwmarkt, Plantage & die östlichen Inseln** (S. 97) Terrassen im Freien und dramatische Blicke aufs Wasser.
- **Westlicher Grachtengürtel** (S. 114) Hübsche Cafés und kleine Restaurants finden sich in den Negen Straatjes.
- **Südlicher Grachtengürtel** (S. 129) Preiswert am Leidseplein; verschiedene qualitativ hochwertige Alternativen an der Utrechtsestraat.
- **Jordaan & der Westen** (S. 146) Gesellige kleine Kneipen sind das Kennzeichen des Jordaan; in der Westergasfabriek gibt es angesagte Lokale.
- **Vondelpark & der Süden** (S. 170) Von organischem Essen über coole internationale Küche bis zu den großen luftigen Foodhallen.
- **De Pijp** (S. 186) Reichlich Esslokale im Albert Cuypmarkt; ethnische Restaurants und Brunchkneipen allerorten.
- **Oosterpark & das Viertel östlich der Amstel** (S. 202) Indonesische, marokkanische, türkische und surinamische Küche im Überfluss.
- **Amsterdam Noord** (S. 211) Postindustrielle oder Ufer-Locations für kreative Küche.

Straßen voller Restaurants

- **Jan Pieter Heijestraat** Gesellige Lokale säumen die Hauptstraße zwischen dem Vondelpark und dem Kulturkomplex De Hallen.
- **Amstelveenseweg** Haufenweise internationale Restaurants am Westrand des Vondelpark.
- **Utrechtsestraat** In den Cafés chillen die jungen Amsterdamer; am Südlichen Grachtengürtel.
- **Haarlemmerstraat und Haarlemmerdijk** In den Straßen am Westlichen Grachtengürtel und im Jordaan gibt es zahlreiche Hotspots.
- **2e Tuindwarsstraat** Gemütliche Restaurants (viele Italiener) gibt es in und um diese enge Seitenstraße im Jordaan.

Top-Tipps

Rijks (S. 174) Restaurant mit Michelin-Stern im Rijksmuseum.

D'Vijff Vlieghen (S. 76) Ein Juwel verteilt auf fünf Grachtenhäuser aus dem 17. Jh.

Greetje (S. 101) Niederländische Klassiker neu erfunden.

De Kas (S. 204) Essen im Gewächshaus, in dem die Zutaten der Mahlzeit gewachsen sind.

Vleminckx (S. 74) Phänomenale Pommes.

Die besten nach Preisklasse

€

Gartine (S. 74) Slowfood-Sandwiches und ein umwerfender High Tea in der Altstadt.

Braai BBQ Bar (S. 170) Würzige Spareribs im Streetfood-Stil.

Sterk Staaltje (S. 97) In dem Lokal im Stil eines Gemüseladens gibt es leckere Snacks.

Avocado Show (S. 191) Avocados sind hier immer der Hauptbestandteil, vom Salat bis zu Eiscreme und Cocktails.

€€

Hotel de Goudfazant (S. 211) Französische Küche in einer ehemaligen Garage in Amsterdam Noord.

Mossel en Gin (S. 149) Mit Gin Tonic aromatisierte Fish and Chips zählen zu den mit Gin angereicherten Speisen in diesem erstaunlichen Lokal in der Westergasfabriek.

Balthazar's Keuken (S. 147) Immer wieder neue mediterrane Gerichte, serviert in einer umgestalteten Schmiede.

Buffet van Odette (S. 130) Luftige Terrasse an der Gracht für Pasta und Sandwiches.

Wolf Atelier (S. 149) Innovative Gastronomie auf einer stillgelegten Eisenbahnbrücke.

€€€

De Silveren Spiegel (S. 76) Feine niederländische Küche in einem romantischen Stadthaus mit Treppengiebel.

Greetje (S. 101) Moderne niederländische Küche auf Grundlage alter einheimischer Rezepte.

Graham's Kitchen (S. 191) Die Zutaten, die in diesem lokalen Geheimtipp verwendet werden, stammen aus der Region.

Marius (S. 150) Der Küchenchef bereitet ein Vier-Gänge-Menü aus dem zu, was er am Markt gefunden hat.

Ciel Bleu (S. 194) Haute Cuisine mit zwei Michelin-Sternen im 23. Stock mit Blick über Amsterdam.

Beste Länderküchen

Traditionell niederländisch

Bistro Bij Ons (S. 115) Ehrliche, gute niederländische Klassiker.

Pantry (S. 131) Eine *gezellig* (gemütliche) Atmosphäre und klassische niederländische Gerichte.

Van Dobben (S. 129) Herzhafte Fleischgerichte.

Zeitgenössisch niederländisch

Wilde Zwijnen (S. 203) Das rustikale Juwel im Oost erntet Lob für seine kühne Jahreszeitenküche.

Gebr Hartering (S. 101) In verführerischer Lage am Kanal wechselt die Speisekarte täglich, aber alles ist köstlich.

Hemelse Modder (S. 99) Nordseefisch gefolgt von einer guten Mousse als Dessert.

Daalder (S. 149) Moderne niederländische Küche.

Indonesisch

Dèsa (S. 189) Sehr beliebt für seine *rijsttafel*.

Restaurant Blauw (S. 174) Hochgelobte indonesische Küche in moderner Umgebung.

Café Kadijk (S. 101) Hier gibt es eine Mini-*rijsttafel*.

Surinamisch

Tokoman (S. 97) Schlangestehen für scharf gewürzte surinamische Sandwiches.

Spang Makandra (S. 189) Hinreißende Auswahl an preiswerten Gerichten in einer gemütlichen Umgebung.

Roopram Roti (S. 203) Schlichtes Lokal mit lockerem Fladenbrot und scharfer Soße.

Bestes Gebäck & Süßigkeiten

Patisserie Holtkamp (S. 132) Man befindet sich in guter Gesellschaft, wie das vergoldete königliche Wappen bezeugt.

Baking Lab (S. 204) Ein Gemeinschaftsofen, Backkurse und köstliche Brote.

Petit Gâteau (S. 114) Reihenweise fantastische Mini-Kuchen.

Arti Choc (S. 180) Originelle handgemachte Schokoladenkreationen.

Van Stapele (S. 76) Süchtig machende Plätzchen aus dunkler Schokolade.

Beste Vegane Küche

Bonboon (S. 100) Gehobene vegane Küche und eine Terrasse mit Blick aufs Wasser.

Alchemist Garden (S. 171) Der Himmel für Veganer, mit köstlichen gluten- und laktosefreien Speisen.

Mastino V (S. 149) Hier gibt es nur vegane Pizza.

Mr & Mrs Watson (S. 203) Veganes Wohlfühlessen, darunter Fondue.

Vegan Junk Food Bar (S. 171) Burger auf pflanzlicher Basis, niederländische *bitterballen* (Kroketten) und mehr.

Beste Restaurants im Viertel

Café Modern (S. 212) Ein Favorit in Amsterdam Noord.

Éénvistwéévis (S. 101) Frische Meeresfrüchte aus dem Meer gibt's in diesem Lokal in Plantage.

Arles (S. 190) Provenzalisches Restaurant in De Pijp.

Beste Ausblicke

Moon (S. 212) Rundum-Panoramablick im Drehrestaurant des A'DAM Toren.

Pont 13 (S. 147) Fest verankerte frühere Autofähre mit einer großartigen mediterran inspirierten Speisekarte.

Cafe-Restaurant Stork (S. 212) Fischrestaurant am IJ.

Bester Brunch

Bakers & Roasters (S. 191) Bananen-Nuss-Kuchen, Arme Ritter und Bloody Marys bei Amsterdams Brunch-Spezialisten.

Breakfast Club (S. 171) Britische, amerikanische und mexikanische Brunch-Gerichte.

Scandinavian Embassy (S. 191) Ziegenmilchjoghurt, Lachs auf Roggenbrot und weitere Gerichte aus Nordeuropa.

CT Coffee & Coconuts (S. 191) Kokos-Buchweizen-Pfannkuchen, Eier und Avocado-Toast im Art-déco-Ambiente.

Little Collins (S. 191) Schickes Lokal mit internationalen Brunch-Gerichten.

Beste Pommes Frites

Vleminckx (S. 74) Goldene Kartoffelstäbchen werden in Mayonnaise, Curry- oder eine der vielen anderen Soßen getaucht.

Wil Graanstra Friteshuis (S. 114) Dieser familiengeführte Stand verkauft seit Jahrzehnten Pommes frites beim Anne-Frank-Haus.

Frites uit Zuyd (S. 188) Knusprige *frites, draußen verzehrt*.

Bestes Eis

IJsmolen (S. 99) Einzigartige niederländische Geschmacksrichtungen bei der De-Gooyer-Windmühle.

Massimo (S. 186) Handgemachtes Eis in De Pijp von Eismachern in der vierten Generation.

Banketbakkerij Van der Linde (S. 75) Das cremigste Vanilleeis, das es gibt.

Monte Pelmo (S. 147) Einfallsreiche Aromen ziehen zahlreiche Einheimische an.

Beste Sandwiches

Vinnies Deli (S. 114) Hier werden innovative organische Kombinationen wie Räucherfisch und Rhabarber-Chutney serviert.

Rob Wigboldus Vishandel (S. 76) Gute Quelle für Heringe.

Broodje Bert (S. 76) Die hausgemachten Lammfleischbällchen sind kaum zu übertreffen.

Proeflokaal Kef (S. 212) Der Käsespezialist produziert herausragende Sandwiches.

Beste Pizza

Pazzi (S. 147) Perfekte Kruste mit frischem Mozzarella.

Yam Yam (S. 148) Die moderne Trattoria ist hochgradig beliebt.

Lo Stivale d'Oro (S. 132) Der italienische Besitzer macht eine großartige Pizza.

Sugo (S. 186) Hinreißende Pizzastücke.

Pllek (S. 214), Amsterdam Noord

Cafés, Bars & Clubs

Amsterdam zählt zu den Top-Destinationen für Nachtleben in Europa und der ganzen Welt. Außer im Rotlichtbezirk und einigen Hotspots um Leidseplein und Rembrandtplein hat sich die Clubszene sehr schnell ausgebreitet, dank 24 Stunden geöffneter Locations. Doch wer möchte, kann die Hardcore-Party-Szene auch meiden: Amsterdam bietet auch zahlreiche Cafés und Pubs, in denen Gemütlichkeit und Charme im Mittelpunkt stehen.

n Glas *jenever* (S. 51)

GUT ZU WISSEN

Coffeeshop oder Café

Vorab: Die *Café-Kultur* sollte nicht mit der Coffeeshop-Kultur (Cafés, in denen man Marihuana rauchen kann) verwechselt werden. Es gibt einen Riesenunterschied zwischen einem *Café* (Kneipe), einem *Koffiehuis* (Espressobar) und einem Coffeeshop. Coffeeshops haben auch Kaffee (Alkohol ist dagegen streng verboten), aber der Schwerpunkt liegt auf Cannabis und Haschisch.

Rauchen ist in *Cafés* gesetzlich verboten.

Öffnungszeiten

- *Cafés* (Pubs) öffnen um die Mittagszeit; wenn Essen serviert wird, haben sie eventuell auch schon zum Frühstück offen.
- Bars öffnen in der Regel zwischen 17 und 18 Uhr.
- Coffeeshops öffnen meist um 10 Uhr.
- Geschlossen werden die meisten Lokale, in denen getrunken und geraucht wird, zwischen 24 und 2 Uhr (an Wochenenden um 3 Uhr).

WLAN

Die meisten Bars und Cafés und auch einige Coffeeshops bieten kostenloses WLAN, es gibt dafür einen Code.

Cafés

Cafés Was die Niederländer *café* nennen, ist eher eine Kneipe. Davon gibt es in Amsterdam über 1000. In dieser Stadt sind Geselligkeit und gute Gespräche wichtiger als der eigentliche Trinkgenuss. Viele *cafés* haben eine *terras* zum Draußensitzen. Bei manchen ist sie dank Überdachung und Heizung wintertauglich. Die meisten *cafés* servieren auch Essbares, von Sandwiches und Snacks bis zu ausgezeichneten Hauptspeisen.

Bruine Cafés Amsterdam ist für seine historischen *bruine cafés berühmt*. Der Name dieser traditionellen Kneipen leitet sich von der dunklen Einrichtung aus Holz ab, die vom Zigarettenrauch braun verfärbt ist (neuerdings wird das Mobiliar einfach wieder braun angestrichen). Wichtigster Aspekt dieser Kneipen ist jedoch die Atmosphäre, die zu Unterhaltungen anregt, und die *gezelligheid* (Geselligkeit, Gemütlichkeit).

Grand Cafés Die großen Cafés verfügen über bequeme Möbel und ein stilvolles Ambiente. Man kann auch etwas zu essen bestellen, manche verfügen über eine umfangreiche Speisekarte. Für einen Besuch der Grand Cafés reicht Straßenkleidung.

Theatercafés sind ähnlich wie Grand Cafés und liegen in unmittelbarer Nähe der Theater. Vor Vorstellungsbeginn kann man etwas zu essen bestellen, nach der Vorstellung Getränke. Hin und wieder trifft man hier auch einige Darsteller.

Getränke

BIER

Bier ist für die Niederländer ähnlich wichtig wie für die Deutschen, Belgier und Tschechen (auch wenn sie nicht ganz so viel davon konsumieren wie ihre Nachbarn).

Das flüssige Grundnahrungsmittel in Amsterdam ist helles Lagerbier. Es kommt gut gekühlt und mit einer zweifingerdicken Schaumkrone ins Glas, die dafür sorgt, dass das Aroma nicht verfliegt. Wer *een bier, een pils* oder *een vaasje* ordert, bekommt ein Bier in Normalgröße, *een kleintje pils* ist ein kleines Bier und *een fluitje* ein schlankes Kölschglas. Viele Lokale servieren den Touristen zuliebe auch *een grote pils* im Halbliterkrug.

Heimische Marken sind Heineken, Amstel, Grolsch, Oranjeboom, Dommelsch und Bavaria. Auch die leckeren, stärkeren Biere aus Belgien wie Duvel und Westmalle Triple haben viele Fans. Im Sommer wird gern trübes *witbier* (Weizenbier) mit einer Scheibe Zitrone genossen. Im Herbst kommt dann das dunkle, süßliche *bokbier* auf den Tresen.

WILL SALTER/LONELY PLANET ©

Oben: Gäste auf der Terrasse von 't Smalle (S. 151), Jordaan

Links: „Menü" eines Coffeeshops mit Marihuana

Amsterdams Craft-Bier-Szene ist in den letzten Jahren geradezu explodiert. Neben den traditionellen Kleinbrauereien wie Brouwerij 't IJ und Brouwerij de Prael, deren Biersorten sowohl in der Stadt als auch bei den Brauereien selbst erhältlich sind, gibt es innovative neuere Brauereien, etwa Brouwerij Troost und Butcher's Tears. Auf Craft-Bier haben sich auch Bars und Läden spezialisiert.

WEIN & SPIRITUOSEN

Doch die Niederländer produzieren nicht nur Bier, sondern auch härteren Stoff. *Jenever* (jä-naj-ver gesprochen) oder *genever* ist niederländischer Wacholderschnaps, der eiskalt aus einem kleinen, randvollen Glas getrunken wird – traditionsgemäß beugt man sich für den ersten Schluck mit den Händen auf dem Rücken über die Theke und schlürft etwas ab. Die meisten bevorzugen den *jonge* (jungen) *jenever* mit seinem sanfteren Aroma. Der intensivere Wacholdergeschmack des *oude* (alter) *jenever* ist etwas gewöhnungsbedürftig. Eine beliebte Kombination ist der *kop-stoot* (Kopfstoß): ein Gläschen *jenever* mit einem Glas Bier zum Nachspülen – nach zwei oder drei Lagen von diesen „Kopfstößen" ist der Normaltrinker reichlich bedient. Daneben gibt es viele einheimische Likörsorten, z. B. *advocaat* (Eierlikör) oder den westfriesischen Kräuterbitter Beerenburg.

Immer mehr Holländer trinken heutzutage Wein, und Weinbars gibt es in der ganzen Stadt. Fast alle Weinsorten werden jedoch aus anderen europäischen Ländern und aus Übersee importiert.

KAFFEE

Der Kaffee wurde von Amsterdamer Händlern nach Europa gebracht und ist immer noch das Lieblingsgetränk der Holländer. Wer einen *koffie* bestellt, bekommt einen großen Java mit einem kleinen Gefäß *koffiemelk*, das ist ungesüßte Kondensmilch. Caffe latte – *koffie verkeerd* („verkehrter Kaffee") wird in einer größeren Tasse oder einem Becher mit frischer Milch serviert.

Kaffee-Röstereien schießen in Amsterdam geradezu aus dem Boden. Baristas bereiten immer mehr Feinschmecker-Filterkaffee zu.

BORREL

Borrel heißt auf Niederländisch eigentlich „Schnaps" – traditionell meist ein *jenever* (holländischer Gin). Ein *borrel* kann aber auch ein Umtrunk sein: Man trifft sich zum Trinken, Quatschen und Spaßhaben. Normalerweise gibt es auch was zu essen, besonders *borrelhapjes* wie *borrelnootjes* (Erdnüsse in einem knusprigen, würzigen Mantel) sowie *kroketten* wie *bitterballen* (kleine runde Fleischkroketten) – der Name rührt daher, dass sie traditionell mit Bitterspirituosen wie *jenever* serviert werden.

Für einen *borrel* ist jeder Anlass recht: ein Geburtstag, ein schöner Sonnenuntergang, der zum Draußensitzen einlädt, oder der Feierabend (*vrijdagmiddagborrel*, meist verkürzt zu *vrijmibo* oder nur *vrimibo*, ist der Freitagnachmittagsumtrunk mit Kollegen). Eine Gruppe Einheimischer, die mit einem Bier in der Hand aus einem *bruin café* auf die Straße schwappt? Das ist ein *borrel*!

COFFEESHOP- & SMART-SHOP-ETIKETTE

- Wer sich nicht auskennt, sollte die Coffeeshop-Mitarbeiter um Rat fragen, was und wie viel er konsumieren soll, und diesen Rat auch befolgen, selbst wenn nach einer Stunde noch nichts passiert.
- Nicht nach harten (illegalen) Drogen fragen.
- Die Mitarbeiter um die Karte mit den angebotenen Produkten bitten. Die meisten Shops verkaufen Zigarettenpapier, Pfeifen oder Wasserpfeifen, ebenso fertig gerollte Joints.
- Der Genuss von Alkohol ist in Coffeeshops nicht erlaubt.
- Das Rauchen von Tabak, egal ob in Verbindung mit Marihuana oder pur, ist nach niederländischem Gesetz in allen Einrichtungen untersagt.
- „Herbal Ecstasy" – eine Mischung aus Kräutern, Vitaminen und Koffein – wird in Smart Shops verkauft. Wer sich nicht auskennt, sollte die Mitarbeiter fragen, da einige Substanzen unangenehme Nebenwirkungen haben.
- Psilocybinhaltige Pilze (oder Zauberpilze) sind in den Niederlanden nicht erlaubt, aber zahlreiche Smart Shops verkaufen Pilztrüffel, die eine ähnliche Wirkung haben.

Rauchen

MARIHUANA & HASCHISCH

Anders lautenden Gerüchten zum Trotz ist Cannabis in den Niederlanden nicht legal. Allerdings wird der Erwerb, Besitz und Konsum kleiner Mengen (5 g) „weicher" Drogen (also Marihuana, Hasch, *space cakes* und „Pilztrüffel") geduldet und nicht strafrechtlich verfolgt. Immerhin haben die Behörden das Recht, Drogen jederzeit zu konfiszieren, sie machen davon aber selten Gebrauch. Die Coffeeshops betreiben sozusagen ein illegales Geschäft, das aber in gewissem Umfang von den Behörden toleriert wird.

Früher waren die meisten Cannabis-Produkte in den Niederlanden Importware. Inzwischen wird ein hochwertiges Kraut, das sogenannte *nederwiet*, im Land selbst angebaut. Dieser starke Stoff enthält bis zu 15 % des Hauptwirkstoffs Tetrahydrocannabinol (THC) – seit 2011 gilt alles mit über 15 % als harte Droge und ist verboten. Kurz: Das niederländische Gras kann einen aus den Pantoffeln hauen – keine angenehme Erfahrung. Anfänger sollten vorsichtig sein, und selbst altgediente Kiffer vertragen das heimische Gewächs häufig nicht.

Space cakes und *space cookies* (Gebäck und Kekse mit Hasch oder Marihuana) werden sehr zurückhaltend verkauft, denn viele Touristen unterschätzen ihre Wirkung. Wer mit dem spacigen Gebäck nicht vertraut ist und nicht weiß, wie schnell seine Wirkung einsetzt und wie lange sie anhält, kann sich einen ziemlich unangenehmen (und lang andauernden) Rausch einhandeln.

DIE ZUKUNFT DER COFFEESHOPS IN AMSTERDAM

Seit der Entkriminalisierung von weichen Drogen 1976 war das „Recht zu rauchen" in Amsterdam nicht bedroht – bis vor Kurzem. Gegenwärtig gibt es in Amsterdam 167 Coffeeshops (31 % der gesamten in der Niederlande), gegenüber 350 im Jahr 1995.

2011 schlug die Regierung vor, Ausländern den Zutritt zu Coffeeshops zu verweigern. Niederländische Staatsangehörige hingegen sollten verpflichtet werden, einen ein Jahr gültigen *wietpas* („Graspass") zu kaufen, um in einem Coffeeshop „weiche Drogen" kaufen zu können. Obwohl das oberste Verwaltungsgericht diesen Gesetzentwurf für unrechtmäßig erklärte, wies das Gericht darauf hin, dass es nicht unbedingt verfassungswidrig sei, Touristen und Ausländern den Zugang zu Coffeeshops zu verweigern. Das Gesetz wurde im Jahr 2012 verabschiedet, jedoch legten Amsterdams Ratsmitglieder Widerspruch dagegen ein, weil sie erhöhte Kriminalität, illegalen Straßenhandel und asoziales Verhalten befürchteten, und die Coffeeshops ignorierten das Gesetz. Wer in kleinere Orte fährt, sollte wissen, dass sich eine Reihe von Regionalräten an das *wietpas*-System hält, obwohl einige Coffeeshops in diesen Gegenden den Rat verklagt haben. Der Ausgang des Rechtsstreits ist derzeit noch ungewiss. Besucher sollten sich nach dem neuesten Stand erkundigen.

Seit 2014 verfügt das Gesetz, dass Coffeeshops nicht im Umkreis von 250 m von Grund- und 350 m von weiterführenden Schulen in Amsterdam sein dürfen. Doch die Behörden zweifeln an dieser Maßnahme, da Minderjährigen der Zugang zu Coffeeshops sowieso schon untersagt ist, die Coffeeshops überwacht werden und es wirksamere Wege gibt, um Jugendliche von Drogen fernzuhalten, etwa Erziehung. Das Gesetz hat aber dazu geführt, dass rund 20 Coffeeshops geschlossen wurden.

Im Moment sind Amsterdams Coffeeshops für jeden (Ausländer und Einheimische), der über 18 Jahre ist, zugänglich. Coffeeshops dürfen nicht werben und können bis zu 5 g Cannabis pro Tag und Kunde verkaufen. Was die Zukunft angeht, heißt es abwarten.

Clubbing

Amsterdam ist dabei, Berlin die Krone als Europas Clubbing-Hauptstadt streitig zu machen. Das fantastische **Amsterdam Dance Event** (S. 24) mit elektronischer Musik ist inzwischen ein Fixpunkt im Kalender der Stadt, und seit 2012 ernennt Amsterdam (als erste Stadt in der Welt) *nachtburgemeester* (Nachtbürgermeister), die das Nachtleben und die Wirtschaft der Stadt fördern sollen.

Die Clubs in der Innenstadt sind ins soziale Gefüge integriert, und tolle Einrichtungen, darunter einige mit 24-Stunden-Lizenz, haben umgewidmete Gebäude außerhalb des Zentrums (mit dennoch guter Verkehrsanbindung) erobert, damit der Lärm nicht stört. Außer Clubnächten finden dort auch Kunstausstellungen, Märkte und andere kulturelle Angebote statt.

Einige der besten Veranstaltungslokale liegen im Westen, wie das **Warehouse Elementenstraat** (www.elementenstraat.nl;

Ausgehen & Nachtleben

Elementenstraat 25; ⏲meist Fr & Sa; 📶; 🚌22/281 Contactweg, Ⓜ Isolatorweg) in einem großen Lagerhaus; **De School** (☎020-737 31 97; www.deschoolamsterdam.nl; Dr Jan van Breemenstraat 1; ⏲meist Do–Sa; 📶; 🚋13 Admiraal Helfrichstraat) in einer ehemaligen technischen Schule und **De Marktkantine** (☎020-723 17 60; www.marktkantine.nl; Jan van Galenstraat 6; ⏲meist Do–So; 📶; 🚌18/282 Markthallen) in einer Kantine der Marktmitarbeiter. Im Südwesten befindet sich das **Radion** (☎020-452 47 09; www.radion.amsterdam; Louwesweg 1; ⏲variable Öffnungszeiten; 📶; 🚌18/247/288 Louwesweg, 🚋2 Louwesweg) in einer früheren Zahnmedizinschule. Das postindustrielle Viertel Amsterdam Noord bietet auch reichlich Clubs wie das Shelter, unter dem A'DAM Toren (S. 210); Tolhuistuin (S. 215) und Sexyland (S. 211) mit wilden unterschiedlichen Beiträgen seiner 365 Mitglieder, von denen jeder einmal im Jahr sein eigenes Event gestaltet.

Amsterdams LGBT-Szene

Die Niederlande waren das erste Land, in dem die gleichgeschlechtliche Ehe legalisiert wurde (2001), so erstaunt es nicht, dass die LGBT-Szene in Amsterdam zu den größten der Welt zählt. Örtliche Organisationen (S. 288) können den Zugang zur Szene erleichtern.

Es gibt fünf Party-Brennpunkte.

Warmoesstraat Hier im Rotlichtbezirk (zwischen Dam und Centraal Station) liegen die berüchtigten Leder- und Fetischbars.

Zeedijk Nicht weit von der Warmoesstraat strömen die Gäste auf die legeren Barterrassen.

Rembrandtplein Am Südlichen Grachtengürtel liegen hier traditionelle Pubs und *bruine cafés*, darunter beliebte queere Kneipen.

Leidseplein Trendige Lokale an der Kerkstraat.

Reguliersdwarsstraat Hierher kommen die Reichen und Schönen.

Top-Tipps

't Smalle (S. 151) Amsterdams intimste Kneipe an einer Gracht, mit historischen Inneren.

Warehouse Elementenstraat (S. 52) Einer von Europas hottesten 24-Stunden-Clubs.

Wynand Fockink (S. 81) Diese Kneipe von 1679 schenkt wunderbare *jenevers* aus.

Pllek (S. 214) Schicke Bar aus alten Schiffscontainern mit einem künstlichen Strand.

SkyLounge (S. 103) Ein Rundum-Blick von dieser Bar im elften Stock mit großer Terrasse.

Beste Bruine Cafés

In 't Aepjen (S. 79) Kerzen brennen den ganzen Tag in diesem 500 Jahre alten Haus.

Hoppe (S. 78) In dieser Institution verkehren Journalisten und Lebenskünstler.

De Sluyswacht (S. 102) Im Schleusenwärterhaus gegenüber vom Rembrandthaus einkehren.

Café Pieper (S. 151) Im niedrigen Raum hängen alte Bierkrüge an der Bar.

Café de Dokter (S. 78) Im kleinsten Pub dominieren alte Jazzplatten und viel Whiskey.

Eijlders (S. 136) Widerstandsgeist unter Buntglasfenstern.

Beste Biere

Brouwerij 't IJ (S. 102) Wunderbare unabhängige Brauerei am Fuss der De-Gooyer-Windmühle.

Brouwerij Troost Westergas (S. 154) Hausgemachtes schaumiges Gebräu und *jenever*.

Brouwerij De Prael (S. 154) Eine sozial eingestellte Brauerei, die starke organische Biere braut.

Oedipus Brewery & Tap Room (S. 215) Herausragende Brauerei in Amsterdam Noord.

Bierfabriek (S. 79) In dieser Mikrobrauerei im Stadtzentrum gibt es auch leckeres Essen.

Beste Coffeeshops

Dampkring (S. 78) Hollywood machte die an Hobbits erinnernde Deko und das preisgekrönte Produkt berühmt.

Abraxas (S. 78) Eine dreistöckige Oase mit sanfter Musik und bequemen Sofas.

Greenhouse (S. 81) Psychedelische Mosaiken und Buntglas, dazu eine umfangreiche Speisekarte.

La Tertulia (S. 153) Coole Van-Gogh-Wandbilder zieren dieses ruhige Lokal an der Prinsengracht.

Betty Boop (S. 135) Lieblingslokal der LGBT-Szene.

Beste Cocktailbars

Rosalia's Menagerie (S. 102) Ein niederländisches Kulturgut – Motto-Cocktails und Vintage-Einrichtung.

Tales & Spirits (S. 77) Originelle Getränke in alten Gläsern.

Canvas (S. 205) Ausgefallene Bar mit großartigem Blick im obersten Stockwerk des *Volkskrant*-Zeitungsgebäudes (heute ein schickes Hotel).

Twenty Third Bar (S. 195) Blicke aus dem 23. Stock, hinreißende Champagner-Cocktails und Bar-Snacks mit zwei Michelin-Sternen.

Door 74 (S. 133) In der Bar im Stil der Prohibitionszeit werden einige der wildesten Cocktails von Amsterdam gemixt.

Beste LGBT-Kneipen

't Mandje (S. 79) Amsterdams ältester Treffpunkt der Szene ist eine schlichte Schönheit.

Montmartre (S. 139) Legendäre Bar, in der lautstark niederländische Balladen und alte Top-40-Hits erklingen.

De Trut (S. 153) Ein Besuch hier gehört zum Sonntagsprogramm.

Bester Kaffee

Monks Coffee Roasters (S. 154) Unvergleichliche Hausmischung.

Lot Sixty One (S. 176) Brandaktuelle Rösterei in Amsterdam.

Scandinavian Embassy (S. 191) Kaffee aus skandinavischen Mikroröstereien.

Espressofabriek (S. 154) Tolles Aroma bei der Rösterei in Westergasfabriek.

Koffiehuis De Hoek (S. 117) Altmodisches Kaffeehaus.

Beste Weinbars

Worst Wijncafe (S. 149) Weinbar mit Schachbrettboden, in der exzellente Wursttapas serviert werden.

Glouglou (S. 195) Glasweise ökologische Weine.

Pata Negra (S. 136) Herrlich rustikale Bodega im spanischen Stil.

Rayleigh & Ramsay (S. 194) Weinbar mit einzigartigem Selbstbedienungssystem.

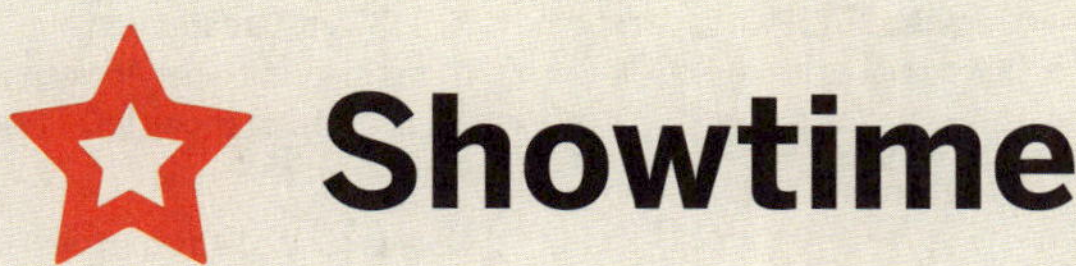

Showtime

Amsterdam besitzt eine blühende Kulturszene mit vielen Konzertsälen, Theatern, Kinos, Comedy-Clubs und anderen Veranstaltungsstätten. Musikfans kommen voll auf ihre Kosten, denn es gibt eine lebhafte Subkultur für nahezu jedes Genre, vor allem Jazz, Klassik, Rock und Avantgarde.

Musik

JAZZ

Jazz ist in Amsterdam besonders beliebt. Gespielt wird alles von Improvisationen bis zu traditionelleren Klängen. Das Zentrum des Jazz ist das große Bimhuis (S. 105). Obwohl hier Musiker aus aller Welt gastieren, verströmt es eine gemütliche Atmosphäre. Außerdem gibt es jede Menge kleinere Jazzcafés. Wer will, kann problemlos eine Liveband hören.

KLASSIK

Viele Städte beneiden Amsterdam um seine Klassikszene mit hochrangigen internationalen Orchestern, Dirigenten und Solisten. Hauptveranstaltungsorte sind das prächtige alte Concertgebouw (S. 179) und das auffällige moderne Muziekgebouw aan t IJ (S. 105).

ROCK

In vielen Clubs der Stadt treten auch Rockbands auf. Oft spielen große Namen in kleinen Locations wie dem Melkweg (S. 140) und dem Paradiso (S. 139); es ist wirklich super, hier eine seiner Lieblingsbands zu sehen.

Comedy & Theater

Niederländer sind so sprach- wie humorbegabt, da gedeiht auch die englischsprachige Comedy in Amsterdam, vor allem im Jordaan. Die Theaterszene bietet dem Publikum viel Anspruchsvolles und Experimentelles.

Kino

Mal ehrlich, das Wetter in Amsterdam ist unbeständig, und selbst die größten Kunstliebhaber haben irgendwann genug von all den Museen. Glücklicherweise ist die Stadt mit ihren vielen Programmkinos ein Paradies für Cineasten. Viele Filme werden auf Englisch gezeigt.

Unterhaltung in den Stadtvierteln

- **Altstadt & Rotlichtviertel** (S. 82) Mehrere junge Rock-/DJ-Clubs im Viertel, Avantgarde-Theater liegen an der Straße Nes.
- **Nieuwmarkt, Plantage & die östlichen Inseln** (S. 104) Zu den Veranstaltungsorten für klassische Musik zählen Muziekgebouw aan 't IJ, Bimhuis und Conservatorium.
- **Westlicher Grachtengürtel** (S. 119) Kunst, Kultur und Wissenschaft im Felix Meritis Kulturzentrum.
- **Südlicher Grachtengürtel** (S. 138) Clubs und Livemusik gibt es rund um den Leidseplein.
- **Jordaan & der Westen** (S. 154) Veranstaltungsorte für Comedy, Blues und Kultfilme, dazu der Komplex der Westergasfabriek.
- **Vondelpark & der Süden** (S. 179) Heimat des weltbekannten Concertgebouw, kostenloses Theater im Park und besetzte Häuser, die zu Kulturzentren wurden.
- **De Pijp** (S. 196) Großartiges Kino, ein bisschen Jazz und Straßenmusiker.
- **Oosterpark & das Viertel östlich der Amstel** (S. 206) Tolle Veranstaltungsorte, außerdem spielt hier Amsterdams geliebte Fußballmannschaft vor einer tollen Fankulisse.
- **Amsterdam Noord** (S. 215) Z. B. im Café Noorderlicht und Pilek gibt es regelmäßig Livemusik.

GUT ZU WISSEN

Öffnungszeiten

➡ Unterhaltung in Amsterdam reicht von Nachmittagsvorstellungen bis zu dreitägigen Veranstaltungen; d. h. dass die Öffnungszeiten so vielfältig sind wie die Angebote. Details bei den einzelnen Veranstaltungsorten checken.

Ermäßigte Eintrittskarten

➡ **Last Minute Ticket Shop** (www.lastminute ticketshop.nl) verkauft am Tag der Vorstellung Karten für Konzerte, Vorstellung und sogar Clubbesuche online zum halben Preis. Wenn keine Niederländischkenntnisse nötig sind, ist „LNP" *(language no problem)* angemerkt.

Infos

I amsterdam (www.iamsterdam.com) Auflistung von Events.

I amsterdam Magazine Magazin, das viermal jährlich über die örtliche Szene berichtet und in Besucherzentren, Zeitungsläden und Hotels erhältlich ist.

Film Ladder (www.filmladder.nl/amsterdam) Auflistung von Filmen.

Top-Tipps

Melkweg (S. 140) Eine Welt verschiedener Musik-, Kino- und Theaterveranstaltungen in einer ehemaligen Molkerei.

Muziekgebouw aan 't IJ (S. 105) Akustische und visuelle Spitzenerlebnisse am IJ.

Westergasfabriek (S. 146) In diesem zum Kulturzentrum gewordenen Gaswerk hat man die Qual der Wahl.

Paradiso (S. 139) In der einstigen Kirche gibt es heute Rock 'n' Roll.

Studio K (S. 206) Verschiedene Locations im Oost.

Klassik & Oper

Concertgebouw (S. 179) Weltbekannter Konzertsaal mit fantastischer Akustik.

Orgelpark (S. 179) Orgelkonzerte in einer schön restaurierten Kirche am Rand des Vondelpark.

Jazz & Blues

Bimhuis (S. 105) Hier schlägt das Jazz-Herz der Niederlande, im Muziekgebouw aan 't IJ.

Jazz Café Alto (S. 140) Ausgezeichneter kleiner Club, wo die Gäste fast bei den Musikern auf der Bühne sitzen.

Maloe Melo (S. 155) Hier gibt es alle Arten von Blues.

Bourbon Street Jazz & Blues Club (S. 139) In diesem Club finden regelmäßig Jam Sessions statt.

Bester Rock

Pacific Parc (S. 155) Gute Location in der Westergasfabriek mit regelmäßigen Gigs und einem echten Rock'n'Roll-Feeling.

De Nieuwe Anita (S. 155) Hinter dem Bücherregal liegt die Bühne, auf der gerockt wird.

Cave (S. 140) Hard Rock und Metal im Kellergeschoss.

Beste Kinos

EYE Film Institute (S. 211) Neu, alt, ausländisch, einheimisch: im supermodernen niederländischen Filmzentrum gibt es gute Filme aller Arten.

Pathé Tuschinskitheater (S. 138) Amsterdams berühmtestes Kino, mit einer üppigen Art-déco-Ausstattung im Stil der Amsterdamer Schule.

Movies (S. 155) Amsterdams ältestes Kino von 1912.

Theater & Comedy

Boom Chicago (S. 155) Herzhaftes Lachen bei improvisierter Comedy im Jordaan.

Internationaal Theater Amsterdam (S. 139) Große Dramen, Operetten und Festivals direkt am Leidseplein.

Theater Amsterdam (S. 154) Glastheater mit vielsprachigem Übersetzungssystem.

Kostenlos oder preiswert

Openluchttheater (S. 179) Sommerliche Freilichtaufführungen im Vondelpark.

Muziektheater (S. 105) Kostenlose klassische Musik am Dienstag zur Mittagszeit von September bis Juni.

Concertgebouw (S. 179) Die kostenlosen Konzerte am Mittwochmittag zwischen September und Juni sind oft Proben für die großen Konzerte am Abend.

Für Kinder

Amsterdams Marionetten Theater (S. 105) Marionetten erwecken Opern zum Leben.

Kriterion (S. 105) Viele Filme für Kinder.

Filmhallen (S. 172) Neue Kinderfilme und altmodischer Wohnwagen, der Popcorn verkauft.

Schatzsuche

Während des Goldenen Zeitalters war Amsterdam das Lagerhaus der Welt, angefüllt mit Reichtümern aus den entferntesten Gegenden. Die Schränke der Hauptstadt sind immer noch gut ausgestattet mit vielen exotischen Gütern (man sehe sich nur im Rotlichtbezirk um) und Antiquitäten, ebenso wie mit niederländischer Mode und topaktuellem Design.

Spezialitäten

Niederländische Mode Die Einheimischen beherrschen einen legeren Stil, der die nüchterne Seite des Nationalcharakters widerspiegelt. Das Ergebnis ist hip und praktisch – etwa fließende lange Teile oder elegant verarbeiteter Denim.

Haushaltstextilien Niederländische Designer besitzen die Gabe, Alltagsartikeln einen einzigartigen kreativen Touch zu verleihen.

Antiquitäten und Kunst In der ganzen Stadt gibt es jede Menge Antiquitätengeschäfte, nicht billig, doch meist von hervorragender Qualität. Das Spiegel-Viertel bietet eine lange Reihe von Läden an der Spiegelgracht und der Nieuwe Spiegelstraat, die betuchte Sammler anlocken.

Delfter Porzellan Seit dem 17. Jh. sind die blau-weißen Keramiken aus Delft Kult. Einige Läden in Amsterdam verkaufen Originale, während weit mehr Läden einfache (und preiswertere) Kopien im Angebot haben.

Blumenzwiebeln Exotische Tulpenzwiebeln und andere Blumensamen sind beliebte Souvenirs. In manchen Ländern ist es nicht erlaubt, Blumenzwiebeln einzuführen; Zollbestimmungen checken.

Käse Der niederländische *kaas* ist zurecht berühmt und ein großartiges preiswertes Souvenir. Gouda und Edamer sind die geläufigsten Sorten. Auch hier Zollbestimmungen und Verpackungsvorschriften checken.

Alkohol *Jenever* (niederländischer Gin) ist ein typisches Souvenir.

Haschpfeifen, T-Shirts mit Hanfmotiven und Sexspielzeug Es ist schließlich Amsterdam, so ist es kein Wunder, dass es diese Artikel in den Läden des Rotlichtbezirks haufenweise gibt.

Paradies der kleinen Läden

Über schräge Geschäfte zu stolpern ist eine der Freuden des Shoppens. Läden für Jonglierzubehör oder Geschenke für Katzen (und deren Besitzer)? Gibt es hier alles! Die besten Gegenden für solche Läden findet man zwischen Westlichem Grachtengürtel und Jordaan, entlang von Haarlemmerstraat und Haarlemmerdijk. Weiter südlich sind die Negen Straatjes (S. 119) mit ihren Läden ein Stöberrevier. Auch die Staalstraat in Nieuwmarkt ist fürs Shoppen gut. Die vollsten Einkaufsstraßen sind die Kalverstraat beim Dam und die Leidsestraat, die zum Leidseplein führt. Beide Straßen säumen Bekleidungsgeschäfte und Kaufhäuser. In der Cornelis Schuytstraat und am Willemsparkweg in der Nähe des Vondelpark findet man Boutiquen, entlang der PC Hooftstraat werden Luxusmarken wie Chanel, Gucci u. a. verkauft.

Märkte

Die Daten für die verschiedenen Örtlichkeiten des Sonntagsmarkts (S. 143), der auf Design spezialisiert ist, checken, außerdem für den Flohmarkt in den IJ Hallen (S. 215) in Amsterdam Noord.

TÄGLICHE MÄRKTE

Amsterdams tägliche Märkte sind die ganze Woche über außer sonntags geöffnet. Der Albert Cuypmarkt (S. 187) in De Pijp ist der größte, quirligste Markt, mit Lebensmitteln, Kleidung und vielem mehr. Der Dappermarkt

GUT ZU WISSEN

Öffnungszeiten

- Kaufhäuser und große Geschäfte öffnen montags bis samstags von 9 oder 10 bis 18 Uhr, sonntags von 12 bis 18 Uhr.
- Kleinere Geschäfte: dienstags bis freitags von 10 oder 12 bis 18 Uhr; samstags (und sonntags, falls überhaupt geöffnet) von 10 bis 17 Uhr; montags (falls überhaupt geöffnet) von 12 oder 13 bis 17 oder 18 Uhr.
- An Donnerstagen haben zahlreiche Geschäfte bis spätabends (21 Uhr) geöffnet.

Steuern

- Nicht-EU-Bürger können bei Käufen von mehr als 50 € die Steuer erstattet bekommen, wenn das Geschäft die entsprechenden Formulare hat (beim Bezahlen danach fragen).
- Am Flughafen werden die Waren, Quittungen und der Ausweis vorgelegt, der Erstattungsscheck wird abgestempelt und zum Global-Refund-Büro gebracht. Hierfür unbedingt viel Zeit einplanen.

Bargeld & Kreditkarten

- Einige kleinere Geschäfte nehmen keine Kreditkarten. Andererseits akzeptieren einige Läden ausschließlich niederländische Debitkarten und keine Kreditkarten oder Bargeld (auf das Hinweisschild im Fenster oder an der Tür achten).

Shopping-App

Die schöne App AMS NXT (www.amsterdamnext.com) empfiehlt altbekannte Klassiker ebenso wie trendige neue Designläden und zeitweilig aufgetauchte Concept-Stores.

(S. 192) in der Nähe des Oosterparks ist ähnlich, aber kleiner.

Allerlei Krimskrams gibt's am Waterlooplein-Flohmarkt (S. 106) in Nieuwmarkt. Den Ten Katemarkt (S. 172) findet man neben dem Kulturkomplex De Hallen, er wartet mit frischen Lebensmitteln, Blumen und mehr auf. Der Bloemenmarkt (S. 127) ist auf Blumenzwiebeln (und Souvenirkitsch) spezialisiert. Er wird täglich am Südlichen Grachtengürtel abgehalten, *inklusive* Sonntag. Alte Bücher, Karten und Noten offeriert der Büchermarkt Oudemanhuispoort (S. 86) im Zentrum.

WOCHENMÄRKTE

Montags werden am Westermarkt (S. 156) im Jordaan Kleidung feilgeboten und am Noordermarkt (S. 156) Flohmarktartikel. Mittwochs und samstags verkauft eine kleine Gruppe von Händlern Briefmarken und Münzen am Postzegelmarkt (S. 86) im Zentrum. Samstags geht's zum Lindengrachtmarkt (S. 156) im Jordaan für Lebensmittel, Kunst, Kunsthandwerk und Nippes, auf den Noordermarkt oder auf den Boerenmarkt (Bauernmarkt, S. 106) in Nieuwmarkt. Im Sommer finden an Sonntagen der Antiquitätenmarkt (S. 106) in Nieuwmarkt und der Kunstmarkt (S. 86) am Spui in der Innenstadt statt.

Shoppen in den Stadtvierteln

- **Altstadt & Rotlichtviertel** (S. 82) Von Läden für Erwachsene über Buchhandlungen bis zu Designshops.
- **Nieuwmarkt, Plantage & die östlichen Inseln** (S. 105) Der Flohmarkt am Waterlooplein ist ein Hauptanziehungspunkt, zusammen mit den exzentrischen Läden an der Staalstraat.
- **Westlicher Grachtengürtel** (S. 119) In den Negen Straatjes gibt es viele winzige, seltsame Spezialgeschäfte.
- **Südlicher Grachtengürtel** (S. 140) Kunst und Antiquitäten im Spiegel-Viertel, Mode, Musik und Haushaltswaren in der Nähe.
- **Jordaan & der Westen** (S. 155) Im Jordaan herrscht eine Mischung aus Läden; Haarlemmerdijk hat die angesagtesten Boutiquen.
- **Vondelpark & der Süden** (S. 180) Stylishe Boutiquen an der Cornelis Schuytstraat und am Willemsparkweg, trendigste Labels an der PC Hooftstraat.
- **De Pijp** (S. 196) Beim Albert Cuypmarkt gibt es originelle Läden, Galerien und Boutiquen mit Vintage- und anderer Mode.
- **Oosterpark & das Viertel östlich der Amstel** (S. 206) Ethnische Vielfalt auf dem Dappermarkt.
- **Amsterdam Noord** (S. 215) Zufallsfunde und coole Haushaltswaren.

Top-Tipps

X Bank (S. 81) Vorzeigeladen für niederländisches Design.

Pied à Terre (S. 180) Europas größte Reisebuchhandlung.

De Kaaskamer (S. 120) Dieses „Käsezimmer" steckt bis zur Decke voller Köstlichkeiten.

Kramer Kunst & Antiek (S. 140) Hier gibt's antike Schätze wie schmuckes Delfter Porzellan.

Concerto (S. 140) Der beste Musikladen der Stadt deckt alle Genres ab.

Beste Märkte

Albert Cuypmarkt (S. 187) Lebhafter Straßenmarkt voller Lebensmittel und Mode.

Flohmarkt am **Waterlooplein** (S. 106) Stapelweise Kuriositäten für Schatzsucher.

Westermarkt (S. 156) An vielen Ständen Kleidung und Stoffe zu günstigen Preisen.

Lindengrachtmarkt (S. 156) Herrlich authentische Angelegenheit mit großer Auswahl an Naturprodukten.

IJ Hallen (S. 215) Riesiger monatlicher Flohmarkt in der NDSM-Werf.

Dappermarkt (S. 201) Essen, Kleidung und Haushaltswaren in ethnischer Vielfalt.

Beste Buchläden

Mendo (S. 122) Schöne Buchhandlung, die auf Kunst, Design, Architektur, Mode und Fotografie spezialisiert ist.

Oudemanhuispoort-Büchermarkt (S. 86) Überdachte Gasse, an der Stände mit antiquarischen Büchern stehen.

American Book Center (S. 86) Englischsprachige Bücher aller Arten auf drei Stockwerken.

Beste Modegeschäfte

Locals (S. 83) Mode und Accessoires für Männer und Frauen von ansässigen Designern.

Love Stories (S. 120) Bezaubernde Bademode und Unterwäsche von der Amsterdamer Designerin Marloes Hoedeman.

VLVT (S. 181) Aufstrebende niederländische Damenmode an der Cornelis Schuytstraat.

Vanilia (S.120) Frauenkleidung in limitierter Auflage aus niederländischer Hand.

Souvenirs

Bloemenmarkt (S. 127) Blumenzwiebeln füllen Amsterdams schwimmenden Blumenmarkt.

Galleria d'Arte Rinascimento (S. 157) Keramiken von Royal Delftware (antik und neu).

Mark Raven Grafiek (S. 83) Verrückte T-Shirts mit Motiven der Stadt.

Niederländisches Design

Droog (S. 105) Das Kollektiv ist bekannt für raffinierte, verspielte Haushaltswaren.

Frozen Fountain (S. 119) Amsterdams bekanntester Vorzeigeladen für niederländische Möbel und Heimtextilien.

Memento (S. 156) Von zeitgenössischem Delfter Porzellan bis hin zu blumigen niederländischen Parfums.

Hutspot (S. 196) Unkonventioneller Laden, der aufstrebenden Designern die Gelegenheit gibt, ihre Arbeiten zu verkaufen.

Mobilia (S. 141) Dieses „Lifestyle-Studio" zeigt auf drei Stockwerken niederländisches Design.

X Bank (S. 81) Überraschende monatlich wechselnde Ausstellungen.

Bestes Essen & Trinken

Hart's Wijnhandel (S. 141) Historischer Laden, der Alkoholika verkauft, darunter *jenever*.

Het Oud-Hollandsch Snoepwinkeltje (S. 155) Alle Arten von niederländischen Süßigkeiten, darunter süßer und salziger *drop* (niederländische Lakritze).

Papabubble (S. 157) Süße Kreationen, die vor den Käufern hergestellt werden können.

Bier Baum (S. 197) Craft-Biere aus Amsterdam und der Welt.

't Kaasboertje (S. 197) Jede Menge Käse.

Antiquitäten & Vintage

Antiekcentrum Amsterdam (S. 157) Eigenwilliges Einkaufszentrum mit Ständen, die alles von Mode der 1940er- bis hin zu schwedischen Pornos der 1970er-Jahre verkaufen.

Zipper (S. 122) Vintage-Mode.

Gastronomie Nostalgie (S. 86) Altes Porzellan, Becher, Leuchter und anderes Geschirr aus unterschiedlichen Auktionen.

360 Volt (S. 120) Überarbeitete Industrieleuchten.

Amsterdam erkunden

AMSTERDAMS HIGHLIGHTS

Stadtviertel im Überblick

❶ Altstadt & Rotlichtviertel S. 64

Amsterdams ältestes Viertel ist bemerkenswert gut erhalten und sieht im wesentlichen noch genauso aus wie auf dem Höhepunkt des Goldenen Zeitalters. Es ist zugleich das touristische Zentrum der Stadt: Während die einen kommen, um den Königspalast und die Oude Kerk zu besichtigen, steuern andere die Coffeeshops und das Rotlichtviertel an.

❷ Nieuwmarkt, Plantage & die östlichen Inseln S. 88

Der geschäftige Nieuwmarkt strotzt nur so vor Sehenswürdigkeiten. Deutlich ruhiger ist der grüne Nachbarbezirk Plantage mit dem Zoo und dem botanischen Garten. Er geht in die östlichen Inseln über; dort herrscht wieder eine ganz andere Atmosphäre: Maritime Geschichte kombiniert mit zeitgenössischer Vorzeigearchitektur und Bars in ehemaligen Lagerhäusern.

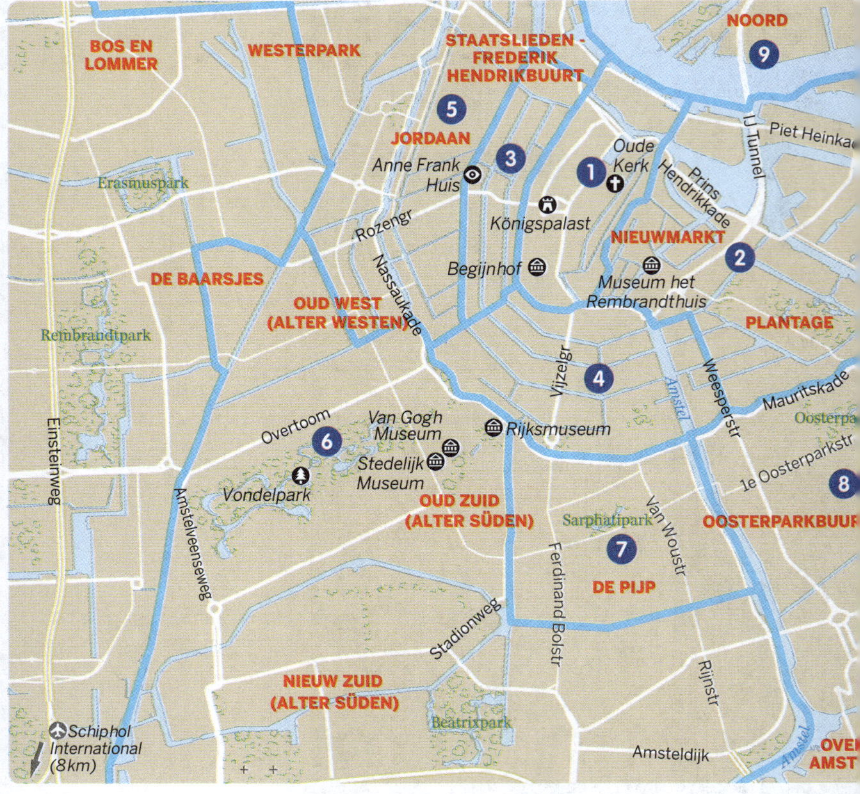

❸ Westlicher Grachtengürtel S. 108

Prächtige alte Villen und zauberhafte kleine Läden säumen die Wasserwege des westlichen Grachtengürtels, eines der großartigsten Viertel in Amsterdam. Hier können Besucher tagelang umherstreifen. Aber die meisten Leute kommen aus einem einzigen Grund hierher: Sie möchten das Anne-Frank-Haus besuchen.

❹ Südlicher Grachtengürtel S.123

Der südliche Grachtengürtel ist ein hufeisenförmiger Bogen aus parallel verlaufenden Grachten. Hier sind die Partymeilen Leidseplein und Rembrandtplein zu finden mit Bars, Clubs und Restaurants, die sich um die Plätze drängen. Dazwischen säumen besonders elegante Häuser die Grachten. Das Gebiet umfasst außerdem Museen und einen Blumenmarkt.

❺ Jordaan & der Westen S. 142

Jordaan strotzt nur so vor gemütlichen Kneipen, Galerien und Märkten in einem engen Gassengewirr. Das Viertel eignet sich mit seiner wunderbaren Atmosphäre hervorragend für einen Bummel. Es grenzt an Amsterdam-West, das sich zum innovativen Kulturzentrum gewandelt hat.

❻ Vondelpark & der Süden S. 158

Der grüne Vondelpark hat einen besonderen Platz im Herzen von Amsterdam. Vom Park ist es nicht weit zum wohlhabenden Oud-Zuid mit dem Van-Gogh-, dem Stedelijk- und dem Rijksmuseum. Richtung Süden gelangt man zum Amsterdamse Bos (Amsterdamer Wald) und dem Cobra Museum.

❼ De Pijp S. 183

De Pijp, ein Treibhaus der Kreativität, ähnelt einem Multikulti-Dorf. Im Zentrum des Viertels gibt's Amsterdams größten Straßenmarkt zu bestaunen, den farbenfrohen Albert Cuypmarkt, sowie die hervorragenden Boutiquen, Vintageläden, experimentierfreudigen Lokale und freigeistigen *cafés* (Kneipen).

❽ Oosterpark & das Viertel östlich der Amstel S. 198

Oost (Osten) ist eines der kulturell diversesten Viertel der Stadt. Angelegt wurde es im 19. Jh. mit prächtigen Gebäuden und breiten Boulevards. Der große Oosterpark im englischen Stil entstand 1861, der üppige Flevopark stammt aus der Zeit, als die Gegend noch ein ländlicher Rückzugsort war. Dahinter erstreckt sich Amsterdams jüngstes Wohnviertel über mehrere Inseln: IJburg.

❾ Amsterdam Noord S. 208

Amsterdam Noord umfasst neueste Architektur, ehemalige Industriegelände und Hangars, die zu Hipster-Treffpunkten mit Street-Art an den Wänden umgewandelt wurden – und das nur wenige Minuten entfernt von Feldern, Pferden und der ein oder anderen Windmühle. Perfekt, um es mit dem Fahrrad zu erkunden und dem Gedränge im Zentrum zu entkommen.

Altstadt & Rotlichtviertel

ALTSTADT | ROTLICHTVIERTEL

Details siehe Karte S. 312 f. und S. 316 f.

Highlights

❶ **Amsterdam Museum** (S. 70) In dem Hightech-Museum auf einer Reise durch sieben Schlüsselperioden in 1000 Jahren Geschichte erfahren, was Amsterdam zu dem gemacht hat, was es heute ist.

❷ **Königspalast** (S. 67) Im herausragenden Palast der Stadt die von Kronleuchtern erhellte Pracht bestaunen und etwas über die niederländische Geschichte lernen.

❸ **Begijnhof** (S. 68) Die Tür aufstoßen und die versteckten Gärten und Kirchen in diesem ruhigen Innenhof entdecken.

❹ **Vleminckx** (S. 74) An Amsterdams bestem Fritenstand in knusprige goldene *frites* beißen, die in Mayonnaise, Curry- oder Erdnusssoße getunkt werden.

❺ **Wynand Fockink** (S. 81) In dieser Probierstube aus dem 17. Jh. einen *jenever* trinken oder an einer gebuchten Wochenendführung teilnehmen.

Altstadt & Rotlichtviertel erkunden

Amsterdams Herz schlägt in seinem mittelalterlichen Zentrum und im jahrhundertealten Rotlichtviertel. Hier landet jeder Besucher früher oder später. Hauptorientierungspunkt ist die Centraal Station (S. 69); vom Bahnhof führt die Straße Damrak Richtung Süden zum Dam – Amsterdams zentralem Platz vor dem Königspalast (S. 67).

Zwar gibt es hier Sehenswürdigkeiten, die großen Museen stehen aber woanders. Hauptbeschäftigung ist das Bummeln durch die stimmungsvollen Gassen. Probierstuben aus dem 17. Jh., *bruine cafés*, versteckte Innenhöfe und winzige Läden erwarten jene, die die ausgetretenen Pfade verlassen.

Im berüchtigten Rotlichtviertel kann es abends schon mal ruppig zugehen, andererseits sind hier wunderschöne historische Bars zu finden – und die faszinierende Oude Kerk (S. 68), die älteste Kirche der Stadt.

Seit dem 17. Jh. hat sich an der Anlage des Viertels kaum etwas verändert; an manchen Stellen fühlt man sich direkt ins Goldene Zeitalter zurückversetzt. Hier ließe sich leicht der ganze Amsterdam-Besuch verbringen, aber nicht vergessen: Es gibt noch andere Viertel.

Lokalkolorit

- **Fahrräder** Die mehrstöckigen Fahrrad-Parkhäuser westlich der Centraal Station (S. 69) bieten Platz für 3500 Räder und unterstreichen die große Bedeutung des Fahrrads in der Stadt. Eine Bike-Station mit 7000 Stellplätzen soll 2022 unter dem IJ öffnen, zudem gibt es Pläne für zwei schwimmende Fahrrad-Parkhäuser mit insgesamt 4000 Stellplätzen.
- **Bier & Bücher** *Cafés* (Kneipen) und Buchhandlungen finden sich rund um den Spui (S. 71), ein besonders bei Akademikern und Journalisten beliebtes Revier.
- **Dam** Volksfest, Protestversammlung, eine Ansprache des Monarchen – es gibt immer etwas, das die Menschen auf den Hauptplatz von Amsterdam zieht (S. 69).

An- & Weiterreise

- **Straßenbahn** Die meisten der 15 Straßenbahnlinien fahren auf dem Weg zur Centraal Station durch das Viertel. Zweckmäßig sind die Linien 2, 11, 12, 13 und 17 zur Westseite des Bahnhofs sowie die Linien 4, 14 und 24 zur Ostseite.
- **Metro** Die Metro fährt von der Centraal Station in die Außenbezirke Amsterdams, nach Amsterdam Noord und Station Zuid, mit Halt in der Altstadt am Rokin.
- **Fähre** Kostenlose Fähren steuern die NDSM-Werft und andere Ziele in Amsterdam Noord an; sie legen an den **Piers** (Karte S. 312 f.; De Ruijterkade) ab.

Top-Tipp

Wer rund um die Centraal Station (S. 69) nach einem Restaurant oder einer Kneipe sucht, wird in Chinatown nur 550 m südöstlich entlang dem Zeedijk fündig. Ein paar einfache Adressen in Bahnhofsnähe gibt's außerdem an der neu belebten Nordseite des IJ unweit der Anleger für die kostenlosen Fähren nach Amsterdam Noord.

Gut essen

- D'Vijff Vlieghen (S. 76)
- De Silveren Spiegel (S. 76)
- Vleminckx (S. 74)
- Gartine (S. 74)

Mehr dazu siehe S. 74. 

Nett ausgehen

- In 't Aepjen (S. 79)
- Cut Throat (S. 78)
- Wynand Fockink (S. 81)
- Tales & Spirits (S. 77)
- Proeflokaal de Ooievaar (S. 81)
- Café de Dokter (S. 78)

Mehr dazu siehe S. 77. 

Schön shoppen

- X Bank (S. 82)
- Locals (S. 83)
- Mark Raven Grafiek (S. 83)
- Oudemanhuispoort Book Market (S. 86)
- Posthumus (S. 83)
- Hempstory (S. 87)

Mehr dazu siehe S. 82. 

HIGHLIGHT
DER KÖNIGSPALAST BEI NACHT

Der heutige Königspalast (Koninklijk Paleis) entstand als vielgepriesenes Rathaus und wurde 1665 vollendet. Sein Architekt, Jacob van Campen, scheute keine Kosten, um Amsterdams Reichtum so zur Schau zu stellen, dass er mit den prachtvollsten europäischen Gebäuden jener Zeit konkurrieren konnte. Das Ergebnis ist Opulenz im großen Stil. Abends wird der Palast effektvoll angestrahlt.

Offiziell residiert der niederländische König Willem-Alexander in diesem Palast und zahlt eine symbolische Miete. Tatsächlich lebt er aber in Den Haag. Wenn er sich nicht in Amsterdam aufhält, haben Besucher Gelegenheit, das monumentale Gebäude zu besichtigen.

Die meisten Räumlichkeiten befinden sich im ersten Stock; sie entfalten ihre ganze Pracht mit unzähligen Kronleuchtern (insgesamt 51), dazu Damast, vergoldeten Uhren und spektakulären Gemälden von großen Künstlern wie Ferdinand Bol und Jacob de Wit. Der große *burgerzaal* (Bürgersaal), das Herzstück des Gebäudes, präsentiert sich detailreich als ein Schaubild der Welt, deren Mittelpunkt Amsterdam bildet. Bemerkenswert sind auch die in den Boden eingelegten Landkarten; sie zeigen die westliche und die östliche Hemisphäre und eine Himmelskarte von 1654 in der Mitte.

Im Jahr 1808 zog König Louis, Napoleon Bonapartes Bruder, in das Gebäude ein und erklärte es zu seinem Palast. In der für ihn neuen Sprache unterlief dem Franzosen ein klassischer Versprecher: Er bezeichnete sich als Kaninchen *(konijn)* von Holland, meinte aber natürlich König *(konink)*. Napoleon setzte ihn zwei Jahre später wieder ab. Louis hinterließ etwa 1000 Möbelstücke im Empirestil und ornamentale Kunstwerke. Daher beherbergt der Palast heute eine der weltweit größten Sammlungen aus dieser Epoche.

NICHT VERSÄUMEN

- Kronleuchter (davon gibt es 51)
- *Burgerzaal* (Bürgersaal)
- Gemälde von Ferdinand Bol und Jacob de Wit
- Möbel im Empire-Stil

PRAKTISCH & KONKRET

- Karte S. 316 f., C1
- 020-522 61 61
- www.paleisamsterdam.nl
- Dam
- Erw./Kind 10 €/frei
- 10–17 Uhr
- 4/14/24 Dam

HIGHLIGHT SICH VOM BEGIJNHOF ÜBERRASCHEN LASSEN

Wie im Märchen öffnet man eine unscheinbare Tür, und vor einem tut sich ein versteckter Innenhof mit winzigen Häusern und Gärten auf. Der Beginenhof aus dem 14. Jh. ist heute kein Geheimtipp mehr, doch er ist noch immer eine Oase der Stille inmitten der Stadt.

Die Beginen waren eine katholische Gemeinschaft aus unverheirateten und verwitweten Frauen. Sie führten ein religiöses Leben, aber ohne ein klösterliches Gelübde abzulegen; der Begijnhof war also eine Art weltliches Kloster. Die letzte Begine starb im Jahr 1971.

Eine der beiden Kirchen im *hof*, die **Begijnhof Kapel** (Karte S. 316 f.; www.begijnhofkapelamsterdam.nl; Begijnhof 30; Mo 13–18.30, Di–Fr 9–18.30, Sa & So 9–18 Uhr) von 1671, ist eine „geheime" Kapelle, in der die Beginen ihren Gottesdienst abhalten mussten, nachdem ihnen die Calvinisten ihre gotische Kirche genommen hatten. Hinter dem unscheinbaren Eingang stoßen die Besucher auf Marmorsäulen, Buntglasfenster und Wandbilder, die an das Wunder von Amsterdam erinnern (Kurz zusammengefasst: Im Jahr 1345 wurde einem Sterbenden die letzte Ölung gespendet, aber er konnte die Hostie nicht bei sich behalten, sondern erbrach sie. Hier setzte das Wunder ein: Als das Erbrochene ins Feuer geworfen wurde, verbrannte die Hostie nicht. Das alles ist in den Wandgemälden dargestellt).

Die zweite Kirche ist die um das Jahr 1392 erbaute **Engelse Kerk** (Englische Kirche; Karte S. 316 f.; www.ercadam.nl; Begijnhof 48; 9–17 Uhr). Sie wurde schließlich an die örtliche Flüchtlingsgemeinde der englischen und schottischen Presbyterianer vermietet – darunter die Pilgerväter – und dient noch heute als Presbyterianerkirche. Hier befinden sich Kanzelbilder von Piet Mondrian (1872–1944) aus seiner symbolistischen Phase. Die Kirche wird noch immer häufig genutzt und ist daher manchmal für Besucher geschlossen.

Achten sollte man auf das **Houten Huis** (Holzhaus; Karte S. 316 f.) Nr. 34. Es entstand um das Jahr 1465 und ist somit das älteste erhaltene Holzhaus der Niederlande.

NICHT VERSÄUMEN

- Begijnhof Kapel
- Engelse Kerk
- Houten Huis
- Darstellungen des Wunders von Amsterdam

PRAKTISCH & KONKRET

- Karte S. 316 f., B5
- www.nicolaas-parochie.nl
- Eintritt frei
- 9–17 Uhr
- 2/11/12 Spui

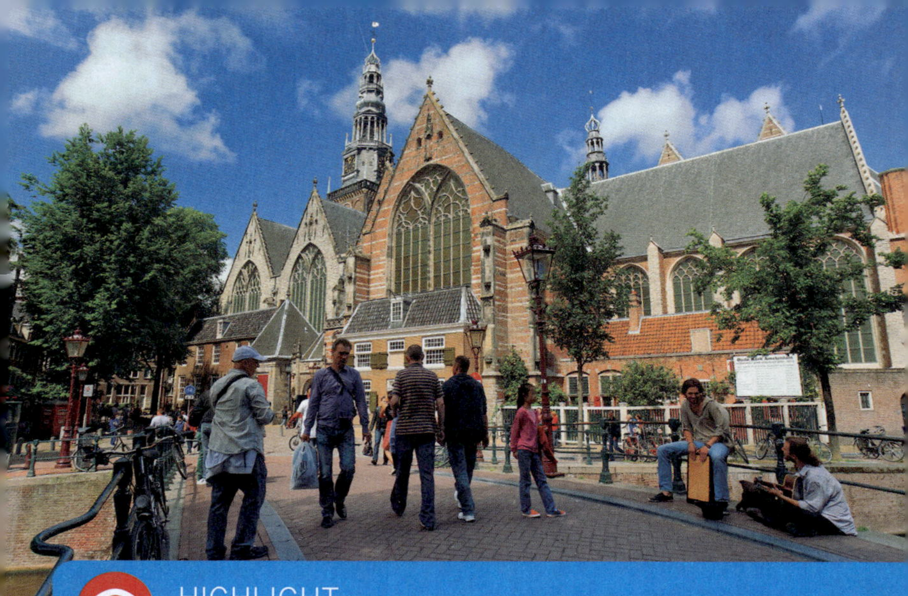

HIGHLIGHT
EIN KONZERT IN DER OUDE KERK

Amsterdams ältestes Gebäude, die Oude Kerk (alte Kirche), entstand um 1306. Der gotische Bau, ursprünglich eine katholische, heute eine protestantische Kirche, besitzt die älteste Kirchenglocke der Stadt (1450), eine fantastische Vater-Müller-Orgel (1726/1742) und Chorgestühl (15. Jh.) mit überraschend frivolen Schnitzarbeiten. Errichtet wurde die Kirche zu Ehren des Stadtpatrons, dem Heiligen Nikolaus, auf den der rot gekleidete Sinterklaas zurückgeht.

Viele berühmte Amsterdamer ruhen unter den Grabplatten im Boden, unter ihnen Rembrandts Frau, Saskia van Uylenburgh. Jährlich am 9. März um 8.39 Uhr fällt ein Lichtstrahl auf ihr Grab – ein Anlass für besondere Veranstaltungen. Weitere beachtenswerte Grabstätten sind die des Diamantenhändlers Killiaen van Rensselaer, des Marinehelden Jacob van Heemskerck, des Organisten Jan Pieterszoon Sweelinck und das Familiengrab von Cornelis de Graeff. Es sind etwa 10 000 Bürger hier bestattet. Am Eingang ist ein Plan erhältlich.

Regelmäßig werden auch Kunstausstellungen gezeigt sowie Konzerte veranstaltet, bei denen die vier Orgeln der Kirche erklingen. Neben der Vater-Müller-Orgel gibt es eine Orgel (1965) im Querschiff, eine italienische und eine Truhenorgel.

Wem es nichts ausmacht, eine schmale Treppe zu erklimmen, kann an der halbstündigen Führung auf den 67 m hohen **Turm** (Oudekerkstoren; www.westertorenamsterdam.nl; Führung 9 €; ⏲April–Okt. Mo–Sa 13–19 Uhr) mit Panoramasicht auf die Stadt teilnehmen. Alle halbe Stunde wird eine angeboten.

Die Kirche befindet sich im Rotlichtviertel, so gehen gleich neben den heiligen Hallen Sexarbeiterinnen ihrer Tätigkeit nach, woran auch die **Belle-Statue** erinnert. Und noch ein Werk ziert das Kopfsteinpflaster beim Haupteingang der Kirche: Der **goldene Torso** einer nackten Frau wird von einer an ein Schloss geketteten Hand berührt. Der Torso tauchte eines Tages auf, wurde von der Polizei entfernt, aber schließlich wieder zurückgebracht, weil er vielen Leuten gefiel.

NICHT VERSÄUMEN

- Grabplatten im Boden, darunter jene für Rembrandts Frau Saskia
- Schnitzarbeiten am Chorgestühl
- Goldener Torso
- Rotlicht-Ambiente
- Turmführung

PRAKTISCH & KONKRET

- Karte S. 312 f., E7
- ☎020-625 82 84
- www.oudekerk.nl
- Oudekerksplein
- Erw./Kind 12 €/frei
- ⏲Mo–Sa 10–18, So 13–17.30 Uhr
- 🚊4/14/24 Dam

SEHENSWERTES

In der Altstadt befindet sich eine Handvoll Museen, darunter das Amsterdam Museum (S.70) zur Stadtgeschichte, Wahrzeichen wie der Königspalast (S.67) und charmante Überraschungen wie der Begijnhof (S.68). Zu den unkonventionelleren Sehenswürdigkeiten im Rotlichtviertel zählen Museen zu den Themen Sex, Prostitution und Marihuana, die einen Kontrast zu der Nieuwe Kerk (S.72) aus dem 15.Jh. und dem buddhistischen Fo-Guang-Shan-Tempel (S.72) bilden.

Altstadt

KÖNIGSPALAST — PALAST

Siehe S. 67.

BEGIJNHOF — HOF

Siehe S. 68.

BELOW THE SURFACE — GALERIE

Karte S.316f. (www.belowthesurface.amsterdam; Metrostation Rokin; Ⓜ Rokin) Während des Baus von Amsterdams 2018 eröffneten Noord-Zuidlijn (Nord-Süd-Metrolinie) wurden unter den Straßen und Wasserwegen über 134000 archäologische Fundstücke entdeckt. Heute sind 9500 davon – manche gehen auf 2400 v.Chr. zurück – auf eindrucksvolle Weise in Glasvitrinen zwischen den Rolltreppen der Rokin-Metrostation (mit gültigem Fahrschein zugänglich) ausgestellt. Am Südeingang liegt der Fokus auf den Themen Transport, Handwerk und Industrie, Gebäude und Interieur, am Nordeingang auf Wissenschaft, Kommunikation, Waffen, Rüstung, Freizeit, persönliche Gegenstände und Kleidung.

Zu den Highlights der Sammlung zählen Münzen (die älteste ist von 1371), Schlittschuhkufen aus dem Mittelalter, Hängeschlösser aus dem 15.Jh., Töpferei aus dem 17.Jh., ein Sparschwein aus dem 18.Jh., Taschenuhren und Plaketten von Militäruniformen aus dem 19.Jh., ein Autokühlerdeckel von 1922, ein Spielzeugmodell des Bluebird von 1935 (im selben Jahr brach das Auto den Geschwindigkeitsrekord für Landfahrzeuge) sowie Mobiltelefone aus den 1980er-Jahren.

DAM — PLATZ

Karte S.316f. (🚋4/14/24 Dam) Dieser Platz ist jener Ort, an dem Amsterdam um 1270 gegründet wurde. Heute wird er von Tauben, Touristen, Straßenmusikern und gelegentlich einem Rummelplatz mit Riesenrad bevölkert. Und noch immer ist er ein nationaler Versammlungsort: Gibt es eine wichtige Rede oder eine Demonstration, dann finden sie ganz bestimmt hier statt.

Der Platz war schon lange, bevor hier Spaß und Spiel vorherrschten, in zwei Abschnitte aufgeteilt: in den Vissersdam, einen Fischmarkt, an dessen Stelle heute das Kaufhaus De Bijenkorf (S.86) steht, und den Vijgendam, der seinen Namen wohl den Feigen *(vijgen)* und anderen exotischen Früchten verdankt, die aus den Schiffen entladen wurden. Über die Jahrhunderte fanden hier verschiedene Märkte und Veranstaltungen statt, darunter auch Hinrichtungen – an der Fassade des Königspalastes (S.67) sind noch die Löcher von der Befestigung der hölzernen Galgen zu sehen.

FASHION FOR GOOD — MUSEUM

Karte S.316f. (☎020-261 96 80; www.fashionforgood.com; Rokin 102; ⏲Mo–Fr 11–19, Sa & So bis 18 Uhr; Ⓜ Rokin, 🚋4/14/24 Rokin) GRATIS Das weltweit erste Museum für nachhaltige Mode widmet sich der Geschichte der Mode, den neuesten Technologien und Innovationen der Branche sowie Wissenswertem zu Alltagskleidung wie dem T-Shirt. Die farbenfrohe interaktive Ausstellung lässt manch einen das eigene Konsumverhalten überdenken, indem sie beispielsweise darlegt, dass Kleidung im Durchschnitt 14000km reist und durch die Hände von 100 Personen geht, bevor man sie kauft. Zum Schluss erhalten Besucher einen individuellen „nachhaltigen Modeaktionsplan", der zu umweltbewusstem Kaufverhalten motivieren soll.

CENTRAAL STATION — WAHRZEICHEN

Karte S.312f. (Stationsplein; 🚋2/4/11/12/13/14/17/24/26 Centraal Station) Die Centraal Station ist nicht nur der Hauptbahnhof, sondern auch selbst eine Sehenswürdigkeit. Das Bauwerk mit seinen Türmchen stammt von 1889. Einer der Architekten, Petrus Josephus Hubertus Cuypers, entwarf auch das Rijksmuseum (S.160), was leicht zu erkennen ist, z.B. an den neogotischen Türmen, dem Mauerwerk aus schönen roten Backsteinen und den zahlreichen Reliefs zu den Themen Schifffahrt, Handel und Industrie.

Der Bahnhof wurde im Jahr 1889 als „Wall" im Stil der niederländischen Neorenaissance auf einer künstlichen Insel gebaut, was nicht jedem gefiel, da das Gebäude Amsterdam praktisch vom IJ abtrennte. Die Garage im rechten Flügel wurde für die königliche Kutsche gebaut, doch die parkt hier selten – genau genommen nie. Rund um den Bahnhof finden eigentlich ständig Bauarbeiten statt.

SINT NICOLAASKERK — KIRCHE

Karte S. 312 f. (www.nicolaas-parochie.nl; Prins Hendrikkade 73; Di–Fr 11–16, Mo & Sa 12–15 Uhr; 2/4/11/12/13/14/17/24/26 Centraal Station) In Sichtweite des Hauptbahnhofs ragen die Neorenaissance-Türme und die prächtige Kuppel von Amsterdams bedeutendster katholischer Kirche in die Höhe. Sie war die erste, die nach der Wiederherstellung der Glaubensfreiheit für Katholiken (zwischen 1884 und 1887) errichtet wurde. Der hl. Nikolaus (Sint Nicolaas) ist der Schutzpatron der Seeleute, die Kirche hat deshalb für Amsterdam eine besondere symbolische Bedeutung.

Sehenswert sind der Hochaltar, die Krone von Kaiser Maximilian I. und die Darstellungen der Stationen des Kreuzwegs, an denen der unermüdliche Maler Jan Dunselman 40 Jahre gearbeitet hat.

ALLARD PIERSON MUSEUM — MUSEUM

Karte S. 316 f. (020-525 25 56; www.allardpiersonmuseum.nl; Oude Turfmarkt 127; Erw./Kind 10/5 €; Di–Fr 10–17, Sa & So 13–17 Uhr; M Rokin, 4/14/24 Rokin) Das von der Amsterdamer Universität unterhaltene Museum ist nach deren erstem Archäologieprofessor Allard Pierson (1831–96) benannt und besitzt eine reiche archäologische Sammlung, die durch ihren überschaubaren Umfang gut zugänglich ist. Zu den Highlights zählen eine echte Mumie, Vasen aus dem antiken Griechenland und aus Mesopotamien, ein sehr beeindruckendes Fuhrwerk aus den Königsgräbern in Salamis (Zypern) und viele Galerien voller weiterer Objekte, die Einblick in das Alltagsleben in der Antike vermitteln. Es gibt ausführliche Beschreibungen auf Niederländisch und Englisch.

NATIONAAL MONUMENT — DENKMAL

Karte S. 316 f. (Dam; 4/14/24 Dam) Der Obelisk an der Ostseite des Dam wurde 1956 zum Gedenken an die Gefallenen des Zweiten

HIGHLIGHT SICH IM AMSTERDAM MUSEUM ALS BÜRGERWACHE VERKLEIDEN

Amsterdams stadtgeschichtliches Museum ist ein wunderbarer Ort, um zu erfahren, was die Stadt am Laufen hält. Eine Einführung gibt die multimediale Ausstellung Amsterdam DNA, die die rund 1000-jährige Geschichte der Stadt über Unternehmertum, Freidenkerei, Bürgersinn und Kreativität in sieben tolle Zeitabschnitte unterteilt. In der Schau „Revolte gegen König und Kirche" können sich die Besucher sogar als Bürgerwache verkleiden (mit Rüschenkragen!) und fotografieren lassen; das Bild wird schließlich auf der Flickr-Seite des Museums veröffentlicht.

Danach geht es in die labyrinthischen unteren Stockwerke zu sakralen Artefakten, Porzellan und Gemälden. Es gibt auch Ausstellungen zu den beiden Weltkriegen und zur Ausweitung des Fahrradverkehrs sowie einen Nachbau des originalen Café 't Mandje, eines Meilensteins der Schwulenbewegung.

Das Museumsgebäude war einstmals das städtische Waisenhaus. Im Innenhof sind noch die Schränke zu sehen, in denen die Waisen ihre Habseligkeiten aufbewahrten (heute sind sie mit Kunst gefüllt). Eine speziell für Kinder konzipierte Ausstellung gibt Einblick in das Leben im Waisenhaus im 17. Jh., zu sehen sind Schlafsäle, Klassenzimmer, Bäder und Küchen.

Großformatige Gemälde aus dem Goldenen Zeitalter schmücken die kostenlose **Schuttersgaleriji** (Karte S. 316 f.; Kalverstraat 92; 10–17 Uhr) GRATIS in dem Durchgang nebenan.

NICHT VERSÄUMEN

- Nachbau des Café 't Mandje
- Gemälde der Schuttersgalerij
- Schränke der Waisenkinder

PRAKTISCH & KONKRET

- Karte S. 316 f., B4
- 020-523 18 22
- www.amsterdammuseum.nl
- Gedempte Begijnensloot
- Erw./Kind 15 €/frei
- 10–17 Uhr
- 2/11/12 Spui

Weltkriegs errichtet. Von zwei Steinlöwen bewacht, reihen sich auf dem Sockel zahlreiche symbolische Figuren: Vier Männer verkörpern den Krieg, eine Frau mit Kind den Frieden und Männer mit Hunden die Widerstandsbewegung. Die zwölf Urnen an der Rückseite enthalten Erde von den Soldatenfriedhöfen der elf Provinzen und aus Niederländisch-Ostindien. An jedem 4. Mai findet hier eine Gedenkfeier zu Ehren der Toten des Krieges statt.

MADAME TUSSAUDS AMSTERDAM MUSEUM

Karte S. 316 f. (www.madametussauds.com/amsterdam; Dam 20; Erw./Kind 24,50/20,50 €; ⏲Aug. 9.30–21.30 Uhr, Sept.–Juli ab 10 Uhr; 🚊4/14/24 Dam) Klar, Madame Tussauds ist überteuert und kitschig, wird aber für Touristen durchaus interessant durch den Schwerpunkt auf der niederländischen Kultur: Hier kann man die Königsfamilie, Politiker, Maler und Popstars treffen, dazu weltbekannte Ikonen wie Rafael Nadal, George Clooney, Barack Obama und diverse Marvel-Superhelden. Toll für Kinder! Wer die Eintrittskarten im Internet kauft, kann sogar ein paar Euro sparen und braucht sich nicht an der normalen Warteschlange anzustellen. Die Öffnungszeiten können variieren, genaue Informationen sind auf der Website zu finden.

BEURS VAN BERLAGE HISTORISCHES GEBÄUDE

Karte S. 312 f. (☎020-530 41 41; www.beursvanberlage.com; Damrak 243; 🚊4/14/24 Dam) Der Meisterarchitekt und glühende Sozialist H. P. Berlage (1856–1934) baute 1903 die Börse und schmückte den Tempel des Kapitalismus mit Dekorationen zu Ehren der Arbeit. Zu sehen sind u. a. Kachelbilder mit muskulösen Proletariern der Vergangenheit, Gegenwart und Zukunft. Nach zwei Jahrzehnten war die Börse zu klein für den Handel und wechselte den Standort. Das Gebäude wird heute für Konferenzen und Kunstausstellungen genutzt.

Am Open Monumenten Dag (Tag des offenen Denkmals; zweites Septemberwochenende) ist der Glockenturm mit seinem Panoramablick für Besucher zugänglich.

SEXMUSEUM AMSTERDAM MUSEUM

Karte S. 312 f. (www.sexmuseumamsterdam.nl; Damrak 18; 5 €; ⏲9.30–23.30 Uhr; 🚊2/4/11/12/13/14/17/24/26 Centraal Station) Das Sexmuseum ist recht amüsant. Ausgestellt sind Kopien pornografischer Teller aus Pompeji, erotische Wiener Bronzen aus dem 14. Jh., einige der weltweit ersten Nacktfotos, ein automatischer furzender Exhibitionist im Trenchcoat und eine Musikbox, die „Edelweiß" dudelt und vorgibt, ein in flagranti erwischtes Pärchen zu zeigen. Dank der Albernheiten haben die Besucher mehr Spaß als in anderen Erotikmuseen im Rotlichtviertel. Zutritt erst ab 16 Jahren.

PAPEGAAI KIRCHE

Karte S. 316 f. (www.nicolaas-parochie.nl; Kalverstraat 58; ⏲Mo–Sa 10–16, So 9.45–14 Uhr; 🚊4/14/24 Dam) Die eigenartige Petrus en Pauluskerk alias Papegaai ist eine unverhoffte Oase in dem Meer von Konsum und Kommerz an der Kalverstraat. In der ehemals katholischen Kirche aus dem 17. Jh. wurden heimlich Gottesdienste gefeiert. Der *papegaai* (Papagei) über der Tür gab der Kirche ihren Namen. Beim Eintreten fällt der Blick auf den Sinnspruch: „15 Minuten für Gott".

SPUI PLATZ

Karte S. 316 f. (🚊2/11/12 Spui) Einladende *cafés* und intellektuelle Buchhandlungen stehen rund um den Spui, einen bevorzugten Aufenthaltsort von Akademikern, Studenten und Journalisten. Freitags wird auf dem Platz ein kleiner Buchmarkt abgehalten (wenn es das Wetter erlaubt); sonntags ist es ein Kunstmarkt (S. 86). Und als kleiner Tipp: Die Aussprache lautet „s-pöi".

SCHREIERSTOREN HISTORISCHES GEBÄUDE

Karte S. 312 f. (www.schreierstoren.nl; Prins Hendrikkade 95; 🚊2/4/11/12/13/14/17/24/26 Centraal Station) Von diesem Turm aus, der um 1480 als Teil der Stadtbefestigung erbaut wurde, segelte Henry Hudson im Jahr 1609 in die Neue Welt; eine außen angebrachte Gedenktafel markiert die Stelle. Im Volksmund wird er „Klageturm" genannt – denn hier winkten die Frauen den Seeleuten ein letztes Lebewohl zu. Tatsächlich ist der Name aber von dem Wort für „spitz" abgeleitet (wegen der Landspitze, die in die Bucht ragt). Wer das **VOC Café** (Karte S. 312 f.; ☎020-428 82 91; ⏲So–Do 10–1, Fr & Sa bis 2.30 Uhr) betritt, kann den Turm von innen sehen.

RONDE LUTHERSE KERK HISTORISCHES GEBÄUDE

Karte S. 312 f. (Runde lutherische Kirche; ☎020-551 20 60; www.koepelkerk.com; Singel 11; ⏲nach Voranmeldung; 🚊2/11/12/13/17 Nieuwezijds Kolk) Die von 1668 bis 1671 erbaute Kuppelkirche ist die einzige runde protestantische Kirche des Landes. Als die Kirchengänger ausblieben, wurde sie im Jahr 1936 säkularisiert.

Zwar ist sie nicht öffentlich zugänglich (außer für Konferenzen, Handelsmessen und Veranstaltungen), aber sie ist durch einen Tunnel mit dem benachbarten Amsterdam Renaissance Hotel verbunden. Dort kann man sich wegen einer Besichtigung erkundigen, wenn die Kirche gerade einmal nicht genutzt wird.

Ironischerweise ist die alte Kirche am Spui, die die Ronde Lutherse Kerk ursprünglich ersetzen sollte, noch immer in Betrieb.

 Rotlichtviertel

OUDE KERK
KIRCHE

Siehe S. 68.

FO-GUANG-SHAN-TEMPEL
BUDDHISTISCHER TEMPEL

Karte S. 312 f. (www.ibps.nl; Zeedijk 106-118; Di–Sa 12–17, So 10-17–Uhr; M Nieuwmarkt) Europas größter buddhistischer Tempel im chinesischen kaiserlichen Stil wurde im Jahr 2000 erbaut. Gewidmet ist er Guanyin, der buddhistischen Göttin der Gnade. Besucher können durch die Seitentüren eintreten (so ist es üblich; die Haupttore sind Mönchen und Nonnen vorbehalten), etwas spenden, ein Räucherstäbchen anzünden und über die rund 1000 Augen und Hände der Bodhisattva-Statue nachdenken.

Das kunstvolle „Bergtor" – ein faszinierendes Konstrukt im engen Zeedijk – bezieht sich auf die traditionelle Berglage der buddhistischen Klöster. Der abseits der Straße liegende mittlere Bereich wurde nach Feng-Shui-Prinzipien gestaltet.

CANNABIS COLLEGE
KULTURZENTRUM

Karte S. 316 f. (020-423 44 20; www.cannabiscollege.com; Oudezijds Achterburgwal 124; 11–19 Uhr; 4/14/24 Dam) Das gemeinnützige Zentrum bietet Besuchern Tipps und Tricks für ein positives Erlebnis beim Kiffen und informiert über die niederländische Gesetzeslage zu Cannabis. Es gibt Aufklärungstafeln und eine Bibliothek. Die Mitarbeiter haben Stadtpläne und Tipps, welche Coffeeshops Bio-Cannabis verkaufen und welche Läden gut für Neulinge sind. Verkauft werden auch T-Shirts, Aufkleber, Postkarten und anderer Krimskrams mit dem Logo.

 HIGHLIGHT IN DER NIEUWE KERK EINE AUSSTELLUNG BESUCHEN

Von dem Namen „Neue Kirche" sollten sich die Besucher nicht in die Irre führen lassen – das Bauwerk stammt aus dem Jahr 1408 (und damit ist es ein gutes Jahrhundert jünger als die benachbarte Oude Kerk). Die Basilika direkt am Dam ist die historische Bühne für königliche Hochzeiten und die Krönung niederländischer Monarchen. Das Buntglasfenster über dem Haupteingang erinnert an Königin Wilhelmina, die den Thron 1898 im Alter von 18 Jahren bestieg. Im Jahr 2013 wurde hier König Willem-Alexander gekrönt. Außer für solche Zeremonien wird das Gebäude nicht mehr als Kirche genutzt, sondern dient als Saal für Multimedia-Ausstellungen und Orgelkonzerte.

Der Innenraum ist zwar schlicht gehalten, aber einige Ausstattungsmerkmale – die prächtige Eichenkanzel, das bronzene Chorgitter und die gewaltige vergoldete Orgel (1645) – lohnen einen Blick. Neben anderen Berühmtheiten sind hier auch der Seeheld Admiral Michiel de Ruyter sowie die Dichter Joost van den Vondel und Pieter Corneliszoon Hooft bestattet.

Ein kurzer Besuch der Kirche ist kostenlos, allerdings wird für eine genauere Erkundung des Gotteshauses Eintrittsgeld fällig. Am Eingang ist eine Broschüre erhältlich, in der die Highlights verzeichnet sind. Die Öffnungszeiten und Eintrittspreise sind je nach Art der Veranstaltung unterschiedlich.

NICHT VERSÄUMEN

- Krönungsfenster für Königin Wilhelmina
- Orgel
- Grabmale für De Ruyter, Van den Vondel und Hooft
- Kanzel

PRAKTISCH & KONKRET

- Karte S. 312 f., B7
- 020-626 81 68
- www.nieuwekerk.nl
- Dam
- Erw./Kind 12,50 €/frei
- 10–18 Uhr
- 2/11/12/13/17 Dam

HASH, MARIJUANA & HEMP MUSEUM

MUSEUM

Karte S. 316 f. (020-624 89 26; www.hashmuseum.com; Oudezijds Achterburgwal 148; 9 €; 10–22 Uhr; 4/14/24 Dam) Die schlichten Ausstellungsstücke drehen sich um Hanf-Botanik und die spirituelle Verbindung von Cannabis und Religion. Zu den Highlights gehören eine eindrucksvolle Pfeifensammlung, eine interaktive Ausstellung zu Vaporizern und eine Bude, in der Besucher eine elektronische Postkarte von sich selbst in einem Marihuana-Feld herstellen können. Im Eintrittspreis enthalten ist auch der Zutritt zur **Hemp Gallery** (Karte S. 316 f.; Oudezijds Achterburgwal 130; 10–22 Uhr) in einem Gebäude, das etwa 30 m weiter nördlich liegt und in dem Hanfkunst und historische Gegenstände ausgestellt werden.

Das Ganze gehört der Firma Sensi Seeds (praktischerweise im Museum untergebracht). Es ist daher auch kein Wunder, dass zum Besuch auch ein Blick in einen Raum voller Pflanzen gehört.

RED LIGHT SECRETS

MUSEUM

Karte S. 312 f. (Prostitutionsmuseum; 020-846 70 20; www.redlightsecrets.com; Oudezijds Achterburgwal 60h; 12,50 €; 10–24 Uhr; 4/14/24 Dam) Das Museum in einem ehemaligen Bordell in einem Grachtenhaus aus dem 17. Jh. schließt eine Lücke, indem es neugierigen Besuchern zeigt, wie ein Rotlichtzimmer aussieht, und grundlegende Fragen beantwortet. Es gibt einen kurzen Film sowie reichlich Gelegenheit zum Fotografieren (Domina-Zimmer!). Ein Rundgang dauert weniger als eine Stunde. Online sind die Tickets 2 € billiger.

BROUWERIJ DE PRAEL

BRAUEREI

Karte S. 312 f. (020-408 44 70; www.deprael.nl; Oudezijds Voorburgwal 30; Führung mit 1/4 Bieren 8,50/17,50 €; Führung stündl. Mo–Fr 13–18, Sa 13–17, So 14–17 Uhr; 2/4/11/12/13/14/17/24/26 Centraal Station) Die Brouwerij De Prael bietet fazinierende Führungen durch die Brauerei mit Blick hinter die Kulissen. Sie starten jeweils zur vollen Stunde und dauern rund 40 Minuten, eine Bierprobe (oder vier) schließt sich an. Der angrenzende Verkostungsraum (S. 79) ist ein toller Platz, um weitere Brauereiprodukte zu probieren. De Prael stellt auch Liköre her, die man natürlich im zugehörigen Laden kaufen kann.

Es gibt noch eine Filiale (S. 154) im schnell wachsenden Viertel Houthavens im Westen.

ROTLICHT-ETIKETTE

➡ Die Fenster zu fotografieren ist streng verboten. Manch einer mag versuchen, einen schnellen Schnappschuss zu machen, aber das sollte man besser lassen – einfach aus Respekt und um zu vermeiden, dass die Kamera oder das Mobiltelefon von den „Beschützern" der Sexarbeiterinnen in die Gracht geworfen wird.

➡ Zur eigenen Sicherheit gibt es in den Zimmern der Sexarbeiterinnen einen Knopf, der auf Druck draußen ein Licht einschaltet. Die Polizei oder die persönlichen „Beschützer" der Damen tauchen dann blitzschnell auf.

➡ Die roten Lichter des Rotlichtviertels gibt es schon sehr lange; bereits im 14. Jh. trafen sich Frauen, die rote Laternen trugen, unweit des Hafens mit Matrosen. Rotes Licht ist schmeichelhaft und lässt besonders in Kombination mit schwarzem Licht die Zähne heller erscheinen.

PROSTITUTIONS-INFORMATIONSZENTRUM

BÜCHEREI

Karte S. 312 f. (PIC; 020-420 73 28; www.pic-amsterdam.com; Enge Kerksteeg 3; Mi–Fr 12–17, Sa bis 19 Uhr; 4/14/24 Dam) Das von einer ehemaligen Sexarbeiterin gegründete PIC versorgt Beschäftigte in der Sexbranche, ihre Kunden und neugierige Touristen mit ungeschönten Informationen. Der kleine dazugehörige Laden verkauft aufschlussreichen Lesestoff und Souvenirs.

TROMPETTERSTEEG

STRASSE

Karte S. 312 f. (4/14/24 Dam) Einen faszinierenden Einblick in das Rotlichtgewerbe bietet der Trompettersteeg, eine winzige Gasse, wo die Frauen in den Fenstern die höchsten Preise verlangen. Vorsicht Klaustrophobiker: Die Gasse ist lediglich 1 m breit, dafür allerdings ziemlich belebt. Der Eingang befindet sich im Häuserblock südlich der Oude Kerk.

W139

GALERIE

Karte S. 312 f. (020-622 94 34; www.w139.nl; Warmoesstraat 139; 12–18 Uhr; 4/14/24 Dam) GRATIS In diesem modernen Kulturzentrum werden häufig Multimedia-Ausstellungen mit politischem Touch veranstaltet. Über die aktuellen Künstlergespräche, die hier stattfinden, informiert die Website.

FAKTEN ZUR SEXARBEIT

- Das Jahr, in dem die Prostitution in den Niederlanden offiziell legalisiert wurde: 2000
- Zahl der Beschäftigten in der Sexbranche in Amsterdam: etwa 7000, Schätzungen schwanken zwischen 6000 und 9500
- Vorgeschriebenes Mindestalter für die Tätigkeit in den Niederlanden: 21

ESSEN

Für kleine, günstige Gerichte gibt es massenhaft Snackbars und Cafés, und auch zahlreiche Kneipen servieren Essen. Amsterdams kleine Chinatown, mit Restaurants aus ganz Asien, konzentriert sich rund um die Straße Zeedijk. Im gesamten Viertel wächst und gedeiht die Zahl der Lokale, die raffinierte, oft sehr kreative Speisen anbieten.

Altstadt

★VLEMINCKX — FASTFOOD €

Karte S. 316 f (www.vleminckxdesausmeester.nl; Voetboogstraat 33; Pommes frites 3–5 €, Soßen 0,70 €; ⌚Mo 12–19, Di–Mi & Fr–So 11–19, Do 11–20 Uhr; 🚊2/11/12 Koningsplein) Amsterdams beste *friterie* ist bereits seit 1887 im Geschäft – und seit 1957 ist sie in dieser Imbissbude in der Nähe des Spui zu finden. Die Standardbestellung sind perfekt gegarte, knusprige, lockere *frites* mit Mayonnaise; dabei stehen 28 Soßen zur Wahl, darunter Apfel, grüner Pfeffer, Ketchup, Erdnuss, Sambal und Senf. Die Schlange reicht meist bis zur nächsten Straßenecke, aber es geht schnell voran.

★GARTINE — CAFÉ €

Karte S. 316 f (☎020-320 41 32; www.gartine.nl; Taksteeg 7; Gerichte 6,50–15 €, High Tea 18–25,50 €; ⌚Mi–Sa 10–18 Uhr; 🖉; Ⓜ Rokin, 🚊4/14/24 Rokin) 🍃 Das Gartine ist einfach zauberhaft, von der versteckten Lage in einer Seitengasse der trubeligen Kalverstraat über das zusammengewürfelte alte Geschirr

HIGHLIGHT

EINE VERSTECKTE KIRCHE ENTDECKEN

Das **Museum Ons' Lieve Heer op Solder** ist ein weiterer „versteckter" Amsterdamer Ort: Was wie ein normales Grachtenhaus im Rotlichtviertel aussieht, birgt in seinem Inneren eine komplette katholische Kirche, die Platz für etwa 150 Gläubige bietet. Ons' Lieve Heer op Solder („Unser lieber Herrgott auf dem Speicher") wurde Mitte des 17. Jhs. gegründet, als der Amsterdamer Kaufmann Jan Hartman sich entschloss, in seinem Haus eine geheime Kirche zu bauen, damit sein Sohn sich auf das Priesteramt vorbereiten konnte. Zur damaligen Zeit hatten die calvinistischen Herrscher des Landes öffentliche katholische Gottesdienste strikt verboten.

Beim Gang durch die Kirche ist nicht nur die umfangreichste Sammlung katholischer Kunst der Stadt zu entdecken, sondern auch Stücke aus einem Grachtenhaus des 17. Jhs. Es gibt ein fantastisches Labyrinth aus Treppenhäusern und winzigen Räumen sowie schwere Eichenmöbel und eine gekachelte Küche. Oben, unter dem Dach, befindet sich dann die überraschend prachtvolle Kirche mit einem Altar mit Marmorsäulen und einem Gemälde von Jacob de Wit, einer steilen Empore und einer eindrucksvollen Orgel.

NICHT VERSÄUMEN

- Altar
- Jacob-de-Wit-Gemälde
- Küche und restaurierte Räume (17. Jh.)

PRAKTISCH & KONKRET

- Karte S. 312 f., F6
- ☎020-624 66 04
- www.opsolder.nl
- Oudezijds Voorburgwal 38
- Erw./Kind 12,50/6 €
- ⌚Mo–Sa 10–18, So ab 13 Uhr
- 🚊4/14/24 Dam

bis hin zum köstlichen Frühstücksgebäck (z. B. Soufflé mit dunkler Schokolade, Honig und Himbeeren), den Sandwiches und Salaten (mit Zutaten aus dem eigenen Kleingarten und Eiern von den eigenen Hühnern). Besonders lecker ist der High Tea von 14 bis 17 Uhr mit süßen und herzhaften Bestandteilen.

DE LAATSTE KRUIMEL CAFÉ €

Karte S. 316 f (☎020-423 04 99; www.delaatstekruimel.nl; Langebrugsteeg 4; Gerichte 3–10,50 €; ⏲Mo–Sa 8–20, So ab 9 Uhr; Ⓜ Rokin, 🚊4/14/24 Rokin) Der „Letzte Krümel", dekoriert mit Trödel vom Noordermarkt und Holzpaletten, die zu Möbeln verbaut wurden, öffnet sich hin zu einer winzigen Terrasse an der Gracht. In den Glasvitrinen türmen sich Pasteten, Quiches, Brote, Kuchen und Scones mit Zitrone und Mohn. Großmütter, Kinder, verabredete Paare – eigentlich alle genießen hier die süßen Leckereien und fantastischen Bio-Sandwiches.

CRÊPERIE BRETONNE COCOTTE CRÊPES €

Karte S. 312 f. (☎020-737 20 15; www.cocotte-hexagone.com; Spuistraat 127; Crêpes 6–8 €, Galettes 10,50–13,50 €; ⏲So–Do 9–18, Fr & Sa bis 21 Uhr; 🚊2/11/12/13/17 Dam) In einem zauberhaften Giebelhaus an der Gracht präsentiert sich das Lokal mit unverputzten Backsteinwänden, recyceltem Bauholz und diversen Sitzgelegenheiten im Zwischengeschoss. Herzhafte *galettes* (aus glutenfreiem Bio-Buchweizenmehl aus der ältesten Mühle der Bretagne) werden mit leckeren Füllungen wie bretonischen Sardinen und sautierten Apfelscheiben oder in einer Amsterdam-Version mit Räucherhering, Kartoffeln und Crème fraîche serviert. Süße Crêpes gibt es beispielsweise mit Salzkaramell und Mandeln.

DE SOEPBAR SUPPE €

Karte S. 312 f. (www.desoepbaramsterdam.nl; Spuistraat 106; Suppe klein/mittel/groß/extragroß 4,35/5,95/7,25/12,50 €; ⏲11–20 Uhr; 📶✎; 🚊2/11/12/13/17 Nieuwezijds Kolk) In der „Suppenbar" gibt es jeden Tag vier bis fünf Suppen, darunter immer auch vegetarische und vegane Optionen. Zur Auswahl stehen z. B. Varianten mit Ziegenkäse, Thymian und Blumenkohl, mit gebackener Zwiebel, Erdnüssen und Bohnensprossen, mit Kürbis und Senf, mit Erbsen, Räucherwurst und saurer Sahne sowie würziges Gazpacho mit Wassermelone und Fetakäse; dazu gibt's jeweils Brot. Die Suppen können vor Ort verspeist oder zum Mitnehmen bestellt werden.

GEBR NIEMEIJER CAFÉ €

Karte S. 312 f. (www.gebroedersniemeijer.nl; Nieuwendijk 35; Gerichte 5–10,50 €, Backwaren 1,50–4,50 €; ⏲Di–Fr 8.15–17.30, Sa bis 16.30, So 9–16.30 Uhr; 📶; 🚊2/4/11/12/13/14/17/24/26 Centraal Station) Diese französische Bäckerei, die unweit der Centraal Station liegt, ist eine echte Entdeckung. Die Gäste sitzen an rustikalen Holztischen unter einer Art-déco-Decke und genießen knusprige Croissants zum Frühstück oder mittags belegte Brote, beispielsweise die Hausspezialitäten Sauerteig- oder Walnussbrot mit Lammwurst, Gruyère und Feigenmarmelade.

LANSKROON BÄCKEREI €

Karte S. 316 f (www.lanskroon.nl; Singel 385; Gerichte 2–6 €; ⏲April–Sept. Mo–Fr 8–19, Sa 9–19, So 10–19 Uhr, Okt.–März bis 17.30 Uhr; 🚊2/11/12 Spui) Dieser Familienbetrieb in vierter Generation ist für seine *stroopwafels* berühmt – knusprig, so groß wie ein Kuchenteller und großzügig mit Karamell, Honig oder Feigenpaste bestrichen. In den Wintermonaten decken sich die Amsterdamer hier mit würzigen *speculaas* und anderem Weihnachtsgebäck ein; im Sommer dagegen steht die sahnige Eiscreme mit Nuss- oder Fruchtstücken bei den Kindern hoch im Kurs.

PANNENKOEKENHUIS UPSTAIRS NIEDERLÄNDISCH €

Karte S. 312 f. (☎020-626 56 03; www.upstairspannenkoeken.nl; Grimburgwal 2; Hauptgerichte 7–13 €; ⏲Mo–Sa 12–18, So bis 17 Uhr; Ⓜ Rokin, 🚊4/14/24) In einem Gebäude von 1539 geht es eine der steilsten Treppen in Amsterdam hinauf in dieses winzig kleine Restaurant, in dem mehr als 100 Teekannen von der Decke hängen und die Wände mit Porträts von niederländischen Royals und Gemälden des alten Amsterdam geschmückt sind. Serviert werden traditionelle holländische Pfannkuchen, beispielsweise mit Speck, Käse und Ingwer. Es ist ein Zwei-Mann-Betrieb, deshalb läuft hier alles in gemächlichem Tempo ab; die Öffnungszeiten können differieren. Nur Barzahlung.

BANKETBAKKERIJ VAN DER LINDE EIS €

Karte S. 312 f. (Nieuwendijk 183; Eis klein/mittel/groß ab 1/1,20/1,60 €; ⏲Mo 13–17, Di–Do 11–17.45, Fr 9–17.45, Sa 9–17, So 12–17 Uhr; 🚊4/14/24 Dam) Normalerweise steht vor der Tür dieses schmalen altehrwürdigen Ladens eine lange Schlange, und all diese Leute kommen – man glaubt es kaum – wegen Vanilleeis hierher. Denn das ist hier die einzige Geschmacksrichtung! Allerdings ist dieses Vanilleeis unvergleichlich: eine weiche, samtige zuckrige

Wolke mit einer Konsistenz fast wie Schlagsahne. Die Kunden haben die Wahl zwischen Waffel, Becher oder Waffel-Eis-Sandwich – jeweils in drei verschiedenen Größen.

BROODJE BERT BELEGTE BRÖTCHEN €

Karte S. 316 f (Singel 321; Brötchen 5–8 €; ⏲8–17 Uhr; 🚋2/11/12 Spui) In dem wunderbaren Lokal in herrlicher Lage, direkt an einer Gracht, sitzen die Leute draußen in der Sonne auf hölzernen Stühlen (oder drinnen am Fensterplatz). Außer den riesigen Broten mit mariniertem und gegrilltem Hühnerfleisch oder dem namensgebenden „Broodje Bert" (Lammköfte auf türkischem Brot) gibt es auch noch Hamburger und Omeletts nach Wunsch. Nur Barzahlung.

VAN STAPELE BÄCKEREI €

Karte S. 316 f (www.vanstapele.com; Heisteeg 4; 1/6 Kekse 2/10 €; ⏲10–18.30 Uhr; 🚋2/11/12 Spui) Der klitzekleine Laden ist auf ein einziges Produkt spezialisiert: Schokoladenkekse. Genauer gesagt handelt es sich um einen Keks aus dunkler Valrhona-Schokolade, der mit geschmolzener weißer Schokolade gefüllt ist. Die herrlich süße Scheibe wird weich und warm direkt aus dem Ofen verkauft (gebacken wird alle zehn Minuten, und zwar 46 Stück). Am besten früh kommen, denn die Kekse sind oft schnell ausverkauft.

ROB WIGBOLDUS VISHANDEL BELEGTE BRÖTCHEN €

Karte S. 312 f. (Zoutsteeg 6; Brötchen 3–6,50 €; ⏲Di–Sa 9–17 Uhr; 🚋4/14/24 Dam) Das Fischgeschäft ist eine winzig kleine Oase mit nur drei Tischen in einem Durchgang ganz nah am touristischen Damrak. Es serviert ausgezeichnete Heringsbrötchen, je nach Wahl mit Brötchen aus weißem oder dunklem Mehl. Als Belag stehen u. a. auch Räucheraal, holländische Krabben und gebratener Weißfisch zur Wahl.

DUTCH DELICACY FEINKOST €

Karte S. 316 f (De Mannen Van Kaas; www.demannenvankaas.nl; Spuistraat 330; Sandwiches 4–6 €, Käseprobierplatte 15 €; ⏲8–22 Uhr; 📶; 🚋2/11/12 Spui) Niederländischer Käse ist die Spezialität dieses Feinkostladens auf zwei Ebenen. Kunden können diesen auf Probiertellern an einer Handvoll Tische kosten und ihn vakuumverpackt mit nach Hause nehmen. Es gibt auch Sandwiches (z. B. mit Trüffelgouda, Hühnchen, Rucola und Mayonnaise) und überbackene Brote (z. B. mit Blauschimmelkäse, Pesto und Tomate). Zu den süßen Leckereien gehören Zimtschnecken und gehaltvoller niederländischer Apfelkuchen.

★D'VIJFF VLIEGHEN NIEDERLÄNDISCH €€

Karte S. 316 f (☎020-530 40 60; www.vijffvlieghen.nl; Spuistraat 294-302; Hauptgerichte 19,50–26,50 €; ⏲18–22 Uhr; 🚋2/11/12 Spui) Die „Fünf Fliegen", die sich über fünf Grachtenhäuser erstrecken, sind ein wahres Juwel. Die charaktervollen holzgetäfelten Räume präsentieren sich mit blauen Delfter Kacheln und Originalwerken von Rembrandt; an einigen Stühlen sind Messingschilder mit den Namen berühmter Gäste (Walt Disney, Mick Jagger ...) angebracht. Die exquisiten Gerichte reichen von geräucherter Entenbrust mit Apfel bis hin zu Kalbsbraten mit Steckrüben und niederländischer Krabbenmayonnaise.

TOMAZ NIEDERLÄNDISCH €€

Karte S. 316 f (☎020-320 64 89; www.tomaz.nl; Begijnensteeg 6-8; Hauptgerichte Mittagessen 8–17 €, Abendessen 15–32 €; ⏲12–22 Uhr; 🚋2/11/12 Spui) Das charmante kleine Tomaz liegt etwas versteckt unweit vom Begijnhof (S. 67) und ist ein tolles Plätzchen für ein leichtes Mittagessen oder ein ungezwungenes Abendessen. Zu den Standardspeisen gehören der tägliche *stamppot* (Stampfkartoffeln mit Gemüse), Kalbskroketten, Muscheln aus dem IJsselmeer und holländische Würstchen. Außerdem gibt es immer ein vegetarisches Tagesgericht. Wer möchte, kann hier auch eine Partie Schach spielen.

★DE SILVEREN SPIEGEL NIEDERLÄNDISCH €€€

Karte S. 312 f. (☎020-624 65 89; www.desilverenspiegel.com; Kattengat 4-6; Hauptgerichte 28–36,50 €, 4-/5-/7-/8-Gänge-Menü 54,50/75,50/86/96,50 €; ⏲Mo–Sa 18–21 Uhr; 🚋2/11/12/13/17 Nieuwezijds Kolk) Mit Repliken von Werken alter Meister in einem Stadthaus aus Backstein von 1614 mit Staffelgiebeln kommt der „Silberne Spiegel" überaus elegant daher. Zu den exquisiten Speisen, die auf handgemachtem Porzellan serviert werden, gehören z. B. mit Nordseekrabben gefüllter Hummer an Schaum von altem Gouda oder Texelschaf-Krone mit Spargelmousse und Zimt-Jus (Menüs gibt es nur am Wochenende). Man sollte reservieren und sich entsprechend kleiden.

Rotlichtviertel

IVY & BROS CAFÉ €

Karte S. 312 f. (www.facebook.com/ivyandbros; Oudezijds Voorburgwal 96; Gerichte 4,50–13,50 €; ⏲10–19 Uhr; 📶; Ⓜ Nieuwmarkt) Mit Ausnahme der lebensgroßen Nachbildung eines

Megalodon-Mauls (die Haiart ist vor Jahrmillionen ausgestorben), das über der offenen Küche aufgehängt ist, stehen alle Kunstwerke in dem hippen Café zum Verkauf – ebenso wie die Möbel und das Geschirr. Die meisten der warmen Gerichte, Sandwiches und Salate – beispielsweise hausgemachter Hüttenkäse und Granatapfel – sind vegetarisch, dazu kommen einige vegane Optionen. Die Kaffeegetränke werden mit außerordentlich kunstvollen Mustern serviert.

HOFJE VAN WIJS CAFÉ €€

Karte S. 312 f. (020-624 04 36; www.cafewijs.nl; Zeedijk 43; Hauptgerichte 18,50 €, 2-/3-Gänge-Menü 24/28,50 €; Do 16–22, Fr & Sa 12–22, So 12–20 Uhr; 2/4/11/12/13/14/17/24/26 Centraal Station) Der 200 Jahre alte Kaffee- und Teehändler Wijs & Zonen, der auch das Königshaus beliefert, betreibt dieses Lokal mit Hof. Auf den Tisch kommen niederländische Eintöpfe, verschiedene Fischspeisen, vegetarische Optionen sowie Fondue am Donnerstagabend. Dazu gibt es *jenevers* (niederländische Gins), hauseigenes Bier sowie Livemusik am Samstagabend.

BIRD SNACKBAR THAI €€

Karte S. 312 f. (020-420 62 89; www.thaibird.nl; Zeedijk 77; Hauptgerichte 10–16 €; Mo–Mi 13–22, Do–So bis 22.30 Uhr; 2/4/11/12/13/14/17/24/26 Centraal Station) Die Bird Snackbar ist mit das beste asiatische Restaurant auf dem Zeedijk. Die Köche des Hauses stehen eingekeilt in einer winzig kleinen Küche und sparen nicht mit Zitronengras, Fischsoße und Chili. Die damit verfeinerten Currys und die basilikumlastigen Gerichte mit Fleisch oder mit Meeresfrüchten schmecken ganz einfach großartig. Etwas mehr Platz (aber auch etwas höhere Preise) hat das Lokal auf der anderen Straßenseite (Nr. 72).

NAM KEE KANTONESISCH €€

Karte S. 312 f. (020-624 34 70; www.namkee.nl; Zeedijk 111-113; Hauptgerichte 12,50–23 €; 11.30–22.30 Uhr; MNieuwmarkt) Das Lokal wird zwar keinen Design-Preis gewinnen, aber es ist jahraus, jahrein das beliebteste chinesische Restaurant der Stadt. Die gedünsteten Austern mit Schwarze-Bohnen-Soße sind legendär. Wen das Neonlichtambiente nervt, der kann sich auch in die **Filiale** (Karte S. 318 f; 020-639 28 48; Geldersekade 117; Hauptgerichte 12,50–23 €; Mo–Fr 16–24, Sa 14.30–24, So 14.30–23 Uhr; MNieuwmarkt) des Nam Kee in der Nähe in Nieuwmarkt begeben, das einfach schicker ist.

NEW KING CHINESISCH €€

Karte S. 312 f. (020-625 21 80; www.newking.nl; Zeedijk 115-117; Hauptgerichte 12–26 €; 11–22.30 Uhr; MNieuwmarkt) Das schicke, schummrig beleuchtete Restaurant, das sich über mehrere Ebenen und angrenzende Gebäude erstreckt, zählt zu den beliebtesten in Chinatown. Deshalb sollte man einen Tisch reservieren oder bei Hochbetrieb eine Wartezeit einplanen. Die Spezialität sind gedämpfte Austern mit schwarzen Bohnen; ebenfalls hervorragend sind die Salz-und-Pfeffer-Garnelen, die ganze Pekingente und zahlreiche vegetarische Gerichte, darunter ein leckerer Hotpot mit Tofu und Aubergine. Die liebenswürdigen Angestellten arbeiten äußerst effizient.

WHITE ROOM GEHOBENE KÜCHE €€€

Karte S. 316 f (020-554 61 14; www.restaurantthewhiteroom.com; Dam 9; 2-/3-Gänge-Mittagsmenü 32,50/57,50 €, 5-/7-/9-Gänge-Abendmenü 79/99/119 €; Di & Mi 18.30–22, Do–Sa 12–13.30 & 18.30–22 Uhr; 4/14/24 Dam) Der elfenbeinweiße Speiseraum mit Säulen, Spiegeln, Goldverzierungen und Kristallleuchtern im opulenten denkmalgeschützten NH Grand Hotel Krasnapolsky ist seit 1885 im Geschäft und gilt als Amsterdams ältestes Restaurant. Die Sterneküche umfasst z. B. geräucherten Zackenbarsch mit Avocado-Makronen, in Hagebutte marinierte Austern, Millefeuille mit Languste, Schweinebauch und Kürbis sowie gebratene Taubenbrust mit Haselnussschaum.

AUSGEHEN & NACHTLEBEN

Das Gebiet ist ebenso berühmt für seine wilden Kneipen und Bars wie für seine Coffeeshops (Cannabis-Cafés). Insgesamt ist die Auswahl überraschend vielfältig; dazu zählen auch elegante Probierstuben der *jenever*-Brennereien, seit Jahrzehnten unveränderte *bruine cafés* (braune Cafés), Brauereien und trendige Adressen wie die Kombi aus Craft-Bier-Bar und Friseursalon. An Zeedijk und Warmoesstraat tummelt sich die LGBT-Szene.

Altstadt

★**TALES & SPIRITS** COCKTAILBAR

Karte S. 312 f. (www.talesandspirits.com; Lijnbaanssteeg 5-7; Di–Do & So 17.30–1, Fr & Sa bis 3 Uhr; 2/11/12/13/17 Nieuwezijds Kolk) Kronleuchter glitzern unter Holzbalken im Tales & Spirits, das seine eigenen Cocktail-Ingredienzien herstellt. Kreationen wie „Any Port in a Storm" (Porter's Gin, Sailor Jerry Spiced Rum, Sorbet und Jalapeño-Bitter) und das von Van Gogh inspirierte „Drop of Art" (mit *oude jenever* und Absinth) werden in bunt gemischten Vintagegläsern serviert.

Gäste müssen mindestens 21 Jahre alt sein.

★HOPPE — BRUIN CAFÉ

Karte S. 316 f (www.cafehoppe.com; Spui 18-20; ⏲So–Do 8–1, Fr & Sa bis 2 Uhr; 🚋2/11/12 Spui) Das Hoppe ist eine Institution, seit 1670 werden hier die Gläser gefüllt. Kneipenhocker und Schwadroneure stürzen im alten holzgetäfelten *bruin café* in Haus Nr. 18 und der modernen Kneipe (Anfang 20. Jh.) in Nr. 20 ihr Bier hinunter. Wenn es nicht gerade Stein und Bein friert, zieht es die energiegeladene Kundschaft aus den düsteren Innenräumen hinaus auf den Spui.

★CUT THROAT — BAR

Karte S. 312 f. (☎06 2534 3769; www.cutthroatbarber.nl; Beursplein 5; ⏲Bar Mo–Do 12–23, Fr 11–2, Sa 10–14, So 12–19 Uhr, Friseur Mo–Fr bis 20, Sa & So bis 18 Uhr; 📶; 🚋4/14/24 Dam) Unter einer gemauerten Gewölbedecke aus den 1930er-Jahren kombiniert Cut Throat einen Herrenfriseur (nach Voranmeldung) mit einer angesagten Bar, in der internationale Craft-Biere, Cocktails – darunter G&Ts mit „Schuss" (z. B. Heidelbeere und Thymian oder Mandarine und Rosmarin) –, „angereicherte" Milkshakes und Kaffee von der Amsterdamer Rösterei De Wasserette serviert werden. Brunch gibt es jeden Tag bis 16 Uhr; ganztägig kommen Gerichte von Brathähnchen bis Waffeln sowie Burger auf den Tisch.

CAFÉ BELGIQUE — BIERCAFÉ

Karte S. 312 f. (www.cafe-belgique.nl; Gravenstraat 2; ⏲Mo–Mi 15–1, Do & So 13–1, Fr & Sa 13–3 Uhr; 🚋2/11/12/13/17 Dam) Von den Barhockern an der geschnitzten Holztheke aus können die Gäste sich an den glänzenden Messingzapfhähnen ein – ausschließlich belgisches – Bier aussuchen. Insgesamt acht Sorten gibt es vom Fass, dazu kommen noch an die 50 Flaschenbiere. Das Ambiente ist durch und durch *gezellig* („gemütlich" bzw. „gesellig") und lockt jede Menge entspannte, gut gelaunte Stadtbewohner an. An manchen Abenden gibt es Livemusik oder DJs legen auf.

CAFÉ DE DOKTER — BRUIN CAFÉ

Karte S. 316 f (Rozenboomsteeg 4; ⏲Mi–Sa 16–1 Uhr; 🚋2/11/12 Spui) Kerzen flackern auf den Tischen, im Hintergrund laufen alte Jazzplatten, Kronleuchter und ein Vogelkäfig hängen von der Decke des atmosphärischen Café de Dokter, der mit 18 m² angeblich kleinsten Kneipe in Amsterdam. Whiskys und geräucherte Rindswürstchen sind die Spezialitäten. Ein Wundarzt hatte einst die Kneipe im Jahr 1798 eröffnet, daher der Name. Seine Familie führt sie bis heute, mittlerweile in sechster Generation.

DE BLAUWE PARADE — BAR

Karte S. 312 f. (www.deblauweparade.com; Nieuwezijds Voorburgwal 178; ⏲16–24 Uhr; 📶; 🚋2/11/12/13/17 Dam) Ein Fries in Blau und Weiß – das weltgrößte Tableau aus Delfter Kacheln – verläuft rund um die Wände oberhalb der wunderschönen Holzvertäfelung in dieser exquisiten denkmalgeschützten Bar im Hotel **Die Port van Cleve** (Karte S. 312 f.; ☎020-714 20 00; www.dieportvancleve.com). Zu den regelmäßigen Veranstaltungen gehören Verkostungen von Likören am Montag und *jenevers* am Mittwoch (beides ab 19 Uhr); bezahlt wird pro Glas.

HUMMINGBIRD — KAFFEE

Karte S. 316 f. (www.hummingbird.amsterdam; Spuistraat 217; ⏲Mo–Fr 8–18, Sa 9–18, So 10–18 Uhr; 📶; 🚋2/11/12/13/17 Dam) 🍃 Ein Kolibri des brasilianischen Straßenkünstlers L7matrix ziert eine Wand dieses angesagten Cafés, das auch lokale Kunst verkauft. Spezielle Röstungen (London's Kiss the Hippo, Ecuador's Filipe Abade) werden in einer hochmodernen Modbar-Espressomaschine fachmännisch aufgebrüht. Es gibt eine Handvoll Sitzgelegenheiten im Innen- und Außenbereich. Vergünstigungen für Kaffeebecher ohne Deckel und wiederverwertbare Becher sollen zur Müllvermeidung beitragen.

DAMPKRING — COFFEESHOP

Karte S. 316 f. (www.dampkring-coffeeshop-amsterdam.nl; Handboogstraat 29; ⏲8–1 Uhr; 📶; 🚋2/11/12 Koningsplein) Das Dampkring, dessen Innenräume einer überdimensionalen Lavalampe gleichen, ist bekannt für eine der umfangreichsten Cannabiskarten der Stadt (mit Angaben zu Geruch, Geschmack und Wirkung). Der Name bezieht sich auf jene Schicht in der Erdatmosphäre, in der kleinere Objekte verglühen.

ABRAXAS — COFFEESHOP

Karte S. 316 f. (www.abraxas.amsterdam; Jonge Roelensteeg 12; ⏲8–1 Uhr; 📶; 🚋2/11/12/13/17

Dam) Sanfte Musik, bequeme Sofas, dickflüssige Milchshakes und Räume mit unterschiedlichen Energielevels verteilen sich über die Stockwerke des Abraxas (sie sind über eine schmale Wendeltreppe miteinander verbunden). Dank der fürsorglichen Mitarbeiter eignet sich der Laden besonders gut für Coffeeshop-Novizen (die Märchen-Deko kann allerdings etwas nerven).

PRIK SCHWULENBAR

Karte S. 312 f. (www.prikamsterdam.nl; Spuistraat 109; ⌚Mo–Do 16–1, Fr bis 3, Sa 15–3, So bis 1 Uhr; 🚋2/11/12/13/17 Dam) „Klasse Getränke, sexy Snacks und abgedrehte Musik", so lautet das Motto dieser Hyper-Retrobar mit Unmengen an Cocktails und Prosecco vom Fass. Freitags und samstags spielen DJs Pop, House und Dance.

Rotlichtviertel

★IN 'T AEPJEN BRUIN CAFÉ

Karte S. 312 f. (Zeedijk 1; ⌚Mo–Do 12–1, Fr & Sa bis 3 Uhr; 🚋2/4/11/12/13/14/17/24/26 Centraal Station) Selbst tagsüber brennen Kerzen in diesem Haus aus dem 15. Jh. – einem von zwei erhaltenen Holzbauten in der Stadt –, das bereits seit 1519 eine Gaststätte ist: Im 16. und 17. Jh. diente es als Herberge für Matrosen aus dem Fernen Osten, die oft *aapjes* (Affen) dabeihatten, um sie gegen eine Unterkunft einzutauschen. Dampfender, traditioneller Jazz aus der Stereoanlage verstärkt noch das komische Empfinden, aus der Zeit gefallen zu sein.

Das Gasthaus wurde von Affen quasi überrannt und übergab sie schließlich einem Kunden, der sie in seinem Garten unterbrachte; daraus ist dann der Artis Royal Zoo (S. 94) entstanden.

★BROUWERIJ DE PRAEL BRAUEREI

Karte S. 312 f. (www.deprael.nl; Oudezijds Armsteeg 26; ⌚Mo–Mi 12–24, Do–Sa bis 1, So bis 23 Uhr; 📶; 🚋2/4/11/12/13/14/17/24/26 Centraal Station) Bio-Biere (Scotch Ale, IPA, Barley Wine und viele weitere Varianten) kann man in dieser sehr sozial engagierten Brauerei De Prael (S. 73) probieren, die dafür bekannt ist, dass sie auch Menschen mit psychischen Erkrankungen einstellt. In der Probierstube mit mehreren Ebenen stehen bequeme Sofas und große Holztische. Oftmals wird Livemusik gespielt. Eine Verkostung mit vier Biersorten kostet 10 €.

TAILOR BAR COCKTAILBAR

Karte S. 316 f. (www.barthetailor.com; Dam 9; ⌚17–1 Uhr; 📶; 🚋4/14/24 Dam) Die Getränkekarte in dieser eleganten Bar im NH Grand Hotel Krasnapolsky erinnert an Wilhelm Krasnapolsky. Der Schneider zog 1856 von Deutschland nach Amsterdam und arbeitete hier, bevor er schließlich das Hotel eröffnete. Zur Cocktail-Auswahl gehören Tailor's Cut (*oude jenever,* Wermut, rauchiger Bitter) und Felt Pockets (irischer Whiskey, Ceylontee, grüner Tee).

BIERFABRIEK MIKROBRAUEREI

Karte S. 316 f. (☎020-528 99 10; www.bierfabriek.com; Nes 67; ⌚Mo–Do 15–1, Fr bis 2, Sa 13–2, So bis 1 Uhr; Ⓜ Rokin, 🚋4/14/24 Rokin) In einer Umgebung aus rauem Beton werden Bierfabrieks Pure Pilsner, Nero Porter und Rosso Ruby Ale (und eine je nach Jahreszeit wechselnde Sorte) gebraut; am besten passt dazu das spezielle Brathähnchen, das mit einer deftigen Portion Pommes frites und Mayonnaise serviert wird (oder man bedient sich einfach an den Erdnüssen, die auf den Tischen liegen). In den Stoßzeiten empfiehlt sich eine Reservierung.

'T MANDJE LGBT-BAR

Karte S. 312 f. (www.cafetmandje.amsterdam; Zeedijk 63; ⌚Di–Do 16–1, Fr & Sa 15–3, So 15–1 Uhr; 🚋2/4/11/12/13/14/17/24/26 Centraal Station) Die älteste LGBT-Kneipe von Amsterdam wurde 1927 eröffnet und 1982, als es am Zeedijk zu verrucht wurde, geschlossen. Aber die Kneipe wurde mit all ihrem Schnickschnack jede Woche schön abgestaubt, bis sie 2008 wieder ihre Pforten öffnete. Das Thekenpersonal kann Geschichten über die lesbische Gründerin der Kneipe, Bet van Beeren, erzählen. Dies ist eine der gemüt-

KLEINERE COFFEESHOPS

Wer laute Musik, abgefahrenes Dekor und Menschenmengen nicht mag, ist in kleineren, entspannteren Coffeeshops gut aufgehoben, darunter das Wohnzimmer-ähnliche **Tweede Kamer** (Karte S. 316 f.; www.tweedekamercoffeeshop.nl; Heisteeg 6; ⌚10–1 Uhr; 🚋2/11/12 Spui) und der gemütliche **Coffeeshop Rusland** (Karte S. 316 f.; www.coffeeshop-rusland-amsterdam.com; Rusland 16; ⌚8–0.30 Uhr; Ⓜ Rokin, 🚋4/14/24 Rokin).

Stadtspaziergang
Bummel durchs Rotlichtviertel

START CONDOMERIE HET GULDEN VLIES
ZIEL GREENHOUSE
LÄNGE/DAUER 1,1 KM; 1 STD.

Einblicke in die verruchte Seite der Stadt bietet ein Spaziergang durch Amsterdams ältestes Viertel.

1 **Condomerie het Gulden Vlies** (S. 87) ist ein Tempel der Kondomkunst und verkauft alle Designs, Größen und Farben.

Von der St. Annenstraat geht's links auf den Oudezijds Voorburgwal. Der 2 **Trompettersteeg** (S. 73) ist die zweite Straße auf dem Weg zur Oude Kerk. Die mittelalterliche Gasse ist nur 1 m breit und wegen der Rotlichtfenster immer gut besucht.

Auf dem Oudekerksplein erinnert die 3 **Belle-Statue** (S. 68) an Beschäftigte in der Sexbranche und ihre Rechte. Was für ein Gegensatz: Die 4 **Oude Kerk** (S. 68) aus dem 14. Jh. ist das älteste Gebäude Amsterdams; der umliegende Platz ist das Zentrum der Prostitution. In der Nähe des Eingangs befindet sich auf dem Pflaster das Relief 5 **goldener Torso** (S. 68).

Gleich nordwestlich der Kirche informiert das 6 **Prostitutions-Informationszentrum** (S. 73) sowohl Beschäftigte in der Sexbranche als auch Besucher.

Über den Kanal geht es auf die Korte Niezel und dann rechts ab auf den Oudezijds Achterburgwal, wo das Museum 7 **Red Light Secrets** (S. 73) die Nachbildung eines Rotlichtzimmers zeigt und über das älteste Gewerbe der Welt informiert.

Nun folgt ein Laster dem anderen: Live-Sexshows im 8 **Casa Rosso** (S. 81), Vaporizer im 9 **Cannabis College** (S. 72), Botanikunterricht im 10 **Hash, Marijuana & Hemp Museum** (S. 73) und hochwirksames „Big Bud" im angeschlossenen Sensi-Seeds-Laden.

Rechts geht es in die Prinsenhofstraat und wieder zum Oudezijds Voorburgwal. Der beliebte Coffeeshop 11 **Greenhouse** (S. 80) an der Ecke ist für hochwertiges Cannabis bekannt, zudem gibt's dort gutes Essen und Musik.

Schließlich ruft drüben auf der Westseite des Oudezijds Voorburgwal im Pijlsteeg die *jenever*-Brennerei 12 **Wynand Fockink** (S. 81) von 1679 als letzte Station.

lichsten Kneipen im Zentrum, egal ob für Schwule und Lesben oder Heteros.

GREENHOUSE COFFEESHOP

Karte S. 316 f. (www.greenhouse.org; Oudezijds Voorburgwal 191; ⌚9–1 Uhr; 📶; 🚋4/14/24 Dam) Dies ist einer der beliebtesten Coffeeshops der Stadt mit einem überwiegend jungen Publikum, darunter viele Backpacker. Raucher mögen die funkige Musik, die vielfarbigen Mosaike und das hochwertige Gras und Hasch. Außerdem gibt es hier Frühstück, Mittag- und Abendessen für jeden möglichen Heißhunger.

MOLLY MALONE'S IRISH PUB

Karte S. 312 f. (www.mollyinamsterdam.com; Oudezijds Kolk 9; ⌚Mo–Do 11.30–1, Fr bis 3, Sa 11–3, So bis 1 Uhr; 📶; 🚋2/4/11/12/13/14/17/24/26 Centraal Station) Der dunkle, holzgetäfelte Pub ist Schauplatz spontaner Folk-Sessions (das eigene Instrument mitbringen und ab geht die Post!), aber auch diverser Livemusik-Gigs. Zu den irischen Getränken gehören verschiedene Cider und fabelhafte Craft-Biere von Galway Hooker und natürlich Stout und über 70 Whiskeys. Dazu laufen Live-Sportübertragungen auf großen HD-Fernsehern; die Kneipenkost reicht von Burgern bis zu Rippchen und Braten.

EAGLE SCHWULENBAR

Karte S. 312 f. (www.eagleamsterdam.com; Warmoesstraat 90; ⌚So–Do 23–4, Fr & Sa bis 5 Uhr; 🚋2/4/11/12/13/14/17/24/26 Centraal Station) Das Eagle, seit 1979 am Ball, ist ein Klassiker. Die Leder-Denim-Bar nur für Männer bietet drei Etagen voller Action einschließlich Darkrooms im Untergeschoss und einer Tanzfläche mit Laserlicht und dröhnender House-Musik. Am Wochenende können sich lange Schlangen bilden. Regelmäßig treten DJs auf, und es werden Nacktabende und Bondage-Partys veranstaltet.

KAPITEIN ZEPPO'S BAR

Karte S. 316 f. (www.zeppos.nl; Gebed Zonder End 5; ⌚Mo–Do 11–1, Fr & Sa bis 3, So 12–1 Uhr; Ⓜ Rokin, 🚋4/14/24 Rokin) Das Haus in einer Seitengasse des Grimburgwal hatte im Lauf der Jahrhunderte schon viele Funktionen: ein Kloster im 14. Jh., ein Kutschenhaus im 17. Jh. und im 19. Jh. eine Zigarrenfabrik. Das stimmungsvolle kleine Café besitzt ein zeit-

PROBIERSTUBEN

Probierstuben, die versteckt in den Straßen der Altstadt liegen, bieten eine erstklassige Gelegenheit, *jenever* und andere lokale Spirituosen zu probieren. Die meisten schenken ihre Erzeugnisse schon seit zwei oder drei Jahrhunderten aus. Besonders zu empfehlen sind die folgenden:

Wynand Fockink (Karte S. 316 f.; ☎020-639 26 95; www.wynand-fockink.nl; Pijlsteeg 31; Führung 17,50 €; ⌚Probierstube tgl. 14–21 Uhr, Führungen Sa & So 15, 16.30, 18 & 19.30 Uhr; 🚋4/14/24 Dam) Die kleine Probierstube aus dem Jahr 1679, die in einer Arkade hinter dem NH Grand Hotel Krasnapolsky zu finden ist, serviert eine große Auswahl an *jenevers* und Likören. Zwar gibt es keine Sitzgelegenheiten, aber es ist einfach ein gemütlicher Ort, um das eine oder andere Gläschen zu kippen. Am Wochenende gibt es 45 Minuten dauernde Führungen durch die Brennerei (auf Englisch), gefolgt von sechs Verkostungen; online reservieren.

Proeflokaal de Ooievaar (Karte S. 312 f.; www.proeflokaaldeooievaar.nl; St Olofspoort 1; ⌚12–24 Uhr; 🚋2/4/11/12/13/14/17/24/26 Centraal Station) Die großartige Probierstube, nicht viel größer als ein *jenever*-Fass, ist seit 1782 im Geschäft. Im Angebot sind 14 Sorten *jenever* und Liköre (z. B. „Tränen der Braut" mit Gold- und Silberblatt) von der De-Ooievaar-Brennerei, die im Jordaan beheimatet ist. Auch wenn es so aussieht: Das Haus ist nicht abgesackt, sondern wurde mit geneigter Fassade gebaut.

De Drie Fleschjes (Karte S. 312 f.; www.dedriefleschjes.nl; Gravenstraat 18; ⌚Mo–Sa 14–20.30, So 15–19 Uhr; 🚋2/11/12/13/17 Dam) Die Probierstube der Brennerei Bootz ist ein wahres Schätzchen aus dem Jahr 1650 mit einer Wand aus Fässern, die von Meisterschiffbauern gefertigt wurden. Spezialität des Hauses sind Liköre, darunter der charakteristische *bitterkoekje* (Makronenlikör), der nach Mandeln schmeckt, aber es gibt auch hervorragenden *jenever*. Besucher sollten einen Blick auf die Sammlung von *kalkoentjes* (kleine Flaschen mit handgemalten Porträts ehemaliger Bürgermeister) werfen.

los-szeniges Flair, ob nun an den gekachelten Tischen mit Kerzenlicht oder im Garten mit seinen blinkenden Lichtern.

UNTERHALTUNG

In vielen Bars der Altstadt wird Livemusik gespielt, wobei das Bitterzoet diesbezüglich als erste Anlaufstelle gilt. Die Nes-Straße ist von Theatern gesäumt, darunter das spektakulär renovierte Tobacco Theater; hier stehen in einem ehemaligen Tabakauktionshaus Theater, Konzerte und Kabarett auf dem Programm. Der Oudezijds Achterburgwal im Rotlichtviertel hält Theatererfahrungen der anderen Art (ja, die Rede ist von Livesex-Shows) bereit.

BITTERZOET LIVEMUSIK

Karte S. 312 f. (020-421 23 18; www.bitterzoet.com; Spuistraat 2; 20 Uhr–open end; 2/11/12/13/17 Nieuwezijds Kolk) Immer gut besucht, immer anders: Dieser Club mit Platz für gerade mal 350 Leute mit einem vielfältigen Publikum ist einer der nettesten in Amsterdam. Die Musik (mal live, mal DJ) reicht von Funk, Roots, Drum 'n' Bass, Latin, Afro-Beat sowie klassischem Jazz bis Hip-Hop-Groove.

TOBACCO THEATER THEATER

Karte S. 316 f. (020-242 06 99; www.tobacco.nl; Nes 75-87; M Rokin, 4/14/24 Rokin) Ein Tabakauktionshaus von 1900 beherbergt heute dieses architektonisch eindrucksvolle Theater. Neben Dinner-und-Kabarett-Shows auf Deutsch, Niederländisch und Englisch stehen Theaterproduktionen und Konzerte auf dem Programm. Außer dem 300 Sitzplätze fassenden Theater gibt es noch einen Raum für experimentelle und Konzeptkunst, mehrere Loungebereiche, darunter eine Cocktailbar mit Blick auf die Bühne, sowie einen alten Banktresor.

FRASCATI THEATER

Karte S. 316 f. (020-626 68 66; www.frascatitheater.nl; Nes 63; Aug. geschl.; M Rokin, 4/14/24 Rokin) Das experimentelle Theater ist ein Magnet für junge niederländische Regisseure, Choreografen und Produzenten. Geboten werden multikulturelle Tanz- und Musik-Performances sowie Hip-Hop, Rap und Breakdance. Auf der Website ist das Programm nachzulesen.

DE BRAKKE GROND THEATER

Karte S. 316 f. (020-622 90 14; www.brakkegrond.nl; Flemish Cultural Centre, Nes 45; ; M Rokin, 4/14//24 Rokin) De Brakke Grond präsentiert in seinem schicken Veranstaltungssaal ein fantastisches Spektrum an Musik, experimenteller Videokunst, modernem Tanz und aufregendem jungen Theater. Die verschiedenen Veranstaltungen sind auf der Website aufgelistet.

CASA ROSSO LIVESHOW

Karte S. 316 f. (www.casarosso.nl; Oudezijds Achterburgwal 106-108; Eintritt mit/ohne Getränke 62/47 €; So–Do 19–2, Fr & Sa bis 3 Uhr; 4/14/24 Dam) Es mag etwas weit hergeholt sein, eine Live-Sexshow als „stilvoll" zu bezeichnen, aber dieser Laden ist sauber und komfortabel und immer brechend voll mit Paaren und Junggesellinnenpartys. Es gibt Auftritte von Männern, Frauen, gemischten Paaren oder Lesben, allerdings nicht von Schwulen (sorry, Jungs!). Die Akteure führen alles nur Erdenkliche vor: artistische Positionen aus dem Kamasutra, Poledance und unglaubliche Tricks mit brennenden Kerzen. Online sind die Eintrittskarten 3 € billiger.

SHOPPEN

In der Kalverstraat und Umgebung finden sich die üblichen Kettenläden; hier drängeln sich die Kunden. Damrak wird dagegen von Souvenirläden überschwemmt. Unkonventionellere Geschäfte mit einem breiten Angebot an Einrichtungsgegenständen, Mode und Kunst aus holländischen Designer-Werkstätten oder aufgemöbelten Retro-Computerspielen sind in den Seitenstraßen zu finden. Das Rotlichtviertel ist Standort einer wilden Ansammlung von Sex- und Fetisch-Shops ebenso wie „Smart Shops", die *magic mushrooms* verkaufen.

Altstadt

★ X BANK DESIGN

Karte S. 316 f. (www.xbank.amsterdam; Spuistraat 172; Fr–Mi 10–20, Do bis 21 Uhr; 2/11/12/13/17 Dam) Das etwa 700 m² große X Bank – in einem ehemaligen Bankgebäude, das inzwischen zum markanten Hotel W Amsterdam (S. 233) gehört – ist mehr als nur ein Konzeptladen, der in den Niederlanden entworfene Haute couture und Prêt-à-porter-Mode, Möbel, Kunst, Geräte und Haushaltswaren präsentiert. Hier gibt es außerdem Ausstellungen, Workshops, Markteinführungen und Lesungen. Die Innenausstattung wechselt jeden Monat; Informationen zu den einzelnen Events stehen auf der Website.

LOCALS MODE & ACCESSOIRES

Karte S. 316 f. (www.localsamsterdam.com; Spuistraat 272; ⏲Mo 13–18, Di–Sa 11.30–18, So 12–18 Uhr; 🚊2/11/12 Spui) Juwelierin Suzanne Hof hat die Boutique eingerichtet, um Entwürfe ihres eigenen Labels, Sugarz, zu präsentieren, bietet aber auch mittelständischen Designern aus den Niederlanden und besonders aus Amsterdam eine Plattform. Neben Herren- und Damenmode (T-Shirts, Jeans, Kleider) sind Schals, Hüte, Handschuhe, Handtaschen und Einrichtungsgegenstände (Vasen, Kissen, Geschirr, Bilder und moderne Fassungen von handbemalten Delfter Kacheln) zu finden.

MARK RAVEN GRAFIEK GESCHENKE & SOUVENIRS

Karte S. 312 f. (www.markraven.nl; Nieuwezijds Voorburgwal 174; ⏲10.30–18 Uhr; 🚊1/2/5/13/14/17 Dam) Die einzigartigen Amsterdam-Ansichten des Künstlers Mark Raven sind als Poster, Bierdeckel und auf gut geschnittenen T-Shirts erhältlich und geben tolle Souvenirs ab. Die Preise halten sich im Rahmen, am Eingang gibt es oft ein Regal mit reduzierter Ware.

POSTHUMUS SCHREIBWAREN

Karte S. 316 f. (www.posthumuswinkel.nl; St Luciënsteeg 25; ⏲Di–Fr 10–17.30, Sa 11–17.30 Uhr; 🚊2/11/12/13/17 Dam) Dieses wunderbar erhaltene Geschäft von 1865 mit Originalholzmöbeln produziert Wachsstempel für Wachssiegel (und verkauft Siegelwachs), Brennstempel aus Messing, Stanzstempel zum Prägen und einfache Gummistempel (mit Stempelkissen) mit niederländisch inspirierten Motiven wie Kanalhäusern mit Giebeldach. Auf Kundenwunsch werden individuelle Stempel gefertigt, zudem gehören Federkiel-ähnliche Füllfederhalter und hochwertige Papierprodukte zum Sortiment.

BONBON BOUTIQUE SCHMUCK

Karte S. 316 f. (www.bonbonboutique.nl; Rosmarijnsteeg 8; ⏲Mo–Sa 11–18, So 12–18 Uhr; 🚊2/11/12 Spui) In der komplett in weiß gehaltenen Boutique gibt es in Amsterdam gefertigten Schmuck (Ringe, Ohrringe, Armreife, Ketten und Anhänger) aus Gold, Sterling-Silber, Messing, Edelsteinen und farbigem Kristall. Bei Workshops zur Schmuckherstellung auf Englisch und Niederländisch (2 Std. ab 60 €) hämmert, biegt, schneidet und feilt man eigene Kreationen, die man dann mit nach Hause nehmen kann.

ANDRIES DE JONG BV GESCHENKE & SOUVENIRS

Karte S. 316 f. (www.andriesdejong.nl; Muntplein 8; ⏲Mo–Sa 10–18 Uhr; 🚊24 Muntplein) Seit 1787 begeben sich Seeleute zu Andries de Jong, wenn sie Schiffsausrüstung, Seile oder Messinglampen brauchen. Neben den für die Arbeit benötigten Gegenständen okkupieren traditionelle Uhren, Glocken, Buddelschiffe und andere urige maritime Mitbringsel die vollgestopften Regale, nicht zu vergessen die robusten bunten Fahnen.

GEHEN BALD DIE ROTEN LICHTER AUS?

Seit 2007 schränken die Behörden die Anzahl der Rotlichtfenster ein, um das Viertel zu „säubern". Sie behaupten, es ginge nicht um Moral, sondern um Kriminalität: Zuhälter, Dealer und Geldwäscher beherrschten die Szene und ließen das Viertel immer mehr verkommen. Die Gegner verweisen auf einen wachsenden Konservatismus und behaupten, dass die Regierung Kriminalität als Vorwand nutze, da ihr der sündhafte Ruf Amsterdams missfiele.

Aktuell gibt es noch rund 300 Fenster, ein deutliches Minus gegenüber den ehemals 482. Viele Beschäftigte in der Sexbranche und ihre Unterstützer protestieren gegen die Maßnahme: Sie befürchten, dass sie nun gezwungen sind, ihre Dienste in einer unsichereren Umgebung anzubieten. Ein Projekt zum Rückkauf der Fenster, um dort Ateliers und lokale Geschäfte unterzubringen, war größtenteils erfolglos, da stattdessen touristische Geschäfte (z. B. billige Souvenirläden) einzogen. Führungen zu den Rotlichtfenstern hat die Stadt mittlerweile verboten; geführte Touren im restlichen Stadtzentrum bleiben erlaubt, allerdings benötigen Guides eine Lizenz und müssen spezielle Bestimmungen einhalten.

Zu anderen Initiativen, die das Gesicht des Viertels verändern wollen, gehören Festivals wie das **Red Light Jazz Festival** (www.redlightjazz.com; ⏲Anfang Juni).

EIVAISLA/SHUTTERSTOCK ©

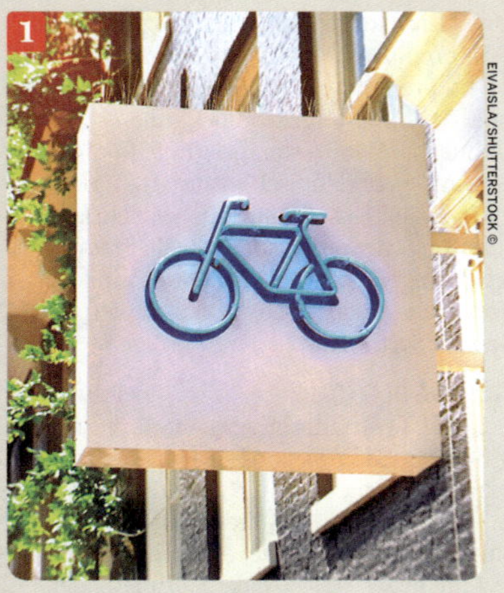

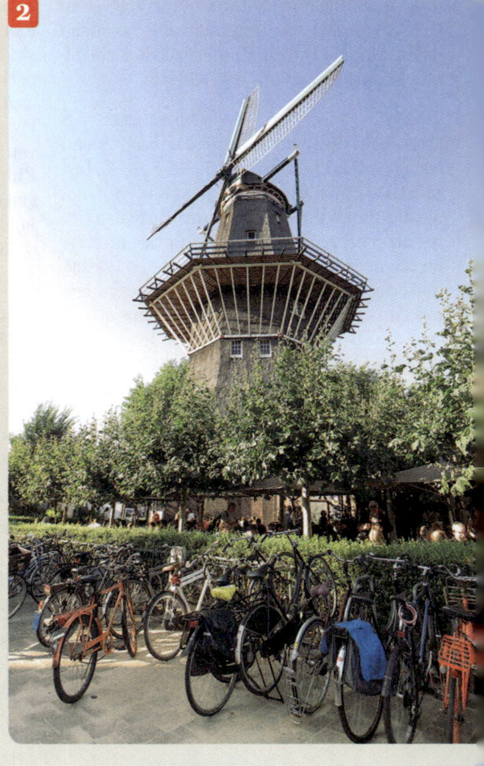

1. Fahrrad mieten (S. 33)
Amsterdam wie ein Local erkunden.

2. Brouwerij 't IJ (S. 102)
Diese Brauerei unter einer Windmühle ist gut mit dem Rad zu erreichen.

3. Fahrräder überall
Dieses Rad, eines von Amsterdams unzähligen Drahteseln, hat sein Besitzer an einem Brückengeländer angeschlossen.

4. Zaanse Schans (S. 228)
Nur eine 90-minütige Radtour von Amsterdam entfernt.

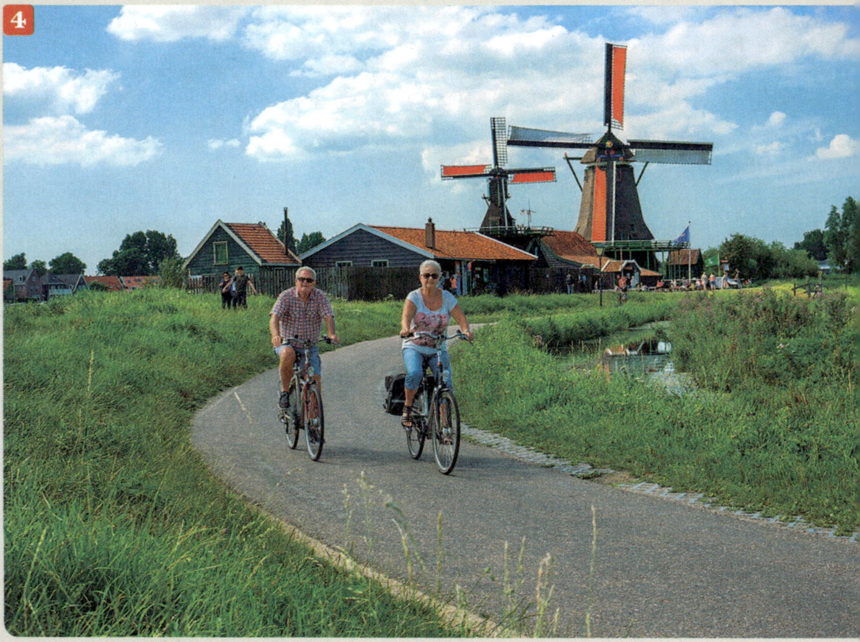

3

MATT MUNRO/LONELY PLANET ©

OUDEMANHUISPOORT BOOK MARKET
BÜCHER

Karte S. 316 f. (Oudemanhuispoort; ⌚Mo–Sa 11–16 Uhr; Ⓜ Rokin, 🚊4/14/24 Rokin) Auf Tischen in der stimmungsvollen überdachten Gasse zwischen Oudezijds Achterburgwal und Kloveniersburgwal stapeln sich antiquarische Bücher; hier blättern Professoren der Universität durch Werke von Marx, Aristoteles und andere Klassiker. Alte Poster, Karten und Notenblätter werden ebenfalls verkauft. Die meisten Bücher sind natürlich auf Niederländisch, allerdings gibt es dazwischen auch ein paar englischsprachige Werke. Nur Barzahlung.

PGC HAJENIUS
GESCHENKE & SOUVENIRS

Karte S. 316 f. (www.hajenius.com; Rokin 96; ⌚Mo 12–18, Di–Sa 9.30–18, So 12–17 Uhr; Ⓜ Rokin, 🚊4/14/24 Rokin) Mit dem Art-déco-Buntglas, den vergoldeten Zierleisten, dem italienischen Marmor und der Deckenbespannung aus Leder ist dieses Tabakgeschäft auf jeden Fall einen Besuch wert, auch für Leute, die sich nichts aus Zigarren machen. Stammkunden, darunter Mitglieder des niederländischen Königshauses, haben hier einen eignen Humidor. In der hübschen Raucher-Lounge können die Kunden kubanische und andere exotische Zigarren probieren.

DE BIJENKORF
WARENHAUS

Karte S. 316 f. (www.debijenkorf.nl; Dam 1; ⌚Di–Sa 10–21, So & Mo 11–21 Uhr; 🚊4/14/24 Dam) Das eleganteste Kaufhaus der Stadt macht von außen mehr her als von innen, aber die Lage – gegenüber dem Königspalast – ist fantastisch. Kunden schätzen die gute Auswahl an Kleidung, Kosmetik, Accessoires, Spielzeug, Einrichtungsgegenständen und Büchern. Das todschicke Café im fünften Stock besitzt eine Terrasse mit Blick auf die Stadt.

GASTRONOMIE NOSTALGIE
HAUSHALTSWAREN

Karte S. 316 f. (www.gastronomienostalgie.nl; Nieuwezijds Voorburgwal 304; ⌚11–17 Uhr; 🚊2/11/12 Spui) Der Besitzer besorgt seine hinreißenden Porzellanteller, Kristallkelche, silbernen Kerzenständer und anderen antiken Haushaltswaren, mit denen der Laden vollgestopft ist, auf renommierten internationalen Auktionen. Einlass ist nach dem Klingeln der Messingglocke, dann kann man hier stundenlang stöbern.

MAGNA PLAZA
EINKAUFSZENTRUM

Karte S. 312 f. (www.magnaplaza.nl; Nieuwezijds Voorburgwal 182; ⌚10–22 Uhr; 🚊1/2/5/13/14/17 Dam) Ein imposantes Gebäude aus dem 19. Jh., in der einst die Hauptpost untergebracht war, beherbergt heute ein schickes Einkaufszentrum mit über 40 Mode-, Geschenk- und Schmuckboutiquen, wobei die Bandbreite von Mango über Sissy Boy bis hin zu einem Kaschmirgeschäft reicht. Nach dem Shoppen kann man sich in einem 1100 m² großen Gastronomiebereich, u. a. mit dem Amsterdamer Burgerladen **Butcher** (Karte S. 316 f.; www.the-butcher.com; Paleisstraat 14; Burger 6,50–12,50 €; ⌚So–Do 11–1, Fr & Sa bis 3 Uhr), stärken.

LAUNDRY INDUSTRY
BEKLEIDUNG

Karte S. 316 f. (www.laundryindustry.com; St Luciënsteeg 18; ⌚Di–Sa 11–18, So & Mo 12–18 Uhr; 🚊2/11/12 Spui) Hippe, urbane Leute kommen wegen der gut geschnittenen Damen- und Herrenbekleidung des niederländischen Designhauses hierher. Schuhe, Schmuck und Designer-Schnickschnack sind ebenfalls im Angebot. Eine Kaffeebar sorgt für den erwünschten Koffein-Kick.

POSTZEGELMARKT
MARKT

Karte S. 316 f. (Briefmarken- & Münzmarkt; Nieuwezijds Voorburgwal 280; ⌚Mi & Sa 10–16 Uhr; 🚊2/11/12 Spui) Auf dem kleinen Markt am Straßenrand werden seltene, sammelwürdige Briefmarken, Münzen und Medaillen verkauft.

RUSH HOUR RECORDS
MUSIK

Karte S. 312 f. (www.rushhour.nl; Spuistraat 116; ⌚Mo 13–19, Di, Mi, Fr & Sa 11–19, Do 11–21, So 13–18 Uhr; 🚊4/14/24 Dam) House und Techno sind die wichtigsten Genres, die dieser riesige Laden zu bieten hat, aber Funk, Jazz, Dubstep, Electronica und Disco füllen ebenfalls die Kisten. Besonders beliebt ist der Laden bei DJs und Multimedia-Künstlern; auf jeden Fall ein toller Ort, um sich über aktuelle Trends in der Underground-Dance-Szene zu informieren.

KUNSTMARKT
MARKT

Karte S. 316 f. (www.artamsterdam-spui.com; Spui; ⌚März–Dez. So 11–18 Uhr; 🚊2/11/12 Spui) Galeriegebühren lassen sich sparen, indem man auf dem Amsterdamer Kunstmarkt direkt bei den Künstlern kauft. 60 aktuelle niederländische Künstler stellen jede Woche ihre Werke auf dem Platz aus.

AMERICAN BOOK CENTER
BÜCHER

Karte S. 316 f. (ABC; www.abc.nl; Spui 12; ⌚Mo 12–20, Di–Sa 10–20, So 11–18.30 Uhr; 🚊2/11/12 Spui) Die ausgezeichnete Buchhandlung, die sich über drei Etagen erstreckt, hat die größte Auswahl an englischsprachigen Büchern in Amsterdam. Ihre besondere Stärke ist die Kunstabteilung im Erdgeschoss; in den oberen Etagen finden sich Belletristik und Unmengen an Büchern zu speziellen Themen sowie eine gute Reiseabteilung. Auch ausländische Publikationen wie die *New York Times* und fantastische Postkarten gehören zum Sortiment.

DE BIERKONING BIER

Karte S. 316 f. (www.bierkoning.nl; Paleisstraat 125; ⌚Mo–Sa 11–19, So 12–19 Uhr; 🚋2/11/12/13/17 Dam) Neben über 2000 verschiedenen Biersorten (der Schwerpunkt liegt auf belgischem, deutschem, britischem und natürlich niederländischem Bier) bietet De Bierkoning eine große Auswahl an Biergläsern, T-Shirts mit Biermotiven und Bierführer für die Region. Es gibt auch ein paar Ciders.

Rotlichtviertel

MARY GO WILD MUSIK

Karte S. 312 f. (www.marygowild.nl; Zeedijk 44; ⌚Mi & So 13–19, Do 12–20, Fr & Sa 12–19 Uhr; 🚋2/4/11/12/13/14/17/24/26 Centraal Station) House und Techno sind die Spezialität dieses Plattenladens am Zeedijk. Oft legen vor Ort DJs auf, zudem gibt es einen hauseigenen Online-Radiosender sowie gelegentliche Raves im Untergeschoss. Eine der besten Anlaufstellen, um sich über Clubevents in der Stadt zu informieren.

CONDOMERIE HET GULDEN VLIES SEX-ARTIKEL

Karte S. 312 f. (www.condomerie.com; Warmoesstraat 141; ⌚Mo & Mi–Sat 11–21, Di bis 18, So 13–18 Uhr; 🚋4/14/24 Dam) Im Herzen des Rotlichtviertels verkauft diese gut ausgeleuchtete Boutique Kondome in allen denkbaren Größen, Farben, Geschmacksrichtungen und Designs (gehörnte Teufel, Marihuanablätter, Delfter Kacheln ...) sowie Gleitmittel und frivole Geschenke. Im Geschäft ist das Fotografieren untersagt.

HEMPSTORY HANFPRODUKTE

Karte S. 316 f. (www.hempstory.nl; Oudezijds Achterburgwal 142; ⌚Di–Mi & Fr–Sa 11–19, Do bis 21, So & Mo 12–19 Uhr; 🚋4/14/24 Dam) Alles in diesem lichtdurchströmten modernen Laden besteht aus Hanf: Hautpflege (Seife, Feuchtigkeitscreme und Waschlotion, z. B. Hanf und Ginseng), Insektenschutzmittel, Einrichtungsgegenstände (Decken, Überwürfe, Kissen, Pflanzendrucke auf Hanfpapier), Männer- und Frauenkleidung (Hemden, Jacken, Schals, Hüte) und Schmuck aus Hanfseilen. Das winzige Café serviert (nicht berauschenden) Hanftee, Hanfsamenkuchen und Hanfsamen-Smoothies.

RED LIGHT RECORDS MUSIK

Karte S. 312 f. (www.redlightrecordsamsterdam.com; Oudekerksplein 26; ⌚Mo–Fr 12–19 Uhr, Sa & So bis 18 Uhr; 🚋4/14/24 Dam) Der Laden ist in einem ehemaligen Rotlichtfenster in einem Hof abseits der Straße untergebracht. Wer hineinmöchte, klingelt an der Tür und darf sich dann wie die DJs durch Plattenstapel mit abgedrehtem Euro-Disco, House und Funk wühlen. Vor dem Kauf kann man sich die Platten über Kopfhörer anhören. Die Underground-Station Red Light Radio (www.redlightradio.net) sendet aus einem Fenster gegenüber.

KOKOPELLI FÜR ERWACHSENE

Karte S. 312 f. (www.kokopelli.nl; Warmoesstraat 12; ⌚11–22 Uhr; 🚋2/4/11/12/13/14/17/24/26 Centraal Station) Wären da nicht die *magic truffles* (ähnlich wie die nunmehr verbotenen Psilocybe-Pilze bzw. *magic mushrooms*), man könnte schwören, dieser große und schöne Laden sei ein schickes Mode- oder Einrichtungsgeschäft. Außerdem gibt es eine Kaffee- und Saftbar sowie eine Lounge zum Chillen mit hübschem Blick auf den Damrak.

WONDERWOOD HOLZMÖBEL

Karte S. 316 f. (☎020-625 37 38; www.wonderwood.nl; Rusland 3; ⌚Mi–Sa 12–18 Uhr & nach Vereinbarung; Ⓜ Nieuwmarkt) WonderWood ist Museum und Geschäft zugleich (die Holzdecke ist von 1564) und auf die Formsperrholz-Kreationen von George Nelson, Marcel Breuer und anderen spezialisiert. Ein Teil der Vintage-Möbel steht zum Verkauf, zudem sind auch Nachbauten erhältlich. Die Produkte werden weltweit versandt und es gibt auch kleinere Holzobjekte.

Nieuwmarkt, Plantage & die östlichen Inseln

NIEUWMARKT | PLANTAGE | ÖSTLICHE INSELN

Highlights

❶ **Museum het Rembrandthuis** (S. 90) Rembrandts ehemaliges Zuhause und Atelier besichtigen, in dem man seine Pinsel, wundervolle Skizzen sowie ein Kabinett voller Muscheln und Büsten bestaunen kann.

❷ **Het Scheepvaartmuseum** (S. 96) Anhand der hochmodernen umfangreichen maritimen Sammlung die Geschichte der niederländischen Seefahrt ergründen.

❸ **Muziekgebouw aan 't IJ** (S. 105) In dieser Location ein Konzert mit klassischer Musik oder Jazz genießen.

❹ **Verzetsmuseum** (S. 96) Briefe, Fotos, Filme und mehr gewähren persönliche Einblicke in Geschichten des niederländischen Widerstands gegen die grausame Besatzung im Zweiten Weltkrieg.

❺ **Rederij Lampedusa** (S. 284) Auf einem früheren Flüchtlingsboot an einer faszinierenden Exkursion mit Geschichtenerzählen, Theatervorführung oder Musik teilnehmen, die von Migranten mitveranstaltet wird.

Details siehe Karte S. 318 f. und S. 320 f.

Nieuwmarkt, Plantage & die östlichen Inseln erkunden

Das quirlige Nieuwmarkt (Neuer Markt), das sich um den gleichnamigen Platz erstreckt, strotzt vor historischen Relikten, die an die glorreiche Vergangenheit erinnern, selbst wenn es sich hier heute mehr ums Nachtleben und Shoppen dreht. Hier malte Rembrandt seine Grachtenszenen, und die jüdischen Kaufleute etablierten florierende Geschäfte, bis die Gemeinde im Zweiten Weltkrieg dezimiert wurde.

Die faszinierendste Sehenswürdigkeit in diesem Viertel ist das Museum het Rembrandthuis, das beeindruckende Domizil und Atelier des Meisters. Im alten jüdischen Viertel warten Museen, die in Synagogen untergebracht sind.

Östlich von Nieuwmarkt gelangt man ins grünste Viertel der Stadt – schön für einen Spaziergang! Die Plantage wurde im 17. Jh. in einem ehemaligen Sumpfgebiet angelegt. Später entschlossen sich die Behörden, diese Areale in Parks umzuwandeln. Neben der prächtigen Architektur (19. Jh.) befinden sich hier der historische Königliche Tiergarten Artis (S. 94) und der exotische Hortus Botanicus. (S. 95).

Östlich erstreckt sich das einstige Werft- und Speicherhausviertel auf den östlichen Inseln (Oostelijke Eilanden) mit den Hafenanlagen (Oostelijk Havengebied).

Lokalkolorit

- **Street Life** Nachmittags und abends geht's in den *cafés* (Kneipen und Bars) rund um den Nieuwmarkt-Platz ab.
- **Leben am Wasser** Am besten stattet man den Hausbooten und Cafés am Wasser wie dem Kanis & Meiland (S. 104) auf den östlichen Inseln einen Besuch ab.
- **Für den kleinen Hunger** Bei Tokoman (S. 97) anstellen und feurige surinamesische Küche genießen.
- **Brauereiszene** Niederländischer geht's kaum: ein Bier der Biobrauerei Brouwerij 't IJ (S. 102) im Schatten einer Windmühle zu trinken.

An- & Weiterreise

- **Straßenbahn** Die Linie 14 fährt zum Waterlooplein, zu den jüdischen Sehenswürdigkeiten sowie nach Plantage, die Tramlinie 7 zu den östlichen Inseln und Hafenanlagen. Die Straßenbahn Nr. 26 fährt am Fluss IJ entlang.
- **U-Bahn** Haltestellen befinden sich am Waterlooplein und Nieuwmarkt.
- **Bus** Die Busse 22 und 48 fahren zu den östlichen Inseln und den östlichen Hafenanlagen.
- **Schiff/Fähre** Der Canal Bus hält am NEMO/Het Scheepvaartmuseum (Karte S. 320 f.) und nahe Amstel und Waterlooplein (Karte S. 318 f.). Das Passagierterminal Amsterdam (Karte S. 320 f.; Piet Heinkade) ist beim Bimhuis.

Top-Tipp

Nieuwmarkt und die östlichen Inseln können mit einer vielfältigen Architektur aufwarten, vom fantastischen Scheepvaarthuis (ein klassisches Beispiel für die Amsterdamer Schule) bis hin zu Renzo Pianos grünstichigem NEMO-Wissenschaftsmuseum. Einzigartige Gebäude liegen geballt an der Kreuzung von Kloveniersburgwal und Oude Hoogstraat, während auf den östlichen Inseln moderne Bauten beeindrucken wie der „Wal".

Gut essen

- Greetje (S. 101)
- Sterk Staaltje (S. 97)
- Tokoman (S. 97)
- Frank's Smokehouse (S. 100)
- De Plantage (S. 100)

Mehr dazu siehe S. 97.

Nett ausgehen

- Rosalia's Menagerie (S. 102)
- Brouwerij 't IJ (S. 102)
- SkyLounge (S. 103)
- Hannekes Boom (S. 104)
- De Nieuwe KHL (S. 104)

Mehr dazu siehe S. 101.

Schön shoppen

- Puccini Bomboni (S. 106)
- Droog (S. 105)
- Waterlooplein Market (S. 106)
- Jacob Hooy & Co (S. 106)
- Pols Potten (S. 106)

Mehr dazu siehe S. 105.

HIGHLIGHT

REMBRANDTS HAUS UND STUDIO

Das faszinierende Museum widmet sich einem der bedeutendsten Maler der Niederlande, Rembrandt van Rijn. Es befindet sich in einem dreistöckigen Grachtenhaus, in dem der Maler auf dem Höhepunkt seines Erfolgs lebte. Die Räumlichkeiten wurden anhand der detaillierten Bestandsaufnahme rekonstruiert, die vorgenommen wurde, als der Meister das Haus aufgrund finanzieller Schwierigkeiten verlassen musste.

Das Haus entstand 1606. Rembrandt unterhielt hier 1639–1658 das größte Atelier der Niederlande. Doch schließlich trieb ihn das Gebäude in den Ruin. Als seine Werke aus der Mode kamen, konnte Rembrandt die Hypothek nicht mehr abbezahlen, 1656 wurde das Haus samt Inventar verkauft, um seine Gläubiger zu entschädigen. Rembrandt verbrachte seine letzten Jahre im Viertel Jordaan.

Im Erdgeschoss befinden sich Rembrandts Wohn- und Schlafzimmer mit einem Schrankbett, wie es damals Mode war; man glaubte, dem nächtlichen Tod entrinnen zu können, indem man im Sitzen schlief. Ein Vorzimmer, in dem Rembrandt Kunden empfing, ist mit Gemälden zugepflastert. Im ersten Stock liegt das lichtdurchflutete Atelier des Meisters; es erweckt den Anschein, als hätte Rembrandt eben das Zimmer verlassen. Hier entstanden Meisterwerke wie *Die Nachtwache*. Das Zimmer ist auf einer ausgestellten Radierung zu erkennen. Heute führen Künstler hier vor, wie Rembrandt Farben mischte. Auf der anderen Flurseite befindet sich Rembrandts „Kabinett“, ein Raum voller Sammlerstücke wie Muscheln, Glaswaren, Büsten und ausgestopfte Krokodile.

Ein Zimmer ist seinen Radierungen gewidmet. Das Museum besitzt eine große Sammlung, gezeigt wird aber immer nur eine kleine Auswahl.

NICHT VERSÄUMEN

- Rembrandts Studio voller Farben
- Die Schrankbetten
- Vorführungen zur Radierungstechnik
- Rembrandts nachgestellte Sammlung „Cabinet“
- Der Audioguide

PRAKTISCH & KONKRET

- Karte S. 318 f., C5
- ☎ 020-520 04 00
- www.rembrandthuis.nl
- Jodenbreestraat 4
- Erw./Kind 14/5 €
- 🕐 10–18 Uhr
- M Waterlooplein

SEHENSWERTES

Historische Gebäude und das ehemalige Wohnhaus Rembrandts liegen ganz in der Nähe des Nieuwmarkts, im Süden findet man den großen Platz Waterlooplein und das ehemalige jüdische Viertel mit seinen stattlichen Synagogen und dem Joods Historisch Museum. Im Osten liegen die großzügigen Grünflächen von Plantage mit Parks, botanischen Gärten und dem Artis Royal Zoo (S. 94), die von zwei weiteren bedeutenden kleinen Museen gesäumt sind: Micropia (S. 94), das Besucher entführt in die unsichtbare Welt der Bakterien und Viren, und das Verzetsmuseum (S. 96), in dem Schicksale von einzelnen Menschen die Zeit der Besatzung durch die Nazis wieder zum Leben erwecken.

Nieuwmarkt

MUSEUM HET REMBRANDTHUIS — MUSEUM

Siehe S. 90.

SCHEEPVAARTHUIS — ARCHITEKTUR

Karte S. 318 f. (Seefahrtshaus; www.amrathamsterdam.com; Prins Hendrikkade 108; 22/34/35 Prins Hendrikkade) Das prachtvolle 1916 erbaute Scheepvaarthuis – heute das Fünf-Sterne-Grandhotel Amrath – ist ein Schmuckstück im neugotischen Art-déco-Stil. Das erste und schönste Beispiel der expressionistischen Amsterdamer Architekturschule. Das äußerlich einem Schiffsbug nachempfundene Gebäude weist zahlreiche Details auf, die mit der Seefahrt in Zusammenhang stehen. Einen Blick wert sind Neptun, seine Frau und vier weitere weibliche Gestalten, die die vier Himmelsrichtungen auf einem Kompass darstellen. Die Mitarbeiter freuen sich immer über Touristen, die sich hier genauer umsehen möchte: Einfach einmal in den dritten Stock hinaufgehen, um den Großen Saal mit seinen schönen Buntglasfenstern zu bestaunen; sie wurden von Willem Bogtman entworfen.

WAAG — HISTORISCHES GEBÄUDE

Karte S. 318 f. (www.indewaag.nl; Nieuwmarkt 4; Bar-Restaurant Mo–Mi 11–23, Do–Sa ab 9 Uhr; Ⓜ Nieuwmarkt) Die mit zig Türmchen versehene Waag wurde 1488 als Tor in der Stadtmauer errichtet. Im Jahr 1601 wurde die Mauer zerstört, damit die Stadt sich ausbreiten konnte, und das Gebäude wurde zur wichtigsten Wiegestation Amsterdams umfunktioniert und später als öffentliche Hinrichtungsstätte genutzt. Heute beherbergt die Waag ein Restaurant mit Kneipe. Davor finden auf dem Nieuwmarkt alle möglichen Events statt, z. B. ein Bauernmarkt am Samstag und ein Antiquitätenmarkt am Sonntag. Mit einer grabenähnlichen Gracht davor wirkte der Bau in seinen Anfangstagen wie eine Burg, er wurde bis ins 17. Jh. von verschiedenen Gilden genutzt. Die Ärztegilde, die das ganze obere Stockwerk in Beschlag nahm, gab bei Rembrandt das Gemälde *Die Anatomie des Dr. Tulp* in Auftrag (das Gemälde hängt heute im Mauritshuis in Den Haag). Die Maurergilde residierte einstmals im Turm mit Blick auf den Zeedijk. Hier ist das Mauerwerk naturgemäß besonders edel gearbeitet.

ZUIDERKERK — KIRCHE

Karte S. 318 f. (☎ 020-308 03 99, Turmführungen 020-689 25 65; www.zuiderkerkamsterdam.nl; Zuiderkerkhof 72; Ⓜ Nieuwmarkt) Der bedeutende niederländische Renaissance-Architekt und -Bildhauer Hendrick de Keyser (1565–1621) erbaute die Südliche Kirche im Jahr 1611. Sie war das erste Gotteshaus, das von den Protestanten in Auftrag gegeben wurde – in katholischem Stil erbaut, jedoch ohne Chorraum. Der letzte Gottesdienst fand hier im Jahr 1929 statt. Während des „Hungerwinters" im Zweiten Weltkrieg diente die Kirche als Leichenhalle.

Anrufen oder auf der Website www.westertorenamsterdam.nl einen Aufstieg auf den Turm organisieren, von dem aus man einen wunderbaren Blick auf die Stadt hat. Zur Zeit der Recherche wurde die Kirche restauriert und es wurden keine Führungen angeboten, doch es gab Pläne, diese wieder aufzunehmen.

PINTOHUIS — ARCHITEKTUR

Karte S. 318 f. (Openbare Bibliotheek; ☎ 020-370 02 10; www.huisdepinto.nl; St Antoniesbreestraat 69; Di–Fr 10.30–17.30, Sa 13–17 Uhr; Ⓜ Nieuwmarkt) Die St. Antoniesbreestraat war früher eine betriebsame Straße, allerdings fielen viele der alten Gebäude hier dem U-Bahn-Bau zum Opfer. Erhalten hat sich jedoch das Pintohuis. Es gehörte einst dem sephardischen Juden Isaac de Pinto, der es in den 1680er-Jahren mit Pilastern im italienischen Stil umbauen ließ. Heute ist es eine Bibliothek – einfach einmal hineinschauen, um die wunderschönen Deckenfresken zu bewundern, die Gold und aufsteigende Vögel sehen lassen.

PORTUGIESISCH-ISRAELITISCHE SYNAGOGE SYNAGOGE

Karte S. 318 f. (www.jck.nl; Mr Visserplein 3; Erw./Kind 13–17 Jahre/Kind 6–12 Jahre/unter 6 Jahre 17/8,50/4,25 €/kostenlos; ⌚ Mai–Aug. So–Fr 10–17 Uhr, März, April, Sept. & Okt. So–Do 10–17, Fr bis 16 Uhr, Nov.–Febr. kürzere Öffnungszeiten; Ⓜ Waterlooplein) Als die Synagoge 1675 fertiggestellt wurde, war sie mit ihren schwindelerregenden Gewölbedecken aus Holz die größte Synagoge Europas. Sie wird heute noch genutzt, hat allerdings kein elektrisches Licht – nach Einbruch der Dunkelheit erleuchten Kerzen in ausladenden Lüstern den Gottesdienst. Die große Bibliothek in Besitz des Ets-Haim-Seminars ist eine der ältesten und bedeutendsten jüdischen Büchersammlungen in ganz Europa. Unweit vom Eingang führen draußen Treppen zu den unterirdischen Schatzkammern hinunter, in denen neben kostbaren Manuskripten aus dem 16. Jh. auch golddurchwirkte Wandbehänge zu bestaunen sind.

Der Architekt der Synagoge, Elias Bouman, ließ sich vom Tempel des Salomon inspirieren; die klassische Linienführung des Gebäudes ist jedoch typisch für Amsterdam. Die Synagoge wurde nach dem Zweiten Weltkrieg restauriert. Etwa einmal im Monat finden Konzerte bei Kerzenlicht statt. Der Eintritt gilt zusätzlich auch für alle Stätten des Joods Cultureel Kwartier (Jüdisches Kulturviertel) inklusive des Joods Historisch Museum.

STOPERA SEHENSWERTES GEBÄUDE

Karte S. 318 f. (☎ 020-625 54 55; www.operaballet.nl; Waterlooplein 22; geführte Tour Erw./Kind 9,50/7,50 €; ⌚ Geführte Touren Di 13.15 & Sa 12.15 Uhr; 🚋 14 Waterlooplein) Das geschwungene Gebäude von 1986 am Ufer wird Stopera genannt, da in seinem Innern sowohl das

HIGHLIGHT
AMSTERDAMS JÜDISCHES ERBE

Das **Joods Historisch Museum** (Jüdisches Historisches Museum) befindet sich in einem beeindruckenden Gebäudekomplex mit vier wunderschönen aschkenasischen Synagogen aus dem 17. und 18. Jh. Es vermittelt spannende Einblicke in die Vergangenheit des jüdischen Amsterdams.

Die riesige **Große Synagoge** beherbergt Ausstellungen, die sich mit dem Aufstieg jüdischer Unternehmer und ihrer Rolle in der niederländischen Wirtschaft beschäftigen sowie mit der Geschichte der Juden in den Niederlanden von der Zeit an, als sich die ersten Juden ab etwa 1600 ins Land flüchteten. Die Gräueltaten, die ihnen während des Zweiten Weltkriegs von den deutschen Besatzern angetan wurden, werden anhand von Interviews mit Überlebenden vermittelt. Die Ausstellung widmet sich auch der Frage, wie sich etwa 25 000 niederländische Juden verstecken konnten (18 000 überlebten) und wie sich ihr Leben nach dem Krieg gestaltete, als sie versuchten, sich wieder in ihrer alten Heimat zu integrieren.

Im Gebäudekomplex gibt's immer zwei zeitgenössische Ausstellungen und auch ein Museum für Kinder, das wie das Zuhause einer jüdischen Familie gestaltet ist, der Holländers. Es finden regelmäßig Aktivitäten statt. So können die Kinder beispielsweise in der Küche Challah-Brot für den Sabbat backen und im Musikzimmer auf Instrumenten spielen.

Der kostenlose Audioguide auf Englisch, der durch die Sammlung führt, ist hervorragend – was auch für das freundliche Café mit koscheren Gerichten gilt.

NICHT VERSÄUMEN

- Die alten Kinderbücher mit wunderschönen Illustrationen
- Interviews zum Zweiten Weltkrieg
- Das Museum für Kinder
- Der kostenlose Audioguide

PRAKTISCH & KONKRET

- Karte S. 318 f., D7
- ☎ 020-531 03 10
- www.jck.nl
- Nieuwe Amstelstraat 1
- Erw./Kind 13–17 Jahre/Kind 6–12 Jahre/unter 6 Jahre 17/8,50/4,25 €/kostenlos
- ⌚ 11–17 Uhr
- Ⓜ Waterlooplein

stadhuis (Rathaus) als auch die Oper und der Ballettsaal, auch bekannt als Muziektheater (S. 105), liegen. Wer einen Blick hinter die Kulissen werfen möchte, kann samstags oder dienstags an einer Führung teilnehmen. Die Führungen sind auf Niederländisch, es gibt jedoch eine englische Broschüre und in der Regel erklärt der Guide vieles auf Englisch. Kostenlose Mittagskonzerte finden in der Regel von September bis Juni dienstags von 12.30 bis 13 Uhr statt; Einlass ist um 12.15 Uhr.

MONTELBAANSTOREN HISTORISCHES GEBÄUDE
Karte S. 318 f. (Montelbaan Tower; Oude Schans 2; 4/12/14/24/26 Centraal Station) Der anmutige Turm wirkt eher monumental als funktional, wurde jedoch ursprünglich im Jahr 1512 errichtet, um die östlichen Wehranlagen von Amsterdam zu verstärken. Durch seine Lage auf der alten Stadtmauer bot er Wachposten einen guten Ausblick auf zwielichtige Gestalten, die sich auf den Kais der Oude Schans herumtrieben. Der dekorative Aufsatz, das achteckige Fundament und die offene Turmspitze aus Holz wurden im Jahr 1606 ergänzt, um das Geläute der Uhr zu dämpfen, über das sich die Anwohner in der Nachbarschaft beschwert hatten. Ein paar Jahre später begann sich der Turm dann unter dem Gewicht zu neigen, doch die Anwohner brachten ihn mithilfe von Seilen wieder ins Lot.

GASSAN DIAMONDS FABRIK
Karte S. 318 f. (www.gassan.com; Nieuwe Uilenburgerstraat 173-175; 9–17 Uhr; M Waterlooplein) GRATIS Wer sich für Diamanten interessiert, sollte an einer 40-minütigen kostenlosen Führung teilnehmen, bei der man Diamantenschleifer und -polierer in Aktion erleben kann. Dabei erfahren Besucher, wie man Diamanten bewertet. Im Anschluss kann man die glitzernden Steine erwerben.

Die Fabrik liegt auf Uilenburg, einer der Inseln, die in den 1580er-Jahren im Zuge des plötzlichen Zustroms sephardischer Juden aus Spanien und Portugal urbar gemacht wurden. In den 1880er-Jahren arbeitete Gassan als erste Diamantenfabrik mit Dampfkraft.

OOST-INDISCH HUIS ARCHITEKTUR
Karte S. 318 f. (Ostindienhaus; Oude Hoogstraat 24; M Nieuwmarkt) Die einflussreiche, im Jahr 1602 gegründete Niederländische Ostindien-Kompanie (Vereenigde Oostindische Compagnie; VOC) war einer der ersten multinationalen Konzerne, der Handel mit Asien trieb – Gewürze, Opium und andere Waren. Das imposante rot-weiße Gebäude ist das ehemalige Büro des Unternehmens. Es wurde zwischen 1551 und 1643 errichtet und wird zum Teil Hendrick de Keyser zugeschrieben, dem emsigen Stadtarchitekten. Die VOC geriet in raue Gewässer und wurde schließlich im Jahr 1798 aufgelöst. Das Gebäude ist heute in Besitz der Universität von Amsterdam.

SCHMALE HÄUSER

Amsterdam strotzt nur so vor schmalen Häusern, denn Immobilien wurden früher nach der Vorderfront besteuert: Je schmaler die Fassade, desto weniger musste bezahlt werden.

Interessant ist das schmale Haus in der **Oude Hoogstraat 22** (Karte S. 318 f.; M Nieuwmarkt). Es ist 2,02 m breit, 5 m tief und mehrere Stockwerke hoch, bringt es pro Etage aber nur auf eine Grundfläche von 12 m². Das Gebäude könnte somit das winzigste (frei stehende) Gebäude in ganz Europa sein.

Gleich in der Nähe steht das **Kleine Trippenhuis** (Karte S. 318 f.; Kloveniersburgwal 26; M Nieuwmarkt) mit einer Breite von 2,44 m. Es befindet sich gegenüber einem **Anwesen** (Karte S. 318 f.; Kloveniersburgwal 29; M Nieuwmarkt), das einst den wohlhabenden Brüdern Trip gehörte. Es heißt, dass ihr Kutscher ausgerufen haben soll: „Wenn ich nur ein Haus hätte, das so breit wie die Tür meiner Herrschaft ist!" Heute hat sich das Fetischgeschäft Webers (S. 106) in diesem schmalen Gebäude etabliert.

HAFENARBEITER-STATUE STATUE
Karte S. 318 f. (JD Meijerplein; M Waterlooplein) Mari Andriessens *Hafenarbeiter-S*tatue (1952) ist eine monumentale, bestürzt dreinschauende Figur. Sie wurde in Auftrag gegeben, um an den Generalstreik zu erinnern, in den die Hafenarbeiter am 25. Februar 1941 traten, um gegen die schlechte Behandlung der Juden zu protestieren. Die ersten Deportationen im großen Stil hatten hier ein paar Tage zuvor stattgefunden. Am Jahrestag des Streiks werden hier Kränze niedergelegt; seit dem Niedergang der Kommunistischen Partei der Niederlande gestaltet sich der Event jedoch eher bescheiden.

Plantage

Mit Grünflächen, die einen angenehmen Kontrast zum von Grachtenhäusern gesäumten Stadtzentrum bilden, lockt Plantage in die Parks, botanischen Gärten und den Artis Royal Zoo. Das war so nicht geplant: Eigentlich hatten die damaligen Stadtplaner vor, auf dem Gelände östlich der Amstel neue Wohngebiete zu errichten. Doch der Boom war bereits vorbei, und 1682 wurde das Gebiet in Kleingartenanlagen umgewandelt. In diesem Gebiet liegt auch das jüdische Viertel, das sich mit dem Bauboom des 19. Jhs. in ein Vergnügungsviertel verwandelte. Seine zweifellos dunkelste Stunde erlebte der Stadtteil im Zweiten Weltkrieg, als die große ansässige jüdische Gemeinde inhaftiert und von hier aus deportiert wurde.

HOLLANDSCHE SCHOUWBURG GEDENKSTÄTTE

Karte S. 320 f. (Nationales Holocaust-Museum, Holländisches Theater; ☎020-531 03 10; www.jck.nl; Plantage Middenlaan 24; Erw./Kind 13–17 Jahre/Kind 6–12 Jahre/unter 6 Jahren 17/8,50/4,25 €/kostenlos; ⏲11–17 Uhr; 🚋14 Artis) Nur wenige Theater können auf eine Geschichte mit einem derartigen Auf und Ab zurückblicken. Dieses Haus öffnete im Jahr 1892 als Artis Theater seine Pforten und avancierte schon bald zum Dreh- und Angelpunkt des kulturellen Lebens in Amsterdam; neben Schauspiel standen auch Operetten auf dem Programm der Schouwburg. Im Zweiten Weltkrieg wurde es während der deutschen Besatzung in ein Theater ausschließlich für Juden umfunktioniert und später – was wirklich entsetzlich ist – in ein Internierungszentrum für Juden, die deportiert werden sollten.

HIGHLIGHT EINEN DER ÄLTESTEN ZOOS EUROPAS BESUCHEN

Der **Artis Royal Zoo** ist verwinkelt, begrünt und voller interessanter historischer Gebäude. Die vielfältige Tierwelt lebt in großzügigen Gehegen, beispielsweise der afrikanischen Savanne und im tropischen Regenwald. Es gibt hier rund 900 verschiedene Tierarten, etwa 200 Baumarten und ein Aquarium mit Korallenriffen sowie ein Planetarium und einen Streichelzoo für kleine Kinder. Zudem bieten sich zahlreiche Gelegenheiten, die Fütterung der verschiedenen Tiere mitzuerleben; man sollte einfach mal einen Blick auf den Zeitplan werfen.

Neben dem Zoo liegt das wunderschöne **Micropia** (Karte S. 320 f.; ☎020-523 36 71; www.micropia.nl; Erw./Kind 15/13 €; ⏲So–Mi 9–18, Do bis 20 Uhr), eine Ausstellung, die den Besuchern die unsichtbare Welt der Mikroben bewusst macht – ein irgendwie gruseliges Gefühl. Interaktive Exponate und Mikroskope ermöglichen die faszinierende, wenngleich verunsichernde Erkenntnis, wie viele lebende Organismen sich auf ganz alltäglichen Gegenständen befinden: Zahnbürsten vor Ablauf von drei Monaten entsorgen, denn sonst beherbergen sie sieben Millionen Bakterien. Außerdem gibt's noch Glasmodelle und Informationen zu Viren – von Ebola bis zu den Pocken. Die Ausstellung ist für Kinder ab acht Jahren konzipiert worden.

Einheimische besuchen den Zoo, um über die Wege zu spazieren, die in den ehemaligen Plantage-Gärten angelegt wurden. Das ganze Areal strotzt nur so vor denkmalgeschützten Gebäuden und Denkmälern aus dem 19. Jh. – und ein paar einladende Cafés gehören natürlich auch dazu.

NICHT VERSÄUMEN

- Das Micropia-Museum
- Das Aquarium
- Das Löwengehege
- Die afrikanische Savanne

PRAKTISCH & KONKRET

- Karte S. 320 f., B4
- ☎020-523 34 00
- www.artis.nl
- Plantage Kerklaan 38-40
- Erw./Kind 24/20,50 €, inkl. Micropia 30,50/26,50 €
- ⏲März–Okt. 9–18 Uhr, Nov.–Febr. bis 17 Uhr
- 🚋14 Artis

Im Preis inbegriffen sind alle Sehenswürdigkeiten des Joods Cultureel Kwartier (Jüdisches Kulturviertel) einschließlich des Joods Historisch Museum (S. 92) und der Portugiesisch-Israelitischen Synagoge (S. 92).

Die deutschen Besatzer schickten an die 80 000 Juden von hier in die Todeslager. In Glasplatten sind die Namen aller deportierten jüdischen Familien eingraviert, es gibt einen Gedenkgarten, und im Obergeschoss befindet sich ein bescheidener Ausstellungssaal mit Fotos und persönlichen Videogeschichten zum jüdischen Leben während des Krieges.

WERTHEIMPARK — PARK

Karte S. 320 f. (Plantage Parklaan; 14 Artis) Der älteste Park der Stadt mitten im üppig grünen Plantage lädt zum Entspannen unter Weiden an der Nieuwe Herengracht ein. Im Park liegt das vom niederländischen Schriftsteller und Künstler Jan Wolkers entworfene Auschwitz-Mahnmal: Eine in den Boden eingelassene Platte aus zerbrochenen Spiegeln mit der Inschrift „Nooit Meer“ (Nie wieder) spiegelt den Himmel wider. Unter dem Denkmal liegt eine Urne mit der Asche von in Auschwitz Verstorbenen.

ENTREPOTDOK — ARCHITEKTUR

Karte S. 320 f. (14 Plantage Kerklaan) In einem Gebiet nordöstlich von Plantage befindet sich eine etwa 500 m lange Reihe von Speicherhäusern, die in früheren Zeiten der Niederländischen Ostindien-Kompanie (Vereenigde Oost-Indische Compagnie; VOC) gehörten. Dieses mächtige und einflussreiche Unternehmen – eines der größten Handelsunternehmungen des 17. und 18. Jhs. – kam durch den monopolisierten Seehandel zu immensem Reichtum. Jedenfalls war dies damals das größte Speicherdepot Europas – das sich außerdem in einer zollfreien Zone befand.

Einige der Originalfassaden blieben erhalten, und die Speicherhäuser werden heute als hippe Büros, Wohnungen und Cafés an den Kais genutzt – hier kann man sich an einen Tisch setzen und am Wasser wunderbar einen Nachmittag vertrödeln.

HORTUS BOTANICUS — BOTANISCHER GARTEN

Karte S. 320 f. (Botanischer Garten; 020-625 90 21; www.dehortus.nl; Plantage Middenlaan 2a; Erw./Kind/unter 5 Jahren 9,75/5,50 €/kostenlos; 10–17 Uhr; 14 Mr Visserplein) Der im Jahr 1638 eröffnete Botanische Garten wurde zu einem Hort für tropische Samen und Pflanzen, die von niederländischen Handelsschiffen ins Land gebracht – sprich: geschmuggelt – wurden. Von hier verbreiteten sich Kaffee-, Ananas-, Zimt- und Palmölpflanzen dann über die ganze Welt. Die gut 4000 Pflanzenarten werden in wunderschönen Gebäuden gehegt und gepflegt, beispielsweise einem Samenhaus aus der Kolonialzeit und einem Gewächshaus mit drei Klimazonen.

Das Schmetterlingshaus ist vor allem für Familien mit Kindern ein attraktives und beliebtes Ausflugsziel. Einstündige Gratisführungen finden ganzjährig zu festen Zeiten und nach Vereinbarung statt; die Termine stehen auf der Website.

MOLEN DE GOOYER — WINDMÜHLE

Karte S. 320 f. (Funenkade 5; 7 Hoogte Kadijk) Diese schöne Getreidemühle aus dem 18. Jh. hat sich als einzige von insgesamt fünf Windmühlen erhalten, die einstmals in diesem Stadtteil standen. Sie wurde im Jahr 1814 an ihren heutigen Standort versetzt, 1925 vollständig renoviert und dient heute als Privathaus.

Die öffentlichen Bäder neben der Mühle wurden 1985 zur Brouwerij ,t IJ (S. 102) umgebaut.

MUIDERPOORT — TOR

Karte S. 320 f. (Alexanderplein; 14 Alexanderplein) Dieses prachtvolle klassizistische Tor mit Kuppel wurde im Jahr 1770 als Eingangstor in die Stadt errichtet.

Auf der Südseite ist das Emblem von Amsterdam zu erkennen, drei weiße Andreaskreuze auf schwarzem Feld; auf der anderen Seite prunkt das Wahrzeichen mit einer Kogge (ein Segelschiffstyp der Hanse), die bereits im Mittelalter das Stadtwappen von Amsterdam zierte.

Im Jahr 1811 zog Napoleon mit seinem königlichen Gefolge im großen Triumphzug durch das Tor in die Stadt ein – und forderte prompt für seine desolaten Truppen großzügige Verköstigung.

Östliche Inseln

Die östlichen Inseln werden von Besuchern oft übersehen – dabei eignen sie sich hervorragend, um den Menschenmengen im Stadtzentrum zu entkommen, obwohl sie in unmittelbarer Nähe (etwa 10 Minuten mit dem Fahrrad oder der Straßenbahn) liegen. Am Wasser bieten sich zahlreiche Möglichkeiten, zu Mittag zu essen oder etwas zu trinken und dabei Eindrücke von Booten, maritimen Geschichten und moderner Architektur in sich aufzusaugen.

★ HET SCHEEPVAARTMUSEUM MUSEUM

Karte S. 320 f. (Museum für Seefahrt; ☎020-523 22 22; www.hetscheepvaartmuseum.nl; Kattenburgerplein 1; Erw./Kind 16,50 €/8; ⏲9–17 Uhr; 🚌22/48 Kattenburgerplein) Ein Admiralitätsgebäude am Wasser aus dem 17. Jh. beherbergt diese hochmoderne Ausstellung mit Exponaten rund um die Seefahrt. Zu den Höhepunkten gehören fantasievoll dargestellte Karten aus dem Goldenen Zeitalter, faszinierende Fotos von frühen Reisen aus dem 19. Jahrhundert und eine audiovisuelle Reise, die die Besucher mitnimmt auf See. Auch für die Kinder gibt's viel zu entdecken. Draußen können die Kids auf den originalgetreuen Nachbau der 700 Tonnen schweren Amsterdam klettern, eines der größten Schiffe der Niederländischen Ostindien-Kompanie. Im Inneren des Schiffes sieht man winzige Kojen und Matrosen-Hängematten. Der königliche Lastkahn ist im Bootshaus ausgestellt.

★ NEMO-WISSENSCHAFTS-MUSEUM WISSENSCHAFTSZENTRUM

Karte S. 320 f. (☎020-244 01 81; www.nemoscience museum.nl; Oosterdok 2; 17,50 €, Dachterrasse kostenlos; ⏲10–17.30 Uhr, Anfang Sept.–Anfang Febr. Mo geschl., Juli & August Dachterrasse bis 21 Uhr; 👪; 🚌22/48 Kadijksplein) Das Museum für Wissenschaft und Technik thront auf dem Eingang zum IJ-Tunnel. Das unübersehbare grüne Kupfergebäude mit seinem schrägen Dach wurde von dem italienischen Architekten Renzo Piano (geb. 1937) entworfen und ist beinahe völlig von Wasser umgeben. Von der Piazza auf dem Dach bietet sich ein sagenhafter Blick, außerdem finden sich hier von Wasser und Wind betriebene interaktive Exponate.

Im Innern ist dann alles interaktiv – es verlocken insgesamt vier Etagen mit einem

HIGHLIGHT DAS MUSEUM DES NIEDERLÄNDISCHEN WIDERSTANDS ERKUNDEN

Das **Museum des niederländischen Widerstands** beleuchtet die Realität der deutschen Besatzung im Zweiten Weltkrieg mithilfe von persönlichen Geschichten, Filmen, Briefen und Fotografien. Wer das Museum gebührend würdigen möchte, sollte mindestens ein paar Stunden einplanen.

Die chronologisch präsentierten Exponate beginnen mit den Vorboten des Zweiten Weltkriegs in den 1930er-Jahren und vermitteln eindrucksvoll die Schwierigkeiten dieser schmerzlichsten Epoche der niederländischen Geschichte. Die Einzelheiten zu den Versuchen, den Deutschen Widerstand zu leisten – wie regelmäßige Streiks, die drakonische Strafen und Ermordung zur Folge hatten – sind besonders plastisch. Doch es gibt auch unumstößliche Beweise, dass eine Minderheit mit den deutschen Besatzern gemeinsame Sache machte. Das Museum widmet sich dem aktiven und passiven Widerstand, zeigt, wie die illegale Widerstandspresse arbeitete, wie sich rund 300 000 Menschen verstecken ließen und wie sich all das finanzierte. Unterhalb des Zwischengeschosses beschäftigt sich eine Ausstellung mit der Rolle der Niederlande im Pazifikkrieg, und zwar vor allem in Zusammenhang mit der Unabhängigkeit Indonesiens von den Niederlanden. Die Erläuterungen sind auf Niederländisch und Englisch.

In der Eintrittsgebühr inbegriffen ist der Besuch des neuen Verzetsmuseum Junior; es erzählt die Geschichte von vier niederländischen Kindern anhand von engagierten interaktiven Exponaten, die für Erwachsene und Kinder gleichermaßen interessant sind.

NICHT VERSÄUMEN

- Die Exponate zur Widerstandspresse
- Die Exponate zum Pazifikkrieg
- Briefe und persönliche Geschichten

PRAKTISCH & KONKRET

- Karte S. 320 f., B4
- ☎020-620 25 35
- www.verzetsmuseum.org
- Plantage Kerklaan 61
- Erw./Kind 11/6 €
- ⏲Mo–Fr 10–17, Sa & So 11–17 Uhr
- 🚌14 Plantage Kerklaan

abwechslungsreichen Angebot für Kinder aller Altersgruppen. Man kann Experimente machen und sich beispielsweise von einem Flaschenzug hochziehen lassen, Blasen bilden, sich als Ingenieur versuchen, Licht in einzelne Farben zerlegen, gegen den eigenen Schatten anrennen, Kettenreaktionen beobachten und das Gehirn eines Teenagers erkunden.

Renzo Piano konzipierte seinen Entwurf als Kontrapunkt zum darunterliegenden IJ-Tunnel. Im Innern erinnert das Design an eine „Nobelfabrik" mit frei liegenden Leitungen und Rohren.

OBA: CENTRALE BIBLIOTHEEK AMSTERDAM BIBLIOTHEK

Karte S. 320 f. (Zentralbibliothek Amsterdam; 020-523 09 00; www.oba.nl; Oosterdokskade 143; Mo–Fr 8–22, Sa & So 10–22 Uhr; ; 4/12/14/24/26 Centraal Station) GRATIS Hier wartet eine der coolsten Bibliotheken, die man sich nur vorstellen kann – typisch Amsterdam eben. Sie wurde im Jahr 2007 erbaut und erstreckt sich über diverse helle, freundliche Etagen. Das Untergeschoss ist den Kindern vorbehalten; hier gibt's einen Wigwam, einen riesigen Eisbären und das zauberhafte, tolle Mäusehaus mit 100 detailreichen Zimmern – das Werk der Künstlerin Karina Content. Im siebten Stockwerk verlockt ein Food Court mit anständigen Preisen und einer Terrasse im Freien, von der sich ein spannender Panoramablick übers Wasser auf die Altstadt von Amsterdam bietet.

ARCAM ARCHITEKTUR

Karte S. 320 f. (Stichting Architectuurcentrum Amsterdam; 020-620 48 78; www.arcam.nl; Prins Hendrikkade 600; Di–So 13–17 Uhr; 22/48 Kadijksplein) GRATIS Die geschwungene Amsterdamer Architekturstiftung ist in einem markanten Gebäude am Wasser beheimatet, das vom niederländischen Architekten René van Zuuk entworfen wurde. Es beherbergt wechselnde Architekturausstellungen und bietet den Architecture Talk & Walk (24,50 €) auf Englisch an. Diese Führung besteht aus einem 45-minütigen Vortrag und einem anschließenden zweistündigen Rundgang und findet von April bis Oktober freitags um 13.30 Uhr statt.

VERENIGING MUSEUMHAVEN MUSEUM

Karte S. 320 f. (Museum der Hafenvereinigung; www.museumwerf.nl/museumhaven; Prins Hendriklaan; 22/48 Kadijksplein) GRATIS Im Hafengebiet zwischen dem Wissenschaftsmuseum NEMO und dem Scheepvaartmuseum liegt ein Freilichtmuseum mit rund 20 historischen Schiffen, versehen mit Informationstafeln.

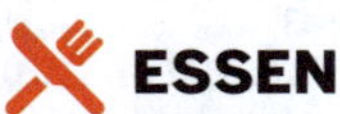

ESSEN

In Nieuwmarkt bieten sich unzählige Möglichkeiten, um essen zu gehen; das eine oder andere echt tolle Lokal findet sich mitten in diesem zentralen Amsterdamer Viertel. Plantage ist mit dem Fahrrad nur ein kurzes Stück entfernt, vom Flair her jedoch eine völlig andere Welt. In diesem grünen Viertel warten beschauliche Restaurants und Cafés. So richtig schick gestaltet sich die kulinarische Szene dann auf den östlichen Inseln und in den östlichen Hafenanlagen. Hier finden sich hervorragende Speiselokale mit sagenhaftem Blick aufs Wasser.

Nieuwmarkt

STERK STAALTJE DELIKATESSEN €

Karte S. 318 f. (www.sterkstaaltje.com; Staalstraat 12; Gerichte 4–10 €; Mo–Fr 8.30–19, Sa 8.30–18, So 10–19 Uhr; 24 Muntplein) Das Sterk Staaltje mit seinem makellosen Obst und Gemüse, das sich vor dem Laden türmt, lohnt den Besuch allein schon, um den Duft der feinen Speisen und Lebensmittel auf sich wirken zu lassen.

Hier wartet eine edle Auswahl an verzehrbereiten Köstlichkeiten: Teriyaki-Fleischklopse, Quiche mit Spinat und Kürbis, sättigende Salate und herzhafte Suppen. Außergewöhnlich sind die einfallsreichen Sandwiches – mit Roastbeef, Meerrettich und Rucola oder auch mit mariniertem Hühnchen mit Guacamole und saurer Sahne.

TOKOMAN SURINAMISCH €

Karte S. 318 f. (www.tokoman.nl; Waterlooplein 327; Sandwiches 3,75–5,50 €, Gerichte 6,50–12,50 €; Mo–Sa 11–19 Uhr; MWaterlooplein) Am besten stellt man sich einfach in die Schlange zu den Leuten, die hier surinamische Küche genießen. Spezialität des Hauses ist das sagenhafte *broodje pom* – ein Brötchen mit pikantem Hühnchen und stärkehaltigem Püree aus surinamischem Wurzelgemüse. *Zuur* (eingelegter Kohl) und *peper* (Chili) müssen dann natürlich auch noch drauf – und auch die Dose Kokosnusswasser, um alles runterzuspülen, darf nicht fehlen. Eine **Zweigstelle** (Karte S. 318 f.; Zeedijk 136; 11.30–21.30 Uhr;

Ⓜ Nieuwmarkt) befindet sich in unmittelbarer Nähe.

SOUP EN ZO

SUPPE €

Karte S. 318 f. (☎ 020-422 22 43; www.soupenzo.nl; Jodenbreestraat 94; Suppe 5–8 €; ⏲ Mo–Fr 11–20, Sa & So 12–19 Uhr; Ⓜ Waterlooplein) Das Lokal ist super, wenn man sich richtig aufwärmen will. Es gehört zu einer Kette, die köstliche frische Tagessuppen serviert, z. B. eine cremige Süßkartoffelsuppe mit Kokosnuss oder einen herzhaften Linseneintopf mit Rindfleisch sowie Salate (*en zo* heißt „und so weiter" auf Niederländisch). Es gibt einige Tische im Freien und Barhocker im Inneren.

OCHA THAI

THAILÄNDISCH €

Karte S. 318 f. (☎ 020-625 99 58; Binnen Bantammerstraat 1; Hauptgerichte 9–18 €; ⏲ Di–So 16–22.30 Uhr; Ⓜ Nieuwmarkt) In diesem einfachen Café wird authentische und schmackhafte thailändische Küche zu hervorragenden Preisen serviert. Auf der Karte stehen u. a. tolle grüne und rote Currys, Pad Thai und Papayasalat. Das Ocha Thai ist klein und füllt sich schnell, also darauf einstellen, dass man nicht allein am Tisch sitzen wird. Alkohol wird nicht ausgeschenkt.

TISFRIS

CAFÉ €

Karte S. 318 f. (www.tisfris.nl; St Antoniebreestraat 142; Gerichte 4,50–14 €; ⏲ 9–20 Uhr; 🚊 14 Waterlooplein) Mit hohen Decken und riesigen Glasfenstern bietet das lichtdurchflutete TisFris an sonnigen Tagen auch Sitzplätze im Freien. Praktischerweise liegt es direkt neben dem Rembrandthuis (S. 90). Das Café eignet sich hervorragend für ein Getränk oder ein leichtes Mittagessen. Auf der Karte stehen zum Beispiel Salat mit warmem Ziegenkäse und Walnüssen, Kürbis-Lasagne, Rindfleisch- oder Veggie-Burger und Sandwiches mit Avocado, cremigem Paprika-Hummus und Oliventapenade.

TOKO JOYCE

INDONESISCH €

Karte S. 318 f. (www.tokojoyce.nl; Nieuwmarkt 38; Gerichte 8,50–17 €; ⏲ Di–Sa 11–20, Mo & So ab 13 Uhr; Ⓜ Nieuwmarkt) Das günstige, fröhliche Lokal mit ein paar hohen Barhockern bietet sich für einen schnellen Imbiss an. Die Gäste haben die Auswahl unter diversen indonesisch-surinamischen Gerichten; besonders günstig ist die sogenannte „Lunchbox" – man sucht sich Nudeln oder Reis aus plus zwei scharfe, kokoslastige Soßen dazu. Als Abschluss empfiehlt sich der *spekkoek* (mehrschichtiger Lebkuchen). Wer keine Lust hat, im Lokal drinnen zu essen, setzt sich auf eine der Bänke an der Gracht, nur ein paar Schritte von der Tür entfernt.

FRENZI

MEDITERRAN €€

Karte S. 318 f. (☎ 020-423 51 12; www.frenzi-restaurant.nl; Zwanenburgwal 232; Hauptgerichte mittags 8–16 €, Hauptgerichte abends 17,50–22,50 €, Tapas 5,50–7 €; ⏲ 10–23 Uhr; 🚊 24 Muntplein) Frenzi hat viel Flair (gewienerte Holztische im Schein von Kerzen, hübscher Fliesenboden) und serviert abends köstliche mediterrane Tapas – Manchego-Käse mit Feigenkompott, Zuchtchampignons mit spanischen Cabrales (Käse) – aber man sollte auf alle Fälle noch Platz lassen für Hauptgerichte wie die hausgemachten Gnocchi oder frischen Kabeljau mit Mandelkruste. Auf der Mittagskarte stehen Sandwiches und Salate.

POCO LOCO

CAFÉ €€

Karte S. 318 f. (☎ 020-624 29 37; www.diningcity.net/pocoloco; Nieuwmarkt 24; Hauptgerichte mittags 4,50–12 €, Abendessen 12–18 €; ⏲ So–Do 9–1, Fr & Sa bis 3 Uhr; 📶 📝; Ⓜ Nieuwmarkt) Im Poco Loco am Nieuwmarkt kann man prima Menschen beobachten, während man mittags einen sättigenden Salat oder ein Sandwich isst. Abends werden Tapas aus ganz Europa wie in Knoblauchöl gebratene Garnelen und *patatas bravas* (gebratene Kartoffelwürfel mit einer scharfen Soße) serviert. Am besten schnappt man sich einen Tisch auf der Terrasse, aber auch die Räumlichkeiten im Stil der 1970er-Jahre sind schön. Die Küche schließt in der Regel gegen 23 Uhr.

NYONYA

ASIATISCH €€

Karte S. 318 f. (www.nyonyamalaysiarest.nl; Kloveniersburgwal 38; Hauptgerichte 10–19 €; ⏲ 13–21 Uhr; Ⓜ Nieuwmarkt) Das kleine Lokal, ein schlichtes Café mit schwarz-weiß gefliestem Boden, bereitet eine leckere Schale Laksa zu (pikante Nudelsuppe), ein raffiniertes Rendang-Curry (scharf und mit viel Kokos) mit Rindfleisch, Hühnchen oder Garnelen sowie diverse andere Spezialitäten aus Malaysia, darunter Nasi Goreng (gebratener Reis). Alkohol gibt's hier keinen, aber dafür kann man einen Tee mit Milch trinken oder auch ein Sarsi (chinesisches Wurzelbier). Nur Barzahlung.

LATEI

CAFÉ €€

Karte S. 318 f. (www.latei.net; Zeedijk 143; Gerichte mittags 4–11 €, Hauptgerichte abends 9–17 €; ⏲ Mo–Mi 8–18, Do & Fr 8–22, Sa 9–22, So 10–18 Uhr; 📶 📝; Ⓜ Nieuwmarkt) Wem im Latei mit Retro-Mobiliar ein Möbelstück gefällt, kann es

NAP: DIE MESSUNG DES MEERESSPIEGELS IN AMSTERDAM

Es ist allgemein bekannt, dass Amsterdam – und über die Hälfte der Niederlande – ein paar Meter unter dem Meeresspiegel liegt. Aber wann hat zuletzt jemand die Frage gestellt: „Welcher Meeresspiegel eigentlich?" Und in der Tat differiert der Meeresspiegel rund um die Welt und sogar in den Niederlanden selbst. So lag der Durchschnittspegel der ehemaligen Zuiderzee im Windschatten von Holland einen Tick niedriger als der der Nordsee an der ungeschützten Westküste der Niederlande.

Der Normaal Amsterdams Peil (NAP; Normaler Amsterdamer Pegel) wurde im 17. Jh. festgelegt. Diese durchschnittliche Hochwassermarke der Zuiderzee gilt bis heute als Nullpunkt für alle Erhebungen im ganzen Land. Der NAP wird heute in der gesamten EU als Europäisches Vertikales Referenzsystem (EVRS) verwendet. Das **NAP-Besucherzentrum** (Karte S. 318 f.; www.normaalamsterdamspeil.nl; Amstel 1; €1; ⌚Mo–Fr 9–18 Uhr; 🚋14 Waterlooplein) zeigt die Besonderheiten des NAP mit Informationsblättern und einem Touchscreen zur Erläuterung der Details. Die Wassersäulen repräsentieren die verschiedenen Meereshöhen, aber auch die verheerenden Hochwasserpegel im Jahr 1953 (4,55 m über NAP). Zum Zeitpunkt der Recherche war das Zentrum wegen Reparaturarbeiten geschlossen.

gleich mit nach Hause nehmen: Hier ist alles zu verkaufen. Das Latei zählt zu den hipperen Cafés in Nieuwmarkt, es ist gemütlich und verteilt sich auf zwei Ebenen. Von Donnerstag bis Samstag wird Abendessen aufgetischt, oftmals ein asiatisches Gericht vom „Kochkollektiv" des Hauses. Ansonsten gibt's Sandwiches, Apfelkuchen und natürlich *koffie verkeerd* (Milchkaffee).

HEMELSE MODDER NIEDERLÄNDISCH €€€

Karte S. 318 f. (☎020-624 32 03; www.hemelsemodder.nl; Oude Waal 11; 3-/4-/5-Gänge-Menü 39/49/57 €; ⌚18–23 Uhr; Ⓜ Nieuwmarkt) Die „Himmlische Mutter" ist nach ihrer hervorragenden Schokoladenmousse aus dunkler und weißer Schokolade benannt. Sie ist stylish im Stil der Jahrhundertmitte eingerichtet und hat eine niederländisch-internationale Karte mit Schwerpunkt auf Nordseefisch und frischen Produkten vom Hof. Unter den Gerichten befinden sich in der Pfanne gebratener Kabeljau mit Zitronengrassoße und auch Lammrücken in Weißweinsoße. Und wenn die Sonne herauskommt, können die Gäste auf der Terrasse Platz nehmen.

LASTAGE FRANZÖSISCH €€€

Karte S. 318 f. (☎020-737 08 11; www.restaurantlastage.nl; Geldersekade 29; 3-/4-/5-/6-Gänge-Menüs ab 49/55/65/75 €; ⌚ Mi–So 18.30–22 Uhr; 🚋4/12/14/24/26 Centraal Station) Das feudale Lastage ist eine kulinarische Oase am Rand des Rotlichtviertels. Wer über die Schwelle tritt, befindet sich plötzlich in einer Welt, die meilenweit vom schmierigen Filz entfernt scheint. Das kreativ zubereitete Essen ist ebenso raffiniert. Nach Black Pudding mit weißem Spargel und Strandflieder kann man Lamm mit Kalbsbries und Jus aus geröstetem Knoblauch genießen.

Plantage

IJSCUYPJE EIS €

Karte S. 320 f. (www.ijscuypje.nl; Plantage Kerklaan 35; ⌚12–19 Uhr; 🚋14 Plantage Kerklaan) Die tolle Eisdiele hat Zweigstellen in ganz Amsterdam, darunter diese in der Nähe vom Tiergarten. Die Kugeln mit laktosefreien Sorbets und die cremigen Köstlichkeiten wie Karamell und Erdbeere fallen zufriedenstellend groß aus.

IJSMOLEN EIS €

Karte S. 320 f. (Zeeburgerstraat 2; 1/2/3/4 Kugeln 1,60/2,90/3,90/4,90 €; ⌚12–21 Uhr; 🚋7 Hoogte Kadijk) Das selbst gemachte Eis in der Nähe der De-Gooyer-Windmühle (S. 95) gibt's in typisch niederländischen Geschmacksrichtungen wie *stroopwafel* (klassische, mit Karamellsirup gefüllte Waffel), aber auch *stracciatella* (Vanille mit Schokoladenstückchen) und Erdbeer-Käsekuchen. Reines Fruchteis gibt's u. a. in den Sorten Mango, Minze und Maracuja. Nur Barzahlung möglich.

CAFÉ SMIT EN VOOGT CAFÉ €€

Karte S. 320 f. (http://cafesmitenvoogt.nl; Plantage Parklaan 10; Hauptgerichte mittags 6–10 €, Hauptgerichte abends 14–20 €; ⌚Küche 10–21.30, Bar bis 1 Uhr; 📶; 🚋14 Plantage Kerklaan) Das coole, gemütliche Café an einer grünen Ecke mit hohen Decken und entspannter Atmosphäre ist ideal, um mittags einen Salat oder ein Sandwich zu essen, oder auch, um sich eine Tasse Kaffee und ein Stück Apfelkuchen zu genehmigen, wenn der Besuch des Museum Het Rembrandthuis (S. 90) oder des Wertheimparks (S. 95) gleich nebenan auf dem Programm steht. Auf der Abendkarte finden sich auch üppigere Gerichte.

BOX SOCIAAL INTERNATIONAL €€

Karte S. 320 f. (020-280 55 78; www.boxsociaal.com; Plantage Middenlaan 30a; Gerichte 8–23 €; 9–23 Uhr; ; 14 Artis) Von zwei Australiern gegründet, bietet dieses stylishe Café gegenüber dem Zoo (S. 94) den ganzen Tag über leckere Küche: Zum Brunch gibt's Guacamole auf Toast, den ganzen Tag über Klassiker wie Hähnchenbrust mit Parmesanpanade und später gehobenes Abendessen mit Gerichten wie mit karamellisierter, vier Stunden lang geschmorter Rinderbacke mit asiatischem Krautsalat und dazu einen Espresso-Martini mit *stroopwafel*.

CAFÉ KADIJK INDONESISCH €€

Karte S. 320 f. (06 1774 4441; www.cafekadijk.nl; Kadijksplein 5; Hauptgerichte 15–20 €; So–Do 16–1, Fr & Sa bis 3 Uhr, Küche 16–22 Uhr; 22/48 Kadijksplein) Das schnuckelige Café auf zwei Ebenen mit Tapete mit Blättermuster ist für sein hervorragendes indonesisches Essen zu günstigen Preisen bekannt, beispielsweise eine Miniaturausgabe der normalerweise riesigen *rijsttafel* (indonesisches Festmahl mit verschiedenen Gerichten) für 20 €. Im Sommer kann man auf der großen Terrasse mit Blick übers Wasser sitzen. Keine Kreditkarten.

Östliche Inseln

★FRANK'S SMOKEHOUSE FISCH & MEERESFRÜCHTE €€

Karte S. 320 f. (020-585 71 07; www.smokehouse.nl; Oostenburgervoorstraat 1; Fischteller ab 16 €, Hauptgerichte 15–24 €, Sandwiches ab 3,50 €; Feinkostladen Di–Fr 10–19, Sa 9–18, So 10–18 Uhr, Restaurant Di–Sa 11.30–22, So bis 18 Uhr; 22 Wittenburgergracht) Frank ist ein Hauptlieferant der Amsterdamer Restaurants; in diesem schicken Feinkostrestaurant kann man seinen berühmten geräucherten Fisch und Räucherfleisch probieren. Im Feinkostladen gibt's köstliche Sandwiches zum Mitnehmen (geräucherter Heilbutt, Trüffelkäse oder warmer geräucherter Schinken mit Relish). Isst man vor Ort, stehen auch Räucherfischplatten, Königskrabben oder geräucherte Rinderbrust und dazu ausgezeichnetes Bier mit geräuchertem Malz auf der Karte.

Im Laden kann man auch geräuchertes Olivenöl oder geräucherte Schokolade kaufen und sich Lachs aus Alaska für die Reise vakuumverpacken lassen (sofern die Zollbestimmungen die Mitnahme zulassen).

DE PLANTAGE EUROPÄISCH €€

Karte S. 320 f. (020-760 68 00; www.caferestaurantdeplantage.nl; Plantage Kerklaan 36; Hauptgerichte mittags 7,50–21,50 €, Hauptgerichte abends 19,50–23,50 €; Küche Mo–Fr 9–22, Sa & So 10–22, Bar bis 1 Uhr; 14 Plantage Kerklaan) Das riesige, elegante Lokal liegt in einem ehemaligen Gewächshaus aus den 1870er-Jahren, das um 1900 erweitert wurde. Es ist mit hellem Holz und schwarzen Stühlen eingerichtet und bietet einen Blick auf die Gänse, die in der Voliere des Artis Royal Zoo (S. 94) herumstolzieren. Das Essen ist kreativ und schmackhaft, wenn auch nicht herausragend. Auf der Karte stehen Gerichte wie mit Wildschweinragout gefüllte Ravioli, iberischer Schweinebauch mit Karottencreme und gebratenem Sellerie. Leider ist der Service manchmal enttäuschend.

In den Sommermonaten stehen mehrere Tische unter den mit Lichterketten geschmückten Bäumen verstreut.

BONBOON VEGAN €€

Karte S. 320 f. (06 1809 8855; www.bonboon.nl; Piraeusplein 59; Hauptgerichte 19 €, 3-Gänge-Menü 35 €; Mi & Do 18–22, Fr–So 13–22 Uhr; ; 7 Azartplein) Auf einem Schild an der Wand dieses kreativen veganen Restaurants gegenüber dem Wasser steht „Iss Bohnen, keine Lebewesen". Das Bonboon hat allerdings noch viel mehr auf der Speisekarte als nur Bohnen: Nach Beluga-Linsen- und Blumenkohlcreme mit Trüffelöl als Vorspeise locken Hauptgerichte wie Pastete gefüllt mit Portobello-Pilzen. Die Gerichte werden herausragend angerichtet und es gibt eine tolle Terrasse neben schwimmenden Hausbooten.

INSTOCK INTERNATIONAL €€

Karte S. 320 f. (020-363 57 65; www.instock.nl; Czaar Peterstraat 21; Gerichte mittags 6–11 €, Gerichte abends 8,90 € oder 4-Gänge-Menü 31 €; Mo–Fr 8.30–22, Sa & So ab 10 Uhr; ; 7 Eerste Coehoornstraat) Das Essen im Instock ist wirklich total lecker, und es gibt auch überraschende Kombinationen: Ein talentierter Koch zaubert des Öfteren aus Essensresten eine super Mahlzeit! Und genau das ist auch die Einstellung des Instock: die Lebensmittelverschwendung zu reduzieren und Produkte zu verwenden, die das Verfallsdatum noch nicht erreicht haben, andernfalls aber ganz einfach weggeworfen würden. Auch das ziemlich süffige Pieper-Bier ist hier erhältlich, das aus einigen der etwa 340 Mio. Kartoffeln, die in den Niederlanden alljährlich ausgesondert werden, hergestellt wird.

Die Terrasse geht auf die ruhige Straße hinaus, die Räumlichkeiten sind hell und freundlich, und am Samstagabend wird immer Livemusik gespielt. Nur Kreditkarten – keine Barzahlung.

HAPPYHAPPYJOYJOY ASIATISCH €€

Karte S. 320 f. (020-344 64 24; www.happyhappyjoyjoy.asia; Oostelijke Handelskade 4; Gerichte 6–13 €; 12–1 Uhr; ; 26 Rietlandpark) Happy happy joy joy fühlt man sich, nachdem man die leckeren asiatischen Fusion-Gerichte probiert hat. Die Gäste sitzen draußen unter hängenden roten Laternen vor dem Lokal oder bewundern die auffällige Inneneinrichtung mit alten chinesischen Postern und leuchtenden Papierschirmen. In der Küche (in einer chinesischen Transportkiste) werden chinesische Spezialitäten von Pekingente bis hin zu frischem, scharfem grünem Curry mit Garnelen gezaubert.

In der Stadt gibt's einige Filialen.

ÉÉNVISTWÉÉVIS FISCH & MEERESFRÜCHTE €€

Karte S. 320 f. (020-623 28 94; www.eenvistweevis.nl; Schippersgracht 6; Hauptgerichte 18,50–25,50 €, 3-/4-Gänge-Menü 34,50/41,50 €; Di–Sa 18–22 Uhr; 22/48 Kadijksplein) Das kleine, schlichte, bei den Einheimischen jedoch überaus beliebte Restaurant mit Lüstern und Stil ist die Art Lokal, für dessen Besuch das beste Hemd herausgekramt wird. Die knappe Speisekarte schwelgt in Einfachheit und verwendet, was saisonal gerade erhältlich ist, beispielsweise Austern, Garnelen und weißen Spargel.

KOMPASZAAL CAFÉ €€

Karte S. 320 f. (020-419 95 96; www.kompaszaal.nl; KNSM-laan 311; Gerichte mittags 6–10 €, Hauptgerichte abends 15,50–18,50 €; Mi 10–17, Do & Fr 10–1, Sa & So 11–1 Uhr; ; 7 Azartplein) In den Ankunftshallen der Königlichen Niederländischen Dampfschifffahrtsgesellschaft (KNSM auf Niederländisch) gelegen, hat sich dieses riesige und luftige Café sein wunderbar nostalgisches Ambiente bewahren können; es verlockt ein langer Balkon mit Blick über den Fluss. An kleineren Mittagsgerichten gibt's beispielsweise *croque monsieur* und warme Thunfisch-Sandwiches. Abends können sich die Gäste substanziellere Gerichte schmecken lassen. Auch High Tea (Mittwoch bis Sonntag, 13–15.30 Uhr) wird serviert.

An Freitagabenden finden hier regelmäßig Veranstaltungen statt – Swing der 1950er-Jahre, Tango und Salsa.

★ GEBR HARTERING NIEDERLÄNDISCH €€€

Karte S. 318 f. (020-421 06 99; www.gebr-hartering.nl; Peperstraat 10; Hauptgerichte 27,50 €, 5-/7-Gänge-Menüs 55/80 €; 18–22.30 Uhr; 22/48 Prins Hendrikkade) Dieses Juwel von Restaurant, in dem helles, rustikales Holz dominiert, wurde von zwei Brüdern mit einem großen Faible fürs Essen gegründet.

Zur Auswahl stehen entweder Gerichte à la carte oder ein Mehrgänge-Menü, das täglich wechselt und sich durch die besten saisonalen Produkte definiert, die gerade erhältlich sind. Jedenfalls ist eine Mahlzeit hier immer ein Vergnügen – man lässt sich reichlich Zeit, macht es sich gemütlich und genießt die passenden Weine und die herrliche ruhige Lage am Kanal.

★ GREETJE NIEDERLÄNDISCH €€€

Karte S. 320 f. (020-779 74 50; www.restaurantgreetje.nl; Peperstraat 23-25; Hauptgerichte 24–29 €; 18–22 Uhr; 22/48 Prins Hendrikkade) Das Greetje ist das kreativste niederländische Restaurant, das Amsterdam zu bieten hat. Es verwendet die besten saisonalen Produkte, um traditionelle Rezepte zu neuem Leben zu erwecken oder sie neu zu erfinden – beispielsweise langsam gegartes Kalbfleisch mit in niederländischem Brandy eingelegten Aprikosen oder Spanferkel in Apfelsirup mit Senfsoße. Das Probiermenü (55 €) startet mit dem „Grote Begin" („Großer Anfang"; 18 €), einer Auswahl an sechs Vorspeisen, serviert im High-Tea-Stil.

AUSGEHEN & NACHTLEBEN

Es gibt jede Menge Kneipen und Cafés in Nieuwmarkt, und in den dortigen Straßencafés kann man wunderbar beobachten, wie die Welt ihren Gang nimmt. Wer es etwas flippiger schätzt, sollte der Brouwerij 't IJ einen Besuch abstatten, einer Mikrobrauerei neben der De-Gooyer-Windmühle. Wer die Coolsten der Stadt treffen möchte, sollte einen Abstecher machen zu den östlichen Inseln mit tollen Kneipen wie

Hannekes Boom (S. 104), einem hippen Biergarten direkt am Wasser.

 Nieuwmarkt

★ROSALIA'S MENAGERIE COCKTAILBAR

Karte S. 318 f. (☎020-330 62 41; www.rosalias.amsterdam; Kloveniersburgwal 20; ⌚18 Uhr–open end; Ⓜ Nieuwmarkt) Diese charmante Bar im Boutique-Hotel Misc EatDrinkSleep (S. 234) am Kanal, die nach der Großmutter des Besitzers benannt ist, wirkt mit ihren üppigen Blumentapeten, Nippes und barocken Armsesseln wie Omas Wohnzimmer. Serviert werden fachmännisch zubereitete klassisch niederländische Drinks wie Cocktails auf Grundlage von *jenever* und auch Bioweine. Dazu gibt's eine kleine Karte mit Snacks. Am Wochenende sollte man einen Tisch im Voraus reservieren.

★DE SLUYSWACHT BRUIN CAFÉ

Karte S. 318 f. (☎020-625 76 11; www.sluyswacht.nl; Jodenbreestraat 1; ⌚Mo–Do 12.30–1, Fr & Sa bis 3, So bis 19 Uhr; Ⓜ Waterlooplein, 🚋14 Waterlooplein) Das winzige schwarze Gebäude aus dem Jahr 1695 an einem Kanalarm, das wie ein Schiff bei starkem Wind krängt, war früher das Haus des Schleusenwärters auf der Oude Schans. Die Terrasse an der Gracht mit Blick auf den Montelbaanstoren ist ein reizender Flecken, um sich bei einem niederländischen oder belgischen Bier und Snacks wie *bitterballen* (frittierte Fleischbällchen), Pommes und Toasts zu entspannen.

BLUEBIRD COFFEESHOP

Karte S. 318 f. (Sint Antoniesbreestraat 71; ⌚9.30–1 Uhr; 📶; Ⓜ Nieuwmarkt) Abseits von der geballten Sammlung an Cafés am Nieuwmarkt kann das bei Touristen beliebte Bluebird mit recht viel Lokalkolorit aufwarten. Das Lokal mit diversen Räumen besticht mit Wandmalereien und Gemälden von einheimischen Malern. Es gibt eine Bar mit nicht alkoholischen Getränken, darunter Biotees, und eine Küche, aus der Snacks wie Pfannkuchen und Pizza kommen. Das Bluebird ist vor allem für sein Haschisch bekannt, darunter auch Sorten, die anderswo in Amsterdam nicht erhältlich sind.

CAFE DE ENGELBEWAARDER BRUIN CAFÉ

Karte S. 318 f. (☎020-625 37 72; www.cafe-de-engelbewaarder.nl; Kloveniersburgwal 59; ⌚ Mo–Do 10–1, Fr & Sa 10–3, So 11–1 Uhr; Ⓜ Nieuwmarkt) Das Café für Literatur- und Musikfreunde, in dem auch regelmäßig Fotoausstellungen stattfinden, liegt beschaulich an der Gracht. Bekannt ist es für seine hauseigene Jazzband, die von September bis Juni am Sonntagnachmittag von 16.30 bis 19 Uhr aufspielt. Das Lokal hat sich auf belgische Biere der Palm-Brauerei spezialisiert, außerdem sind hier rund 20 Biere vom Fass erhältlich.

LOKAAL 'T LOOSJE BRUIN CAFÉ

Karte S. 318 f. (☎020-627 26 35; www.loosje.nl; Nieuwmarkt 32-34; ⌚ So–Do 8.30–1, Fr & Sa bis 3 Uhr; Ⓜ Nieuwmarkt) Eine bunte Mischung aus Einheimischen und Touristen bevölkert die Tische dieses ehrwürdigen Cafés am Nieuwmarkt-Platz, um ihre Getränke zu genießen – darunter Biere der lokalen Brauereien Oedipus (S. 215) und 2 Chefs. Der Innenraum wartet mit schönen Zierkacheln, Mosaikboden und graviertem Glas auf. Bei schönem Wetter stehen die Rattanstühle bis draußen auf der Terrasse mit Fischgrätpflaster.

CAFE CUBA COCKTAILBAR

Karte S. 318 f. (www.cafecuba.nl; Nieuwmarkt 3; ⌚Mo–Do 13–1, Fr & Sa 11–3, So 11–1 Uhr; Ⓜ Nieuwmarkt) In diesem Café geben sich das klassische niederländische *bruin café* (Kneipe) und die Karibik ein Stelldichein: Man spürt zwischen Wänden mit Palmblattdruck, Lampenschirmen aus Rattan und Fotos von Hemingway die Dekadenz vergangener Zeiten. Das Cuba ist ein idealer Ort am Nieuwmarkt, um sich an einen Tisch zu setzen und mit Cocktails wie Mai Tai oder Mojito den Abend einzuläuten.

Plantage

★BROUWERIJ 'T IJ BRAUEREI

Karte S. 320 f. (www.brouwerijhetij.nl; Funenkade 7; ⌚Brauerei 14–20 Uhr, Führung auf Englisch Fr–So 15.30 Uhr; 🚋7 Hoogte Kadijk) Könnte man sich etwas typischer Niederländisches vorstellen, als ein Craft-Bier unter den knatternden Rotationsblättern der 1725 erbauten De-Gooyer-Windmühle zu trinken? Die Brauerei gilt als die führende Mikrobrauerei Amsterdams mit süffigen Standardbieren, aber auch saisonalen und limitierten Bieren. Unbedingt probieren sollte man das milde, fruchtige Tripel Zatte, die erste Kreation des Hauses aus dem Jahr 1985. Das Bier seiner Wahl genießt man im gefliesten Verkostungsraum, in dem sich eine erstaunliche Sammlung an Flaschen aneinanderreiht, oder auch auf der Terrasse im Schatten von Bäumen.

ABSTECHER

IJBURG

Amsterdams neuester Stadtteil IJburg wirkt wie eine architektonische Vision einer Modellstadt. Die Stadt Amsterdam begann 1996 mit dem Bau der drei künstlich angelegten Inseln Steigereiland, Haveneiland und Rieteilanden im IJmeer, um der Wohnungsknappheit entgegenzuwirken. 2002 zogen die ersten Bewohner in IJburg ein. Von der Centraal Station aus sind es 15 Minuten mit der Straßenbahn (26) und von den östlichen Inseln weniger als 10 Minuten hierher.

Am besten besucht man Ijburg an einem warmen, sonnigen Tag, wenn man die Vorzüge von Amsterdams (künstlichem) Strand **Blijburg** (IJburg) nutzen kann, einem herrlichen Streifen importierten weißen Sandes am östlichen Ende von IJburg. Dort kann man windsurfen oder SUP fahren; das **Surfcenter IJburg** (www.surfcenterijburg.nl; Pampuslaan 497; Windsurfer/SUP-Verleih pro Std. 20/10 €; Mai–Okt. Sa & So 11–18.30 Uhr, Juni–Sept. Mi–Fr 15–21.30 Uhr) betreibt in einem Schiffscontainer einen Verleih von Brettern.

In der Gegend gibt's auch einige gute Restaurants, Cafés und Bars. Die **Espressofabriek** (www.espressofabriek.nl; IJburglaan 1489; Mo–Fr 8–18, Sa & So ab 10 Uhr;) ist ein modernes Café mit viel Tageslicht und gutem Kaffee aus Bohnen, die aus einem einzigen Anbaugebiet stammen und in der Westerpark-Filiale geröstet werden. Dazu kann man köstlichen hausgemachten veganen Kuchen oder Muffins bestellen.

Die leidenschaftlichen italienischen Köche im **Restaurant Bloem** (020-416 06 77; www.bloemopijburg.nl; IJburglaan 1289; Hauptgerichte 16–24 €; 17.30–22 Uhr) legen großen Wert auf frische Biozutaten. Die luftige Einrichtung im Strandstil täuscht über die außergewöhnliche Küche hinweg. Die Karte ändert sich täglich und kann hausgemachte Linguine mit Muscheln, Chili und Petersilie oder frischen gegrillten Thunfisch mit weißem Spargel und einer Soße aus grünen Bohnen enthalten. Auch echt italienische Pizzas aus dem Holzofen gehören zu den Favoriten. Nur Barzahlung möglich.

Das nach dem Normaal Amsterdams Peil benannte Hafenrestaurant **NAP** (020-416 40 00; www.napamsterdam.nl; Krijn Taconiskade 124; Hauptgerichte 14–22 €, Tapas 4–13,50 €; Mo–Do 8.30–0 Uhr, Fr 8.30–15, Sa 10–13, So 10–0 Uhr;) hat eine Terrasse mit Blick auf den Jachthafen von IJburg mit seinen vielen Booten und ein schickes Interieur mit industrieller Note. Als Tapas werden u. a. scharfe Garnelen und Austern mit Vinaigrette serviert, als Hauptgerichte Ravioli mit Kürbis und Trüffel oder Steak mit Rotweinsoße und Pommes frites.

Fähren verkehren von IJburg nach Muiden (S. 192) – eine Fährfahrt ist die schönste Art, die mittelalterliche Burg Muiderslot und die Festungsinsel Pampus zu besuchen. Das **Schiff** (020-427 88 88; www.amsterdamtouristferry.com; Bert Haanstrakade 1051, IJburg; Fähre für Erwachsene/Kinder und Eintritt Pampus oder Muiderslot 21/16 €; April–Okt. Di–So 11 Uhr) legt am Vormittag ab, sodass vor der Rückfahrt ein paar Stunden Zeit bleiben, die Gegend zu erkunden.

Eine Auswahl zur Verkostung besteht aus fünf Bieren für 10,50 €. In der Führung durch die Brauerei, die eine halbe Stunde dauert, ist ein Bier inbegriffen (6,50 €; auf Englisch Fr, Sa, So um 15.30 Uhr).

★ SKYLOUNGE — COCKTAILBAR

Karte S. 320 f. (020-530 08 75; www.skyloungeamsterdam.com; Oosterdoksstraat 4; So–Di 11–13, Mi & Do bis 2, Fr & Sa bis 3 Uhr; ; 4/12/14/24/26 Centraal Station) Diese Bar mit einer Aussicht, dass einem schier der Mund offen stehen bleibt – und zwar bei jedem Wetter! –, bietet einen 360-Grad-Panoramarundblick auf Amsterdam vom elften Stockwerk des DoubleTree Amsterdam Centraal Station Hotel. Übertroffen wird diese Aussicht nur, wenn man auf die großzügige SkyTerrace hinaustritt mit einer Bar im Freien. Wer auf den tollen Blick anstoßen möchte, hat die Qual der Wahl aus einem riesigen Angebot an verschiedenen Cocktails, Craft-Bieren und Spirituosen. Ab 21 Uhr legen regelmäßig DJs auf.

CAFÉ KOOSJE — BRUIN CAFÉ

Karte S. 320 f. (www.koosjeamsterdam.nl; Plantage Middenlaan 37; Mo–Do 8–1, Fr bis 3, Sa bis 2 Uhr; 14 Plantage Kerklaan) Zwischen dem Artis Royal Zoo und der Hollandsche Schouwburg liegt das Koosje, wo man am Fenster oder auf der Terrasse sitzen und Wein und holländisches Fass- oder Flaschenbier genießen kann. Mittags werden belegte Brote mit Käse, Gurke und Senf zubereitet, abends Gerichte von Hähnchen-Satay bis hin zu vegetarischer Lasagne.

DE GROENE OLIFANT BRUIN CAFÉ

Karte S. 320 f. (www.degroeneolifant.nl; Sarphatistraat 510; So–Do 11–1, Fr & Sa bis 3 Uhr; ; 9/14 Alexanderplein) Der „Grüne Elefant" steht bei den Einheimischen schon seit Generationen hoch im Kurs. Eleganz trifft hier auf angesagten Boho-Stil: Die Böden sind gefliest, die Stühle aus dunklem Bugholz und die Tapeten haben ein Muster aus grünen Blättern. Die Gäste können an der holzvertäfelten Bar Platz nehmen, die von 1880 stammt, und das Art-déco-Buntglas bewundern, sich in den etwas erhöht gelegenen Speiseraum zum Abendessen zurückziehen oder sich auf die beliebte Terrasse im Freien setzen.

Östliche Inseln

★ HANNEKES BOOM BIERGARTEN

Karte S. 320 f. (020-419 98 20; www.hannekesboom.nl; Dijksgracht 4; So–Do 11–1, Fr & Sa bis 3 Uhr; 26 Muziekgebouw) Das coole, entspannte *café* am Wasser lässt sich über ein paar Fußgänger- bzw. Fahrradbrücken vom NEMO-Wissenschaftsmuseum (S. 96) aus erreichen. Es wurde aus recycelten Materialien errichtet und kann mit einem fantastischen grünen Biergarten aufwarten. An leuchtend bunten Picknicktischen unter den Bäumen kann man sich zum künstlerisch angehauchten Publikum setzen; bei schlechtem Wetter kuschelt man sich im Innenraum in einen der Vintage-Lehnsessel am Feuer.

Dieses Anwesen datiert aus dem Jahr 1662; damals war es noch ein Wachposten, der den Schiffsverkehr in die Stadt hinein kontrollierte.

DE NIEUWE KHL BAR

Karte S. 320 f. (020-779 15 75; www.khl.nl; Oostelijke Handelskade 44; 16–0 Uhr; ; 26 Rietlandpark) Die in zart grünen und rosa Farbtönen gehaltene Bar des KHL in einem historischen Backsteingebäude aus dem Jahr 1917 mit beeindruckenden Kacheln geht auf eine Terrasse im Schatten von Weinreben hinaus – ein lauschiges Plätzchen, um ein Glas Wein zu trinken, der aus kleinen Weingütern stammt. Es wird regelmäßig Livemusik gespielt; das Repertoire reicht von niederländischen Folklorebands bis hin zu sonntäglichen Kabarett-Matinees.

KANIS & MEILAND CAFÉ

Karte S. 320 f. (020-737 06 74; www.kanisenmeiland.nl; Levantkade 127; 10–1 Uhr; ; 7 Azartplein) Die „Insulaner" lieben dieses schöne versteckte Lokal am Wasser, in dem man niederländische und belgische Biere, Cocktails oder ein Glas Wein genießen kann. Es gibt eine tolle Terrasse mit Blick auf die Hausboote. Der Innenraum mit Holztischen und hohen Fenstern in Richtung „Festland" ist groß, aber gemütlich. Zum Mittagessen stehen leckere Sandwiches und Suppe, zum Abendessen anspruchsvolle Hauptgerichte auf der Karte.

HPS COCKTAILBAR

Karte S. 320 f. (06 2528 3620; www.hpsamsterdam.com; Rapenburg 18; So–Do 18–1, Fr & Sa bis 3 Uhr; 32/33 Prins Hendrikkade) Das HPS (für: Hiding in Plain Sight), eine coole Kneipe mit Art-déco-Lampen, Tapeten mit Blumenmuster, Chesterfield-Sofas und Barleuten im Frack, die eher an Alchimisten erinnern, ist gleichzeitig gehoben und gemütlich. Die Meister-Mixer zaubern wunderbare Cocktails wie den Dillicious (Wodka mit Dill-Aroma, eingelegter Zitrone und Ingwerbier) und Beetlejuice (Tequila, mit Jalapeño versetzter Cointreau, frischem Rote-Bete-Saft und Balsamico-Essig) und der Service ist herzlich und freundlich.

DE DRUIF BRUIN CAFÉ

Karte S. 320 f. (Rapenburgerplein 83; So–Do 15–1, Fr & Sa bis 3 Uhr; 22 Kadijksplein) Eine der ältesten Kneipen Amsterdams ist die gemütliche „Traube" am Kanal, die früher eine Brennerei war, was heute noch an den Gaskronleuchtern, den teppichverkleideten Tischen und den Spirituosenfässern an der Wand hinter der Bar erkennbar ist. Hier kann man draußen auf der Terrasse in der Sonne oder drinnen am Fenster mit Blick auf den Kanal gemütlich verschiedene Biere und *jenever* probieren.

UNTERHALTUNG

Bei einem Amsterdam-Besuch locken Klassik- oder Jazzkonzerte im beeindruckenden Muziekgebouw aan 't IJ und im Bimhuis (S. 105) eine Opern- oder Ballettaufführung im Muziektheater oder ein Arthouse-Film im Kino Kriterion (S. 105). Toll für Kinder sind die Puppenspiele im Marionettentheater (S. 105).

MUZIEKTHEATER
KLASSISCHE MUSIK

Karte S. 318 f. (020-625 54 55; www.operaballet.nl; Waterlooplein 22; Sept.–Juli Ticketschalter Mo–Fr 12–18, Sa & So bis 15 Uhr bzw. bis zur Vorstellung; M Waterlooplein, 14 Waterlooplein) Das Muziektheater ist die Spielstätte der Niederländischen Oper und des Nationalballetts, die beide mit sagenhaften Aufführungen beeindrucken. Es treten hier aber auch berühmte Künstler und internationale Tanztruppen auf. Von September bis Juni finden an Dienstagen (12.30–13 Uhr) häufig kostenlose klassische Konzerte im zugehörigen Boekmanzaal statt; die Türen werden um 12.15 Uhr geöffnet.

MUZIEKGEBOUW AAN 'T IJ
KONZERTHAUS

Karte S. 320 f. (Tickets 020-788 20 00; www.muziekgebouw.nl; Piet Heinkade 1; Ticketschalter Mo–Sa 14–18 Uhr; 26 Muziekgebouw) Die multidisziplinäre Location der darstellenden Künste befindet sich in einem dramatischen Klotz aus Glas und Stahl an den Gestaden des IJ. Geboten ist ein topmoderner Hauptsaal mit einer flexiblen Bühne und hervorragender Akustik. Die Jazz-Bühne, das Bimhius, ist kleiner und gemütlicher. Vergünstigte Tickets bekommt man ggf. im Last Minute Ticket Shop (www.lastminuteticketshop.nl).

MEZRAB – HOUSE OF STORIES
DARSTELLENDE KÜNSTE

Karte S. 320 f. (www.mezrab.nl; Veemkade 576; So–Do 20–1, Fr & Sa bis 3 Uhr; 26 Kattenburgerstraat) Dieses herrlich vielfältige Kulturzentrum am Hafen veranstaltet Abende, bei denen Geschichten auf Niederländisch und Englisch erzählt werden, aber auch iranische Rockbands, lateinamerikanische Bands, europäische Folk-Tänzer und vieles mehr steht auf dem Programm des Mezrab. Die Zeiten sind oft unterschiedlich.

KRITERION
KINO

Karte S. 320 f. (020-623 17 08; www.kriterion.nl; Roetersstraat 170; Tickets ab 5 €; 7 Weesperplein) Eigentlich war das Kriterion eine Studentenorganisation, die während des Zweiten Weltkriegs Juden vor den Nazis versteckte und schützte. Im Jahr 1945 eröffnete die Gruppe dieses Kino, um Studenten, die ihr Studium nicht mehr beenden konnten, eine Arbeitsmöglichkeit zu bieten. Auch heute noch ist das Kino der Hit – mit einem breiten Spektrum an Filmkunst-Premieren, Leinwandklassikern und Kinderfilmen und vielem mehr – und eine hübsche Café-Bar gehört auch noch dazu. Auf der Website nach englischsprachigen Filmvorführungen schauen.

AMSTERDAMS MARIONETTEN-THEATER
PUPPENTHEATER

Karte S. 318 f. (020-620 80 27; www.marionettentheater.nl; Nieuwe Jonkerstraat 8; Erw./Kind 16/7,50 €, 90-minütige Führung 15 €; M Nieuwmarkt) Das Marionettentheater, eine reizende Institution aus längst vergangenen Zeiten in einer ehemaligen Hufschmiedewerkstatt, präsentiert Märchen und Opern von Mozart wie *Die Zauberflöte* in einer ehemaligen Schmiede. Kinder und Erwachsene zeigen sich gleichermaßen beeindruckt von den zauberhaften Kulissen, den Kostümen im Stil der Epoche und den herrlichen Singstimmen, die den kleinen Figuren Leben verleihen.

BIMHUIS
JAZZ

Karte S. 320 f. (020-788 21 88; www.bimhuis.nl; Piet Heinkade 3; 26 Muziekgebouw) Am Ufer des IJ gelegen, ist das Bimhuis das wichtigste Jazzzentrum der Niederlande. Das stilvolle Gebäude im Muziekgebouw aan 't IJ (S. 105) zieht internationale Jazz-Größen an, aber auch Künstler der Genres Weltmusik, Electronica und weitere.

SHOPPEN

Nieuwmarkt kann mit zahlreichen kleinen Boutiquen aufwarten und ein paar interessanten unabhängigen Läden, in denen (fast) alles erhältlich ist – vom Fetisch bis zu Kurzwaren. Am Waterlooplein findet ein recht guter Flohmarkt statt. Auf den östlichen Inseln findet man zudem einige der schicksten Geschäfte der Stadt für Innenausstattung.

Nieuwmarkt

★ DROOG
DESIGN

Karte S. 318 f. (www.droog.com; Staalstraat 7; 9–19 Uhr; 24 Muntplein) Das Droog ist kein Hotel, sondern vielmehr ein Haus für Design. Droog bedeutet auf Niederländisch „trocken", und die Artikel strotzen nur so vor trockenem Humor. Hier findet man alle möglichen nützlichen Dinge in hippem Design – eine Lampe aus Kleiderbügeln oder eine stromlinienförmige Wärmflasche zum Beispiel –, aber auch die Art Klamotten, die per Verordnung wohl nur von Architekten oder Designern getragen werden dürfen.

Eine Galerie gehört mit dazu, ebenso ein märchenhafter Garten und ein total weißes

Café mit hohen Balken, über dem ein Wandteppich mit Rembrandts *Nachtwache* prunkt.

WATERLOOPLEIN-FLOHMARKT
MARKT

Karte S. 318 f. (www.waterlooplein.amsterdam; Waterlooplein; Mo–Sa 9.30–18 Uhr; M Waterlooplein, 14 Waterlooplein) Der Waterlooplein-Flohmarkt, der früher unter dem Namen Vlooienburg (Flohburg) bekannt war, ist nicht riesig, aber man kann einige schöne Sachen (und auch viel Touristennepp) finden, darunter Kunsthandwerk, Antiquitäten, Schallplatten und Vintage-Ledermäntel. Der Straßenmarkt nahm bereits 1880 seinen Anfang, als jüdische Händler, die in diesem Viertel wohnten, hier ihre Waren feilboten.

WEBERS
FETISCH

Karte S. 318 f. (020-638 17 77; www.webersholland.nl; Kloveniersburgwal 26; 13–19 Uhr; M Nieuwmarkt) Im historischen Kleine Trippenhuis (S. 93) sind Besucher richtig, die abgedrehte Stiefel und allen möglichen teuren Klimbim mit Pfiff erstehen möchten – und jeden erdenklichen (oder undenkbaren) Fetisch.

ANTIQUITÄTENMARKT
MARKT

Karte S. 318 f. (Nieuwmarkt; So 9–17 Uhr; M Nieuwmarkt) Wahre Schnäppchenjäger finden hier jede Menge alte Bücher und Nippes, die sie genüsslich unter die Lupe nehmen können.

JACOB HOOY & CO
KOSMETIK

Karte S. 318 f. (www.jacobhooy.nl; Kloveniersburgwal 12; Mo–Fr 10–18, Sa bis 17 Uhr; M Nieuwmarkt) Das ist eine anständige Apotheke mit Holzschubladen und bauchigen Gefäßen, auf denen mit schnörkeliger Schrift der Inhalt steht. Das Jacob Hooy & Co verkauft schon seit 1743 Heilkräuter, homöopathische Mittel und Naturkosmetik. Heute bekommt man hier auch Körperlotionen, Kräutertees, Kosmetika und Biowein.

PUCCINI BOMBONI
SCHOKOLADE

Karte S. 318 f. (www.puccinibomboni.com; Staalstraat 17; Mo–Fr 9–19, Sa & So 11–19 Uhr; 24 Muntplein) Zu Pyramiden aufgetürmte Schokoladenbonbons sehen aus wie Kunstwerke. Gefüllt sind sie in ganz besonderen Geschmacksrichtungen wie Tamarinde, Zitronengras, Sauerkirsche und Calvados, und die Bohnen stammen aus nachhaltigem Anbau. Achtung: Bei warmem Wetter bleibt der Laden zum Schutz der Pralinen manchmal geschlossen.

BOERENMARKT
MARKT

Karte S. 318 f. (Bauernmarkt; Nieuwmarkt; Sa 9–16 Uhr; M Nieuwmarkt) Die Stände mit Bioesswaren, Obst und Gemüse locken samstags jede Menge Volk an.

KNUFFELS
SPIELZEUG

Karte S. 318 f. (www.knuffels.nl; St Antoniesbreestraat 39-51; 10–18 Uhr; M Nieuwmarkt) Mobiles und an Schnüren aufgehängte Spielsachen haben einen Motor, damit sie im Schaufenster dieses quirligen Spielwarenladens konstant in Bewegung bleiben – wirklich faszinierend. Und natürlich gibt's hier jede Menge *knuffels* (weiche Plüschspielsachen zum Knuddeln), Marionetten, Teddybären und zahlreiche Puzzle-Spiele.

HENXS
KLEIDUNG

Karte S. 318 f. (www.henxs.com; St Antoniesbreestraat 136-138; Mo–Sa 11–19 Uhr, So 12–18 Uhr; M Nieuwmarkt) Dieses Geschäft für Kleidung, Graffiti-Bedarf und pfiffige Accessoires ist das reinste Eldorado für Skater und Graffiti-Künstler.

Östliche Inseln

POLS POTTEN
INNENEINRICHTUNG

Karte S. 320 f. (020-419 35 41; www.polspotten.nl; Loods 6, KNSM-laan 39; hDi–Sa 10–18, So 12–17 Uhr; j7 Azartplein) Die östlichen Inseln sind besonders stilbewusst, und dieser große Laden für Inneneinrichtung zieht Einheimische und stylishe Amsterdamer aus anderen Vierteln gleichermaßen an. Mit vielen angesagten bunten Möbeln und wunderschönen Töpfer- sowie mundgeblasenen Glaswaren eignet sich Pols Potten hervorragend, um Geschenke oder Souvenirs zu shoppen.

SPORT & AKTIVITÄTEN

TUNFUN
SPIELPLATZ

Karte S. 318 f. (www.tunfun.nl; Mr Visserplein 7; Erw./Kind 3/8,50 €; 10–18, Einlass bis 17 Uhr; 14 Mr Visserplein) Dieser tolle Hallenkinderspielplatz in einer ehemaligen Verkehrsunterführung ist eine wunderbare Möglichkeit, die Kids an einem verregneten Tag bei Laune zu halten (dann ist es hier allerdings auch am vollsten). Die Kinder können auf weichem Spielmaterial herumklettern, auf Trampolinen springen, versuchen, der „Black Box" zu entkommen, und auf einem Fußballplatz kicken. Im Café kommen die Lieblingsgerichte der Kleinen auf den Tisch wie *poffertjes* (kleine Pfannkuchen) und Nutella-Sandwiches.

Die Kinder haben aber nur in Begleitung eines Erwachsenen Zutritt. Der Eingang befindet sich gegenüber der Portugiesisch-Israelitischen Synagoge; einfach nach zwei grünen Bogen und Treppen Ausschau halten, die nach unten führen. In den Eintrittspreisen für Erwachsene sind Tee oder Kaffee enthalten.

GLOWGOLF MINIGOLF

Karte S. 320 f. (☎020-737 18 09; www.glowgolf.nl/en/amsterdam; Prins Hendrikkade 194; Erw./Kind 10/9 €; ⏰So–Mi 11–21, Do bis 23, Fr & Sa bis 0 Uhr; 🚌22 Kadijksplein) Von der Straße aus sieht das Noah's Arq wie eine ganz normale Kneipe aus, doch unten im Basement beherbergt Glowgolf diesen ziemlich abgedrehten Minigolfplatz. Die 15 Löcher in psychedelischen Farben spielt man bei Schwarzlicht, wodurch sie im Dunkeln grell leuchten und den Eindruck vermitteln, als wäre man in einem riesigen Flipperautomaten gelandet. Um dieses surreale Erlebnis voll auskosten zu können, sollte man sich unbedingt die 3D-Brille aufsetzen.

Westlicher Grachtengürtel

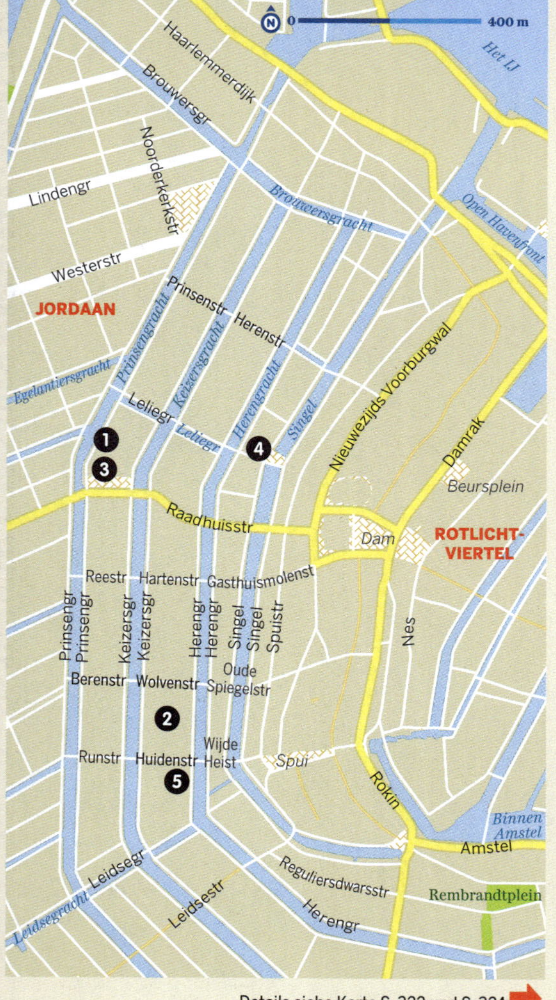

Details siehe Karte S. 322 und S. 324

Highlights

❶ **Anne Frank Huis** (S. 110) Über das mutige Leben und den tragischen Tod eines der berühmtesten Mädchen Amsterdams im ergreifenden „Geheimen Anbau“ des Hauses nachsinnen, in dem sie und ihre Familie sich vor den Nazis versteckten.

❷ **Negen Straatjes** (S. 119) Einen Bummel durch die Fachgeschäfte in diesen kompakten wie auch spannenden „Neun Straßen“ unternehmen, die von malerischen Grachten durchzogen sind.

❸ **Westerkerk** (S. 112) Den Glockenturm erklimmen, das größte Kirchenschiff der Niederlande bestaunen und ein Carillon-Konzert miterleben.

❹ **Reypenaer Cheese Tasting** (S. 121) Lernen, wie man einen alten Gouda von einem jungen *boerenkaas* (Bauernkäse) unterscheidet.

❺ **Bijbels Museum** (S. 112) Zu bestaunen sind seltene Bibeln, das maßstabsgetreue Modell einer jüdischen Bundeslade sowie biblische Pflanzen im Garten dieses Grachtenhauses.

Den westlichen Grachtengürtel erkunden

Das gesamte Gebiet ist Welterbestätte der UNESCO. Man könnte ewig die Architektur entlang der Kanäle bewundern. Und obwohl der Stadtteil voller Sehenswürdigkeiten steckt, macht einen Großteil des Reizes die Atmosphäre aus: ob auf der Straße, auf einem Boot, in einem Hofgarten, auf einer Dachterrasse oder draußen vor einem Café an der Gracht.

Am ersten Tag startet man am nördlichen Ende des Viertels in der trendigen Einkaufsgegend Haarlemmerbuurt, von dort geht's Richtung Süden an Grachten entlang und durch die Gassen zum Multatuli Museum S. 113), zum wunderschönen Huis Met de Hoofden S. 113), zum Homomonument S. 113), zur Westerkerk (S. 112) und am frühen Abend, wenn es nicht mehr ganz so voll ist, zum Anne Frank Huis (S. 110; unbedingt vorher buchen).

Der zweite Tag beginnt mit Shoppen in den Negen Straatjes (S. 119; Neun Straßen). Dieses Gewirr von *straatjes* steckt voller Spezialläden und skurriler kleiner Boutiquen mit Antiquitäten, Mode und Haushaltswaren. In der Gegend gibt's Kneipen und Restaurants, die bei warmem Wetter Tische aufs Trottoir stellen.

Lohnend sind auch das Bijbels Museum (S. 112), das Grachtenhausmuseum Het Grachtenhuis (S. 112) und das Fotografiemuseum Huis Marseille (S. 113), ehe man in den Lokalen an der Prinsengracht entspannt.

Lokalkolorit

- **Borrel** Bruin Cafés (Kneipen) sind beliebt für die altehrwürdige niederländische Tradition des *borrel* (S. 51).
- **Snacks** Am besten gesellt man sich zu den Einheimischen, die im Wil Graanstra Friteshuis (S. 114) für Pommes mit Mayo oder pikantere Soßen anstehen.
- **Grachten** Die Prinsengracht (S. 115) ist ein Dauerbrenner, ganz egal bei welchem Wetter.
- **Essen und Mode** Das Viertel Haarlemmerbuurt (S. 119), zu dem auch die Haarlemmerstraat gehört, ist ein Hotspot für Restaurants, Gourmet-Proviant und Küchenstudios; dazwischen liegen viele Modeboutiquen.

An- & Weiterreise

- **Straßenbahnen** Die Linien 1 und 17 halten in der Nähe der Hauptsehenswürdigkeiten. Mit allen Trams und Bussen, die in der Nähe des Dam oder Spui halten, kommt man bequem in den Süden des Viertels, den Norden erreicht man gut von der Centraal Station.
- **Schiff** Die Haltestelle des Grachtenbusses (Karte S. 322) in der Nähe vom Westermarkt ist praktisch für den Besuch des Anne Frank Huis.

Top-Tipp

Der Donnerstag ist ideal, um dieses Viertel zu erkunden, denn an diesem Tag haben viele Geschäfte – darunter auch zahlreiche Läden in den wunderschönen Negen Straatjes (S. 119) (Neun Straßen) – längere Öffnungszeiten.

Gut essen

- De Belhamel (S. 115)
- Bistro Bij ons (S. 115)
- Petit Gâteau (S. 114)
- Vinnies Deli (S. 114)

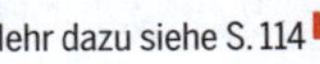

Mehr dazu siehe S. 114

Nett ausgehen

- 't Arendsnest (S. 117)
- Café het Molenpad (S. 117)
- Café Tabac (S. 117)
- De Doffer (S. 119)

Mehr dazu siehe S. 117

Schön shoppen

- Frozen Fountain (S. 119)
- 360 Volt (S. 120)
- De Kaaskamer (S. 120)
- Love Stories (S. 120)
- Denham the Jeanmaker (S. 120)
- Vanilia (S. 120)

Mehr dazu siehe S. 119

HIGHLIGHT **ANNE FRANKS ORIGINALES TAGEBUCH LESEN**

Es ist eine der fesselndsten Geschichten des 20. Jahrhunderts: Ein junges Mädchen muss sich mit seiner Familie verstecken, um der Deportation durch die Nazis zu entgehen. Das Anne Frank Huis, in dem sich die Familie versteckt hielt, dürfte bei jedem Besuch in Amsterdam ein Höhepunkt sein, und tatsächlich zieht es jährlich 1¼ Mio. Besucher an.

Hintergründe

Wer durch den Bücherschrank, eine Drehtür, in den „Geheimen Anbau" tritt und die steile Stiege zu den Wohnräumen erklimmt, in denen die Familie mehr als zwei Jahre lebte, begibt sich in eine Zeit, die längst vergangen scheint und doch auf tragische Weise real ist.

Die deutsche Wehrmacht benötigte nur fünf Tage, um die Niederlande, Belgien und einen Großteil Frankreichs zu besetzen. Nachdem die Streitkräfte Hitlers über das Land hinweggefegt waren, tauchten viele Juden – unter ihnen Anne Frank und ihre Familie – unter. In ihrem Tagebuch beschreibt Anne, welche Beschränkungen den niederländischen Juden nach und nach auferlegt wurden – sie durften nicht mehr mit der Tram fahren, mussten ihre Fahrräder abgeben, und es war ihnen nicht gestattet, ihre christlichen Freunde zu besuchen.

Die Franks bezogen die oberen Etagen in ihrem eigens dafür hergerichteten Hinterhaus mit einem anderen Ehepaar, den van Pels (in Annes Tagebuch: van Daans), und deren Sohn Peter. Vier Monate später kam noch Fritz Pfeffer (im Tagebuch: Herr Dussel) hinzu. Hier überlebten sie, bis sie im August 1944 an die Gestapo verraten wurden.

NICHT VERSÄUMEN

- Annes Tagebuch mit rot kariertem Einband
- Annes Zimmer
- Die Wochenschauen aus dem Krieg
- Peter van Pels' Zimmer
- Das Video von Hanneli Goslar

PRAKTISCH & KONKRET

- Karte S. 322, A6
- ☎ 020-556 71 05
- www.annefrank.org
- Prinsengracht 263–267
- Erw./Kind 10,50/5,50 €
- ⏲ April–Okt. 9–22 Uhr, Nov.–März So–Fr 9–19, Sa bis 22 Uhr
- 🚊 13/17 Westermarkt

Erdgeschoss

Das Haus, das man vom Westermarkt betritt, befindet sich in einer modernen, kastenartigen Verschalung, die das originale Flair des Gebäudes bewahrt (es wurde im Zweiten Weltkrieg als Büro und Lager genutzt). Das erweiterte Museum zeigt mehrsprachige Wochenschauen aus dem Zweiten Weltkrieg, die Auszügen aus Annes Tagebuch gegenübergestellt werden. Auf diese Weise wird der Aufstieg Hitlers untrennbar mit dem Schicksal der Familie Frank verknüpft.

Büros

Interessant sind die ehemaligen Büros von Victor Kugler, dem Geschäftspartner Otto Franks; sein Ausweis und die Filmzeitschriften, die er Anne kaufte, sind ausgestellt. Der andere Bürotrakt gehörte Miep Gies, Bep Voskuijl und Johannes Kleiman, zwei Frauen und einem Mann, die tagsüber im Büro arbeiteten und die acht Bewohner des „Geheimen Anbaus" mit Lebensmitteln, Kleidung und anderen Dingen versorgten. Zudem sind auch einige persönliche Dokumente ausgestellt.

Geheimer Anbau

Während in den unteren Etagen die Geschichte anhand interaktiver Technik vermittelt wird, präsentieren sich die Wohnräume der Familie im *achterhuis* (Hinterhaus) in all ihrer beklemmenden Kargheit. Die Besucher fühlen sich ins Jahr 1942 zurückversetzt. Die Fenster des Anbaus wurden verdunkelt, damit die Nachbarn keinen Verdacht schöpften; Verdunkelungen bei Nacht waren wegen der Bombenflugzeuge ohnehin nicht unüblich.

Man sollte sich einen Moment Zeit nehmen, um sich bei der Besichtigung bewusst zu machen, wie raffiniert der geheime Anbau konzipiert war. Dann betritt man die beiden dunklen und stickigen Stockwerke, in denen die Franks und ihre Freunde tagsüber bei völligem Stillschweigen wohnten, bis sie verraten, von den Deutschen festgenommen und in Konzentrationslager deportiert wurden. Otto Frank, Annes Vater, überlebte als Einziger.

Annes Zimmer

Wer das einfache Zimmer von Anne betritt, das sie mit Fritz Pfeffer teilte, sieht noch die Relikte ihrer Jungmädchenträume: An den Wänden zeugen Fotos von Hollywoodstars und Postkarten der Königsfamilie von ihren Interessen und Sehnsüchten.

Das Tagebuch

Beklemmendere Exponate und Videos warten im Vorderhaus – darunter Annes Tagebuch mit rot kariertem Stoffeinband, das einsam in einer Glasvitrine liegt. Interessant ist das Video von Annes Schulkameradin Hanneli Goslar, das beschreibt, wie sie Anne in Bergen-Belsen traf.

NACH DEM KRIEG

Die Franks zählten zu den letzten Juden, die deportiert wurden. Anne starb im Konzentrationslager Bergen-Belsen im März 1945, nur ein paar Wochen bevor es befreit wurde. Nach dem Krieg veröffentlichte Vater Otto Frank Annes Tagebuch, das im Anbau im Müll gefunden wurde – die Möbel hatten die Deutschen abtransportieren lassen.

TICKETS

Tickets können nur im Voraus auf der Website gekauft werden (0,50 € zusätzliche Gebühr), dabei muss man ein Zeitfenster wählen. 80 % der Tickets werden zwei Monate im Voraus freigegeben, 20 % erst am selben Tag. Die Tickets müssen ausgedruckt oder auf dem Smartphone vorgezeigt werden.

SEHENSWERTES

Das Anne Frank Huis (S. 110) ist der größte Magnet des Viertels, doch es gibt auch andere spannende Museen, darunter das faszinierende Grachtenhausmuseum Het Grachtenhuis. Der Aufstieg auf den markanten Glockenturm der Westerkerk wird mit einem spektakulären Blick über die Grachten belohnt.

ANNE FRANK HUIS
MUSEUM

Siehe S. 110

HET GRACHTENHUIS
MUSEUM

Karte S. 324 (Grachtenhaus; ☎020-421 16 56; www.hetgrachtenhuis.nl; Herengracht 386; Erw./Kind 15/7,50 €; ⌚Di–So 10–17 Uhr; 🚊2/11/12 Koningsplein) Die Hologramme, Videos, Modelle, Cartoons, das maßstabsgetreue Modell von Amsterdam und zig andere innovative Exponate, die erklären, wie die Kanäle und die sie säumenden Häuser erbaut wurden, vermitteln, welch ein Meisterwerk der Ingenieurskunst der Grachtengürtel eigentlich ist. Im Gegensatz zu anderen Museen in Amsterdam kann man hier nicht einfach so durchspazieren: Kleine Gruppen gehen gemeinsam hinein, um die Multimedia-Exponate kennenzulernen. An die 45 Minuten dauert der Spaß, dann kommt man heraus und weiß, weshalb die Häuser in Amsterdam so windschief sind. Ein Audioguide ist im Eintrittspreis enthalten.

WESTERKERK
KIRCHE

Karte S. 322 (Westkirche; ☎020-624 77 66; www.westerkerk.nl; Prinsengracht 281; ⌚Anfang Mai–Okt. Mo–Sa 10–15 Uhr, Nov.–Anfang März Mo–Fr 15 Uhr; 🚊13/17 Westermarkt) Für die Amsterdamer Gemeinde der Niederländisch-Reformierten Kirche ist die Westerkerk das religiöse Zentrum. Das Gotteshaus wurde im Jahr 1620 nach einem Entwurf von Hendrick de Keyser für wohlhabende Protestanten gebaut. Das Kirchenschiff ist das größte in den Niederlanden, es wird von einem hölzernen Tonnengewölbe überspannt. Die riesige – üppig mit Instrumenten und Bibelszenen reich verzierte – Orgel wurde im Jahr 1686 fertiggestellt. Rembrandt, der völlig verarmt an der nahe gelegenen Rozengracht starb, fand irgendwo in der Kirche in einem Armengrab seine letzte Ruhe. Den Glockenturm kann man besteigen.

Es lohnt sich, auf Infos zu den kostenlosen 30-minütigen Mittagskonzerten zu achten, die in den Sommermonaten stattfinden. Ganzjährig kann man sich dienstags von 12 bis 13 Uhr an Carillon-Konzerten erfreuen; der beste Platz zum Zuhören ist die nahe Bloemgracht. Die Glocken schlagen mechanisch zu jeder Viertelstunde.

WESTERKERK-GLOCKENTURM
TURM

Karte S. 322 (☎020-689 25 65; www.westertorenamsterdam.nl; Prinsengracht 281; Führungen 9 €; ⌚April–Sept. Mo–Sa 9–20 Uhr, Okt. 9–17.30 Uhr; 🚊13/17 Westermarkt) Den Glockenturm der Westerkerk ziert die berühmte blaue Kaiserkrone des Habsburger Kaisers Maximilian I., der sie 1489 Amsterdam für das Stadtwappen zum Geschenk machte. Den 85 m hohen Turm zu erklimmen kann ganz schön anstrengend sein – und ist nichts für Leute mit klaustrophobischen Anwandlungen. Der Führer legt aber schon immer wieder Pausen an den Treppenabsätzen ein, während er die Glocken erklärt, und der Panoramablick von oben ist die Mühe wert. Die Führungen beginnen immer zur halben Stunde. Kinder unter sechs Jahre dürfen nicht teilnehmen.

WEST-INDISCH HUIS
HISTORISCHES GEBÄUDE

Karte S. 322 (Westindien-Haus; Herenmarkt 97; 🚊18/21/22 Buiten Brouwersstraat) Das 1617 als Fleischmarkt und Kaserne gebaute historische Gebäude wurde im Jahr 1623 von der Niederländischen Westindien-Kompanie (Geoctroyeerde Westindische Compagnie; GWC) angemietet und als Geschäftssitz genutzt. Hier hatten die Teilhaber der GWC im Jahr 1625 den Bau einer Festung auf der Insel Manhattan beschlossen und somit beiläufig Nieuw Amsterdam (das heutige New York) gegründet.

BIJBELS MUSEUM
MUSEUM

Karte S. 324 (Biblisches Museum; ☎020-624 24 36; www.bijbelsmuseum.nl; Herengracht 366-368; Erw./Kind 12,50 €/frei; ⌚10–17 Uhr; 🚊2/11/12 Spui) Die Hauptattraktion im Biblischen Museum ist das maßstabsgetreue Modell der jüdischen Bundeslade, die im Exodus beschrieben ist und von dem engagierten Geistlichen Leendert Schouten kreiert wurde. Sie lockte schon Tausende Besucher an, bevor sie 1851 überhaupt fertiggestellt war. Das Museum in einem Grachtenhaus aus dem Jahr 1622 verfügt über eine außergewöhnliche Bibelsammlung, darunter die älteste Bibel der Niederlande, eine 1477 gedruckte Bibel aus Delft, sowie eine Erstausgabe der 1637 autorisierten niederländischen Fassung. Bäume und Pflanzen, die im „Guten Buch" erwähnt werden, kann man im Garten bestaunen. Der sagenumwobenen Überquerung des Roten Meeres wird in den Teichen des Gartens anhand von Trittsteinen gedacht.

HUIS MARSEILLE
MUSEUM

Karte S. 324 (☎020-531 89 89; www.huismarseille.nl; Keizersgracht 401; Erw./Kind 9 €/frei; ⌚Di–So 11–18 Uhr; 🚊2/11/12 Keizersgracht) Dieses gut kuratierte Fotografiemuseum präsentiert umfangreiche Wechselausstellungen mit Exponaten aus der hauseigenen Sammlung, jedoch auch Wanderausstellungen werden gezeigt. Zu den Themen zählen Porträt-, Natur- und Regionalfotografie. Die Ausstellungen verteilen sich über mehrere Stockwerke und auf ein Sommerhaus, das hinter dem Hauptgebäude liegt.

Der französische Kaufmann Isaac Focquier, der das Huis Marseille 1665 erbaute, ließ einen Plan vom Hafen der Stadt Marseille an der Fassade anbringen. Die Originalstruktur ist bis heute weitgehend intakt.

MULTATULI MUSEUM
MUSEUM

Karte S. 322 (☎020-638 19 38; www.multatuli-museum.nl; Korsjespoortsteeg 20; ⌚Di 10–17, Mi–So ab 12 Uhr; 🚊2/11/12/13/17 Nieuwezijds Kolk) GRATIS Der Romancier Eduard Douwes Dekker – besser bekannt unter seinem Pseudonym Multatuli (Lateinisch für „Ich habe schwer gelitten") – ist vor allem für seinen Roman *Max Havelaar* (1860) berühmt, der sich mit den korrupten Kolonialisten in Niederländisch-Ostindien beschäftigt. Das kleine, aber faszinierende Hausmuseum dokumentiert sein Leben und Werk, außerdem sind Möbel und Artefakte aus seiner Zeit in Indonesien zu bestaunen.

POEZENBOOT
TIERHEIM

Karte S. 322 (Katzenboot; ☎020-625 87 94; www.depoezenboot.nl; Singel 38; gegen Spende; ⌚Mo, Di & Do–Sa 13–15 Uhr; 🚊2/11/12/13/17 Nieuwezijds Kolk) Katzenfreunden macht es sicher Spaß, diesen kuriosen Kahn auf dem Singel zu besuchen. Das Poezenboot wurde 1966 von einer Amsterdamerin ins Leben gerufen, die Berühmtheit erlangte, weil sie sich um Hunderte streunende Katzen gleichzeitig kümmerte. Der Kahn wurde mittlerweile von einer Stiftung übernommen, die so etwa 50 Miezen in artgerechten Käfigen hält. Einige davon leben für immer hier, die restlichen hoffen darauf, jemanden zu finden, der sie adoptiert (nachdem sie kastriert und mit einem Identifikationschip versehen wurden, wie es das Gesetz in den Niederlanden vorschreibt).

HUIS MET DE HOOFDEN
HISTORISCHES GEBÄUDE

Karte S. 322 (Haus mit den Köpfen; www.embassyofthefreemind.com; Keizersgracht 123; Erw./Kind 12,50 €/frei, Führung 7,50 €/Pers.; ⌚Mi–Sa 10–17 Uhr; 🚊13/17 Westermarkt) Das Grachtenhaus aus dem Jahr 1622, das von Hendrick de Keyser und seinem Sohn Pieter entworfen wurde, ist ein exzentrisches Beispiel für die Architektur der niederländischen Renaissance. Es besitzt einen wunderschönen Stufengiebel mit sechs Köpfen auf der Höhe der Tür, die antike Götter darstellen: Apoll, Diana, Ceres, Bacchus, Minerva und Merkur.

Heute beherbergt das Haus das Museum Embassy of the Free Mind (Freigeistmuseum), das zweitausend Jahre freigeistiger Denker feiert, und die Ritman-Bibliothek (Bibliotheca Philosophica Hermetica), deren spirituelle und philosophische Texte dank der Spenden des Schriftstellers Dan Brown digitalisiert werden. Die Führungen finden um 10.30 und 14.30 Uhr statt und dauern 30 Minuten (auch auf Englisch möglich). Manchmal werden mittags kostenlose Klassikkonzerte veranstaltet.

HOMOMONUMENT
MONUMENT

Karte S. 322 (www.homomonument.nl; Ecke Keizersgracht & Raadhuisstraat; 🚊13/17 Westermarkt) Hinter der Westerkerk erinnern seit 1987 drei Granitdreiecke mit einer Schenkellänge von jeweils 10 m an die Verfolgung der Homosexuellen durch die Nazis. Diese zwangen homosexuelle Männer in den KZs, rosafarbene Stoffdreiecke zu tragen. Eines der

HERENGRACHT

Die Herengracht, die im Goldenen Zeitalter des 17. Jhs. angelegt wurde, hat ihren Namen von reichen Grundbesitzern, die hier ihre Häuser erbauten. Manche Gebäude neigen sich nach vorn und lassen einen Flaschenzug am Giebel sehen. Der Grund? Da die Treppenhäuser sehr eng sind, nutzten die Leute Flaschenzüge, um Waren in die oberen Stockwerke zu befördern.

Gleich nördlich der Herengracht, in der Nähe der Kreuzung mit der Brouwersgracht, erstreckt sich der Herenmarkt, ein kleiner Platz, an dem das historische West-Indisch Huis aus dem 17. Jh. steht – der ehemalige Firmensitz der Niederländischen West-indien-Kompanie.

Von ihrer prächtigsten Seite zeigt sich die Herengracht am Gouden Bocht (Goldener Bogen; S. 125) am südlichen Grachtengürtel.

Granitdreiecke bildet eine Treppe, die in die Keizersgracht hinabführt. Manche sagen, dieses Dreieck repräsentiere den Anlegesteg, von dem aus Homosexuelle ins Konzentrationslager deportiert wurden. Andere interpretieren es als Symbol wachsender Hoffnung, weil die Stufen aus dem Wasser herausführen.

DE RODE HOED KULTURZENTRUM

Karte S. 322 (Der rote Hut; ☎020-589 16 80; www.rodehoed.nl; Keizersgracht 102; Tickets frei bis 13–15 €; 13/17 Westermarkt) Das Kulturzentrum, das drei prachtvolle Grachtenhäuser aus dem 17. Jh. einnimmt – die übrigens einst der Vrijburg, der größten Geheimkirche der Niederlande, als Unterschlupf dienten – veranstaltet Lesungen weltbekannter Autoren, die manchmal auch auf Englisch stattfinden, sowie Diskussionsrunden zu aktuellen Themen, aber auch Konzerte; was genau auf dem Programm steht, verrät die Website. Das Zentrum ist nach dem früheren Hutgeschäft benannt, das sich einstmals hier befand; einfach einmal nach der Kachel an der Fassade Ausschau halten, die auf den Laden verweist.

ESSEN

Der westliche Grachtengürtel bietet vielleicht nicht die kulinarische Vielfalt anderer Stadtteile, doch die Negen Straatjes (S. 119) sind voller netter Cafés und kleiner Restaurants, die zu den reizenden Boutiquen hier passen, und das Viertel Jordan liegt nur einen Katzensprung entfernt.

VINNIES DELI CAFÉ €

Karte S. 322 (www.vinnieshomepage.com; Haarlemmerstraat 46; Hauptgerichte 6–14,50 € Mo–Fr 7.30–17, Sa 9–17, So 9.30–17 Uhr; ; 2/4/11/12/13/14/17/24/26 Centraal Station) Nur Biowaren aus der Region werden im Vinnies für die verschiedenen ausgiebigen Varianten des ganztags erhältlichen Frühstücks, die Gourmetsandwiches, köstlichen Salate, kreativen Kuchen und warmen Spezialitäten wie Kohl-und-Pilz-Frittata oder gebratene, in Miso marinierte Auberginen verwendet. Der Kaffee kommt aus der Amsterdamer Rösterei Bocca. Vegane Gerichte verlocken zuhauf. Und wenn sich jemand vorstellen könnte, die Designermöbel des Cafés im eigenen Wohnzimmer stehen zu haben, dann hat er Glück: Alle Stücke sind hier auch zu kaufen.

PETIT GÂTEAU GEBÄCK €

Karte S. 322 (☎020-737 15 85; www.petitgateau.nl; Haarlemmerstraat 80; Gebäck 2,50–5,50 €; 10–18 Uhr; 18/21/22 Buiten Brouwersstraat) Die in Paris ausgebildete Konditorin Meike Scaling und ihr Team zaubern vor Ort exquisites französisches Gebäck: kunstvolle „Miniminis“ (winzig kleine Küchlein mit Obst oben drauf, die wie Edelsteine aussehen), glasierte Éclairs, *macarons* aus gemahlenem Mandelmehl, muschelförmige Madeleine-Kekse und 15-erlei köstliche Quiches. Es finden übrigens regelmäßig zweistündige Kurse in Gebäckherstellung statt (auf Niederländisch und Englisch), die 50 € kosten; die genauen Termine sind auf der Website zu finden.

STUBBE'S HARING FISCH & MEERESFRÜCHTE €

Karte S. 322 (Singel Haarlingersluis; Gerichte 3,30–7 €; Di–Sa 12–19 Uhr; 2/4/11/12/13/14/17/24/26 Centraal Station) Nur einen Katzensprung von der Centraal Station entfernt versorgt dieser Fischstand im Freien am Singel die Amsterdamer schon seit mehr als 100 Jahren mit mariniertem Hering. Die Gäste können ihn sich einfach so oder in einem Brötchen schmecken lassen; aber mit Zwiebelringen muss man ihn unbedingt vorher noch belegen. Die Öffnungszeiten können variieren.

SINGEL 404 CAFÉ €

Karte S. 324 (Singel 404; Gerichte 4,50–8,50 €; 10.30–18 Uhr; ; 2/11/12 Spui) Das versteckt gelegene Café ist leicht zu übersehen, trotz der Lage nahe dem belebten Spui (es ist an der kobaltblauen Markise zu erkennen). Das Speisenangebot ist zwar ziemlich schlicht – Sandwich mit Räucherlachs, Kürbissuppe, Limonade mit Honig und Pfefferminze –, aber die Preise sind superniedrig, die Portionen großzügig und die Qualität ist erstklassig. Drinnen und draußen stehen nur jeweils ein paar Tische.

WIL GRAANSTRA FRITESHUIS FASTFOOD €

Karte S. 322 (Westermarkt 11; Pommes 3–4,50 €, Soße 0,30–0,50 €; Mo–Sa 12–19 Uhr; 13/17 Westermarkt) Legionen von Amsterdamern schwören auf die knusprigen Kartoffeln im Wil Graanstra Friteshuis. Das Familienunternehmen frittiert schon seit 1956 auf dem Platz an der Westerkerk. Die meisten Einheimischen krönen ihre Pommes-Tüte mit Mayonnaise, aber auch *oorlog* („Krieg“; Erdnuss-Mayo-Soße), Currysoße und Piccalilli (sauer eingelegtes Gemüse mit Senf) erfreuen die Geschmacksknospen. Nur Barzahlung.

PANCAKES! NIEDERLÄNDISCH €

Karte S. 324 (020-528 97 97; www.pancakes.amsterdam; Berenstraat 38; Hauptgerichte 6–13 €; 8–18 Uhr; ; 13/17 Westermarkt) Die Tische mit blauen Kacheln im schnuckeligen kleinen Pancakes! sind immer rappelvoll mit Gästen, die sich die Spezialität des Hauses einverleiben, und zwar in der süßen (Apfel, Nuss und Zimt) oder pikanten (Schinken, Chicorée und Camembert) Variante. Glutenfreie Varianten sind ebenfalls erhältlich. Bei den Kids stehen die Pfannkuchen mit einem Smiley-Gesicht hoch im Kurs.

★ **DE BELHAMEL** EUROPÄISCH €€

Karte S. 322 (020-622 10 95; www.belhamel.nl; Brouwersgracht 60; Hauptgerichte 24–26 €, 3-/4-Gänge-Menü 38/48 €; 12–16 & 17.30–22 Uhr; 18/21/22 Buiten Brouwersstraat) Bei lauen Temperaturen sind die Tische am Wasser oben an der Herengracht einfach zauberhaft, doch auch die Art-nouveau-Einrichtung mit prächtigen Tapeten auf zwei Ebenen gibt die perfekte Kulisse für die exquisit präsentierten Gerichte ab, beispielsweise pochierte Seezunge mit Wildspinat-Bisque (sämige Suppe) oder Kalbsbries mit Polenta und Frühlingszwiebeln; verlockend ist auch der halbe Hummer mit samtiger Trüffelmayonnaise.

BISTRO BIJ ONS NIEDERLÄNDISCH €€

Karte S. 322 (020-627 90 16; www.bistrobijons.nl; Prinsengracht 287; Hauptgerichte 12,50–21,50 €; Di–So 11.12 Uhr; ; 13/17 Westermarkt) Wer keine niederländische Oma hat, sollte wenigstens die authentischen Gerichte in diesem zauberhaft altmodischen Bistro probieren. Zu den Klassikern gehören *stamppot* (Stampfkartoffeln und ein anderes Gemüse) mit Würstchen, *raasdonders* (Schälerbsen mit Schinkenspeck, Zwiebeln und Essiggurken) und *poffertjes* (kleine Pfannkuchen mit Butter und Puderzucker). Unter den hausgemachten Likören finden sich auch Pflaumen- und Lakritzgetränke.

LE CŒUR FRANZÖSISCH €€

Karte S. 322 (020-625 85 00; www.lecoeur.nl; Hartenstraat 24; Frühstücksgerichte 3,50–14 €, Hauptgerichte mittags 8,50–22,50 €, abends 18,50–28,50 €; 8–22 Uhr; ; 13/17 Westermarkt) „Das Herz" wird von einer schwarzen Fassade eingerahmt und ist ein schickes Restaurant, das Frühstück (Brioche mit Räucherlachs, getrüffelte Eier) und Mittagessen (gegrillte Croque-Madame- und Croque-Monsieur-Sandwiches mit Schinken und Käse; Schnecken mit Räucherlachs; Steak Tatar) serviert. Das Abendessen setzt noch einen drauf: Dann locken perfekt zubereitete Klassiker wie Kaninchen, Fleischterrine mit Haselnüssen und Cognac oder Entenkeulen-Confit mit in Entenfett zubereitetem Gratin dauphinoise.

PRINSENGRACHT

Die Herengracht und die Keizersgracht sind zwar prächtiger, dennoch schlendern die Einheimischen gern längs der Prinsengracht, der lebhaftesten der inneren Grachten. Im Sommer könnte man ein ganzes Wochenende damit verbringen, hier das zauberhafte Wetter zu genießen – die Geschäfte zu erkunden und es sich in einem der Terrassencafés gemütlich zu machen, während Boote vorbeischippern und Hausboote in der sanften Brise gegen den Kai schaukeln. In den kühleren Monaten präsentiert sich die Gracht als das reinste Winterwunderland mit Schlittschuhläufern, die über den zugefrorenen Kanal flitzen.

BLACK & BLUE STEAK €€

Karte S. 322 (020-625 08 07; www.steakrestaurantamsterdam.nl; Leliegracht 46; Hauptgerichte mittags 9–18,50 €, abends 17–34,50 € 11–22 Uhr; ; 13/17 Westermarkt) Der Josper (knallheißer spanischer Kohleofen) im Black & Blue grillt saftige Black-Angus-Steaks mit Sauce béarnaise, Kräuterbutter oder Chili-Soße und großzügigen Beilagen wie *frites* (Pommes) und Salate, aber auch halbe Hummer.

Die Räumlichkeiten auf zwei Ebenen mit Parkettboden führen auf eine Terrasse am Wasser hinaus – mit schöner Aussicht auf die malerische Leliegracht. Die karamellisierte Ananas, die ebenfalls auf dem Josper zubereitet wurde, schmeckt von den Desserts am feinsten.

BISTROT NEUF FRANZÖSISCH €€

Karte S. 322 (020-400 32 10; www.bistrotneuf.nl; Haarlemmerstraat 9; Hauptgerichte mittags 10–18,50 €, abends 22,50–26 €, 3-Gänge-Mittagsmenü/Abendmenü 29/36,50 €; 12–23 Uhr; 2/4/11/12/13/14/17/24/26 Centraal Station) Die Küche in diesem mit Weinkorken ausgeschmückten Bistro deckt sämtliche Klassiker ab – Bouillabaisse (traditionelle provenzalische Fischsuppe), Steak Tatar mit *frites* (Pommes), Schnecken in Knoblauch-Petersilien-Butter, Cassoulet (langsam gegarter Eintopf mit Schweinefleisch und weißen Bohnen), Wachtel mit Zitronen-Thymian-Füllung und *côte de bœuf* (T-Bone-Rindersteak) für zwei oder drei Personen – und wird von einer Weinkarte ergänzt, auf der 60 französische Vintage-Weine zur Auswahl stehen.

DE LUWTE
EUROPÄISCH €€

Karte S. 322 (020-625 85 48; www.restaurantdeluwte.nl; Leliegracht 26-28; Hauptgerichte 17,50–25,50 €; So–Do 18–22, Fr & Sa bis 22.30 Uhr; 13/17 Westermarkt) Das De Luwte mit seinem sagenhaften Design aus recycelten Hölzern kann auch mit kunstvoll präsentierten Gerichten aufwarten. Zu den Highlights zählen sautierte Kammmuscheln mit gebratenen Lotuswurzeln und Pastinakenpüree sowie Wild mit gerösteten Quitten – und natürlich die Spezialität des Hauses, ein Tomahawk-Steak vom Black-Angus-Rind für zwei Personen. Außerdem gibt's tolle Cocktails wie den Het Bruin (*oude jenever*, Advocaat, Haselnusslikör und Cream-Sherry).

CAFÉ RESTAURANT VAN PUFFELEN
CAFÉ €€

Karte S. 324 (020-624 62 70; www.restaurantvanpuffelen.com; Prinsengracht 375-377; Hauptgerichte 9,50–19,50 €, 2-/3-Gänge-Menüs 27,50/35 €; Küche Mo–Do 16–21.30, Fr 13–22, Sa & So 10–22 Uhr, Bar bis 24 Uhr; 13/17 Westermarkt) Dieses große Café-Restaurant erstreckt sich über zwei Grachtenhäuser, die wunderschön mit rubinroten Leuchten und dunklem Holz gestaltet sind, und hat hübsche Eckchen und Nischen, die zu einem gemütlichen Drink einladen. Die wechselnden Gerichte, etwa gegrillter Oktopus mit Petersilie-Zitronen-Dressing oder Schweinefleisch in einer Kräuterkruste mit Senfsoße werden aus regionalen Bioprodukten zubereitet. Das Restaurant hat einen eigenen Steg und serviert Gästen, die dort anlegen, das Essen auch auf dem Boot.

PANCAKE BAKERY
NIEDERLÄNDISCH €€

Karte S. 322 (020-625 13 33; www.pancake.nl; Prinsengracht 191; Hauptgerichte 9–16,25 €; 9–21.30 Uhr; 13/17 Westermarkt) In einem restaurierten Speicherhaus aus dem 17. Jh., das einstmals der Niederländischen Ostindien-Kompanie gehörte, serviert dieses Restaurant im Basement sage und schreibe 78 verschiedene Pfannkuchen – von süß (wie Hollandse, mit Karamell-*stroopwafel*-Stücken, Schokoladenflocken und Zimteis) bis pikant (etwa thailändisch mit Hühnchen, rotem Curry, Bambussprossen und Brokkoli). Für Kinder gibt's u. a. Piraten-, Feuerwehrmann- und Prinzessinnen-Pfannkuchen.

STOUT
PERUANISCH €€

Karte S. 322 (020-616 36 64; www.restaurantstout.nl; Haarlemmerstraat 73; Hauptgerichte mittags 8–15 €, abends 12–21 €, abendliche Tapas 6–12 €; So–Do 11–22, Fr & Sa bis 23 Uhr; 18/21/22 Buiten Brouwersstraat) *Pan chapla* (peruanische Sandwiches) und Eierspeisen wie *huevos de codorniz con patatas* (Wachteleier und Kartoffeln) gehören zu den Mittagsgerichten dieses modernen Restaurants. Abends könnten in Pisco marinierte Muscheln oder auf Holzkohle gegrillte Lammkoteletts in Chimichurri-Marinade auf der Karte stehen. Wenn es warm ist, können die Gäste an den Tischen im Freien Platz nehmen und beobachten, wie die Welt ihren Lauf nimmt.

BREDA
BISTRO €€€

Karte S. 322 (020-622 52 33; www.bredagroup-amsterdam.com; Singel 210; Menüs 32,50–48,50 €, Abendessen 62,50–86,50 €; 12–14 & 18–22 Uhr; 2/12/13/17 Dam) Breda, eine Stadt im Süden der Niederlande, diente diesem modernen Bistro an einer Gracht als Inspiration. Es kombiniert nachhaltig erzeugte Zutaten, kühne Geschmacksnoten und raffinierte Techniken, und das Ergebnis sind Gerichte wie Brühe mit Räucheraalhaut, Rib-Eye-Steak mit geschwärztem Mais, ein Mini-Kartoffelsoufflé mit Blutwurstsoße oder Rote-Bete-Sorbet mit weißer Schokolade und schwarzem Olivenstaub. Bei den mehrgängigen „Überraschungsmenüs" können die Gäste keine Sonderwünsche äußern; auf spezielle Diäterfordernisse wird bei vorheriger Ankündigung jedoch Rücksicht genommen.

DE STRUISVOGEL
BISTRO €€€

Karte S. 324 (020-423 38 17; www.restaurantdestruisvogel.nl; Keizersgracht 312; 3-Gänge-Menü 29,50 €; So–Fr 17.30–22, Sa 17–22 Uhr; 13/17 Westermarkt) Die ehemalige Küche im Keller eines großen Grachtenhauses bietet wirklich viel fürs Geld. Der Vogel (*struisvogel* heißt „Vogel Strauß"), der hier mit in Butter pochierter Birne und Portwein serviert wird, ist der kulinarische Star der Speisekarte neben einer allabendlich wechselnden Auswahl an Gerichten mit lokalen, überwiegend Biozutaten wie Jerusalem-Artischocke in Haselnusskruste, Pastete mit Ziegenkäse und weißen Trüffeln oder Zitronen-Himbeer-Käsekuchen mit Lavendelsoße.

AUSGEHEN & NACHTLEBEN

Die Cafés (Kneipen) in diesem Nobelviertel zeichnen sich in der Regel durch sehr stilvolle Räumlichkeiten sowie durch eine raffinierte Getränke- und Speisekarte aus. Bodenständige *bruin cafés* gibt's hier nur wenige, im nahen Jordaan wird man eher fündig.

★'T ARENDSNEST — BRUIN CAFÉ

Karte S. 322 (www.arendsnest.nl; Herengracht 90; ⌚So–Do 12–24, Fr & Sa bis 2 Uhr; 🚊2/11/12/13/17 Nieuwezijds Kolk) Das reizende umgestylte *bruin café* mit seinen schillernden Kupferkesseln mit *jenever* (niederländischer Gin) hinter der Bar serviert nur niederländisches Bier – aber bei mehr als 100 Varianten (viele aus kleinen Brauereien), darunter 52 wechselnde Sorten vom Fass, muss man sich hier schon häuslich niederlassen, um sie alle durchzuprobieren. Es gibt in diesem Lokal auch mehr als 40 verschiedene Gins, Cidres, Whiskeys und Liköre, die ebenfalls alle aus den Niederlanden stammen.

PLUK — CAFÉ

Karte S. 324 (www.pluk-amsterdam.com; Reestraat 19; ⌚9–18 Uhr; 📶; 🚊13/17 Westermarkt) Frisch gepresste Säfte, Smoothies und „heiße Shakes" (wie Kürbis-Gewürzsirup, Espresso, *stroopwafel*, Zimt und Schlagsahne) sind der Hauptgrund, dieses Café mit Zwischenetage zu besuchen. Wer schon mal hier ist, sollte sich aber so beliebte niederländische Köstlichkeiten wie Pancakes oder Apfelkuchen schmecken lassen und sich unten die Körbe mit Obst und Gemüse und die Haushaltswaren – von Schneidebrettern bis zu moderner Keramik – anschauen.

KOFFIEHUIS DE HOEK — KAFFEE

Karte S. 324 (www.facebook.com/Koffiehuisdehoek; Prinsengracht 341; ⌚Mo–Fr 8–16, Sa bis 16.30, So 9–16.30 Uhr; 📶; 🚊13/17 Westermarkt) Dieses *koffiehuis* (Espressobar; nicht zu verwechseln mit einem Coffeeshop, in dem Cannabis verkauft wird) zählt zu den besten Locations der Stadt, um in Amsterdam in den Genuss eines altmodischen Kaffeehaus-Erlebnisses zu kommen. Am besten schaut man auf eine Tasse Kaffee und ein Stück vom berühmten Apfelkuchen (der den ganzen Tag über frisch gebacken wird) vorbei. Das alles lässt man sich dann in reizender Atmosphäre mit karierten Tischdecken schmecken.

CAFÉ HET MOLENPAD — BAR

Karte S. 324 (www.cafehetmolenpad.nl; Prinsengracht 653; ⌚So–Do 12–1, Fr & Sa bis 3 Uhr; 📶; 🚊2/11/12 Prinsengracht) Tagsüber ist dieses modernisierte *bruin café* voller Leute, die auf der Terrasse die Nachmittagssonne genießen. Abends wird es dann recht romantisch, wenn schummrige Lampen und Kerzen die kleinen Tische unter der Pressaluminiumdecke erleuchten. Die *bitterballen* mit Fleischfüllung und die Käsekroketten sind hervorragend und an sich schon den Besuch dieser Bar wert.

CAFÉ TABAC — BAR

Karte S. 322 (www.cafetabac.eu; Brouwersgracht 101; ⌚Mo–Do 12–1, Fr 12–3, Sa 11–3, So bis 1 Uhr; 📶; 🚌18/21/22 Buiten Brouwersstraat) Ist das Café Tabac ein *bruin café*, eine Designerbar, ein super Lokal für indonesisches Essen oder einfach ein idyllisches Plätzchen, um an der Kreuzung der beiden herrlichsten Grachten Amsterdams die Zeit zu vertrödeln? Die Stammgäste scheinen sich nicht groß um Definitionen zu scheren, sondern genießen einfach die Aussicht und entspannen unter der Balkendecke.

PÂTISSERIE POMPADOUR — TEESTUBE

Karte S. 324 (www.pompadour.amsterdam; Huidenstraat 12; ⌚Mo–Fr 10–18, Sa 9–18, So 12–18 Uhr, Mitte–Ende Juli geschl.; 🚊2/11/12 Spui) In dieser wunderschönen kleinen Teestube mit Holzvertäfelung aus dem Jahr 1795 in den Negen Straatjes macht es Spaß, sich einen Tee vom Feinsten oder eine Tasse Kaffee aus einer spanischen Rösterei schmecken zu lassen und dazu die selbst gemachten Valrhona-Schokopralinen und Gebäck zu goutieren.

GREENHOUSE — COFFEESHOP

Karte S. 322 (www.greenhouse.org; Haarlemmerstraat 64; ⌚9–1 Uhr; 📶; 🚌18/21/22 Buiten Brouwersstraat) Ja, ein Teil des Fußbodens dieses modernen Coffeeshops besteht wirklich aus Glas und darunter schwimmen tatsächlich Kois! Wer die Karpfen lange genug beobachtet hat, kann unterm Mikroskop THC-Kristalle studieren oder das Gebäck betrachten, das sich in der Auslage dreht.

SIBERIË — COFFEESHOP

Karte S. 322 (Brouwersgracht 11; ⌚So–Do 11–23, Fr & Sa bis 24 Uhr; 📶; 🚊2/11/12/13/17 Nieuwezijds Kolk) Das bei den Einheimischen beliebte Siberië bietet mehr als nur Marihuana – die Inhaber veranstalten regelmäßig Kulturevents, beispielsweise Kunstausstellungen,

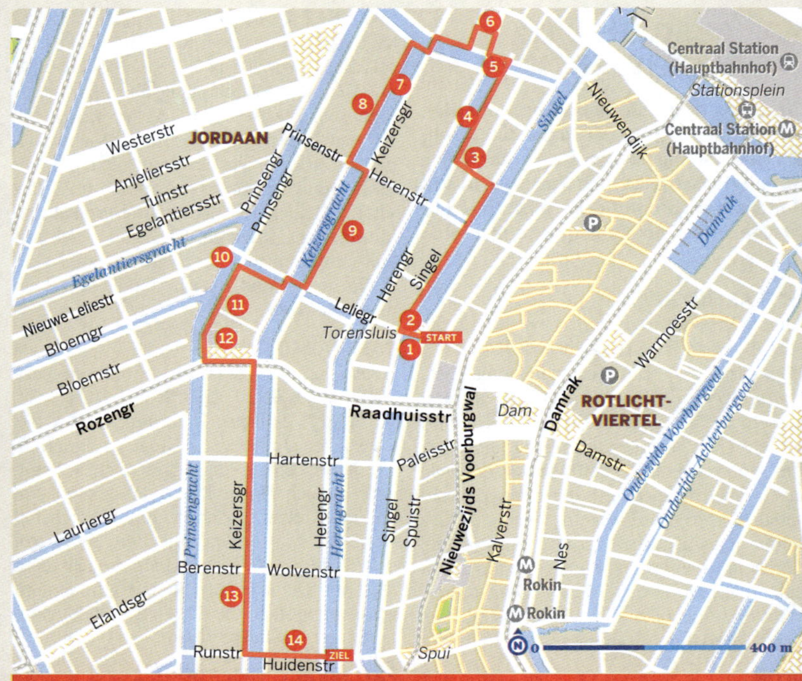

Stadtspaziergang **Westlicher Grachtengürtel**

START SINGEL, TORENSLUIS
ZIEL NEGEN STRAATJES
LÄNGE/DAUER 3 KM; 2½ STUNDEN

Der Spaziergang führt zu den Grachten aus dem 17. Jh. des westlichen Grachtengürtels.

Der 1 **Singel,** die erste Gracht westlich vom Zentrum, war einst ein Graben zum Schutz der Stadtgrenzen. Amsterdams älteste Brücke, die 2 **Torensluis**, führt über den Singel. Hier kann man die Statue des Romanciers Eduard Douwes Dekker bewundern, dessen Pseudonym Multatuli war, ehe man weiter zum 3 **Multatuli Museum** (S. 113) geht.

Als Nächstes kommt die 4 **Herengracht** (S. 113) (Herrengracht), die zu den begehrtesten Wohngegenden Amsterdam zählt.

Die Herengracht kreuzt bald die 5 **Brouwersgracht** (Brauergracht; S. 144), benannt nach den Brauereien, die sich im 16. und 17. Jh. hier befanden. Nördlich liegt der Herenmarkt mit dem 6 **West-Indisch Huis** (S. 112) aus dem 17. Jh.; hier genehmigte die Niederländische Westindien-Kompanie die Gründung von Neu-Amsterdam (heute New York).

Gen Süden überquert man die Gracht und kommt zur 7 **Keizersgracht** (Kaisergracht). Bald sieht man die 8 **Speicherhäuser** der Groenlandse Compagnie mit ihren roten Fensterläden, in denen Walöl gelagert wurde. Auf der anderen Seit der Keizersgracht geht's weiter zum 9 **Huis Met de Hoofden** (S. 113) mit den Büsten von Apoll, Ceres und Diana, einem Werk des bekannten Architekten Hendrick de Keyser und seines Sohnes Pieter.

Nun bummelt man an der Leliegracht erst west-, dann südwärts zur 10 **Prinsengracht** (S. 115). Das 11 **Anne Frank Huis** (S. 110) steht linker Hand. Im Süden ragen die hohen Türme der 12 **Westerkerk** (S. 112) empor.

An der Keizersgracht steht südlich der Berenstraat das 13 **Felix Meritis** (S. 119). Das einstige Haus einer Aufklärungsgesellschaft ist heute ein alternatives Theater. Die mit Säulen verzierte Fassade des Gebäudes diente als Modell für das Amsterdamer Concertgebouw.

Wer Hunger hat, sollte vor einem Bummel durch die Boutiquen in den nahe gelegenen 14 **Negen Straatjes** (S. 119) eines der Cafés in diesen neun kleinen Straßen besuchen.

Poetry Slams, Konzerte, DJ-Abende und sogar Horoskop-Lesungen. Und das Lokal zählt auch zu den besseren Locations, wenn man einfach einen guten Kaffee trinken möchte.

DE DOFFER BRUIN CAFÉ

Karte S. 324 (www.cafededoffer.nl; Runstraat 12-14; ⌚11–3 Uhr; 🚊2/11/12 Spui) Schriftsteller, Künstler und Studenten sind Stammgäste in diesem beliebten *bruin café*, denn das Essen ist erschwinglich und die Gespräche mit den anwesenden Besuchern sind interessant. Die Gaststube mit alten Heineken-Postern, großen Holztischen und manchmal auch frischen Blumen hat abends besonders viel Flair.

PROEFLOKAAL A VAN WEES BRENNEREI

Karte S. 324 (De Admiraal; www.proeflokaalvanwees.nl; Herengracht 319; ⌚So–Mi 12–24, Do bis 1, Fr & Sa bis 2 Uhr; 🚊2/11/12 Spui) Das prachtvollste und größte der Amsterdamer Verkostungshäuser schenkt ausschließlich seine im Jordaan hergestellten Hausmarken aus: 17 *jenevers* (niederländische Gin-Sorten) und 60 Liköre.

UNTERHALTUNG

Das Unterhaltungsangebot im westlichen Grachtengürtel beschränkt sich auf Kirchenkonzerte und gelegentliche Livemusik in Bars und Restaurants; der einzige wahre Veranstaltungsort ist das Felix Meritis. Die benachbarten Viertel Jordaan und der Westen, Altstadt und Rotlichtviertel sowie der südliche Grachtengürtel warten dagegen mit unzähligen Locations auf.

FELIX MERITIS THEATER

Karte S. 324 (☎020-627 94 77; www.felixmeritis.nl; Keizersgracht 324; 📶; 🚊2/11/12 Spui) Amsterdams Zentrum für Kunst, Kultur und Wissenschaft ist berühmt dafür, sowohl innovatives modernes Theater, Musik und Tanz auf die Bühne zu bringen als auch Diskussionsrunden zu Politik, Diversität, Kunst, Technik und Literatur.

SHOPPEN

Man könnte locker die ganze Zeit ausschließlich in den Negen Straatjes mit Shoppen verbringen, denn hier verlockt eine enorme Fülle von kleinen spezialisierten Boutiquen und Läden. Doch auch die hippen Geschäfte im Haarlemmerbuurt sollte man erkunden.

> INSIDERWISSEN
>
> **HAARLEMMERBUURT**
>
> Amsterdams coolstes Viertel in einem Stadtteil (oder auch zwei – es liegt teils im westlichen Grachtengürtel, teilweise im Jordaan) ist die Haarlemmerbuurt (Haarlemer Viertel; www.haarlemmerbuurt-amsterdam.nl). Es erstreckt sich entlang der Haarlemmerstraat und ihrer westlichen Verlängerung, dem Haarlemmerdijk, und brummt nur so vor Restaurants, Lebensmittelläden, Designateliers und Boutiquen. Auf der Website (auf Niederländisch, aber ziemlich einfach zu handhaben) finden sich Infos zu einmaligen Events und Veranstaltungen.

★ NEGEN STRAATJES VIERTEL

Karte S. 324 (Nine Streets; www.de9straatjes.nl; 🚊2/11/12 Spui) In einer Stadt, die vor unzähligen Einkaufsmöglichkeiten nur so strotzt, wobei noch dazu eine verlockender als die andere erscheint, bieten die Negen Straatjes das geballteste Einkaufsvergnügen. Die neun kleinen Straßen sind wirklich winzig – jede ist gerade einmal einen Block lang. Die Läden sind dementsprechend ebenfalls winzig und viele davon hoch spezialisiert. Brillen? Käse? Kunstbände in Einzelausgabe? Für alles findet sich das passende Fachgeschäft.

Die Straßen – von Westen nach Osten und vom Norden nach Süden – sind die Reestraat, Hartenstraat, der Gasthuismolensteeg, die Berenstraat, Wolvenstraat, Oude Spiegelstraat, Runstraat, Huidenstraat und der Wijde Heisteeg; sie bilden ein Netz, das von der Prinsengracht im Westen und vom Singel im Osten begrenzt wird.

★ FROZEN FOUNTAIN INNENEINRICHTUNG

Karte S. 324 (www.frozenfountain.com; Prinsengracht 645; ⌚Mo 13–18, Di–Sa 10–18, So 12–17 Uhr; 🚊2/11/12 Prinsengracht) Das Frozen Fountain ist Amsterdams bekanntestes Geschäft für Möbel und Innenausstattung. Billig ist es hier nicht gerade, aber die gewagten Designs sind wirklich ausgefallen und machen Eindruck, beispielsweise Designer-Federmesser, Küchengeräte – und genau das richtige Geburtstagsgeschenk für die total unmögliche Freundin.

Und das Beste daran: In diesem absolut nicht hochgestochenen Laden kann man in aller Ruhe herumstöbern, ohne sich irgendwie unbehaglich zu fühlen.

LOVE STORIES MODE & ACCESSOIRES

Karte S. 324 (www.lovestoriesintimates.com; Herengracht 298; ⏲Mo 12–19, Di–Fr 11–19, Sa 11–18, So 12–18 Uhr; 🚋2/11/12 Spui) Diese Boutique in der Herengracht ist der Flagship-Store des Dessous-Labels Love Stories, das von der Amsterdamer Innenarchitektin, Stylistin und späteren Modedesignerin Marloes Hoedeman gegründet wurde. Ihre bequemen, erschwinglichen Dessous sind in allerlei spielerischen, unerwarteten Farbkombinationen und Mustern erhältlich und so konzipiert, dass sie zu Oberbekleidung passen. Eine tolle Kollektion mit Badebekleidung gibt's auch.

360 VOLT INNENEINRICHTUNG

Karte S. 324 (☎020-810 01 01; www.360volt.com; Prinsengracht 397; ⏲Do–Sa 11–18 Uhr; 🚋13/17 Westermarkt) Ein Kunstkniff, um eine wirklich *gezellige* (gemütliche) Atmosphäre zu schaffen, ist die Raumbeleuchtung. Jedenfalls ist dieses Geschäft mit Retro-Industrielampen (die so aufgepeppt wurden, dass sie den internationalen Standards der Energieeffizienz entsprechen) eine echte Entdeckung.

Die Leuchtkörper zieren die angesagtesten Bars, Restaurants, Hotels und Filmkulissen auf der ganzen Welt, beispielsweise im James-Bond-Film *Spectre*. Man kann sich seine erwünschten Artikel sogar weltweit zustellen lassen.

MARIE-STELLA-MARIS KOSMETIK

Karte S. 324 (www.marie-stella-maris.com; Keizersgracht 357; ⏲Di–Sa 10–18, So & Mo 12–18 Uhr; 🚋2/11/12 Keizersgracht) Marie-Stella-Maris wurde als soziales Unternehmen ins Leben gerufen, das sich auf der ganzen Welt für Trinkwasser starkmacht. Die Firma spendet einen gewissen Prozentsatz vom Gewinn des vor Ort abgefüllten Mineralwassers sowie seiner auf Duftpflanzen basierenden Hautpflegeprodukte (Bodylotions, Seifen, Sheabutter) und Raumduftartikel (von Sprays für Reisekissen bis hin zu Duftkerzen) für diesen Zweck.

Das Café mit Wasserbar im Basement hat am Wochenende geöffnet.

DENHAM THE JEANMAKER MEN'S STORE KLEIDUNG

Karte S. 324 (www.denhamthejeanmaker.com; Prinsengracht 495; ⏲So & Mo 12–18, Di, Mi Fr & Sa 10–18, Do 10–20 Uhr; 🚋2/11/12 Spui) Direkt nebenan befindet sich die Flagship-Boutique mit der topaktuellen Herrenkollektion. Neben Jeans sind hier auch Sakkos, Strickwaren und Accessoires erhältlich. Zu den coolen Kleinigkeiten im Geschäft zählen eine Vitrine mit antiken Kurzwaren sowie eine Sammlung nostalgischer Scheren.

Unter den weiteren Boutiquen in der Nähe befindet sich Denhams **Women's Store** (Karte S. 324; Runstraat 17; ⏲So & Mo 12–18, Di, Mi Fr & Sa 10–18, Do 10–20 Uhr) gleich um die Ecke.

DE KAASKAMER ESSEN

Karte S. 324 (www.kaaskamer.nl; Runstraat 7; ⏲Mo 12–18, Di–Fr 9–18, Sa 9–17, So 12–17 Uhr; 🚋2/11/12 Spui) Der Name bedeutet „die Käsekammer", und wirklich ist De Kaaskamer von oben bis unten vollgepackt mit Sorten aus den Niederlanden und Biokäse, aber auch mit Oliven, Olivenpasten, Salaten und anderen Picknickzutaten. Man kann vor dem Kauf die Köstlichkeiten probieren oder sich auch einfach ein Käsebaguette mitnehmen. Für den Transport nach Hause stehen Vakuumverpackungen zur Verfügung.

VANILIA MODE & ACCESSOIRES

Karte S. 324 (www.vanilia.com; Runstraat 9; ⏲Di, Mi, Fr & Sa 10–18, Do 10–19, So & Mo 12–18 Uhr; 🚋2/12 Keizersgracht) Das niederländische Label Vanilia entwirft nur Limited Editions, daher findet man hier selten denselben Stil zweimal. Neben Frauenkleidung (Oberteile, Kleider, Röcke und Jumpsuits) verkauft es auch Lingerie, Hüte, Gürtel, Schuhe, Sonnenbrillen, Taschen und Schmuck, die oft aus Materialresten hergestellt werden, um den ökologischen Fußabdruck zu verringern.

EDDY VAREKAMP KUNST

Karte S. 322 (www.eddyvarekamp.nl; Hartenstraat 30; ⏲Do–So 13–17 Uhr; 🚋13/17 Westermarkt) Eddy Varekamp, ein Amsterdamer Künstler, präsentiert in seiner Galerie in den Negen Straatjes eigene Gemälde, Drucke und Keramiken, darunter stilvolle Stadtlandschaften und Szenen aus dem Amsterdamer Leben. Andere Themen sind Tiere, Musik und Liebe. Es gibt auch Poster, Karten und Linolschnitte sowie Schablonendrucke der Amsterdamerin Rosa Herzberg, die ebenfalls die Stadt darstellen.

ANECDOTE MODE & ACCESSOIRES

Karte S. 324 (www.anecdote.nl; Wolvenstraat 15; ⏲Di, Mi, Fr & Sa 10–18, Do 10–20, So & Mo

12–18 Uhr; 🚊1317 Westermarkt) Die Flagship-Boutique der Amsterdamer Designerin Jetteke van Beuningen befindet sich in einer ehemaligen Autowerkstatt. Ihre zweijährlich erscheinende Frauenmodekollektion, darunter Röcke, Shorts, Hosen und Mäntel sowie Accessoires wie Taschen, setzt auf klassische Farben und Muster und ist von ihrer Liebe zur Natur und ihrer Reiselust inspiriert.

PROPERTY OF MODE & ACCESSOIRES

Karte S. 322 (www.thepropertyof.com; Herenstraat 2; ⌚Mo–Sa 11–18.30, So 12–18 Uhr; 🚊2/12/13/17 Nieuwezijds Kolk) Schwarz-weiß karierter Fliesenboden und schwarz gestrichene Holzkabinette bilden eine tolle Kulisse für die Lederwaren in dieser Flagship-Boutique einer niederländischen Manufaktur, die aus hochwertigem Leder Handtaschen, Rucksäcke, Laptop- und Tablethüllen, Gepäckanhänger, Schlüsseltaschen, Uhrenarmbänder und Portemonnaies anfertigt.

WAXWELL RECORDS MUSIK

Karte S. 322 (www.waxwell.com; Gasthuismolensteeg 8; ⌚Mo–Sa 12–19, So bis 18 Uhr; 🚊2/12/13/17 Dam) Jede Woche bekommt dieser helle, freundliche und gut organisierte Laden für neue und Secondhand-Schallplatten neue Ware. Er ist auf Jazz, Soul, Blues, Reggae und Pop spezialisiert. Auf zwei Plattenspielern im Laden kann man sich Platten anhören.

TENUE DE NÎMES KLEIDUNG

Karte S. 322 (www.tenuedenimes.com; Haarlemmerstraat 92-94; ⌚Mo 12–19, Di–Fr 11–19, Sa 10–18 Uhr; 🚊18/21/22 Buiten Brouwersstraat) Hier gibt's Jeansklamotten für Männer und Frauen von legendären Marken wie Levi's, Rogue Territory, Pure Blue Japan, Edwin, Naked & Famous, Acne und Rag & Bone.

L'ÉTOILE DE SAINT HONORÉ VINTAGE

Karte S. 324 (www.etoile-luxuryvintage.com; Reestraat 24; ⌚Mo–Do 12–18, Fr & Sa 11–18, So 12–17 Uhr; 🚊13/18 Westermarkt) In dieser Luxus-Vintage-Boutique gibt's Handtaschen, Portemonnaies, Gepäckstücke, Gürtel, Schuhe, Tücher und Mäntel von Designermarken wie Dior, Louis Vuitton, Gucci und Valentino. Die Preise spiegeln die hohe Qualität wider.

CONCRETE MATTER GESCHENKE & SOUVENIRS

Karte S. 322 (www.concrete-matter.com; Gasthuismolensteeg 12; ⌚Mo 13–18, Di–Fr 11–18, Sa 10–18, So 12–18 Uhr; 🚊13/17 Dam) Dieser etwas andere Concept Store richtet sich besonders an Männer. Das Angebot reicht von legerer Kleidung über klassische Autobücher bis zu Rasier-Sets, Pilotenbrillen, Flaschen- und Schnapsgläser-Sets, Taschenmessern und anderen Dingen, die sich toll als Geschenk eignen.

KÄSEVERKOSTUNG

Hier besteht die Chance, ein *kaas*-Connaisseur zu werden: **Reypenaer** (Karte S. 322; ☎020-320 63 33; www.reypenaercheese.com; Singel 182; Verkostung ab 17,50 €; ⌚Verkostungen nach Reservierung; 🚊2/11/12/13/17 Dam), der jahrhundertealte niederländische *Kaas-Macher,* veranstaltet in einem rustikalen Seminarraum unter seinem Geschäft Verkostungen. In einer Stunde werden sechs Käsesorten probiert – vier aus Kuhmilch, zwei aus Ziegenmilch –, und zwar von jungen bis gereiften. Dazu gibt's den passenden Wein oder Portwein. Fachkundiges Personal führt durch die Verkostung, sodass die Teilnehmer das Aussehen des jeweiligen Käses, sein Aroma und seinen Geschmack wirklich würdigen können.

Weitere Möglichkeiten sind die Verkostung von Käse in Kombination mit *jenever* (niederländischer Gin) im House of Bols (S. 169) sowie Käseverkostungen kombiniert mit einer Grachtenbootstour. Einzelheiten findet man auf der Website.

DARLING KLEIDUNG

Karte S. 324 (www.thedarlingamsterdam.com; Runstraat 4; ⌚Mo 13–18, Di–Sa 11–18, So 12–18 Uhr; 📶; 🚊2/11/12 Spui) Originelle, lokal designte und bezahlbare Klamotten, ausgefallene Accessoires und ein paar tolle Einrichtungsstücke im Darling sind einer der Gründe dafür, warum die Negen Straatjes fortwährend begeistern und überraschen.

MARLIES DEKKERS KLEIDUNG

Karte S. 324 (www.marliesdekkers.com; Berenstraat 18; ⌚Mo 13–18, Di–Sa 11–18, So 12–17 Uhr; 🚊13/17 Westermarkt) Die herausragende niederländische Dessous-Designerin Marlies Dekkers ist für ihre dezenten Anspielungen auf Bondage-Praktiken bekannt, die sich auf ihrer exquisiten Unterwäsche finden. In den Sommermonaten erwartet den Kunden eine ebenso verführerische Kollektion mit Badebekleidung. Das Geschäft selbst verströmt dank der handbemalten Tapeten und dem anzüglichen Loungebereich mit Kamin ein schwüles Flair.

GAMEKEEPER SPIELZEUG

Karte S. 322 (www.gamekeeper.nl; Hartenstraat 14; ⌚Mo & Sa 10–18, Di, Mi & Fr 10–18.30, Do 10–20.30, So 11–18 Uhr; 🚊13/17 Westermarkt) Die Auswahl an Brettspielen ist überwältigend. Es beginnt mit Dame, Schach und Mah-Jongg und setzt sich fort in Cathedral (Nachbau einer Stadt im Stil der Chinesischen Mauer oder eines marokkanischen Souks) und Rushhour (findige Auswege aus dem Berufsverkehr). Zu den beliebten Kartenspielen gehört das Strategiespiel Exploding Kittens mit Elementen von Russisch Roulette.

„Kooperative" Spiele ermuntern die Teilnehmer dazu, miteinander und nicht gegeneinander zu spielen.

HESTER VAN EEGHEN SCHUHE

Karte S. 322 (www.hestervaneeghen.com; Hartenstraat 1; ⌚Mo 13–18, Di–Sa 11–18, So 12–17 Uhr; 🚊13/17 Westermarkt) In Amsterdam entworfen und in Italien aus hochwertigem Leder handgefertigt, sind die einzigartigen Schuhe der international renommierten 2021 verstorbenen Designerin Hester van Eeghen etwas für Mutige, die sich trauen, ihre Füße in spektakuläre Farben, Fell, Wildleder und geometrische Muster und Drucke zu hüllen. Ihre Handtaschen (die es die Straße runter in der Hartenstraat 37 gibt) erregen garantiert genauso viel Aufmerksamkeit.

AMSTERDAM WATCH COMPANY MODE & ACCESSOIRES

Karte S. 322 (www.awco.nl; Reestraat 3; ⌚Di–Fr 11–18, Sa bis 17 ; 🚊13/17 Westermarkt) Das kleine, engagierte und wirklich überaus fachkundige Team hier restauriert alte Uhren (Nachkriegszeit bis Mitte der 1970er-Jahre). Das Unternehmen vertreibt auch als Einziger in Amsterdam Uhren niederländischer Hersteller wie Van der Gang, Roland Oostwegel und Christiaan van der Klaauw, der pro Jahr nicht einmal 200 Uhren produziert.

ZIPPER VINTAGE

Karte S. 324 (www.zippervintageclothing.com; Huidenstraat 7; ⌚Mo 12–18.30, Do, Mi, Fr & Sa 11–18.30, Do 11–20, So 13–18.30 Uhr; 🚊2/11/12 Spui) Unter den tollen nostalgischen Retro-Secondhand-Sachen könnten Shirts mit verrücktem Aufdruck, Röhrenjeans, Anzüge mit wattierten Schultern und Karottenhosen im Stil der 1940er-Jahre und flache Pork-Pie-Herrenhüte sein. Zweimal wöchentlich kommen neue Sachen rein.

EXOTA KLEIDUNG

Karte S. 322 (www.kinglouie.nl; Hartenstraat 13; ⌚Mo–Fr 10.30–18.30m Sa 10–18, So 12–18 Uhr; 🚊13/17 Westermarkt) Exota verkauft neben den Produkten seines eigenen hippen Labels King Louie auch schicke Stücke für Männer und Frauen von internationalen Marken wie Kookai und French Connection. In der Hartenstraat 10 auf der anderen Straßenseite befindet sich sein Schwestergeschäft, das sportlichere Frauenkleidung und Kinderkleidung im Angebot hat.

LAURA DOLS VINTAGE

Karte S. 324 (☎020-624 90 66; www.lauradols.nl; Wolvenstraat 7; ⌚Mo–Mi & Sa 11–18, Do & Fr 11–19, So 12–18 Uhr; 🚊2/11/12 Spui) Zwanghafte Stilfreaks zieht es in dieses wunderbare Vintage-Klamottengeschäft, um Pelzmäntel, perlenbestickte Kleider der 1920-Jahre, Spitzenblusen und Accessoires zu kaufen, wie sie die großen, glamourösen Filmstars der 1930er und 1940er-Jahre so sehr schätzten, also beispielsweise von Hand genähte Lederhandschuhe. Nach Vereinbarung kann man sich auch Vintage-Hochzeitskleider zeigen lassen.

MENDO BÜCHER

Karte S. 324 (www.mendo.nl; Berenstraat 11; ⌚Mo–Sa 10.30–18, So 12–17 Uhr; 🚊13/17 Westermarkt) Die Grafikdesignagentur Mendo betreibt diesen eleganten Buchladen mit schwarzen Wänden, der auf Bücher aus dem kreativen Bereich spezialisiert ist: Kunst, Design, Architektur, Mode und Fotografie.

Südlicher Grachtengürtel

Highlights

❶ Die renommierten Ausstellungen in der **Hermitage Amsterdam** (S. 126), deren Exponate aus den Schatzkammern des Museums in St. Petersburg stammen.

❷ **Golden Bend** (S. 125) An der Häuserzeile dieses prestigeträchtigen Abschnitts der Gracht entlangschlendern, der die Eleganz des Goldenen Zeitalters ausstrahlt.

❸ **Reguliersgracht** (S. 125) An der „Gracht der sieben Brücken" schauen, wie viele man auf den ersten Blick sieht.

❹ **Museum van Loon** (S. 127) In dem eleganten Grachtenhaus einen Einblick in den feudalen Lebensstil der wohlhabenden Amsterdamer vom Goldenen Zeitalter bis zum 19. Jh. erhalten.

❺ **Museum Willet-Holthuysen** (S. 128) In dem historischen Grachtenhaus das feudale Leben eines Patrizier-Haushaltes kennenlernen.

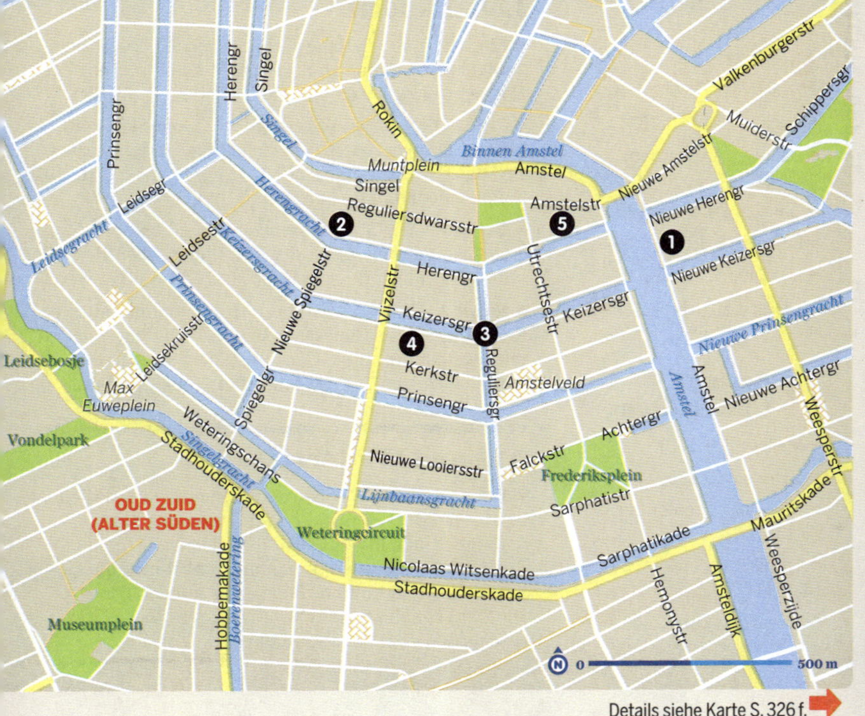

Details siehe Karte S. 326 f.

Top-Tipp

Auf den ersten Blick können der Leidseplein und Rembrandtplein wie Touristenfallen für Junggesellenabschiede oder Reisegruppen wirken. Aber davon sollte man sich nicht abschrecken lassen und die vielen authentischen Bars und Cafés erkunden. Wer dem Tohuwabohu entgehen und sich lieber unter die Amsterdamer mischen möchte, sollte zur angesagten Utrechtsestraat gehen.

Gut essen

- Van Dobben (S. 129)
- Pantry (S. 131)
- Buffet van Odette (S. 130)
- Guts (S.133)
- Ron Gastrobar Oriental (S. 130)

Mehr dazu siehe S. 129.

Nett ausgehen

- Back to Black (S. 133)
- Bakhuys Amsterdam (S. 133)
- Café Langereis (S. 133)
- Door 74 (S. 133)
- Lion Noir (S. 136)

Mehr dazu siehe S. 133.

Beste Unterhaltung

- Melkweg (S. 140)
- Paradiso (S. 139)
- Koninklijk Theater Carré (S. 138)
- Pathé Tuschinskitheater (S. 138)

Mehr dazu siehe S. 138.

Den südlichen Grachtengürtel erkunden

Der elegante Bogen des südlichen Grachtengürtels umfasst die Gegend von der radialen Leidsegracht im Westen bis zur Amstel im Osten. Für all diese Museen, Restaurants, Cafés, Läden und Grachten sollte man sich mindestens einen Tag Zeit nehmen. Leidseplein (S. 125) und Rembrandtplein (S. 125) (zu dem auch das LGBT-Zentrum Reguliersdwarsstraat gehört) sind die Zentren des Nachtlebens.

Zu den Highlights zählen der von Blumen überquellende Bloemenmarkt (S. 127), die prachtvollen Häuser an der Gouden Bocht (S. 125) und die prächtige Innenausstattung des Museums Van Loon (S. 127).

Nach einem Besuch der namhaften Ausstellungen in der Hermitage Amsterdam (S. 126) bietet sich ein Bummel an der Amstel mit ihren Schleusen, den Amstelsluizen (S. 128) zum Gijsbert Dommer Huis (S. 129 – „Haus mit den Blutflecken" –) an. Um die Ecke liegt das Museum Willet-Holthuysen (S. 128), das einen Einblick in das Leben der Reichen im 19. Jahrhundert bietet.

Rund um die Utrechtsestraat gibt's zahlreiche Lokale. Nach einem Blick auf die sieben Brücken der Reguliersgracht (S. 125) kann man den Abend am lebhaften Rembrandtplein ausklingen lassen.

Lokalkolorit

- **Kuchen** In der Patisserie Holtkamp (S. 132) mit dem königlichen Wappen an der Fassade kann man es dem Königshaus gleichtun und die Backwaren genießen.
- **Cafés** Die winzige Weteringstraat an der Prinsengracht hat etwas von einem Geheimgang; dort verbirgt sich das Café de Wetering (S. 136), ein *bruin café* (traditionelle niederländische Kneipe).
- **Cocktails** Die Tür hat kein Schild und man benötigt eine Reservierung, um Einlass zu finden, aber die Cocktails in der Flüsterkneipe Door 74 (S. 133) sind es wert.
- **Musik** Einheimische stöbern in den mannigfaltigen Reichtümern von Concerto (S. 140), einem Plattenladen mit regelmäßigen Live-Gigs und einem Café, in dem man den ganzen Tag mit Musikfans abhängen kann.

An- und Weiterreise

- **Tram** Das Viertel wird von mehreren Trambahnen befahren. Zum Leidseplein und Umgebung nimmt man die Straßenbahn 1, 2, 5, 7, 11, 12 oder 19. Zum Rembrandtplein gelangt man mit der Tram 4, die die Utrechtsestraat hinunterfährt, oder mit der Tram 14. Die Straßenbahn 24 fährt mitten durchs Viertel die geschäftige Vijzelstraat entlang.

SEHENSWERTES

Das halbkreisförmige Ringnetz des südlichen Grachtengürtels bietet eine spektakuläre Fülle an Sehenswürdigkeiten, die an das Goldene Zeitalter Amsterdams erinnern, wie z. B. die berühmten Kunstwerke der Hermitage, die elegante Architektur des Gouden Bocht und die Grachtenmuseen Van Loon (S. 127) und Willet-Holthuysen (S. 128). Hinzu kommen viele weitere nette Ziele wie das Amsterdam Pipe Museum oder das Kattenkabinet (S. 128).

★ FOAM — GALERIE

Karte S. 326 f. (Fotografiemuseum Amsterdam; www.foam.org; Keizersgracht 609; Erw./Kind 11 €/frei; ⌚Sa–Mi 10–18 Uhr, Do & Fr bis 19 Uhr; 🚊16/24 Keizersgracht)) Von außen sieht die bedeutendste Fotogalerie der Stadt wie ein prachtvolles Grachtenhaus aus. In den schlichten, weitläufigen Räumen, einige mit Oberlichtern oder großen Fenstern, die das Tageslicht hereinlassen, werden jedes Jahr vier große Ausstellungen weltbekannter Fotografen wie William Eggleston und Helmut Newton präsentiert. Im Untergeschoss gibt's ein Café.

LEIDSEPLEIN — PLATZ

Karte S. 326 f. (🚊1/2/5/7/11, 12, 19 Leidseplein) Historische Architektur, Bier, Clubs und Steakhäuser – willkommen am Leidseplein. An diesem Platz ist immer viel los und bei Nacht drängen sich dort die Nachtschwärmer (mehr Touristen als Einheimische). Der Platz ist ein Knotenpunkt der Straßenbahnlinien und des Nachtlebens. Es gibt zahllose Kneipen, Clubs und jede Menge Restaurants und über allem hängt der Duft von gegrilltem Fleisch. Die Straßencafés am Nordende des Platzes sind ideal, um Passanten zu beobachten. In den Straßen rund um den Platz gibt's zahllose Unterhaltungslokale. In der angrenzenden Kerkstraat findet man mehrere LGBT-Treffpunkte.

An der Ostseite stellten einst Bauern ihre Pferdewagen am Leidsepoort (Leidener Tor) ab, bevor sie die Stadt betraten; es wurde 1870 abgerissen. Der Grünstreifen mit den hohen Kastanienbäumen auf der anderen Seite der Singelgracht heißt Leidsebosje (Leidener Wäldchen).

GOUDEN BOCHT — ARCHITEKTUR

Karte S. 326 f. Herengracht, zw. Leidsestraat & Vijzelstraat; ✈ 11/12, Koningsplein) In dem als „goldener Bogen" bezeichneten Abschnitt der Herengracht stehen die prestigeträchtigsten Immobilien der Stadt. Sie repräsentieren das Goldene Zeitalter, in dem die Häuser vom Keller bis zum Dach mit Wertgegenständen vollgestopft waren. Hier lebten die reichsten Amsterdamer und von hier führten sie ihre Geschäfte. Die ältesten Anwesen datieren ungefähr aus dem Jahr 1660, als der Grachtengürtel in Richtung Süden erweitert wurde. Dank ihrer Lobbyarbeit im Rathaus wurden die Giebel hier doppelt so breit wie bei einem Amsterdamer Standardhaus üblich gebaut und die rückwärtigen Gärten erstreckten sich weiter nach hinten hinaus.

Abgesehen vom Kattenkabinet (S. 128, Katzenmuseum) sind die Wohnhäuser nur am Tag des offenen Denkmals (Open Monumentendag; zweites Wochenende im September) öffentlich zugänglich.

REGULIERSGRACHT — KANAL

Karte S. 326 f. (🚊4/14 Rembrandtplein) Die Wasserstraße wurde 1658 ausgehoben, um die Herengracht mit den weiter südlich liegenden Grachten zu verbinden. Die schönste Gracht von Amsterdam kreuzt die Heren-, Keizers- und Prinsengracht. Sie ist wegen ihrer sieben Brücken bekannt, aber wenn man an der Stelle steht, an der sie die Herengracht kreuzt, kann man 15 Brücken in alle Richtungen sehen. Die die Gracht säumenden Häuser weisen wunderbare Giebel und Ornamente auf. Benannt ist die Reguliersgracht nach einem Mönchsorden, dessen Kloster in der Nähe stand.

Wo die Prinsengracht die Reguliersgracht kreuzt, steht ein Haus mit der **Storchenstatue** – es gehörte früher einer Hebamme.

REMBRANDTPLEIN — PLATZ

Karte S. 326 f. (🚊4/14 Rembrandtplein) Ursprünglich hieß der Platz Reguliersplein, dann Botermarkt nach den Buttermärkten, die hier bis Mitte des 19. Jh. stattfanden. Heute ist der Platz nach der Statue des bedeutenden Malers benannt, die im Jahr 1876 errichtet wurde. Unter Rembrandt befindet sich ein beliebtes Fotomotiv: beeindruckende, lebensgroße Bronzeskulpturen, die sein berühmtes Gemälde *Die Nachtwache* nachstellen (das Original ist im Rijksmuseum, S. 160, zu besichtigen).

Mit der Eröffnung zahlreicher Cafés, Restaurants und Clubs hat sich der Rembrandtplein zum Dreh- und Angelpunkt des Amsterdamer Nachtlebens entwickelt und bleibt dessen Eckpfeiler.

MAGERE BRUG — BRÜCKE

Karte S. 326 f. (Magere Brücke; zwischen Kerkstraat & Nieuwe Kerkstraat; 🚊4 Prinsengracht) Die „Magere Brücke“ aus den 1670er-Jahren mit ihren neun Bogen wurde mehrmals errichtet – zuerst aus Holz und später aus Beton. Der von Hand betriebene Mittelteil der Zugbrücke kann geöffnet werden, sodass Boote passieren können. Vor allem nachts, wenn 1200 winzige Lämpchen funkeln, ist sie sehr fotogen. Sie war auch schon in vielen Spielfilmen zu sehen, z. B. im James-Bond-Thriller *Diamantenfieber* von 1971. Wenn man in der Brückenmitte steht, spürt man, wie die Brücke unter dem Verkehrsaufkommen schwankt.

AMSTERDAM PIPE MUSEUM — MUSEUM

Karte S. 326 f. (020-421 17 79; www.pipemuseum.nl; Prinsengracht 488; Erw./Kind 10/5 €; Mi–Sa 12–18 Uhr; 2/11/12 Prinsengracht) Dieses Museum befindet sich in dem prachtvollen Grachtenhaus eines Pfeifensammlers aus dem 17. Jh., der diese unerwartet faszinierende Sammlung aus etwa 60 Ländern über einen Zeitraum von 40 Jahren zusammengetragen hat. Kenntnisreiche Führer leiten durch die Sammlung: von den ersten Pfeifen aus Südamerika aus dem Jahr 500 v. Chr., niederländische Pfeifen aus dem 15. Jh., chinesische Opiumpfeifen, afrikanische Ritualpfeifen und vieles mehr.

Aber allein schon ein Blick in das Grachtenhaus ist den Eintrittspreis wert.

KRIJTBERG — KIRCHE

Karte S. 326 f. (020-623 19 23; www.krijtberg.nl; Singel 446; Di–Do, Sa & So 13–17 Uhr; 1/2/5 Koningsplein) Die Türme dieser neugotischen Kirche, die zwischen den Häuserreihen am Singel aufragen, sind ein unübersehbares Wahrzeichen. Die Kirche heißt offiziell St. Franciscus Xaveriuskerk, Krijtberg (Kalkhügel) und ersetzte eine Geheimkapelle der Jesuiten, die 1883 hier stand. Bis heute befindet sich die Kirche im Besitz der Jesuiten. Wer Gelegenheit hat, sollte einen Blick in die Kir-

HIGHLIGHT WERKE AUS DER ST. PETERSBURGER EREMITAGE

Hermitage Amsterdam am Ufer der Amstel beherbergt eine beeindruckende Dependance des Staatlichen Eremitage-Museums von St. Petersburg. Aber wie kommt diese Bastion russischer Kultur nach Amsterdam? Das liegt an den langjährigen Verbindungen zwischen Russland und den Niederlanden. 1697 erlernte Zar Peter der Große hier den Schiffsbau, was schließlich zur Gründung dieser Dependance der Eremitage führte.

Die Porträtgalerie aus dem Goldenen Zeitalter zeigt eine Dauerausstellung mit rund 30 Gruppenporträts ausgestellt, die Zeitgenossen von Rembrandts berühmter *Nachtwache* sind. Die Arbeiten sind überraschend groß, was die Bedeutung der Gilden zeigt, die sie abbilden. So halten sie einem Teil der Gesellschaft aus dem 17. Jahrhundert den Spiegel vor. Zu den Gemälden gehört auch *Anatomische Vorlesung des Dr. Deijman*. Das Museum zeigt in der Regel auch zwei Wechselausstellungen pro Jahr, die oftmals beeindruckende Kunstobjekte aus dem unglaublichen Kunstschatz des russischen Museums zeigen, zum Beispiel zu Themen wie den Romanows oder niederländischen Meisterwerken.

Vor dem Museum ist das Outsider Art Museum, eine Kooperation zwischen der Hermitage und dem Harlemer Dolhuys Museum of the Mind und der niederländischen Gesundheitseinrichtung Cordaan. In wechselnden Ausstellungen werden Arbeiten gezeigt, die Künstler während ihres Aufenthalts in psychiatrischen Einrichtungen angefertigt haben. Der Eintritt ist normalerweise frei; Eingang vom Garten aus.

NICHT VERSÄUMEN

- Wechselausstellungen
- Porträtgalerie aus dem Goldenen Zeitalter
- Outsider Art Museum
- Führungen

PRAKTISCH & KONKRET

- Karte S. 326 f., G3
- 020-530 87 55
- www.hermitage.nl
- Amstel 51
- Einzelne Ausstellungen Erw./Kind 18 €/frei, alle Ausstellungen 25 €/frei
- 10–17 Uhr;
- Waterlooplein, 14 Waterlooplein

che werfen. Der Kirchenraum ist typisch für eine Jesuitenkirche und verschwenderisch mit Gemälden und Statuen ausgestattet.

Samstags um 17.15 Uhr und an manchen kirchlichen Feiertagen gibt's einen Gottesdienst auf Englisch.

BLOEMENMARKT — MARKT

Karte S. 326 f. (Blumenmarkt; Singel, zw. Muntplein & Koningsplein; 9–17 Uhr; 2/11/12 Koningsplein) Blumen sind in Amsterdam keine Besonderheit, sondern lebensnotwendig. Dieser berühmte Blumenmarkt befindet sich schon seit dem Jahr 1860 an dieser Stelle. Gärtner und Gärtnerinnen segelten einstmals von ihren Kleinbetrieben die Amstel herauf und vertäuten hier ihre Kähne, um ihre Waren direkt an Kunden zu verkaufen.

Die Zeiten des schwimmenden Marktes sind längst vorbei – denn heute steht er auf Pfählen. Je nach Jahreszeit werden neben Tulpen auch Blumenzwiebeln sowie jede Menge kitschiger Krimskrams wie Miniaturclogs, Kühlschrankmagnete und hölzerne Tulpen feilgeboten.

STADSARCHIEF — MUSEUM

Karte S. 326 f. (Stadtarchiv; Tourbuchung 020-251 15 11; www.amsterdam.nl/stadsarchief; Vijzelstraat 32; Di–Fr 10–17 Uhr, Sa & So 12–17 Uhr; 24 Muntplein) GRATIS Das markant gestreifte Gebäude von 1923, das früher eine Bank war, beherbergt nun 23 Regalkilometer, in denen das Amsterdamer Archiv gelagert wird. In dem riesigen gekachelten Kellergewölbe sind faszinierende Ausstellungsstücke wie der Polizeibericht über den Diebstahl von Anne Franks Fahrrad aus dem Jahr 1942 und ein Brief von Charles Darwin an den Artis Royal Zoo aus dem Jahr 1868 ausgestellt.

Führungen (Erw./Kind 7,50 €/frei, 1¼ Std.) beginnen sonntags um 14 Uhr und müssen im Voraus (siehe Website) gebucht werden.

HIGHLIGHT
BESUCH IN EINEM HERRENHAUS

Das **Museum Van Loon**, ein wunderschönes, in ein Museum umgewandeltes Wohnhaus, lässt den Besucher in den verschwenderischen Lebensstil der wohlhabenden Amsterdamer des 19. Jh. eintauchen. Das im Jahr 1672 errichtete Haus war zunächst das Zuhause des bekannten Malers Ferdinand Bol. Gegen Ende des 19. Jh. zog die prominente Familie Van Loon ein, die noch immer Eigentümer des Gebäudes ist und in den oberen Stockwerken wohnt.

Das Haus ist mit opulenten Möbeln und Porträts gefüllt, die noch immer der Hauch alter Geheimnisse umgibt. Unter den 150 Porträts der Familie Van Loon befinden sich bemerkenswerte Gemälde wie die *Hochzeit von Willem van Loon und Margaretha Bas* von Jan Miense Molenaer. Aber das sicherlich bedeutendste Ausstellungsstück ist das Haus selbst mit seiner prächtigen Inneneinrichtung, den komplexen Stuckarbeiten an den Decken und der aufwendigen Dekoration des Gästezimmers. Vom Gartenzimmer hat man einen Blick auf die formalen Hecken im Garten. Es ist das einzige Haus, bei dem man noch das Kutschenhaus an der Rückseite sehen kann, in dem am Ende des formellen Gartens im Hof früher die Pferdekutschen untergebracht waren.

Sehenswert ist auch die gut erhaltene Küche im Untergeschoss, wo die Köchin Leida fast 40 Jahre das Zepter schwang. Die Familie hat vor, in den kommenden Jahren auch den Weinkeller, die Vorratskammer und die Lagerräume für Besucher zugänglich zu machen.

NICHT VERSÄUMEN

- Die Interieur-Details
- Die Küche aus dem 19. Jh. im Untergeschoss
- Die spektakulären Schlafzimmer
- Den formellen Garten
- Das Kutschenhaus

PRAKTISCH & KONKRET

- Karte S. 326 f., E4
- 020-624 52 55
- www.museumvanloon.nl
- Keizersgracht 672
- Erw./Kind 10/5,50 €, frei mit der Museum & I amsterdam Card
- 10–17 Uhr
- 16/24 Keizersgracht

Im Obergeschoss präsentiert eine **Galerie** (Erw./Kind 7,50/5 €) temporäre Ausstellungen.

BLAUWBRUG BRÜCKE

Karte S. 326 f. (Blaue Brücke; zwischen Waterlooplein & Amstelstraat; Ⓜ Waterlooplein, 14 Waterlooplein) Die reich verzierte Brücke wurde 1884 fertiggestellt und verdankt ihren Namen einer blauen Holzbrücke, die seit dem 17. Jh. die beiden Ufer der Amstel verband. Die Brückenbauer ließen sich vom Pont Alexandre III in Paris inspirieren, was sich in den kunstvollen Straßenlaternen zeigt, auf denen die Reichskrone von Amsterdam prangt. Außerdem ist die Brücke mit Fischskulpturen und Pfeilern in Form mittelalterlicher Schiffe geschmückt.

KATTENKABINET MUSEUM

Karte S. 326 f. (Katzenkabinett; 020-626 90 40; www.kattenkabinet.nl; Herengracht 497; Erw./Kind 7 €/frei; Mo–Fr 10–17 Uhr, Sa & So 12–17 Uhr; 24 Muntplein) Wenn Hauskatzen in den Katzenhimmel kommen, trösten sich ihre Besitzer meist mit einem Foto an der Wand. Der wohlhabende Bankier Bob Meijer gründete in Gedenken an seinen roten Kater Pierpont Morgan III ein Museum. Zur Sammlung gehören Arbeiten von Tsuguharu Foujita, Théophile Alexandre Steinlen und dem führenden Bildhauer Amsterdams, Hildo Krop. Ein Besuch hier gibt einem auch die wunderbare Möglichkeit, eines der Häuser an der Gouden Bocht zu erkunden; da dies bisher das einzige ist, das der Öffentlichkeit zur Besichtigung offensteht.

Eventuell hat man Gelegenheit, neben der Kunstsammlung auch die im Haus lebenden Katzen zu beobachten.

AMSTELSLUIZEN ARCHITEKTUR

Karte S. 326 f. (Amstel-Schleusen; 4 Prinsengracht) Diese beeindruckenden Schleusen am Amstel-Fluss in der Nähe vom Koninklijk Theater Carré wurden im Jahr 1674 erbaut und sind noch immer in Betrieb. Die Grachten ließen sich so mit Süßwasser von den Seen im Norden der Stadt fluten anstatt mit Salzwasser

HIGHLIGHT SO WOHNTEN DIE KAUFLEUTE IM 19. JAHRHUNDERT

Das 1687 für den Amsterdamer Bürgermeister Jacob Hop errichtete Haus wurde im Jahr 1739 umgestaltet. Das heutige **Museum Willet-Holthuysen** ermöglicht einen Einblick in das Leben der superreichen Kaufleute im 19. Jh. Das Haus wurde nach Louisa Willet-Holthuysen benannt, die hier ab 1861 mit ihrem Ehemann Abraham ein verschwenderisches, unkonventionelles Leben führte. Sie vermachte das Anwesen im Jahr 1895 der Stadt.

Bei einem Rundgang erfährt man sehr viel über den Lebensstil und die Interessen von Abraham und Louisa. Sie waren begeisterte Kunstsammler und zu der umfangreichen Auswahl an Möbeln und Kunst gehören auch bedeutende Gemälde von Jacob de Wit. Im Speisesaal im Erdgeschoss, gestaltet im Stil Ludwig XVI., ist auch der *place de milieu* (Tafelaufsatz) sehenswert , der zum 275 Teile umfassenden Meissner Tafelservice der Familie gehört. Im Obergeschoss ist ein Buntglasfenster aus dem 17. Jh. im Original erhalten. Im Untergeschoss geben die Küche mit ihren wunderschönen Original-Wandfliesen und die Spülküche einen Einblick, wie viel Arbeit damals zur Führung des Haushalts erforderlich war.

Der beschauliche Garten mit der Sonnenuhr ist eine Rekonstruktion von 1972 und wurde in dem im 19. Jh. angesagten französischen klassizistischen Stil angelegt. Er ist heute kleiner als früher, weil ein Kutschenhaus einen Teil seiner Fläche einnimmt. Man kann auch von der Amstelstraat durch den Eisenzaun einen Blick in den Garten werfen.

NICHT VERSÄUMEN

- Die Gemälde von Jacob de Wit
- Den französischen Garten
- Das Erdgeschoss im Stil von Louis XVI.

PRAKTISCH & KONKRET

- Karte S. 326 f., F3
- 020-523 18 70
- www.willetholthuysen.nl
- Herengracht 605
- Erw./Kind 12,50 €/frei
- 10–17 Uhr
- 4/14 Rembrandtplein

vom IJ – eine Neuerung, die der Stadt mehr Lebensqualität brachte. Die Schleusen werden geschlossen, um Süßwasser einströmen zu lassen, wobei die Schleusen im Westen der Stadt dann offen bleiben, damit das Altwasser wieder ins Meer abfließen kann.

AMSTELKERK KIRCHE

Karte S. 326 f. (020-520 00 60; www.amstelkerk.net; Amstelveld 10; Mo–Fr 9–17 Uhr; 4 Prinsengracht) Die 1668 als *noodkerk* (Notkirche) aus Kiefernholz errichtete Amstelkerk sieht eher wie ein Landhaus aus. Sie stammt von dem Architekten Daniël Stalpaert, der auch das Rathaus am Dam entworfen hat. Eigentlich sollte daneben eine neue Kirche gebaut werden, aber die Pläne dafür wurden in den 1840er-Jahren aufgegeben. Während der französischen Besatzung nutzte Napoleon das Gebäude als Stall für seine Pferde. 1840 wurde der quadratische Innenraum mit neugotischen Elementen und einer Orgel verschönert. 1877 hörte Vincent van Gogh hier seinen Onkel predigen.

DE DUIF KIRCHE

Karte S. 326 f. (Die Taube; 020-520 00 90; www.deduif.net; Prinsengracht 756; variierende Öffnungszeiten; 4 Prinsengracht) Nachdem 1796 die von den Franzosen eingesetzte Regierung die Religionsfreiheit verkündet hatte, wurde De Duif nach mehr als zwei Jahrhunderten die erste katholische Kirche der Niederlande, die mit einem öffentlichen Eingang errichtet wurde. Das ursprüngliche Gebäude musste allerdings aufgrund seiner instabilen Konstruktion abgerissen werden, im Jahr 1857 wurde eine neue Kirche erbaut. Heute ist De Duif eine ökumenische Kirche und wird auch als Veranstaltungsort für Konzerte, Opern und private Veranstaltungen genutzt.

Wem sich die Gelegenheit bietet, das Kircheninnere zu besichtigen, sollte die Tonfriese an der rechten Wand ansehen, die die Kreuzweg-Stationen darstellen und die Schnitzereien an der Kanzel von St. Willibrordus von Utrecht. Die bis zur Gewölbedecke reichende imposante Orgel ist eine Attraktion für sich.

GIJSBERT DOMMER HUIS HISTORISCHES GEBÄUDE

Karte S. 326 f. (Amstel 216; 4 Keizersgracht) Das schöne graue Steinhaus ist auch als das „Haus mit den Blutflecken“ bekannt. Der sechsmalige Bürgermeister und Diplomat Coenraad van Beuningen verlor zuerst sein Vermögen und dann seinen Verstand und kritzelte – angeblich mit seinem eigenen Blut – Graffiti auf die Fassade. Seine unergründlichen Botschaften aus dem 17. Jh.– hebräische Schriftzeichen und obskure Symbole aus der Kabbalah– sind auch heute schwach zu erkennen.

Seinen Namen verdankt das Haus dem betuchten Geschäftsmann Gijsbert Dommer, der dieses Haus 1671 in Auftrag gab.

DIE SIEBEN BRÜCKEN FOTOGRAFIEREN

Das wilde Nachtleben lässt leicht vergessen, dass eine der romantischsten Grachten durch dieses Viertel fließt. Die Reguliersgracht (S. 125), auch als „Gracht der sieben Brücken“ bekannt, ist vor allem bei Nacht zauberhaft, wenn ihre Brückenbogen in winzigen goldenen Lichtern erstrahlen.

Den schönsten Blick hat man von einem Boot. Um das Motiv vom Land aus perfekt zu fotografieren, stellt man sich mit dem Rücken zur Thorbeckeplein, sodass die Herengracht rechts und links von einem fließt. Dann sich auf das Brückengeländer lehnen und geradeaus die Reguliersgracht hinunterschauen – wie romantisch!

ESSEN

Am Leidseplein geben sich Steakhäuser die Klinke in die Hand, aber es gibt auch Restaurants, bei denen sich nicht alles nur um Rindfleisch dreht. Vor allem in den angrenzenden Seitenstraßen und Grachten finden sich malerische und ausgezeichnete Lokale. Der Rembrandtplein wirkt nicht unbedingt einladend. Es lohnt sich daher, ein paar Schritte weiter bis zur Utrechtsestraat zu gehen, in der es viele gute Restaurants gibt.

★ VAN DOBBEN NIEDERLÄNDISCH €

Karte S. 326 f. (020-624 42 00; www.eetsalonvandobben.nl; Korte Reguliersdwarsstraat 5–9; Gerichte 3–8 €; Mo–Do 10–21, Fr & Sa bis 2, So 10.30–20 Uhr; 4/14 Rembrandtplein) Bereits in den 1940er-Jahren eröffnet, verströmt das Van Dobben mit weißen Fliesen und einer leuchtend roten Decke eine coole Atmosphäre. Traditionelle niederländische Fleischgerichte sind die Spezialität des Hauses. Dazu gehören auch günstige fein geschnittene Roastbeef-Sandwiches mit Senf oder *pekelvlees* (Pökelfleisch), das wie Corned Beef schmeckt, und *halfom* – mit Leber gemischtes *pekelvlees.*

SALSA SHOP MEXIKANISCH €

Karte S. 326 f. (☎020-205 10 40; www.salsashop.com; Amstelstraat 32; Hauptgerichte um die 10 €; ⏲So–Do 11.30–22, Fr & Sa bis 23 Uhr; 🚊4/14 Rembrandtplein) Im Salsa Shop kann man seine Burritos, Bowls und Taco-Salate selbst zusammenstellen. Die Inneneinrichtung ist modern und einfach; ideal für eine kleine Stärkung in der Nähe des Rembrandtplein.

DE CARROUSEL NIEDERLÄNDISCH €

Karte S. 326 f. (☎020-625 80 02; www.decarrouselpannenkoeken.nl; HM van Randwijkplantsoen 1; Gerichte 6–12 €; ⏲10–20 Uhr; 📶; Ⓜ Vijzelgracht, 🚊1/7/19/24 Vijzelgracht) De Carrousel serviert nicht nur mit die besten Pfannkuchen der Stadt, auch die Einrichtung ist klasse. In der Mitte des Holzhauses voller Neonlichter und roter Ledersessel steht ein altes Karussell, daher der Name. Eine große Holzterrasse bietet viele Sitzgelegenheiten im Freien. Neben den großen dünnen Pfannkuchen kann man hier auch holländische *poffertjes* probieren – kleine Pfannkuchen, die mit Puderzucker bestreut sind.

SOUP EN ZO SUPPE €

Karte S. 326 f. (www.soupenzo.nl; Nieuwe Spiegelstraat 54; Suppe 4,50–8 €; ⏲Mo–Fr 11–20, Sa & So 12–19 Uhr; 🖉; 🚊 1/7/10 Spiegelgracht) An einem kalten Tag in Amsterdam gibt's nichts Besseres als einen dampfenden Teller Suppe in diesem kleinen Spezialitätenrestaurant. Zum täglichen Sortiment gehören Kartoffelsuppe mit Roquefort, Linsensuppe mit Hackfleisch, Backpflaumen und Kürbis oder eine pikante Spinatsuppe mit Kokos.

STACH DELIKATESSEN €

Karte S. 326 f. (www.stach-food.nl; Nieuwe Spiegelstraat 52; Gerichte 7,50–15 €; ⏲Mo–Sa 8–22, So 9–21 Uhr; 🖉; 🚊1/7/19 Spiegelgracht) Diese Filiale des beliebten Delikatessenladens Stach ist oft überfüllt, aber ideal für Gerichte zum Mitnehmen wie Pasta, darunter Spinat-Ricotta-Ravioli, und Sandwiches, etwa mit Carpaccio, Trüffelmayonnaise und Rucola oder mit Büffelmozzarella und sonnengetrockneten Tomaten. Hier kann man sich gut mit Leckereien für ein Picknick auf einer Bank am Kanal eindecken.

POKÉ PERFECT HAWAIIANISCH €

Karte S. 326 f. (www.pokeperfect.com; Prinsengracht 502; Hauptgerichte um die 10 €; ⏲11.30–21 Uhr; 🖉; 🚊1/2/5/7/11/12/19 Leidseplein) Gesundheitsbewusste, die es eilig haben, strömen in Scharen in das helle Lokal, in dem es Fastfood gibt, das so gesund ist, wie Takeaway eben sein kann. Poké (das *poh*-kay ausgesprochen wird) besteht aus Sushi-Reis und verschiedenen Garnierungen wie rohem Fisch, Tofu und Edamamebohnen. Das Ganze wird in einer Schale angerichtet und ist frisch, leicht und lecker. Es gibt eine Bedientheke und nur wenige Tische.

★ VEGAN JUNK FOOD BAR VEGAN €€

Karte S. 326 f. (www.veganjunkfoodbar.com; Reguliersdwarsstraat 57; Hauptgerichte 9–15 €; ⏲So–Do 11–13, Fr & Sa bis 3; 📶🖉; 🚊24 Muntplein) Das trendige Restaurant mit pinken Graffiti-Wänden und Neonlichtern serviert gesundes Junkfood. Am bekanntesten ist es für Burger auf pflanzlicher Basis, aber man kann auch Tapioka-Sashimi, Fruchtcocktails und CBD-Saft bestellen.

★ BUFFET VAN ODETTE CAFÉ €€

Karte S. 326 f. (☎020-423 60 34; www.buffet-amsterdam.nl; Prinsengracht 598; Hauptgerichte 9–18,50 €; ⏲Mi–Mo 12–24 Uhr; 🖉; 🚊1/7/19 Spiegelgracht) In diesem Café mit weißen Kacheln, das herrlich an der Gracht liegt, kommen köstliche Gerichte mit tollen Zutaten und einer Prise Kreativität auf den Tisch. Probieren: die fantastische Wurstplatte oder Hauptgerichte wie Ravioli mit Kürbis, Salbei und Haselnüssen, oder Räucherlachs, Linsen und pochiertes Ei.

DIGNITA HOFTUIN CAFÉ €€

Karte S. 326 f. (www.eatwelldogood.nl; Nieuwe Herengracht 18a; Gerichte 8–14 €; ⏲9–18 Uhr; 🖉👪; Ⓜ Waterlooplein, 🚊14 Waterlooplein) Auf der Speisekarte dieses Cafés im Garten hinter der Hermitage (S. 126) stehen Salate im Stil von Ottolenghi, Sandwiches und Snacks. Die Wände des lichtdurchfluteten Cafés sind aus Glas und die bestuhlte Terrasse ist an einem sonnigen Tag ein verträumtes Plätzchen.

Das Café ist auch eine gute Wahl für Familien: Die Kinder können auf der umzäunten Rasenfläche spielen und drinnen gibt's Spielsachen. Es ist Teil des sozialen Unternehmensmodells „Not for Sale", das benachteiligten Menschen Ausbildung und Beschäftigung bietet.

RON GASTROBAR ORIENTAL ASIATISCH €€

Karte S. 326 f. (☎020-223 53 52; www.rongastrobaroriental.nl; Kerkstraat 23; Dim Sum 8,50 €, Hauptgerichte 17,50 €; ⏲17.30–23 Uhr; 📶; 🚊2/11/12 Prinsengracht) Der mit Michelin-Sternen ausgezeichnete Küchenchef Ron Blaauw begann seine gastronomische Revolution mit Rons Gastrobar am Vondelpark, wo er eine Speisekarte mit Gerichten im Tapas-Stil einführte, die alle den gleichen Preis hatten, sodass die Gäste feine Küche genießen konnten, ohne sich für ein langes, formelles Essen niederzulassen. Dies ist nun seine asiatische Version. Auf der Karte stehen Köstlichkeiten wie Dim Sum aus gedünsteter Jakobsmuschel mit chinesischen Pilzen und knusprigen Garnelen mit Wasabi-Creme.

PANTRY — NIEDERLÄNDISCH €€

Karte S. 326 f. (020-620 09 22; www.thepantry.nl; Leidsekruisstraat 21; Hauptgerichte 13,75–20 €, 3-Gänge-Menüs 21,50–31,25 €; 11–22.30 Uhr; 1/2/5/7/11/12/19 Leidseplein) Dieses kleine Restaurant mit holzvertäfelten Wänden und gedämpfter Beleuchtung ist wirklich sehr *gezellig* (gemütlich). Es gibt niederländische Spezialitäten wie *zuurkool stamppot* (Sauerkraut und Kartoffelpüree mit Räucherwurst oder Fleischklößchen) oder *hutspot* (Eintopf mit geschmortem Rindfleisch, Kartoffeln, Karotten und Zwiebeln).

GOLDEN TEMPLE — VEGETARISCH €€

Karte S. 326 f. (020-626 85 60; www.restaurantgoldentemple.com/en; Utrechtsestraat 126; 15–22 €; 5–23 Uhr; ; 4 Prinsengracht) Nicht zu verfehlen ist dieses vegetarische Restaurant dank seiner auffälligen Fassade, deren Bemalung an Tempelschnitzereien erinnert. Zwischen psychedelischen Gemälden und bunten Kissen erfreuen sich die Gäste an fleischloser Kost, von Currys über Pizzas bis zu Maistortillas. Die letzte Bestellung wird um 21.30 Uhr angenommen.

CAFÉ GEORGE — BRASSERIE €€

Karte S. 326 f. (020-626 08 02; www.cafegeorge.nl; Leidsegracht 84; Hauptgerichte 7,50–27 €; 11–24 Uhr; ; 2/11/12 Prinsengracht) Die Brasserie an einer Gracht lockt mit coolen Amsterdamern, die sich draußen auf weißen Stühlen versammeln, aber von innen hat sie ebenfalls viel Charme – Deckenfenster baden eine lange Reihe von Tischen vor einer großen Holzbar in Licht. Es gibt eine große Auswahl offener Weine.

Zu den beliebten Klassikern gehören Hummer-Linguini und Steak frites, aber auch Sandwiches, Salate und Eier stehen auf der Karte.

CAFÉ VAN LEEUWEN — BRASSERIE €€

Karte S. 326 f. (www.cafevanleeuwen.nl; Keizersgracht 711; Hauptgerichte 7–17 €; Mo–Sa 8–22, So bis 21 Uhr, Bar So–Do bis 1 , Fr & Sa bis 3 Uhr; 4 Keizersgracht) Ein stilvolles *bruin café* mit viel dunklem Holz, von der Decke baumelnden Glühbirnen und einer unverputzten Backsteinwand, das gute Gerichte im Brasserie-Stil, beispielsweise saftige Hamburger und belegte Brote, anbietet. Wunderbar zum Frühstücken oder Brunchen – und eine herrliche Lage an der Gracht.

IN DE BUURT — INTERNATIONAL €€

Karte S. 326 f. (www.indebuurt-amsterdam.nl; Lijnbaansgracht 246; Hauptgerichte 12,50–16 €; Küche 17–22 Uhr, So–Do Bar bis 1, Fr & Sa bis 3 Uhr; 1/2/5/7/11/12/19 Leidseplein) In de Buurt liegt zwar am Leidseplein, hat aber Klasse. Es serviert Spareribs mit Apfel-Ingwer-Glasur und Steak Tatar mit Trüffelmayonnaise sowie köstliche Gin Tonics. Es hat eine Terrasse an der Gracht für Sommerwetter und eine gemütliche Inneneinrichtung mit un-

AMSTERDAM AMERICAN HOTEL

Dieses **Gebäude** (Karte S. 326 f.; 020-556 30 00; www.hampshirehotelamsterdamamerican.com; Leidsekade 97; DZ ab 250 €; 1/2/5/7/10/-12/19 Leidseplein) ist ein prachtvolles Haus im Jugendstil. Der Gründer des ursprünglichen Hotels, Cornelis Alidus Anne (CAA) Steinigeweg, war an der Gründung einer niederländischen Siedlung auf Grand Island, New York, beteiligt; was den „Amerikaner" im Namen erklärt. Das heutige Hotel ist eine Erweiterung des ursprünglich 1880 im Wiener Renaissance-Stil errichteten Gebäudes des Architekten Willem Kronhout, das mit Americana-Symbolen bedeckt war. Lebensgroße Statuen an der Fassade repräsentieren die fünf Kontinente.

Das zum Hotel gehörende Restaurant **Café Americain** (Karte S. 326 f.; 020-556 30 10; www.cafeamericain.nl; Amsterdam American Hotel, Leidsekade 97; 6.30–24 Uhr; ; 1/2/5/7/11/12/19 Leidseplein), ein zum Weltkulturerbe zählendes Prunkstück, verfügt über ein wunderschön restauriertes Jugendstil-Interieur mit Buntglasfenstern, exquisiten Lampen und Wandmalereien. Die Amsterdamer nennen es seit langer Zeit liebevoll „Amsterdams Wohnzimmer".

KÖNIGLICHES GEBÄCK

Das niederländische Königshaus deckt sich in der 1886 gegründeten **Patisserie Holtkamp** (Karte S. 326 f.; www.patisserieholtkamp.nl; Vijzelgracht 15; Gebäck 3–7 €; ⌚Mo–Fr 8.30–18, Sa bis 17 Uhr; Ⓜ Vijzelgracht, j1/7/19/24 Vijzelgracht) mit Backwaren ein. Das umwerfende Art-déco-Interieur wurde 1928 vom Architekten Piet Kramer hinzugefügt. Das Angebot ist wahrhaft königlich. Zu den Köstlichkeiten zählen Sahnetorten und die berühmten *kroketten* mit Füllungen wie Hummer und Kalbfleisch. Die Garnelenkroketten sollen die besten der Stadt sein.

Die *kroketten* stehen übrigens auch in einigen Spitzenrestaurants der Stadt auf der Speisekarte.

In der Gebäudefassade lohnt auch der Blick nach oben, um das vergoldete königliche Wappen mit der Krone darüber zu bewundern.

verputzten Backsteinwänden, Holzbalken und Flaschen.

DE BLAUWE HOLLANDER — NIEDERLÄNDISCH €€

Karte S. 326 f. (☎020-627 05 21; www.deblauwehollander.nl; Leidsekruisstraat 28; Hauptgerichte 15,50–19,75 €; ⌚12–23 Uhr; 🚋1/2/5/7/11/12/19 Leidseplein) In dem gemütlichen, mit roten Lampen beleuchteten Lokal gibt's gute, deftige niederländische Hausmannskost, beispielsweise Erbsensuppe mit Speck und *stamppot* (Gemüsepüree) mit Schweinswurst. Man sollte einfach nach der niederländischen Flagge Ausschau halten, die vor dem Lokal im Wind flattert.

BOUCHON DU CENTRE — FRANZÖSISCH €€

Karte S. 326 f. (☎020-330 11 28; www.bouchonducentre.nl; Falckstraat 3; Hauptgerichte 15–20 €; ⌚Mi–Fr 12–15 & 17–20, Sa 12–17 Uhr; 🚋4/7 Frederiksplein) Klassische rot-weiße Tischdecken bilden den bunten Rahmen dieses authentischen Lyoner *bouchon* (zwangloses, rustikales Bistro). Die Speisekarte wechselt täglich, dreht sich aber immer um typische *bouchon*-Gerichte, beispielsweise *andouillette* (Wurst aus Innereien) und *quenelles de brochet* (Hechtklößchen).

Empfehlenswert sind auch der wunderbare St.-Marcellin-Käse und die Rhône-Weine, wie der Beaujolais.

LO STIVALE D'ORO — ITALIENISCH €€

Karte S. 326 f. (☎020-638 73 07; www.lostivaledoro.nl; Amstelstraat 49; Pizza 9,50–15 €, Hauptgerichte 8–22 €; ⌚Mi–So 17–22.30 Uhr; 🚋4/14 Rembrandtplein) Geselligkeit ist das Gebot der Stunde im „Goldenen Stiefel", in dem es neben einer typisch italienischen Begrüßung fantastische Pizza und Pastagerichte gibt. Der italienische Inhaber Mario spielt für seine Gäste manchmal auf der Gitarre.

PIET DE LEEUW — STEAK €€

Karte S. 326 f. (☎020-623 71 81; www.pietdeleeuw.nl; Noorderstraat 11; Hauptgerichte 13–25 €; ⌚ Mo–Fr 12–22.30, Sa & So 17–22.30 Uhr; 🚋4 Prinsengracht) Mit dem dunklen Holzmobiliar und der Wandvertäfelung mit vielen Bildern wirkt das Lokal wie eine Kneipe alter Schule. Das Gebäude entstand um das Jahr 1900 und ist seit den 1940er-Jahren Steakhaus und Kneipe. Neben Einzelplätzen gibt's auch Gemeinschaftstische, auf der Speisekarte stehen preisgünstige Steaks, serviert mit verschiedenen Soßen, Salat und heißen *frites* (Pommes).

BOJO — INDONESISCH €€

Karte S. 326 f. (☎020-622 74 34; www.bojo.nl; Lange Leidsedwarsstraat 49–51; Hauptgerichte 12–18 €; ⌚16–24 Uhr; 🚋2/11/12 Prinsengracht) Das Bojo wurde von zwei Cousins gegründet, die vor über 40 Jahren zusammen auf einem Kreuzfahrtschiff gearbeitet haben, und bietet auch noch spät am Abend gute indonesische Küche.

Angesichts der Lage geht's im Bojo erstaunlich friedlich zu. Nachtschwärmer lieben die brutzelnden Saté-Spieße, den sättigenden gebratenen Reis und die dampfenden Schüsseln mit Nudelsuppe.

EATMOSFERA — ITALIENISCH €€

Karte S. 326 f. (☎020-737 23 18; Korte Reguliersdwarsstraat 8; Gerichte 15–27,50 €; ⌚ So–Do 17.30–22.30, Fr bis 23, Sa 12–16 & 18–23 Uhr; 📶📝; 🚋4/14 Rembrandtplein) Hinter einer orangefarbenen Tür in einer ruhigen Gasse verbirgt sich das gemütliche und moderne italienische Restaurant Eatmosfera. Ziegelsteinwände, schummriges Licht und viele Kunstwerke sorgen für die richtige Stimmung zum Essen und Trinken. Aus der offenen Küche werden Holzofenpizza und Pasta serviert.

BO NAM — VIETNAMESISCH €€

Karte S. 326 f. (☎020-370 21 78; www.bo-nam.nl; Lange Leidsedwarsstraat 57; Hauptgerichte 10–24 v; ⌚ Mo–Do 12–22, Fr & Sa bis 23 Uhr, Bar Mo–Fr bis 1, Fr & Sa bis 3 Uhr; 🚋1/2/5/7/11/12/19 Leidseplein) Dieses schicke, moderne vietnamesische Restaurant mit gedämpfter Beleuchtung und einem kunstvollen Camouflage-Wandbild ist ein echter Hingucker. Mittags sollte man das *bánh mì* (vietnamesisches Baguette) probieren und abends sind leckere *pho* (vietnamesische Nudelsuppe) und Reisnudeln eine gute Wahl.

HERENGRACHT RESTAURANT & BAR

EUROPÄISCH €€

Karte S. 326 f. (☎020-616 24 82; www.deherengracht.com; Herengracht 435; Hauptgerichte mittags 6–24 €, abends 17,50–23,50 €; Küche 11–22.30 Uhr, ⏲ So–Do Bar bis 1, Fr & Sa bis 3 Uhr; 📶; 🚊2/11/12 Koningsplein) An einer belebten Ecke kann man in der Herengracht direkt an der Gracht sitzen. Es hat ein elegantes Interieur und einen Hinterhof, um draußen zu essen. Zur Auswahl stehen Spezialitäten wie Steak Tatar und ein Brioche-Burger mit Röstzwiebeln, Speck und reifem holländischen Käse.

★GUTS

EUROPÄISCH €€€

Karte S. 326 f. (☎020-362 00 30; www.bredagroup-amsterdam.com/guts; Utrechtsestraat 6; Menü 4,50 €, Beilagen & Gerichte 5–18 €; ⏲12–15 & 18–22 Uhr; 🚊4/14 Rembrandtplein) Das Vier-Gänge-Menü im Guts wechselt ständig, und wer möchte, kann ganz nach dem eigenen Geschmack zusätzlich z. B. Venusmuscheln oder Wurst von der Karte bestellen. Der Schwerpunkt liegt auf nachhaltigen, regionalen Produkten mit kleinen Verzierungen, und zum Mittagessen kann man sich sogar einen ganzen Steinbutt teilen. Glühbirnen ohne Lampenschirm und weiße Backsteinwände schaffen ein puristisches Ambiente.

VAN VLAANDEREN

FRANZÖSISCH €€€

Karte S. 326 f. (☎020-622 82 92; www.restaurantvanvlaanderen.nl; Weteringschans 175; Hauptgerichte 16–35 €; ⏲ Di–Do & Sa 6–22, Fr 12–22 Uhr; Ⓜ Vijzelgracht, 🚊1/7/19/24 Vijzelgracht) Als eines der besten französischen Restaurants der Stadt hat das Van Vlaanderen Klasse – mit weißen Tischdecken und einer raffinierten französischen Küche. Wie wäre es mit einem Frühlingshähnchen mit Entenleber, Cajun-Kräutern und Wermut? Eine erhöht gelegene Terrasse bietet tollen Grachtenblick.

AUSGEHEN & NACHTLEBEN

Das Nachtleben bietet für jeden etwas. Zur Wahl stehen entspannte Theater-*cafés* (Bars) und *bruin cafés (traditionelle holländische Kneipen)*, LGBT-Bars, in denen es hoch hergeht, verrauchte Coffeeshops und pulsierende House Clubs. Die Bars und Clubs am Leidseplein scheinen mehr Touristen als Einheimische anzuziehen, aber das Viertel ist abwechslungsreich, und wer sich darauf einlässt, kann viel Spaß haben. Wer auf der Suche nach Clubs ist, ist am Rembrandtplein richtig. In der Utrechtsestraat findet man die eleganteren Lieblingsplätze der Amsterdamer, und rund um die Reguliersdwarsstraat, auf der sich alles um die LGBT-Szene dreht, flattert die Regenbogenfahne stolz im Wind.

★BAKHUYS AMSTERDAM

CAFÉ

(☎020-370 48 61; www.bakhuys-amsterdam.nl; Sarphatistraat 61; ⏲ Mo–Sa 7–19, So 8–17 Uhr; 📶; Ⓜ Weesperplein, 🚊Weesperplein) In einem großen Raum können Sie aus nächster Nähe beobachten, wie die Bäcker den Teig kneten und den Holzofen bedienen. Bänke bieten reichlich Platz für Verabredungen zum Kaffee oder zum Arbeiten am Laptop, angespornt durch Gebäck und Süßigkeiten.

★BACK TO BLACK

CAFÉ

Karte S. 326 f. (☎020-304 49 88; www.backtoblackcoffee.nl; Weteringstraat 48; ⏲Mo–Fr 8–18, Sa & So ab 9 Uhr; 📶; 🚊1/7/19 Spiegelgracht) Es fällt leicht, in diesem sehr coolen Nachbarschaftscafé mit petrolfarbenen Wänden, Glühbirnen als Lampen und an Seilen hängenden Holzregalen das Zeitgefühl zu verlieren. Back to Black wählt seine Kaffeebohnen mit Sorgfalt aus und lässt sie lokal in Amsterdam rösten. Außerdem gibt's eine kleine, aber feine Auswahl an Kuchen und Gebäck.

★DOOR 74

COCKTAILBAR

Karte S. 326 f. (☎020-634 04 51 22; www.door-74.nl; Reguliersdwarsstraat 74; ⏲So–Do 20–3, Fr & Sa bis 4 Uhr; 🚊9/14 Rembrandtplein) Wer diese angesagte Cocktailbar besuchen möchte, die sich hinter einer neutralen Tür verbirgt, muss per Textnachricht oder WhatsApp reservieren. Unter einer Decke aus gepresstem Blech und einem eleganten, an die Prohibitions-Ära erinnernden, mit dunklem Holz ausgestatteten Ambiente werden hier die besten Cocktails der Stadt gemixt. Die themenbezogene Cocktailkarte wechselt regelmäßig. Sehr cool.

★CAFÉ LANGEREIS

CAFÉ

Karte S. 326 f. (☎020-785 06 41; www.cafelangereis.nl; Amstel 202; ⏲ So–Do 10–15, Fr & Sa bis 16 Uhr; 📶; 🚊4/14 Rembrandtplein) Das Café Langereis an der Amstel ist die Nachbildung

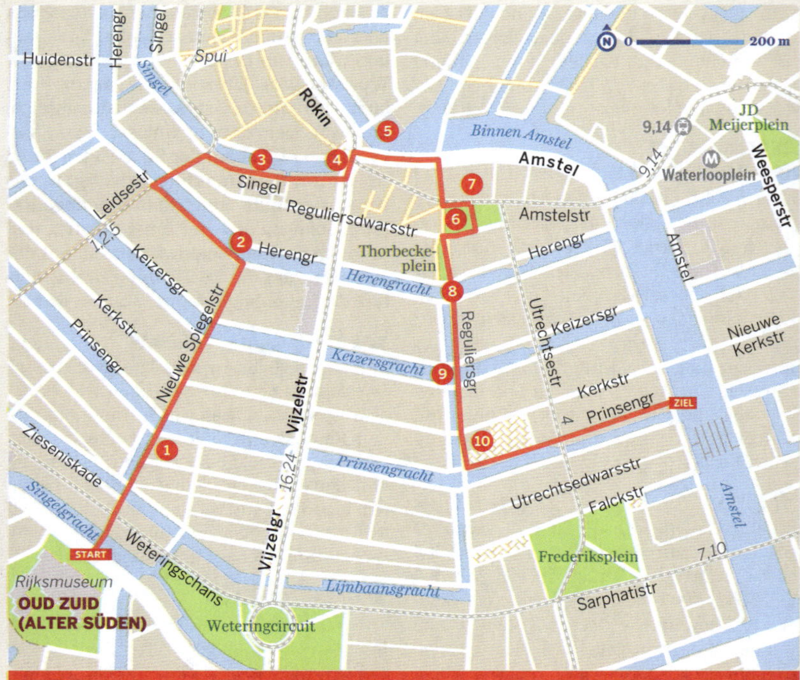

Stadtspaziergang Südlicher Grachtengürtel

START SINGELGRACHT
ZIEL AMSTEL
LÄNGE/DAUER 4 KM; 2 STUNDEN

Der Spaziergang beginnt am Singel und führt nordwärts ins 1 **Spiegel-Viertel**, wo sich Kunst- und Antiquitätenläden an den Grachten reihen. Die Hauptstraße dieses Gassengeflechts ist die Nieuwe Spiegelstraat. An der Herengracht steht an der entsprechend benannten 2 **Gouden Bocht** (S. 125) eine schicke Häuserzeile, die nur so vor klassizistischem französischem Zierrat strotzt.

Nach einem Zwischenstopp am quirligen 3 **Bloemenmarkt** (S. 127) sieht man an seinem östlichen Ende den 4 **Munttoren** (Münzturm), der 1480 als ein Teil der Amsterdamer Stadtmauer und Befestigungsanlagen gebaut wurde. Von hier geht's Richtung Osten an der Amstel entlang, um die Fassade des 5 **Hotel de l'Europe** zu bewundern, an dessen Terrassenrestaurant polierte Boote vertäut liegen. Bei der Brücke biegt man nach Süden in den kleinen Halvemaansteeg (Halbmondsteg) ein, wo um den 6 **Rembrandtplein** (S. 125) das Vergnügungsviertel pulsiert. Mit den lebensgroßen Skulpturen, die Rembrandts *Die Nachtwache* nachbilden, kann man für ein Selfie posieren, bevor man die Treppenstufen zum 7 **De Kroon** (S. 137) hochläuft, einem stilvollen Grandcafé, das eine tolle Aussicht auf den Trubel bietet.

Über den Thorbeckeplein geht's zur Herengracht für das obligatorische Foto der 8 **Reguliersgracht** (S. 125), auch „Gracht der sieben Brücken" genannt. An der Kreuzung von Prinsengracht und Reguliersgracht steht ein rot gestrichenes Haus mit einer Storchenstatue über der Tür – es gehörte einst einer Witwe.

Wo die Keizersgracht und die Reguliersgracht aufeinandertreffen, lassen sich sogar 9 **15 Brücken** zählen, wenn man nach Osten–Westen und Norden–Süden schaut. Geht man weiter Richtung Süden, kommt man zur 10 **Amstelkerk** (S. 129), einer Holzkirche mit einem über 300 Jahre alten Glockenturm.

Gen Osten geht's weiter auf der Prinsengracht bis zum Fluss Amstel. Von dort sind die kleine **Magere Brug** (S. 125) und das **Koninklijk Theater Carré** (S. 138) zu sehen.

eines klassischen *bruin café*. Diese werden von der freundlichen jungen Besitzerin so sehr bewundert, dass sie die ganze Stadt nach antiken Einrichtungsgegenständen durchforstet hat, um ein wohnliches Ambiente zu schaffen. Frisch gemahlener Kaffee, frische Blumen auf den Tischen, ein Klavier und Classic Rock im Hintergrund geben dem Ganzen eine frische Note.

OTHERSIDE — COFFEESHOP

Karte S. 326 f. (www.theotherside.nl; Reguliersdwarsstraat 6; ⌚10–24 Uhr; 📶; 🚋2/11/12 Koningsplein) Beliebter Coffeeshop mit Designer-Kronleuchtern und einer lebhaften, lockeren Atmosphäre. Er liegt in der LGBT-Hauptstraße des Viertels und wird von einem bunten Publikum frequentiert.

A BAR — COCKTAILBAR

Karte S. 326 f. (☎020-520 32 45; www.a-bar.nl; Professor Tulpplein 1, InterContinental Amstel Amsterdam; ⌚ Mo–Do 17–1, Fr & Sa 12–1 Uhr; 📶; Ⓜ Weesperplein, 🚋1/7/19 Weesperplein) Das InterContinental Amstel Amsterdam ist ein beeindruckendes Gebäude aus dem 19. Jh. direkt am Flussufer. Seine A Bar hat eine riesige Terrasse mit vielen Sofas. Die tintenblauen Wände bilden eine stilvolle Kulisse für Cocktails wie den Albert Cuyp Markt mit einem Schuss *stroopwafel*-Wodka. Die Bar serviert auch kleine Gerichte. Regelmäßig gibt's chillige DJ-Sessions und Livemusik.

DUKE OF TOKYO — KARAOKE

Karte S. 326 f. (☎020-777 93 32; www.dukeoftokyo.com; Reguliersdwarsstraat 37; ⌚ Mo, Mi & Do 17–1, Fr bis 3, Sa 14–3, So bis 1 Uhr; 🚋2/11/12 Konigsplein) Von vorne bis hinten verblüfft das Duke of Tokyo mit einer Fülle trendiger Designs. Jede der acht Karaoke-Kabinen der Bar sieht anders aus, inspiriert von Tokyoter Vierteln wie Harajuku. Reservieren kann man online; zwei Stunden kosten ab 10 € pro Person. Die große Auswahl an Cocktails, Weinen und Sake trägt dazu bei, die eigenen Starqualitäten herauszukehren.

BAR LEMPICKA — CAFÉ

Karte S. 326 f. (☎020-622 02 09; www.barlempicka.com/en; Sarphatistraat 23; ⌚So–Do 9–1, Fr & Sa bis 3 Uhr; 📶; Ⓜ1/7/19 Weesperplein, 🚋1/7/19 Weesperplein) Die große Art-déco-Oase öffnet zum Frühstück. Im Laufe des Tages füllen sich die Ledersitze und Barhocker mit Kaffee- und Cocktailtrinkern. Auch auf der Terrasse kann man die schöne Aussicht auf die Amstel genießen.

BAR DÓ — BAR

Karte S. 326 f. (☎020-240 22 39; Vijzelgracht 35; So–Do 10–1, Fr & Sa bis 3 Uhr; 📶; Ⓜ Vijzelgracht, 🚋1/7/19/24 Vijzelgracht) Tropische Deko und erfrischende Cocktails machen die Bar Dó zu einem schönen Ausflugsziel. Wenn das Wetter mitspielt, kann man von den Sitzplätzen im Freien gegenüber einer schiefen Häuserreihe hervorragend Leute beobachten.

BOEREJONGENS — COFFEESHOP

Karte S. 326 f. (☎020-447 35 57; www.boerejongens.com; Utrechtsestraat 21; ⌚7–12.45 Uhr; 🚋4 Keizersgracht) Bei Boerejongens, einem Takeaway für Cannabis, wird genauso auf guten Stil Wert gelegt wie auf ein gutes Produkt. Die Mitarbeiter tragen weiße Schürzen, Hosenträger und Fliegen; Türsteher mit Melone koordinieren die Warteschlange vor der Tür.

GREENWOODS — TEEHAUS

Karte S. 326 f. (☎020-420 43 30; www.greenwoods.eu; Keizersgracht 465; Hauptgerichte 12–15 €; ⌚ Mo–Do 9.30–16, Fr–So bis 17 Uhr; 📶; 🚋2/11/12 Keizersgracht) Das gemütliche Untergeschoss des Greenwoods ist perfekt, um Scones zum Tee zu genießen und dem Trubel am Kanal zu entkommen. Es gibt auch Frühstück und Mittagessen, darunter vielseitige Eier- und Burgergerichte. Im Freien kann man mit Blick auf die Keizersgracht sitzen.

BETTY BOOP — COFFEESHOP

Karte S. 326 f. (Reguliersdwarsstraat 29; ⌚9–1 Uhr; 📶; 🚋4/14 Rembrandtplein) Im zweiten Stockwerk dieses coolen LGBT-freundlichen Coffeeshops hat man einen guten Überblick über das Nachtleben auf der Reguliersdwarsstraat. Es ist ein sehr beliebter Platz, um abzuhängen und ein paar Joints zu rauchen. In der inzwischen geschlossenen Filiale schrieb Quentin Tarantino an *Pulp Fiction*. Es ist nicht bekannt, ob die berüchtigten Space Cakes des Coffeeshops ihren Teil zu seiner Kreativität beigetragen haben

DE BALIE — CAFÉ

Karte S. 326 f. (☎020-553 51 30; www.debalie.nl; Kleine Gartmanplantsoen 10; ⌚ Mo–Do 9–1, Fr bis 3, Sa 10–3, So bis 1 Uhr; 📶; 🚋1/2/5/7/11/12/19 Leidseplein) Das ehemalige Bezirksgerichtsgebäude beherbergt einen attraktiven Treffpunkt mit hohen Decken, Buntglas und Kronleuchtern. De Balie ist Café, Bar und Kunstzentrum in einem und organisiert Veranstaltungen zu gesellschaftspolitischen Themen. Es überzeugt mit einer guten Auswahl an Bieren, Cocktails, Säften, Tee- und Kaffeesorten sowie Burgern, Salaten und Sandwiches.

BOCCA COFFEE CAFÉ

Karte S. 326 f. (www.bocca.nl; Kerkstraat 96; ⏲Mo–Fr 8–18, Sa & So ab 9 Uhr; 📶; 🚋2/11/12 Prinsengracht) Das Team hinter Bocca Coffee kennt sich mit Kaffee richtig gut aus. Seit über 15 Jahren beziehen sie ihre Kaffeebohnen aus Äthiopien und vertreiben sie an Cafés in der Stadt. Nun servieren sie in diesem hellen, großzügigen Kaffeehaus richtig guten Kaffee. Man kann an der langen Holztheke sitzen oder es sich in einem der netten Vintage-Sessel gemütlich machen. Nur Barzahlung.

LION NOIR COCKTAILBAR

Karte S. 326 f. (☎020-627 66 03; www.lionnoir.nl; Reguliersdwarsstraat 28; ⏲So–Do 18–1, Fr & Sa bis 3 Uhr; 🚋2/11/12 Koningsplein) Das Lion Noir lockt mit ausgezeichneten Cocktails und seiner hervorragenden Küche mit kreativen, französisch inspirierten Gerichten mit asiatischem Einfluss ein glamouröses Publikum an. Die eklektische Inneneinrichtung mit grünen Wänden, Pflanzen, Vogelkäfigen und ausgestopften Vögeln wurde von Thijs Murré entworfen. Es gibt auch eine schöne, von mehreren Pflanzen beschattete Terrasse.

CLUB UP CLUB

Karte S. 326 f. (☎020-623 69 85; www.clubup.nl; Korte Leidsedwarsstraat 26; ⏲Do 23–4 Uhr, Fr & Sa bis 5 Uhr; 🚋1/2/5/7/11/12/19 Leidseplein) Garage, House, Funk, Soul, Hip Hop, Techno, Live Bands und Performancekunst halten die Gäste in diesem kleinen, abgefahrenen Club bei Laune. Gelegentlich führt der Eingang durch den Sozialverein De Kring im Kleine Gartmanplantsoen 7–9. Informationen findet man auf der Website.

EIJLDERS BRUIN CAFÉ

Karte S. 326 f. (☎020-624 27 04; www.cafeeijlders.com; Korte Leidsedwarsstraat 47; ⏲Mo–Do 16.30–1, Fr & Sa 12–2, Sa bis 1 Uhr; 🚋1/2/5/7/11/12/19 Leidseplein) Im Zweiten Weltkrieg war dieses *bruin café* mit Buntglasfenstern ein Treffpunkt von Künstlern, die sich weigerten, der kulturellen Parteilinie der deutschen Besatzer zu folgen und dieser widerspenstige Geist ist noch heute zu spüren. Das Lokal, in dem die Kellner Westen tragen, ist noch immer ein Künstlercafé. Tagsüber geht's zurückhaltend zu, aber bei Nacht wird es lauter und passt sich der Umgebung des Leidseplein an.

Die Veranstaltungen reichen vom Pubquiz bis zu Poetry Slam.

CAFÉ DE WETERING BRUIN CAFÉ

Karte S. 326 f. (☎020-622 96 76; Weteringstraat 37; ⏲Mo–Do 16–1, Fr bis 3, Sa 15–3, So 15–1 Uhr; 🚋1/7/19 Spiegelgracht) Mit seiner Kaskade aus Grünpflanzen an der Fassade ist das gemütliche Café de Wetering perfekt für ein Getränk oder einen Snack.

Der offene Kamin und die verblasste Innenausstattung wären auch in einem Vermeer-Gemälde nicht fehl am Platz. Es ist bei den Einheimischen beliebt und liegt unweit der Antiquitätenläden in der Nieuwe Spiegelstraat.

CAFÉ BRECHT BAR

Karte S. 326 f. (☎020-627 22 11; www.cafebrecht.nl; Weteringschans 157; ⏲So–Do 11–1, Fr & Sa bis 3 Uhr; Ⓜ Vijzelgracht, 🚋1/7/19/24 Vijzelgracht) Das Café Brecht gehört mit seinen zusammengewürfelten Sesseln, Vintage-Möbeln, Büchern und Brettspielen zu den schönsten Bars Amsterdams. Es ist vor allem bei jungen und künstlerischen Personen beliebt und immer gut besucht.

Das Café ist nach dem deutschen Dramatiker und Dichter Bertolt Brecht benannt, was die deutschen Gedichte erklärt, die an die Wand gekritzelt sind.

PATA NEGRA BAR

Karte S. 326 f. (www.pata-negra.nl; Utrechtsestraat 124; ⏲So–Do 12–1, Fr & Sa bis 3 Uhr; 🚋4 Prinsengracht) Diese spanische Tapas-Bar mit sonnengelben Fliesen und einer gefälligen, leicht ramponiert wirkenden Inneneinrichtung ist vor allem für ihre Margaritas bekannt. Die in Knoblauch gebratenen Garnelen und gegrillten Sardinen (Tapas 6 bis 12,50 €) werden von den gut gelaunten Gästen mit jeder Menge Sangria hinuntergespült.

FREDERIX CAFÉ

Karte S. 326 f. (☎020-223 18 03; www.frederixcoffee.com; Fredericksplein 29; ⏲Mo–Sa 8–18, So ab 9 Uhr; 📶; 🚋4 Prinsengracht) Dieses versteckte Café mit Oberlichtern am grünen Fredericksplein ist auf das Rösten internationaler Kaffeebohnen spezialisiert – der Kaffee ist, wie es zu erwarten war, ausgezeichnet. Dazu gibt's leckere pochierte Eier und andere Köstlichkeiten zum Brunchen.

COFFEESHOP FREE COFFEESHOP

Karte S. 326 f. (Reguliersdwarsstraat 70; ⏲10–1 Uhr; 📶; 🚋24 Muntplein) Der kleine Coffeeshop

Free legt schon seit Jahrzehnten ein träges hawaiianisches Flair an den Tag. Die leicht verblassten Südsee-Wandmalereien sorgen für eine sehr entspannte Umgebung – und im Fernseher ist immer ein Sportsender eingeschaltet.

CAFÉ DE SPUYT — BRUIN CAFÉ

Karte S. 326 f. (☎020-624 89 01; www.cafedespuyt.nl; Korte Leidsedwarsstraat 86; ⏲Mo–Do 16–3, Fr & Sa 15–4, So 15–3 Uhr; 🚊1/2/5/7/11/12/19 Leidseplein) Inmitten des Trubels am quirligen Leidseplein ist dies ein entspanntes *bruin café* mit gelben Wänden und schriller Deko. Aber die eigentliche Attraktion ist die riesige Kreidetafel, auf der über 150 niederländische und belgische Biersorten aufgelistet sind, zu denen auch belgische Trappisten- und Abteibiere gehören.

BULLDOG PALACE — COFFEESHOP

Karte S. 326 f. (www.thebulldog.com; Leidseplein 15; ⏲Coffeeshop Mo–Mi 8–1, Bar 10–1, Do & So bis 2, Fr & Sa bis 3 Uhr; 📶; 🚊1/2/5/7/11/12/19 Leidseplein) Das Bulldog ist, soweit das bei einem Coffeeshop überhaupt möglich ist, ein richtiggehendes Unternehmen mit Filialnetz, einem Hotel und Merchandising-Produkten, aber zugleich ist es auch einer der ältesten und bekanntesten Coffeeshops Amsterdams. Es ist in einer ehemaligen Polizeiwache untergebracht und in zwei Bereiche aufgeteilt: einen zum Rauchen und einen, um etwas zu trinken. Die Gäste sind auf beiden Seiten ungefähr gleich: Teilnehmer von Junggesellenabschieden, Backpacker und Geschäftsreisende, die etwas Spaß haben möchten.

DE KROON — BAR

Karte S. 326 f. (☎020-625 20 11; www.dekroon.nl; Rembrandtplein 17; ⏲So–Do 16–1, Fr bis 3, Sa 15–4 Uhr; 🚊4/14 Rembrandtplein) Das renovierte Grand Café De Kroon am Rembrandtplein stammt von 1898 und ist über mehrere Wendeltreppen zu erreichen und wartet mit hohen Decken, Sesseln, in denen man versinkt, und funkelnden Kronleuchtern auf. Es gibt eine lange Cocktail-Liste, Weine und Biere. Auf der Speisekarte dominieren gegrillte Fisch- und Fleischgerichte. Freitags und samstags verwandelt sich das Café in einen Club.

BRASSERIE NEL — BAR

Karte S. 326 f. (☎020-626 11 99; www.brasserienel.nl; Amstelveld 12; ⏲So–Do 10–1, Fr & Sa bis 3 Uhr; 📶; 🚊4 Prinsengracht) NeL, ein herrschaftliches, weißes Haus an einem versteckten Platz ist ein Herausforderer im Wettstreit um die beste Terrasse in Amsterdam. An schönen Tagen bilden die großen Bäume ein Sonnendach und man kann kaum glauben, dass die Bar so nahe am Rembrandtplein liegt. Drinnen gibt's eine entspannte Brasserie und eine stylishe Bar.

OOSTERLING — BRUIN CAFÉ

Karte S. 326 f. (☎020-623 41 40; www.cafeoosterling.nl; Utrechtsestraat 140; ⏲Mo & Di 8.30–21, Mi–Sa bis 1, So bis 20 Uhr; 🚊4 Prinsengracht) Das Oosterling wurde im 18. Jh. als Tee- und Kaffeegeschäft der Niederländischen Ostindien-Kompanie eröffnet. Die Familie Oosterling ist seit 1877 am Ruder und das Café wird nun in vierter Generation von den freundlichen Brüdern Oscar und Marcel geführt. Es ist eines der wenigen Cafés mit einer Lizenz für eine Wein- und Spirituosenhandlung.

SUZY WONG — BAR

Karte S. 326 f. (www.suzy-wong.nl; Korte Leidsedwarsstraat 45; ⏲So–Do 18–1, Fr & Sa bis 3, Uhr; 🚊1/2/5/7/11/12/19 Leidseplein) Das Suzy Wong mit seinen roten Samttapeten im Stil eines Salons, seiner exklusiven Atmosphäre und einer Bambusgarten-Imitation zieht lokale Berühmtheiten wie ein Magnet an. Hier sind frische Mojitos angesagt und donnerstags ist sogar Mojito-Nacht. Dann kostet ein Mojito nur 6,50 €.

CAFÉ SCHILLER — CAFÉ

Karte S. 326 f. (☎020-624 98 46; www.cafeschiller.nl; Rembrandtplein 24a; ⏲Mo–Do 15–1, Fr & Sa 12.30–3 Uhr; 📶; 🚊4/14 Rembrandtplein) Das Café Schiller hat eine umwerfende Art-déco-Einrichtung und trendige Kronleuchter und Lampen mit Rosendornen-Motiv als Aussparung. An den Wänden hängen Porträts niederländischer Schauspieler und Cabaretkünstler aus den 1920er- und 1930er-Jahren. Der frühere Besitzer namens Schiller hat sie gemalt.

CAFE MANKIND — BAR

Karte S. 326 f. (☎020-638 47 55; www.mankind.nl; Weteringstraat 60; ⏲Mo–Sa 12–24 Uhr; 📶; 🚊1/7/19 Spiegelgracht) Das versteckte LGBT-freundliche Café mit Bar in angenehmer Nähe zum Rijksmuseum hat eine nette, schmale Terrasse direkt an der Gracht. Die Küche serviert Sandwiches, Salate und kleine Gerichte (12–16 und 17–20.30 Uhr).

DOLPHINS COFFEESHOP — COFFEESHOP

Karte S. 326 f. (☎020-774 33 36; Kerkstraat 39; ⏲10–1 Uhr; 📶; 🚊2/11/12 Prinsengracht) Diesen surreal anmutenden Coffeeshop zieren

Wandmalereien im Stil großer Fischaquarien, er ist mit künstlichen Felsen und anderen Unterwasserobjekten dekoriert. Man hat beinahe das Gefühl, als würde man unter Wasser rauchen. Neben Toasts und Gebäck gibt's auch Tee und Säfte.

CHICAGO SOCIAL CLUB BAR

Karte S. 326 f. (020-760 11 71; www.chicagosocialclub.nl; Leidseplein 12; Bar So–Do 20–4, Fr & Sa bis 5 Uhr, Club Do–Sa ab 23 Uhr; 1/2/5/7/11/12/19 Leidseplein) Der im Jahr 1923 gegründete intime Bar-Club am Leidseplein ist auch heute noch eine Erfolgsgeschichte, auch wenn sich die Musikrichtung im Lauf der Jahre geändert hat. Heute wird House und Techno aufgelegt. Der Club wird von einem entspannten, coolen Publikum frequentiert. Eintritt ab 21 Jahren.

ITA BRASSERIE CAFÉ

Karte S. 326 f. (020-795 99 95; www.ita.nl/nl/café-brasserie; Leidseplein 26, Internationaal Theater Amsterdam; So–Do 10–1, Fr & Sa bis 2 Uhr; ; 1/2/5/7/11/12/19 Leidseplein) Mit Kronleuchtern geschmückt sieht dieser abgerundete und mit Säulen versehene Raum aus wie eine Hochzeitstorte. In der Brasserie wimmelt es von Schauspielern und plaudernden Kulturliebhabern, die über das avantgardistische Stück diskutieren, das sie gerade im angeschlossenen Internationaal Theater Amsterdam gesehen haben.

WHISKEY CAFÉ L&B BAR

Karte S. 326 f. (020-625 23 87; www.lbwhiskyproeverijen.nl; Korte Leidsedwarsstraat 92; Mo–So 20–3, Fr & Sa bis 4, So 17–3 Uhr; 1/2/5/7/11/12/19 Leidseplein) Wer auf bernsteinfarbene Spirituosen steht, ist hier richtig. Die freundliche und immer volle Bar hat über 1350 (ja, im Ernst: 1350!) verschiedene Whiskeys aus Schottland, Irland, Amerika und Japan im Sortiment. Die kompetenten Barkeeper helfen bei der Auswahl.

JIMMY WOO CLUB

Karte S. 326 f. (020-626 31 50; www.jimmywoo.com; Korte Leidsedwarsstraat 18; Do 11–3, Fr & Sa bis 4 Uhr; 1/2/5/7/11/12/19 Leidseplein) Das alteingesessene, aber luxuriöse Jimmy Woo ist bis heute ein angesagter Club der Jungen und Schönen. Er wurde von dem Designer Thijs Murré entworfen, die Decke in der unteren Etage ist mit winzigen Lichtern übersät, die im Takt der Musik pulsieren. Die Schlangen sind extrem lang und die Türsteher streng – um Einlass zu finden, sollte man sich entsprechend aufstylen. Entweder man kommt schon früh oder ruft vorher an und versucht, auf die Gästeliste zu kommen.

MULLIGANS IRISH PUB

Karte S. 326 f. (020-622 13 30; www.mulligans.nl; Amstel 100; Mo–Do 16–1, Fr bis 3, Sa 14–3, So bis 1 Uhr; ; 4/14 Rembrandtplein) Im Mulligans, Amsterdams authentischstem Irish Pub, gibt's ordentlich gezapftes Guinness und Magners Cider. An fast allen Abenden wird ab 21 Uhr traditionelle irische Livemusik (kostenlos) gespielt.

☆ UNTERHALTUNG

Zu beiden Seiten des südlichen Grachtengürtels drängen sich am Leidseplein und Rembrandtplein, den Zentren des Nachtlebens, die Nachtschwärmer. Man hat die Qual der Wahl zwischen Livemusik und Nachtclubs, in denen bekannte DJs auflegen. Im prächtigen Internationaal Theater Amsterdam am Leidseplein finden Festivals statt und es werden Theaterstücke aufgeführt. Kleinere Theater und Kinos sind über das ganze Viertel verteilt.

★ PATHÉ TUSCHINSKITHEATER KINO

Karte S. 326 f. (www.pathe.nl; Reguliersbreestraat 26–34; 11 €; 9.30–12.30 Uhr; 4/14 Rembrandtplein) Die Fassade dieses fantastischen Kinos ist ein Paradebeispiel der Amsterdamer Schule; es lohnt sich auch, das Kino allein wegen des prächtigen Art-déco-Interieurs zu besuchen. Der *grote zaal* (Großer Saal) ist am beeindruckendsten; hier werden vor allem Blockbuster gezeigt, während in den kleineren Sälen Arthouse und Independent Filme ausgestrahlt werden. Man kann das Kino auch im Rahmen einer Audio Tour (10 €) besichtigen.

Das Kino wurde von Abraham Tuschinski, einem polnischen jüdischen Immigranten erbaut. Er und ein Großteil seiner Familie kamen in den Konzentrationslagern des Zweiten Weltkriegs ums Leben – damals wurde das Kino in „Tivoli“ umbenannt. Nach dem Krieg erhielt es seinen ursprünglichen Namen zurück.

KONINKLIJK THEATER CARRÉ DARSTELLENDE KÜNSTE

Karte S. 326 f. (0900 25 25 255; www.carre.nl; Amstel 115–125; Eintrittspreise variieren; Theaterkasse 16–18 Uhr; M Weesperplein, 1/7/19 Weesperplein) Die Familie Carré begann ihre Karriere mit einer Pferdenummer auf dem

DIE LGBT-SZENE AM SÜDLICHEN GRACHTENGÜRTEL

Taboo Bar (Karte S. 326 f.; www.taboobar.nl; Reguliersdwarsstraat 45; ⌚Mo–Do 17–3, Fr bis 4, Sa bis 16–4, So bis 3 Uhr; 📶; 🚋2/11/-12 Koningsplein) Die bei der LGBT-Community beliebte Taboo Bar hat zahlreiche Happy Hours, in denen es zwei Drinks zum Preis von einem gibt (18–20 sowie 1–2 Uhr). Innen ist es zwar recht eng, aber an warmen Tagen stehen alle Gäste draußen auf der Straße. Mittwochs kosten Cocktails 6 € und es finden eine Dragshow und Wettbewerbe bzw. Spielchen im Stil von „Steck dem Esel den Schwanz an" statt.

Church (Karte S. 326 f.; www.clubchurch.nl; Kerkstraat 52; ⌚Di & Mi 20–1. Do 22–4. Fr & Sa 22–5, So 16–20 Uhr; 🚋2/11/-12 Keizersgracht) In dieser Kirche gibt's weder Predigten noch Psalmen: Dies ist ein Hardcore-LGBT-Club mit Themenabenden. Sofern man nicht entsprechend gekleidet ist (Details auf der Website) oder mit superheißen Jungs aufkreuzt oder selbst einer ist, kommt man hier nicht rein.

Montmartre (Karte S. 326 f.; www.cafemontmartre.nl; Halvemaansteeg 17; ⌚So–Do 17–1, Fr & Sa bis 4 Uhr; 🚋4/14 Rembrandtplein) Eine immer volle LGBT-Bar, die schon lange als lokaler Favorit gilt. Sie ist für ihre niederländische Musik bekannt und die Gäste singen (oder schreien) begeistert mit, wenn niederländische Balladen oder alte Hits aus den Top-40 gespielt werden. Auf dem Programm stehen auch Karaoke, Dragshows und Hits aus den 1980er- und 1990er-Jahren.

Lellebel (Karte S. 326 f.; www.lellebel.nl; Utrechtsestraat 4; ⌚Do 21–3, Fr & Sa 15–5, So bis 3 Uhr; 📶; 🚋4/14 Rembrandtplein) Dieses dandyhafte Lokal mit auf die Wände gedruckten Leoparden in Pink unweit vom Rembrandtplein ist mit seinen Themenabenden, zu denen beispielsweise Karaoke, singende Dragqueens und Bingo gehören, auf Dragqueens zugeschnitten.

jährlichen Jahrmarkt und errichtete 1887 dieses Zirkustheater. Die klassizistische Fassade ist mit den Gesichtern von Hofnarren, Tänzern und Theatervolk geschmückt. Hier finden hochkarätige Musik- und Theaterveranstaltungen statt; der Weihnachtszirkus ist ein saisonales Highlight.

INTERNATIONAAL THEATER AMSTERDAM — THEATER

Karte S. 326 f. (☎020-624 23 11; www.ita.nl; Leidseplein 26; ⌚Theaterkasse Mo–Sa 12–18 Uhr& 2 Std. vor den Vorstellungen; 🚋1/2/5/7/11/12/19 Leidseplein) Als das Theater mit seinem prächtigen Balkon im Jahr 1894 vollendet wurde, war die öffentliche Kritik so harsch, dass die Fassadengestaltung danach nicht mehr vollendet werden sollte. Der Architekt Jan Springer war darüber so verärgert, dass er in Ruhestand ging.

Der Zuschauerraum in Hufeisenform bietet etwa 1200 Plätze und wird für aufwendige Theaterstücke, Operetten und Festivals genutzt. Nicht entgehen lassen sollte man sich das prachtvolle Theatercafé ITA Brasserie.

PARADISO — LIVEMUSIK

Karte S. 326 f. (☎020-622 45 21; www.paradiso.nl; Weteringschans 6–8; Eintrittspreise variieren; 📶; 🚋1/2/5/7/11/12/19 Leidseplein) Im Jahr 1968 wurde eine schöne alte Kirche in das „Kosmische Entspannungszentrum Paradiso" umfunktioniert. Heutzutage ist die Atmosphäre weniger Hippie und mehr Funked-up-Odyssee, mit großen Namen, themenbezogenen Events und Indie-Nights. Im kleineren Saal treten Newcomer-Bands auf, während man im großen Saal befürchten muss, dass die Buntglasfenster unter der Wucht der Beats bersten könnten.

BOURBON STREET JAZZ & BLUES CLUB — LIVEMUSIK

Karte S. 326 f. (www.bourbonstreet.nl; Leidsekruisstraat 6-8; Eintrittspreise variieren; ⌚So–Do 11–4, Fr & Sa bis 5 Uhr; 🚋2/11/12 Prinsengracht) Ein intimer Club mit ziemlich vielseitigem wöchentlichen Musikprogramm. Montags finden offene Jamsessions statt, an denen jeder teilnehmen kann. Dienstags stehen Soul und Reggae, am Mittwoch Blues und Rock, donnerstags Funk, freitags Pop und Latin, samstags Pre-Rock und sonntags Weltmusik, Folk und Samba auf dem Programm.

Vor 23 Uhr ist der Eintritt frei (Fr & Sa bis 22.30 Uhr); danach beginnen meist die Konzerte.

MELKWEG

LIVEMUSIK

Karte S. 326 f. (☎020-531 81 81; www.melkweg.nl; Lijnbaansgracht 234a; Eintrittspreise variieren; 🚋1/2/5/7/11/12/19 Leidseplein) In einer ehemaligen Molkerei bietet das gemeinnützige „Milky Way" eine schwindelerregende Galaxie unterschiedlicher Gigs mit DJs und Livebands. An einem Abend steht Electronica auf dem Programm, am nächsten Reggae oder Punk und dann Heavy Metal. Aber auch traditioneller Volksmusik, Rockbands und sanften Liedermachern wird eine Bühne geboten.

Die Website informiert detailliert, was aktuell an Kino, Theater- und Multimedia-Veranstaltungen geboten ist.

JAZZ CAFÉ ALTO

JAZZ

Karte S. 326 f. (www.jazz-cafe-alto.nl; Korte Leidsedwarsstraat 115; ⏲So–Do 21–3, Fr & Sa bis 4 Uhr; 🚋1/2/5/7/11/12/19 Leidseplein) In dem beschaulichen, atmosphärischen Club im Stil eines *bruin café* wird richtig guter Jazz (und manchmal auch Blues) gespielt. Jeden Abend gibt's Live-Gigs. Die Türen öffnen sich um 21 Uhr, die Musik beginnt dann gegen 22 Uhr. Wer unbedingt einen Sitzplatz ergattern möchte, sollte am besten frühzeitig hier eintreffen.

CAVE

LIVEMUSIK

Karte S. 326 f. (☎020-626 89 39; www.thecave.nl; Prinsengracht 472; Eintritt Livemusik ab 3 €; ⏲So–Do 20–3, Fr & Sa bis 4 Uhr; 🚋2/11/12 Prinsengracht) Dieses Grunge-Fest befindet sich im Untergeschoss eines Gebäudes. Metalheads können sich freuen: Hier finden von Donnerstag bis Samstag Hard-Rock und Metal-Live-Gigs statt. Und den Rest der Woche legen DJs selbigen auf.

DE UITKIJK

KINO

Karte S. 326 f. (www.uitkijk.nl; Prinsengracht 452; 11 €; ⏲Öffnungszeiten variieren; 🚋2/11/12 Prinsengracht) Das Programmkino in einem Grachtenhaus von 1913 ist das älteste erhaltene Kino der Stadt. Auf dem Programm steht eine Mischung aus klassischen Oldies und neueren Filmen aus Holland und dem Ausland.

DE HEEREN VAN AEMSTEL

LIVEMUSIK

Karte S. 326 f. (www.deheerenvanaemstel.nl; Thorbeckeplein 5; ⏲Mo–Do 12–3, Fr & Sa bis 4 Uhr; 🚋4/14 Rembrandtplein) In diesem Club im Stil eines Grand Café drängen sich vor allem Studenten und Expats.

Auf dem Programm stehen Livebands und Themenabende und vor allem zur Wochenmitte gibt's günstige Drinks.

SHOPPEN

Von schicker Mode und Design aus Holland bis zu Tulpenzwiebeln und seltenem niederländischem *jenever* – im südlichen Grachtengürtel ist alles zu finden. Die Nieuwe Spiegelstraat – das Rückgrat des Spiegelviertels – ist für ihre Antiquitäten- und Trödelläden, Stammes- und orientalische Kunst und kommerziellen Kunstgalerien bekannt.

★CONCERTO

MUSIK

Karte S. 326 f. (☎020-261 26 10; www.concerto.amsterdam/en; Utrechtsestraat 52–60; ⏲ Mo, Mi, Fr & Sa 10–18, Do bis 19, So 12–18 Uhr; 🚋4 Keizersgracht) Dieses große Geschäft mit einer fantastischen Auswahl neuer und gebrauchter Schallplatten und CDs jeden erdenklichen Genres von Rockabilly bis Klassik und mehr ist für Musikfans ein Paradies. Das Preis-Leistungs-Verhältnis ist gut und es sind auch Hörstationen vorhanden. Außerdem gibt's ein Café im Wohnzimmerstil und regelmäßige Live-Sessions (weitere Details auf der Website).

★VLIEGER

SCHREIBWAREN

Karte S. 326 f. (☎020-623 58 34; www.vliegerpapier.nl; Amstel 34; ⏲ Mo 12–18, Di–Fr 9–18, Sa 11–17.30 Uhr; 🚋4/14 Rembrandtplein) Der Laden für alle, die Schreibwaren und Papier lieben! Seit 1869 gibt's in diesem zweistöckigen Laden Schreibwaren: ägyptischen Papyrus, handgeschöpftes Papier aus Asien und Mittelamerika, Papier mit eingeschlossenen Blütenblättern oder Bambus sowie Strukturpapier, das wie Schlangenhaut aussieht.

★KRAMER KUNST & ANTIEK

ANTIQUITÄTEN

Karte S. 326 f. (☎020-626 11 16; www.antique-tileshop.nl; Prinsengracht 807; ⏲ Mo–Fr 10–18, Sa bis 19, So 13–18 Uhr; 🚋1/7/19 Spiegelgracht) Dieser fesselnde Laden ist vollgestopft mit faszinierenden Antiquitäten, silbernen Kerzenständern, Dekantern aus Kristall, Schmuck und Taschenuhren. Er ist auf antike blau-weiße niederländische Kacheln spezialisiert und wird heute von der dritten Generation der Kramers geführt, den Brüdern Sebastian und Eduard.

HOOGKAMP ANTIQUARIAAT

ANTIQUITÄTEN

Karte S. 326 f. (☎020-625 88 52; www.prenten.net; Spiegelgracht 27; ⏲13–18 Uhr; 🚋1/7/19 Spiegelgracht) Das Antiquitätengeschäft an der malerischen Spiegelgracht verkauft Drucke, die sich hervorragend als Souvenirs eignen – alte Amsterdamer Landkarten und Landschaften, Kunstwerke und skurrile Überraschungen wie Naturfotografien und wissenschaftliche Schaubilder. Einfach in den Auslagen und Regalen herumstöbern!

MAISONNL INNENEINRICHTUNG

Karte S. 326 f. (www.maisonnl.com; Utrechtsestraat 118; ⌚ Mo 13–18, Di–Sa 10–18, So 13–17 Uhr; 🚋4 Prinsengracht) In diesem kleinen Konzeptladen gibt's alle möglichen wunderschönen Dinge, von denen man vorher noch gar nicht wusste, dass man sie brauchen würde, beispielsweise Christian-Lacroix-Geschirr und zuckersüße Spielzeugmäuse in Streichholzschachteln von Maileg. Im hinteren Teil des Ladens gibt's Kleidung.

SHIRT SHOP KLEIDUNG

Karte S. 326 f. (☎020-423 20 88; www.shirtshop amsterdam.com; Reguliersdwarsstraat 64; ⌚13–19 Uhr; 🚋24 Muntplein) Ein Laden auf Amsterdams LGBT-Hauptstraße mit einem kaleidoskopartigen Sortiment stylisher Klamotten für Männer: schön gemusterte Hemden, flippige T-Shirts mit mexikanischen Totenköpfen und vieles mehr.

TINKERBELL SPIELWAREN

Karte S. 326 f. (☎020-625 88 30; www.tinker belltoys.nl; Spiegelgracht 10; ⌚ Mo 13–18, Di–Sa 10–18, So 12–17 Uhr; 🚋1/7/19 Spiegelgracht) Der mechanische Bär, der vor dem Laden Seifenblasen bläst, fasziniert die Kinder ebenso wie das verblüffende technische und wissenschaftliche Spielzeug im Inneren. Außerdem gibt's historische Kostüme, Plüschtiere und eine ganze Abteilung für Babys.

SKATEBOARDS AMSTERDAM SPORT & AKTIVITÄTEN

Karte S. 326 f. (☎020-421 20 96; www.skateboards-amsterdam.nl; Vijzelstraat 77; ⌚ So & Mo 13–18, Di–Sa 11–18 Uhr; 🚋24 Muntplein) Hier dreht sich alles um Skateboards und was man so zum Skaten braucht: Cruisers, Longboards, Schuhe, Schnürsenkel, Kappen, Beanies, Taschen, Rucksäcke und Kleidung, einschließlich Spitfire und Skate Mental- sowie Trasher T-Shirts und eine fantastische Auswahl an Band T-Shirts.

MOBILIA INNENEINRICHTUNG

Karte S. 326 f. (☎020-622 90 75; www.mobilia.nl; Utrechtsestraat 62; ⌚Mo–Sa 9.30–18 Uhr; 🚋4 Prinsengracht) Dieses sagenhafte „Lifestyle-Studio" auf drei Etagen präsentiert Design aus dem In- und Ausland, genauer gesagt Sofas, Workstations, Bücherregale, Lampen, Läufer und vieles andere mehr.

HART'S WIJNHANDEL ALKOHOL

Karte S. 326 f. (www.hartswijn.nl; Vijzelgracht 27; ⌚Mo 10–18, Di–Fr 9.30–18, Sa 10–17 Uhr; Ⓜ Vijzelgracht, 🚋1/7/19/24 Vijzelgracht) Das Stöbern nach *jenever* und französischen und italienischen Weinen ist in diesem eleganten Laden mit Empore und einer Geschichte, die bis ins Jahr 1880 zurückreicht, eine absolute Freude. Im Hintergrund läuft klassische Musik – bei Fragen ist sachkundiges Personal zur Stelle.

JASKI KUNST

Karte S. 326 f. (☎20-620 39 39; www.jaski.nl; Nieuwe Spiegelstraat 29; ⌚12–18 Uhr; 🚋2/11/12 Keizersgracht) Eine große, kommerzielle Galerie, in der Gemälde, Drucke, Keramiken und Skulpturen von einigen der bekanntesten Mitglieder der CoBrA-Bewegung (Kopenhagen, Brüssel, Amsterdam) verkauft werden.

LIEVE HEMEL KUNST

Karte S. 326 f. (☎062-903 90 95; www.lievehemel.nl; Nieuwe Spiegelstraat 3; ⌚ Di–Sa 12–18 Uhr; 🚋16/24 Keizersgracht) Diese kleine, feine Galerie ist spezialisiert auf großartige zeitgenössische Gemälde und Skulturen des niederländischen Realismus.

LOOK OUT KLEIDUNG

Karte S. 326 f. (☎020-625 50 32; www.lookout mode.nl; Utrechtsestraat 91–93; ⌚Mo 12–18, Di–Sa 10–18 Uhr; 🚋4 Prinsengracht) Look Out bietet seit 1972 flippige Kleidung an und wird von der Tochter des Gründers geleitet. Das Geschäft für Männer und Frauen verkauft besonders farbenfrohe Kleidung und führt superstylishe Marken wie Zenggi, Xirena und Missoni.

REFLEX MODERN ART GALLERY KUNST

Karte S. 326 f. (www.reflexamsterdam.com; Weteringschans 79a; ⌚ Di–So 11–18 Uhr; 🚋1/7/19 Spiegelgracht) Diese stylishe und herausragende Galerie präsentiert und verkauft zeitgenössische Kunst, Drucke und Fotografien sowie Bücher internationaler Künstler.

Jordaan & der Westen

JORDAAN | DER WESTEN

Details s. Karte S. 325, 330 f. und 332 f.

Highlights

❶ **De Twee Zwaantjes** (S. 153) Gemütlich durch das Labyrinth enger Gassen und entlang malerischer Grachten bummeln – und dann eines der *bruin cafés* („braune Cafés“, traditionelle holländische Kneipen) ansteuern, wie z. B. das De Twee Zwaantjes – das ist Amsterdam-Feeling pur.

❷ **Amsterdam Tulip Museum** (S. 144) Hier erfährt man viel über die faszinierende Geschichte der niederländischen Tulpenzwiebel und ihrer Produktion.

❸ **Pianola Museum** (S. 144) Auf den alten mechanischen Klavieren werden den Besuchern selten gespielte Jazz- und Klassikstücke vorgestellt.

❹ **Hausboot-Museum** (S. 144) Auf einem Boot von 1914 einen Eindruck vom Leben auf den Amsterdamer Grachten gewinnen.

❺ **Westerpark** (S. 146) Mit dem Rad die Mischung aus Schilf-Wildnis und alten Gaswerk-Gebäuden erkunden, die zu schicken Designstudios, Cafés, Restaurants und Theatern umgebaut wurden.

Jordaan & den Westen erkunden

Vor seiner Gentrifizierung ab Mitte des 20. Jhs. war der Jordaan ein schäbiges, dicht bevölkertes *volksbuurt* (Arbeiterviertel) – Spuren der Vergangenheit sind noch überall sichtbar. Der Stadtteil präsentiert sich heute als sympathischer Mix, unter dessen trendiger Glanzlackschicht immer wieder die proletarische, trinkfeste Linke von einst durchschimmert.

Der Tag beginnt am Nordrand des Jordaan-Viertels. Auf einem Bummel kreuz und quer in Richtung Süden sorgen Architektur, Museen und (wenn das Timing stimmt) Märkte für gute Laune. Für eine Kaffeepause bietet sich eines der vielen *bruin cafés* an der Prinsengracht an.

Am zweiten Tag geht's Richtung Westen, und zwar mit dem Fahrrad auf die westlichen Inseln (Westelijke Eilanden) und durch den grünen Westerpark (S. 146). Abends lockt die Westergasfabriek (S. 151) mit spannenden Kulturangeboten, vom Autorenfilm über Jazz bis zu Rock 'n' Roll.

Lokalkolorit

➡ **Märkte** Auf den Wochenmärkten – Noordermarkt (S. 156), Lindengrachtmarkt (S. 156) und Westermarkt (S. 156) – werden appetitliche Leckereien, billige Klamotten und schräge Flohmarktfundstücke angeboten.

➡ **Kulturszene** Die Einheimischen treffen sich in der Westergasfabriek (S. 151), einem ehemaligen Gaswerk, das sich zum angesagten Kulturzentrum gemausert hat. Hier sorgen Festivals, Bars und Restaurants sowie weitere Märkte (www.sundaymarket.nl) für gute Unterhaltung.

➡ **Hafenrestaurants** Zwei der ausgefallensten Amsterdamer Kneipen/Restaurants – im ehemaligen Studio eines Piratenradio- und Fernsehsenders und an Bord einer Fähre von 1927 – warten im Houthavens-Viertel (S. 147) gleich nördlich der Westelijke Eilanden.

An- & Weiterreise

➡ **Straßenbahn** Die Linien 3, 5, 7, 17 und 19 streifen den Westrand des Viertels, die Linien 13 und 17 fahren mittendurch.

➡ **Bus** Die Busse 18, 21, 22 und 48 sind die schnellste Verbindung zwischen Hauptbahnhof und Jordaans Norden, dem Westen und den westlichen Inseln.

➡ **Auto** Selbst unerschrockene Hell Driver meiden Jordaans enge Sträßchen – ernsthaft!

Top-Tipp

Die Straßenbahnlinien 3 und 5 umrunden das Zentrum, fahren also nicht zum Hauptbahnhof (S. 280). Wer von dort zum Westerpark (S. 146) oder zur Westergasfabriek (S. 151) will, ist mit Bussen besser bedient.

Gut essen

➡ Mossel en Gin (S. 149)

➡ Daalder (S. 149)

➡ Wolf Atelier (S. 149)

➡ Marius (S. 150)

➡ Balthazar's Keuken (S. 147)

Mehr dazu siehe S. 146 

Nett ausgehen

➡ 't Smalle (S. 151)

➡ Monks Coffee Roasters (S. 154)

➡ Brouwerij Troost Westergas (S. 154)

➡ Westergasterras (S. 154)

➡ Café Papeneiland (S. 151)

➡ Cafe Soundgarden (S. 151)

Mehr dazu siehe S. 151 

Schön shoppen

➡ Moooi Gallery (S. 156)

➡ Het Oud-Hollandsch Snoepwinkeltje (S. 155)

➡ Lindengracht Market (S. 156)

➡ Memento (S. 156)

➡ Robins Hood (S. 156)

Mehr dazu siehe S. 155 

SEHENSWERTES

In dieser Gegend gibt's keine umwerfenden Sehenswürdigkeiten, doch darauf kommt es hier gar nicht an. Im Jordaan sind es die kleinen Dinge, die den Reiz ausmachen: die engen Sträßchen, die alten Fassaden und die witzigen kleinen Läden – hier kann man einfach herumbummeln, ohne Angst haben zu müssen, falls man sich mal verläuft. Auch im Westen Amsterdams sind das Herumflanieren, das Essen und das Nachtleben am schönsten.

Jordaan

BROUWERSGRACHT — GRACHT

Karte S. 330 f. (Brauergracht; 3 Haarlemmerplein) Die „Gracht der Brauer" wirkt so schön wie ein Gemälde aus dem Goldenen Zeitalter. Die Gracht verbindet den Singel mit der Singelgracht und markiert die nordwestliche Grenze des Grachtengürtels sowie die nördliche Grenze des Jordaan. Gegraben wurde die Gracht 1612. Ihren heutigen Namen verdankt sie den vielen Brauereien, die sich hier im 16. und 17. Jh. ansiedelten. Leder, Kaffee, Walöl und Gewürze wurden in riesigen Speicherhäusern gelagert und verarbeitet, z. B. in den Gebäuden mit den Schnabelgiebeln an der Brouwersgracht 188–194.

Ein Bummel lohnt sich immer, vor allem am Königstag (S. 23).

AMSTERDAM TULIP MUSEUM — MUSEUM

Karte S. 330 f. (020-421 00 95; www.amsterdamtulipmuseum.com; Prinsengracht 116; Erw./Kind 5/3 €; 10–18 Uhr; 13/17 Westermarkt) Mehr als eine halbe Stunde benötigt man nicht für einen Besuch des winzigen Museums. Die Ausstellung präsentiert u. a. mit einem zeitlichen Überblick und zwei kurzen Filmen (auf Englisch) die Geschichte der niederländischen Nationalblume. So entdeckten osmanische Kaufleute die Blumen in den Steppen des Himalayas. Sie brachten sie zur kommerziellen Züchtung in die heutige Türkei. Zudem erfahren Besucher, wie während der sogenannten „Tulipmania" in den Niederlanden Reichtümer angehäuft wurden und auch wieder verloren gingen. Die Tulpenblüten wurden im Zweiten Weltkrieg sogar als Nahrung verwendet. Veranschaulicht wird zudem, wie Tulpen heutzutage gezüchtet und produziert werden.

Es gibt auch eine sehenswerte Sammlung an Tulpenvasen, die jeweils für unterschiedliche Tulpenstiele entworfen wurden. Der Souvenirladen ist ein reines Blütenparadies.

PIANOLA MUSEUM — MUSEUM

Karte S. 330 f. (020-627 96 24; www.pianola.nl; Westerstraat 106; Museum Erw./Kind 9/5 €, Konzertkarten ab 12,50 €; ganzjährig Fr & Sa 11–17, So bis 16 Uhr, Konzerte Sept.–Juni; 3/5 Marnixplein) Das mit Pianolas aus dem frühen 20. Jh. vollgestopfte Museum ist ein sehr spezieller Ort. Von den 50 vorhandenen Instrumenten sind immer ein Dutzend zu sehen. Dazu finden sich hier rund 30 000 Notenrollen sowie eine Orgel. Der sehr enthusiastische Kurator veranstaltet einstündige Führungen und interessante Musikvorführungen.

Hier finden regelmäßig Konzerte statt, wobei das Programm von Mozart bis zu Fats Waller reicht. Zu hören sind auch seltene klassische Werke und Jazzmelodien, die speziell für automatische Klaviere arrangiert wurden. In letzter Zeit hat das Museum sein Musikspektrum u. a. durch eine beliebte Tango-Reihe erweitert.

HAUSBOOT-MUSEUM — MUSEUM

Karte S. 332 f. (020-427 07 50; www.houseboatmuseum.nl; Prinsengracht 296k; Erw./Kind 4,50/3,50 €; Juli–Aug. tgl. 10–17 Uhr, Sept.–Juni Di–So; 13/17 Westermarkt) Das urige Museum, ein 23 m langes Segelschiff (Baujahr 1914) namens Hendrika Maria vermittelt einen guten Eindruck davon, wie *gezellig*, also wie urgemütlich und gesellig es sich auf dem Wasser leben lässt. Wirklich viel zu sehen gibt's nicht, doch eine Diashow zeigt hübsche (aber natürlich auch einige schauderhafte) Hausboote. Die Besucher können außerdem einen Blick in die mit allem Komfort ausgestatteten Schlaf-, Wohn-, Koch- und Essbereiche werfen. Nur Barzahlung möglich.

AMSTERDAM CHEESE MUSEUM — MUSEUM

Karte S. 330 f. (020-331 66 05; www.cheesemuseumamsterdam.com; Prinsengracht 112; 9–19 Uhr; 13/17 Westermarkt) GRATIS Das Käsemuseum ist ein Touristengag, aber zugegebenermaßen ein ganz humorvoller. Das Erdgeschoss ist eigentlich ein Käseladen, in dem man kostenlos zahlreiche Sorten probieren kann. Im Untergeschoss befindet sich das kleine „Museum" mit einer Ausstellung. Man kann sich aber auch als holländischer Käsemacher verkleiden, im Kostüm ein Foto machen und den weltweit teuersten Käsehobel bewundern, der mit Diamanten verziert wurde.

BLOEMGRACHT — GRACHT

Karte S. 330 f. (Blumengracht; 13/17 Westermarkt) Im 17. Jh. wurde die Bloemgracht als die „Herengracht des Jordaan" bezeichnet. Hier befanden sich Farb- und Zuckerfabriken sowie eine große Anzahl an stattlichen Giebelhäusern. Ein beeindruckendes Beispiel im Renaissancestil sind die **De Drie Hendricken** (Karte S. 330 f.; Bloemgracht 87–91). Auch viele Künstler lebten früher an der Bloemgracht, darunter Jurriaan Andriessen, dessen Arbeiten im Rijksmuseum zu sehen sind.

EGELANTIERSGRACHT — GRACHT

Karte S. 330 f. (🚋13/17 Westermarkt) Viele Straßen und Grachten im Viertel Jordaan sind nach Bäumen und Blumen benannt. So heißt auch diese von hübschen Häusern gesäumte Gracht übersetzt „Heckenrosengracht".

JOHNNY JORDAANPLEIN — PLATZ

Karte S. 332 f. (Ecke Prinsengracht & Elandsgracht; 🚋13/17 Westermarkt) Der schattige kleine Platz wurde nach Johnny Jordaan benannt. Hinter dem Pseudonym verbirgt sich der bekannte Musiker Johannes Hendricus van Musscher, der Mitte des 20. Jhs. mit seinen herzzerreißenden romantischen Schnulzen bekannt wurde, den *levensliederen*. Die bunt bemalte ehemalige städtische Transformatorenstation wird von einem typischen Liedtext des Musikers geziert, der die Schönheit der Stadt feiert. Hinter dem Trafohäuschen sind Bronzestatuen von Johnny und anderen bekannten Jordaan-Sängern zu finden.

Am Koningsdag (S. 23), dem Nationalfeiertag, treffen sich hier viele Bewohner des Jordaan bei Livemusik zum Feiern.

ELECTRIC LADYLAND — MUSEUM

Karte S. 330 f. (☎020-420 37 76; www.electric-lady-land.com; 2e Leliedwarsstraat 5; Erw./Kind 5 €/frei; ⏲Mi–Sa 14–18 Uhr, mit Reservierung; 🚋13/17 Westermarkt) Beim Electric Ladyland handelt sich um das weltweit erste Museum für fluoreszierende Kunst, das von Nick Padalino betrieben wird. Einerseits sind seine psychedelischen Skulpturen zu sehen, andererseits Vitrinen mit natürlich leuchtenden Steinen sowie künstlich leuchtenden Objekten, darunter Geld und Regierungsausweise. Während Nick jedes Ausstellungsstück seiner Sammlung mit großem Enthusiasmus erklärt, erklingen passende Songs unter anderem von Jimi Hendrix und den legendären Beatles. Der dem Museum angeschlossene Laden befindet sich oben.

NOORDERKERK — KIRCHE

Karte S. 330 f. (Nordkirche; www.noorderkerk.org; Noordermarkt 48; ⏲Mo 10.30–12.30, Sa 11–13 Uhr; 🚋3/5 Marnixplein) Unweit des Nordendes der Prinsengracht erhebt sich diese imposante calvinistische Kirche. Sie wurde 1623 vollendet und war für das „gemeine Volk" im

WESTLICHE INSELN

Im frühen 17. Jh. waren die Docks und Warenhäuser der Westlichen Inseln nördlich des Jordaan ein belebtes Zentrum geschäftlicher Aktivitäten. Das Goldene Zeitalter begann und die Niederländer dominierten den Seehandel. Dadurch floss so viel Geld in den alten Hafen und die monumentalen Lagerhäuser wie Bier aus einem Fass. Die reichen Bicker-Brüder, beide Bürgermeister der Stadt, bauten sich für ihre Schiffe sogar ihre eigene Insel: Bickerseiland.

Heute kommen nur noch wenige Touristen in dieses Viertel, unter anderem weil es durch die Bahnlinie von der übrigen Stadt abgetrennt wurde. Und doch sind es vom Hauptbahnhof nur zehn Minuten zu Fuß oder fünf Minuten mit dem Fahrrad. Das Viertel lädt zum Bummeln ein, denn es gibt putzige Zugbrücken und stattliche alte Lagerhäuser in ruhigen Gassen. Viele Häuser wurden in reizvolle Wohnungen umgewandelt. Es gibt auch einige Ateliers, von denen viele jedoch für die Öffentlichkeit verschlossen bleiben. Eine Ausnahme ist die **Ravestijn Gallery** (Karte S. 325; ☎020-530 60 05; www.theravestijngallery.com; Westerdoksdijk 824; ⏲Mo–Sa 12–17 Uhr; 🚋48 Westerdoksdijk) GRATIS mit ihren Fotoausstellungen.

Die beiden schönsten Inseln sind Prinseneiland – benannt zu Ehren der ersten drei Oranierprinzen – sowie Realeneiland – benannt nach dem Kaufmann Reynier Reael aus dem 17. Jh. Die adrette, schmale Verbindungsbrücke heißt **Drieharingenbrug** (Dreiheringsbrücke; Karte S. 325; Realengracht; 🚋3 Zoutkeetsgracht. Sie ersetzt den Ponton, der für den Schiffsverkehr immer zur Seite gezogen wurde.

Am Ostufer von Realeneiland ist das **Zandhoek** (Karte S. 325; 🚋48 Barentszplein) heute ein moderner Jachthafen und sehr malerisch. Im 17. Jh. befand sich hier ein „Sandmarkt", wo sich die Schiffe mit Sandsäcken als Ballast eindecken konnten. Die Straße südlich von Zandhoek heißt Galgenstraat, weil man von hier die Hinrichtungen in Amsterdam-Noord mitverfolgen konnte.

Jordaan gedacht – die feinen Leute besuchten die weiter südlich gelegene Westerkerk. Ihr Grundriss besitzt die Form eines griechischen (also gleichschenkligen) Kreuzes, in dessen Zentrum die Kanzel steht. Auf diese Weise bekommt die versammelte Gemeinde Gottes Wort ohne Beeinträchtigung zu Gehör. Die in der Entstehungszeit der Noorderkerk noch ungewöhnliche Bauweise – ein Entwurf von Hendrick de Keyser – setzte sich später bei vielen protestantischen Kirchenbauten im Land durch. An Samstagnachmittagen sind die **Noorderkerkconcerten** (Karte S. 330 f.; www.noorderkerkconcerten.nl; Karten ab 16,50 €; ⌚Sa 14 Uhr; 🚋3/5 Marnixplein) sehr empfehlenswert. Sonntags finden jeweils um 10 und 18.30 Uhr Gottesdienste statt.

HAARLEMMERPOORT STADTTOR

Karte S. 330 f. (Haarlemmerplein; 🚋3 Haarlemmerplein) An dem wehrhaften Stadttor beginnt die Hauptstraße nach Haarlem, die schon früh eine wichtige Handelsroute war. Der klassizistische Bau mit korinthischen Säulen, die an einen römischen Tempel erinnern, wurde 1840 gerade rechtzeitig zur Krönung von König Wilhelm II. fertiggestellt. Der Monarch zog durch das Tor in die Stadt ein. Daher rührt auch der wenig bekannte offizielle Name „Willemspoort", der auf einer Tafel im Torbogen vermerkt ist. Seit es die Brücke über den Westerkanaal gibt, fließt der Verkehr nicht mehr durch das Tor.

Der Westen

WESTERGASFABRIEK KULTURZENTRUM

Karte S. 325 (☎020-586 07 10; www.westergasfabriek.nl; Pazzanistraat; 🚋5 Van Limburg Stirumstraat/Van Hallstraat) Am Westerpark liegt der Ende des 19. Jhs. erbaute Neorenaissancekomplex der Westergasfabriek. Bis 1967 wurde hier das städtische Gas für die westlichen Stadtviertel produziert. Der Standort war heftig belastet und musste vor der Umwandlung in einen Kulturkomplex und Freizeitpark erst einmal gründlich saniert werden. Nun gibt's hier entspannende Wiesen, ein langes Tretbecken und Radwege. Die postindustriellen Gebäude beherbergen heute kreative Unternehmen, darunter Werbeagenturen und TV-Produktionsstudios. Auch finden hier regelmäßig Festivals und Veranstaltungen statt und es gibt jede Menge Essen, Nachtleben und Unterhaltung.

WESTERPARK PARK

Karte S. 325 (Spaarndammerstraat; 🚋3 Haarlemmerplein) Auf den weitläufigen Grünflächen des Westerparks tummeln sich im Sommer Picknickgäste, Sonnenanbeter und Familien. Dazu kommen in der städtischen Grünanlage Schatten spendende Bäume, Fußgänger- und Radwege, Teiche, Brunnen und ein vielfältiges Vogelleben. Gleich nebenan ist die Westergasfabriek ein postindustrielles Kulturzentrum.

MUSEUM HET SCHIP MUSEUM

Karte S. 325 (☎020-686 85 95; www.hetschip.nl; Oostzaanstraat 45; Führung Erw./Kind 15/5 €; ⌚Di–So 11–17 Uhr, englischsprachige Führung 15 Uhr; 🚋22 Spaarndammerstraat) Der auffällige, 1921 eingeweihte Wohnkomplex nördlich des Westerparks auf der anderen Seite der Bahngleise gilt als Vorzeigeprojekt der Amsterdamer Schule. Michel de Klerk hatte das entfernt an ein Schiff erinnernde dreieckige Gebäude für die Bediensteten der Eisenbahn entworfen. Ein raketenförmiger Turm verbindet die Flügel des Komplexes. Im Eintritt ist eine 45-minütige Führung enthalten. Englischsprachige Führungen starten um 15 Uhr, finden aber manchmal auch zu anderen Zeiten statt.

ESSEN

Der Jordaan ist für seine freundliche Geselligkeit bekannt – und das spiegelt sich in den einladenden Restaurants wider. Sehr populär sind Lokale entlang der Westerstraat, doch auch die Gegend rund um die Haarlemmerbuurt hat einiges zu bieten. Es lohnt sich außerdem, einfach durch die schmalen Seitengassen zu bummeln, wo jederzeit der nächste Hotspot seine Pforten öffnen kann. Für Selbstversorger sind die Märkte (S. 156) eine wichtige Adresse. Wer ein angesagtes Szenelokal sucht, wird im Westen schnell fündig, vor allem in und um die Westergasfabriek. Zum Essengehen in einzigartiger Lage abseits der ausgetretenen Pfade empfiehlt sich auch das Viertel Houthavens.

Jordaan

WINKEL CAFÉ €

Karte S. 330 f. (www.winkel43.nl; Noordermarkt 43; Gerichte 4–9 €; ⌚Küche Mo & Sa 7–22, Di–Fr 8–22, So 10–22 Uhr, Bar So–Do bis 1, Fr & Sa bis 3 Uhr; 📶;

3/5 Marnixplein) Das große Lokal ist drinnen wie draußen ein idealer Ort, um Leute zu beobachten. Die Gäste kommen zum Frühstücken (Biomüsli, Omeletts) und zum Kaffeetrinken und genießen kleine Gerichte. Sehr lecker ist z. B. der Wildschweineintopf mit Sauerkraut und Preiselbeersoße. Highlight ist aber der fantastische Apfelkuchen mit viel Schlagsahne. An Markttagen (montags und samstags) bildet sich vor der Tür meistens eine Warteschlange.

MR HAZ
TACOS €

Karte S. 330 f. (020-891 55 11; www.mrhaz-tacobar.nl; Egelantiersstraat 24; Tacos 9,75 €; Di–Do 17–22, Fr bis 23, Sa 12–23, So 12–22 Uhr; 13/17 Westermarkt) Die nach dem Madrider Street-Artist Mr Hazelnut, dessen Wandbilder die Wände zieren, benannte Taco-Bar bevorzugt kräftige Aromen, etwa beim feurigen *jerk chicken,* beim nach Yucatan-Art gewürzten Pulled Pork, bei den Garnelen mit Chorizo und Tomatillo und beim Reuben (Pastrami, Sauerkraut und gegrillte Jalapeños). Nach Schließung der Küche werden noch weitere 90 Minuten lang Cocktails mit Mezcal und Tequila sowie mexikanische Biere serviert.

MONTE PELMO
EISCAFÉ €

Karte S. 330 f. (www.montepelmo.nl; 2e Anjeliersdwarsstraat 17; 1/2/3/4/5 Kugeln 1,70/3/4,10/5/6 €; 13–22 Uhr; 3/5 Marnixplein) Apfelkuchen, *stroopwafel* (traditionelle karamellgefüllte Waffeln), Zimt und weiße Schokolade mit Haselnuss – dies sind nur einige der innovativen Geschmackssorten in diesem 1957 eröffneten Eiscafé. Abends beginnt die Schlange schon auf dem Bürgersteig.

PAZZI
PIZZA €

Karte S. 332 f. (020-320 28 00; www.pazziamsterdam.nl; 1e Looiersdwarsstraat 4; Pizza 8,50–15,50 €; 17–22 Uhr; 7/17 Elandsgracht) In diesem Lokal mit Parkettboden und Marmortischen wird jede Holzofen-Pizza mit viel Liebe und Sorgfalt zubereitet. Der perfekte Teig wird mit Büffelmozzarella, Parmaschinken, würziger Salami, schwarzem Trüffel und anderen Qualitätszutaten belegt, während die italienischen Biere eine ideale Ergänzung sind. Reservierungen werden nicht angenommen, sodass man am besten früh oder spät erscheinen sollte.

JORDINO
SCHOKOLADE & EIS €

Karte S. 330 f. (www.jordino.nl; Haarlemmerdijk 25a; Eisportion 3,50 €; Mo 13–18.30, Di–Sa 10–18.30, So 12–18.30 Uhr; 18/21/22 Buiten Oranjestraat)

ABSTECHER

RESTAURANTSZENE IN HOUTHAVENS

Unmittelbar nördlich der Westlichen Inseln liegt das sich rapide entwickelnde Viertel Houthavens. Die frühere Hafengegend wird in ein Wohnviertel umgewandelt und ist die Heimat des **Pont 13** (020-770 27 22; www.pont13.nl; Haparandadam 50; Hauptgerichte mittags 7,50–11 €, abends 17–22,50 €; Küche Di–So 12–16 & 17.30–22 Uhr, Bar Di–So 12–24 Uhr; ; 48 Koivistokade) auf einer 1927 gebauten ehemaligen Autofähre. Von der Centraal Station nimmt man einen Bus oder ein Taxi (ca. 10–15 €) oder schwingt sich aufs Rad (15 Min.).

Das Jordino überzeugt auf der ganzen Linie: Es stellt köstliche Schokolade und Eiscreme her. Beides wird miteinander kombiniert, indem das Eis in eine Waffel gefüllt und dann in Schokolade oder Karamell getaucht wird. Von den mehr als 100 verschiedenen Eissorten stehen 24 immer zur Auswahl, darunter sind auch die beliebten Fruchtsorbets. Exotisch sind z. B. die Schokoladentulpen und berühmte niederländische Gemälde.

BALTHAZAR'S KEUKEN
MEDITERRAN €€

Karte S. 332 f. (020-420 21 14; www.balthazarskeuken.nl; Elandsgracht 108; 3-Gänge-Menü 34,50 €; Di–So 18–22.30 Uhr; 5/7/19 Elandsgracht) Das in einer ehemaligen Schmiede untergebrachte modern-rustikale Restaurant mit offener Küche ist nach wie vor eines der besten der Stadt. Man darf keine lange Speisekarte erwarten – gekocht wird, was gerade im Angebot ist. Das kann mal Wolfsbarsch mit Krebs-Gnocchi oder Kaninchen mit Sauerkrautgelee und Birnensoße sein, beides wird hervorragend zubereitet. Eine Reservierung ist empfehlenswert.

TRATTORIA DI DONNA SOFIA
ITALIENISCH €€

Karte S. 330 f. (020-623 41 04; www.trattoriadidonnasofia.com; Anjeliersstraat 300; Hauptgerichte 14–29,50 €; 17–23 Uhr; 3/5 Marnixplein) Benannt nach der Großmutter des Besitzers werden hier neapolitanische Speisen in rustikaler Einrichtung und auf weißen Tischdecken serviert. Das täglich wechselnde Angebot ist auf der Kreidetafel in Italienisch vermerkt. Die Pasta ist hausgemacht und das Risotto ist eine Spezialität. Frische Kräuter verstärken den Geschmack der Fisch-, Fleisch-

und vegetarischen Gerichte. Auf der kleinen, aber klug zusammengestellten Weinkarte finden sich nur italienische Tropfen.

MANTOE

AFGHANISCH €€

Karte S. 330 f. (020-421 63 74; http://restaurantmantoe.nl; 2e Leliedwarsstraat 13; Hauptgerichte 19,50 €, 2-/3-Gänge-Menü 24,50/28,50 €; Mi–So 17–22.30 Uhr; ; 13/17 Westermarkt) Das kleine Restaurant wird von einer afghanischen Familie geleitet. Angesichts der gemütlichen Atmosphäre fühlt man sich hier wie zu Hause. Es gibt keine Speisekarte: Serviert werden nur Tagesgerichte, darunter *mantu* (gedünstete Knödel), die mit Hackfleisch und Kräutern gefüllt sind, oder *qormah e nadroo* (ein pikantes Lammgericht) mit *palaw* (gebackener Reis). Die gute Weinkarte ist ein weiteres Plus.

Das 3-Gänge-Minimenü für Kinder kostet 12,50 €.

Für den Besuch des Mantoe sollte man sich angesichts der diversen Gänge viel Zeit nehmen.

BOCA'S

TAPAS €€

Karte S. 330 f. (020-820 37 27; www.bar-bocas.nl; Westerstraat 30; Barsnacks 3,50–7 €, Platten 21–58,50 €; Küche Mo & Sa 9–21, Di–Fr 10–21, So 11–21 Uhr, Bar So–Do bis 1, Fr & Sa bis 3 Uhr; ; 3/5 Marnixplein) Die hippe kleine Bar mit roter Markise und weißer Holzfassade ist die perfekte Adresse für einen Drink zu kleinen Speisen wie Mini-Lasagne, Burger, Bruschetta und Tatar oder zu größeren Sachen auf Holzbrettchen wie Käse-, Gemüse-, Meeresfrüchte-, Fleisch- oder Nachspeisenplatten. Wer sich nicht entscheiden kann, bestellt die Kombiplatte.

YAM YAM

ITALIENISCH €€

Karte S. 332 f. (020-681 50 97; www.yamyam.nl; Frederik Hendrikstraat 88–90; Pizza 8–15 €, Hauptgerichte 13,50–17,50 €; Mi–So 17.30–22 Uhr; 3 Hugo de Grootplein) In der modernen Trattoria kommen aus dem Holzofen dünne, knusprige Pizzas – z. B. mit Salami und Fenchelsamen. Die außergewöhnliche Hauspizza Yam Yam wird mit Bio-Speck, Mascarpone und Trüffelsoße belegt. Auch die Pasta und die einfallsreichen Nachtischangebote (z. B. gesalzene Pecannuss-Karamell-Törtchen) schmecken sehr lecker.

JORDAAN FESTIVAL

Fans der nostalgischen und zu Tränen rührenden Folkgattung namens *levenslied* – eine Spezialität der eng zusammenhaltenden Jordaan-Community – freuen sich auf das dreitägige Festival Anfang September (www.jordaanfestival.nl).

SEMHAR

ÄTHIOPISCH €€

Karte S. 330 f. (020-638 16 34; www.semhar.nl; Marnixstraat 259–261; Hauptgerichte 16–20 €; Di–So 16–22 Uhr; ; 5 Bloemgracht) Yohannes heißt seine Gäste ebenso herzlich willkommen wie die Düfte aus der Küche. Der Besitzer hebt immer wieder die Qualität seiner weichen und leicht sauren Injera-Pfannkuchen hervor, die sich hervorragend als Beilage zu den sehr würzigen Eintöpfen und Gemüsegerichten seiner Heimat eignen. Die romantischsten Tische befinden sich hinten, von dort blicken die Gäste direkt auf die Gracht.

TOSCANINI

ITALIENISCH €€

Karte S. 330 f. (020-623 28 13; www.restauranttoscanini.nl; Lindengracht 75; Hauptgerichte mittags 8,50–17,50 €, abends 18–23 €; Mo–Sa 12–14.30 & 18–22.30 Uhr; ; 3/5 Marnixplein) Das niveauvolle Toscanini backt sein eigenes Brot, serviert hausgemachte Pasta und schenkt italienische Weine ein. Zu den wöchentlich wechselnden Gerichten, serviert an weiß gedeckten Tischen, können Crêpes gefüllt mit Ricotta und Nesseln gehören oder aber auch Kalbfleisch mit süßem Brot und Pilzsoße. Angesichts von Desserts wie dem mehrlagigen Palermo-Schokoladenkuchen lassen viele Gäste ihre guten Diätvorsätze fallen. Reservierungen sind dringend empfohlen, auch wochentags.

MOEDERS

NIEDERLÄNDISCH €€

Karte S. 332 f. (www.moeders.com; Rozengracht 251; Hauptgerichte 16–21,50 €; Mo–Fr 17–22.30, Sa–So 12–22.30 Uhr; 5/13/17/19 Marnixstraat/Rozengracht) Mama *(moeder)* ist die Beste! Als dieses freundliche Lokal 1990 seine Pforten öffnete, baten die Eigentümer die Gäste, Teller und Fotos ihrer Mütter als Spenden mitzubringen – zusammengekommen ist eine sehr bunte Sammlung. Dazu passt die bunte Speisenpalette mit traditionellen Gerichten wie *stamppot* (Kartoffelpüree mit Kürbis), Kalbsleber mit Schinkenspeck und Zwiebeln sowie Eintopf- und Fischgerichten. Reservierung (nur online) empfehlenswert.

DE PRINS

BRUIN CAFÉ €€

Karte S. 330 f. (020-624 93 82; www.deprins.nl; Prinsengracht 124; Hauptgerichte 7–18,50 €; Küche 10–22 Uhr, Bar So–Do bis 1, Fr & Sa bis 2 Uhr; 13/17 Westermarkt) Das *bruin café* an einem besonders hübschen Abschnitt der Prinsengracht ist ideal für ein Gläschen auf der Terrasse an der Gracht oder in der gemütlichen Bar. Die meisten Gäste kommen allerdings wegen der hervorragenden Küche. Frühstück wird bis 15 Uhr serviert. Zu den Bestsellern mittags zählen *bitterballen* (Kroketten) mit Krabben oder Fleisch. Abends ist das himmlische Fondue mit vier Käsesorten der Renner.

★ DAALDER FEINSCHMECKER €€€

Karte S. 330 f. (020-624 88 64; www.daalderamsterdam.nl; Lindengracht 90; 3-/4-Gänge-Mittagsmenü 37,50/45 €, 5-/7-Gänge-Abendmenü 69/89 €; Do 18.30–21.30, Fr–Mo 12–14 & 18.30–21.30 Uhr; 3 Nieuwe Willemsstraat) Hinter einer unscheinbaren schwarzen Fassade verbirgt sich ein spektakulärer Innenraum mit Terrazzoböden, Marmortheke und Designerleuchten. Das Daalder serviert unvergessliche moderne niederländische Küche. Vielleicht beinhalten die Überraschungsmenüs gerade einen Appetithappen mit einer Hummer-Meringue und rotem Seetangschaum sowie ein Jakobsmuschel-Carpaccio mit koriandergeschwängertem Gingelee, einen Lammnacken mit Schwarzlauchmousse und eine karamelllastige *stroopwafel* mit *speculaas*-Streuseln und Weißpfeffer-Eiscreme.

Bei den Menüs besteht keine Auswahlmöglichkeit, doch wenn man früh genug Bescheid sagt, können Unverträglichkeiten berücksichtigt werden.

Der Westen

WORST WIJNCAFE TAPAS €

Karte S. 325 (020-625 61 67; www.deworst.nl; Barentszstraat 171; Tapas 9–17 €, Brunch-Hauptgerichte 9–13 €; Mo–Sa 12–24, So 10–22 Uhr; 3 Zoutkeetsgracht) Der Witz der schwarz-weiß gekachelten Weinbar ist, dass alle Tapas irgendwas mit Wurst zu tun haben: Thüringer Leberwurst, Kalbszungen-Terrine, Chorizo, Hummerwurst mit Spinat und Spargel usw. Auch Schweinsfüße oder gegrillter Oktopus stehen auf der Karte des lockeren kleinen Bruders vom Marius (S. 150), dem renommierten Restaurant nebenan. Die Auswahl an vorwiegend französischen Weinen im offenen Ausschank erfreut die Weinliebhaber; der Sonntagsbrunch ist legendär.

DE BAKKERSWINKEL CAFÉ €

Karte S. 325 (020-688 06 32; www.debakkerswinkel.nl; Polonceaukade 1, Westergasfabriek; Snacks 4–7 €, Gerichte 8–16 €; Mo–Do 8.30–17, Fr 8.30–18, Sa–So 10–18 Uhr; 5 Van Limburg Stirumstraat) De Bakkerswinkel („Die Bäckerei") betreibt landesweit mehrere Filialen, aber diese hier punktet mit ihrer Lage an der Zugbrücke im Trafohäuschen der ehemaligen Gaswerke (S. 146). Bequeme Sofas, eine Galerie und eine sonnige Terrasse sind ebenfalls gute Argumente und die Quiches, Fischterrinen, Suppen und belegten Sauerteigbrötchen schmecken sehr lecker. Einen dicken Extrapunkt verdient der Karottenkuchen. Für Picknicks im Westerpark (S. 146) kann man sich am angeschlossenen Kiosk eindecken.

★ WOLF ATELIER FEINSCHMECKER €€

Karte S. 325 (020-344 64 28; www.wolfatelier.nl; Westerdoksplein 20; Hauptgerichte 25 €, 4-/5-/15-Gänge-Menü 46/52/78 €; Mo–Sa 12–17 & 18–22 Uhr; 18/21/22 Buiten Brouwersstraat) Auf einer Eisenbahn-Drehbrücke von 1920 ist die Glasbox mit drehbaren Fenstern das Aushängeschild für die wilden Geschmackskombinationen des experimentierfreudigen Kochs Michael Wolf wie Foie gras mit Haselnusskruste, Kaisergranat-Tatar mit Sauce hollandaise, Ochsenschwanz-Velouté mit Daikon-Rettich und Blaubeer-Crème-brûlée mit Brombeer-Schlagsahne und Himbeerstaub. Der Rundum-Panoramablick ist vor allem abends faszinierend. Für Drinks ist das Lokal bis 1 Uhr nachts geöffnet.

★ MOSSEL EN GIN FISCH & MEERESFRÜCHTE €€

Karte S. 325 (020-486 58 69; www.mosselengin.nl; Gosschalklaan 12, Westergasfabriek; Hauptgerichte 16–22 €; Küche Di–Do 16–22.30, Fr 14–22.30, Sa & So 13–22.30 Uhr, Bar Di–Do & So bis 24, Fr & Sa bis 1 Uhr; ; 5 Van Hallstraat) *Mosselen* (Muscheln) und Gin sind die Spezialitäten in dem spektakulären Lokal auf einer sehr hohen Halbetage in der Westergasfabriek (S. 146). Angeschlossen sind zwei von der Sonne verwöhnte Biergärten. Die Muscheln mit Fritten werden in sieben verschiedenen Varianten serviert, unter anderem mit Crème fraîche und Gin. Innovativ sind auch die Fish & Chips in einer Gin-Tonic-Panade. Oder wie wäre es mit Hummer- oder Garnelenkroketten mit einer Gin-Mayonnaise? Neben den sieben Ginsorten gibt's sechs Haustees, darunter Rote Bete und Basilikum.

MASTINO V VEGAN €€

Karte S. 332 f. (www.mastinovegan.nl; Bilderdijkstraat 192; Pizza 13–19 €; Di–So 17–22 Uhr; ; 3/17 Bilderdijkstraat/Kinkerstraat) Die

Pizzas im Mastino V sind zu 100 % vegan und glutenfrei. Die Pizzeria an der aufstrebenden Bilderdijkstraat befindet sich hinter einer Holzfassade und verfügt über zwei Ebenen mit unverputztem Ziegelstein-Interieur. Als Grundlage werden Reis, Mandeln und Mais verwendet, dazu kommen mehrere vegane Käsesorten (u. a. Mozzarella, Parmesan, Brie und geräucherter Käse). Als Desserts locken der Blaubeer-Orangen-Kuchen oder die Schoko-Brownies – beide sind ebenfalls vegan und glutenfrei.

LITTLE COLLINS CAFÉ €€

Karte S. 332 f. (☎020-370 23 97; www.littlecollins.nl; Bilderdijkstraat 140; Gerichte 8–19 €; ⏲Mo, Mi & So 9–16, Do–Sa bis 22 Uhr; 📶; 🚊3/7/17 Bilderdijkstraat/Kinkerstraat) Die Brunchszene an der Bilderdijkstraat erhielt 2019 weiteren Aufschwung mit der Eröffnung dieses luftigen, hellen Cafés. „Zigarren" aus Zitronenmus und Ziegenkäse, gesalzener Kabeljau auf Walnuss-Sauerteigbrot und Merguezwürste vom Lamm mit geräuchertem Joghurt auf mit Dukkah bestäubtem Fladenbrot – das sind nur einige der Speisen, die man den ganzen Tag über bestellen kann. Abends zählen zu den kleinen Gerichten zum Teilen etwa scharf angebratene Makrele mit in Miso eingelegtem Meerkohl oder mit Süßkartoffel gefüllter Tintenfisch mit Safran-Mayo.

DE REIGER NIEDERLÄNDISCH €€

Karte S. 330 f. (www.dereigeramsterdam.nl; Nieuwe Leliestraat 34; Hauptgerichte 18,50–24,50 €; ⏲Di–Fr 17–21.30, Sa 12–16 & 18–22.30, So 16–22.30 Uhr, Bar Di–Fr bis 23.30, Sa & So bis 22.30 Uhr; 🚊13/17 Westermarkt) Die sehr typische und stimmungsvolle Eckkneipe – eine der ältesten des Jordaan, mit hohen Balkendecken und Jugendstil- und Art-déco-Elementen – verfügt vorne über eine ruhige Bar und hinten über einen lauten, geräumigeren Speiseraum mit kurzer, aber herausragender Karte mit z. B. Wild und geschmorter Birne mit Honig-Zimt-Soße. Keine Reservierungen, keine Kreditkarten.

RAÏNARAÏ ALGERISCH €€

Karte S. 325 (☎020-486 71 09; www.rainarai.nl; Polonceaukade 40, Westergasfabriek; Hauptgerichte 19,50–23,50 €, 2-/3-Gänge-Menü 32,50/36 €; ⏲Di–So 12–22 Uhr; 🚊5 Van Hallstraat) Das alte, mit knallbunten Kissen und Kupferwaren eingerichtete Industriegebäude ist Teil der Westergasfabriek (S. 146). Die algerische Speisekarte wechselt ständig. Lecker sind die gegrillten Sardinen mit Spargel, Bohnen und Tomaten oder auch eine Tajine mit Huhn und Aprikosen. Normalerweise gibt's immer auch ein vegetarisches Tagesgericht wie mit Blumenkohl und pikanten Kichererbsen gefüllte Auberginen.

MEATLESS DISTRICT VEGAN €€

Karte S. 332 f. (☎020-722 08 04; www.meatlessdistrict.com; Bilderdijkstraat 65–67; Gerichte 9–16,50 €; ⏲Mo–Fr 12–22, Sa & So 10–22 Uhr; 📶✍; 🚊3/13/19 Bilderdijkstraat/De Clercqstraat) Das vom New Yorker Meatpacking District inspirierte vegane Café mit einem weiß getünchten Interieur aus nackten Backsteinwänden sowie Tischen und Holzbänken draußen ist eine Lieblingsadresse zum Brunchen (bis 16 Uhr) mit Speisen wie *speculaas*-Granola mit Kokosmilchjoghurt, Chiasamen-Pudding mit Lebkuchen oder gerösteten Tomaten mit Spinat-Kartoffel-Füllung. Typische Abendgerichte sind Tempeh-Burger, pikante, mit Möhren gefüllte Auberginen und gezupfte Jackfrucht mit Salat aus schwarzem Reis.

★MARIUS EUROPÄISCH €€€

Karte S. 325 (☎020-422 78 80; www.restaurantmarius.nl; Barentszstraat 173; 4-Gänge-Menü 49 €; ⏲Mo–Sa 18.30–22 Uhr; 🚊3 Zoutkeetsgracht) Genießer kommen ins Schwärmen, wenn es um das winzige Marius inmitten der Künstlerwerkstätten auf den westlichen Inseln (Westelijke Eilanden) geht. Kees Elfring, der Küchenchef, kauft täglich auf den nahe gelegenen Märkten frische Zutaten ein und komponiert daraus sein täglich wechselndes Vier-Gänge-Menü. Er bereitet dann zum Beispiel gegrillte Garnelen mit Bohnenpüree oder Rippchen mit Polenta und Ratatouille zu. Zum Marius gehört auch die geniale Wein- und Tapasbar Worst Wijncafe (S. 149) nebenan.

APOSTROF EUROPÄISCH €€€

Karte S. 325 (☎06 2491 8611; www.apostrofamsterdam.nl; Planciusstraat 49; 3-/4-/5-/6-Gänge-Menü 35/43/50/56 €; ⏲Mi–So 18–22 Uhr; 🚊3 Zoutkeetsgracht) Die nicht überteuerten europäischen Weine passen perfekt zu den mehrgängigen Menüs von Koch Sjoerd Visser. Die Gerichte wechseln monatlich, eine à-la-carte-Auswahl gibt's nicht. Spezialitäten sind z. B. Wachteln gefüllt mit Shiitake-Pilzen, in Parmaschinken gehülltes Kaninchen mit Salbei-Trüffel-Creme sowie Rhabarber mit weißer Schokolade und Stern-Anis. Das Restaurant befindet sich in einem abgerundeten Eckgebäude, der Speiseraum ist zeitgenössisch designt und wird von einem lebendigen Wald-Wandgemälde dominiert.

AUSGEHEN & NACHTLEBEN

Wer wirklich authentische Kneipenatmosphäre mit vielen Einheimischen sucht, wird den Jordaan lieben. Jenseits der Touristenströme lockt der Westen auch Künstler an.

Jordaan

★'T SMALLE — BRUIN CAFÉ

Karte S. 330 f. (Egelantiersgracht 12; So–Do 10–1, Fr & Sa bis 2 Uhr; 13/17 Westermarkt) Die 1786 als *jenever*-Brennerei und Probierstube eröffnete Kneipe wurde in den 1970er-Jahren mit antiken Bierpumpen aus Porzellan und Bleiglasfenstern restauriert. Kein Wunder, dass sie auch bei den Amsterdamern selbst zu den beliebtesten *bruin cafés* gehört. Wer ein Boot hat, kann direkt an der hübschen Außenterrasse anlegen – tagsüber gibt's kaum ein geselligeres, abends kein romantischeres Plätzchen in Amsterdam!

VESPER BAR — COCKTAILBAR

Karte S. 330 f. (www.vesperbar.nl; Vinkenstraat 57; Di–Do 18–1, Fr & Sa 17–3 Uhr; ; 18/21/22 Buiten Oranjestraat) Diese gehobene Cocktailbar wirkt durch ihre Lage in einem eher unauffälligen Bereich des Jordaan mit Geschäften und Firmen etwas ungewöhnlich. Die Martinis wecken den James Bond in den Gästen – oder aber die Vesper Lynd aus dem Bond-Film *Casino Royale*. Ein weiterer Cocktail ist z. B. Q's Old Fashioned mit Roggenwhiskey, Kirschblattsirup, Bitters und zerdrückten Kaffeebohnen.

CAFE SOUNDGARDEN — BAR

Karte S. 332 f. (www.cafesoundgarden.nl; Marnixstraat 164–166; Mo–Do 13–1, Fr bis 3, Sa 15–3, So bis 1 Uhr; ; 5/13/17/19 Marnixstraat) In dieser „Spelunke" treffen sich sämtliche Altersklassen. Die „Alten Meister" heißen hier Ramones und Black Sabbath. Irgendwie schaffen es die Pool-Tische, die Flipper aus den 1980er- und 1990er-Jahren, die unrasierten DJs und die wunderbar grantigen Thekenkräfte, eine unbeschreiblich magische Atmosphäre zu erzeugen. Gelegentlich spielen Bands live und auf der Terrasse am Ufer geht's eher wie auf einer spontanen Hinterhofparty zu.

CAFÉ PAPENEILAND — BRUIN CAFÉ

Karte S. 330 f. (Prinsengracht 2; So–Do 10–1, Fr–Sa bis 3 Uhr; 3/5 Marnixplein) Das „braune Café" ist in einem Gebäude von 1642 angesiedelt und mit seinen blauen Delfter Kacheln sowie dem zentralen Ofen ein echtes Juwel. Der Name bedeutet übersetzt „Papisteninsel" und geht bis in die Zeit der Reformation zurück. Damals befand sich an der Nordseite des Kanals eine versteckte katholische Kirche. Papeneiland war früher vom oberen Ende der Treppe durch einen Geheimtunnel zugänglich – die Kellner zeigen gerne den Eingang.

CAFÉ PIEPER — BRUIN CAFÉ

Karte S. 332 f. (www.facebook.com/CafePieper; Prinsengracht 424; Mo & Di 16–24, Mi & Do 12–1, Fr & Sa 12–2, So 13–24 Uhr; 2/12 Prinsengracht) Klein, unaufdringlich und eindeutig alt (1665): Das Café Pieper bietet Buntglasfenster, antike Biergläser, die an der Theke hängen, sowie eine belgische Bierpumpe von 1875. Empfehlenswert sind ein Wieckse Witte (aus der Amsterdamer Brouwerij 't IJ) und der sehr gute Cappuccino, während man sich über die sehr tiefe Thekendecke wundert. Aber natürlich scheinen selbst die Niederländer im 17. Jh. etwas kleiner gewesen zu sein als heute.

DRUPA — KAFFEE

Karte S. 330 f. (www.drupacoffee.com; 1e Anjeliersdwarsstraat 16a; Di–Fr 9–17.30, Sa & So 10–

WESTERGASFABRIEK

Die alte Westergasfabriek (S. 146) nur einen Steinwurf nordwestlich des Jordaan ist heute ein Kulturzentrum und Freizeitareal. Essen und/oder trinken kann man z. B. im:

Mossel En Gin (S. 149) Für die kreative Küche und die Cocktails wird Gin verwendet.

Espressofabriek (S. 154) Große Kaffeerösterei.

Westergasterras (S. 154) Bar mit einer der schönsten Terrassen von Amsterdam.

Brouwerij Troost Westergas (S. 154) Brauerei für coole Hopfenliebhaber.

Pacific (S. 155) Indie-Gigs und DJ-Sets.

Westerunie (S. 154) Lauter postindustrieller Club.

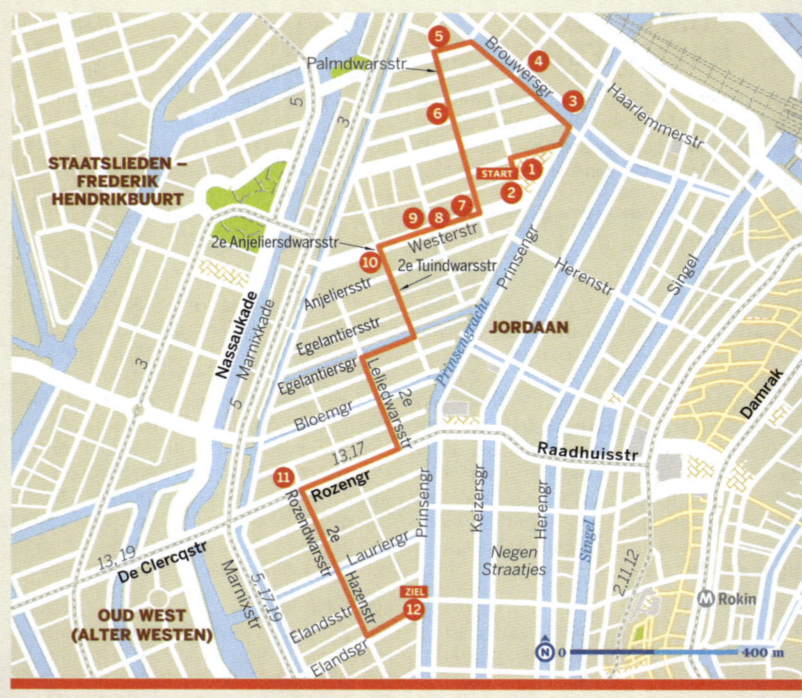

Stadtspaziergang Unterwegs im Jordaan

START NOORDERKERK
ZIEL JOHNNY JORDAANPLEIN
LÄNGE/DAUER 2,7 KM; 1 STUNDE

Startpunkt ist die 1 **Noorderkerk** (S. 145). Die kreuzförmige Kirche war zu ihrer Bauzeit geradezu revolutionär. Hier konnte die Gemeinde aus allen vier Richtungen zum Altar blicken. Vor der Kirche finden der 2 **Noordermarkt**, der schönste unter den Amsterdamer Bauernmärkten (S. 156), sowie ein Flohmarkt statt.

In nördlicher Richtung geht's zur 3 **Brouwersgracht** (S. 144). Folgt man dieser Richtung Westen, sieht man die alten Lagerhäuser 4 **Groene & Grauwe Valk**. An der zweiten Zugbrücke geht's links in die Palmgracht. Achten Sie auf die rote Tür des 5 **Rapenhofje** (Nr. 28–38): An dem Innenhof stand das älteste Armenhaus Amsterdams (1648).

An der Palmdwarsstraat geht's vorbei an winzigen Lebensmittelgeschäften und Restaurants. Beachtenswert ist die Steintafel mit dem 6 **weißen Schwein** über der Metzgerei in der Tweede Goudsbloemdwarsstraat 26.

Schnell ist die Westerstraat erreicht, eine Hauptstraße des Jordaan. Hier befinden sich das 7 **Pianola Museum** (S. 144), ein wöchentlicher 8 **Kleidermarkt** sowie mehrere Cafés wie z. B. das 9 **Café 't Monumentje**. In der Tweede Anjeliersdwarsstraat geht's links in das 10 **Gartenquartier**, ein Geflecht aus efeuumrankten Gassen und kleinen Plätzen.

Weiter zur Leliedwarsstraat, bis zur geschäftigen Rozengracht. Hier verkaufen Fachgeschäfte z. B. Seidenkissen und bunte Küchenutensilien. In 11 **Rembrandt's Sterfhuis** (Nr. 184) verstarb der Maler 1669. Rund um die Tweede Rozendwarsstraat sind viele Baustile zu sehen. Unterwegs stößt man auf Secondhandläden, Boutiquen und Kunstgeschäfte.

Jenseits der Lauriergracht geht's links in die Elendsgracht zum 12 **Johnny Jordaanplein** (S. 145), der einem singenden Lokalhelden gewidmet ist. Bekannt wurde Johnny durch schmalzige Songs wie „Bij ons in de Jordaan". Auf dem Platz stehen Bronzebüsten des Sängers und seiner Band sowie ein buntes Häuschen, auf dem nostalgische Textzeilen verewigt wurden.

17.30 Uhr; 📶; 🚋3/5 Marnixplein) Beim Kaffee stehen hier kolumbianische Bohnen direkt vom Erzeuger im Mittelpunkt, die das Drupa röstet, mahlt und mit Verfahren wie V60, Chemex und Cold Drip Tower im Kyoto-Stil aufbrüht. Im weißen Café findet man an einer Handvoll winziger Tische Platz – oder man nimmt sich seinen Kaffee (und vielleicht eine Packung Bohnen) mit.

CAFÉ CHRIS — BRUIN CAFÉ

Karte S. 330 f. (www.cafechris.nl; Bloemstraat 42; ⏲Mo–Do 15–1, Fr & Sa bis 2, So bis 21 Uhr; 🚋13/17 Westermarkt) Das älteste *bruin café* des Jordaan stammt von 1624: Hier holten sich die Arbeiter, die den Glockenturm der Westerkerk bauten, ihren Lohn ab. Die Inneneinrichtung hat sich seitdem kaum verändert, mit Bleiglasfenstern, dunkler Holzvertäfelung und nackten Bodenplanken. Über der Theke hängen alte Bierkrüge und es gibt auch eine alte silberne Registrierkasse. Die aktuellste Neuerung ist der Billardtisch aus den 1980er-Jahren.

WATERKANT — BAR

Karte S. 332 f. (www.waterkantamsterdam.nl; Marnixstraat 246; ⏲So–Do 11–1, Fr & Sa bis 3 Uhr; 📶; 🚋7/17 Elandsgracht) Diese ausgelassene Bar befindet sich an einer Gracht unterhalb eines merkwürdig runden Parkhauses am Rande des Jordaan. Neben den guten Bieren, darunter viele heimische, wird auch internationale Küche geboten: Kürbis-*roti*, Nachos und Enten-Frühlingsrollen. Außergewöhnlich ist der Wassermelonen-Gin-Tonic. Außerdem kann man surinamische Gerichte wie *roti* (Fladenbrot) und *puntjes* (belegte Brötchen) bestellen. An kühleren Tagen wird die Terrasse beheizt. Am Wochenende legen DJs auf.

CAFÉ P 96 — BRUIN CAFÉ

Karte S. 330 f. (www.p96.nl; Prinsengracht 96; ⏲So–Do 11–3, Fr & Sa bis 4 Uhr; 📶; 🚋13/17 Westermarkt) Wer nachts noch nicht so schnell nach Hause gehen möchte, der findet im P96 eine nette Adresse, um den Abend noch etwas zu verlängern. Denn wenn die meisten anderen Cafés im Jordaan schließen, strömen die Nachteulen ins Café P 96, um dort einen Absacker zu trinken und mit Zufallsbekanntschaften zu plaudern. Im Sommer ist auf einem Hausboot auf der anderen Straßenseite eine Terrasse geöffnet.

CAFÉ DE JORDAAN — BRUIN CAFÉ

Karte S. 332 f. (☎020-627 58 63; Elandsgracht 45; ⏲Mo–Do 10–1, Fr bis 3, Sa 12–3, So 13–1 Uhr; 🚋7/17 Elandsgracht) Das altmodische Café ist ein sehr entspannter Ort für ein *biertje*. Richtig lebhaft wird es sonntags ab 17 Uhr, wenn sich die Gäste unterhaken und alte niederländische Schlager singen.

DE TWEE ZWAANTJES — BRUIN CAFÉ

Karte S. 330 f. (☎020-625 27 29; www.cafedetweezwaantjes.nl; Prinsengracht 114; ⏲So–Do 15–1, Fr & Sa 12–3 Uhr; 🚋13/17 Westermarkt) Im kleinen, authentischen „Zwei Schwäne“ ist es immer dann am lustigsten, wenn die Stammkunden sich bei Popklassikern und niederländischen Volksliedern die Kehle wund grölen (mittwochs) oder wenn Karaoke auf Varieté trifft (donnerstags). Flüssige Mutmacher in Form des Trappistenbiers vom Fass helfen, Skrupel abzubauen, und sorgen für eine ausgelassene Stimmung.

Sonntagabends klimpert ein Klavierspieler, dienstags ist Motown-Abend.

DE TRUT — LGBT

Karte S. 332 f. (www.trutfonds.nl; Bilderdijkstraat 165e; ⏲So 22–4 Uhr; 🚋3/7/13/19 Bilderdijkstraat/Kinkerstraat) Im Keller eines ehemals besetzten Hauses ist dieser Sonntags-Nachtclub eine Institution für Schwule und Lesben. Der Laden wird von Freiwilligen geleitet und hat ein klares Konzept. Weil die Location ziemlich klein ist, sollte man deutlich vor 23 Uhr eintreffen. Kameras sind nicht erlaubt; Handys müssen ausgeschaltet werden.

LA TERTULIA — COFFEESHOP

Karte S. 332 f. (www.coffeeshoptertulia.com; Prinsengracht 312; ⏲Di–Sa 11–19 Uhr; 🚋7/17 Elandsgracht) Das Tertulia ist ein langjähriger Renner. Der Coffeeshop wird von einem Mutter-Tochter-Duo betrieben und erinnert an ein Gewächshaus. Wer mag, sitzt draußen bei den von van Gogh inspirierten Wandmalereien, spielt Brettspiele oder begutachtet die riesigen Kristalle am Tresen. Das Tertulia serviert zudem guten Kaffee mit *stroopwafels*.

SAAREIN — LGBT

Karte S. 332 f. (www.saarein2.nl; Elandsstraat 119; ⏲Di–Do & So 16–1, Fr 16–2, Sa 13–2 Uhr; 🚋7/17 Elandsgracht) Über dem Haus aus dem 17. Jh. an einer Gracht flattert eine Regenbogenfahne. Die einstige Feministinnenhochburg ist zwar immer noch ein Treffpunkt für Lesben, aber auch schwule Männer sind inzwischen willkommen. Auf den Tisch kommen Tapas, Suppen sowie Tagesgerichte und es gibt einen Pool-Tisch.

CAFÉ 'T MONUMENTJE — BRUIN CAFÉ

Karte S. 330 f. (www.monumentje.nl; Westerstraat 120; ⌚Mo–Do 8.30–1, Fr 8.30–3, Sa 9–3, So 11–1 Uhr; 🚊3/5 Marnixplein) Das leicht vergammelt wirkende Café ist dennoch nett und voller Stammgäste aus der Nachbarschaft. Nach dem Einkauf auf dem Westermarkt kann man hier ein Bierchen trinken oder einen Snack bestellen. Jeden ersten Montag im Monat ist Mitsingen angesagt, dazu kommen gelegentlich Live-Gigs.

 Der Westen

★MONKS COFFEE ROASTERS — KAFFEE

Karte S. 332 f. (www.monkscoffee.nl; Bilderdijkstraat 46; ⌚Di–So 8–17 Uhr; 📶; 🚊3/13/19 Bilderdijkstraat/De Clercqstraat) Die großartige Hausmischung des Monks wird mit unterschiedlichen Röstmethoden zubereitet. Es werden aber auch Kaffeesorten von kleinen Spezialisten angeboten, darunter die örtlichen Röster Lot Sixty One und White Label Coffee sowie von Café Lomi aus Paris. Der geräumige Saal ist ideal zum Brunchen, z. B. mit Avocado-Toast und Feta-Käse, Chili und Limone sowie Bananenbrot mit Mascarpone und karamellisierter Ananas.

★BROUWERIJ TROOST WESTERGAS — BRAUEREI

Karte S. 325 (☎020-737 10 28; www.brouwerijtroost.nl; Pazzanistraat 27, Westergasfabriek; ⌚Mo–Do 16–24, Fr bis 3, Sa 12–3, So bis 24 Uhr; 📶; 🚊5 Van Limburg Stirumstraat) In den geräumigen Räumlichkeiten der Brauerei Troost im Industrieambiente der Westergasfabriek (S. 146) werden in großen Silbertanks saisonale, helle und rauchige Biere produziert. Auch Gin wird hier hergestellt, ebenso wie eine Limonade mit Alkohol. Mittwochs steht ab 20 Uhr Live-Jazz auf dem Programm, samstags um 16 Uhr 45-minütige Brauereiführungen (8 €). Hier werden nur Kreditkarten akzeptiert, kein Bargeld.

Bier und Gin werden auch im Werksladen verkauft.

★WESTERGASTERRAS — BAR

Karte S. 325 (www.westergasterras.nl; Klönneplein 4–6, Westergasfabriek; ⌚Mo–Do 11–1, Fr bis 3, Sa 10–3, So bis 1 Uhr; 📶; 🚊5 Van Limburg Stirumstraat) Mit Blick auf von Schilf gesäumte Teiche und ein Wehr ist die große Außenterrasse an sonnigen Nachmittagen äußerst beliebt. Aber auch der hochaufragende Innenraum im postindustriellen Look (Ziegelstein und Stahl) ist jeden Tag gut gefüllt. Bis 22 Uhr gibt's anspruchsvolles Kneipenessen (z. B. Rindfleisch-Carpaccio). Im Sommer ist donnerstags der Tanzclub ein Publikumsrenner.

BROUWERIJ DE PRAEL HOUTHAVENS — BRAUEREI

Karte S. 325 (www.deprael.nl; Nieuwe Hemweg 2; ⌚Di & Mi 11–22, Do & Sa bis 23, Fr bis 24, So 12–22 Uhr; 🚌22 Zaanstraat) Die schlichte Industriefassade gibt nicht viel her, doch drinnen bietet die sozial engagierte, 2019 in Houthavens eröffnete Brouwerij De Prael ein atemberaubendes Ambiente mit geschliffenen Betonböden und Tischen aus recyceltem Holz. An Bieren gibt's etwa das Bitterblond im deutschen Stil, das DIPA (Double India Pale Ale) und das Dortmunder.

ESPRESSOFABRIEK — KAFFEE

Karte S. 325 (www.espressofabriek.nl; Pazzanistraat 39, Westergasfabriek; ⌚Mo–Fr 9–18, Sa & So 10–18 Uhr; 📶; 🚊5 Van Limburg Stirumstraat) Die verführerischen Aromen von geröstetem Kaffee wabern aus diesem monumentalen Backsteinbau in der Westergasfabriek (S. 146) heraus. Zum Kaffee gibt's Cookies, Cupcakes, Muffins und traditionellen niederländischen Apfelkuchen.

WESTERUNIE — CLUB

Karte S. 325 (☎020-684 84 96; www.westerunie.nl; Klönneplein 6, Westergasfabriek; ⌚unterschiedlich; 📶; 🚊5 Van Limburg Stirumstraat) In der Location aus Beton, Stahl und Ziegelsteinen sind unter den offen sichtbaren Leitungsrohren House, Techno und Acid angesagt. Die Akustik in der postindustriellen Westergasfabriek (S. 146) ist super. Großevents beziehen oft die Nachbarlocations mit ein.

☆ UNTERHALTUNG

Zu den guten Unterhaltungsoptionen in dieser Gegend zählen Programmkinos, verschiedenste Livemusikschuppen und die Comedyläden Boom Chicago und Comedy Café, auch mit Vorstellungen auf Englisch.

THEATER AMSTERDAM — THEATER

(☎020-705 50 55; www.theateramsterdam.nl; Danzigerkade 5; 🚌48 Koivistokade) Inmitten des neuen Dockland-Viertels Houthavens ist das glitzernde Theater durch seine Glasfassade optisch direkt mit dem IJ verbunden. Der 15 000 m² große Bühnenraum kann auch riesige Konstruktionen für Theater- und Musikproduktionen aufnehmen. Ein ultramodernes Tonsystem ermöglicht die Übersetzung der Bühnentexte in acht Sprachen. Wer mit dem Boot kommt, kann direkt am Theater anlegen.

BOOM CHICAGO COMEDY

Karte S. 332 f. (020-217 04 00; www.boomchicago.nl; Rozengracht 117; ; 5/13/17/19 Marnixstraat/Rozengracht) Boom Chicago ist Amsterdams englischsprachige Bühne für total lustige Impro-Shows. Hier wird sich über die niederländische Kultur genauso amüsiert wie über die amerikanische und alles, was irgendwie dazwischen liegt. Auf der kleinen Bühne oben geht's etwas pointierter zu. Die Bar versorgt die Gäste mit reichlich Eis und Bier.

COMEDY CAFÉ COMEDY

Karte S. 325 (020-722 08 27; www.comedycafe.nl; IJdok 89; Karten ab 15 €, Abende mit offener Bühne 5 €; 18.30–23 Uhr; 48 Westerdoksdijk) In diesem Laden am Wasser finden jeden Abend Comedy-Shows statt. Mittwochs gibt's offene Bühnen mit englischsprachigem Programm; auf Niederländisch wird hier meist freitags und samstags gewitzelt, an den anderen Abenden auf Englisch – Programm siehe Website, wo man auch Karten buchen kann.

PACIFIC LIVEMUSIK

Karte S. 325 (www.pacificamsterdam.nl; Polonceaukade 23, Westergasfabriek; Bar So–Mi 11–1, Do bis 3, Fr & Sa bis 4 Uhr, DJs & Livemusik Do–Sa ab 23 Uhr; 5 Van Limburg Stirumstraat) Das Pacific bietet Livemusik, DJ-Sets und reichlich Rock 'n' Roll. Dazu werden starke Drinks und herzhaftes Essen serviert. Auf der großen Terrasse stehen Picknicktische.

DE NIEUWE ANITA KULTURZENTRUM

Karte S. 332 f. (www.denieuweanita.nl; Frederik Hendrikstraat 111; 3 Hugo de Grootplein) Die wohnzimmergroße Bühne für lautstarke Rocker ist zugleich auch ein großartiges Café. Hinter der durch ein Bücherregal versteckten Tür verbirgt sich der Hauptraum mit einer Bühne und einer Leinwand für Kultfilme, die jeden Montag auf Englisch präsentiert werden. DJs, Varietés und Comedy-Shows ergänzen das ausgefallene Angebot.

MOVIES KINO

Karte S. 330 f. (020-638 60 16; www.themovies.nl; Haarlemmerdijk 161; Karten 11,50 €; 3 Haarlemmerplein) Amsterdams ältestes Kino öffnete schon 1912 seine Pforten und ist sehr gemütlich. Gezeigt werden hier Indie-Filme sowie Mainstream-Streifen. Online gekaufte Karten sind 1 € billiger. Im Asia-Restaurant (17.30–22 Uhr) kann man speisen; ansonsten gibt's vor den Filmen auch kleine Snacks in der freundlichen Café-Bar.

LAKRITZ

Die Niederländer lieben Süßigkeiten und ihr Favorit heißt *drop*. Dies ist eine Sammelbezeichnung für Lakritze jeder Art: weich wie Gummi oder zäh wie Leder, in Form von Münzen oder Miniatur-Autos. Die wichtigste Unterscheidung ist aber die zwischen *zoete* (süß) und *zoute* (salzig). Letztere sorgen selbst bei eingeschworenen Fans des schwarzen Süßkrams für Erstaunen bis Entsetzen. Aber bei der Fülle des Angebots – mit Zusatzaromen von Minze über Honig bis Lorbeer – lassen sich auch Skeptiker oft bekehren. **Het Oud-Hollandsch Snoepwinkeltje** (Karte S. 330 f.; www.snoepwinkeltje.com; 2e Egelantiersdwarsstraat 2; Di–Sa 11–18.30 Uhr; 3/5 Marnixplein) leistet dabei gute Überzeugungsarbeit.

MALOE MELO BLUES

Karte S. 332 f. (020-420 45 92; www.maloemelo.com; Lijnbaansgracht 163; So–Do 21–3, Fr–Sa bis 4 Uhr; 5/17/19 Elandsgracht) Das Lokal ist das quicklebendige Herzstück der winzigen Blues-Szene Amsterdams. Die Musik, die hier dargeboten wird, reicht von Funk und Soul bis zu Texas Blues und Rockabilly. In der Regel wird ein Eintritt von rund 5 € verlangt.

SHOPPEN

Die Läden im Viertel sind bunt gemischt, persönlich und eher kunstorientiert. Die Gegend rund um die Elandsgracht ist der Ort für Antiquitäten und Kunst. Fachgeschäfte bieten alles von Hüten bis zu Katzen (S. 157). Die Haarlemmerbuurt (S. 119) und der Haarlemmerdijk im Jordaan sowie der Westliche Grachtengürtel sind perfekte Adressen für schicke Boutiquen und trendige Lokale. Im Viertel finden zudem einige hervorragende Wochen- und Flohmärkte statt.

MÄRKTE IM JORDAAN

Lindengrachtmarkt (Karte S. 330 f.; www.jordaanmarkten.nl; Lindengracht; Sa 9–16 Uhr; 3 Nieuwe Willemsstraat) Der hauptsächlich von Einheimischen frequentierte Lindengrachtmarkt am Samstag geht schon auf das Jahr 1895 zurück und bietet ein wunderbares Einkaufserlebnis. An 232 Ständen werden frische Produkte feilgeboten, darunter Fisch, Feinkost und eine Riesenpalette an Käse. Dazu kommen niederländische Leckereien wie *stroopwafels*, Blumen, Kleidung und Haushaltswaren. Wer den Markt in relativer Ruhe genießen möchte, sollte so früh wie möglich kommen.

Noordermarkt (Karte S. 330 f.; www.jordaanmarkten.nl; Noordermarkt; Flohmarkt Mo 9–13 Uhr, Bauernmarkt Sa 9–15 Uhr; 3/5 Marnixplein) Schon seit dem frühen 17. Jh. wird der Platz vor der Noorderkerk (S. 145) für bunte Wochenmärkte genutzt. Der **Flohmarkt** am Montagmorgen ist immer für ein echtes Schnäppchen gut, und samstags kommen morgens die Einheimischen, um sich auf dem großen **Boerenmarkt** (Bauernmarkt) aus dem reichhaltigen Angebot an Bioprodukten mit allem Notwendigen für das Wochenende einzudecken.

Westermarkt (Karte S. 330 f.; www.jordaanmarkten.nl; Westerstraat; Mo 9–13 Uhr; 3/5 Marnixplein) Klamotten und Textilien zum Schnäppchenpreis werden an den 170 Ständen des Westermarktes verkauft. Achtung: Der Markt befindet sich nicht auf dem Westermarkt, sondern in der Westerstraat unweit des Noordermarkts.

★ MEMENTO — DESIGN

Karte S. 332 f. (www.memento.amsterdam; Prinsengracht 238; Mi–So 15–19 Uhr; 13/17 Westermarkt) Dank Magneten schwebende Lampen und Vasen, Retro-Klappzahlenuhren, Porzellan im Delfter Stil mit modernen Designs wie Fahrrädern und schiefen Grachtenhäusern, giebelförmige Schneidebretter, Weincooler aus Lederresten, Parfüms mit dem Duft holländischer Blumen, mit Tulpen und Papageien bedruckte Boxershorts und Schals mit van-Gogh-Motiven: Das sind nur einige der genialen Sachen von Amsterdamer Designern in diesem originellen Laden.

★ MOOOI GALLERY — DESIGN

Karte S. 330 f. (020-528 77 60; www.moooi.com; Westerstraat 187; Di–Sa 10–18 Uhr; 3/5 Marnixplein) Niederländisches Design, auf die Spitze getrieben: Das Sortiment des vom niederländischen Designer Marcel Wanders eröffneten Galerie-Ladens reicht von der Lampe in Form eines lebensgroßen schwarzen Pferdes bis zur „blow away vase“ (eine skurrile Variante der klassischen Delfter Vase) und dem „killing of the piggy bank“-Keramiksparschwein (mit Goldhammer).

DISTORTION RECORDS — MUSIK

Karte S. 330 f. (www.distortion.nl; Westerstraat 244; Di, Mi, Fr & Sa 11–18, Do bis 21 Uhr; 3/5 Marnixplein) In dem kleinen, vollgestopften Geschäft gibt's Schallplatten in allen möglichen Stilrichtungen seit den 1970er-Jahren, von Punk und Funk bis zu Alternative, Indie, Garage, Grunge, Industrial, Electro, Hip-Hop, Acid Jazz und Neo-Folk. Zu den hier vertretenen Bands und Musikern zählen The Ramones, Buzzcocks, Psychedelic Furs, Kraftwerk, Incognito und Dr Dre.

URBAN CACAO — SCHOKOLADE

Karte S. 332 f. (www.facebook.com/UrbanCacao; Rozengracht 200; Di–Sa 10–18.30, So & Mo 12–18.30 Uhr; 5/13/17/19 Marnixstraat/Rozengracht) Hinter dem Urban Cacao steckt der Chocolatier, Konditor und Eismacher Hans Mekking. Der stilvolle Laden voller Schokoriegel und Pralinen (teils zuckerfrei) wartet außerdem mit bunten Macarons (z. B. Passionsfrucht und Schokolade, Mandarine und Basilikum oder Orange und Goldstaub für den Königstag) sowie im Sommer Eiscreme und im Winter heißer Schokolade auf.

ROBINS HOOD — DESIGN

Karte S. 330 f. (www.robinshood.nl; 2e Tuindwarsstraat 7; Mo–Sa 12–17 Uhr; 3/5 Marnixplein) Weiße Wände und Fußböden bilden eine passende Leinwand für die in den Niederlanden designten und upcycelten Retro-Produkte. Beim Stöbern entdeckt man tolle Vasen, Handtaschen, Schals, Schmuck, Sonnenbrillen, Lampen, Kunst, Schreibwaren sowie typisch niederländische Unikate wie etwa *stroopwafel*-Untersetzer.

BACK BEAT RECORDS — MUSIK

Karte S. 330 f. (020-627 16 57; www.backbeat.nl; Egelantiersstraat 19; Di–Sa 11–18 Uhr; 13/17

Westermarkt) Das Back Beat verkauft schon seit 1988 Jazz, Soul und Funk. Ob man nun nach Platten von Sly & The Family Stone, nach Chet Baker oder aber nach einem Hammondorgel-Album von Charles Earland sucht: In diesem kleinen Laden wird man bestimmt fündig. Der Besitzer ist zudem eine unerschöpfliche Wissens- und Informationsquelle zur lokalen Jazz-Szene. Außerdem gibt's hier Infos zu Konzerten und gleich auch die dazugehörigen Eintrittskarten.

PAPABUBBLE — SÜSSIGKEITEN

Karte S. 330 f. (☎020-626 26 62; www.papabubble.nl; Haarlemmerdijk 70; ⏲Mi 12–18, Sa 10–18 Uhr; 🚋3 Haarlemmerplein) Der hippe Süßigkeitenladen sieht eher wie eine Galerie aus. Am besten nimmt man sich ein Kissen, setzt sich auf die Treppe und schaut dem faszinierenden Prozess zu, bei dem Zucker in juwelenähnliche Süßigkeiten verwandelt wird. Zu den ausgefalleneren Geschmacksrichtungen zählen Lavendel und Pampelmuse.

CELLARRICH — MODE & ACCESSOIRES

Karte S. 330 f. (www.cellarrichretail.nl; Haarlemmerdijk 98; ⏲Di–Fr 11–18, Sa bis 17.30 Uhr; 🚋3 Haarlemmerplein) Bei Cellarrich (benannt nach der alten Kellerwerkstatt der Designer an der Prinsengracht) gibt's kreative Lederbrieftaschen, Taschen und Schmuck sowie schöne Notizbücher mit Ledereinband.

CATS & THINGS — GESCHENKE & SOUVENIRS

Karte S. 332 f. (☎020-428 30 28; www.catsandthings.nl; Hazenstraat 26; ⏲Di–Fr 11.30–18, Sa bis 17 Uhr; 🚋7/17 Elandsgracht) Für Katzenliebhaber ist dieser leicht schrullige Laden mit seinen hauseigenen Katzen ein Muss. Hier findet sich jede Art von katzenbezogenen Geschenken, darunter Statuen, Kunstwerke und Einrichtungsstücke mit Katzenmotiven. Und natürlich gibt's auch Geschenke für die eigenen Katzen, wie z. B. Körbe, Futter, Leckereien, Halsbänder und Kletterbäume.

ARNOLD CORNELIS — LEBENSMITTEL

Karte S. 332 f. (☎020-625 85 85; www.cornelis.nl; Elandsgracht 78; ⏲Mo–Fr 8.30–18, Sa bis 17 Uhr; 🚋7/17 Elandsgracht) Wer als Gastgeber Eindruck bei seinen Gästen machen will, besorgt zum Abendessen etwas aus diesem traditionsreichen Geschäft, z. B. Früchtebrot, Käsekuchen oder Kekse mit Málaga-Wein. Für hungrige Kunden gibt's mittags mit Käse, Fleisch oder Gemüse gefüllte Blätterteigtaschen.

MECHANISCH SPEELGOED — SPIELZEUG

Karte S. 330 f. (www.mechanisch-speelgoed.nl; Westerstraat 67; ⏲Mo–Fr 10–18, Sa bis 17 Uhr;; 🚋3/5 Marnixplein) Der lustige Laden steckt voll mit nostalgischem Spielzeug von Schneekugeln, Glimmleuchten, Masken und Handpuppen bis hin zu Aufziehspielzeug. Und wer braucht nicht hin und wieder mal eine Quietscheente? Die Öffnungszeiten des Shops sind variabel.

GALLERIA D'ARTE RINASCIMENTO — KERAMIK

Karte S. 330 f. (☎020-622 75 09; www.delft-art-gallery.com; Prinsengracht 170; ⏲9–18 Uhr; 🚋13/17 Westermarkt) Dieser nette Laden verkauft sowohl klassische als auch neue Keramiken von Royal Delftware sowie Vasen, Teller, Broschen, Weihnachtsdeko und dekorative Fliesen und Plaketten aus dem 19. Jh.

'T ZONNETJE — GETRÄNKE

Karte S. 330 f. (☎020-623 00 58; www.t-zonnetje.com; Haarlemmerdijk 45; ⏲Mo–Fr 9–18, Sa bis 17 Uhr; 🚋18/21/22 Buiten Oranjestraat) Dieses überaus charmante Geschäft in einem historischen Gebäude von 1642 führt Tees aus aller Welt sowie Kaffee, Gewürze und passende Utensilien.

ANTIEKCENTRUM AMSTERDAM — ANTIQUITÄTEN

Karte S. 332 f. (Amsterdamer Antiquitätenzentrum; www.antiekcentrumamsterdam.nl; Elandsgracht 109; ⏲Mo & Mi–Fr 11–18, Sa & So bis 17 Uhr; 🚋5/7/17/19 Elandsgracht) Jeder, der bei originellem Trödel schwach wird, macht entweder einen großen Bogen um diese Fundgrube oder stürzt sich schnurstracks hinein. Auf 1750 m² Verkaufsfläche drängen sich 55 Stände und größere Läden. Mittwochs, samstags und sonntags findet zudem ein Markt statt. Ob ein Seidenkleid aus den 1940er-Jahren oder ein schwedischer Porno aus den 1970ern – hier ist die Trefferquote hoch.

Vondelpark & der Süden

Highlights

❶ **Rijksmuseum** (S. 160) Sich von der großartigen Kunstsammlung eines der besten Museen der Welt mit Rembrandt, Vermeer, vergoldeten Puppenhäuschen, Delfter Porzellan und magischen Lampen beeindrucken lassen.

❷ **Van Gogh Museum** (S. 163) Die weltweit beste Van-Gogh-Sammlung bewundern, von den lebhaften gelben Sonnenblumen bis zu den lila-blauen Schwertlilien.

❸ **Amsterdamse Bos** (S. 167) Radeln, Boot fahren oder sich mit den Ziegen im überraschend großen Stadtwald anfreunden.

❹ **Stedelijk Museum** (S. 165) Kunstwerke von Mondrian, Matisse, Warhol, Appel, De Kooning, Yayoi Kusama und weiteren großen Künstlern im fantastischen Museum für moderne Kunst entdecken.

❺ **Vondelpark** (S. 166) Durch das grüne Herz der Stadt radeln, picknicken, relaxen, ein Konzert im Teehaus oder ein Bühnenstück im Theater besuchen.

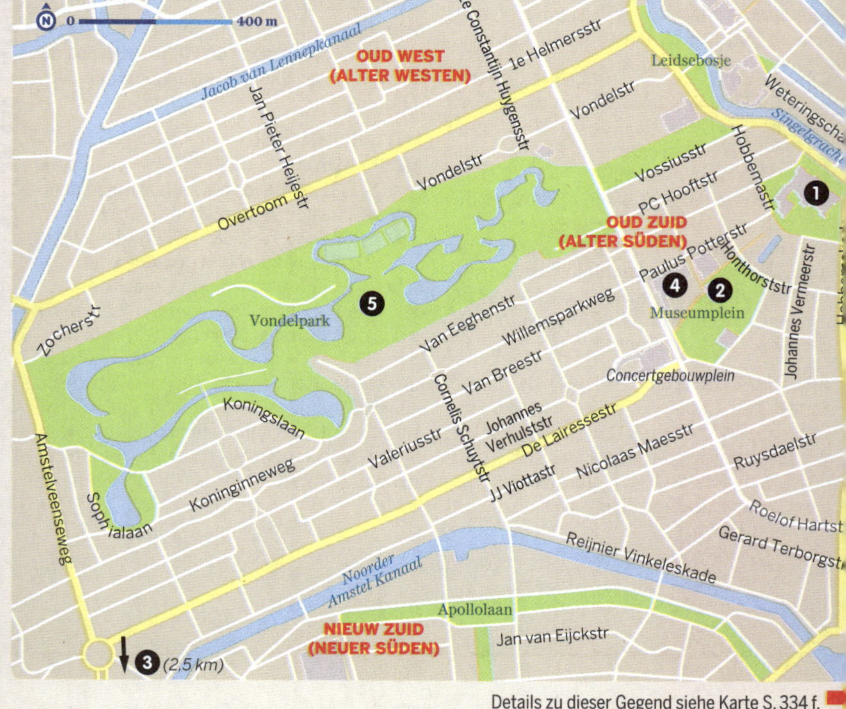

Details zu dieser Gegend siehe Karte S. 334 f.

Vondelpark & den Süden erkunden

Die drei wichtigsten Amsterdamer Museen – das Rijksmuseum, das Van Gogh Museum (S. 163) und das Stedelijk Museum (S. 165) – befinden sich in direkter Nachbarschaft am Museumplein (S. 167). In ihnen können Besucher mehrere Tage verbringen, da jedes der drei eine wahre Schatztruhe ist. Abends verlagert sich das Geschehen in das Concertgebouw (S. 179), die großartige Konzerthalle, und in die schicken Cafés und Bars rund um den Vondelpark (S. 166).

Amsterdams beliebtester Park ist zwar nicht besonders groß, aber auf jeden Fall ein lohnendes Ziel für einen Spaziergang, ein Picknick oder einen Drink. Weiter südlich liegt der Amsterdamse Bos (S. 167), wo man sich schon fast wie auf dem Lande fühlt. Hier kann man prima joggen, radeln, reiten oder Boot fahren. Für Kulturfreunde bietet sich eine Metrofahrt zum Cobra Museum (S. 169) an.

Im Norden, rings um die Overtoom, locken Lokale und Geschäfte für jeden Geldbeutel, während die an der Cornelis Schuytstraat südlich des Parks eher exklusiv sind. Um den Amstelveenseweg am westlichen Parkende und um die Foodhallen (S. 172) in De Hallen (S. 172) gibt's viele Restaurants.

Lokalkolorit

➡ **Radfahren** Wer auf dem Rad etwas unsicher ist und sich nicht sofort in den pulsierenden Stadtverkehr traut, kann im Vondelpark (S. 166) in aller Ruhe etwas üben.

➡ **Skaten** Freitagabends kann man sich den Inline-Skatern anschließen, wenn sie im Vondelpark auf eine zweistündige Runde starten (S. 166). Im Winter wird der Teich auf dem Museumplein zur Schlittschuhbahn.

➡ **Bunkerleben** Der Vondelbunker (S. 177) unter der Brücke an der Eerste Constantijn Huygensstraat bietet Untergrund-Unterhaltung und alternativ-autonome Aktivitäten.

➡ **Auf dem Wasser** Per Kanu erkundet man im Amsterdamse Bos (S. 167) den „Amazonas von Amsterdam".

➡ **Baden** Das prächtige Zuiderbad (S. 182) von 1912 ist ein wunderschönes öffentliches Schwimmbad.

An- & Weiterreise

➡ **Tram** Die Linien 12 und 5 ab Centraal Station halten am Museumplein und am Haupteingang zum Vondelpark; Linie 2 fährt dann weiter über den Willemsparkweg entlang der Südseite des Parks. Die Linien 3 und 12 überqueren die Brücke an der 1e Constantijn Huygensstraat unweit des Haupteingangs zum Park. Danach kreuzen sie die Kinkerstraat in der Nähe von De Hallen. Die Linie 1 verkehrt von der Centraal Station über den Straßenzug Overtoom unweit der westlichen Parkseite.

➡ **Bus** Der Bus 397 legt die Strecke vom Flughafen zum Museumplein in rund 30 Minuten zurück.

Top-Tipp

Wer nach einem Nachmittag im Vondelpark etwas Appetit verspürt, findet eine riesige Auswahl an Lokalen rund um den Amstelveenseweg. Die Gastromeile am westlichen Rand des Parks bietet alles von vegan bis chinesisch, japanisch, indonesisch, indisch, thailändisch, panasiatisch, niederländisch, italienisch und brasilianisch sowie amerikanisch. Daneben gibt's hier Weinbars und gemütliche Cafés. Am besten sich einfach treiben lassen.

Gut essen

➡ Ron Gastrobar (S. 174)

➡ Foodhallen (S. 172)

➡ Adam (S. 174)

➡ Moer (S. 171)

➡ Rijks (S. 174)

➡ Vegan Junk Food Bar (S. 171)

Mehr dazu siehe S. 170

Nett ausgehen

➡ Labyrinth (S. 176)

➡ Lot Sixty One (S. 176)

➡ Wildschut (S. 178)

➡ Welling (S. 178)

Mehr dazu siehe S. 176

Schön shoppen

➡ J&B Craft Drinks (S. 180)

➡ Goochem Speelgoed (S. 180)

➡ Pied à Terre (S. 180)

➡ Maker Store (S. 172)

Mehr dazu siehe S. 180

HIGHLIGHT REMBRANDTS NACHTWACHE IM RIJKSMUSEUM

Das Rijksmuseum ist ein großartiger Kunstpalast, sein Restaurant (S.174) wurde mit einem Michelin-Stern ausgezeichnet und es ist auch das einzige Museum mit einem Fahrradweg mitten durch das Gebäude. Unter den Gemälden befinden sich Meisterwerke einheimischer Genies wie Rembrandt, Vermeer und Van Gogh. In 80 Sälen sind an den rund 1,5 km langen Ausstellungswänden mehrere nationale und königliche Sammlungen zu bewundern.

Aufbau

Das riesige Museum hat vier Etagen. Ein paar Stunden reichen gerade aus, um die Highlights zu sehen. Am Infoschalter liegen Übersichtspläne aus. Alle Säle sind entsprechend dem Übersichtsplan nummeriert und mit einem Thema versehen, sodass der Überblick leichtfällt. Die erste Ebene ist in zwei Bereiche geteilt, für die es auf jeder Seite Zugänge gibt.

Ebene 2: 1600–1700

Am besten startet man auf der zweiten Ebene, wo sich die die Meisterwerke des Goldenen Zeitalters in der Ehrengalerie befinden. Der Weg dorthin ist verschlungen, aber ausgeschildert.

Jan Vermeer & niederländische Interieurs

Hier finden sich Werke von Vermeer. Die privaten Szenen ermöglichen mit fast fotografischen Details auch einen Einblick in das häusliche Leben jener Zeit. Bemerkenswert ist die *Dienstmagd mit Milchkrug*. Bei der *Briefleserin in Blau* (1663) verwendete er einen anderen Stil: Er zeigt nur Teile von Objekten, von Tischen, Stühlen und einer Karte. Pieter de Hooch, Vermeers Zeitgenosse, fokussiert sich ebenfalls auf das Alltagsleben; zu seinen Motiven zählt z. B. das intime *Eine Mutter entlaust ihr Kind* (1658), auch bekannt als *Mutterpflichten*.

Jan Steen

Jan Steen wurde durch seine Gemälde von chaotischen Haushaltsszenen berühmt, wie etwa *Die fröhliche Familie* (1668). Keiner der betrunkenen Erwachsenen bemerkt den kleinen Jungen, der heimlich den Wein probiert. Steens Bilder hatten eine große Wirkung: Im 18. Jh. wurde der Begriff „Jan-Steen-Haushalt" zu einem geflügelten Wort für chaotische Verhältnisse.

Rembrandt

Im Museum sind großartige Meisterwerke von Rembrandt zu sehen, darunter sein Selbstporträt als Apostel Paulus. *Die Judenbraut* (1665) zeigt ein Paar in liebevoller Umarmung. Das Werk beeindruckte auch Van Gogh, der erklärte, er würde ein Jahrzehnt seines Lebens dafür geben, zwei Wochen nur mit einer Brotkruste als Nahrung vor dem Gemälde zu sitzen.

Die Nachtwache & Gemälde von Milizen

Rembrandts gigantische *Nachtwache* (1642) ist das absolute Highlight des Museums, vor dem sich immer Scharen von Besuchern einfinden. Das Werk heißt eigentlich mit komplettem Titel *Die Miliz-Kompanie des II. Distrikts unter dem Kommando von Kapitän Frans Banning Cocq.* Den Namen *Nachtwache* bekam das Gemälde erst viele Jahre später, nachdem eine Schmutzschicht auf dem Werk den Eindruck vermittelte, es sei Nacht. Inzwischen wurden die Farben in ihren Originalzustand versetzt. Das Gemälde war ursprünglich noch größer, wurde

NICHT VERSÄUMEN

- Rembrandts *Nachtwache*
- Vermeers *Dienstmagd mit Milchkrug*
- De Hoochs *Mutterpflichten*
- Delfter Porzellan
- Puppenhäuser
- Restaurant mit Michelin-Stern

PRAKTISCH & KONKET

- Nationalmuseum
- Karte S. 334 f., H4
- ☎020-674 70 00
- www.rijksmuseum.nl
- Museumstraat 1
- Erw./Kind 20 €/frei
- ⏲9–17 Uhr
- 🚋2/5/12 Rijksmuseum

aber für eine frühere Location verkleinert. Im selben Raum hängen mehrere andere großformatige Gemälde von Milizen. Übrigens lebte Kapitän Cocq, die zentrale Figur des Gemäldes, einst im Haus Singel 140–142.

Delfter Porzellan & Puppenhäuser

Faszinierende Zeugnisse des Goldenen Zeitalters füllen die Säle rechts und links der Ehrengalerie. Die Delfter Fayencen waren das Ergebnis des Versuchs der Niederländer im späten 17. Jh., chinesisches Porzellan zu imitieren. Saal 2.22 ist mit dem erlesenen Porzellan vollgepackt. Saal 2.20 widmet sich Puppenhäusern. Die Kaufmannsgattin Petronella Oortman beauftragte Tischler, Glasbläser und Silberschmiede mit der Herstellung der 700 Objekte für ihr Puppenhaus.

Cuypers Bibliothek

Der hohe, mit Bücherregalen gefüllte Raum beherbergt eine der weltbesten Kunstbibliotheken: Vom Balkon auf Ebene 2 können Besucher einen Blick hineinwerfen.

Ebene 1: 1700–1900

Ein Hingucker ist *Die Schlacht bei Waterloo* in Saal 1.12, das monumentalste Gemälde im Museum, das fast eine ganze Wand einnimmt. In Saal 1.18 hängen drei van Goghs, in Saal 1.16 wurde ein Zimmer aus einem Grachtenhaus des 18. Jhs. nachgestellt.

Ebene 0: 1100–1600

Diese Ebene ist mit Kuriositäten gefüllt. Die **Spezialsammlungen** umfassen u. a. „Zauberlaternen" (Laterna Magica), Waffen, Schiffsmodelle, Musikinstrumente und Silberminiaturen. Zu den frühen Kunstschätzen zählen Werke von Dürer sowie Geschirr von Kaiser Karl V. Im **Asien-Pavillon** sind erstklassige Kunstwerke aus China, Indonesien, Japan, Indien, Thailand und Vietnam zu sehen.

Ebene 3: 1900–2000

Im obersten Stockwerk ist eine kleine, aber interessante Ausstellung mit Werken von Karel Appel, Constant Nieuwenhuys und ihren CoBrA-Freunden (einer Kunstbewegung nach dem Zweiten Weltkrieg) sowie coolen Möbeln niederländischer Designer wie Gerrit Rietveld und Michel de Klerk. Außerdem sind ein Nazi-Schachspiel und eine verstörende Wand mit Gesichtsabdrücken von Nias-Insulanern aus dem Jahr 1910 zu sehen.

Fassade & Gärten

Pierre Cuypers entwarf das Gebäude 1885. Die Fassade ist eine Mischung aus Neogotik und niederländischer Neorenaissance. Im Museumsgarten finden Skulpturenausstellungen von bekannten Künstlern statt. Der Eintritt in den Garten ist kostenlos.

WARTESCHLANGEN & EINTRITTSKARTEN

Freitags, samstags und sonntags ist mit langen Schlangen zu rechnen. Vor 10 und nach 15 Uhr ist am wenigsten los. Online-Tickets sparen Zeit. Man muss damit zwar trotzdem vor dem Eingang anstehen, dafür aber drinnen nicht an der Kasse. Dasselbe gilt für Inhaber der Museumkaart und der I amsterdam Card (S. 286).

AIRPORT-KUNST

Das Rijksmuseum betreibt eine Filiale im Flughafen Schiphol (Eintritt gratis). Dort hängen acht bis zehn Gemälde des Goldenen Zeitalters. Die Ausstellung befindet sich hinter der Passkontrolle zwischen den Lounges 2 und 3.

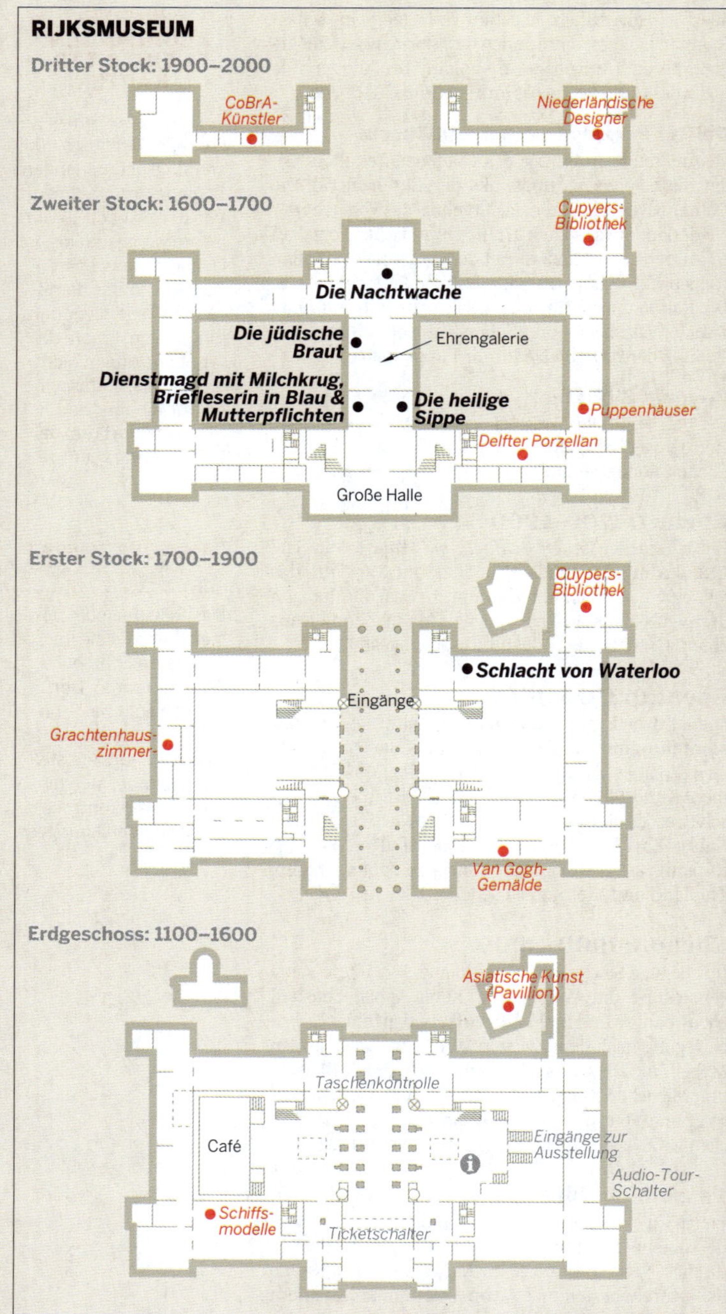
RIJKSMUSEUM
Dritter Stock: 1900–2000
CoBrA-Künstler
Niederländische Designer
Zweiter Stock: 1600–1700
Cupyers-Bibliothek
Die Nachtwache
Die jüdische Braut
Ehrengalerie
Dienstmagd mit Milchkrug, Briefleserin in Blau & Mutterpflichten
Die heilige Sippe
Puppenhäuser
Delfter Porzellan
Große Halle
Erster Stock: 1700–1900
Cuypers-Bibliothek
Schlacht von Waterloo
Eingänge
Grachtenhaus-zimmer
Van Gogh-Gemälde
Erdgeschoss: 1100–1600
Asiatische Kunst (Pavillion)
Taschenkontrolle
Café
Eingänge zur Ausstellung
Audio-Tour-Schalter
Schiffs-modelle
Ticketschalter

HIGHLIGHT **BESUCH DER WELTGRÖSSTEN VAN-GOGH-SAMMLUNG**

Das Van Gogh Museum beherbergt die größte Van-Gogh-Sammlung der Welt. Es ist ein beeindruckendes Erlebnis, die ständigen Warteschlangen vor dem Eingang zu sehen, doch dann sollte man sich ganz auf das tragische, aber doch produktive Leben des Künstlers konzentrieren. Das Museum wurde 1973 eröffnet, um die von Vincents Bruder Theo zusammengetragene Sammlung aufzunehmen. Dazu gehören rund 200 Gemälde und 500 Zeichnungen von Vincent und seinen Zeitgenossen, darunter Gauguin und Monet.

Museumsaufbau & Highlights

2015 wurde ein gläserner Anbau mit weiteren 800 m² Ausstellungsfläche eröffnet. Das Museum erstreckt sich nun über vier Ebenen. Sehr hilfreich ist der Audioguide, von dem es für Kinder eine eigene Version gibt. Es ist faszinierend zu sehen, wie sich Van Goghs Schaffen von seinen frühen düsteren Darstellungen in den Niederlanden bis hin zu seinen farbenfrohen französischen Landschaften entwickelt hat. Die Gemälde werden je nach Ausstellungsschwerpunkt gelegentlich umgehängt.

Die Kartoffelesser & Schädel mit brennender Zigarette

Van Goghs früheste Werke sind düster und stammen aus seiner Zeit auf dem niederländischen Land sowie in Antwerpen zwischen 1883 und 1886. Besonders interessierte er sich für Bauern, wie z. B. in *Die Kartoffelesser* (1885). Das symbolische *Stillleben mit Bibel* (1885) entstand nach dem Tod seines Vaters. Es zeigt eine abgebrannte Kerze, die Bibel seines Vaters sowie ein vielgenutztes kleineres Buch, *La Joi de Vivre*. Dies verweist auf Vincents eher weltliche Philosophie. Den *Schädel mit brennender Zigarette* (1886) malte Van Gogh als Student der Königlichen Akademie für Schöne Künste in Antwerpen.

NICHT VERSÄUMEN

- *Die Kartoffelesser*
- *Das gelbe Haus*
- *Weizenfeld mit Raben*
- *Sonnenblumen*
- *Schädel mit brennender Zigarette*

PRAKTISCH & KONKRET

- Karte S. 334 f., G5
- ☎ 020-570 52 00
- www.vangoghmuseum.nl
- Museumplein 6
- Erw./Kind 19 €/frei, Audioguide 5/3 €
- ⌚ Ende Juni–Aug. So–Do 9–17, Fr & Sa bis 21 Uhr, Mai–Ende Juni & Sept.–Ende Okt. Sa–Do 9–18, Fr bis 21 Uhr, Rest des Jahres verkürzte Öffnungszeiten
- 🚊 2/3/5/12 Van Baerlestraat

DER ROTE WEINBERG IN ARLES

Van Gogh verkaufte zu Lebzeiten nur ein einziges Gemälde (Der rote Weinberg in Arles). Das Werk hängt im Moskauer Puschkin-Museum.

BIBLIOTHEK

Die **Bibliothek** (Karte S. 334 f.; ☎020-570 59 78; Gabriël Metsustraat 8; ⏰Mo–Fr 10–12.30 & 13.30–17 Uhr; 🚋3/5/12 Museumplein) GRATIS des Museums verfügt für Forschungszwecke über umfangreiches Material: etwa 35 000 Bücher und Artikel.

FREITAGABENDS

Freitags bleibt das Museum bis 22 Uhr geöffnet. Dann gibt's besondere Kulturveranstaltungen, eine Bar und für gewöhnlich Livemusik oder einen DJ.

Selbstporträts

1886 zog Van Gogh nach Paris, wo sein Bruder Theo als Kunsthändler tätig war. Vincent wollte die Porträtkunst erlernen, hatte jedoch kein Geld für Modelle. Also malte er eine Reihe von Selbstporträts. Unter dem Einfluss der Impressionisten wurde seine Farbpalette zusehends heller.

Sonnenblumen & Das gelbe Haus

1888 ging van Gogh in die Provence nach Arles, um dort seine farbenfrohen Landschaftsgemälde zu erschaffen und seinen Traum von einer Künstlerkolonie zu verwirklichen. Die *Sonnenblumen* (1889) und andere Blumenbilder jener Zeit erstrahlen im intensiven mediterranen Licht. Das gilt auch für *Das gelbe Haus* (1888), Vincents Wohnhaus in Arles. *Das Schlafzimmer* (1888) zeigt tatsächlich Van Goghs Schlafzimmer im gelben Haus. Im selben Jahr schnitt sich Van Gogh während einer Psychose auch einen Teil seines Ohres ab.

Weizenfeld mit Krähen

1889 begab sich der Künstler in eine Heilanstalt in Saint-Rémy. Dort wurden seine Gemälde immer außergewöhnlicher. Seine ausdrucksstarken, aber sehr kontrollierten Landschaften orientierten sich an der Umgebung. Zu sehen sind Zypressen und Olivenbäume. Zu jener Zeit entstanden auch die *Schwertlilien*. 1890 reiste er in den Norden nach Auvers-sur-Oise. Eines seiner letzten Gemälde, *Weizenfeld mit Krähen* (1890), wirkt geradezu bedrohlich – es entstand kurz vor seinem Selbstmord, war aber nicht sein letztes Werk.

Extras

Das Museum verfügt über Hörstationen, an denen Van Goghs Briefe – die meisten an seinen Bruder Theo sowie dessen Briefe an ihn – vorgelesen werden. Das Museum hat alle Briefe Van Goghs auf der Seite www.vangoghletters.org kategorisiert. Täglich werden auch Workshops für Erwachsene und Kinder angeboten.

Weitere Künstler

Im Museum finden sich dank Theo van Goghs Sammeltätigkeit auch Werke von Vincents Zeitgenossen, darunter Gauguin, Monet und Toulouse-Lautrec, von Wegbereitern wie Jean-François Millet und Gustave Courbet und von Malern, die van Gogh beeinflusste.

Ausstellungsflügel

Das Hauptgebäude des Museums hat Gerrit Rietveld entworfen. Der Entwurf für den separaten Ausstellungsflügel (1999) stammt von Kisho Kurokawa. Im Volksmund wird das Gebilde „Muschel“ genannt. Hier finden Wechselausstellungen mit Werken renommierter Künstler statt.

HIGHLIGHT · UNTERHALTUNG FÜR DIE FAMILIE IM STEDELIJK MUSEUM

Dieses beeindruckende und lichtdurchflutete moderne Kunstmuseum verfügt über eine Sammlung von 90 000 Werken aus der Zeit von 1870 bis heute. Die Exponate aus der eigenen Sammlung wechseln regelmäßig, doch zumeist sind Werke von Monet, Picasso, Kandinsky, Matisse, Chagall, Warhol, Rothko, De Kooning und anderen zu sehen. Im neueren Flügel präsentieren Sonderausstellungen aktuelle Kunst.

Adriaan Willem Weissman entwarf das Hauptgebäude 1895. In der Ausstellung **Stedelijk Base** im Erdgeschoss werden wechselnde Werke gezeigt, oft moderne Meisterwerke wie Scherenschnitte von Henri Matisse, Skulpturen von Yayoi Kusamam oder abstrakte Arbeiten von Picasso sowie eine großartige Sammlung von niederländischen Künstlern wie Piet Mondrian, Willem de Kooning und Karel Appel.

In der oberen Etage werden Werke von 1950 bis heute gezeigt, von Avantgarde-Kurzfilmen bis zu Fotoausstellungen. Die Exponate wechseln regelmäßig, sodass man sich auf Unbekanntes einlassen muss, aber ganz sicher sind sie ungewöhnlich und provokativ.

Der neuere Flügel, der vom Architekturbüro Benthem Crouwel Architects entworfen und 2012 eröffnet wurde, wird auch „Badewanne" genannt – bei seinem Anblick wird klar, warum. Hier sind Wechselausstellungen untergebracht. Bei dem glatten, weiß glänzenden Überzug der „Badewanne" handelt es sich um Twaron, eine synthetische Aramidfaser, die fünfmal so widerstandsfähig ist wie Stahl.
Für Kinder gibt's Installationen zum Anfassen sowie andere Aktivitäten im **Family Lab**.

Die **Bibliothek** des Stedelijk (Di–Sa 12–17 Uhr) ist bestens mit Katalogen, Büchern, Archivmaterial und Dokumentarfilmen zu Kunst und Design bestückt und verfügt über WLAN. Der Eintritt ist frei, auch ohne Museumsticket.

NICHT VERSÄUMEN

- Wandbilder von Karel Appel
- De-Stijl-Exponate
- Hervorragende Sonderausstellungen
- Meisterwerke der modernen Kunst

PRAKTISCH & KONKRET

- Karte S. 334 f., G5
- ☎ 020-573 29 11
- www.stedelijk.nl
- Museumplein 10
- Erw./Kind 18,50 €/frei
- ⏲ Sa–Do 10–18, Fr bis 22 Uhr
- 🚋 2/3/5/12 Van Baerlestraat

HIGHLIGHT
PICKNICK IM VONDELPARK

Amsterdams beliebteste Grünoase, der Vondelpark, erstreckt sich über 47 Hektar voller Rasenflächen, Teiche und Spazierwege und zieht jährlich etwa 12 Mio. Besucher an: Touristen, Inline-Skater, Spaziergänger mit Hunden, Kinder und Kiffer. Überall sind Radfahrer und an sonnigen Tagen kann man sich vor lauter Picknickbesuchern auf dem Rasen kaum bewegen.

Einst handelte es sich um einen privaten Park nur für reiche Amsterdamer. Seine weitläufigen Gärten im englischen Stil mit Teichen, Rasenflächen, Brücken und Spazierwegen wurden vom Architekten Jan David Zocher in einem Sumpfgebiet angelegt und 1865 eröffnet. Zwischen 1875 und 1877 erweiterte Zochers Sohn Louis Paul den Park auf seine jetzige Größe.

Zunächst hieß die Grünanlage Nieuwe Park (Neuer Park), aber 1867 erschuf der Bildhauer Louis Royer eine **Statue** (Karte S. 334 f.) des Lyrikers und Dramatikers Joost van den Vondel (1587–1679). Von da an sprachen die Amsterdamer vom „Vondelpark", was zu einer offiziellen Umbenennung führte. Der **Rosengarten** (Karte S. 334 f.) wurde 1936 angelegt. 1953 wurde der Park von der Stadt erworben und der Öffentlichkeit zugänglich gemacht.

Nach rund 100 Jahren war das Parkniveau durch den morastigen Untergrund um 2 bis 3 m abgesunken. Nachdem der Park Mitte der 1990er-Jahre unter Denkmalschutz gestellt worden war, wurden ein Entwässerungssystem sowie Rad- und Fußwege angelegt.

Am östlichen Ende steht der Vondelparkpaviljoe, im italienischen Neorenaissancestil des 19. Jhs. Heute befindet sich hier die Café-Bar Vondelpark3 (S. 176). Es gibt mehrere weitere Cafés, Spielplätze sowie eine wunderbare Freilichtbühne, das Openluchttheater (S. 179). Treffpunkt der alternativen Kulturszene ist der Vondelbunker (S. 177). Kunst gibt's über den gesamten Park verteilt, 69 Skulpturen inbegriffen. Unter ihnen befindet sich das riesige Werk *Figure découpée l'Oiseau* (*Der Vogel*; 1965) von Pablo Picasso, von Einheimischen **The Fish** genannt (Karte S. 334 f.), das der Künstler anlässlich des 100. Geburtstags des Vondelparks spendete.

Die Highlights des Parks kann man auf einer selbst geführten Tour zu Fuß erleben. Der Fahrradverleih MacBike (S. 33) befindet sich in der Nähe des Haupteingangs.

NICHT VERSÄUMEN

- Rosengarten
- 't Blauwe Theehuis
- Picassos *The Fish*
- Freilichttheater

PRAKTISCH & KONKRET

- Karte S. 334 f., D5
- www.hetvondelpark.net
- 🚊12 Van Baerlstraat, 5 Museumplein

SEHENSWERTES

Der Vondelpark ist das grüne Herz Amsterdams, und nur einen Katzensprung entfernt liegen die berühmtesten Museen der Stadt, darunter das Rijksmuseum, das Van Gogh Museum und das Stedelijk Museum – alle praktischerweise nah beieinander rund um den Museumplein. Weiter südlich locken die weitläufige Parkanlage Amsterdamse Bos und das Cobra Museum (S.169), das sich der Kunstbewegung De Stijl widmet. Nördlich des Vondelparks bieten De Hallen (S.172), umgebaute ehemalige Straßenbahnschuppen, Kunst und Essen.

RIJKSMUSEUM — MUSEUM

Siehe S. 160.

VAN GOGH MUSEUM — MUSEUM

Siehe S. 163.

VONDELPARK — PARK

Siehe S. 166.

STEDELIJK MUSEUM — MUSEUM

Siehe S. 165.

MUSEUMPLEIN — PLATZ

Karte S. 334 f. (🚋2/3/5/12 Van Baerlestraat) Amsterdams berühmteste Museen gruppieren sich rund um diesen Platz, der über alles verfügt, was man in Amsterdam benötigt: eine Skateboard-Rampe, einen Spielplatz und im Winter einen Teich zum Schlittschuhlaufen. Der Platz ist bei Einheimischen wie Touristen sehr beliebt: Sobald es wärmer wird, werden die Picknickkörbe rausgeholt, und an jedem dritten Sonntag im Monat gibt's Stände mit Essen und Kunsthandwerk. Auf dem Museumplein finden zudem öffentliche Konzerte und Sonderveranstaltungen statt.

Ursprünglich wurde der Museumplein für die Weltausstellung 1883 angelegt. Den heutigen Namen erhielt er jedoch erst zwei Jahre später, als das Rijksmuseum eröffnet wurde. Bei einer der vielen Umgestaltungsmaßnahmen entstand im südlichen Bereich ein ansteigendes Rasendreieck, das sogenannte Eselsohr, das sich mittlerweile bei Sonnenanbetern großer Beliebtheit erfreut. Unterhalb davon befindet sich ein großer Supermarkt.

AMSTERDAMSE BOS — PARK

(Amsterdam Forest; www.amsterdamsebos.nl; Bosbaanweg 5; ⌚24 Std.; 🚌347, 357, Ⓜ Van Boshuizenstraat) Amsterdams Stadtwald am Stadtrand ist rund 1000 ha groß. Vom Vondelpark benötigt man mit dem Rad rund 20 Minuten Richtung Süden. Der Park wurde 1934 angelegt, um während der Weltwirtschaftskrise Arbeitsplätze zu schaffen. Die Seen, Wälder und Wiesen werden von zahlreichen Pfaden durchzogen und es gibt mehrere Cafés. Räder können geliehen werden, im Frühling kann man kleine Ziegen füttern und die Wasserläufe laden zu Bootstouren ein. Unterhaltsam sind die Stücke auf der Freilichtbühne, es gibt sogar einen Kletterpark.

Vor allem mit Kindern macht der Besuch Spaß. Am besten lässt sich der Park aufgrund seiner Weitläufigkeit mit dem Rad erkunden. Ein **Fahrradverleih** (www.amsterdamsebosfietsverhuur.nl; Verleih pro Stunde/Tag 5/10 €; ⌚10–18 Uhr) befindet sich in einem Kiosk gegenüber dem Eingang in den Wald und dem **Besucherzentrum** (☎020-545 61 00; www.amsterdamsebos.nl; Bosbaanweg 5, ⌚Di–So 10–17 Uhr) mit Informationen. Im dichten Grün vergisst man schnell, dass man sich noch in der Nähe der Stadt befindet – auch wenn der Flughafen Schiphol gleich nebenan liegt. Der Park ist bei den Einheimischen sehr beliebt, doch überlaufen ist er selten.

MOCO MUSEUM — MUSEUM

Karte S. 334 f. (www.mocomuseum.com; Honthorststraat 20; Erw./Kind 16–17 Jahre/10–15 Jahre/unter 10 Jahren 14,50/12/9,50 €/frei; ⌚9–19 Uhr; 🚋2/3/5/12 Van Baerlestraat) Die 1904 als Privathaus erbaute Villa Alsberg wurde von einigen Privatsammlern und Kunstkuratoren in ein Museum für moderne, zeitgenössische Kunst umgewandelt. Die engen Räume sind vielleicht nicht ideal für eine Kunstgalerie, doch Ausstellungen mit Werken berühmter Künstler wie Banksy, Yayoi Kusama und Salvador Dalí locken die Massen an – und auch das Gebäude selbst ist sehr interessant.

RIEKERMOLEN — WINDMÜHLE

(www.molens.nl; Ⓜ RAI, 🚋4 RAI) Unmittelbar südlich des Amstelparks wirkt die 1636 erbaute Windmühle am westlichen Amsteluf er wie ein Nachhall aus einer vergangenen Zeit. In einem Feld südwestlich der Windmühle befindet sich die Statue eines sitzenden Rembrandts, der hier die Windmühle am Flussufer zeichnete.

DE RIDAMMERHOEVE — BAUERNHOF

(www.geitenboerderij.nl; Nieuwe Meerlaan 4; ⌚April–Okt. Mi–Mo 10–17 Uhr, Nov.–März Mi–So 10–17 Uhr; 🚌347, 357) GRATIS Dies ist ein ganz außergewöhnlicher Ort im Amsterdamse Bos: eine aktive Ziegenfarm, wo Kinder die jungen Ziegen mit Milchflaschen füttern können (1 € pro Flasche in der Saison). Es gibt Workshops zur Herstellung von Ziegenkäse und sogar Ziegen-Yoga (inkl. Kaffee und Kuchen 26 €). Die Cafeteria verkauft neben Ziegenmilch-Smoothies und -eiscreme auch Ziegenkäse direkt vom Hof.

AMSTELPARK PARK

(Europaboulevard; 8 Uhr–Sonnenuntergang; ; RAI, 4 RAI) Der erholsame Amstelpark verfügt über besonders kreative Gartenanlagen und viele verschiedene Blumensorten, denn er wurde 1972 eigens für die Blumenschau Floriade angelegt, die alle zehn Jahre an einem anderen Ort der Niederlande stattfindet. Es gibt Rosen- und Rhododendron-Bereiche, die zur Blütezeit ein wahres Farbenmeer produzieren. Der Park ist nicht nur bei Blumenliebhabern, sondern auch bei Familien sehr beliebt, denn es gibt einen Streichelzoo, Minigolf und einen Spielplatz. Im Sommer zuckelt ein Miniaturzug durch den Park.

Im Glazen Huis (Gewächshaus), in der Orangerie und in der Papillon Gallery finden regelmäßig Kunstausstellungen statt.

HOLLANDSCHE MANEGE SEHENSWERTES GEBÄUDE

Karte S. 334 f. (020-618 09 42; www.dehollandschemanege.nl; Vondelstraat 140; Erw./Kind 8/4 €; 10–17 Uhr; 1/11 1e Constantijn Huygensstraat) Die neoklassizistische Hollandsche Manege gleich außerhalb des Vondelparks ist eine echte Überraschung. Es fühlt sich an, als reise man in eine andere Zeit, denn die grandiose Reitschule wurde von der berühmten Spanischen Reitschule in Wien inspiriert. Entworfen wurde sie von A. L. van Gendt und 1882 errichtet. Die reizvolle Fassade mit Pferdekopf und die große Reitarena im Inneren sind sehr stilvoll.

Besucher können die Ställe besichtigen und den Reitlehrern vom erhöhten Café bei ihrer Arbeit mit den Pferden zusehen; eine Tasse Tee oder Kaffee ist im Eintrittspreis enthalten. Zur Zeit der Recherche gab es Pläne, das Gebäude zu renovieren.

DIAMANTENMUSEUM MUSEUM

Karte S. 334 f. (www.diamantmuseumamsterdam.nl; Paulus Potterstraat 8; Erw./Kind 10/7,50 €; 9–17 Uhr; 2/5/12 Rijksmuseum) Bei der umfangreichen Sammlung in dem kleinen zurückhaltenden Diamantenmuseum handelt es sich durchgehend um perfekte Nachbildungen. Besucher erfahren viel über die Geschichte des Diamantenhandels und besonders bekannter Kronen und Juwelenstücke. Amsterdam war für viele Jahrhunderte das Zentrum des weltweiten Diamantenhandels. Vor Ort bearbeiteten vor allem Juden die Edelsteine. Doch nach dem Zweiten Weltkrieg und der Dezimierung der jüdischen Bevölkerung Amsterdams verlagerte sich das Geschäft nach Antwerpen.

Wer sich das Eintrittsgeld sparen möchte, sollte nebenan das angeschlossene Coster

Riekermolen

ABSTECHER

COBRA MUSEUM

Der weite Weg zum abgelegenen **Museum** (020-547 50 50; www.cobra-museum.nl; Sandbergplein 1; Erw./Kind 12,50/8 €; Di–So 11–17 Uhr; Amstelveen Centrum) am Kanal in der Stadt Amstelveen lohnt unbedingt. Das lichtdurchflutete Gebäude wurde vom niederländischen Architekten Wim Quist errichtet. Hier arbeitete nach dem Zweiten Weltkrieg die Kunstbewegung CoBrA. Der Name wurde aus den Initialen der Städte gebildet, in denen die Gründer der Bewegung lebten: Kopenhagen (englisch Copenhagen), Brüssel und Amsterdam). Ihre Mitglieder schufen höchst expressionistische Werke, die für ihren primitiven und kindlichen Charakter bekannt waren. Unter den farbenfrohen avantgardistischen Gemälden, Keramiken und Statuen befinden sich viele Werke von Karel Appel, dem berühmtesten Vertreter dieser Stilrichtung. Der reizende, aber surreal wirkende Brunnen vor dem Eingang stammt ebenfalls von Appel.

Asger Jorn, Anton Rooskens, Corneille und Constant gehörten zu den weiteren Mitgliedern. Die CoBrA-Bewegung war nur drei Jahre von 1948 bis 1951 aktiv. Die Künstler verband weniger eine einheitliche Stilrichtung als vielmehr eine vom Marxismus inspirierte Philosophie. So wurden gerade zur Verfügung stehende Materialien genutzt, um Gemälde, Skulpturen und sogar Gedichte zu kreieren. Das Museum zeigt auch Sonderausstellungen von zeitgenössischen Künstlern.

Von der Metrostation ist es 1 km bis zum Museum, einfach den „CoBrA"-Schildern folgen. Der Museumsbesuch lässt sich gut mit einem Ausflug in den nahen Amsterdamse Bos (S. 167) verbinden: Die Busse 347 und 357 fahren auf der Hauptstraße vor dem Museum zum Amsterdamse Bos, zu Fuß dauert der Weg bis zum Besucherzentrum 35 Minuten.

Diamonds (S. 181) besuchen – die Firma betreibt das Museum und bietet kostenlose Führungen durch den Betrieb an. Dabei kann man den Spezialisten zusehen, wie sie die Rohedelsteine schneiden und schleifen.

OLYMPIASTADION — STADION

(020-305 44 00; www.olympischstadion.nl; Olympisch Stadion 21; Führungen pro Pers. 10 €; 16/24 Olympisch Stadion) Das elegante Stadion wurde von Jan Wils im funktionalistischen Stil für die Olympischen Spiele 1927 entworfen. Wils war ein Protegé des berühmten Architekten H. P. Berlage. Auf dem hoch aufragenden Turm brannte erstmals während eines Wettkampfes die olympische Flamme. Es werden einstündige Führungen für Gruppen ab fünf Personen angeboten, die aber im Voraus reserviert werden müssen. Hin und wieder finden hier große Konzerte und Sportveranstaltungen statt.

Athletics Phanos organisiert an jedem zweiten Freitag im Monat eine kostenlose Übungseinheit für Langstreckenläufer.

ELECTRISCHE MUSEUMTRAMLIJN AMSTERDAM — MUSEUM

(Tram Museum Amsterdam; 020-673 75 38; www.museumtramlijn.org; Amstelveenseweg 264; hin & zurück Erw./Kind 5,50/3,50 €; April–Okt. So 11–17 Uhr; ; 170, 172, 16 Haarlemmermeer Station) Ein schmuckes rotes Ziegelsteingebäude, die ehemalige Haarlemmermeer Station, ist nun der Ausgangspunkt für das mobile Straßenbahnmuseum. Besucher haben die Chance, mit einer blitzblank polierten historischen Tram zwischen hier und Amstelveen zu pendeln. Die Hin- und Rückfahrt dauert gut 75 Minuten und führt am weitläufigen Naherholungsgebiet Amsterdamse Bos vorbei. Es gibt auch eine Touristentram, die sonntags von Juli bis September durch die Stadt verkehrt.

Die Haarlemmermeer Station liegt südwestlich des Vondelparks und gleich nördlich des Olympiastadions.

HOUSE OF BOLS — MUSEUM

Karte S. 334 f. (www.houseofbols.com; Paulus Potterstraat 14; Eintritt inkl. 1 Cocktail 16 €, Einlass nur ab 18 Jahren; So–Do 13–18.30, Fr–Sa 13–21 Uhr; 2/5/12 Van Baerlestraat) Etwas kitschig, aber unterhaltsam: Im House of Bols verrät die einstündige selbst geführte Tour alles über *jenever*, den niederländischen Gin. In der „Hall of Taste" kann man versuchen, unterschiedliche Düfte und Geschmacksnoten zu unterscheiden, während im „Distillery Room" der Verarbeitungsprozess vorgestellt wird. Man erfährt mehr über die Geschichte des Gins, als man für möglich halten könnte. Man kann sogar versuchen, Cocktails selbst zu mixen. Am Ende steht dann eine Kostprobe auf dem Programm.

ESSEN

Rund um den Amstelveenseweg und in den Foodhallen von De Hallen (S.172) liegt in vielen Restaurants der Schwerpunkt auf internationaler Küche. In den ehemals besetzten Häusern am Vondelpark (S.166) werden vegane Biospeisen angeboten, während es an der Overtoom und der Jan Pieter Heijestraat bunt gemischt zugeht. Mit einem Michelin-Stern wurde das Rijks (S.174) prämiert.

★BRAAI BBQ BAR — BARBECUE €

Karte S. 334 f. (☎020-221 13 76; www.braai-amsterdam.nl; Schinkelhavenkade 1; Gerichte 6,50–15,50 €; ⏲16–21.30 Uhr; 🚋1/11/17 Surinameplein) Ein winziges *haringhuis* (Heringsbude) an einer Gracht wurde geschickt in eine Barbecue-Bar für Streetfood umgewandelt. Braais Spezialität sind marinierte gegrillte Rippchen sowie Bratwürstchen, *biltong* und Bratwürste, es gibt aber auch einen Veggie-Burger. Die Tische stehen unter den Bäumen am Ufer. Es wird kein Alkohol serviert.

IJSCUYPJE — EIS €

(www.ijscuypje.nl; Amstelveenseweg 218; 1 Kugel 1,70 €; ⏲12–19 Uhr; 🚋2 Amstelveenseweg) Sehr günstig liegt diese Filiale von IJscuypje, wenn man nach dem Essen in einem der vielen Restaurants im Amstelveenseweg Lust auf ein Dessert bekommt. Die Auswahl umfasst verschiedene milchfreie Sorbets und Eissorten wie würzige Cookies und *stroopwafel*.

DUTCH WEED BURGER JOINT — VEGAN €

Karte S. 334 f. (☎020-331 29 30; www.dutchweedburger.com; Nicolaas Beetsstraat 47; Hauptgerichte 10–13 €; ⏲Mi–Fr 13–21, Sa & So 12–21 Uhr; 📶✎; 🚌753, 🚋7/17 Ten Katestraat) Dieses gemütliche vegane Restaurant hat sich auf leckere Burger und „Fisch"-Häppchen aus Algen spezialisiert. Von den grünen Brötchen sollte man sich nicht irritieren lassen, sie enthalten die Zutat, für die das Restaurant berühmt ist: einheimische Vogelmiere, die im Oosterschelde National Park im Süden des Landes angebaut wird.

HAP HMM — NIEDERLÄNDISCH €

Karte S. 334 f. (☎020-618 18 84; www.hap-hmm.nl; Eerste Helmersstraat 33; Hauptgerichte 10–14 €; ⏲Mo–Fr 17–21.15 Uhr; ✎; 🚋1 1e Constantijn Huygensstraat) Beim Abendessen in diesem gemütlichen Lokal mit den alten Familienfotos an den Wänden fühlt man sich fast, als wäre man bei jemandem zu Hause zu Gast. Auf der Karte steht eine Auswahl an niederländischer Hausmannskost, von reichhaltigen Rindfleischeintöpfen bis zu Hühnchenauflauf, darunter auch etliche vegetarische Gerichte. Wie bei Hausmannskost üblich, werden alle Speisen mit verschiedenen Gemüsesorten serviert.

Das Schnitzel wurde von der niederländischen Zeitung *Het Parool* zum besten der Stadt gekürt. Kreditkartenzahlung ist nicht möglich.

DIGNITA VONDELPARK — CAFÉ €

Karte S. 334 f. (☎020-221 44 58; www.eatwelldogood.nl; Koninginneweg 218; Hauptgerichte 7–15 €; ⏲8.30–17 Uhr; 📶; 🚋Amstelveenseweg) Auf den ersten Blick sieht dieses Café genauso aus wie viele Brunchlokale der Hipsterszene. Doch das Dignita macht sich auch in sozialer Hinsicht verdient, denn die Gewinne gehen in die Unterstützung von hilfsbedürftigen Personen. Das Frühstück und der ganztags servierte Brunch sind ein Gedicht, vom niederländischen Frühstücksbrett mit Brot, Croissants, Avocado, Eiern von Freilandhühnern und Käse bis zur Burgern aus langsam gegartem Black-Angus-Rind. Zudem locken viele hausgebackene Kuchen.

TOKO KOK KITA — INDONESISCH €

Karte S. 334 f. (☎020-670 29 33; www.kokkita.nl; Amstelveenseweg 166; Hauptgerichte 5–9 €; ⏲Di–Sa 12–20.30, So ab 17 Uhr; 🚋2 Amstelveenseweg) Vor dem bescheidenen indonesischen *toko* (Laden) bilden sich regelmäßig Schlangen wegen der authentischen indonesischen Küche. Es gibt entweder Reis oder Nudeln als Basis, dazu dann Gemüse und Fleisch von einer Selbstbedienungstheke. Die Einheimischen nehmen sich dazu oftmals ein traditionell-pikantes gekochtes Ei.

HOLY RAVIOLI — ITALIENISCH €

Karte S. 334 f. (☎06 1118 7122; www.holyravioli.nl; Jan Pieter Heijestraat 88; Hauptgerichte 7–13 €; ⏲So–Mi 13–21m Do–Sa ab 11 Uhr; 🚋7/17 Jan Pieter Heijestraat) Holy Ravioli versorgt Restaurants in der ganzen Stadt. Aber auch vor Ort kann man die Pasta an einem der beiden Tische genießen oder mitnehmen. Zu den himmlischen Ravioli-Varianten gehören Kalbfleisch mit Salbei, Anchovis-Butter und wildem Spinatsalat sowie eine vegane Pasta mit Süßkartoffeln, Kokosnuss und *cavolo nero* (Schwarzkohl). Sehr lecker ist auch die Lasagne mit Enten-Confit, schwarzen Trüffeln und Waldpilzen.

BREAKFAST CLUB

CAFÉ €

Karte S. 334 f. (www.thebreakfastclub.nl; Bellamystraat 2; Gerichte 6–13 €; Mo–Fr 8–16, Sa & So bis 17 Uhr; 7/17 Ten Katestraat) Wann immer man gerade Lust auf Frühstück bekommt, ist dieses helle Eckcafé genau richtig. Mexikanisch wird es mit *huevos rancheros* (gewürzten Eiern), englisch mit hausgemachten *baked beans*, Schinkenspeck, Eiern, Pilzen und Würstchen. Lecker sind auch die New Yorker Buttermilch-Pfannkuchen mit Beeren und Honigbutter. Die Pfannkuchen werden auch in anderen verlockenden Varianten serviert, zudem gibt's z. B. Müsli, Avocado-Toast und Eier Benedict.

IJSBOUTIQUE

EIS €

Karte S. 334 f. (020-664 08 09; www.ijsboutique.nl; Johannes Verhulststraat 107; Eiscreme 1/2/3/4 Kugeln 1,65/3,10/4,20/5,20 €; 12–22 Uhr; 2 Cornelis Schuytstraat) In dem schicken Einkaufsviertel rund um die Cornelis Schuytstraat und den Willemsparkweg bietet die „Eisboutique" eine ausgefallene Auswahl an erstklassigen, saisonalen Geschmacksrichtungen, wie z. B. das Passionsfrucht-Sorbet und *lime pie* (Limettenkuchen).

BOERDERIJ MEERZICHT

NIEDERLÄNDISCH €

(www.boerderijmeerzicht.nl; Koenenkade 56; Pfannkuchen 6–12,50 €; März–Okt. Mi–So 10–19 Uhr, Nov.–Feb. 10–18 Uhr; ; 170/172 Van Nijenrodeweg) Im Amsterdamse Bos an der nordwestlichen Seite des Bosbaan (des lang gestreckten Rudersees) befindet sich in dem alten Farmhaus ein wunderbar familienfreundliches Restaurant. Draußen befindet sich ein Gehege für Pfauen und für Rehe mit echtem Bambi-Look, Futter für die Tiere kann man hier kaufen. Zudem gibt's einen Spielplatz mit Sandkästen und Baggern. Die leckeren Pfannkuchen, die auf der Speisekarte stehen (ab 11 Uhr), kommen bei Klein wie Groß immer gut an.

ALCHEMIST GARDEN

VEGAN €

Karte S. 334 f. (020-334 33 35; www.facebook.com/AlchemistGarden; Overtoom 409; Gerichte 4–13 €; Mo–Sa 9–22, So 12–21 Uhr; ; 1/11 Rhijnvis Feithstraat) Das helle und hohe Café beweist, dass gluten-, laktose- und glukosefreie Speisen echt lecker sein können. Unter den vitaminreichen Biogerichten finden sich Rohkost-„Hotdogs", Kürbis-Burger und mit Pesto gefüllte Portobello-Pilze. Zu trinken gibt's Smoothies, Säfte, eine Riesenauswahl an Kräutertees und Bioweine (nur als Flasche). Außerdem locken gesunde Desserts, die man ohne schlechtes Gewissen genießen kann, etwa Schokoladenkuchen. Viele Zutaten stammen aus dem Garten der Besitzer.

Im Frühling sollte man nach den Spaziergängen im Vondelpark fragen, bei denen gemeinsam Nahrung in der Wildnis gesucht wird. Im Café finden auch regelmäßig Events statt, von Meditation und holistischer Massage bis zu Teezeremonien; das Programm steht auf der Facebook-Seite.

LUNCHROOM WILHELMINA

CAFÉ €

Karte S. 334 f. (020-618 97 78; www.lunchroomwilhelmina.nl; 1e Helmersstraat 83a; Hauptgerichte 5–10 €; Mi–Mo 9–17 Uhr; 1 1e Constantijn Huygensstraat) In einer ruhigen Straße gegenüber einem Blumenladen liegt dieses charmante, ruhige Nachbarschaftscafé und lädt zu einem einfachen Eier-Frühstück, Mittagessen (Quiches, Sandwiches, Suppen, Salate) oder einer erholsamen Pause bei Kaffee und Kuchen ein.

RENZO'S

DELIKATESSEN €

Karte S. 334 f. (020-673 16 73; www.renzos.nl; Van Baerlestraat 67; Gerichte pro 100 g 2–3,50 €, Sandwiches 7–8 €; Mo–Fr 9–21, Sa–So 10–21 Uhr; 3/5/12/16/24 Museumplein) Renzos Feinkostladen ähnelt einem echt italienischem *tavola calda* („warmer Tisch"), von dem man sich fertige warme und kalte Gerichte wie Fleischbällchen, Pasta und Salate aussuchen kann. Daneben gibt's auch gefüllte Sandwiches und leckere Cannoli (sizilianisch für „kleine Röhren"), die mit Ricotta gefüllt werden. Die wenigen Tische stehen dicht beieinander, man kann das Essen aber auch zum nahen Museumplein (S. 167) mitnehmen.

VEGAN JUNK FOOD BAR

VEGAN €€

Karte S. 334 f. (www.veganjunkfoodbar.com; Staringplein 22; Burger ab 9,50 €; 12–22 Uhr; ; 1 Jan Pieter Heijestraat) Das etwas andere vegane Restaurant serviert beliebte Fastfood-Gerichte, für die kein Tier leiden musste, in sehr legerem Ambiente – die Wände sind mit Graffitis bemalt. Auf der Karte stehen u. a. fleischlose „Rindfleisch"-Burger mit reichlich „Käse", Pickles, Spezialsoße und gebratenen Zwiebeln, vegane Varianten von Meeresfrüchtegerichten wie knusprige Shrimps und Sashimi und üppige Pommes. Unbedingt probieren: die fleischlose Variante der *bitterballen* (Fleischkroketten), einem Klassiker der niederländischen Küche.

MOER

INTERNATIONAL €€

Karte S. 334 f. (020-820 33 30; Amstelveenseweg 7; Hauptgerichte mittags 9–12,50 €, abends

DE HALLEN

Der spektakuläre Gastronomie- und Kulturkomplex **De Hallen** (Karte S. 334 f.; www.dehallen-amsterdam.nl; Bellamyplein 51; 7/17 Ten Katestraat) hat das gesamte umliegende Viertel nördlich des Vondelparks komplett verändert. Ein riesiges Straßenbahndepot (1902) aus roten Ziegelsteinen wurde 2014 in eine lichtdurchflutete Halle mit Glasdach verwandelt, in der sich ein Food-Court, ein Restaurant, eine Bibliothek, Designgeschäfte, Boutiquen, eine Fahrradwerkstatt, ein Kino und ein Hotel befinden. Zu den regelmäßigen Events zählen thematische **Wochenendmärkte** (z. B. mit Bioprodukten oder niederländischem Design). Eine Veranstaltungsübersicht findet sich auf der Website. Direkt vor der Tür findet der lebendige Straßenmarkt Ten Katemarkt statt.

Foodhallen (Karte S. 334 f.; www.foodhallen.nl; Hannie Dankbaar Passage 3; Gerichte 3–20 €; So–Do 11–23.30, Fr–Sa 11–1 Uhr) Ein ehemaliger Straßenbahnschuppen voller unterschiedlichster Essenstände und Bars, darunter viele internationale Köstlichkeiten wie das Streetfood von Viet View Vietnamese oder der Schinken der Jabugo Iberico Bar. Außerdem gibt's die Beer Bar, die einheimische Biere der Brauereien Oedipus und 2 Chefs ausschenkt.

Kanarie Club (Karte S. 334 f.; 020-218 17 76; www.kanarieclub.nl; Hannie Dankbaar Passage 3; Hauptgerichte Frühstück & Mittagessen 10–15 €, Hauptgerichte Abendessen 20–21 €; Mo–Do 8.30–23, Fr & Sa 9.30–2.30, So 9.30–23 Uhr) Durch die raumhohen Glaswände dieses Restaurants in De Hallen können die Gäste in die Foodhallen schauen. Hier gibt's ganztägig Frühstück sowie Brasserie-Gerichte wie Pfannkuchen, Caesar Salad und *bitterballen*.

ReCycle (Karte S. 334 f.; 020-489 70 29; www.recyclefietsen.nl; Hannie Dankbaar Passage 27; Mo 12–18, Di–Fr 11–19, Sa & So 11–18 Uhr) Der Name verrät es: ReCycle verkauft neue und gebrauchte Fahrräder, repariert diese auch und restauriert Räder. Da es für Amsterdamer schlicht undenkbar ist, ohne Fahrrad dazustehen, wird während der Reparaturzeit ein kostenloses Leihrad zur Verfügung gestellt.

Filmhallen (Karte S. 334 f.; www.filmhallen.nl; Hannie Dankbaar Passage 12; Tickets Erw./Kind 11/8 €) Das coole, hippe Kino in De Hallen zeigt anspruchsvolle Streifen und aktuelle Mainstreamfilme auf Niederländisch und Englisch.

Ten Katemarkt (Karte S. 334 f.; Ten Katestraat; Mo–Sa 9–17 Uhr) Draußen vor De Hallen bietet dieser lebhafte Straßenmarkt täglich außer Sonntag alles, was es auf den größeren und bekannteren Märkten auch gibt, also frischen Fisch, Obst und Gemüse, holländischen Käse, Antipasti, Nüsse, Gewürze, Snacks (z. B. Fritten), Mode, Textilien, Einrichtungsstücke und Fahrradschlösser, doch statt Touristen tummeln sich hier viel mehr Einheimische.

Maker Store (Karte S. 334 f.; 020-261 76 67; www.themakerstore.nl; Hannie Dankbaar Passage 39; Di–Fr & So 12–19, So ab 11 Uhr) Dieses große, helle Geschäft hat eine fantastische Auswahl an ausgefallenen Geschenken, Büchern, Kleidung und Inneneinrichtung von einheimischen Künstlern auf Lager.

18,50–27 €; 12–22 Uhr; ; 1 Rhijnvis Feithstraat) Als Teil des Hotels Tire Station (S. 239) befindet sich das mit Moos kunstvoll begrünte Moer hinter einer großen Glaswand. Die Decke wird durch Pflanzen isoliert und zum Heizen wird die Küchenwärme genutzt. Chefkoch Dirk Mooren wirbelt in der offenen Küche und serviert nachhaltige Biogerichte, darunter viele vegetarische Speisen, und dazu Naturweine.

DE ITALIAAN ITALIENISCH €€

Karte S. 334 f. (020-683 68 54; www.deitaliaan.com; Bosboom Toussaintstraat 29; Pizza 10–19,50 €, Pasta & Hauptgerichte 14,50-23 €; Mo–Fr 17.30–22, Sa & So 12–22 Uhr; 1 1e Constantijn Huygensstraat) An der baumbestandenen Bosboom Toussaintstraat lockt die Außenterrasse genauso wie das poppig orangefarbene Interieur des modern gestylten Italieners. Die Küche ist sehr ausgefeilt. Es gibt Gerichte wie mit Rohschinken gefüllte Tortellini in Brühe und gegrilltes Rib-Eye-Steak mit Rucola, Parmesan und Balsamico. Aus dem Holzofen kommen köstliche Pizzas, die alle auch glutenfrei erhältlich sind, darunter die Spezialität des Hauses, die Pizza „De Italiaan" mit Gorgonzola, Pilzen, schwarzem Trüffel und Rucola.

SEAFOOD BAR FISCH & MEERESFRÜCHTE €€

Karte S. 334 f. (020-670 83 55; www.theseafoodbar.com; Van Baerlestraat 5; Hauptgerichte 13–36 €;

11–23 Uhr; 2/5 Van Baerlestraat) Weiße Fliesen und Mauerwände verleihen diesem beliebten Fischrestaurant einen frischen, urbanen Look. Die Gäste können an der Theke oder am Tisch sitzen. Auf den Tellern und Platten türmen sich Austern und große Königskrabben, und die knusprigen Fish & Chips sind erste Sahne.

WG CAFE
CAFÉ €€

Karte S. 334 f. (020-689 56 00; Marius van Bouwdijk Bastiaansestraat 55; Gerichte 6–17,50 €; So–Do 10–1, Fr–Sa 10–3 Uhr; ; 1 Overtoom) An einem kleinen Platz unmittelbar an der Overtoom gehört das relaxte Café zum etwas alternativeren Amsterdam Theater House. Die Nachbarn kommen hier auf einen Drink und ein Häppchen vorbei. Die ruhige Lage abseits der Straße und die Brettspiele machen es zu einer guten Wahl für Gäste mit Kids. Die Speisenauswahl reicht von warmem Thunfisch-Sandwich und hausgemachter Pasta bis zu Burgern und Salaten.

VAN 'T SPIT
GRILL €€

Karte S. 334 f. (www.vantspit.nl; De Clercqstraat 95; halbes/ganzes Hühnchen 11,90/23 €; Küche 17–22 Uhr, Bar bis 1 Uhr; 13/19 Willem de Zwijgerlaan) Im zurückhaltend eingerichteten Van 't Spit dreht sich alles um Brathühnchen, Holzstapel liegen für den Grill bereit. Die Auswahl ist einfach, denn es gibt nur halbe oder ganze Hühnchen. Dazu kommen einige Beilagen: Maiskolben, Fritten, Salat und hausgemachter Krautsalat.

GEORGE BISTRO BISTRO
BISTRO €€

Karte S. 334 f. (020-303 30 76; www.george.amsterdam; Valeriusplein 2; Hauptgerichte 9,50-1€7; 11 Uhr–open end; 2 Valeriusplein) Das französisch angehauchte Bistro ist so gut, dass sie das Wort gleich zweimal im Namen haben. Große Fenster, Holzstühle und eine geschäftige Atmosphäre sorgen für Stimmung. Auf der Karte stehen auf dem Josper-Holzkohlegrill zubereiteter Hummer mit Petersilienbutter und Zitrone und acht verschiedene Burger, die in getoasteten Brioche-Brötchen serviert werden, darunter Halloumi, gegrillter Thunfisch mit Wasabi-Mayonnaise und der klassische Bistro-Burger mit Räucherschinken und gereiftem Käse.

L'ENTRECÔTE ET LES DAMES
FRANZÖSISCH €€

Karte S. 334 f. (020-679 88 88; www.entrecote-et-les-dames.nl; Van Baerlestraat 47-49; Hauptgerichte mittags 14,50 €, 2-Gänge-Menü abends 25,75 €; 12–15 & 17.30–22 Uhr; 3/5/12 Museumplein) Schwarz-weiße Markisen, Wände mit Holzkabinetten und ein schmiedeeiserner Balkon prägen die Atmosphäre dieses Restaurants. Die einfache Speisekarte fokussiert sich auf Steak und Fisch: Empfehlenswert sind abends das *Entrecôte* (Premium-Rindersteak) und mittags ein Steaksandwich. Doch man sollte noch Platz für den Nachtisch lassen, z. B. die Schokoladencreme, *Tarte au citron* (Zitronenkuchen) oder die *Crêpes au Grand Marnier*.

CARTER
BISTRO €€

Karte S. 334 f. (020-752 68 55; www.barcarter.nl; Valeriusstraat 85; Hauptgerichte mittags 6–14 €, abends 17–21 €; 12–24 Uhr; ; 16 Emmastraat) Im noblen Wohnviertel des „Alt-Süd" ist das Carter ein Restaurant auf zwei Ebenen mit schwarzen Polsterbänken, Kunst und Fotos an den Wänden und einer tollen Straßenterrasse. Mittags stehen u. a. Sandwiches und Salate auf der Karte, doch die Abendkarte beeindruckt mit Gerichten wie Burger vom Black-Angus-Rind und Steak Tatar. Das Kindermenü (15 €) beinhaltet einen Hotdog, Pommes, Salat und ein Smarties-Eis.

DE BOSBAAN CAFE
CAFÉ €€

(www.debosbaan.nl; Bosbaan 4; Mittagsgerichte 6,50–15 €, Hauptgerichte abends 17–23,50 €; 10–22 Uhr; ; 347, 357) Das villenartige De Bosbaan Cafe, das unweit des Eingangs im Stadtwald Amsterdamse Bos (S. 167) liegt, ist eine echte Oase für Kaffee, Kuchen oder größere Gerichte. Von der Terrasse blickt man über den See hinaus und kann dabei an sonnigen Nachmittagen den Ruderern zuschauen.

BRASSERIE DE JOFFERS
BRASSERIE €€

Karte S. 334 f. (020-673 03 60; www.brasseriedejoffers.nl; Willemsparkweg 163; Hauptgerichte 13–22 €; Mo–Sa 8–20, So ab 9 Uhr; ; 2 Cornelis Schuytstraat) Ganz in der Nähe des Vondelparks verfügt diese Brasserie über eine schattige Terrasse, die bei heißem Wetter förmlich zu einem Drink einlädt. Die Fassade besteht aus Holz und Glas, während der Art-déco-Innenraum Old-School-Ambiente mit Velours-Polsterbänken ausstrahlt. Es gibt Salate, Burger und eine große Auswahl an belegten Sandwiches.

PASTIS
FRANZÖSISCH €€

Karte S. 334 f. (020-616 61 66; www.pastisamsterdam.nl; 1e Constantijn Huygensstraat 15; Hauptgerichte 13,50–24 €; Mo–Fr 17–22, Sa & So

15–22.30 Uhr; 1 1e Constantijn Huygensstraat) Von der roten Markise und den Tischen auf dem Gehweg bis zur rustikalen Inneneinrichtung mit vielen Flaschen an den Wänden kann man sich gut vorstellen, mitten in Frankreich gelandet zu sein. Auf der regelmäßig wechselnden Karte könnten etwa hausgemachte Pasteten, Tatar, Hühnchen-Confit oder *Entrecôte* (Rindersteak) mit Estragon-Aioli und Pommes stehen – und natürlich der namensgebende Anisschnaps (Pastis).

CAFÉ TOUSSAINT BISTRO €€

Karte S. 334 f. (020-685 07 37; www.cafe-toussaint.nl; Bosboom Toussaintstraat 26; Gerichte mittags 5–14 €, abends 12–21 €; Mo 10–17, Di–Do & So 10–24, Fr & Sa 9–1 Uhr; ; 1 1e Constantijn Huygensstraat) Das wunderbare Café ist ein Juwel in dem entspannten Viertel und wirkt, als sei es direkt einem Lied von Edith Piaf entstiegen. Unter den Bäumen lässt sich prima ein Croissant zu einem Cappuccino genießen, abends ist alles in Kerzenschimmer getaucht und dazu kommen köstliche, täglich wechselnde Fleisch- und Fischgerichte und leckere Quiches auf den Tisch, gefolgt von warmem Apfelkuchen mit Eiscreme.

LALIBELA ÄTHIOPISCH €€

Karte S. 334 f. (020-683 83 32; www.lalibela.nl; 1e Helmersstraat 249; Hauptgerichte 11–17 €; 17–23 Uhr; ; 1 Jan Pieter Heijestraat) Benannt nach der antiken Stadt in Afrika vermittelt das kleine und farbenfrohe Lalibela das Gefühl, in einem anderen Land zu sein. Einst war das Lokal das erste äthiopische Restaurant in den Niederlanden und ist immer noch so gut wie am Anfang. Das äthiopische Bier wird in Kürbisflaschen gereicht und zu essen gibt's Eintöpfe sowie Ei- und Gemüsegerichte mit *injera*. Diese leicht sauren und schwammigen Fladenbrote werden auch als Besteck genutzt. Das Ganze wird von afrikanischer Musik untermalt.

★ RIJKS INTERNATIONAL €€€

Karte S. 334 f. (020-674 75 55; www.rijksrestaurant.nl; Rijksmuseum; Hauptgerichte 24–32 €, 3-/4-Gänge-Mittagsmenü 42/52 €, 6-Gänge-Abendmenü 79 €; Mo–Sa 11.30–15 & 17–22, So 11.30–15 Uhr; 2/5/12 Rijksmuseum) Angesiedelt in einem schönen Raum des Rijksmuseums (S. 160) mit riesigen Fenstern und hohen Decken wurde das Rijks 2016 mit einem Michelin-Stern ausgezeichnet. Chefkoch Joris Bijdendijk verwendet normalerweise regionale Zutaten, ist ein Anhänger von Slowfood und nutzt alte niederländische Rezepte als Ausgangspunkt für seine sehr kreative und einfallsreiche Küche. Mittags und abends besteht die Wahl zwischen einem festen Menü oder à la carte.

★ ADAM FEINSCHMECKER €€€

Karte S. 334 f. (020-233 98 52; www.restaurantadam.nl; Overtoom 515; 3-/4-/5-/6-Gänge-Menü 38,50/46,50/52,50/62 €; Di–Sa 18–22.30 Uhr; ; 1/11/17 Surinameplein) Dieses schicke und intime Gourmetrestaurant serviert exquisit präsentierte Speisen. Das Überraschungsmenü wechselt monatlich, bei den mehrgängigen Menüs kann zwischen vegetarisch und Fleisch- bzw. Fischgerichten gewählt werden. Zum Nachtisch gibt's entweder eine Käseplatte oder eine Überraschung vom Koch. Passende Weine kosten 7,50 € pro Glas.

★ RON GASTROBAR INTERNATIONAL €€€

Karte S. 334 f. (020-496 19 43; www.rongastrobar.nl; Sophialaan 55; Gerichte 17,50, Steak & Fisch/Meeresfrüchte 42,50–92,50 €; 12–14.30, 17.30–22.30 Uhr; ; 2 Amstelveenseweg) Ron Blaauw betrieb sein mit zwei Michelin-Sternen gekröntes Restaurant just in diesem atemberaubenden Designerparadies, bevor er es in die preisgünstigere „Gastrobar" umwandelte, die aber ebenfalls einen Michelin-Stern erhielt. Hier kommt ohne das sonst übliche formale Drumherum Qualität auf den Tisch. Er serviert Gourmetgerichte im Tapas-Stil, trockengereifte Rib-Eye-Steaks und himmlische Meeresfrüchtegerichte zum Teilen. Eine tolle Option ist auch das Sechs-Gänge-Menü „Best of Gastrobar" für 69,50 pro Person.

RESTAURANT BLAUW INDONESISCH €€€

Karte S. 334 f. (020-675 50 00; www.restaurantblauw.nl; Amstelveenseweg 158; Hauptgerichte 22,50–27,50 €, rijsttafel pro Pers. 30–35 €; Mo–Fr 18–22, Sa & So 17–22 Uhr; 2 Amstelveenseweg) Die *New York Times* kürte das Blauw zum „besten indonesischen Restaurant in den Niederlanden", und Heerscharen würden dem sofort beipflichten. Die *rijsttafel* („Reistafel"; indonesisches Bankett) ist ein Schlemmertraum mit einer großen Auswahl an Fleisch und Gemüse, Fisch und Meeresfrüchten und Gemüse oder rein vegetarischen Speisen. Man kann auch à la carte bestellen. Zu den Highlights der Speisekarte zählen *ikan kembung* (Makrele mit Kemirinuss-Soße) und *gulai domba* (Lammschmorbraten mit Kokoscurry und Zimt). Unbedingt reservieren!

Stadtspaziergang Amsterdamse Bos

START AMSTERDAMSE BOS, RADVERLEIH
ENDE DE BOSBAAN CAFE
LÄNGE/DAUER 3,5 KM; 2 STUNDEN

Im gut erreichbaren Amsterdamse Bos kann man der Hektik der Großstadt leicht entkommen. Der große Landschaftspark verfügt über mächtige Bäume, offene Rasenflächen und diverse Wasserwege.

Am besten schwingt man sich für die Erkundung auf ein Rad, das gleich am Eingang am 1 **Radverleih-Kiosk** (S. 167) verliehen wird. Dort gibt's auch ein kinderfreundliches Café, das neben Sandwiches auch Hängematten und Spielzeug bietet. Ein guter Startpunkt ist das 2 **Besucherzentrum** (S. 167) in der Nähe des Haupteingangs. Hier bekommt man Informationen über den Park, vor allem aber eine Übersichtskarte, sodass man sich gut orientieren kann. Auch der 3 **Fun Forest** (S. 182), ein Kletterpark im Wald für Kinder und Erwachsene mit Seilen, Leitern und Brücken, befindet sich gleich am Haupteingang.

Von dort geht's rund 2,5 km Richtung Westen zur 4 **Freilichtbühne** (S. 179), wo den Sommer über klassische Theaterstücke aufgeführt werden und Konzerte bekannter Musiker stattfinden. Ganz in der Nähe an der 5 **Grote Vijver** kann man 6 **Kajaks** (S. 182) und Tretboote ausleihen, um den „Amazonas von Amsterdam" (so der Bootsverleiher) zu entdecken. Das mag übertrieben sein, doch das Gewässer liegt mitten im Grünen, sodass man fast vergisst, dass man in einer Großstadt ist.

Rund 750 m südlich liegt die schönste Attraktion des Parks: 7 **De Ridammerhoeve** (S. 167), eine aktive Ziegenfarm. Das Café verkauft Eiscreme aus Ziegenmilch und andere Ziegenmilchprodukte. Es gibt Workshops zur Käseherstellung und sogar Ziegen-Yoga.

Für eine Stärkung nach den Aktivitäten ist ebenfalls gesorgt. Nicht weit vom Freilichttheater liegt an der Nordwestseite des länglichen Rudersees Bosbaan das 8 **Boerderij Meerzicht** (S. 171), ein altes Bauernhaus. Kinder lieben es wegen seines Reh- und Pfauengeheges und wegen des Spielplatzes mit Baggern und Klettergerüsten. Zurück am Eingang ist das 9 **De Bosbaan Cafe** (S. 173) ein Refugium mit einer großen Terrasse am Seeufer.

BLUE PEPPER INDONESISCH €€€

Karte S. 334 f. (020-489 70 39; www.restaurantbluepepper.com; Nassaukade 366; Hauptgerichte 18–20 €, rijsttafel pro Pers. ab 44,50 €; 17.30–22 Uhr; ; 7/10 Raamplein) In einem der exquisitesten indonesischen Restaurants von Amsterdam serviert Köchin Sonja Pereira wunderbar präsentierte erstklassige indonesische Küche. Dazu passend ist das Ambiente angemessen intim. Die *rijsttafel* bietet Spezialitäten der indonesischen Inselwelt, darunter wilde Jakobsmuscheln mit Safran, Orange, Seetang und Macadamia-Nüssen oder wildes Perlhuhn in einer würzigen süß-sauren *rudjak*-Soße.

Außerdem gibt's vegetarische und vegane *rijsttafel*-Menüs.

AUSGEHEN & NACHTLEBEN

Rund um den Vondelpark gibt's viele coole Bars und Bierspezialisten, außerdem locken Clubnächte in ehemals besetzten Häusern und sogar eine alte Schule.

★LABYRINTH COCKTAILBAR

Karte S. 334 f. (020-845 09 72; www.labyrinthamsterdam.nl; Amstelveenseweg 53; Mo, Mi, Do & So 16.30–24, Fr & Sa bis 2 Uhr) Barkeeper Sam Kingue Ebelle mixt in seiner stimmungsvollen Bar im Amstelveenseweg beeindruckend innovative Cocktails (10,50–13 €). Für alle, die es theatralisch lieben, empfiehlt sich der Full Severity of Compassion (Roggenwhisky, gewürzter Rum, Kirschlikör, mit Kakaobröckchen versetzter Wermut, Absinth und Bitterstoffe), der in einer Kiste gebracht wird, aus der beim Öffnen dramatisch Dampf entweicht.

Die mit afrikanischer Kunst geschmückte Bar veranstaltet regelmäßig Lyriklesungen und die hervorragenden Menüs mit afrikanisch-karibischem Einschlag beinhalten *jerk chicken wings* und Kabeljau-Kroketten.

★LOT SIXTY ONE KAFFEE

Karte S. 334 f. (www.lotsixtyonecoffee.com; Kinkerstraat 112; Mo–Fr –18m Sa & So 9–18 Uhr; ; 3/7/17 Bilderdijkstraat) Unten sieht man (und riecht vor allem) im offenen Keller, wie der Kaffee in einem Probat-Röster geröstet wird. Die Kaffeebohnen stammen von verschiedenen ökologisch bewirtschafteten Plantagen in Brasilien, Kenia, Ruanda und andernorts. Alle Kaffees werden als „Double Shot" serviert, es sei denn, man bestellt explizit einen „Single Shot". Von den Fensterplätzen lässt sich das bunte Treiben auf der Kinkerstraat bestens verfolgen.

Auf Wunsch gibt's Soja- und Hafermilch, und man kann auch Kaffeebohnen zum Mitnehmen kaufen.

KOFFIE ACADEMIE KAFFEE

Karte S. 334 f. (020-370 79 81; www.koffieacademie.nl; Overtoom 95; Mo–Fr 8.30–17, Sa & So 9–17 Uhr; ; 1 1e Constantijn Huygensstraat) Kreative mit Laptops, Einheimische, die über Geschäfte sprechen, und Touristen, die eine Pause brauchen, bevölkern dieses kleine, hippe Café, das in stimmungsvollen Industriefarben gestaltet ist. Auch die Musik ist cool. Die Bohnen werden vor Ort geröstet, die Mitarbeiter sind superfreundlich und für Hungrige gibt's Frühstücksmüsli und getoastete Sandwiches.

VONDELPARK3 CAFÉ

Karte S. 334 f. (020-639 25 89; www.vondelpark3.nl; Vondelpark 3; 10–24 Uhr; 3 Overtoom) Das stilvolle, komfortable Café im ehemaligen Pavillon des Vondelparks am nordöstlichen Parkrand (S. 166) hat eine große Terrasse mit Blick auf den Teich – wunderschön für den morgendlichen Kaffee oder einen Drink am Abend. Es gibt auch Speisen und Snacks wie Aufschnitt- und Käseplatten.

DE VONDELTUIN BAR

Karte S. 334 f. (06 2756 5576; www.vondeltuin.nl; Vondelpark 7; ab 10 Uhr, Schließzeiten variieren; ; 2 Amstelveenseweg) Am westlichen Rand des Vondelparks liegt dieses relaxte und hippe Bar-Café mit Biergarten. Hier kann man sich im Grünen ein *biertje* gönnen oder etwas essen, z. B. einen Burger, einen Salat oder einen Snack. Für Kinder gibt's auch Platz zum Spielen.

BUTCHER'S TEARS BRAUEREI

(www.butchers-tears.com; Karperweg 45; Mi–So 16–21 Uhr; 24 Haarlemmermeerstation) Insider der Bierbraukunst fahren direkt zur Quelle der örtlichen Kultbrauerei Butcher's Tears. Der geradezu klinisch rein wirkende, ganz und gar in Weiß gehaltene Brausaal befindet sich am Ende einer Gewerbegasse und bietet wechselnde Biere vom Fass, die von historischen Brautechniken inspiriert sind. An sonnigen Tagen kann man draußen sitzen.

CRAFT & DRAFT CRAFT-BIER

Karte S. 334 f. (www.craftanddraft.nl; Overtoom 417; Mo–Do 16–24, Fr 16–2m Sa 14–2m So 12–24 Uhr; 1/11 Rhijnvis Feithstraat) Liebhaber von

BESETZTE HÄUSER AM VONDELPARK

Der Vondelpark und seine Umgebung sind eng verbunden mit der kulturellen Revolution der 1960er- und 1970er-Jahre, als Amsterdam zum *magisch centrum* von Europas Hippies wurde. Damals ließen Immobilienspekulanten Häuser mutwillig leer stehen und so wurden Hausbesetzungen sehr populär. Die Verwaltung machte aus dem Park zudem eine Art von Freiluft-Schlafsaal. Auch wenn die Schlafsäcke schon längst eingepackt sind, ist noch immer etwas von der Hippie-Stimmung von damals spürbar.

Unter der Brücke der 1e Constantijn Huygensstraat liegt versteckt der **Vondelbunker** (Karte S. 342; www.vondelbunker.nl; Vondelpark 8a; ⌚Öffnungszeiten variieren; 🚋1 1e Constantijn Huygensstraat). Wer mit der Tram oder zu Fuß die Brücke passiert, würde niemals ahnen, dass sich darunter ein Atombunker von 1947 befindet. 1968 entstand hier Amsterdams erstes Jugendzentrum und daraus entwickelte sich ein Szenezentrum für Aktivisten und alternative Kreativität. Wenn die unmarkierten schwarzen Metalltüren offenstehen, gibt's vielleicht gerade einen Underground-Gig, einen „Aktivisten-Salon" oder es wird ein Film gezeigt.

Rund um den Vondelpark gibt's mehrere ehemals besetzte Häuser, die inzwischen legalisiert und zu alternativen Kulturzentren wurden. In der ehemaligen Niederländischen Filmakademie ist das früher besetzte **OT301** (Karte S. 334 f.; www.ot301.nl; Overtoom 301; 🚋1 Jan Pieter Heijestraat) mit Graffiti übersät. Hier tritt eine sehr bunte Mischung an Bands und DJs auf. Es gibt Bars sowie das freundliche vegane Restaurant **De Peper** (Karte S. 334 f.; ☎020-412 29 54; www.depeper.org; Hauptgerichte 7–10 €; ⌚Abendessen Di, Do & Fr 19–20.30 Uhr, Bar Di & Do 18–1, Fr bis 3 Uhr; 🖉), das in einer netten Spelunkenatmosphäre günstige Biogerichte auf den Tisch bringt. Am großen Gemeinschaftstisch knüpft man schnell Kontakt zu Gleichgesinnten. Sitzplätze für den Abend müssen zwischen 15 und 18.30 Uhr telefonisch reserviert werden.

Ein weiteres ehemaliges besetztes Haus ist das **OCCII** (Karte S. 334 f.; ☎020-671 77 78; www.occii.org; Amstelveenseweg 134; ⌚Öffnungszeiten variieren; 🚋2 Amstelveenseweg), das heute ein pulsierendes Zentrum der alternativen Szene ist. Hier treten Underground-Bands auf, viele davon aus Amsterdam. Vegane Küche gibt's im kollektiv geführten, schnörkellosen Restaurant **Eetcafé MKZ** (Karte S. 334 f.; ☎020-679 07 12; www.veganamsterdam.org/mkz; 1e Schinkelstraat 16; Hauptgerichte ab 5 €; ⌚Di & Do–Sa ab 19 Uhr; 🖉; 🚋2 Amstelveenseweg). Zwischen 14.30 und 18 Uhr muss man seinen Platz reservieren.

Craft-Bieren haben hier die Qual der Wahl, denn es werden nicht weniger als 40 Biere aus aller Welt abwechselnd vom Fass gezapft, dazu gibt's Hunderte Flaschenbiere. Am besten bestellt man eins der vier niederländischen Hausbiere, darunter das Dutch Eagle West Coast IPA, ein seidiges belgisches Tripel (starkes Pale Ale) oder ein experimentelles Saisongetränk wie Kiwi-Gurken-Cidre.

Man kann sein Bier in der Bar trinken oder sich einen *growler* (1 l) in den Park mitnehmen. Der Bierladen öffnet zur gleichen Zeit wie die Bar und verkauft bis 22 Uhr Bier zum Mitnehmen.

CAFÉ BÉDIER — BRUIN CAFÉ

Karte S. 334 f. (☎020-662 44 15; Sophialaan 36; ⌚Mo–Do 12–1, Fr 12–3, Sa 11–3, So 11–1 Uhr; 🚋2 Amstelveenseweg) Am Ende eines Arbeitstages im Sommer ist die Terrasse vor dem Café Bédier oft so voll, dass es sich auch um eine schwungvolle Straßenparty handeln könnte. Auch drinnen kann es ziemlich gedrängt zugehen. Die mit Leder gepolsterten Wandpaneele sowie die Böden aus Hartholz verleihen dem klassischen „braunen Café" eine zeitgemäße Atmosphäre. Die Bar-Gerichte sind ebenfalls 1a.

CAFÉ SCHINKELHAVEN — BRUIN CAFÉ

Karte S. 334 f. (www.cafeschinkelhaven.nl; Amstelveenseweg 126; ⌚So–Do 11–1, Fr–Sa 11–3 Uh; 📶; 🚋2 Amstelveenseweg) Ganz in der Nähe des Vondelparks befindet sich das Café Schinkelhaven, eine unwiderstehliche Anlaufstelle, bevor man sich auf dem Amstelveenseweg nach einem Restaurant für das Abendessen umschaut. Auf den Terrassentischen stehen sogar Kerzen und die freundlichen Kellner bedienen die Gäste so, als gehörten sie schon immer zu ihrem Stammpublikum.

GOLDEN BROWN BAR — BAR

Karte S. 315 (www.goldenbrownbar.nl; Jan Pieter Heijestraat 146; ⌚Mo–Do 11–1, Fr–Sa 11–3 Uhr; 📶;

(🚊1 Jan Pieter Heijestraat) Die zweigeschossige Bar ist schon seit Ewigkeiten ein Renner für junge Professionals, die bis draußen auf den Bürgersteig stehen. Sie serviert tolle Cocktails und ist gleichzeitig ein Thai-Restaurant.

WELLING — BRUIN CAFÉ

Karte S. 334 f. (☎020-662 01 55; www.cafewelling.nl; Jan Willem Brouwersstraat 32; ⏲Mo–Do 16–1, Fr bis, Sa 15–2, So bis 1 Uhr; 🚊2/3/5/12 Museumplein) Etwas versteckt hinter dem Concertgebouw, der berühmten Konzerthalle, ist das holzvertäfelte relaxte Café der ideale Ort für ein kaltes, schäumendes *biertje* unter Intellektuellen und Künstlern. Oft spielen Jazzmusiker, die manchmal direkt nach ihren Konzerten im Concertgebouw hier aufschlagen; Termine stehen auf der Website. Nur Barzahlung.

PROEFLOKAAL 'T BLAUWE THEEHUIS — BAR

Karte S. 334 f. (www.brouwerijhetij.nl; Vondelpark 5; ⏲9–24 Uhr; 📶; 🚊2 Jacob Obreachstraat) Ist etwa ein blau-weißes UFO im Vondelpark gelandet? Nein, bei diesem außergewöhnlichen Gebäude handelt es sich vielmehr um einen Außenposten der lokalen Brauereihelden Brouwerij 't IJ (S. 102). 2019 eröffnet, ist die große runde Terrasse der perfekte Ort, um einen sonnigen Nachmittag bei großartigem Craft-Bier zu vertrödeln.

HET GROOT MELKHUIS — CAFÉ

Karte S. 334 f. (☎020-612 96 74; www.grootmelkhuis.nl; Vondelpark 2; ⏲10–17 Uhr; 📶👪; 🚊1 Jan Pieter Heijestraat) Am Rande des Vondelpark-Waldes hat das riesige aus Holz erbaute „Große Milchhaus" im Stil einer Schweizer Hütte etwas Märchenhaftes. Tatsächlich handelt es sich aber um ein normales Café mit Kaffee, Bier, Wein und diversen Snacks. Familien mit Kindern lieben das Melkhuis, weil es einen Spielplatz mit Sandkasten und Baggern hat. Am Schwanenteich gibt's zudem eine Terrasse.

WILDSCHUT — GRANDCAFÉ

Karte S. 334 f. (www.cafewildschut.nl; Roelof Hartplein 1; ⏲Mo 9–24, Di–Fr 9–1, Sa 10–1, So bis 24 Uhr; 🚊3/5/12/24 Roelof Hartplein) In dem fabelhaft altmodischen traditionellen Café trifft sich das Viertel Oud Zuid („Alt-Süd"). Wenn es draußen warm ist, tummelt sich alles auf der Terrasse mit Blick auf die Gebäude der Amsterdamer Schule. Ist das Wetter nicht so gut, lockt drinnen das Art-déco-Ambiente mit Marmorwänden und Buntglas.

STICKY FINGERS — KAFFEE

Karte S. 334 f. (☎020-820 33 33; www.stickyfingers.nl; Amstelveenseweg 3; ⏲Mo–Fr 7.30–17, Sa & So bis 18 Uhr; 🚊Rhijnvis Feithstraat) In der Theke des hellen, ans Hotel Tire Station (S. 239) angrenzenden Cafés mit fotogenen zartrosa Wänden locken üppige Torten und hausgebackene Kuchen, die teilweise vegan und glutenfrei sind. Dazu gibt's richtig guten Kaffee. Durch die großen Fenster, die viel Tageslicht hereinlassen, kann man prima das Leben draußen beobachten.

COLD PRESSED JUICERY — SAFTBAR

Karte S. 334 f. (www.thecoldpressedjuicery.com; Willemsparkweg 8; ⏲Mo–Fr 7.30–19, Sa 9–18, So 10–18 Uhr; 🚊2 Cornelis Schuytstraat) 🌿 Die kalt gepressten Natur-Obstsäfte sind sehr vitaminreich, wie z. B. der probiotische „Pro" (Apfel, Fenchel, Zitrone) oder der Orangensaft mit Kurkuma und schwarzem Pfeffer. Die Smoothies werden mit frischer Kokosnuss und hausgemachter Hanf- oder Nussmilch gemixt. Empfehlenswert sind der „Charcoal and Black Sesame" und der „Golden Tumeric Latte". Alle Zutaten sind 100 % Bio.

GOLLEM'S PROEFLOKAAL — BRUIN CAFÉ

Karte S. 334 f. (☎020-612 94 44; www.cafegollem.nl; Overtoom 160-161; ⏲Mo–Do 13–1, Fr & Sa 12–3, So bis 1 Uhr; 🚊1 1e Constantijn Huygensstraat) Dieses alteingesessene Café, dessen Name wörtlich „Gollems Verkostungsraum" bedeutet, ist dank seiner langen Liste belgischer Biere bei Einheimischen wie Touristen gleichermaßen beliebt. Zwischen Vintage-Bierreklametafeln und Gemälden von trinklustigen Mönchen kann man hier gemütlich ein Kriek (Kirschbier) oder ein Trappist Ale trinken. Damit man nicht auf leeren Magen trinken muss, gibt's auch Speisen wie Trappist-Käsefondue, Kroketten und Flämischen Schmortopf.

TUNES BAR — COCKTAILBAR

Karte S. 334 f. (☎020-570 00 00; www.conservatoriumhotel.com; Conservatorium Hotel, Van Baerlestraat 27; ⏲Mo–Do 16–1, Fr & Sa 12.30–2, So bis 24 Uhr; 🚊2/3/5/12/16 Van Baerlestraat) Die kleine, aber ziemlich schnieke Bar im großartigen Conservatorium Hotel verfügt über eine lange durchsichtige Theke und eine beeindruckende Blumenpracht. Bewundern kann man sie beim Verkosten eines der Spezial-Gin-Tonics, z. B. dem Gin Mare mit Orange, Basilikum und Fever-Tree-Tonic oder Monkey 47 mit Holunder und Brombeeren. Auch die Cocktailkarte hat es in sich, die Preise für die Cocktails liegen um die 20 €.

e Filmvorführung in Vondelpark's Openluchttheater

UNTERHALTUNG

Unterhaltungsangebote der alternativen Szene, darunter tolle DJs und Livemusik, findet man in den besetzten Häusern am Vondelpark.

★ CONCERTGEBOUW — KLASSISCHE MUSIK

Karte S. 334 f. (Konzerthaus; ☎020-671 83 45; www.concertgebouw.nl; Concertgebouwplein 10; ⌚Kartenschalter Mo–Fr 13–19, Sa–So 10–19 Uhr; 🚊3/5/12 Museumplein) Das Konzerthaus wurde 1888 von A. L. van Gendt erbaut, der für eine fast perfekte Akustik sorgte. Bernard Haitink, ehemals Dirigent des Royal Concertgebouw Orchestra, sagte, der weltberühmte Konzertsaal sei das beste Instrument des Orchesters. Von September bis Juni wird jeden Mittwoch um 12.30 Uhr ein kostenloses halbstündiges Konzert gegeben – man sollte frühzeitig da sein. Bei ausgewählten Vorstellungen lohnt sich der Gang zum Last Minute Ticket Shop (www.lastminuteticketshop.nl), um eventuell noch Plätze zum halben Preis zu ergattern.

Alle Gäste, die 29 oder jünger sind (Ausweis erforderlich), können 45 Minuten vor Veranstaltungsbeginn am Kartenschalter „Sprint-Tickets" für 16 € erwerben. Führungen in englischer Sprache (11 €, 75 Min.) erläutern, wie es Van Gendt trotz seines begrenzten musikalischen Verständnisses gelang, dem Grote Zaal (Großer Saal) eine Akustik zu geben, die Tontechniker auf der ganzen Welt neidisch macht. Auf einer Zierleiste sind die Namen klassischer Komponisten vermerkt; es gibt eine Orgel und eine grandiose Treppe, über die Dirigenten wie Solisten zur Bühne herabsteigen.

OPENLUCHTTHEATER — THEATER

Karte S. 334 f. (Freilichtbühne; ☎020-428 33 60; www.openluchttheater.nl; Vondelpark 5a; ⌚Anfang Mai–Anfang Sept.; 🚊1/3/11 1e Constantijn Huygensstraat) Jeden Sommer finden auf der stimmungsvollen Freilichtbühne im Vondelpark kostenlose Konzerte statt. Die Atmosphäre ist entspannt und festivalartig. Auf dem Programm stehen Weltmusik, Tanz, Theater, Stand-up-Comedy und mehr.

ORGELPARK — KONZERTSAAL

Karte S. 334 f. (☎020-515 81 11; www.orgelpark.nl; Gerard Brandtstraat 26; Karten 12,50–20 €; 🚊1/11 Jan Pieter Heijestraat) Am Rande des Vondelparks befindet sich in einer liebevoll restaurierten Kirche ein einzigartiger Veranstaltungsraum für Orgelmusik. Jedes Jahr finden etwa 80 Konzerte statt, darunter Klassik, Jazz und improvisierte Musik.

AMSTERDAMSE BOS THEATRE — THEATER

(www.bostheater.nl; De Duizendmeterweg 7; ⌚Juni–Anfang Sept.) Auf der großen Bühne des Freilicht-Amphitheaters werden Stücke von

Shakespeare bis zu *The Gruffalo* auf Niederländisch aufgeführt. Es gibt auch regelmäßig Konzerte. Weil die Bühne so nahe am Flughafen Schiphol liegt, müssen die Schauspieler gelegentlich kurz unterbrechen, wenn ein Flugzeug direkt über die Köpfe fliegt.

SHOPPEN

Das Viertel Oud-Zuid („Alt-Süd"), das südlich des Vondelparks liegt, ist eine der exklusivsten Gegenden Amsterdams, was sich auch bei den Geschäften zeigt. Die Cornelis Schuytstraat und den Willemsparkweg prägen stylishe Shops, über Neueröffnungen kann man sich auf der Seite www.cornelisschuytstraat.com informieren. In der nahen Megaluxus-Einkaufsmeile PC Hooftstraat wimmelt es nur so von Designermarken. Im Komplex De Hallen gibt's einige einzigartige Boutiquen.

★PIED À TERRE — BÜCHER

Karte S. 334 f. (☎020-627 44 55; www.piedaterre.nl; Overtoom 135-137; ⊙Mo 13–18, Di, Mi & Sa 10–18, Do & Fr bis 19 Uhr; 🚊1/3/11 1e Constantijn Huygensstraat) Reisefreaks fühlen sich in dem mehrstöckigen größten Reisebuchladen Europas wie im Himmel. Durch das Deckenfenster fällt Tageslicht in die Räumlichkeiten, die Reiseträume jeder Art anfachen: Es gibt wunderbare Atlanten, Reiseführer in mehreren Sprachen sowie über 600 000 Landkarten. Einfach einen Stuhl heranziehen und bei einem Kaffee den nächsten Urlaub planen!

J&B CRAFT DRINKS — GETRÄNKE

Karte S. 334 f. (☎020-244 01 77; www.facebook.com/jbcraftdrinks; Jan Pieter Heijestraat 148; ⊙Di–Do & So 14–20, Fr 12–22, Sa bis 21 Uhr; 🚊1/11 Jan Pieter Heijestraat) J&B Craft Drinks hat eine Riesenauswahl an Craft-Bieren, Cidres und köstlichen Softdrinks aus aller Welt, die kalt aus dem Kühlschrank kommen – so kann man sie an warmen Tagen gleich mit in den nahen Vondelpark nehmen.

THINGS I LIKE THINGS I LOVE — MODE & ACCESSOIRES

Karte S. 334 f. (☎020-779 34 23; www.thingsilikethingsilove.com; Eerste Constantijn Huygensstraat 25-27; ⊙Mo & So 13–18, Di, Mi, Fr & Sa 11–18, Do bis 20 Uhr; 🚊1 1e Constantijn Huygensstraat) In diesem stilvollen Geschäft, das ein paar Filialen in der Stadt hat, kann man sich nach hippen Textilien, ausgefallenen Dingen fürs Zuhause und unverzichtbaren Accessoires umschauen.

ARTI CHOC — SCHOKOLADE

Karte S. 334 f. (www.artichoc.nl; Koninginneweg 141; ⊙Di–Fr 9.30–18, Sa 9.30–17 Uhr; 🚊2 Valeriusplein) Die selbst gemachten Schokoladen, Pralinen und Trüffel sind in dem exklusiven Laden fast zu schön, um sie zu verspeisen. Es gibt über 50 verschiedene Sorten, darunter glutenfreie, kakaofreie und laktosefreie Varianten in innovativen Geschmacksrichtungen. Wer etwas wirklich Besonderes wünscht, kann sich sogar eigene Kreationen nach Wunsch herstellen lassen. Zu den ausgefallenen Formen gehören Holzschuhe, Tulpen oder blaue Delfter Kacheln.

GOOCHEM SPEELGOED — SPIELZEUG

Karte S. 334 f. (☎020-612 47 04; www.goochem.nl; 1e Constantijn Huygensstraat 80; ⊙Mo 13–18, Di–Fr 9.30–18, Sa 9.30–17.30 Uhr; 🚊1 1e Constantijn Huygensstraat) Dieser große Spielwarenladen mit zwei Etagen zaubert schon seit drei Jahrzehnten ein verträumtes Lächeln auf Kindergesichter. Unter den wachsamen Augen einer riesigen Plüschgiraffe lockt eine breite Palette an Brettspielen, Musikinstrumenten, niedlichen Holzspielzeugen mit Rädern zum Hinterherziehen, Puppen, Kostümen, Tee-Sets, Büchern, Puzzlespielen und superweichen Kuscheltieren.

JOHNNY AT THE SPOT — MODE & ACCESSOIRES

Karte S. 334 f. (www.johnnyatthespot.com; Jan Pieter Heijestraat 94; ⊙Mo 13–18, Di–Mi, Sa 11–18, Do–Fr 11–19, So 13–17 Uhr; 🚊7/17 Jan Pieter Heijestraat) Der coole Konzeptladen erstreckt sich über mehrere miteinander verbundene Häuser und verkauft ultrahippe Klamotten, Schuhe und Regenjacken von Amsterdamer Designern und aus aller Welt für Frauen und Männer. In der Haushaltsabteilung kann man alles von Pflanzen und Seifen bis zu Schüsseln, Vasen, Geschirr und Möbeln erwerben.

VAN AVEZAATH BEUNE — ESSEN & TRINKEN

Karte S. 334 f. (www.vanavezaath-beune.nl; Johannes Verhulststraat 98; ⊙Mo–Fr 8–18, Sa bis 17 Uhr; 🚊2 Cornelis Schuytstraat) Angesichts der verführerischen Kabinette voller Schokolade und köstlicher Kuchen läuft einem das Wasser im Munde zusammen. Toll sind auch die *amsterdammertjes* (Bezeichnung für die Poller am Straßenrand) aus Schokolade in

Kartons – ein prima Geschenk, wenn man nicht gleich alles selbst vernascht.

BEVER WOMEN'S STORE
SPORT & OUTDOOR

Karte S. 334 f. (www.bever.nl; Overtoom 51-53; ⌚Mo 11–19, Di, Mi, Fr & Sa 10–19, Do bis 21, So 12–18 Uhr; 🚋1/2/5 Leidseplein) Diese Filiale eines der führenden niederländischen Sportgeschäfte führt eine große Auswahl an Sportkleidung und Accessoires für Frauen. Sie befindet sich gleich um die Ecke vom Hauptgeschäft (S. 181).

SCHWUNG AMSTERDAM
MODE & ACCESSOIRES

Karte S. 334 f. (☎020-334 30 35; www.schwungamsterdam.nl; Jan Pieter Heijestraat 166; ⌚Mo 13–18, Di & Sa 11–18, Mi–Fr 11–19, So 13–17 Uhr; 🚋1 Jan Pieter Heijestraat) Verkauft Kleidung für Frauen und Männer von Marken wie American Vintage, Kings of Indigo und Notes du Nord.

DENIM CITY STORE
KLEIDUNG

Karte S. 334 f. (☎020-820 86 14; www.denimcity.org; De Hallen, Hannie Dankbaar Passage 22; ⌚Mo–Fr 11–18, Sa 10–18, So 12–17 Uhr; 🚋7/17 Ten Katestraat) Der riesige Laden ist ganz der blauen Hose gewidmet: Die Jeans stammen von Levi, Nudie, Lee, Pepe, Kings of Indigo und vielen anderen. Hier werden auch alte Jeans recycelt.

GATHERSHOP
DESIGN

Karte S. 334 f. (www.gathershop.nl; Hannie Dankbaar Passage 19; ⌚Di–So 12–18 Uhr; 🚋17 Ten Katestraat) Der liebevoll aufgemachte Gathershop ist ein echtes Kundenparadies, das sich auf handgemachte und fair gehandelte Produkte – von Kleidung bis zu Inneneinrichtung – konzentriert. Zwischen den sorgsam platzierten Pflanzen und Kakteen, die alle zum Verkauf stehen, entdeckt man auch eleganten Schmuck, einfache glasierte Keramiktassen, minimalistisch designte Schreibwaren sowie natürliche Hautpflegeprodukte.

NIKKIE
MODE & ACCESSOIRES

Karte S. 334 f. (☎020-358 51 85; www.nikkie.com; Willemsparkweg 175; ⌚Mo & So 12–17.30, Di–Fr 10–18, Sa bis 17.30 Uhr; 🚋2 Cornelis Schuytstraat) Nikkie Plessen aus Amsterdam war im niederländischen Fernsehen ein prominentes Gesicht als Schauspielerin und Moderatorin. Doch inzwischen ist sie als Designerin für Damenmode tätig und hat mehrere Boutiquen im ganzen Land eröffnet, darunter zwei in Amsterdam. Die Palette smarter Freizeitkleidung reicht von rot-weiß-schwarzer „activewear" über Seidenblusen bis zu durchbrochenen Kleidern.

VLVT
MODE & ACCESSOIRES

Karte S. 334 f. (www.vlvt.nl; Cornelis Schuytstraat 22; ⌚Di–Sa 10–18, So & Mo 12–18 Uhr; 🚋2 Cornelis Schuytstraat) Topaktuelle Frauenmode von niederländischen und internationalen Designern ist das Markenzeichen dieser schicken, lichtdurchfluteten Boutique. Zu der sorgsam ausgewählten Kollektion niederländischer und internationaler Designer gehören Labels wie Elisabetta Franchi, Notes du Nord, Pierre Balmain und Zoe Karssen.

BEVER
SPORT & OUTDOOR

Karte S. 334 f. (www.bever.nl; Stadhouderskade 4; ⌚Mo 11–19, Di, Mi, Fr & Sa 10–19, Do bis 21, So 12–18 Uhr; 🚋1/2/5 Leidseplein) Bever ist eine der führenden niederländischen Sport- und Outdoorketten. Dieses tolle Geschäft weckt mit seinen Zelten, Rucksäcken, Schlafsäcken garantiert die Lust auf neue Abenteuer. Es gibt auch eine große Auswahl an Herrenbekleidung und Accessoires. Der Laden für Frauen liegt gleich um die Ecke in der Overtoom.

BUISE
MODE & ACCESSOIRES

Karte S. 334 f. (www.buise.nl; Cornelis Schuytstraat 12; ⌚Mo 13–18, Di–Fr 10–18, Sa 10–17.30 Uhr; 🚋2 Cornelis Schuytstraat) Die schicke Boutique ist für coole Mode bekannt und führt Stücke von Isabel Marant sowie anderer Label, darunter Paul & Joe und Ganni.

COSTER DIAMONDS
DIAMANTEN

Karte S. 334 f. (☎020-305 55 55; www.costerdiamonds.com; Paulus Potterstraat 2; ⌚9–17 Uhr; 🚋2/5/12 Rijksmuseum) Das 1840 gegründete Coster ist Europas älteste noch existierende Diamantenfirma. Bei einer kostenlosen Führung kann man den Schleifern bei der Arbeit zuschauen, was interessanter ist als ein Besuch im benachbarten Diamantenmuseum (S. 168).

DE WINKEL VAN NIJNTJE
SPIELZEUG

(www.dewinkelvannijntje.nl; Scheldestraat 61; ⌚Mo 13–18, Di–Fr 10–18, Sa 10–17, So 12–17 Uhr; 👪; 🚋12 Scheldestraat) Das innig geliebte Hasenmädchen Miffy (Nijntje auf Niederländisch) des niederländischen Illustrators Dick Bruna steht ganz im Mittelpunkt des Ladens. Die mundlose Figur wird in jeder Form von Merchandisingprodukten feilgeboten, von gehäkelten Puppen bis zu Keramiktellern von Royal Delftware.

SPORT & AKTIVITÄTEN

ZUIDERBAD
SCHWIMMEN

Karte S. 334 f. (020-252 13 90; Hobbemastraat 26; Eintritt 4,60 €; Öffnungszeiten variieren; ; 2/5 Hobbemastraat) Die ehemalige Velox-Fahrradschule wurde in ein einladendes öffentliches Bad umgewandelt. Das großartige Gebäude (1912) befindet sich hinter dem Rijksmuseum und glänzt nach einer Renovierung wieder in alter Pracht mit vielen Kacheln und reichlich Charme. Die Öffnungszeiten zum Schwimmen *(recreatiezwemmen in diep water)* ändern sich täglich; man findet sie auf der Seite www.amsterdam.nl/zuiderbad/openingstijden.

KANOVERHUUR AMSTERDAMSE BOS
BOOTSTOUREN

(020-645 78 31; www.kanoverhuur-adam.nl; Grote Speelweide 5; Kajak für 1/2 Pers. pro Std. 7/12 €, Tretboot für 2/4 Pers. pro Std. 12/20 €) Dieser Bootsverleih im Amsterdamse Bos verleiht Kajaks und Tretboote.

FRIDAY NIGHT SKATE
INLINESKATEN

Karte S. 334 f. (www.fridaynightskate.com; Vondelpark; Fr 20.30 Uhr; 2/5 Hobbemastraat) Jeden Freitagabend – außer bei Regen und Schnee – startet am Vondelpark eine große Inliner-Gemeinde auf eine zweistündige, 20 km lange Rundfahrt durch Amsterdam. Teilnehmen kann jeder mit ausreichenden Vorkenntnissen (und dem Wissen, wie man bremst!). Treffpunkt ist um 20 Uhr (in den Wintermonaten erst um 20.15 Uhr) neben dem Restaurant Vondelpark3 (S. 176). Auf der Website gibt's auch Informationen zum Verleih von Inlinern samt Schutzausrüstung.

FUN FOREST
KLETTERPARK

(www.funforest.nl; Bosbaanweg 3; Erw./Kind 25/20 €; Juli–Anfang Sept. 10–18 Uhr, Sept.–Juni variierende Öffnungszeiten; 347, 357) Neben dem Eingang zum Amsterdamse Bos befindet sich der Fun Forest, ein Kletterpark für Kinder und Erwachsene. Über Seile, Leitern und Brücken geht's hinauf in die Baumkronen. Der Eintritt ermöglicht drei Stunden Spaß für Schwindelfreie. Die aktuellen Öffnungszeiten variieren und sind auf der Webseite aufgeführt.

De Pijp

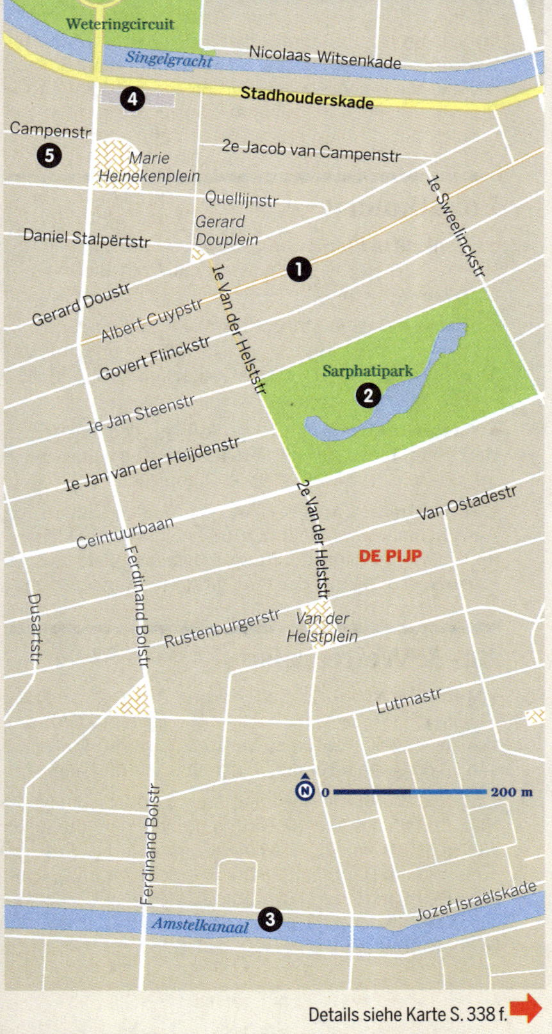

Details siehe Karte S. 338 f.

Highlights

❶ **Albert Cuypmarkt** (S. 187) Der Straßenmarkt mit Obst und Gemüse, Käse, Fisch, bunten Pflanzen, Schnittblumen, günstiger Kleidung, Accessoires, Inneneinrichtung, Fahrradersatzteilen und originellen niederländischen Souvenirs findet an sechs Wochentagen statt. Ein Fest für die Sinne!

❷ **Sarphatipark** (S. 185) Eine malerische städtische Oase mit Grünflächen, Statuen, Teichen und Brunnen.

❸ **Boaty** (S. 195) In einem Elektroboot Amsterdams Grachten nach eigenem Gusto erkunden.

❹ **Heineken Experience** (S. 185) Nach der Führung durch die Brauerei geht's per Kanalboot durch die Stadt zum A'DAM Toren.

❺ **Bakers & Roasters** (S. 191) In De Pijp lockt eine boomende Brunchszene, besonders in entsprechend spezialisierten Lokalen wie diesem beliebten Exemplar.

Top-Tipp

Viele erfolgreiche Amsterdamer Geschäfte schlagen ihre ersten Wurzeln in De Pijp. In diesem schöpferisch-kreativen Viertel schießen immer wieder neue Geschäfte und Start-ups aus dem Boden. Sehenswerte Seitenstraßen sind die Frans Halsstraat, 1e Van der Helststraat, 2e Van der Helststraat, Cornelis Troostplein und Ruysdaelkade.

Gut essen

- Ciel Bleu (S. 194)
- Bakers & Roasters (S. 191)
- Graham's Kitchen (S. 191)
- Avocado Show (S. 191)
- Restaurant Sinne (S. 194)

Mehr dazu siehe S. 186.

Nett ausgehen

- Brouwerij Troost (S. 194)
- Twenty Third Bar (S. 195)
- Glouglou (S. 195)
- Café Sarphaat (S. 195)

Mehr dazu siehe S. 194.

Schön shoppen

- Albert Cuypmarkt (S. 187)
- Hutspot (S. 196)
- Cottoncake (S. 196)
- Tiller Galerie (S. 197)
- Record Mania (S. 197)

Mehr dazu siehe S. 196. 

De Pijp erkunden

Dass De Pijp wie ein Dorf wirkt, liegt wohl daran, dass es eigentlich eine Insel ist, die durch 16 Brücken mit dem Rest der Stadt verbunden wurde. Der Name De Pijp („die Pfeife“) geht angeblich auf die engen und geraden Straßen zurück, die den Stielen alter Tonpfeifen ähneln.

Das Viertel hat eine recht wechselvolle Geschichte. Die Mietskasernen aus den 1860er-Jahren boten billigen Wohnraum für die neu ankommenden Arbeiter. In den 1960er- und 1970er-Jahren verließen viele von ihnen schließlich das Viertel, um ins Grüne zu ziehen. Die Regierung sanierte die Mietblocks für Einwanderer. Heute wohnen hier Menschen aus allen sozialen Schichten. Das inzwischen auf Kunst und Gastronomie ausgerichtete Viertel wurde weiter aufgewertet, hat aber seinen Dorfcharakter bewahrt.

Der Tag beginnt auf dem Albert Cuypmarkt (S. 187), gefolgt von einem Bummel durch den Sarphatipark. Die Boutiquen und Spezialitätengeschäfte laden zum Stöbern ein und dann geht's zur Heineken Experience. Wer die Brauerei am späten Nachmittag ansteuert, für den verwandelt sich die Bierprobe in eine Happy Hour.

Lokalkolorit

- **Heimisches Bier** Heineken braut zwar nicht mehr in De Pijp, aber es gibt eine fantastische Craft-Bierbrauerei: Brouwerij Troost (S. 194).
- **Snacks aus Meeresfrüchten** Die Einheimischen zieht es zu den Heringsständen (S. 190) am und um den Albert Cuypmarkt (S. 187); der Volendammer Vishandel (S. 188) gehört zu den beliebtesten.
- **Versteckte Treffs** Am versteckt liegenden Van der Helstplein finden sich viele ungezwungene heimische *cafés* (Kneipen) wie etwa das Café Ruis (S. 195).
- **Rotlichtmilieu** Am Westrand von De Pijp liegt an der Ruysdaelkade gegenüber der Hobbemakade ein kleines Rotlichtviertel (ohne die Junggesellenabschiede und die betrunkenen Massen des Rotlichtviertels im Zentrum).

An- & Weiterreise

- **Metro** Die Noord/Zuidlijn (Nord-Süd-Metrolinie; M52) bedient die Haltestelle in De Pijp. Die Eingänge befinden sich an der Ecke Ferdinand Bolstraat/Albert Cuypstraat und an der Ecke Ferdinand Bolstraat/Ceintuurbaan.
- **Straßenbahn** Die Nord-Süd-Linie 24 fährt vom Hauptbahnhof durch die Ferdinand Bolstraat, direkt an den Sehenswürdigkeiten des Viertels vorbei. Linie 4 verkehrt vom Hauptbahnhof über den Rembrandtplein nach De Pijp, während die Linie 3 De Pijp zwischen dem Vondelpark und Oost passiert. Linie 12 durchquert De Pijp auf ihrer Strecke vom Leidseplein nach Süden.

SEHENSWERTES

Abgesehen vom Albert Cuypmarkt (S.187) und der Heineken Experience gibt's in De Pijp nur wenige Sehenswürdigkeiten. Eigentliches Highlight ist ein Spaziergang durch das Stadtviertel, dessen Bars, Restaurants und Boutiquen kreatives Flair versprühen.

SARPHATIPARK — PARK

Karte S.338 f. (3 2e Van der Helststraat) Der Vondelpark ist zwar größer und bekannter, aber dieser ruhige Park im englischen Stil bietet eine ebenso entspannende Sommeridylle mit weit weniger Menschen. Die Grünanlage, die nach dem jüdischen Arzt, Geschäftsmann und Stadterneuerer Samuel Sarphati (1813–1866) benannt wurde, ist mit Teichen und sanft hügeligen, von Gehölzen eingerahmten Wiesen durchsetzt. In der Mitte des Parks steht das 1886 errichtete Sarphati-Denkmal, ein ziemlich bombastischer Tempel mit Brunnen, Wasserspeiern und einer Büste des Meisters.

HUIS MET DE KABOUTERS — ARCHITEKTUR

Karte S.338 f. (Haus mit den Kobolden; Ceintuurbaan 251; 3 Van Woustraat) Am Haus in der Straße Ceintuurbaan 251 sollten die Besucher den Blick nach oben schweifen lassen: An den aufwendig verzierten Holzgiebeln dieses neo-gotischen Herrenhauses aus dem Jahre 1884 sind zwei kecke giftgrüne Kobold-Skulpturen, bekleidet mit roten Mützen und roten kurzen Hosen, zu entdecken. Einer von ihnen hält einen roten Ball in der Hand, der andere versucht, diesen zu fangen. Das Gebäude wurde vom Architekten Anthonius Cornelis Boerma entworfen. Es wird vermutet, dass die Skulpturen den Nachnamen des Auftraggebers Van Ballegooijen symbolisie-

HIGHLIGHT · IN DER HEINEKEN EXPERIENCE „ZUM BIER WERDEN“

Heineken ist seit 1864 eine starke Marke und seine Erfolgsgeschichte wird bei diesem „sinnlichen Erlebnis“ angemessen schamlos (sprich: kommerziell) gefeiert.

Am Standort der alten, 1988 geschlossenen Heineken-Brauerei können Besucher durch die Heineken Experience schlendern und dabei allerhand erleben. Wer sich rund eineinhalb Stunden Zeit nimmt, lernt nicht nur die Geschichte der Familie Heineken kennen, sondern z.B. auch, wie sich das Logo entwickelt hat. Der gesamte Brauprozess – von Wasser und Hopfen bis zur Abfüllung – wird ausführlich dargestellt. Unterwegs flimmern Heineken-Werbespots aus aller Welt über die Bildschirme. Besucher können die Maische in den Kupferkesseln riechen, die Pferdeställe besichtigen und ihr eigenes Musikvideo für die Lieben daheim produzieren. Krönung der „Experience“ ist Brew You, eine vierdimensionale Multimediaausstellung, in der man selbst „zum Bier wird“ – dabei wird man quasi geschüttelt, mit Wasser bespritzt, Hitze ausgesetzt und in Flaschen gefüllt. Muss man ein Bierliebhaber sein, um diese Tour zu genießen? Nein – aber es hilft.

Selbst geführte Touren enden mit zwei Verkostungen; es gibt auch eine 2½-stündige Führung für VIPs (55 €), an deren Ende fünf Biersorten mit Käse verkostet werden, plus Tickets für Rock the City (32,50 €) inklusive einer Kanalfahrt zum A'DAM Toren (S.210).

NICHT VERSÄUMEN

- Quasi selbst zum Bier werden bei der Brew-You-Tour
- Wie wird ein schäumendes Bier holländischer Art richtig eingegossen?
- Heineken-Produkte kosten

PRAKTISCH & KONKRET

- Karte S.338 f., C1
- 020-523 94 35
- https://tickets.heinekenexperience.com
- Stadhouderskade 78
- Erw./Kind selbst geführte Tour 21/14,50 €
- Juli & Aug. tgl. 10.30–21 Uhr, restliches Jahr kürzer
- M Vijzelgracht, 24 Marie Heinekenplein

ren sollen, was in Teilen übersetzt „einen Ball werfen" bedeutet. Seit dem Jahr 1984 steht das reich dekorierte Backsteingebäude ebenfalls unter Denkmalschutz.

SARPHATI-DENKMAL
DENKMAL

Karte S. 338 f. (Sarphatipark; 🚋3 2e Van der Helststraat) Den Tempel von 1886 im Sarphatipark zieren ein Springbrunnen, Wasserspeier und eine Büste von Samuel Sarphati (1813–66), dem der Park seinen Namen verdankt.

DE DAGERAAD
ARCHITEKTUR

Karte S. 338 f. (Wohnkomplex „Morgenröte"; Pieter Lodewijk Takstraat; 🚋4 Amstelkade) Im Zuge des entscheidenden Wohnungsbaugesetzes von 1901 wurde die Stadt dazu gezwungen, die Planung des Stadtviertels zu überdenken und die vorhandenen Elendsviertel zu beseitigen. Daraus ergab sich das Projekt De Dageraad, eine Wohnanlage für mittellose Familien. Piet Kramer, einer der originellsten Architekten der expressionistischen Amsterdamer Schule, entwarf in Zusammenarbeit mit Michel de Klerk die Pläne für diesen eigenwilligen Gebäudekomplex.

ESSEN

Die blühende Gourmetszene von De Pijp ist experimentierfreudig und international, aber dennoch auch durch und durch holländisch. Zu den Angeboten gehören Essensstände am Straßenrand, Salatbars, preiswerte, sättigende surinamesische und asiatische Lokale, trendige Adressen wie das weltweit erste Avocado-Café (S. 191), Spitzenrestaurants und stimmungsvolle *bruin cafés* (Kneipen), die auch Essen servieren. Das Viertel ist besonders gut in Sachen Brunch: Viele Cafés haben sich auf außergewöhnliche Brunchgerichte spezialisiert. Die Albert Cuypstraat, Ferdinand Bolstraat und Ceintuurbaan sind ideale Ausgangspunkte.

LE SALONARD
DELIKATESSEN €

Karte S. 338 f. (www.lesalonard.com; 1e Van der Helststraat 21; Gerichte 4,50–9,50 €; ⏲Mo 10–16, Di–Sa bis 18 Uhr; 🚋24 Marie Heinekenplein) Neben einer großen Auswahl an Backwaren (sowohl Herzhaftes wie Quiches, Gourmet-Sandwiches und Würstchen im Blätterteig als auch Süßes wie Puddingtörtchen und Schokoküchlein mit flüssigem Kern), Käse, Wurst und Broten sowie einem hoch aufragenden Weinregal bietet dieser verführerische Feinkostladen *borrel*-(Getränke-) Snackteller, die man sich zu edlen Tropfen (flaschen- oder glasweise) auf der Straßenterrasse vor der Tür schmecken lassen kann.

SIR HUMMUS
ORIENTALISCH €

Karte S. 338 f. (www.sirhummus.nl; Van der Helstplein 2; Gerichte 7–13 €; ⏲Mi–So 12–21 Uhr; 🖉; 🚋3/4 2e Van der Helststraat) Sir Hummus ist die Idee dreier junger Israelis, deren Leidenschaft für den Kichererbsen-Dip zunächst zu einem Londoner Marktstand und dann zu diesem Café führte. Hier wird cremiger, naturbelassener Hummus ohne Konservierungs- und Zusatzstoffe mit Pitabrot und Salat serviert; im SH gibt's außerdem fantastische Falafel. Man kann drinnen essen oder die Speisen mitnehmen, aber es empfiehlt sich, früh zu kommen, bevor schon alles ausverkauft ist.

SUGO
PIZZA €

Karte S. 338 f. (www.sugopizza.nl; Ferdinand Bolstraat 107; Pizzastück 4–5,50 €; ⏲So–Do 11–21, Fr & Sa bis 22 Uhr; 🖉; Ⓜ De Pijp, 🚋3/12/24 De Pijp) 🍃 In diesem zweistöckigen Restaurant werden täglich spektakuläre Pizzas gebacken, die hinter Glas zu sehen sind und im Ofen aufgewärmt werden. Zu den 20 verschiedenen Belägen zählen karamellisierte Zwiebeln, Mascarpone, Walnüsse und schwarze Oliven oder Kartoffeln, Pilze und Trüffel. Die Gemüse stammen aus der Region und Fleisch und Käse von kleinen italienischen Bauernhöfen. Verpackungen für Gerichte zum Mitnehmen bestehen aus recyceltem Papier und die Energie ist zu 100 % nachhaltig.

Es gibt viele vegetarische, vegane und glutenfreie Optionen.

MASSIMO
EIS €

Karte S. 338 f. (Van Ostadestraat 147; 1/2/3/4 Kugeln 1,60/3,20/4,50/6 €; ⏲13–22 Uhr; 🚋3/4 2e Van der Helststraat) Das Eis wird hier vor Ort täglich frisch nach Familienrezepten hergestellt, und zwar unter Verwendung von regionaler Biomilch, Butter und Joghurt plus eingeführten italienischen Zutaten wie Zitronen aus der ligurischen Heimat des leidenschaftlichen Eismachers in der vierten Generation. Kugeln mit den leckeren Geschmacksrichtungen wie Zimt und Feige, Honig, Joghurt und Kirsche, Kaffee und Haselnuss sowie Birne und Walnuss werden in handgerollte Waffelhörnchen oder Becher eingefüllt. Nur Kartenzahlung.

GEFLIPT
BURGER €

Karte S. 338 f. (www.gefliptburgers.nl; Van Woustraat 15; Gerichte 9–13 €; ⏲So–Do 11.30–21.30, Fr & Sa bis 10.30 Uhr; ; 4 Stadhouderskade) In diesem Viertel voller Esslokale herrscht ein harter Konkurrenzkampf um die besten Burger, aber Geflipt ist ein ernst zu nehmender Wettbewerber. In seinem funktional-schicken Innenraum ohne viel Schnickschnack werden saftige Kreationen (wie etwa Gasconne-Rind, Bacon, goldener Cheddar, rotes Zwiebelkompott und Spiegelei) in Brioche-Burgerbrötchen mit täglich frisch aus heimischen Zutaten zubereiteten Soßen serviert.

BUTCHER BURGER €

Karte S. 338 f. (020-470 78 75; www.the-butcher.com; Albert Cuypstraat 129; Burger 7–13,50 €; 11–24 Uhr; De Pijp, 24 Marie Heinekenplein) Vor den Augen der Gäste brutzeln die Burger auf dem Grill (eine Glasscheibe schützt vor Fettspritzern). Vielversprechende Angebote sind „Das Schweigen der Lämmer" (mit Gewürzen und Tahine), der Codfather (eine Anspielung auf den Film *Der Pate*, Englisch: *The Godfather*, im Bierteig ausgebackener Kabeljau mit hausgemachter Sauce tartare), der Trüffelburger mit Angus-Rind und der Veggie-Burger. Es gibt sogar noch die „geheime Küche" in Gestalt einer Cocktailbar.

TACO CARTEL MEXIKANISCH €

Karte S. 338 f. (020-737 21 11; www.taco-cartel.com; Van Woustraat 29; Gerichte 10–12,50 €; Mo–Mi 12–21.30, Do–So 11–21 Uhr; ; 4 Stadhouderskade) Hinter einer himmelblauen Fassade serviert das günstige, fröhliche Restaurant neun Varianten der namensgebenden Tacos sowie neun verschiedene Burritos mit Füllungen wie gebratener Süßkartoffel, *tomatillo* (mexikanische Beerenfrucht), gegrilltem Mais, schwarzen Bohnen, *pico de gallo* (Soße mit Tomaten, Zwiebeln und Koriander), eingelegten Karotten und Radieschen, rauchigen Ancho-Chilis, würzigem Hackfleisch und Pulled Pork.

BAKKEN MET PASSIE BÄCKEREI €

Karte S. 338 f. (www.bakkenmetpassie.nl; Albert Cuypstraat 53; Gerichte 2–9 €; Di–Sa 7.30–

HIGHLIGHT ESSEN & SHOPPEN AUF DEM ALBERT CUYPMARKT

Wer das „echte", wunderbar chaotische und multikulturelle Amsterdam erleben möchte, sollte diesen großen Straßenmarkt ansteuern, der jeden Tag außer Sonntag geöffnet hat.

Der nach dem Landschaftsmaler Albert Cuyp (1620–1691) benannte Markt ist bereits seit 1905 gut im Geschäft. Er ist der größte und beliebteste der Stadt und berühmt für seine ungeheure Angebotsvielfalt. Hier werden an zahllosen wohlriechenden Ständen holländischer Käse – von einem vier Jahre alten Gouda bis zu einem cremigen *boerenkaas* (Bauernkäse) – Fisch, Krustentiere, Oliven, Öle, Kräuter und Gewürze sowie bergeweise frisches Obst und Gemüse dargeboten. Auch wer einen neuen Ausgehfummel für den Samstagabend, eine Handyhülle, ein Fahrradschloss, einen Lockenstab oder Tulpen zur Verschönerung des Hotelzimmers sucht, wird hier fündig. Und das Angebot an (zumeist cooler, teils aber auch ramschiger) Herren- und Damenbekleidung sowie von Accessoires, Porzellan, Stoffen und einer Vielzahl anderer Einrichtungsgegenstände ist umwerfend.

Die Läden hinter den Marktständen werden leicht übersehen. Hier gibt's so ziemlich alles, von Küchengeräten über Rucksäcke, Koffer, Stoffe bis hin zu Seifen und Shampoo.

Beim Stöbern kann man die klassischen holländischen Snacks vom Hering bis zu *frites* (Pommes), *poffertjes* (mit Puderzucker bestreute Pfannküchlein) und die knallheißen *stroopwafels* (Sirupwaffeln) probieren.

NICHT VERSÄUMEN

- Käse in Hülle und Fülle
- Typisch holländische Geschenke (z. B. Holzschuhe mit Fell)
- Snacks für unterwegs

PRAKTISCH & KONKRET

- Karte S. 338 f., D3
- www.albertcuyp-markt.amsterdam
- Albert Cuypstraat, zwischen Ferdinand Bolstraat & Van Woustraat
- Mo–Sa 9–17 Uhr
- De Pijp, 24 Marie Heinekenplein

18 Uhr; Ⓜ De Pijp, 3/12/24 De Pijp) Würziger Karottenkuchen, mehlfreier Schokoladen-Himbeerkuchen, pikanter Zitronenkuchen, klassischer niederländischer Apfelkuchen und Kekse mit Hafer, Cranberrys oder Kokosnuss zählen zu den süßen Köstlichkeiten im „Backen mit Leidenschaft". Zudem gibt's Quiches, gefüllte Croissants und Sandwiches mit selbst gebackenem Brot. Die Bäckerei öffnet früh und bietet sich deswegen fürs Frühstück an, das bis zur Mittagszeit serviert wird.

SEA SALT & CHOCOLATE — CAFÉ €

Karte S. 338 f. (www.seasaltandchocolate.nl; Sint Willibrordusstraat 58; Gerichte 2,75–5 €; Mo–Fr 11–23, Sa & So 12–23 Uhr; ; 3/4 Van Woustraat) Versteckt in einer ruhigen Seitenstraße serviert das kleine Café Kuchen (z. B. würzigen Spekulatius-Käsekuchen und die namensgebenden Meersalz-Schokoladen-Cupcakes mit Karamellglasur) und Kekse (mit Walnüssen, Hafer und Rosinen sowie Zitronen-Shortbread). Alles wird täglich frisch vor Ort gebacken und zum Mitnehmen verkauft, wobei es auch Sitzgelegenheiten gibt. Nur Kartenzahlung.

VOLENDAMMER VISHANDEL — FISCH & MEERESFRÜCHTE €

Karte S. 338 f. (1e Van der Helststraat; Gerichte 2–6 €; Mo–Sa 8–17 Uhr; Ⓜ De Pijp, 24 24 Marie Heinekenplein) Holländische Flaggen wehen an diesem traditionellen *haringhuis* („Heringshaus", Fischimbiss), das sogar seine eigene Fangflotte im Küstenort Volendam 20 km nordöstlich von Amsterdam besitzt. Neben dem Hering, der gehackt mit Zwiebelwürfeln auf einem fluffigen Brötchen serviert wird, gibt's die klassischen frittierten Snacks wie *kibbeling* (frittierte Backfischstückchen), *lekkerbekje* (ein ganzer frittierter Backfisch (Kabeljau oder Wittling)) und *gerookte paling* (Räucheraal).

VENKEL — CAFÉ €

Karte S. 338 f. (www.venkelsalades.nl; Albert Cuypstraat 22; Hauptgerichte 8–12 €; 11–21 Uhr; ; Ⓜ De Pijp, 3/12/24 De Pijp) Die Holztische in dieser lichtdurchfluteten Salatbar sind aus einem umgefallenen Baum vom Vondelpark gefertigt. Gleiches gilt für die Bretter, auf denen Gerichte wie der hausgemachte Hummus, das selbst gebackene Brot und die Gemüsepommes serviert werden. Die Salate werden in Bambusschüsseln angerichtet. Die Zutaten – rote Quinoa, Haselnüsse, Auberginen, Ziegenkäse, Rote Bete, Frühlingszwiebeln, Spinat, Micro-Kräuter, essbare Blüten, Obst und Beeren – stammen aus biologischem Anbau; fast alle Speisen sind vegetarisch.

STROOM — CAFÉ €

Karte S. 338 f. (www.stroomindepijp.nl; Ferdinand Bolstraat 151; Gerichte 6–14,50 €; 8.30–18 Uhr; ; 4/12 Cornelis Troostplein) Ein bezauberndes Eckhaus im Fachwerkstil mit großen Fenstern beherbergt dieses Café auf zwei Ebenen (eine davon ist eine Galerie) mit einer der besten Sonnenterrassen in De Pijp. Zum Frühstück gibt's beispielsweise Bio-Joghurt mit Müsli oder ein holländisches Frühstück mit Schinken, Käse und Eiern. Die Mittagsgerichte reichen von aufwendig belegten Broten, Toastschnitten und Salaten bis hin zu Burgern (auch vegetarische Varianten).

FRITES UIT ZUYD — FASTFOOD €

Karte S. 338 f. (www.cafeparhasard.nl; Ceintuurbaan 113-115; Pommes frites klein/mittel/groß 2,50/3/3,50 €, Soße 0,50–1,50 €; Mo–Do 14–23, Fr–So 13–23 Uhr; ; Ⓜ De Pijp, 3/12/24 De Pijp) Die bei Weitem besten *frites* von De Pijp gibt's in dem Imbiss namens Frites uit Zuyd mit schachbrettförmigen schwarz-weißen Wand- und Bodenfliesen und in dem dazugehörigen gepflegten Restaurant **Friterie par Hasard** (Karte S. 338 f.; Hauptgerichte 10,50–23,50 €; Mo–Do 12–22, Fr–So bis 23 Uhr;) nebenan. Knusprige, luftige *frites* werden mit traditionellen Dips, Senf oder Soßen wie Satay (Saté), Mayo oder Sambal mit Chili serviert. Draußen stehen Holzbänke, auf denen man den Imbiss verzehren kann.

OMELEGG — CAFÉ €

Karte S. 338 f. (www.omelegg.com; Ferdinand Bolstraat 143; Gerichte 6–12 €; Mo–Fr 7–16, Sa & So 8–16 Uhr; ; 4/12 Cornelis Troostplein) Dieser Spezialist für Omeletts liegt in schlichter Umgebung und hat polierte Betonböden, Holzmöbel und an der hinteren Wand ein Wandgemälde mit traditionellen holländischen Windmühlen. Hier wechselt die Speisekarte wöchentlich, aber Gerichte wie Mariachi (würzige Jalapeños, Pilze und sonnengetrocknete Tomaten), Viking Fisherman (Räucherlachs, Dill, Crème fraîche und Zitronenschale) und Chili Hernandez (selbst gemachtes Chili con carne mit Käse) gehören zum festen Angebot. Keine Reservierungen möglich.

SLA — CAFÉ €

Karte S. 338 f. (www.ilovesla.com; Ceintuurbaan 149; Gerichte 8–12 €; 11–21 Uhr; ; 3/4 2e Van der

Helststraat) Amsterdams Modefans strömen scharenweise in diese superstylishe Salatbar, um sich hier an den Suppen, Säften und besonders natürlich an der riesigen Auswahl an frischen gesunden Salaten, die selbst zusammengestellt werden können, gütlich zu tun. Sämtliche Fleisch- und Milchprodukte, 90 % des Gemüses und die Weine sind aus biologischer Erzeugung. Nur Kartenzahlung.

SPANG MAKANDRA SURINAMISCH €

Karte S. 338 f. (020-670 50 81; www.spangmakandra.nl; Gerard Doustraat 39; Hauptgerichte 6–12 €; Mo–Sa 11–22, So 13–22 Uhr; De Pijp, 24 Marie Heinekenplein) Nur 26 Sitzplätze bietet dieses gemütliche Lokal, und die sind mit Studenten und Einwanderern aus Suriname und Indonesien schnell besetzt. Das bedeutet: vorher reservieren! Dafür gibt's dann eine fantastische Auswahl an Fischsuppen und Saté-Spießen mit pikanten Soßen zu unglaublich günstigen Preisen. Alle Speisen sind halal, der Ausschank von Alkohol ist hier tabu.

STACH DELIKATESSEN €

Karte S. 338 f. (020-754 26 72; www.stach-food.nl; Van Woustraat 154; Gerichte 4–10,50 €; Mo–Sa 8–22, So 9–22 Uhr; 3/4 Van Woustraat) Dieser Lebensmitteltempel ist wie Aladins Höhle mit frischen Produkten, Marmeladen, Konfitüren, Tee, Kaffee, Säften und Schokolade und macht auch die besten (und günstigsten) mit Gourmetzutaten belegten Brote weit und breit. Wenn gerade kein Picknickwetter ist, kann man auch gut drinnen auf der Galerie sitzen.

WARUNG MINI CEINTUURBAAN SURINAMISCH €

Karte S. 338 f. (020-334 28 50; www.warungminiamsterdam.com; Ceintuurbaan 205; Hauptgerichte 6,50–10 €; Mo–Sa 11–22, So 13–22 Uhr; 3/4 Van Woustraat) Das unauffällige kleine Restaurant hat eine treue Stammklientel, die die günstigen surinamischen Spezialitäten wie *saoto*-Suppe zu schätzen weiß. Zu der dampfenden Brühe mit gezupftem Hähnchenfleisch, Bohnensprossen und einem gekochten Ei wird Reis serviert. Zu den Standardgerichten gehören außerdem große Portionen von *roti* und würzige frittierte *bara* (Linsenbrötchen).

DÈSA INDONESISCH €€

Karte S. 338 f. (020-671 09 79; www.restaurantdesa.com; Ceintuurbaan 103; Hauptgerichte 13–22 €, rijsttafel 18,50–35 €; 17–22 Uhr; De Pijp, 3/12/24 De Pijp) Dèsa ist das indonesische Wort für „Dorf" (das passt zu dieser Stadt, aber besonders zu diesem Viertel). Das Restaurant ist extrem beliebt wegen seiner *rijsttafel* („Reistafel", indonesisches Festessen). Auf der Speisekarte locken Gerichte wie *serundeng* (würzige gebratene Kokosnuss), *ayam besengek* (Hühnchen in Safran und Kokosmilch), *sambal goreng telor* (gedünstete Eier in würziger balinesischer Soße) und *pisang goreng* (gebratene Banane) zum Nachtisch.

FOU FOW RAMEN RAMEN €€

Karte S. 338 f. (www.foufow.nl; Van Woustraat 3; Hauptgerichte 11–16 €; Di–So 12–15 & 17–21 Uhr; 4 Stadhouderskade) Papierlaternen hängen von der Decke dieses Restaurants, das nach hinten raus einen überdachten Innenhof voller Pflanzen bietet – im Sommer ein idyllischer Ort für ein Schälchen gekühlter Ramen-Nudelsuppe. Das ganze Jahr über gibt's auch dampfend heiße aromatische Ramen-Gerichte und die verschiedensten Beilagen wie würziger Tofu mit Chilisoße und knusprige Chicken Wings.

SPAGHETTERIA ITALIENISCH €€

Karte S. 338 f. (www.spaghetteria-pastabar.nl; Van Woustraat 123; Pasta 9–16,50 €; 17–22 Uhr; 3/4 Van Woustraat) In dieser hippen von Italienern geführten „Pastabar" gibt's jeden Tag sechs verschiedene frisch zubereitete Pastagerichte, darunter z. B. Rote-Bete-Ravioli mit Ziegenkäse, Basilikum-Fettuccini mit Muscheln; tintenfischschwarze Spaghetti mit Pesto und sonnengetrockneten Tomaten und Schinkentortellini in cremiger Trüffelsoße. Der riesige Gemeinschaftstisch aus Holz (und der auch preislich gute Wein) tragen zur prickelnden Atmosphäre bei.

ESCOBAR LATEINAMERIKANISCH €€

Karte S. 338 f. (020-845 56 40; www.escobar.nu; 1e Sweelinckstraat 10; Hauptgerichte 16–25 €, Tapas 4,50–12 €; Küche Mo–Mi 16–23, Do–So 12–23, Bar So–Do bis 1, Fr & Sa bis 3 Uhr; 4 Stadhouderskade) Ein früheres städtisches Badehaus (1931), das an ein Schulgebäude erinnert, beherbergt heute dieses Lokal. Auf zwei Ebenen mit einem schmiedeeisern eingefassten Zwischengeschoss kommen hier in fröhlicher Atmosphäre Tapas wie *arepita* (venezolanische Maisfladen) mit würzigen Tomaten und Sauerrahm auf den Tisch, außerdem auch gehaltvollere Gerichte wie gegrillter Sellerie mit geräucherter Manchego-Creme oder Zackenbarsch-Ceviche. Dazu gibt's hauseigene Sangria und vorwiegend argentinische und spanische Weine.

MANGIANCORA PIZZA €€

Karte S. 338 f. (☎020-471 43 11; www.mangiancoraamsterdam.nl; Ferdinand Bolstraat 170; Pizza 8,50–16,50 €; ⊙Di–So 17–22 Uhr; ☑; Ⓜ De Pijp, 🚊3/12/24 De Pijp) Das Mangiancora importiert alles aus der Region Neapel, und das gilt nicht nur für die Zutaten und Weine. Tatsächlich stammen auch der Sand und Stein, mit dem die Besitzer und Zwillingsbrüder Andrea und Enrico den Pizzaofen gebaut haben, vom Vesuv. Manchmal gibt's auch Nudelgerichte wie Gnocchi mit schwarzen Trüffeln und Sahnesoße sowie *saltimboccas* („Pizza-Sandwiches") nach neapolitanischer Art.

BAR FISK FISCH & MEERESFRÜCHTE €€

Karte S. 338 f. (☎020-235 21 17; www.barfisk.nl; 1e Sweelinckstraat 23; Hauptgerichte mittags 8–12 €, abends 12,50–18,50 €; ⊙Küche Mo–Mi 18–22, Do & Fr 17–22, Sa & So 12–22, Bar bis 1 Uhr; 📶; 🚊3/4 Van Woustraat) 🍃 Fischschuppen-Fliesen in Blau- und Grüntönen zieren die Bar in diesem angesagten Fischlokal. Mittags gibt's kleinere Gerichte zum Teilen (Austern mit Limoncello-Dressing, in Vanille und Weißwein gedämpfte Zeeland-Muscheln), abends dann gehaltvollere Hauptgerichte wie gegrillter ganzer Wolfsbarsch mit Fenchelpesto.

Zu den großartigen Cocktails gehören der New Amsterdam mit *oude jenever* (altem *jenever*, also niederländischem Gin), Amaro Montenegro, Kirschlikör und Schokoladen-Bitter.

WIE MAN EINEN HERING ISST

„Hollandse Nieuwe" ist kein Modetrend – nein, es ist der fangfrische superleckere Hering, den es jedes Jahr im Juni gibt. Die Holländer lieben ihn, und es gibt in der ganzen Stadt Verkaufsstände. Obwohl die holländische Tradition eigentlich verlangt, den Hering über dem Mund baumeln zu lassen, wird er in Amsterdam anders gegessen. Hier wird der Fisch in kleine Stücke geschnitten und mit einem Zahnstocher zum Mund geführt. Obendrauf liegen *uitjes* (gehackte Zwiebeln) und *zuur* (süße Essiggurken). Ein *broodje haring* (Heringsbrötchen) ist noch etwas einfacher zu essen, weil das lockere weiße Brötchen den Belag besser zusammenhält und die Finger fettfrei hält – es fungiert sozusagen wie eine essbare Serviette.

ARLES PROVENZALISCH €€

Karte S. 338 f. (☎020-679 82 40; www.arles-amsterdam.nl; Govert Flinckstraat 251; Hauptgerichte 22 €, 3-/4-/5-Gang-Menüs 37/45/52 €; ⊙Di–Sa 18–22 Uhr; 🚊4 Stadhouderskade) Nach der Stadt benannt, die Van Gogh zu seinen Meisterwerken inspirierte, beschwört dieses charmante Lokal mit dem Speiseraum in Salbeitönen, einem gemütlichen Keller, dem mit Reben geschmückten Hof und einem gewächshausähnlichen Wintergarten die sonnige südfranzösische Region herauf. Zu den provenzalischen Klassikern mit innovativer Note zählen Kalbstatar, mariniert in hausgemachtem Gin mit Miso- und Limettenpuder, oder Lammzunge mit Pastinaken-Thymian-Pannacotta an Wasabi-Brunnenkresse-Soße.

THRILL GRILL AMERIKANISCH €€

Karte S. 338 f. (☎020-760 67 50; www.thrillgrill.nl; Gerard Doustraat 98; Hauptgerichte 9–18,50 €; ⊙So–Mi 12–22, Do–Sa bis 23 Uhr; 📶👪; Ⓜ De Pijp, 🚊24 Marie Heinekenplein) Burger (darunter der typische Double-Beef-Thrill-Burger mit Gouda und Bacon) sind im Thrill Grill das große Geschäft, dazu Pommes mit Trüffel-Parmesan. Es gibt jedoch auch leichtere Mittagssnacks (belegte Brote, Salate) und am Abend Grillhähnchen, Hotdogs und Nachos. Bei den Milchshakes sind auch Geschmacksrichtungen wie Schokolade und Vanille dabei. Speziell für Kinder sind Mini-Burger und Hotdogs im Angebot.

BRASSERIE SENT GRILLRESTAURANT €€

Karte S. 338 f. (☎020-676 24 95; www.restaurantsent.nl; Saenredamstraat 39; Hauptgerichte 17–29 €; ⊙Küche 18–22.30, Bar So–Do bis 1, Fr & Sa bis 3 Uhr; Ⓜ De Pijp, 🚊24 Marie Heinekenplein) Bei diesem Grillspezialisten wird geräuchertes Fleisch in einem Big Green Egg (Keramikgrill im japanischen *kamado*-Stil und Holzkohlesmoker) gegart, darunter Rib-Eye vom Kalb, Lammkeule, Schweinerippchen und Chateaubriand-Steak für zwei Personen. Zusätzlich gibt's auch Seebarsch mit Muscheln oder fleischlose Gerichte (separat gekocht) wie Pilze-Trüffel-Ravioli. Besonders an den Wochenenden empfiehlt es sich, zu reservieren.

SURYA INDISCH €€

Karte S. 338 f. (☎020-676 79 85; www.suryarestaurant.nl; Ceintuurbaan 147; Hauptgerichte 15–23,50 €; ⊙Di–So 17–23 Uhr; 🚊3/4 2e Van der Helststraat) Indische Restaurants sind in dieser multikulturellen Stadt erstaunlicherweise nicht immer ein Erfolg, aber das erstklassige Surya ist eine unschätzbar gute Adresse für Liebhaber der indischen Küche. Zu den

DIE FÜNF BESTEN BRUNCHLOKALE IN DE PIJP

Bakers & Roasters (Karte S. 338 f.; www.bakersandroasters.com; 1e Jacob van Campenstraat 54; Gerichte 9–16,50 €; ⏲8.30–16 Uhr; 📶; 🚋24 Marie Heinekenplein) Zu den reichhaltigen Brunchgerichten, die es im Bakers & Roasters gibt, gehört auch Arme Ritter mit Bananennussbrot, selbst gemachter Bananenmarmelade und knusprigem Bacon, Navajo-Eier mit Zupfbraten, Avocados, Mango-Salsa und Chipotle-Paprika-Creme sowie Räucherlachs mit verlorenen Eiern, Kartoffelplätzchen und Sauce hollandaise. Dazu eine Bloody Mary! Zusätzlich noch fantastische Pasteten und Kuchen.

Avocado Show (Karte S. 338 f.; www.theavocadoshow.com; Daniël Stalpertstraat 61; Hauptgerichte 10–16 €; ⏲9–17 Uhr; 📶🌶; Ⓜ De Pijp, 🚋24 Marie Heinekenplein) Als erstes Lokal der Welt werden in diesem Café in jedem Gericht Avocados verwendet, oft auf genial funktionale Art und Weise (Burger mit Avocadohälften statt Brötchen, Salat-„Schüsseln" aus Avocadoscheiben ...). Als Abschluss wird Avocado-Eiscreme oder -sorbet gereicht. Als Avocado-Cocktail wartet beispielsweise eine würzige Guaco Mary und ein Avocado-Daiquiri. Reservierungen sind nicht möglich, daher ist mit Wartezeiten zu rechnen. Es werden nur Karten, kein Bargeld genommen.

CT Coffee & Coconuts (Karte S. 338 f.; ☎020-354 11 04; www.coffeeandcoconuts.com; Ceintuurbaan 282-284; Hauptgerichte mittags 8–15,50 €, abends 15–19 €; ⏲8–23 Uhr; 📶; Ⓜ De Pijp, 🚋3/12/24 De Pijp) Ein Art-déco-Kino aus den 1920er-Jahren wurde auf fantastische Weise zu einem lichten, kirchenähnlichen Raum auf drei Ebenen umgebaut (mit einem riesigen Poster von John Lennon ganz oben). Bis 13 Uhr werden Brunchgerichte wie Kokosnuss-, Mandel- und Buchweizenpfannkuchen serviert; außerdem Arme Ritter aus Brioche mit Aprikosen, Avocado-Creme-Toast mit *dukkah* und Zitronendressing, Rühreier auf Sauerteig mit gekrümeltem Feta.

Scandinavian Embassy (Karte S. 338 f.; www.scandinavianembassy.nl; Sarphatipark 34; Gerichte 5–14 €; ⏲Mo–Fr 8–18, Sa & So 9–18 Uhr; 🚋3/4 2e Van der Helststraat) Haferporridge mit Blaubeeren, Honig und Kokosnuss, angerührt mit Ziegenmilchjoghurt; Räucherlachs auf dänischem Roggenbrot mit Schafsmilchjoghurt, Müsli mit Erdbeeren sowie frisches Gebäck wie Zimtbrötchen machen dieses hell vertäfelte Lokal zu einem idealen Ort, um den Tag zu beginnen. Gleiches gilt für den phänomenalen Kaffee aus skandinavischen Kleinröstereien (darunter auch ein erfrischender kalt aufgebrühter Kaffee mit Tonic).

Little Collins (Karte S. 338 f.; ☎020-753 96 36; www.littlecollins.nl; 1e Sweelinckstraat 19; Tapas 4–16 €, Brunch 8–16 €; ⏲Mo & Di 9–16, Mi–So bis 22 Uhr; 📶; 🚋3/4 Van Woustraat) Dieses hippe Lokal in einer Seitenstraße beim Albert Cuypmarkt ist zum Brunch immer voll; zu den Gerichten zählen getoastete Brioche mit gegrilltem Halloumi, hausgemachtem Pflaumenmus, Crème fraîche, Haselnüssen, Basilikum und Minze (plus vier verschiedene Bloody Marys). Die abendliche Tapas-Karte ist ebenso einfallsreich: scharf angebratene Kalamares mit grüner Mango-Salsa beispielsweise oder knusprige Ente mit Gurke und Chili.

hervorragenden Gerichten auf der Speisekarte gehören ein gutes Madras-Curry, ein feuriges Vindaloo, Tandoori-Tikka-Gerichte und ein seidiges *paneer makhni* mit Tomaten und cremigem Frischkäse, der jeden Tag frisch vor Ort zubereitet wird. Die Hauptgerichte werden jeweils mit Papadams, Reis und Salat serviert.

VOLT

BISTRO €€

Karte S. 338 f. (☎020-471 55 44; www.restaurantvolt.nl; Ferdinand Bolstraat 178; Hauptgerichte mittags 8–15 €, abends 15–22 €; ⏲Küche Mo–Fr 17.30–22, Sa & So 12–15.30 & 17.30–22 Uhr, Bar So–Do bis 1, Fr & Sa bis 3 Uhr; 🚋4/12 Cornelis Troostplein) Das mit bunten Glühbirnen geschmückte Volt ist ein beliebter Klassiker, dafür sorgen täglich wechselnde, marktfrische Gerichte wie Steinbutt-Garnelen-Ravioli mit Blumenkohlcreme, Tatar nach thailändischer Art oder Krabben-*gyoza* (japanische Teigtaschen). Die Bar hat lange geöffnet; alternativ lockt das gegenüberliegende, mit dem Volt verbundene *bruin café* **Gambrinus** (Karte S. 338 f.; www.gambrinus.nl; Ferdinand Bolstraat 180; ⏲So–Do 11–1, Fr & Sa bis 3 Uhr; 📶).

★ GRAHAM'S KITCHEN

FEINSCHMECKER €€€

Karte S. 338 f. (☎020-364 25 60; www.grahamskitchen.amsterdam; Hemonystraat 38; 3-/4-/

WILL SALTER/LONELY PLANET ©

1. Huis met de Kabouters (S. 185)
Ein neogotisches Anwesen mit zwei Gnomfiguren.

2. Hotel de Goudfazant (S. 211)
Restaurant in einer ehemaligen Garage im Industrie-Look.

3. Rembrandt und die Statuen der *Nachtwache* (S. 125)
Am Rembrandtplein in das berühmte Gemälde eintauchen.

4. Condomerie Het Gulden Vlies (S. 87)
Kondome in allen möglichen Designs.

5. NDSM-Werft (S. 210)
Eine Werft wurde zur Kunst-Community umfunktioniert.

KIEV.VICTOR/SHUTTERSTOCK © NIGHT WATCH SCULPTURES BY MIKHAIL DRONOV AND ALEXANDER TARATYNOV

WILL SALTER/LONELY PLANET ©

5-/6-Gang-Menüs 39/49/59/68 €; ⏲Di–Sa 18–22 Uhr; 🚊4 Stadhouderskade) Chefkoch Graham Mee ist ein Veteran unter den Michelin-gekürten Küchenchefs und kreiert nun in seinem eigenen Lokal aufwendige Speisen. Die mehrgängigen außergewöhnlichen Menüs (es gibt nichts à la carte) bestehen unter Umständen aus Wild mit knusprig geräucherter Rote-Bete-*macaron*, Gurke mit in Gin eingelegtem Lachs, Kalb mit Wasabi und Geisterkrabbe, sowie Sommerbeeren mit Kuchenstreuseln und Bergminzeneiscreme. Mee erläutert jedem Gast persönlich ausführlich die jeweiligen Gerichte.

Ein Großteil der Zutaten ist biologisch und stammt aus der Region Amsterdam. Der intime Speiseraum ist klein, deswegen sollte man weit im Voraus reservieren. Im Sommer gibt's auch Straßentische.

★CIEL BLEU FEINSCHMECKER €€€

Karte S. 338 f. (☎020-678 74 50; www.cielbleu.nl; Hotel Okura Amsterdam, Ferdinand Bolstraat 333; Probiermenüs ab 195 €; ⏲Mo–Sa 18.30–22 Uhr; 🚊4/12 Cornelius Troostplein) Die überwältigenden, mit zwei Michelin-Sternen ausgezeichneten Küchenkreationen in diesem Gastronomietempel wechseln je nach Saison. So könnten es im Frühjahr Jakobsmuscheln und Austern mit Vanillemeersalz und Gin-Tonic-Schaum oder Königskrabben mit Salzzitronen, Eiscreme von *beurre blanc* und Kaviar oder Taube in Salzkruste mit Granatapfelgelee und Pistazienstaub sein. Ebenso unvergleichlich ist das Ambiente im 23. Stock mit atemberaubendem Blick über den Norden Amsterdams.

RESTAURANT SINNE FEINSCHMECKER €€€

Karte S. 338 f. (☎020-682 72 90; www.restaurantsinne.nl; Ceintuurbaan 342; 3–8-Gang-Menüs 39–89 €, mit Weinbegleitung 63–153 €; ⏲Mi–Sa 18–21, So 12–15 & 18–21 Uhr; 🚊3/4 2e Van der Helststraat) Den brillanten Küchenchefs in der offenen Küche im hinteren Teil des Sternelokals bei ihrer Arbeit zuzusehen ist fast genauso aufregend wie das Verspeisen ihrer Werke. Die mehrgängigen Menüs (Speisen à la carte gibt's nicht) beinhalten beispielsweise Karotten-Kumin-Makrone, gefolgt von Foie-gras-Mousse, Rotbarbe mit Agretti und gebratener Banane mit Karamell-Miso-Soße und jungen Basilikumblättern.

MISS KOREA BBQ KOREANISCH €€€

Karte S. 338 f. (☎020-679 06 06; www.misskorea.nl; Albert Cuypstraat 66-70; Erw./Kind 29,90/12,50 €; ⏲Di–So 17–23 Uhr; 👪; Ⓜ De Pijp, 🚊24 Marie Heinekenplein) Die Tische in diesem äußerst beliebten All-you-can-eat-Restaurant besitzen eingelassene Grillstellen, an denen man selbst Schweinebauch, gewürztes Rind, Tintenfisch, Garnelen und Gemüse brutzeln kann. Gäste können pro Runde drei Zutaten bestellen, wobei die Anzahl der Runden unbegrenzt ist; es gibt, um Reste zu vermeiden, eine Strafe, wenn nicht alles aufgegessen wird. Unter den Eissorten findet sich grüner Tee und schwarzer Sesam, zudem gibt's koreanische Schnäpse, Reisweine und Biere. Dienstags und mittwochs zahlen Erwachsene etwas weniger (27,90 €).

AUSGEHEN & NACHTLEBEN

Das Viertel mit der alten Heineken-Brauerei (S. 185) ist voller Lokale und Kneipen. Hier gibt's auch eine wunderbare Craft-Brauerei (S. 194) und einige hervorragende Wein- und Cocktailbars. Besonders die Straßen rund um den Gerard Douplein werden vornehmlich von ausgelassenen Einheimischen aufgesucht, um dort die Terrassen der *cafés* (Kneipen) zu füllen.

★BROUWERIJ TROOST BRAUEREI

Karte S. 338 f. (☎020-760 58 20; www.brouwerijtroost.nl; Cornelis Troostplein 21; ⏲Mo–Do 16–24, Fr 16–3, Sa 14–3, So 14–24 Uhr; 📶; 🚊4/12 Cornelis Troostplein) 🌿 In dieser herausragenden Brauerei kann man durch Glasscheiben zuschauen, wie das Bier in Kupferkesseln gebraut wird. Zu dem Dutzend Biersorten gehören ein sommerliches Helles, ein Rauchbier, ein Starkbier und das tiefrote Imperial IPA. Aus dem Bier wird auch Gurken- und Wacholder-Gin destilliert; außerdem gibt's fantastisches Essen an der Bar, darunter knusprige Garnelen-Tacos und gigantische Burger. An Wochenenden sollte man zumindest abends reservieren.

RAYLEIGH & RAMSAY WEINBAR

Karte S. 338 f. (www.rr.wine; Van Woustraat 97; ⏲Mo–Do 15–1, Fr & Sa 12–2, So 12–1 Uhr; 🚊3/4 Van Woustraat) Das Thema Wein wird in dieser Bar im Vintage-Stil ernst genommen. Benannt ist sie nach den zwei schottischen Chemikern, die entdeckten, dass Sauerstoff leichter als Argon ist und damit Oxidation verhindern konnten. Gäste bekommen aufladbare Karten und können sich dann selbst bedienen, wobei man jeweils die Wahl zwischen einem Probierschluck und einem halben oder ganzen Glas hat. Dazu gibt's Snackteller für mehrere Personen mit Käse, Wurst, geschälten Austern, Dosensardinen oder Garnelenkroketten.

TWENTY THIRD BAR COCKTAILBAR

Karte S. 338 f. (www.okura.nl; Hotel Okura Amsterdam, Ferdinand Bolstraat 333; So–Do 18–1, Fr & Sa bis 2 Uhr; 4/12 Cornelius Troostplein) Hoch oben im Wolkenkratzer-Hotel Okura Amsterdam (S. 240) bietet die Twenty Third Bar überwältigende Ausblicke. Das angeschlossene, mit zwei Michelin-Sternen ausgezeichnete Restaurant Ciel Bleu (S. 194) kreiert eindrucksvolle Barsnacks (9–15 €) wie Thunfisch-Sashimi-Röllchen oder Gänseleber und Mango-Makronen sowie Sirupe, Pürees und Tees für Cocktails. Eine Spezialität sind Champagner-Cocktails.

JACOB'S JUICE SAFTBAR

Karte S. 338 f. (www.jacobs-juice.com; 1e Jacob Van Campenstraat 34; Mo & Mi–Sa 9–17, So 10–17 Uhr; 24 Marie Heinekenplein) Lebensmittelverschwendung entgegenzuwirken ist das Konzept des Jacob's Juice. Die Betreiber sammeln tagtäglich nicht perfektes Obst und Gemüse auf dem Albert Cuypmarkt ein, das ansonsten im Abfall landen würde (durchschnittlich 500 kg pro Monat). Dieses wird dann zu supergesunden Säften (z. B. mit Gurke, Sellerie und Zitrone), Smoothies (z. B. mit Ananas, Himbeeren und Passionsfrucht) und eingelegtem Gemüse in recycelten Marmeladengläsern verarbeitet.

JONES BROTHERS COFFEE KAFFEE

Karte S. 338 f. (www.jonesbrotherscoffee.com; Sint Willibrordusstraat 54; Mo–Fr 9–18 Uhr; 3/4 Van Woustraat) Jones Brothers röstet biologische und UTZ-zertifizierte (Zertifikat für Nachhaltigkeit) Bohnen in Amsterdam und brüht sie hier auf. Gäste können es sich an ein paar Tischen gemütlich machen oder den Kaffee zum Mitnehmen bestellen (Becher und Deckel sind zu 100 % aus pflanzlichem Material). Die Kaffeebohnen werden im Ganzen, gemahlen oder als Kapseln für Kaffeemaschinen verkauft.

CAFÉ RUIS BAR

Karte S. 338 f. (www.cafe-ruis.nl; Van der Helstplein 9; Mo–Do 15–1, Fr bis 3, Sa 12–3, So bis 1 Uhr; ; 3/4 2e Van der Helststraat) Das Café Ruis bietet eine der belebtesten Terrassen am von Platanen beschatteten Van der Helstplein sowie einen loungeähnlichen Innenraum mit nicht dazu passenden Möbeln sowie

BOOTSVERLEIH

Die Lage am idyllischen Amstelkanaal macht das **Boaty** (Karte S. 338 f.; 06 2714 9493; www.amsterdamrentaboat.com; Jozef Israëlskade; Leihgebühr 3 Std./ganzer Tag ab 79/179 €; Anfang März–Okt. 9 Uhr–30 Min. vor Sonnenuntergang; 4/12 Scheldestraat) zum idealen Startpunkt für eine Grachtentour. Einen Bootsführerschein oder Erfahrung benötigt man nicht. Einfach online buchen oder – bei Anfragen für denselben Tag – anrufen. Die umweltfreundlichen Elektroboote bieten Platz für bis zu sechs Personen und die Saison kann je nach Wetter länger oder kürzer dauern.

Spielbrettern und dem zum Haus gehörenden Hund Moe. Zu den Craft-Bieren vom Fass zählt das Amsterdam Pale Ale von Amsterdam Brewboys; das Tripel der Texelse Bierbrouwerij von der holländischen Insel Texel ist eine der Flaschenbiersorten.

BOCA'S BAR

Karte S. 338 f. (www.bar-bocas.nl; Sarphatipark 4; Mo–Do 12–1, Fr & Sa 10–3, So 11–1 Uhr; ; 3/4 2e Van der Helststraat) Boca's (inspiriert durch das italienische Wort für „Mund") ist das ultimative Lokal für *borrel* (Drinks). Von der Galerie blickt man auf die Kissenlandschaft des Schankraums, aber im Sommer sind die besten Plätze draußen auf der Terrasse gegenüber dem grünen Sarphatipark. Die abgespeckte Weinkarte (sieben offene Weine) passt perfekt zu den Platten, die sich mehrere Personen teilen können (Fisch, Käse, Fleisch oder vegetarisch).

GLOUGLOU WEINBAR

Karte S. 338 f. (www.glouglou.nl; 2e Van der Helststraat 3; Mo–Mi 16–24, Do & So 12–24, Fr & Sa 12–1 Uhr; ; 3/4 2e Van der Helststraat) Naturbelassene, biologische Weine ohne Zusatzstoffe sind das Hauptgetränk in dieser geselligen Weinbar. Sie ist in einem Laden mit rustikalen Buntglasfenstern untergebracht, wo die Party oft bis auf die Straße „überschwappt". Über 40 preislich akzeptable französische Weine sind im Ausschank; man kann auch Flaschen bestellen und vor Ort trinken oder mitnehmen.

CAFÉ SARPHAAT BRUIN CAFÉ

Karte S. 338 f. (020-675 15 65; Ceintuurbaan 157; So–Do 9–1, Fr & Sa bis 3 Uhr; ; 3/4 Van

Woustraat) Mit einem schäumenden Bier draußen auf der Terrasse am Sarphatipark fühlt man sich fast wie ein Einheimischer. Dies ist eine der nettesten Kneipen des Viertels mit einer schönen alten Theke, die Lust macht, sich mitten am Tag einen *jenever* zu genehmigen. An den meisten Sonntagnachmittagen wird kostenloser Live-Jazz dargeboten.

CAFÉ BINNEN BUITEN BRUIN CAFÉ

Karte S. 338 f. (www.cafebinnenbuiten.nl; Ruysdaelkade 115; So–Do 10–1, Fr & Sa bis 3 Uhr; ; De Pijp, 3/12/24 De Pijp) Sobald es auch nur ein bisschen warm oder sonnig wird, platzt diese Kneipe aus allen Nähten. Das Essen ist gut und die Bar ist durch das Kerzenlicht sehr gemütlich. Was die Leute aber wirklich in Scharen anzieht, ist die tolle Lage an der Gracht – die beste Grachtenterrasse in De Pijp! An diesem idyllischen Ort kann man gut und gerne einen ganzen Nachmittag verbringen.

KATSU COFFEESHOP

Karte S. 338 f. (www.katsu.nl; 1e Van der Helststraat 70; Mo–Do 10–24, Fr & Sa bis 1, So 11–24 Uhr; De Pijp, 3 2e Van der Helststraat) Wie in dem gesamten Viertel sind in diesem sehr entspannten Coffeeshop die verschiedensten Typen und Menschen aller Altersklassen anzutreffen.

CAFÉ BERKHOUT BRUIN CAFÉ

Karte S. 338 f. (www.cafeberkhout.nl; Stadhouderskade 77; Mo–Do 10–1, Fr & Sa bis 3, So 11–1 Uhr; ; 24 Marie Heinekenplein) Diese Kneipe mit ihrer Einrichtung in dunklem Holz, den Spiegeln und Kronleuchtern und der shabby-schicken Eleganz bietet sich als Ort der Entspannung nach der Heineken Experience an (sie liegt direkt gegenüber). Auch das Essen hier ist super, darunter auch die Spezialität des Hauses, die Burger.

BARÇA BAR

Karte S. 338 f. (www.barca.nl; Marie Heinekenplein 30-31; So–Do 11–24, Fr & Sa bis 2 Uhr; ; 24 Marie Heinekenplein) In einer der heißesten Bars des Viertels mit dem Motto „Barcelona in Amsterdam" schlägt das Herz des Marie Heinekenplein. Hier werden außer dem umfangreichen Angebot an spanischen Weinen und spritzigem *cava* (Sekt aus Katalonien) Tapas und katalanische Gerichte serviert. Die Gäste machen es sich entweder im edlen goldenen und mit dunklem Holz ausstaffierten Innenraum gemütlich oder sie breiten sich draußen auf der Terrasse aus.

UNTERHALTUNG

Weil De Pijp eher wie ein Wohnviertel aussieht, gibt's hier nicht viel in Sachen Unterhaltung. Einige Bars, wie etwa das Café Sarphaat, bieten sanfte Livemusik. Außerdem gibt's ein Kino, das Arthouse-Filme zeigt. Ansonsten finden sich viele Unterhaltungsmöglichkeiten im nahegelegenen südlichen Grachtengürtel und in den Gebieten Vondelpark & Süden.

RIALTO CINEMA KINO

Karte S. 338 f. (020-676 87 00; www.rialtofilm.nl; Ceintuurbaan 338; Erw./Kind ab 11/7 €; 12–24 Uhr; 3/4 2e Van der Helststraat) Das Art-déco-Kino in der Nähe des Sarphatiparks öffnete 1920 und zeigt vielseitige Arthouse-Filme aus aller Welt (ausländische Filme sind mit holländischen Untertiteln versehen). Tickets sind online oder an der Kinokasse erhältlich. Es gibt drei Vorführräume und ein stylishes Café.

SHOPPEN

Nach einem Besuch auf dem Albert Cuypmarkt (S. 187) locken die umliegenden Straßen mit zahlreichen Boutiquen und Galerien. Hier ist deutlich weniger los.

★ **HUTSPOT** DESIGN

Karte S. 338 f. (www.hutspot.com; Van Woustraat 4; Mo–Sa 10–19, So 12–18 Uhr; ; 4 Stadhouderskade) Vier junge Typen gründeten den nach einem holländischen Püree aus gekochtem Gemüse benannten Laden in der Absicht, anderen Jungunternehmern einen Verkaufsraum für ihre Arbeiten zu bieten. Folglich findet sich hier eine geniale Mischung aus Designmöbeln, Kunstwerken, Wohnaccessoires und Klamotten sowie ein Café, ein Friseur, ein Fotoautomat und verschiedene Pop-up-Events.

★ **COTTONCAKE** CONCEPT STORE

Karte S. 338 f. (www.cottoncake.nl; 1e Van der Helststraat 76; Mo–Fr 10–18.30, Sa bis 18, So 11–18 Uhr; 3/4 2e Van der Helststraat) Der schicke kleine Laden, von innen und außen baumwollweiß gestrichen, fertigt und verkauft Duftkerzen und Parfüme. Zudem gibt's hier Mode, Schmuck und Inneneinrichtungsstücke von den niederländischen Designermarken Yaya und Mimi et Toi sowie von internationalen Labels. Das kleine Café im Zwischengeschoss serviert hausgemachten Kuchen,

Waffeln, frisch gepresste Säfte und Kaffee von Amsterdam White Label.

BIER BAUM BIER

Karte S. 338 f. (www.bier-baum.nl; Sarphatipark 1; ⌚So–Fr 14–22, Sa 12–22 Uhr; 🚊3/4 2e Van der Helststraat) Wer Picknickzutaten für den Sarphatipark braucht, ist hier richtig. Im Bier Baum kühlen Kühlschränke einen großen Teil des Craft-Bier-Sortiments und es gibt Biergefäße mit einem Fassungsvermögen von 1 l. Neben niederländischen Brauereien wie Amsterdam's Brouwerij 't IJ, Haarlem's Uitje Brewing Co und Nijmegen's Oersoep sind auch internationale Sorten, beispielsweise aus Neuseeland und Hawaii, vertreten.

BRICK LANE MODE & ACCESSOIRES

Karte S. 338 f. (www.bricklane-amsterdam.nl; Gerard Doustraat 80; ⌚Mo 13–18, Di–Sa 10.30–18, So 12.30–17.30 Uhr; Ⓜ De Pijp, 🚊24 Marie Heinekenplein) Alle paar Wochen werden in dieser von London inspirierten Boutique individuell entworfene, aber erschwingliche Designs für Frauen angeliefert, sodass die Auswahl immer auf dem neuesten Stand ist.

RECORD MANIA MUSIK

Karte S. 338 f. (www.recordmania.nl; Ferdinand Bolstraat 30; ⌚Mo–Sa 10–18, So 12–18 Uhr; 🚊24 Marie Heinekenplein) Record Mania hat noch – ganz alte Schule – Vinylschallplatten (Singles und LPs) und CDs im Angebot, darunter seltene Aufnahmen von Musikern wie Johnny Cash, J. J. Cale, Eric Clapton, Def Leppard, den Beatles und den Wailers. Der Laden ist mit seinen alten Postern, den bunten Fenstern und den im Fußboden eingelassenen Schallplatten und CDs an sich schon einen Besuch wert.

'T KAASBOERTJE ESSEN & TRINKEN

Karte S. 338 f. (Gerard Doustraat 60; ⌚Mo 13–17.30, Di–Fr 9–17.30, Sa bis 16 Uhr; Ⓜ De Pijp, 🚊24 Marie Heinekenplein) Riesige Räder von Gouda liegen in den Regalen dieses verführerischen Käseladens aufgereiht, und weitere füllen die gläserne Auslage. Knäckebrot und Cracker sind vorrätig, aber auch Rot-, Weiß- und Roséweine aus den Niederlanden, Belgien und Deutschland.

VAN BEEK KÜNSTLERBEDARF

Karte S. 338 f. (www.vanbeekart.nl; Stadhouderskade 63-65; ⌚Mo 13–18, Di–Fr 9–18, Sa 10–17 Uhr; 🚊24 Marie Heinekenplein) Wer sich von den vielen Meisterwerken in den Galerien, der Straßenkunst und den malerischen Grachtenansichten hat inspirieren lassen, für den ist die Zweigstelle dieses ehrwürdigen Künstlerbedarfsladens in De Pijp ideal, um sich Leinwände, Pinsel, Öl- und Wasserfarben, Pastellkreide, Kohlestifte und vieles mehr zu kaufen.

RAAK MODE & ACCESSOIRES

Karte S. 338 f. (www.raakamsterdam.nl; 1e Van der Helststraat 46; ⌚Di–Sa 10–18, So & Mo 12–18 Uhr; 🚊24 Marie Heinekenplein) Einzigartige Freizeitmoden, Taschen, Schmuck und Innenausstattung von holländischen und skandinavischen Designern füllen die Regale und Ständer im Raak.

TILLER GALERIE KUNST

Karte S. 338 f. (www.facebook.com/tillergalerie.amsterdam; 1e Jacob van Campenstraat 1; ⌚Mi–Sa 12–18 Uhr; 🚊24 Marie Heinekenplein) Diese kleine freundliche Galerie zeigt Werke von George Heidweiller (besonders sehenswert sind die surrealen Amsterdamer Stadtansichten), Peter Donkersloot (Porträts von Tieren und berühmten Schauspielern wie Marlon Brando und Herman Brood (Drucke).

STENELUX GESCHENKE & SOUVENIRS

Karte S. 338 f. (☎020-662 14 90; 1e Jacob van Campenstraat 2; ⌚Do–Sa 11–17 Uhr; 🚊24 Marie Heinekenplein) Das Stenelux ist eine Fundgrube für Edelsteine, Mineralien und Fossilien – die faszinierende Sammlung aus dieser und anderen Welten enthält auch Meteoriten.

BLOND GESCHENKE & SOUVENIRS

Karte S. 338 f. (www.blond-amsterdam.nl; Ferdinand Bolstraat 44; ⌚Mo–Fr 9–18, Sa bis 17, So 10–17 Uhr; Ⓜ De Pijp, 🚊24 Marie Heinekenplein) In einem Barbie-rosafarbenen Geschäft, das auch als Teestube fungiert, verkaufen die blonden Besitzerinnen Teller und anderes Geschirr mit quietschbunten, oft übermütig-komischen Motiven (Damen beim Mittagessen, Strandszenerien, Kekse und Schokolade) – tolle Geschenke für alle, die modernen, humorvollen Kitsch mögen. Süße Leckereien wie Zitronen-Baiser-Törtchen werden auf hauseigenem Geschirr serviert.

Oosterpark & das Viertel östlich der Amstel

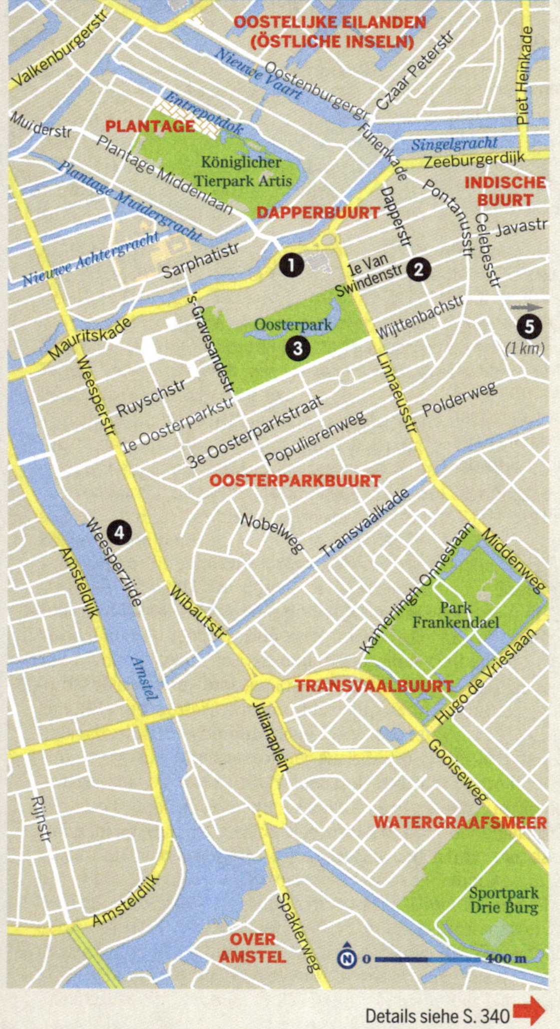

Details siehe S. 340

Highlights

1 Tropenmuseum (S. 200) Die beeindruckende und gut präsentierte ethnografische Sammlung und die einfallsreichen Wechselausstellungen sowie das Kindermuseum besichtigen.

2 Dappermarkt (S. 201) Amsterdam, wie es leibt und lebt: Zwischen den Sockenverkäufern locken die Düfte von türkischer Pide, in Imbissbuden werden Kebab und Oliven gereicht.

3 Oosterpark (S. 202) Mit den Einheimischen entspannen und die politischen Denkmäler sowie die wilden Sittiche und Reiher betrachten.

4 Canvas (S. 205) Auf der coolsten Dachterrasse der Stadt auf die berauschende Aussicht anstoßen.

5 Distilleerderij 't Nieuwe Diep (S. 204) Einige der rund 100 Ginsorten in dieser sympathischen kleinen Brennerei an einem See im Flevopark probieren. Das Haus wirkt wie das Hexenhäuschen in *Hänsel und Gretel*.

Oosterpark & den Osten erkunden

Auch der Osten der Stadt wird langsam vom Gentrifizierungsprozess erfasst, und Cafés, Boutiquen, Bäckereien, Restaurants und hippe Hotels schießen aus dem Boden. Dennoch sind die multikulturellen Viertel noch voller Leben. Das wird besonders deutlich am Dappermarkt (S. 201), wo an manchen Ständen zum Verkauf gebotene Unterwäsche im Wind flattert, während sich Frauen mit Kopftüchern mit ihren Kinderwagen den Weg durch die Menge bahnen. Kulinarisch gibt's hier Döner, Trockenobst und Backfisch.

Auch das Tropenmuseum serviert einen kulturellen Mix. Die Exponate bieten einen Einblick in die koloniale Vergangenheit der Niederlande in Niederländisch-Indien.

Die Grünfläche des Oosterpark (S. 202) mit dem Teich bietet eine Erholungspause. Neben Denkmälern gibt's auch attraktive Bars mit Terrassen. Die belebte Hauptader der Stadt, die Javastraat, ist die perfekte Mischung aus Multikulti-Shops und Restaurants neben lässigen Bars und Boutiquen. Eine ebenfalls lebendige Gastroszene hat sich in dem ansehnlichen Viertel Transvaalkade entwickelt. Weiter östlich ist der Park Frankendael erreicht, ein einst malerisch gelegenes Landgut. Und noch etwas weiter befindet sich im grünen Flevopark eine Gin-Brennerei (S. 204).

Lokalkolorit

➡ **Coole Bars und internationale Leckerbissen** An der Javastraat befinden sich zwischen alten holländischen Fischläden und trendigen Bars, wie das Walter Woodbury (S.205), orientalische Lebensmittelläden.

➡ **Kunstzentrum** Im Studio K (S. 206) mischt man sich unter die lokalen Kunstschaffenden auf der Suche nach Indie-Filmen, Bands und Theatervorstellungen oder man schaut einfach auf ein Veggie-Menü vorbei.

➡ **Märkte** Der Dappermarkt (S. 201) bietet ein authentisches Einkaufserlebnis. Liebhaber von Gourmet-Burgern, Käse und (Bio-)Marmelade schätzen den monatlichen De Pure Markt (S. 206) im Park Frankendael.

An- & Weiterreise

➡ **Bus** Linie 757 startet am Hauptbahnhof und hält in der Nähe des Oosterparks.

➡ **Straßenbahn** Linie 14 verkehrt von Amsterdam Centraal zum Tropenmuseum am Alexanderplein, Linie 19 vom Leidseplein zur 1e van Swindenstraat. Die Linie 14 fährt auf ihrer Ost-West-Route durch das Viertel rund um den Oosterpark; Linie 3 führt über den Museumplein.

➡ **U-Bahn** Die Station Wibautstraat ist ganz in der Nähe der Bars und Hotels im südwestlichen Bereich von Oost.

➡ **Zug** Der Bahnhof Muiderpoort bietet eine praktische Anbindung an die Javastraat.

Top-Tipp

Der Oosterpark bildet im Sommer die Kulisse für einige Events und ist ein herrlicher Platz, um die multikulturelle Atmosphäre dieses Viertels aufzunehmen. Eine besondere Attraktion ist die Weltmusik, die auf einer Open-Air-Bühne im Rahmen des einwöchigen Roots Festival (www.amsterdamroots.nl) dargeboten wird. Es findet meist Ende Juni bis Anfang Juli an mehreren Schauplätzen in der Stadt statt.

Gut essen

➡ De Kas (S. 204)
➡ Wilde Zwijnen (S. 203)
➡ Roopram Roti (S. 202)
➡ Mr & Mrs Watson (S. 203)

Mehr dazu siehe S. 202.

Nett ausgehen

➡ De Ysbreeker (S. 204)
➡ Distilleerderij 't Nieuwe Diep (S. 204)
➡ Canvas (S. 205)
➡ De Biertuin (S. 205)
➡ Walter Woodbury Bar (S. 205)

Mehr dazu siehe S. 204.

Schön shoppen

➡ Dappermarkt (S. 201)
➡ Het Faire Oosten (S. 206)
➡ De Pure Markt (S. 206)
➡ All the Luck in the World (S. 207)
➡ Buchladen Linnaeus (S. 207)

Mehr dazu siehe S. 206.

SEHENSWERTES

Es gibt nur wenige bekannte Touristenattraktionen im Osten der Stadt, aber das ethnografische Tropenmuseum und der multikulturelle Dappermarkt (S. 201) sind echt faszinierend. Sehenswert sind auch der nette Oosterpark S. 202), der Park Frankendael und der Flevopark. In IJburg (S. 103) ist der Stadtstrand von Amsterdam erreicht. Dahinter liegen die Befestigungsanlagen von Muiden (S. 201).

FLEVOPARK — PARK

(⌚0–24 Uhr; 🚊7/14 Flevopark) Ursprünglich befand sich auf dem Gelände ein jüdischer Friedhof, bis es von der Stadt im Jahr 1956 angekauft wurde. Danach entstand der Park, der etwas wilder und natürlicher wirkt als die zentraleren Grünanlagen. Attraktionen sind der große Teich, die Gin-Brennerei Distilleerderij 't Nieuwe Diep (S. 204) sowie ein großes Freibad im Sommer.

PARK FRANKENDAEL — PARK

Karte S. 340 (www.huizefrankendael.nl; Middenweg; ⌚Sonnenauf- bis Sonnenuntergang; 🚊19 Hogeweg) In dem wunderbaren Landschaftspark, der einstmals zu dem noblen Anwesen rund um das noch existierende Haus Frankendael gehörte, gibt's Spazierwege, flatternde Störche, hübsche Zierbrücken und die Reste von Zierbauten. Jeden letzten Sonntag im Monat findet hier der fabelhafte De Pure Markt (S. 206) statt.

HAUS FRANKENDAEL — HISTORISCHES GEBÄUDE

Karte S. 340 (www.huizefrankendael.nl; Middenweg 72; ⌚Gärten Sonnenauf- bis Sonnenuntergang, Haus So 12–17 Uhr; 🚊19 Hugo de Vrieslaan) GRATIS Einst war dieses Gebiet noch unbebautes Gelände. Im 18. Jh. verbrachten dann reiche Amsterdamer den Sommer und manches Wochenende in vornehmen Landhäusern auf dem trockengelegten Watergraafsmeer. Damals gab es hier rund 40 solcher Landhäuser, doch nur das elegante Frankendael im Stile Ludwigs XIV. wurde restauriert und ist erhalten geblieben. Der Barockgarten ist für die Öffentlichkeit täglich zugänglich.

Sonntags von 12 bis 17 Uhr können Besucher das Haus kostenlos besichtigen, entweder auf eigene Faust oder im Rahmen einer

HIGHLIGHT
UMWELTBEWUSSTSEIN SCHAFFEN

Das wunderbar exzentrische Tropenmuseum verfügt über eine faszinierende ethnografische Sammlung aus der ganzen Welt. Die Abteilungen liegen rund um einen riesigen zentral gelegenen Saal, der sich über drei Stockwerke erstreckt. Die Exponate werden mit zahlreichen Hintergrundinformationen, Einfallsreichtum und auch multimedial präsentiert. Das beeindruckende Gebäude wurde im Jahr 1926 als Königliches Tropeninstitut errichtet und beherbergt noch immer ein führendes Institut für Tropenhygiene und -Landwirtschaft.

Die Dauerausstellung **Things That Matter** beleuchtet die sozialen Konsequenzen für die Kultur, wenn ein Land aufgrund von Umweltbelastungen verschwindet. Auch die Sonderausstellungen sind erstklassig; dabei kann es sich um den Hadsch nach Mekka oder auch um Fotografien aus Aleppo handeln, um Pop-Art oder Roboter aus Japan.

Das Museum verfügt über eine Kinderabteilung, **Tropenmuseum Junior**, dem ersten Museum für Kinder in den Niederlanden, das für Sechs- bis Zwölfjährige konzipiert ist. Die Kids können vieles ausprobieren und es gibt Unmengen an interaktiven Exponaten.

Der Museumsshop bietet hübsche und außergewöhnliche Kunst und Kunsthandwerksarbeiten, und das Restaurant des Museums, De Tropen (S. 202), hat eine nette Terrasse und tischt internationale Kost auf.

NICHT VERSÄUMEN

- Café und Terrasse
- Sonderausstellungen

PRAKTISCH & KONKRET

- Karte S. 340, C1
- ☎0880 042 800
- www.tropenmuseum.nl
- Linnaeusstraat 2
- Erw./Kind 16/8 €
- ⌚Juli–Sept. 10–17, Okt.–Juni Mo geschlossen
- 👪
- 🚊19 1e van Swindenstraat

ABSTECHER

MUIDEN

Muiden ist ein gemütliches altes Städtchen, das für seine Backsteinburg bekannt ist, das Muiderslot. Mit dem Zug sind es vom Hauptbahnhof lediglich 20 bis 30 Minuten dorthin, von IJburg (S. 103) aus ist es mit der Fähre deutlich gemächlicher. Dreh- und Angelpunkt in Muiden ist die geschäftige Schleuse, durch die die zahlreichen Freizeitboote fahren müssen, um ins IJsselmeer hinauszugelangen.

Das **Muiderslot** (Burg Muiden; ☎0294-256 262; www.muiderslot.nl; Herengracht 1; Erw./Kind 15,50/9 €; ⊙April–Okt. Mo–Fr 10–17, Sa–So 12–17 Uhr, Nov.–März Di–So 10–17 Uhr) wurde im Jahr 1280 von Graf Floris V., errichtet, dem Sohn von Willem II. Es handelt sich um eine außerordentlich gut erhaltene Wasserburg mit Rundtürmen, die damals eine französische Erfindung waren. Der Graf machte sich für die Armen stark und sympathisierte mit Frankreich. Beide Punkte brachten ihm viel Ärger ein, sodass er 1296 gefangengesetzt und bei einem Fluchtversuch ermordet wurde. Heute ist Muiderslot die meistbesuchte Burg der Niederlande. Freier Eintritt mit der I amsterdam Card.

Vor der Küste befindet sich auf der Insel **Pampus** (www.pampus.nl; Erw./Kind Fähre & Eintritt 18/14 €; ⊙Mai–Okt. Di–So 10.30–17 Uhr) ein verlassenes Fort. Der massive Bunker aus dem 19. Jh. war einer der wichtigsten Bestandteile eines riesigen Befestigungsrings rund um Amsterdam, der aus 42 Forts bestand, die im Falle eines Angriffs auf die Stadt geflutet werden sollten. Leider machte die Erfindung des Flugzeugs einen Strich durch die Rechnung und die Befestigungen wurden niemals genutzt. Die UNESCO rettete die Anlage vor dem Verfall und machte Pampus zum Weltkulturerbe. Die Erkundung der Anlage macht viel Spaß. Von Muiderslot verkehren Fähren in der Saison nach einem wechselnden Fahrplan nach Pampus. Normalerweise fährt morgens mindestens eine Fähre, die einem auf der Insel mehrere Stunden Zeit für die Erkundung lässt. Die Rückfahrt erfolgt dann nachmittags.

An warmen Tagen machen die Gäste des kleinen **Café Ome Ko** (www.omekomuiden.nl; Herengracht 71; ⊙So–Mi 8–1, Do–Sa bis 2 Uhr), mit seinen grün gestreiften Markisen, die Straße vor der Bar zur Partyzone. Wenn gerade nicht allzu viel los ist, dann kann man von hier dem nicht abreißenden Schiffsverkehr in der Schleuse zuschauen. Mittags gibt's Sandwiches, abends klassische niederländische Kneipensnacks (Kroketten etc.).

Muiden ist von IJburg leicht zu erreichen, denn es gibt einen schönen und gut ausgeschilderten etwa 7 km langen Radweg. Zu Fuß lässt sich die Strecke in ungefähr 1½ Stunden bewältigen. Alternativ pendelt auch eine Fähre von Ijburg nach Muiden und Pampus. Die Fähren (S. 103) verkehren ab der Marina. Im Fahrpreis ist entweder eine Führung auf Pampus oder durch das Muiderslot enthalten; außerdem ist die Mitnahme des Fahrrads kostenlos.

Ab Bahnhof Amsterdam-Amstel verkehren die Busse 320, 322 und 327 nach Muiden (20 Min., 2-mal stündl.). Von der Bushaltestelle ist es 1 km zu Fuß zur Burg oder man fährt mit dem Bus 110 bis Brandweerkazerne Muiden und von da sind es 10 Minuten zu Fuß.

Führung (auf Niederländisch; Beginn 12 Uhr). Oftmals finden hier auch Kunstausstellungen statt. Das Café Merkelbach (S. 204) befindet sich im angrenzenden Kutschenhaus mit Terrasse zum Garten hinaus. Unbedingt sehenswert ist auch der Vorplatz mit seinem sprudelnden Brunnen sowie Statuen von Bacchus und Ceres.

DAPPERMARKT — MARKT

Karte S. 340 (www.dappermarkt.nl; Dapperstraat; ⊙Mo–Sa 9–17 Uhr; 🚊1/3 Dapperstraat) Der geschäftige und untouristische Dappermarkt ist mit rund 250 Ständen ein pulsierendes und farbenfrohes Labyrinth. Hier kann man die multikulturelle Vielfalt der Zuwanderer erleben. Die Stände biegen sich unter Aprikosen, Oliven, Fisch und Döner. Daneben werden auf dem Straßenmarkt auch Schmuck und billige Klamotten verkauft.

Die Dapperstraat wurde nach Olfert Dapper benannt, einem Arzt und Schriftsteller aus dem 17. Jh. Sein Buch *Naukeurige Beschrijvinge der Afrikaensche Gewesten* (Beschreibung Afrikas) war ein Standardwerk jener Zeit, allerdings hat er selbst die Niederlande niemals verlassen.

OOSTERPARK
PARK

Karte S. 340 (Sonnenauf- bis Sonnenuntergang; ; 19 1e van Swindenstraat) Das üppige Grün des Oosterparks wirkt in diesem vielfältigen Viertel fast schon ein wenig tropisch, obwohl die Anlage 1891 als englischer Landschaftspark erschaffen wurde. Auf den großen Teichen sind oft Reiher zu sehen und in den Bäumen leben wilde Sittiche. Ursprünglich war der Oosterpark als Erholungsort für die Diamantenhändler gedacht, die in den südafrikanischen Minen zu Geld gekommen waren. Die einstige Eleganz ist immer noch zu spüren.

Im südlichen Teil des Parks gibt's zwei Monumente zu sehen: eines zum Gedenken an die **Abschaffung der Sklaverei** (Karte S. 340; 1/3 Beukenweg) in den niederländischen Kolonien im Jahr 1863; das andere, **De Schreeuw** (Der Schrei, Theo-van-Gogh-Denkmal; Karte S. 340; 1/3 Beukenweg), zeigt den metallenen Umriss einer Figur, die zum Himmel schreit. Das Monument ehrt die Redefreiheit und im Besonderen den Filmemacher Theo van Gogh, der im Jahr 2004 ganz in der Nähe ermordet wurde. Ein weiteres (lebendiges) Denkmal für Van Gogh ist der **Spreeksteen** (Karte S. 340; 1/3 Linnaeusstraat), ein Redepodest aus Stein, das als „Speakers' Corner" dient und 2005 gebaut wurde.

Ein Familienparadies ist der Spielplatz mit Planschbecken im Sommer, am Nordrand des Parks.

ESSEN

Im Osten Amsterdams gibt's tolle Restaurants, vor allem mit internationaler und kreativer Küche. Die Anfahrt mag etwas länger sein, doch der Weg lohnt sich. Im Oosterpark und im Park Frankendael findet man ein paar Speiselokale und die Umgebung beheimatet einige ausgezeichnete vegane Restaurants.

BETER & LEUK
CAFÉ €

Karte S. 340 (www.beterenleuk.nl; 1e Oosterparkstraat 91; Gerichte 5–13 €; Mo–Fr 8.30–17, Sa & So 9.30–17 Uhr; ; 3 Wibautstraat/Ruyschstraat) Leuchtende Kunstwerke zieren die weiß getünchten Wände im schmucken kleinen Beter & Leuk, ein wahres Paradies für alle, die vegane, glutenfreie Bioküche lieben. Der Laden hat sich mit seinem schmackhaften Frühstücksangebot einen Namen gemacht, ganz zu schweigen von den verführerischen hausgemachten Kuchen und Muffins.

WORLD OF FOOD
STREETFOOD €

(www.worldoffoodamsterdam.nl; Develstein 100; Gerichte ca. 10 €; Mo–Do 12–19, Fr bis 22, Sa 13–22, So 13–21 Uhr; ; Diemen-Zuid) Das World of Food ist ein beliebtes Plätzchen im Bijlmer-Viertel und hat in einer ehemaligen Parkgarage sein Zuhause gefunden. An den Ständen wird authentisches Essen zu tollen Preisen kredenzt, von peruanischer, mexikanischer, indonesischer bis hin zu thailändischer und nordindischer Kost.

DE TROPEN
INTERNATIONAL €

Karte S. 340 (020-568 20 00; www.amsterdamdetropen.nl; Linnaeusstraat 2; Gerichte 6,50–16 €; 10–18 Uhr; ; 19 1e van Swindenstraat) Von der schönen Terrasse des sympathischen Cafés schaut man direkt in den Oosterpark. Die Speisekarte ist passend zur Location im Tropenmuseum (S. 200) international gehalten, inklusive eines eigenen Kindermenüs. Es gibt zwar auch kritische Stimmen zum Essen, dennoch ist das Lokal ideal für eine entspannte Pause.

HET IJSBOEFJE
EIS €

Karte S. 340 (Beukenplein 5; 1/2/3 Kugeln 1,70/3,20/4 €; 12–20 Uhr, Juni–Aug. bis 22 Uhr; 3/7 Beukenweg) Die populäre Eisdiele in der Nähe des Oosterparks stellt Sitzbänke vor die Tür und verkauft drinnen tonnenweise leckere Eissorten. Die Kunden sehen immer überglücklich aus, wenn sie die wunderbar üppig portionierten Variationen von *stroopwafel*- und Limoncello-Eis verspeisen dürfen sowie knallblaues Kaugummi-Schlumpfeis – der Hit bei den Kindern.

ROOPRAM ROTI
SÜDAMERIKANISCH €

Karte S. 340 (1e Van Swindenstraat 4; Hauptgerichte 5,50–13,50 €; Di–So 14–21 Uhr; 19 1e van Swindenstraat) Vor dem schlichten surinamischen Café im Kantinenstil steht oft eine Schlange bis vor die Tür, doch man ist trotzdem ziemlich schnell dran. Bestellungen werden an der Theke aufgegeben – empfehlenswert sind z. B. das sehr leckere Lamm-Roti „extra" (mit Eiern) sowie das *barra* (Linsen-Doughnut). Die besonders scharfe Soße sollte man nicht vergessen.

Die hervorragenden Gerichte sind alle auch zum Mitnehmen oder zum Verzehren an einem der wenigen Tische.

★ LOUIE LOUIE
INTERNATIONAL €€

Karte S. 340 (020-370 29 81; www.louielouie.nl; Linnaeusstraat 11; Gerichte 7–15 €; So–Do 9–1, Fr–Sa 9–3 Uhr; Muiderpoort) Mit einem Ambiente aus rauem Holzfußboden, großen

Fenstern, Pelzen hinter der Theke, Hirschmodellen und zerknitterten Ledersofas sowie einer überdachten Terrasse ist das Louie Louie eine entspannte Brasserie, die perfekt ist für ein relaxtes Essen. Die Speisekarte bietet eine Mischung aus asiatischen und mexikanischen Gerichten, von *huevos rancheros* zum Frühstück bis hin zu asiatischen Salaten, Tacos, Schweinebauch, Burritos und Wonton-Suppe mittags oder abends. Auch für das leibliche Wohl von Veganern wird gesorgt.

MR & MRS WATSON VEGAN €€

Karte S. 340 (☎020-261 93 60; www.watsonsfood.com; Linnaeuskade 3h; Gerichte mittags 9–16 €, abends 17–19 €; ⏰11.30–23.30 Uhr; 🔌; 🚊19 Hogeweg) 🍃 Dieses behagliche, beliebte Restaurant ist nach dem Paar benannt, das den Begriff „Veganismus" prägte, und tischt meisterhaftes pflanzenbasiertes Essen für die Seele auf. Das Menü variiert je nach Saison und listet etwa Sloppy-Joe-Chili-Burger aus aufgeschnittenem Seitan-Steak oder vegane *bitterballen* (Kroketten) mit Thai-Kokoscurry-Füllung. Spezialitäten des Hauses sind die Käseplatten und das Fondue – kaum zu glauben, dass sie vegan sind!

WILDE ZWIJNEN NIEDERLÄNDISCH €€

(☎020-463 30 43; www.wildezwijnen.com; Javaplein 23; Hauptgerichte 20–27 €, 3-/4-Gänge-Menüs 34/40 €; ⏰Mo–Do 18–22, Fr–So 12 Uhr bis spätabends; 📶; 🚊14 Javaplein) 🍃 Der Name des modernen niederländischen Restaurants bedeutet „Wildschweine" und dementsprechend sieht je nach Saison auch das Angebot auf der Speisekarte aus. Die Wände sind matt hell, die Tische aus Holz – alles wirkt ziemlich rustikal und industriell schick. Die Essenszutaten sind je nach Saison zumeist regional für die kreativen Gerichte. Fleisch steht hier im Vordergrund, auch wenn es normalerweise eine vegetarische Option gibt.

Die Wilde Zwijnen Eetbar nebenan (Dienstag bis Samstag 17 Uhr bis spätabends geöffnet) ist mehr auf Tapas spezialisiert. Leckere kleine Tapas-Teller kosten zwischen 7 und 12 €.

EDDY SPAGHETTI ITALIENISCH €€

Karte S. 340 (☎020-370 93 88; www.eddyspaghetti.nl; Krugerplein 23; Hauptgerichte 11–18 €; ⏰17–22 Uhr; Ⓜ Wibautstraat) Das Eddy Spaghetti ist ein lauschiges Nachbarschaftslokal, das fantastische Pizzas und Pastagerichte serviert. Auf der überschaubaren Speisekarte stehen etwa *linguine vongole* (Venusmuscheln, Chili, Weißwein und Knoblauch) und köstliche Ravioli gefüllt mit Entenrillette. Als Draufgabe gibt's einen Espresso Martini.

CAFE-RESTAURANT DAUPHINE INTERNATIONAL €€

Karte S. 340 (☎020-462 16 46; www.caferestaurantdauphine.nl; Prins Bernhardplein 175; Gerichte mittags 10–24 €, abends 16–30 €; ⏰Mo–Fr 9–1, Sa & So 11–1 Uhr; Ⓜ Amstel) Dieses ehemalige Renault-Autohaus wurde sehr elegant in ein gigantisches Speiselokal umgewandelt. Auf den Tisch kommen hier internationale Gerichte, von Steak Tatar und Iberico-Schweineschnitzel über gegrillten Wolfsbarsch mit Safrancouscous bis hin zu klassischen Hamburgern mit Pommes. Benannt wurde das Restaurant nach einem Renault-Modell aus den 1950er-Jahren. Vorne leuchtet an der Fassade ein riesiges Neonschild.

COTTAGE BRITISCH €€

Karte S. 340 (☎020-223 08 35; www.thecottage.amsterdam; Linnaeusstraat 88; Gerichte 5–17,50 €; ⏰Mi–Mo 8.30–22 Uhr; 📶; 🚌Muiderpoort) Das einladende und immer gut gefüllte Nachbarschaftscafé verfügt über eine etwas schräge Deko mit vielen ausgestopften und gemalten Füchsen. Die Speisekarte konzentriert sich auf ein kulinarisch sehr unterschätztes Land: Großbritannien! Geboten werden das große Cottage-Frühstück (Würstchen, Speck, Eier und hausgemachte Baked Beans) und Sonntagsbraten sowie Scones mit Clotted Cream und Marmelade. An sonnigen Tagen kann man auch draußen sitzen und einen Pimm's schlürfen.

CAFE MOJO INTERNATIONAL €€

Karte S. 340 (☎020-233 13 67; www.mojo-amsterdam.nl; Ringdijk 3; Gerichte mittags 3–9,50 €, abends 14–22 €; ⏰So–Do 11–1, Fr–Sa 11–3 Uhr; Ⓜ Wibautstraat) Die Bar geht sehr schön zum Kanal raus – und die Terrasse ist außerordentlich gut für einen sommerlichen Drink geeignet. Süffige Biere von den Amsterdamer Brauereien Brouwerij 't IJ, Oedipus und Two Chefs sind eine wunderbare Ergänzung für Sandwiches und Suppen zu Mittag oder Burger, Pasta und Steak am Abend.

EETCAFE IBIS ÄTHIOPISCH €€

Karte S. 340 (☎06 5764 2122; www.eetcafeibis.com; Weesperzijde 43; Hauptgerichte 15–18 €; ⏰Di–So 17–23 Uhr; 🔌; 🚊3 Wibautstraat/Ruyschstraat) Farbenfrohe Kunst und Textilien aus Afrika schmücken das gemütliche und einladende Ibis. Gegessen werden die mit vielen Kräutern abgeschmeckten Gemüseeintöpfe sowie die würzigen Lamm- und Rindfleischgerichte mit der Hand und mithilfe der weichen äthiopischen *Injera*-Fladenbrote. Ein Tipp ist das Ibis Special in der fleischhaltigen oder der vegetarischen Variante: Dabei kommt eine Kombination von fünf Gerichten sowie Brot auf den Tisch. Zum authentischen Essen wird afrikanisches Bier serviert.

MERKELBACH CAFÉ €€

Karte S. 340 (☎020-665 08 80; http://restaurantmerkelbach.nl; M Middenweg 72; Gerichte 7–14 €, Mittagsmenü 32 €; ⊙Di–Sa 8.30–22.30, So–Mo 8.30–18 Uhr; 🚋19 Hugo de Vrieslaan) Das Café Merkelbach befindet sich in der ehemaligen Remise von Haus Frankendael (S. 200). Auf den Tisch kommen Suppen, Salate und Pasta – und zwar aus dem Slowfood-Sektor. Die Terrasse lädt im Sommer zum Dinieren im Freien ein und bietet Blick auf die akkurat gepflegten Gärten des Anwesens, die für jedermann frei zugänglich sind.

★DE KAS INTERNATIONAL €€€

Karte S. 340 (☎020-462 45 62; www.restaurantdekas.nl; Park Frankendael, Kamerlingh Onneslaan 3; 3-/4-Gänge Mittagsmenü 35/45 €, 5-/6-Gänge Abendmenü 57/65 €; ⊙Mo–Fr 12–14, 18.30–22, Sa 18.30–22 Uhr; ✎; 🚋19 Hogeweg) 🍃 Von den Gourmets der Stadt bewundert, hat das De Kas eine ökologische Grundanschauung, die gut zum eleganten Glasbau passt. Hier werden die meisten Kräuter und das Gemüse selbst gezogen, was unglaublich reine Geschmackseindrücke und innovative Kombinationen ermöglicht. Jeden Tag gibt's ein festes Menü aus frisch geernteten Zutaten. Eine Tischreservierung ist absolut empfehlenswert!

BAKING LAB

In dieser **Bäckerei** für alle (Karte S. 340; ☎020-240 01 58; www.bakinglab.nl; Linnaeusstraat 99; 3-stündiger Basic-Workshop Brotbacken 45 €, 1½-stündiger Kinderworkshop 20 €; ⊙Mi–Sa 8–18, So bis 17 Uhr; 🚋3/7 Linnaeusstraat) kann man immer den herrlichen Duft von frischem Brot riechen. Für Erwachsene wie Kinder werden Back-Workshops angeboten. Man kann Brot selbst backen, ganz in der Tradition früherer Gemeinschaftsbäckereien. Damals brachten die Leute ihren eigenen Teig mit und buken dann in einem Gemeinschaftsofen, weil nur wenige Häuser über einen eigenen Ofen verfügten. Stärken kann man sich mit schmackhaftem Hummus, Sandwiches, veganen Kuchen oder Torten (Gerichte 3,50–9,50 €).

AUSGEHEN & NACHTLEBEN

Oost verfügt über einige der besten und vielfältigsten Ausgehmöglichkeiten in Amsterdam: Dachterrassenbars mit wunderschönem Ausblick, eine Gin-Brennerei, die in einem Park versteckt liegt, und eine Brauerei unter einer Windmühle. Auch die Javastraat umfasst eine Reihe von Bars.

★DISTILLEERDERIJ 'T NIEUWE DIEP BRENNEREI

(☎06 2537 8104; www.nwediep.nl; Flevopark 13a; ⊙April–Okt. Di–So 15–20 Uhr, Nov.–März 15–18 Uhr; 🚋3/14 Soembawastraat) Das süße kleine Häuschen der früheren Pumpstation taucht im Wald so unvermittelt auf wie das berüchtigte Hexenhäuschen aus *Hänsel und Gretel*. Die ländliche Idylle übt einen magischen Einfluss aus, obwohl man sich „lediglich" im üppig-grünen Flevopark befindet. Die kleine Brennerei produziert rund 100 *jenever* (niederländischer Wacholderschnaps), Magenbitter, Liköre und Obstschnäpse in jeweils kleinen Mengen. Diese niederländischen Rezepte sind schon uralt.

Die Terrasse des Häuschens befindet sich an einem kleinen See neben einem hübschen Garten. Am besten kommt man mit der Straßenbahn hierher und geht von der Haltestelle in östliche Richtung. Die Brennerei befindet sich lediglich gut zehn Gehminuten in den Park hinein (nur Bargeld, keine Kreditkarten).

★DE YSBREEKER BRUIN CAFÉ

Karte S. 340 (☎020-468 18 08; www.deysbreeker.nl; Weesperzijde 23; ⊙So–Do 8–1, Fr–Sa 8–2 Uhr; 📶; 🚋3 Wibautstraat/Ruyschstraat) Ein herrliches historisches, aber stark modernisiertes *bruin café* (traditionelles niederländisches Pub), das seine Pforten bereits im Jahr 1702 öffnete. Benannt wurde es nach einem Eisbrecher, dessen Anleger damals vor Ort war, und der im Winter die Amstel für den Schiffsverkehr von Eis frei hielt (Buntglasfenster illustrieren die Historie des Lokals).

Drinnen prosten sich modisch gekleidete Gäste in den schicken Sitznischen oder an der Marmortheke zu.

„Der Eisbrecher“ ist guter Ort für Bio- und lokale Biere (z. B. De Prael). Dazu gibt's Kneipensnacks wie hausgemachte Fleischbällchen und Shrimpskroketten. Und auf der wunderbaren Terrasse am Ufer kann man entspannt den vorbeischippernden Booten zuschauen.

★CANVAS
BAR

Karte S. 340 (www.volkshotel.nl; Wibautstraat 150; ⌚Mo–Do 7–1, Fr 7–2, Sa 8–2, So 8–1 Uhr; 📶; Ⓜ Wibautstraat) Mit dem Fahrstuhl geht's im Volkshotel (S. 241) in den siebten Stock hinauf: Die Hotelbar bietet einen der schönsten Ausblicke, sowohl durch die großen Fenster als auch von der offenen Terrasse aus. Hier treffen sich Kreative und Hipster auf einen Drink. Im Winter können an Sonntagen auch Nicht-Hotelgäste ein Bad in einem der Hot Tubs auf dem Dach nehmen. Die U-Bahn-Station Wibautstraat liegt lediglich einen Katzensprung entfernt; vom Ausgang weisen dann Schilder zur Gijsbrecht van Aemstelstraat.

WALTER WOODBURY BAR
BAR

Karte S. 340 (☎020-233 30 21; www.walterwoodburybar.nl; Javastraat 42; ⌚So–Do 11–1, Fr & Sa bis 3 Uhr; 🚋Muiderpoort) An der rasant aufstrebenden Javastraat besticht die Walter Woodbury Bar durch ein mit Pflanzen und Holz bestücktes Interior im Java-Stil. Chesterfield-Sofas laden auf einen Absacker ein: Die klassischen Cocktails werden sorgfältig zubereitet und mit köstlichen Barsnacks kombiniert, z. B. vegane *bitterballen* (Kroketten). Lokale Biersorten wie Oedipus, Brouwerij 't IJ und Two Chefs werden vom Fass geboten. Oder wie wäre es mit einem Gin Tonic, der Spezialität des Hauses?

Namensgeber der Bar ist ein englischer Forscher, der die indonesische Insel Java zum ersten Mal dokumentiert hat.

RUM BARREL
COCKTAILBAR

(☎06 3838 2052; www.rumbarrel.nl; Javastraat 143; ⌚Mi & Do 18–1, Fr & Sa 17–3, So 17–1 Uhr; 🚊14 Javaplein) Die karibische Tiki-Bar entführt mit Negroni und gepfeffertem Wassermelonenpunsch in die Tropen. Die Karte listet über 200 spanische, englische und französische Mixgetränke mit Rum neben raffinierten Cocktails. Dazu gibt's gebratenes Kokoshähnchen, würzige Voodoo-Shrimps und Chorizo-Kroketten.

RUM BABA CAFE
KAFFEE

Karte S. 340 (☎020-846 94 98; www.rumbaba.nl; Pretoriusstraat 33; ⌚Mo–Fr 8–18, Sa & So 9–18 Uhr; 📶; 🚋Muiderpoort) In diesem hellen Café an der Ecke hängen kreative Köpfe über ihren Laptops, während sich hippe Mütter bei einem grandios zubereiteten Kaffee austauschen. Das Rum Baba produziert seine eigenen Röstungen nur ein paar Häuser weiter in seiner Rösterei und Bäckerei. Dazu passt hausgemachter Apfelkuchen mit Salzkaramell oder Bananenbrot – einfach göttlich!

4850
KAFFEE

Karte S. 340 (www.4850.nl; Camperstraat 48-50; ⌚Mo, Di & Do 9–23, Fr 9–24, Sa 10–24, So 10–23 Uhr; 📶; 🚊3 Camperstraat) Ob für den morgendlichen Koffeinkick oder die abendliche Zeche – die legere Café-Bar 4850 hat für jeden etwas. Hier wird großartiger Kaffee serviert, neben einer beeindruckenden Auswahl an Weinen, die hinten an der Wand bewundert werden kann. Natürliches Licht durchflutet das Innere, wo Industrial Design auf Mid-Century trifft, während die Terrasse zum Sonnetanken einlädt.

BAR BASQUIAT
BAR

Karte S. 340 (☎020-370 83 34; www.barbasquiat.nl; Javastraat; ⌚So–Do 9–1, Fr–Sa 9–3 Uhr; 🚋Muiderpoort) Die lässige Nachbarschaftsbar mit Tischen draußen und einem lebendigen Ambiente, das sogar noch die ohnehin belebte Javastraat übertrifft, serviert lokale Biersorten und Cocktails sowie exzellentes indonesisches Streetfood.

BAR BUKOWSKI
BAR

Karte S. 340 (☎020-370 16 85; www.barbukowski.nl; Oosterpark 10; ⌚Mo–Do 8–1, Fr 8–3, Sa 9–3, So 9–1 Uhr; 🚊3/7 Beukenweg) Die stilvolle Café-Bar ist nicht gerade jene Art von Spelunke, die Bukowski zugesagt hätte, doch ein feiner Ort in Hommage an den Schriftsteller. Unter dem grünen Laubendach sitzt es sich draußen sehr schön, während man drinnen in dunklen Ledersesseln relaxt. Für welches Getränk man sich auch entscheidet, ein Flammkuchen passt immer dazu.

DE BIERTUIN
BIERGARTEN

Karte S. 340 (☎020-665 09 56; www.debiertuin.nl; Linnaeusstraat 29; ⌚So–Do 11–1, Fr–Sa 11–3 Uhr; 📶; 🚊19 1e van Swindenstraat) Mit einer überdachten Terrasse und Heizstrahlern für kälteres Wetter lockt „der Biergarten“ ein junges aufstrebendes Publikum aus der Nachbarschaft an. Die Bierkarte ist ziemlich lang: Es gibt 16 Biere vom Fass und mehr als

50 niederländische und belgische Sorten in der Flasche sowie leckere Kneipenkost wie Burger, Burritos und Waffeln mit Brathähnchen (Hauptgerichte 11–14 €).

COFFEE BRU KAFFEE

Karte S. 340 (020-751 99 56; www.coffeebru.nl; Beukenplein 14; Mo–Fr 8–18, Sa–So 9–18 Uhr; ; 3 Camperstraat) Der populäre Szenetreff verspricht bequeme Stühle und Bänke, ganz viel Licht und hervorragenden Kaffee. Dazu kommen noch frische Sandwiches sowie sehr leckerer Kuchen, den es sogar in veganer Variante gibt.

UNTERHALTUNG

Ganz im Süden des Viertels sind einige Arenen angesiedelt, in denen namhafte Künstler Musikdarbietungen zum Besten geben, sowie die Johan Cruijff ArenA, das Heimstadion des berühmten niederländischen Fußballvereins Ajax. Wer in die hiesige Kunstszene eintauchen möchte, schaut im Studio K vorbei.

STUDIO K KUNSTZENTRUM

Karte S. 340 (020-692 04 22; www.studio-k.nu; Timorplein 62; So–Do 11–1, Fr–Sa 11–3 Uhr; ; 14 Zeeburgerdijk) In dem hippen Kulturzentrum ist immer was los, denn es gibt ein Kino, einen Nachtclub, eine Konzertbühne, ein Theater sowie ein Restaurant mit einer riesigen Terrasse. Mittags sind Sandwiches und Salate im Angebot, abends vegetarische und internationale Gerichte. Auch wer nur auf einen Kaffee hierherkommt, bleibt womöglich den ganzen Abend und geht zum Schluss auch noch tanzen.

ZIGGO DOME KONZERTHALLE

(www.ziggodome.nl; De Passage 100; ; M Bijlmer ArenA) In der Konzerthalle mit etwa 17 000 Sitzen treten die großen Stars auf – so standen beispielsweise Metallica, Katy Perry, Nick Cave und Elton John auf der Bühne.

JOHAN CRUIJFF ARENA FUSSBALL

(www.johancruijffarena.nl; Arena Blvd 1; ; M Bijlmer ArenA) Dieser Hightech-Komplex mit Schiebedach war früher als Amsterdam ArenA bekannt; heute ist er nach dem besten Fußballspieler der Niederlande benannt. Es ist das Heimstadion des vierfachen Siegers der Champions League (bzw. des Europapokals der Landesmeister) Ajax, des berühmtesten Fußballvereins des Landes. Gekickt wird hier normalerweise von August bis Mai an Samstagabenden oder Sonntagnachmittagen. Außerdem finden Liveshows von namhaften Musikgrößen statt. Das Stadion liegt rund 7 km südöstlich des Stadtzentrums und ist mit der U-Bahn leicht zu erreichen.

Fans können auch an einer einstündigen Stadionführung teilnehmen (Erw./Kind 16,50/11 €). Die aktuellen Zeiten finden sich auf der Website.

AFAS LIVE KONZERTHALLE

(www.afaslive.nl; Arena Blvd 590; M Bijlmer ArenA) Die mittelgroße Halle verfügt über exzellente Akustik und Beleuchtung sowie ein Restaurant. Hier treten bekannte Rock- und Popstars auf.

SHOPPEN

Im Museumsshop des Tropenmuseums (S. 200) kann man Souvenirs aus aller Welt erstehen, während in den umliegenden Straßen viele interessante Boutiquen eröffnet haben. Einkaufstechnisch am buntesten sind die Märkte im Osten von Amsterdam: So ist der multikulturelle Dappermarkt (S. 201) für Streetfood, billige Klamotten, Spielzeug, Elektronikwaren und vieles mehr bekannt. Auf dem großartigen monatlich stattfindenden De Pure Markt gibt's hingegen Bioprodukte und Kunsthandwerk.

★ DE PURE MARKT MARKT

Karte S. 340 (www.puremarkt.nl; Park Frankendael; März–Dez. letzter So im Monat 11–18 Uhr; 9 Hogeweg) Am letzten Sonntag im Monat lockt De Pure Markt im Frankendael-Park (S. 200) mit Kunsthandwerk und Gourmetessen die Besucher an. Mit einem Kaffee oder Craft-Bier in der Hand schlendern sie durch die Stände und greifen bei den Leckerbissen zu. Verkauft werden handgewebte Teppiche, Holzschneidebretter und Mode aus recycelten Materialien.

HET FAIRE OOSTEN GESCHENKE & SOUVENIRS

Karte S. 340 (www.hetfaireoosten.nl; Waldenlaan 208; Mo 12–18, Di–Sa 10.30–18, So 12–17 Uhr; Muiderpoort) Wer ein interessantes Geschenk oder Souvenir sucht, ist im Het Faire Oosten richtig. Hier gibt's smarte Einrichtungsstücke, skurrile Bücher, Accessoires und Kleidung von Designern, die Wert auf Nachhaltigkeit legen, wie coole Regenmäntel aus recycelten Plastikflaschen, Fairtrade-

Küchenutensilien aus Holz, vegane Taschen im Lederlook und umweltverträgliche und zugleich modische Kleidung aus Bio-Baumwolle.

BUCHHANDLUNG LINNAEUS BÜCHER

Karte S. 340 (020-468 71 92; www.linnaeusboekhandel.nl; Middenweg 29; Mo 11–18, Di–Fr 9–18, Sa 9–17, So 13–17 Uhr; Muiderpoort) Charmanter Buchladen mit einer sorgfältig ausgewählten Palette an englischen Romanen, Reiseführern und Kinderbüchern.

THINGS I LIKE THINGS I LOVE MODE & ACCESSOIRES

Karte S. 340 (020-846 69 95; www.thingsilikethingsilove.com; Javastraat 75a; Mo 13–18, Di, Mi & Fr 11–18, Do 11–20, Sa & So 12–18 Uhr; Muiderpoort) Der Shop führt Kleidung für hippe junge Frauen sowie Accessoires und ausgefallene Innenausstattung. Es gibt ein paar Filialen über die Stadt verteilt.

ALL THE LUCK IN THE WORLD INNENEINRICHTUNG

Karte S. 340 (www.alltheluckintheworld.nl; Linnaeusstraat 20; 10–18 Uhr; 7 Linnaeusstraat) Der reizende kleine Concept Store mit eigenem Café verkauft schicke Accessoires, Schmuck und ausgefallene, aber stilvolle Einrichtungsstücke und Geschenke.

WE ARE VINTAGE VINTAGE

Karte S. 340 (www.facebook.com/WeAreVintage.eu; 1e Van Swindenstraat 43; 11–19 Uhr; 19 1e van Swindenstraat) In dem bis unter die Decke vollgestopften Laden gibt's allerhand qualitativ hochwertige Secondhandtextilien, darunter Shirts aus den 1990er-Jahren sowie Maxi-Kleider aus den 1970ern.

Amsterdam Noord

Highlights

1 A'DAM Toren (S. 210) Von diesem Hochhaus bietet sich eine tolle Aussicht. Hier lockt fantastischer Spaß mit einer Schaukel für die ganz Waghalsigen, plus Drehrestaurant, Hotel und Nachtclub.

2 Nieuwendammerdijk (S. 210) Ein Bummel an dieser bezaubernden schmalen Deichstraße mit hölzernen Häuschen und Grün.

3 EYE Film Instituut (S. 211) Besichtigung dieser leuchtend weißen Architektur des Eye am Ufer des IJ. Hier gibt's Ausstellungen rund ums Kino und ein Café am Wasser.

4 Kunststad (S. 211) Erkundung von Kunstateliers in einem ehemaligen Lagerhaus mit Kunstwerken, die von der Decke herabhängen.

5 Bars, Cafés & Restaurants (S. 211) Besuch in einem der ultracoolen Bar-Café-Restaurants von Noord, etwa dem Pllek mit eigenem Strand.

Details siehe Karte S. 341

Amsterdam Noord erkunden

Die NDSM (S. 210) ist eine einstige Schiffswerft und war ein wichtiges Industrieareal, das in den 1980er-Jahren nicht mehr genutzt wurde, bevor es dann Hausbesetzer übernahmen. Heute gibt's hier zahlreiche coole Restaurants am Wasser, ins Auge fallende Architektur, einen Hangar voller Künstlerateliers und den riesigen, monatlich stattfindenden IJ-Hallen-Flohmarkt (S. 205). Von hier aus sind es fünf bis zehn Minuten per Fahrrad zum A'DAM Toren (S. 210) und zum EYE Film Instituut (S. 211), beides auch von Amsterdam Centraal mit direkter Fähre erreichbar.

Weiter am Flussufer entlang Richtung Osten gibt's noch mehr Bars und Restaurants am Wasser sowie die bezaubernd hübsche Deichstraße Nieuwendammerdijk (S. 210). Der Anleger für Fähren ab Centraal, der am nächsten zu diesem Gebiet liegt, ist der am IJplein. Von Amsterdam Noord führen viele Fahrradwege ins Umland und von hier kann man auch die Seen und *polder* (trockengelegtes Land) weiter im Norden erkunden.

Lokalkolorit

- **Fahrradtouren** Der Norden Amsterdams eignet sich gut für Radtouren (S. 33) vorbei an Sehenswürdigkeiten wie der Windmühle Krijtmolen d'Admiraal in die frische grüne Natur der Polder.
- **Kaffee mit Aussicht** Am Kiosk Caffé Italiano Al Ponte (S. 214) am Fähranleger IJplein gibt's echten italienischen Kaffee.
- **Apfelkuchen** Im reizend alten Café 't Sluisje (S. 215) an einer Schleuse lässt sich wunderbar diese köstliche holländische Spezialität genießen.
- **Schatzsuche** Suche nach alten Möbeln bei Neef Louis Design (S. 215) oder auf dem Flohmarkt bei den IJ-Hallen (S. 215).
- **Filme** Das ultrahippe FC Hyena (S. 215) zeigt Arthouse-Streifen und serviert dazu Naturweine und köstliche Kleinigkeiten.

An- & Weiterreise

- **Fähre** Rund um die Uhr verkehren kostenlose Fähren zwischen Amsterdam Centraal, Buiksloterweg, NDSM und dem IJplein.
- **Fahrrad** Man kann sein Fahrrad auf die Fähre mitnehmen oder vor Ort eines leihen.
- **U-Bahn** Die Nord-Süd-Linie 52 verbindet Amsterdam Zuid im Süden über den Hauptbahnhof mit den Stationen Noorderpark und Noord. Für die meisten Sehenswürdigkeiten im Norden ist Noorderpark der praktischere der beiden Bahnhöfe, doch meist ist ohnehin die Fähre am besten.

Top-Tipp

Am besten lässt sich Noord mit dem Fahrrad erkunden. Es ist reichlich Platz, wenig Verkehr und es gibt viele Fahrradwege. Entweder man nimmt ein Fahrrad mit auf die Fähre (gratis) oder man leiht eines in Noord, beispielsweise bei **Orangebike** (S. 33).

Gut essen

- Hotel de Goudfazant (S. 211)
- Cafe-Restaurant Stork (S. 212)
- Proeflokaal Kef (S. 212)
- Coba (S. 212)
- Moon (S. 212)

Mehr dazu siehe S. 211

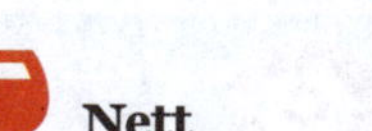

Nett ausgehen

- Café de Ceuvel (S. 214)
- Café Noorderlicht (S. 214)
- Oedipus Brewery & Taproom (S. 215)
- Pllek (S. 214)
- Walhalla Taproom (S. 214)

Mehr dazu siehe S. 214

Schön shoppen

- IJ-Hallen (S. 215)
- Neef Louis Design (S. 215)
- Van Dijk and Ko (S. 216)

Mehr dazu siehe S. 215

SEHENSWERTES

Die wichtigsten Sehenswürdigkeiten in Noord liegen vom Stadtzentrum aus gleich auf der anderen Seite des Wassers: Der A'DAM Toren eröffnet einen Panoramablick über die Stadt, das EYE Film Instituut zeigt cineastische Ausstellungen. Spannend ist auch avantgardistische Architektur wie das EYE und das Kraanspoor. Ein weiteres Ziel ist die NDSM-werf mit Künstlerateliers in der Kunststad, mit Street-Art überzogenen Gebäuden und dem Flohmarkt in den IJ-Hallen; ein Bummel führt zu den niedlichen Deichhäusern am Nieuwendammerdijk.

★ NIEUWENDAMMERDIJK — STRASSE

Karte S. 341 (32 Buikslotermeerplein) Die bezaubernde Schönheit einer Pralinenschachtel zeichnet diese lange schmale Straße mit den holländischen Holzhäuschen aus. Neben jedem Eingang wiegen sich Stockrosen hin und her. Viele Häuser stammen aus den 16. Jh.; in den Häusern Nr. 202 bis 204 lebte ehemals die Familie des Werfteigners De Vries Lentsch. In den Häusern 301 bis 309 wohnten einst Kapitäne.

★ NDSM-WERF — INDUSTRIEAREAL

Karte S. 341 (www.ndsm.nl; NDSM-plein; NDSM-werf) Die NDSM-werf ist eine ehemalige Schiffswerft, die sich zu einem trendigen Kunstzentrum entwickelt hat. Sie liegt 15 Minuten flussaufwärts vom Stadtzentrum entfernt und verströmt eine postapokalyptische Atmosphäre. Street-Art bedeckt nahezu jede Fläche. Junge Künstler hängen in den paar vereinzelten coolen Cafés ab. Hippe Unternehmen wie MTV und Red Bull haben hier ihren europäischen Hauptsitz. Das Areal ist außerdem ein Zentrum für eine Underground-Kultur und Events wie etwa das Over het IJ Festival (S. 24).

Das beliebte neue Street-Art-Museum **STRAAT** (www.straatmuseum.com; NDSM-plein 1; Erw./Stud./13–18 J./unter 13 J. 17,50/12,50/8,50 €/frei; Mi–So 10–18 Uhr) zeigt mehr als 150 riesige Werke. 2021 wurde es zum besten Museum der Niederlande gekürt.

HIGHLIGHT
PANORAMABLICKE VOM A'DAM TOREN

Der eindrucksvolle **A'DAM Toren** am Wasser wurde 1971 errichtet und wegen des Winkels, in dem der Turm zum Rest des Komplexes steht, „Overhoeks" (Übereck) genannt. Das einstige Bürohaus der Ölgesellschaft Royal Dutch Shell beherbergt heute verschiedenste Einrichtungen wie auf dem 100 m hohen Dach eine **Aussichtsplattform** samt Teleskopen mit Rundumblick. Bei schönem Wetter kann man es sich hier auf Riesenkissen gemütlich machen.

Außerdem gibt's hier für Schwindelfreie eine riesige **Schaukel für sechs Personen** (5 € pro Pers.), die bis über den Rand des Gebäudes hinausschwingt – man ist sicher angeschnallt!

Der Aufzug, mit dem man hochrauscht, bietet eine faszinierende Lichtshow. Im 20. Stock gibt's die Bar **Ma'dam** mit atemberaubendem Ausblick durch die bodentiefen Fenster. Eine Etage tiefer befindet sich das Drehrestaurant **Moon** (S. 212), für das eine Reservierung erforderlich ist. Mit dem Ticket hat man Zutritt zur Bar, jedoch nicht zum Restaurant Moon.

Im Untergeschoss residiert zudem der Club **Shelter**, geöffnet freitag- und samstagabends, und der Turm beherbergt außerdem das schicke Hotel **Sir Adam** (S. 242).

NICHT VERSÄUMEN

- Rundumblick von der Aussichtsplattform
- Riesenschaukel am Rand des Gebäudes
- Drinks in der Bar
- Drehrestaurant Moon

PRAKTISCH & KONKRET

- Karte S. 341, B4
- www.adamlookout.com
- Overhoeksplein 1
- Lookout Erw./Kind/Fam. 13,50/7,50/32 €
- Lookout 10–22 Uhr, letzter Einlass 21 Uhr
- Buiksloterweg

KUNSTSTAD
KUNSTATELIERS

Karte S. 341 (www.ndsmloods.nl; NDSM-plein; ⌚8–18 Uhr; NDSM-werf) GRATIS In diesem ehemaligen Lagerhaus einer Schiffswerft wimmelt es von Kunstateliers – es gibt über 80, rund 250 Künstler arbeiten im NDSM-*broedplaats* (Brutstätte). Hier ist so viel Platz, dass man sich auch per Fahrrad fortbewegen könnte. Riesige Kunstwerke hängen von den Decken und von Gebäudeteilen des Hangars herab. In einem Besucherzentrum gibt's Infos und kann man auch Kunst kaufen; dazu kommt noch die Ausstellungsstätte NDSM Fuse (beide geöffnet Fr–So 12–18 Uhr).

EYE FILM INSTITUUT
MUSEUM, KINO

Karte S. 341 (020-589 14 00; www.eyefilm.nl; IJpromenade 1; Erw./Kind Ausstellungen 11 €/frei, Filme 11/7,50 €; ⌚Ausstellungen 10–19 Uhr; Buiksloterweg) In diesem modernistischen architektonischen Meisterwerk, das aussieht, als balanciere es an den Ufern des IJ (ähnlich ausgesprochen wie das „eye" im Namen des Instituts), werden Filme aus dem 40 000 Titel umfassenden Archiv gezeigt, manchmal auch von Livemusik begleitet. Die Ausstellungen von Kostümen, digitaler Kunst und anderen cineastischen Vergnügungen sind mit den jeweiligen Filmaufführungen verknüpft. Ein Bar-Restaurant mit fantastischer Aussicht und Sonnenterrasse (wenn die Sonne mal rauskommt) ist ein beliebter Treff auf dieser Seite des Flusses.

Im angeschlossenen Souvenirladen werden alte Filmplakate sowie eine tolle Auswahl an Büchern für Filmliebhaber verkauft.

SEXYLAND
KULTURZENTRUM

Karte S. 341 (www.sexyland.amsterdam; Ms van Riemsdijkweg 39; Mitgliedschaft 2,50 € pro Monat, Eintritt je nach Veranstaltung; ⌚unterschiedlich; NDSM-werf) Wer das Neonschild sieht, sei entschuldigt, wenn er das Ganze für eine Zweigstelle des Rotlichtviertels hält. Sexyland ist ein Club, bei dem man Mitglied sein muss, und es gibt 365 Miteigentümer, von denen jeder einmal im Jahr eine Veranstaltung organisiert. Diese Events können sehr unterschiedlich sein: Die Palette reicht von Rollschuhdiscos und Buchpräsentationen bis zu Clubnächten und Metalbands. Wer für einen Monat Mitglied im Club wird, kann in dieser Zeit an allen Veranstaltungen teilnehmen.

Die Initiative geht auf das Pop-up-Museum Eddie the Eagle zurück. Eigentlich wollten die Gründer in einem ehemaligen Pornokino im Zentrum von Amsterdam aufmachen – daher der Name –, doch stattdessen fanden sie diese Räumlichkeiten, eine lange, niedrige Hütte, die einst als Kaserne diente.

KRAANSPOOR
ARCHITEKTUR

Karte S. 341 (NDSM-werf) Kraanspoor ist eine architektonisch außergewöhnliche Konstruktion, die 2007 von OTH-Architekten über einer umfunktionierten Kranbahn (der holländische Name legt es schon nahe) errichtet wurde. Der Glaskasten über den Pfeilern des funktionalen Unterbaus wirkt fast schwerelos. In ihm befinden sich Büros mit einem atemberaubenden Ausblick aufs Wasser.

ESSEN

In Noord gibt's einige spektakuläre Lokale mit Speisen der Superlative, die oft aus frischen regionalen Zutaten zubereitet werden. Die Lage ist oft atemberaubend nah am Wasser. Geboten wird alles von authentischer italienischer Pizza und kreativer mexikanischer Kost bis zu französischer Gourmetküche und frischen Meeresfrüchten.

WAARGENOEGEN
CAFÉ €

Karte S. 341 (Papaverweg 46; Snacks 3–8 €; ⌚Mo–Fr 10–16, Sa 9–17, So 12–17 Uhr; NDSM-werf) In diesem Café, untergebracht in einem Container hinter den beiden großen Vintage-Läden Neef Louis (S. 215) und Van Dijk & Ko (S. 216), kann man sich direkt in die Zeiten der Hippies zurückversetzt fühlen. Hier werden leckere Toasts mit z. B. Käse, Chorizo und roten Zwiebeln und ein fantastischer Apfelkuchen serviert.

LANDMARKT
INTERNATIONAL €

(Restaurant 020-490 43 33; www.landmarkt.nl; Schellingwouderdijk 339; ⌚Mo–Sa 9–20, So 11–19 Uhr, Restaurant Mo–Sa 10–22, So 11–19 Uhr;) Dieser große überdachte Lebensmittelmarkt wartet mit frischem Obst, Gemüse, einer Bäckerei, Spezialitäten für Feinschmecker und einem guten Angebot an Käse, Wein und Bier auf. Hier gibt's auch ein Speiselokal mit preislich günstigen Snacks und größeren Gerichten. An einem sonnigen Tag ist es hier ideal für Familien mit Kindern, weil es eine Freifläche mit Schaukeln und Sitzplätze im Freien gibt, sodass man sich wie bei einem Ausflug aufs Land fühlen kann.

★HOTEL DE GOUDFAZANT
FRANZÖSISCH €€

Karte S. 341 (020-636 51 70; www.hoteldegoudfazant.nl; Aambeeldstraat 10h; 3-Gänge-Menü

32 €; ⌚Di–So 18–24 Uhr; IJplein, Noorderpark) Der Name dieses außergewöhnlichen Gourmetrestaurants für Hipster stammt aus dem Lied „Les Bourgeois“ von Jacques Brel und es befindet sich in einer ehemaligen höhlenartigen Autowerkstatt, die noch immer rau und industriell wirkt und sich dieses Thema bewahrt, indem im Inneren noch immer Autos stehen. Die Küchenchefs, die eher an Rockstars erinnern, kochen in der offenen Küche Gerichte mit französischem Einschlag. Außer im Namen hat dieser Ort nichts mit einem Hotel zu tun.

Bei warmem Wetter werden die großen Tore der Werkstatt geöffnet, sodass die Gäste beim Essen den Kähnen beim Vorbeischippern zuschauen können.

★PROEFLOKAAL KEF — KÄSE €€

Karte S. 341 (020-737 08 17; www.abrahamkef.nl; Van der Pekplein 1b; Platten ab 12 €; ⌚Mi, Do & So 12–19, Fr & Sa bis 21 Uhr; Buiksloterweg) Die Fromagerie Kef ist seit 1953 auf holländischen und französischen Käse spezialisiert und unterhält mehrere Filialen in der Stadt. Hier im Verkostungsraum samt Café an einem Kanal können die Kunden Käse probieren. Die Verkostungen (32,50 € laut Website pro Pers.) müssen vorgebucht werden; oder man bestellt ein Sandwich mit reifem niederländischem Schafskäse mit Feigenkompott oder eine Käseplatte zu einem Craft-Bier der heimischen Brauerei Walhalla (S. 214).

COBA — MEXIKANISCH €€

Karte S. 341 (06 4084 8875; www.coba-taqueria.com; Schaafstraat 4; kleine Gerichte 9,50 €; ⌚Do–So 18–24 Uhr; ; Noorderpark) Die coole Taqueria bietet eine kleine, aber tolle Auswahl an Tacos, Tostadas und Quesadillas, außerdem Cocktails auf Tequila-Basis, Naturweine und Obstsäfte. Die Inneneinrichtung besteht aus nacktem Beton mit subtilen mexikanischen Akzenten. Pro Person muss man etwa zwei Gerichte bestellen, doch was den Speisen an Größe fehlt, machen sie an Aroma wieder wett. Zu den wöchentlich wechselnden Gerichten werden hausgemachte Salsas gereicht.

CAFE MODERN — FEINSCHMECKER €€

Karte S. 341 (020-494 06 84; www.modernamsterdam.nl; Meidoornweg 2; 2-/3-Gänge-Menü mittags 19,50/25 €, 5-Gänge-Menü abends 48 €; ⌚Mo–Sa 12–15 & 18–22 Uhr; Buiksloterweg) Inmitten eines kunstvollen, aber doch einfach gehaltenen Dekors mit subtilem Designerflair nimmt das Cafe Modern seine Küche sehr ernst, ohne jedoch verstaubt zu wirken. Mittags hat man die Wahl zwischen einem ein- und einem dreigängigen Menü, abends wird ein fünfgängiges Menü serviert, zubereitet aus frischen Zutaten der Saison.

Über dem Restaurant befinden sich einige Hotelzimmer.

CAFE-RESTAURANT STORK — FISCH & MEERESFRÜCHTE €€

Karte S. 341 (020-634 40 00; www.restaurantstork.nl; Gedempt Hamerkanaal 201; Hauptgerichte 13–27 €; ⌚11–24 Uhr, Okt.–März Mo geschl.; IJplein, Noorderpark) Dieses riesige Lokal war einst eine Fabrik am IJ und hat einen dramatisch hohen Innenraum und eine coole Terrasse am Wasser, die mit Segeln beschattet wird. Es ist absolut passend, dass sich das Stork auf Fisch und Meeresfrüchte spezialisiert hat (es gibt aber auch einige vegetarische und Fleischgerichte). Besonders gut sind die Krabbenbeine und andere Krustentiere sowie der Fisch des Tages.

IL PECORINO — ITALIENISCH €€

Karte S. 341 (020-737 15 11; www.ilpecorino.nl; Van der Pekplein 11; Hauptgerichte 16,50–19,50 €, Pizza 8,50–17 €; ⌚Mo–Do 17–23, Fr–So 15–23 Uhr; ; Buiksloterweg) Altmodische italienische Drucke an den Wänden und ein schwarzweiß gefliester Boden verleihen dem schicken italienischen Restaurant ein 60er-Jahre-Trattoria-Flair. Serviert werden authentische dünne Pizzas aus dem Holzofen sowie Nudelgerichte wie Pappardelle mit Wildschweinsoße; es gibt auch eine Kinderkarte.

HANGAR — INTERNATIONAL €€

Karte S. 341 (020-363 86 57; www.hangar.amsterdam; Aambeeldstraat 36; Hauptgerichte mittags 9–21 €, Hauptgerichte abends 21–24 €; ⌚10–1 Uhr; IJplein, Noorderpark) Angesichts des Namens ist es keine Überraschung, dass sich dieses Restaurant in einem Hangar befindet. Das entspannte Lokal liegt direkt am Wasser, hat eine tolle Terrasse und locker-lässige Musik, sodass eine Art Strandatmosphäre entsteht. Auf der Karte stehen Gerichte wie knackige und sättigende Salate à la Yotam Ottolenghi, Aufschnittplatten, Lamm mit Artischocken und Knoblauch und Rindertatar.

MOON — INTERNATIONAL €€€

Karte S. 341 (020-237 63 11; www.restaurantmoon.nl; A'DAM Toren, Overhoeksplein 1; 3-/4-/5-Gänge-Menü mittags 40/50/60 €, 5-/6-/7-Gänge-Menü abends 65/75/85 €; ⌚12–14 & 18–21 Uhr; Buiksloterweg) Das recht schicke Drehrestaurant hoch oben im A'DAM Toren

Radtour Amsterdam Noord

START NDSM-WERF
ZIEL LANDMARKT
LÄNGE/DAUER 12 KM; 40 MINUTEN BIS ZWEI STUNDEN

Da sich Amsterdam Noord über ein großes Gebiet erstreckt, sind die abgelegeneren Teile gut mit dem Rad zu erreichen. Man kann Fahrräder leihen und es gibt viele Radwege.

Um eine Fahrradtour an einigen Highlights vorbei zu unternehmen, nimmt man zunächst die kostenlose Fähre zur 1 **NDSM-werf** (S. 210), die von 1870 bis zu ihrem finanziellen Bankrott im Jahre 1984 eine blühende Schiffswerft war. Heute verströmt sie ein leicht postapokalyptisches Flair und ist ein Zentrum der Gegenkultur und Street-Art: Hier können in der Kunststad Künstlerateliers erkundet und in einem der hippen Cafés der Gegend ein Drink genommen werden.

Anschließend geht's für ein Retro-Andenken zu den Vintage-Läden am Papaverweg wie 2 **Neef Louis Design** (S. 205) und 3 **Van Dijk & Ko** (S. 216). Von da aus sind es nur etwa fünf Fahrradminuten zum winkeligen 4 **EYE Film Instituut** (S. 211) und dem 5 **A'DAM Toren** (S. 210) aus dem Jahre 1971. Im Filminstitut kann man sich Ausstellungen anschauen, mit dem Aufzug den Turm hochrauschen oder einfach am Fluss weiterfahren. Anschließend radelt man entweder am Noordhollandsch Kanaal landeinwärts zur Windmühle 6 **Krijtmolen d'Admiraal** oder man fährt weiter am Fluss entlang. In dem Fall muss man das Fahrrad über ein Schleusentor tragen – es gibt hier nur einen ganz engen Pfad. Danach sind es nur noch wenige Minuten zum 7 **FC Hyena** (S. 215), 8 **Hotel de Goudfazant** (S. 211) und 9 **Hangar**.

Als Nächstes verläuft die Strecke etwas landeinwärts in Richtung einer kleinen Waldfläche, von wo aus es dann rechts auf einen Deich geht. Der führt auf die schönste Straße in Noord, den 10 **Nieuwendammerdijk** (S. 210). Man bleibt auf der Straße am Fluss, bis man den Lebensmitteltempel 11 **Landmarkt** (S. 211) erreicht, einen hervorragenden Stopp für einen Drink oder Snack, bevor es dann zurück oder über die Zuiderzeeweg-Brücke nach Ost-Amsterdam geht.

(S. 210) ist zweifellos ein kitschiges, aber dennoch erfreuliches Novitäten-Restaurant. Das Ganze dreht sich in einer Stunde einmal um die eigene Achse; das Essen ist recht etepetete, aber qualitativ gut. Auf der Speisekarte drehen sich viele Gerichte um das Thema „Mond“ (Moon). Reservieren!

AUSGEHEN & NACHTLEBEN

In Amsterdam Noord finden sich einige der unglaublichsten Bars der Stadt direkt am Wasser, teils erbaut aus Schiffscontainern, auf Booten oder mit eigenem Strand und Garten. Interessant sind auch einige tolle Craft-Bier-Brauereien.

★ CAFÉ DE CEUVEL — CAFÉ

Karte S. 341 (☎020-229 62 10; www.deceuvel.nl; Korte Papaverweg 4; ⌚Di–Do & So 11–24, Fr & Sa bis 2 Uhr; 34/35 Mosplein, Ⓜ Noorderpark) In einer ehemaligen Schiffswerft verstaut und von Architekt Wouter Valkenier entworfen wurde dieses Café, das ganz aus recycelten Materialien gebaut ist; es hat auch Tische auf einer Plattform über dem Wasser. An Getränken gibt's u. a. hausgemachte Zitronengras- und Ingwerlimonade und Flaschenbier von den Amsterdamer Brauereien Oedipus Brewery und Brouwerij 't IJ (S. 102) – insgesamt eine überraschende Oase am Kanal!

Die größtenteils veganen Gerichte auf der Karte (Hauptgerichte 6–12 €) stehen ganz im Zeichen biologisch angebauter und regionaler Zutaten; dazu kommen stets wechselnde Angebote des Tages.

★ PLLEK — BAR

Karte S. 341 (www.pllek.nl; TT Neveritaweg 59; ⌚So–Do 9.30–1, Fr & Sa bis 3 Uhr; NDSM-werf) Das hypercoole Pllek ist ein Anziehungspunkt in Noord, mit hippen Leuten aller Altersgruppen, die herbeiströmen, um sich im aus alten Schiffscontainern gebauten Innenraum zu tummeln und auf dem künstlich angelegten Sandstrand zu liegen, wenn das Wetter es gut mit ihnen meint. Ideal für ein Glas Bier oder Wein am Wasser.

Auch zu Veranstaltungen zieht es die Einheimischen hierher: zu Filmen unter freiem Himmel dienstags von Juni bis August, Yoga-Unterricht sonntagmorgens und Tanzpartys unter der riesigen Diskokugel am Freitag- und Samstagabend. Wen der Hunger plagt, der kann diesen mit vegetarischen und Fischgerichten (Mittagsgerichte 8,50–13,50 €, Hauptgerichte abends 18–21,50 €) stillen. Bei kühlerem Wetter lädt der Kamin drinnen zum Verweilen ein.

CAFÉ NOORDERLICHT — CAFÉ

Karte S. 341 (www.noorderlichtcafe.nl; NDSM-plein 102; ⌚11–24 Uhr; ; NDSM-werf) Das ursprüngliche Café Noorderlicht befand sich auf einem Boot, das dann schließlich niederbrannte. Heute ist es sicher in einem hoch aufragenden, mit bunten Fähnchen geschmücktem Treibhaus verborgen und bietet Rasenflächen am Wasser und eine kleine Bühne. Somit vermittelt es eine Mischung aus Kneipe, Garten und Festivalatmosphäre. Draußen gibt's einen großen Spielbereich mit einer Metallrakete, die man erklettern kann, also ideal für Familien. Serviert wird außerdem köstliches Essen, darunter viel Vegetarisches, Craft-Bier, Cocktails und Kaffee.

WALHALLA TAPROOM — BRAUEREI

Karte S. 341 (www. walhallacraftbeer.nl; Spijkerkade 10; ⌚Fr 16–23, Sa 14–23, So 14–20 Uhr; IJplein, Ⓜ Noorderpark) In einem abgelegenen Gewerbegebiet ist das winzige Walhalla eine lockere kleine Brauerei, die sich mit ihren ausgezeichneten Gebräuen rasch einen guten Ruf erworben hat. Vorne stehen ein paar Tische und im Schankraum werden etwa 13 Biere vom Fass gezapft – alle sind nach Gottheiten benannt, vom goldenen Ale Loki bis zum Farmhouse-Ale Osiris. Probiersets mit vier Bieren gibt's ab 10 €.

Die Brauerei konnte nach einer erfolgreichen Crowdfunding-Kampagne den Betrieb aufnehmen. Einen Abstecher hierher kann man schön mit einer Visite bei der Oedipus Brewery ganz in der Nähe verbinden.

GARAGE NOORD — BAR

Karte S. 341 (☎06 4210 8720; www.facebook.com/garagenrd; Gedempt Hamerkanaal 40; ⌚Do–Sa 18–5 Uhr; Ⓜ Noorderpark) Mit seinem Industrieambiente verströmt dieser kleine, legere Laden ein etwas raues Flair, genauso wie seine Nachbarn am aufstrebenden Gedempt Hamerkanaal. Gegen Mitternacht verwandelt sich das Ganze vom zwanglosen Café und Restaurant mit Bar in einen Club mit wechselnden DJs.

CAFFÉ ITALIANO AL PONTE — CAFÉ

Karte S. 341 (☎06 4208 7482; www.alponte.nl; Pontplein 1; ⌚Mo–Fr 8–17, Sa & So 10–17 Uhr, Okt.–März kürzer; IJplein) Dieser Kiosk am IJplein-Fähranleger serviert wundervollen echt italienischen Kaffee. Die freundlichen italienischen

Eigentümer bereiten auch hervorragende *Panini* zu, und es gibt zudem ein paar Tische, sodass man den Kaffee auch mit märchenhaft schönem Blick aufs Wasser genießen kann.

CAFÉ 'T SLUISJE BRUIN CAFÉ

Karte S. 341 (020-636 17 12; www.cafehetsluisje.nl; Nieuwendammerdijk 297; Di–So 11–1 Uhr; ; Noorderpark) Der alte „Schleusenkrug" liegt mit einladender Terrasse malerisch an der namengebenden Schleuse. Der Apfelkuchen ist wirklich köstlich, sodass man hier wunderbar eine Pause einlegen kann.

OEDIPUS BREWERY & TAPROOM BRAUEREI

Karte S. 341 (www.oedipus.com; Gedempt Hamerkanaal 85; Do 17–22, Fr & Sa 14–23, So 14–22 Uhr; IJplein, Noorderpark) Mit dem Oedipus fing es an, als vier Freunde neue Braumethoden ausprobieren wollten, und die hell etikettierten Flaschen sind in Amsterdam eine richtige Marke geworden. Das abgefahrene Lagerhaus ist ein wichtiger Treffpunkt in Noord; der Sitzbereich draußen wird von bunten Lichtern erleuchtet. Intensiv eintauchen in die Geschichte der Oedipus kann man bei einer Kostprobe des Mannenliefde (zu Deutsch „Männerliebe"), ihres allerersten Biers, das sein Aroma Zitronengras, Szechuan-Pfeffer und Sorachi-Ace-Hopfen verdankt.

Dazu passen bestens die sensationellen Burger (10–13 €) vom Beef Chief, darunter auch vegetarische.

UNTERHALTUNG

FC HYENA KINO

Karte S. 341 (www.fchyena.nl; Aambeeldstraat 24; Küche 18–21 Uhr; IJplein, Noorderpark) Auf der Terrasse am Wasser nippen die Coolen Amsterdams am Naturwein oder verspeisen raffinierte Snacks aus dem Holzofen, bevor sie sich in diesem Hotspot in einem umgebauten Lagerhaus einen Film zu Gemüte führen. Alle Filme, zumeist Arthouse-Streifen, werden auf Englisch gezeigt. Es gibt geräumige und gemütliche Lounges und Essen und Getränke dürfen mit ins Kino genommen werden.

DE RUIMTE KULTURZENTRUM

Karte S. 341 (www.cafederuimte.nl; Distelweg 83; Karten 5–10 €; Do 17–1, Fr 17–3, So 16–1 Uhr; IJplein, Noorderpark) Das Kulturzentrum und Café veranstaltet ein vielseitiges Programm von Jazz und Dichtung bis zu experimenteller elektronischer Musik. Freitagabends wird meist Livemusik geboten, zu der man tanzen kann, z. B. äthiopischer Jazz, Rock 'n' Roll und Blasmusik. Das Café serviert im wöchentlichen Wechsel zumeist vegane Gerichte aus aller Welt.

TOLHUISTUIN LIVEAUFFÜHRUNGEN

Karte S. 341 (020-763 06 50; www.tolhuistuin.nl; IJpromenade 2; Café 11 Uhr bis spät, Restaurant 10–22 Uhr; Buiksloterweg) In der ehemaligen Kantine der Shell-Arbeiter (ab 1941 war sie das 70 Jahre lang) bietet das schicke Kulturzentrum Tolhuistuin auf seiner Gartenbühne unter funkelnden Lichtern afrikanische Tanzgruppen, Lesungen, Kunst und vieles mehr. Zudem finden im Paradiso Clubnächte und Konzerte bekannter Musiker statt.

An Sonnentagen kann man an den bunten Picknicktischen wunderbar vor oder nach der Fährfahrt einen Drink einnehmen. Im ersten Stock bietet das Restaurant THT kleine Gerichte zum Teilen, doch das Verhältnis von Preis zu Portion ist hier nicht immer so überzeugend wie die Kunst und die Ausblicke im restlichen Kulturzentrum.

SHOPPEN

Amsterdam Noord eignet sich besonders gut für die Suche nach Vintage-Sachen oder kreativ-interessanten Fundstücken. Immer mehr unabhängige Händler ziehen hierher und bieten ungewöhnliche Dinge an. Hier befindet sich auch der beste Flohmarkt der Stadt. Wer ein eher heimisches Flair sucht, sollte die Van der Pekstraat ansteuern: Hier finden einige Märkte statt, u. a. ein Samstagsmarkt und freitags ein Biomarkt.

IJ-HALLEN MARKT

Karte S. 341 (www.ij-hallen.nl; NDSM-plein; einmal im Monat Sa & So 9–16.30 Uhr; NDSM-werf) Der riesige Flohmarkt in den IJ-Hallen findet einmal im Monat statt und besteht aus 750 Ständen auf einem riesigen Gelände an der NDSM-werf – von Oktober bis März wird er in zwei NDSM-Lagerhallen verlegt mit dann nur 500 Ständen. Die Termine sind auf der Website zu finden. Der Eintritt beträgt 5 € für Erwachsene, 2 € für Kinder.

NEEF LOUIS DESIGN VINTAGE

Karte S. 341 (www.neeflouis.nl; Papaverweg 46; Di–Sa 10–18 Uhr; NDSM-werf) Riesiges Lagerhaus voller Vintage-, Designer- und Industriemöbel – eine Schatztruhe mit alten Gepäckstücken, Regalen aus der Mitte des

20. Jhs., Retro-Radios, Neonschildern und vielem mehr.

VAN DIJK & KO VINTAGE

Karte S. 341 (www.vandijkenko.nl; Papaverweg 46; Di–Sa 10–18, So 12–18 Uhr; NDSM-werf) Ein Lagerhaus voller interessanter Antiquitäten und Vintage-Möbel, Schränke, Glasgefäße, Drucke und mehr.

BLOM & BLOM INNENEINRICHTUNG

Karte S. 341 (020-737 26 91; www.blomandblom.com; Chrysantenstraat 20; Mo–Fr 9–17 Uhr; NDSM-werf) In dieser Werkstatt mit lauter Einzelexemplaren werden umfunktionierte deutsche Industrielampen verkauft. Der Laden wird von zwei Brüdern geführt (daher der Name Blom & Blom). Jede Lampe hat eine Beschreibung dabei, in der man nachlesen kann, wo sie aufgefunden wurde, in welchem Zustand sie sich befand und welchen ursprünglichen Verwendungszweck sie hatte. Sie sind zwar recht teuer, aber grandios. Am besten ruft man vorher an, da die Öffnungszeiten variieren.

Tagesausflüge

Haarlem S. 218

Die Gässchen der Stadt winden sich um prächtige Gebäude aus dem 17. Jh. Haarlem liegt nur kurze 15 Minuten von Amsterdam entfernt.

Leiden S. 221

Rembrandts hübscher, von Kanälen durchzogener Geburtsort ist Sitz der ältesten und renommiertesten Universität des Landes.

Keukenhof S. 224

Hier kann man im Frühling den größten und schönsten Blumengarten der Welt in voller Blüte erleben.

Delft S. 225

Delfts Architektur aus Gotik und Renaissance macht seinem wunderschönen Porzellan, dem Delfter Blau, ernsthaft Konkurrenz.

Zaanse Schans S. 228

In diesem entzückenden Freilichtmuseum schaut man den Windmühlen zu und kann sich mit den Müllern unterhalten.

Haarlem

Entdecken

Haarlem Centraal, der wunderschöne Hauptbahnhof im Art-déco-Stil, steht unter Denkmalschutz. Der Weg vom Bahnhof zur Altstadt führt über den Kruisweg und die Kruisstraat. Es geht vorbei an exklusiven Boutiquen, Kunstgalerien und erlesenen Antiquitätenläden, die vom Reichtum und der Eleganz der Stadt zeugen.

Beim Corrieten-Boom-Haus sollten Besucher kurz innehalten, um einer der bedeutendsten Persönlichkeiten des niederländischen Widerstands gegen die nationalsozialistische Besetzung der Niederlande ihre Achtung zu erweisen. Weiter geht es zum Grote Markt; nur wenige Blocks südlich befindet sich das Frans Hals Museum. Haarlem war einst in der Kunstwelt bedeutender als Amsterdam – das hervorragende Museum besitzt eine der schönsten Sammlungen niederländischer Gemälde im ganzen Land. Dank der schnellen und einfachen Zugverbindungen zwischen Haarlem und Amsterdam hat man nach dem Museumsbesuch genug Zeit, um noch einen Drink zu nehmen, sich Livemusik anzuhören oder sich ins quirlige Nachtleben zu stürzen.

Das Beste ...

- **Sehenswertes** Frans Hals Museum
- **Essen** Restaurant Mr & Mrs (S. 219)
- **Ausgehen** Jopenkerk (S. 220)

Top-Tipp

Samstag ist wohl der beste Tag für einen Tagesausflug, weil dann der gut besuchte Haarlemer Markt stattfindet. Auch am Montag wird ein Markt abgehalten, aber leider ist dann das Frans Hals Museum geschlossen.

An- & Weiterreise

Auto Von der Ringstraße westlich der Stadt zweigt die N200 ab, die dann zur A200 wird.

Zug Viele Verbindungen zwischen der Centraal Station in Amsterdam und dem Bahnhof Haarlem Centraal (4,50 €, 15 Min., bis zu 8-mal stündl.); der Grote Markt liegt 850 m südlich des Bahnhofs. Wenn der Zugverkehr nachts eingestellt wird, fährt der Nachtbus N30 zwischen der Haarlem Centraal Station und dem Amsterdamer Flughafen Schiphol.

Gut zu wissen

- **Lage** 20 km westlich von Amsterdam
- **Rent a Bike Haarlem** (www.rentabikehaarlem.nl)
- **Touristeninformation** (VVV; ☎023-531 73 25; www.haarlemmarketing.nl; Grote Markt 2; ⏲April–Sept. Mo–Fr 9.30–17.30, Sa 9.30–17, So 12–16 Uhr; Okt.–März Mo 13–17.30, Di–Fr 9.30–17.30, Sa 10–17 Uhr)

SEHENSWERTES

★ GROTE KERK VAN ST BAVO KIRCHE
(www.bavo.nl; Oude Groenmarkt 22; Erw./Kind 2,50/1,25 €; ⏲ganzjährig Mo–Sa 10–12 Uhr, im Juli & Aug. auch 12–17 Uhr) In der gotischen Grote Kerk van Sint Bavo mit ihrem 50 m hohen Kirchturm befinden sich einige schöne Kunstwerke aus der Renaissance. Die Hauptattraktion ist aber die einzigartige Müller-Orgel aus dem Jahr 1738, eine der prächtigsten weltweit. Sie ist 30 m hoch und ist mit rund 5000 Pfeifen bestückt. Auf ihr spielten schon Händel und der zehnjährige Wolfgang Amadeus Mozart (1766). Von Mai bis Anfang Oktober finden kostenlose Orgelkonzerte dienstags um 20.15 Uhr, samstags um 13.15 Uhr und gelegentlich donnerstags um 16 Uhr sowie sonntags um 14.30 Uhr statt.

★ FRANS HALS MUSEUM – HOF MUSEUM
(☎023-511 57 75; www.franshalsmuseum.nl; Groot Heiligland 62; Erw./Kind inkl. Frans Hals Museum – Hal 16 €/kostenlos; ⏲Di–Sa 11–17, So 12–17 Uhr) Ein Muss für alle Kunstliebhaber, die sich für die niederländischen Alten Meister interessieren, ist dieses prächtige Museum. Es befindet sich in jenem Armenhaus, in dem Hals seine letzten Jahre verbrachte. Die Sammlung des Museums konzentriert sich auf die Haarlemer Schule des 17. Jhs. Ihr Herzstück sind acht Gruppenporträts der Bürgerwache, die das außergewöhnliche psychologische und stimmungsbezogene Gespür des Malers zeigen. Auch anderer Größen wie Pieter Bruegel der Jüngere und Jacob van Ruisdael werden hier ausgestellt. Der Ticketpreis enthält den Eintritt zum Museum für moderne und zeitgenössische Kunst **Frans Hals Museum – Hal** (Grote Markt 16; ⏲Di–Sa 11–17, So ab 12 Uhr).

STADHUIS HISTORISCHES GEBÄUDE

(Town Hall; Grote Markt 2) Am westlichen Grote Markt steht das auffällige Rathaus aus dem 14. Jh., an dem immer wieder angebaut wurde, unter anderem ein Balkon, von dem aus die Urteile des hohen Gerichts verkündet wurden. Das Rathaus kann nur am „Tag des offenen Denkmals" (2. Wochenende im September) besichtigt werden.

LAURENS-COSTER-STATUE STATUE

(Grote Markt) Auf dem Platz nördlich der Grote Kerk steht die Bronzestatue von Laurens Coster (errichtet 1856). In den Niederlanden glaubte man fälschlicherweise lange Zeit, dass Coster die Buchdruckerkunst mit beweglichen Lettern erfunden habe.

PROVENIERSHUIS HISTORISCHES GEBÄUDE

(www.hofjesinhaarlem.nl; Grote Houtstraat 142d; Mo–Sa 10–17 Uhr) GRATIS Abseits der Grote Houtstraat und südwestlich des Grote Markt liegt eines der schönsten Gebäude der Stadt, das Proveniershuis. Es war zunächst ein *hofje* (Armenhaus) und wurde dann zeitweilig als Hauptquartier der Sint Joris Doelen (Schützenbruderschaft des hl. Georg) genutzt

TEYLERS MUSEUM MUSEUM

(023-516 09 60; www.teylersmuseum.nl; Spaarne 16; Erw./Kind 14/2 €; Di–Fr 10–17, Sa & So 11–17 Uhr) 1778 gegründet, ist das Teylers das älteste durchgehend bestehende Museum der Niederlande. Unter den hier gezeigten fantastischen Erfindungen befindet sich u. a. ein elektrostatischer Apparat aus dem 18. Jh., bei dem man unwillkürlich an verrückte Wissenschaftler denken muss.

Zur vielfältigen Sammlung zählen auch Gemälde aus der niederländischen und französischen Schule; der großartige, durch ein Oberlicht erhellte ovale Saal präsentiert naturgeschichtlich interessante Exponate in eleganten Glasvitrinen. Regelmäßig finden auch Wechselausstellungen statt. Ein Audioguide ist im Eintrittspreis inbegriffen.

BAKENESSERKERK KIRCHE

(www.stadsherstel.nl; Ecke Vrouwestraat & Bakenesserstraat; Mo–Fr 13–16.30, 3. So im Monat 12–16 Uhr) Die eindrucksvolle Kirche mit ihrem Sandsteinturm wurde im 15. Jh. errichtet. Die hier verwendeten Steine waren zunächst für die Grote Kerk vorgesehen. Als sich aber herausstellte, dass die Grote Kerk für einen solchen Steinturm nicht stabil genug war, bekam diese stattdessen einen Holzturm. Der schwere Steinturm ziert nun diese Bakenesserkirche. Das Kirchengebäude ist nicht öffentlich zugänglich. In der Kirche finden kleine Ausstellungen statt.

CORRIE TEN BOOM HOUSE HISTORISCHES GEBÄUDE

(023-531 08 23; www.corrietenboom.com; Barteljorisstraat 19; über Spende; April–Okt- Di–Sa 10–15.30 Uhr, Nov.–März Di–Sa 11–15 Uhr) Das Haus von Corrie ten Boom, auch „das Versteck" genannt, wurde nach der Corrie ten Boom benannt, die während des Zweiten Weltkriegs in diesem Haus lebte. In einer verborgenen Kammer in ihrem Schlafzimmer versteckte sie Hunderte von Juden und holländische Widerstandskämpfer, bis diese in Sicherheit gebracht werden konnten. 1944 wurde die Familie verraten und in Konzentrationslager gebracht, wo drei Familienmitglieder starben. Die einstündigen Führungen müssen mindestens fünf Tage im Voraus reserviert werden.

NIEUWE KERK KIRCHE

(www.bavo.nl; Nieuwe Kerksplein; Juli & Aug. Mo–Sa 10–17, So 12–17 Uhr, Sept.–Juni Mo–Sa 12–17 Uhr) Die überaus bezaubernde Korte Houtstraat führt zur Nieuwe Kerk. Der reich verzierte Turm von Lieven de Key sitzt auf einem ziemlich schachtelförmigen Bau von Jacob van Campen.

ESSEN & AUSGEHEN

DE HAERLEMSCHE VLAAMSE FASTFOOD €

(www.dehaerlemschevlaamse.nl; Spekstraat 3; Frites 1,80–5,20 €, Soßen 0,80 €; Mo–Mi & Fr 11–18.30, Do 11–21, Sa 11–18, So 12–17 Uhr) Hier stellt man sich für eine Tüte knuspriger, goldener Pommes aus frischen Kartoffeln an. Ein Dutzend Soßen steht zur Auswahl, darunter drei Sorten Mayonnaise.

★ **RESTAURANT MR & MRS** BISTRO €€

(023-531 59 35; www.restaurantmrandmrs.nl; Lange Veerstraat 4; kleine Teller 11–13 €, 4-/5-/6-Gänge-Menü 40/48/56 €; Di–So 17.30–22 Uhr) In diesem winzigen Restaurant werden überraschenderweise Gourmetgerichte gezaubert, die nicht nur hervorragend kreiert, sondern auch geschmackvoll präsentiert werden. Zu den kleinen warmen und kalten Platten, die zum Teilen gedacht sind, zählen mit Whiskey pochierte Austern mit kandiertem Meeresgemüse, Wolfsbarsch und Oliven-Mille-feuille sowie mit Walnüssen, Kürbis und Gorgonzola gefülltes Perlhuhn. Zum

Haarlem

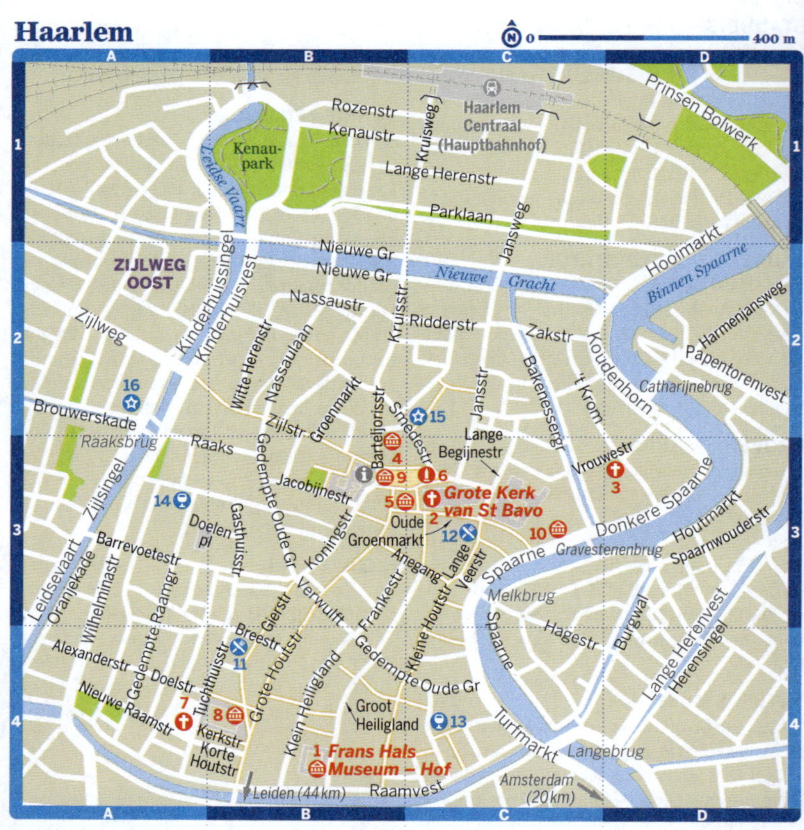

Nachtisch gibt's Desserts wie Himbeer- und Ananas-Tarte-Tatin. Im Voraus reservieren.

BRICK EUROPÄISCH €€

(☎023-551 18 70; www.restaurantbrick.nl; Breestraat 24-26; Hauptgerichte 15,50–21,50 €, 3-/4-/5-Gänge-Menüs 29,50/37,50/45 €; ⌚18–22 Uhr) Den Köchen kann man im Brick dabei zusehen, wie sie spektakuläre Burger, Steaks und mehrgängige Menüs aus ganz Europa (mit passenden Weinen) zaubern – und zwar nicht nur vom Speiseraum im Erdgeschoss aus, sondern auch vom ersten Stock, wo sich ein Glasboden genau oberhalb der offenen Küche befindet. Vor dem Lokal stehen Tische, im Sommer sind die besten Plätze aber eindeutig die auf der Dachterrasse.

★ JOPENKERK BRAUEREI

(www.jopenkerk.nl; Gedempte Voldersgracht 2; ⌚Di–Sa Bar 10–1, Café 10–23, Restaurant 17.30–21.30 Uhr) Diese Brauerei in einer Kirche mit Buntglasfenstern ist Haarlems stimmungsvollster Ort, um ein Bier zu trinken. Hier hat man die Auswahl zwischen einem Hopen mit Zitrusgeschmack, einem fruchtigen Lente-Bier und dem hopfenfreien Koyt-Bier mit Schokolade. Die Tische stehen vor glänzenden Kupferkesseln, auf die Teller kommen Kneipengerichte wie Käse und *bitterballen* (Hackfleischbällchen). Im Restaurant werden Gerichte aus regionalen jahreszeitlichen Produkten gezaubert.

★ DEDAKKAS DACHBAR

(www.dedakkas.nl; 6. Stock, Parkeergarage de Kamp, De Witstraat; ⌚Di, Mi & So 9–23, Do–Sa bis 0 Uhr; 📶) Was aussieht wie ein einfaches mehrstöckiges Parkhaus, entpuppt sich, wenn man mit dem Lift nach oben fährt, als eine fabelhafte Rooftop-Bar mit einem verglasten Café mit Holzterrasse und Blick über Haarlem. Regelmäßig finden Grillabende, Kinovorführungen, Yogasessions und Livekonzerte statt und legen DJs auf.

Haarlem

UNTERHALTUNG

CAFÉ STIELS LIVEMUSIK

(023-531 69 40; www.stiels.nl; Smedestraat 21; So–Mi 20–2, Do–Sa bis 4 Uhr) Bands spielen hier fast jeden Abend ab 22 Uhr – meist Jazz und Rhythm and Blues.

PATRONAAT LIVEMUSIK

(023-517 58 58; www.patronaat.nl; Zijlsingel 2; unterschiedliche Zeiten) Haarlems wichtigster Musik- und Tanzclub präsentiert Bands, die von Country bis Punk fast alles spielen. Die Veranstaltungen beginnen gegen 22 Uhr.

Leiden

Entdecken

Beim Bummel von Leidens hochmodernem Bahnhof Centraal in Richtung Süden zeigt sich der traditionelle Charakter der Stadt. In nur fünf Minuten hat man Leidens historische Wasserwege erreicht, am schönsten sind der Oude Rijn und der Nieuwe Rijn.

Leiden ist bekannt als jener Ort, an dem die berühmte *Mayflower* 1620 zu ihrer langen Reise in die Neue Welt ablegte, und als Geburtsort von Rembrandt. Auch hat hier eine der renommiertesten Universitäten der Niederlande ihren Sitz. Zu den bekannten Persönlichkeiten zählte auch Albert Einstein, der hier als ordentlicher Professor unterrichtet. Heute studieren hier etwa 27 000 junge Menschen aus aller Welt.

Die Museen liegen alle in fußläufiger Entfernung zueinander und sind ein großer Anziehungspunkt der Stadt. Und anschließend empfiehlt sich ein Bummel entlang der historischen Grachten.

Das Beste ...

- **Sehenswertes** Museum De Lakenhal
- **Essen** In den Doofpot (S. 225)
- **Ausgehen** Borgman & Borgman (S. 225)

Top-Tipp

Man sollte unbedingt das quirlige Universitätsviertel besuchen. Dort liegt u. a. der universitätseigene Botanische Garten, der einer der ältesten seiner Art in Europa ist.

An- & Weiterreise

Auto An der südwestlichen Anschlussstelle von der Amsterdamer Ringautobahn A10 abfahren und auf die A4 wechseln.

- **Zug** Regelmäßige Zugverbindungen ab Amsterdams Bahnhof Centraal (9,60 €, 35 Min., 5-mal stdl.).

Gut zu wissen

- **Lage** 45 km südwestlich von Amsterdam
- **Touristeninformation** (071-516 60 00; www.visitleiden.nl; Stationsweg 26; Mo–Fr 7–19, Sa 10–16, So 11–15 Uhr;)

SEHENSWERTES

★ MUSEUM DE LAKENHAL MUSEUM

(071-516 53 60; www.lakenhal.nl; Oude Singel 32; Erw./Kind 12,50 €/frei; Di–So 10–17 Uhr) Das wichtigste Museum Leidens wurde 2019 nach einer langen Renovierung wiedereröffnet. In dem 1640 erbauten Gebäude, das einst als Tuchlager diente, sind zwei herausragende Dauerausstellungen untergebracht: eine Kunstausstellung und eine Geschichts-

ausstellung. Daneben liegt ein beeindruckendes neues Gebäude mit zeitgenössischen Wanderausstellungen. Zu den Meisterwerken des Museums gehören *Der Brillenverkäufer* des Sohns der Stadt Rembrandt, *Der Astronom* von Gerrit Dou (Rembrandts erstem Schüler), *Das tanzende Paar* von Jan Steen und *Das letzte Gerichte* von Lucas van Leyden.

★RIJKSMUSEUM VAN OUDHEDEN MUSEUM

(Nationales Antiquitätenmuseum; ☎071-516 31 63; www.rmo.nl; Rapenburg 28; Erw./Kind 12,50/4 €; ⏲Di–So 10–17 Uhr) Dieses Museum beheimatet die Sammlung griechischer, etruskischer, römischer und ägyptischer Artefakte des Rijksmuseum. Am bekanntesten sind die ägyptischen Säle mit den Nachbauten des **Tempels von Taffeh.** Er ist ein Geschenk von Anwar as-Sadat als Dank für die Unterstützung bei der Rettung antiker ägyptischer Baudenkmäler vor der Flutung des Assuan-Staudamms. Weitere ägyptische Exponate sind Mastabas aus Saqqara und ein Saal mit Mumienkästen. In den Galerien im ersten Stock sind griechische, etruskische und römische Statuen und Vasen sowie Schätze aus dem Alten Orient ausgestellt.

Leiden

★ RIJKSMUSEUM BOERHAAVE — MUSEUM

(☎071-751 99 99; www.rijksmuseumboerhaave.nl; Lange St Agnietenstraat 10; Erw./Kind 13/5,50 €; ⏲Di–So 10–17 Uhr, in den Schulferien tgl.) Zu Ehren des Arztes, Botanikers, Chemikers und Lehrers an der Universität Leiden, Herman Boerhaave (1668–1738), wurde dieses beeindruckende Museum für Wissenschaft und Medizin benannt. Im Museum findet man Exponate zu wichtigen wissenschaftlichen Entdeckungen aus den Niederlanden sowie zu den Ärzten und Wissenschaftlern, die hinter ihnen steckten. Das Museum ist in einem Kloster aus dem 15. Jahrhundert untergebracht, das später zum ersten akademischen Krankenhaus Nordeuropas wurde. Eine multimediale Einführung wird in einem nachgebauten Anatomischen Theater präsentiert.

★ MUSEUM VOLKENKUNDE — MUSEUM

(Nationalmuseum für Völkerkunde; www.volkenkunde.nl; Steenstraat 1; Erw./Kind 15/6 €; ⏲Di–So 10–17 Uhr, in den Schulferien tgl.) In diesem Museum mit über 300 000 Artefakten aus der ganzen Welt werden Einblicke in verschiedenste Kulturen geliefert. Dazu gibt's permanente Galerien zu den Kulturen Afrikas, der Arktis und Nordamerikas, Asiens, Mittel- und Südamerikas, Chinas, Indonesiens, Japans und Koreas sowie Ozeaniens. Zu den Highlights gehören der atmosphärisch beleuchtete Buddha-Raum neben der Abteilung über Japan und Korea und die Schnitzerei „Berg der Unsterblichen" in der Abteilung zu China. Beeindruckend sind auch die Wechselausstellungen.

HORTUS BOTANICUS LEIDEN — PARKS & GÄRTEN

(☎071-527 51 44; www.hortusleiden.nl; Rapenburg 73; Erw./Kind 7,50/3 €; ⏲ April–Okt. 10–18 Uhr, Nov.–März Di–So bis 16 Uhr) Leidens Botanischer Garten wurde 1590 von der Universität Leiden gegründet und ist einer der ältesten Europas (älter ist nur der 1545 eröffnete Botanische Garten im italienischen Padua). Die meisten Sammlungen stammen aus Südostasien und Ostasien. Zu den Gebäuden gehören eine Orangerie aus dem 18. Jh. und ein tropisches Gewächshaus aus dem Jahr 1938; in jüngerer Zeit kamen ein Wintergarten und ein chinesischer Kräutergarten hinzu. Die Orchideenhäuser sind an Wochenenden geschlossen.

PIETERSKERK — KIRCHE

(☎071-512 43 19; www.pieterskerk.com; Kloksteeg 16; Erw./Kind 4 €/kostenlos; ⏲11–18 Uhr) Die mittlerweile säkularisierte Pieterskerk mit ihrem riesigen Kirchturm wird häufig renoviert – was auch absolut notwendig ist, weil sie bereits seit ihrer Errichtung 1121 einsturzgefährdet ist. Am auffälligsten ist der ungewöhnliche Boden aus Marmor und Stein.

In diesem Areal befindet sich auch das Giebelhaus der **Lateinschule** (Lokhorststraat 16). Sie wurde von 1616 bis 1620 auch von einem Schüler namens Rembrandt beehrt. Auf der anderen Seite des Platzes steht das **Gravensteen** (Pieterskerkhof 6), ein Gebäude aus dem 13. Jh., das einst als Gefängnis diente. Vom Balkon zum Platz hinaus beobachteten Richter die Exekutionen.

KEUKENHOF

Der 32 Hektar große **Keukenhof** (☎0252-465 555; www.keukenhof.nl; Stationsweg 166; Erw./Kind 18/8 €, Kanalfahrten 8/4 €; ⊙Mitte März–Mitte Mai 8–19.30 Uhr) mit über sieben Millionen Blumenzwiebeln und insgesamt 800 Tulpensorten gilt als der weltweit größte Garten für Zwiebelblüher. In der achtwöchigen Saison besuchen rund 1,5 Mio. Besucher die Anlage, wenn Tulpen, Narzissen und Hyazinthen in allen Farbschattierungen blühen. Außerhalb der Anlage kann man ein Fahrrad leihen (pro Tag 15 €) oder von der Windmühle des Keukenhofs aus eine Rundfahrt machen, um das bunte Blumenmeer zu sehen. Online-Tickets sind etwas günstiger. Der Keukenhof liegt 1 km westlich von Lisse.

Busse von Keukenhof Express fahren in der Saison u. a. vom Europaplein am RAI im Süden Amsterdams ab; Kombitickets sind erhältlich.

LEIDEN AMERICAN PILGRIM MUSEUM — MUSEUM

(☎071-512 24 13; www.leidenamericanpilgrimmuseum.org; Beschuitsteeg 9; Erw./Kind 5 €/kostenlos; ⊙Do–Sa 13–17 Uhr) Das Leiden American Pilgrim Museum ist eine faszinierende Rekonstruktion eines Ein-Zimmer-Hauses von etwa 1610, das von Menschen bewohnt wurde, die sich damals den Pilgervätern anschließen wollten. Das Haus selbst stammt von 1365–70 (beachtenswert sind u. a. die originalen Bodenfliesen aus dem 14. Jh.), die Möblierung stammt aus der Zeit der Pilgerväter.

Der Kurator des Museums, Jeremy Bangs, hat einige Bücher über die Pilgerväter geschrieben und kann viel über deren Verbindungen mit der Stadt Leiden berichten.

BURCHT VAN LEIDEN — PARK

(⊙Sonnenauf- bis Sonnenuntergang) GRATIS Die Zitadelle aus dem 11. Jh. steht auf einem *motte* (künstlicher Hügel). Als sich die Stadt um sie herum immer weiter ausdehnte, verlor sie ihre Funktion als Verteidigungsposten und ist Stück für Stück zerfallen. Heute ist das Bauwerk ein Park mit Blick auf Leiden.

UNIVERSITÄT VON LEIDEN — UNIVERSITÄT

(www.universiteitleiden.nl; Rapenburg) Wilhelm von Oranien stiftete 1575 die älteste Universität des Landes – als Dank dafür, dass Leiden zwei spanischen Belagerungen 1573 und 1574 standgehalten hatte. Zum Campus gehört eine interessante Mischung aus modernen und historischen Gebäuden, die sich über die Stadt verteilen.

DE VALK — MUSEUM

(Der Falke; ☎071-516 53 53; www.molenmuseumdevalk.nl; 2e Binnenvestgracht 1; Erw./Kind 5/2,50 €; ⊙Di–Sa 10–17, So 13–17 Uhr) Leidens bekannteste Turmmühle wurde 1743 erbaut und ist heute ein Museum. Sie gilt als eine der besterhaltenen ihrer Art. Gelegentlich drehen sich ihre Flügel noch, das letzte Getreide wurde allerdings 1965 gemahlen. Im Obergeschoss informiert eine audiovisuelle Präsentation über Windmühlen in den Niederlanden.

NATURALIS BIODIVERSITY CENTRE — MUSEUM

(☎071-751 96 00; www.naturalis.nl; Darwinweg 2; 16 €; ⊙10–17 Uhr) Das Museum umfasst mehrere Abteilungen: Botanik, Geologie, Entomologie (Insekten), Wirbellose, Wirbeltiere und paläontologische Fundstücke (Fossilien u. Ä.), die auf der ganzen Welt von niederländischen Forschern, Archäologen und Wissenschaftlern gesammelt wurden. Auch das Skelett eines Tyrannosaurus Rex ist ausgestellt.

ESSEN & AUSGEHEN

OUDT LEYDEN — CRÊPES €

(☎071-513 31 44; www.oudtleyden.nl; Steenstraat 49; Pfannkuchen 7–16 €; ⊙11.30–21.30 Uhr;) Die riesigen niederländischen Pfannkuchen beeindrucken Klein und Groß. Ob herzhaft (mit mariniertem Lachs, Sour Cream und Kapern), süß (Apfel, Ingwer und Puderzucker) oder gewagt (Ingwer und Speck) – das einladende Lokal trifft jeden Geschmack. Es gibt viele vegetarische Optionen. Ein Kinderpfannkuchen kostet zwischen 4,00 und 6,25 Euro.

BRASSERIE DE ENGELENBAK — EUROPÄISCH €€

(☎071-512 54 40; www.deengelenbak.nl; Lange Mare 38; Gerichte 7–13 €, Hauptgerichte abends 17–22 €; ⊙Restaurant Di–So 11–22, Bar 11–0 Uhr) Im Schatten der Marekerk aus dem 17. Jh liegt diese elegante Brasserie mit Saisonkarte, auf der z. B. geräucherte Ente mit Stout-Soße oder gebackener Heilbutt mit Chorizo steht. An den Tischen im Freien sitzt man gemütlich. Das zugehörige Café (Pub) bietet Salate (z. B. gebratene Rote Bete mit Ziegenkäse), Sandwiches (mit Avocado, Tempeh und gebratenem Blumenkohl) und leichte Gerichte wie Quiches.

LOT EN DE WALVIS INTERNATIONAL €€
(071-763 03 83; www.lotendewalvis.nl; Haven 1; Gerichte 8,50–10,50 €, Hauptgerichte 14,50–20,50 €; Mo–Fr 9–22, Sa & So bis 1 Uhr;) Die sonnenbeschienene Terrasse des Lot en de Walvis liegt direkt am Wasser. Das freundliche Personal und das hervorragende Essen (wie der Quinoa-Granatapfelsalat oder der mit Knoblauch und Limetten marinierte Kabeljau-Burger) machen das Café im hübschen Lagerhaus De Volharding aus dem Jahr 1889 zu einer der beliebtesten Adressen in Leiden.

★ IN DEN DOOFPOT EUROPÄISCH €€€
(071-512 24 34; www.indendoofpot.nl; Turfmarkt 9; Hauptgerichte 35 €, Mittagsmenü 3-/4-Gänge 45/55 €, Abendmenü 4-/5-/6-Gänge 60/70/80 €; Mo–Fr 12.30–15 & 17–22, Sa 17–22 Uhr;) Angesichts der herausragenden Kochkunst von Küchenchef Patrick Brugman ist eine Reservierung im Vorfeld hier unerlässlich. Die Küche ist äußerst kreativ und bietet monatlich wechselnde Menüs mit Gerichten wie geräuchertem Tzatziki mit grünem Apfel, Ochsenschwanz in Sesamkruste mit Ingwer- und Schalottensoße oder Wolfsbarsch mit Schwertmuschelvinaigrette. Vegetarische Menüs sind auf Anfrage erhältlich, ebenso zum Essen passende Weine.

★ BORGMAN & BORGMAN CAFÉ
(071-566 55 37; www.borgmanborgman.nl; Nieuwe Rijn 41; Mo 9–17, Di–Sa 8–18, So 10.30–17 Uhr;) Am Röster Giesen W6 im Fenster erkennt man, dass dieses hippe Café das Thema Kaffee ernst nimmt, und die Baristas halten sich an dieses Versprechen. Es gibt auch eine kleine Karte mit Frühstücksgerichten, Sandwiches (4,50–7,50 €) und Toasties. Die Musik aus dem Soundsystem ist hervorragend und die Terrasse am Kanal liegt ganztägig in der Sonne.

UNTERHALTUNG

DRANKLOKAAL DE WW LIVEMUSIK
(www.deww.nl; Wolsteeg 4; So–Mi 14–2, Do bis 3, Fr & Sa bis 4 Uhr;) Freitags und samstags finden in der Bar Rockkonzerte statt, oft auch auf der Straße. Dann reicht die Menschenansammlung bis zur Hauptstraße. An anderen Abenden legen DJs auf. Musik steht hier zwar im Mittelpunkt, aber es gibt auch eine tolle Bierauswahl. Nur Barzahlung, keine Kreditkarten.

SPORT & AKTIVITÄTEN

REDERIJ REMBRANDT BOOTSTOUREN
(071-513 49 38; www.rederijrembrandt.nl; Blauwpoortshaven 5; Erw./Kind 4–12 J./Kind unter 4 J. 10/6,50/2,50 €; März–Okt. 11.30–16 Uhr) Einstündige Bootstouren auf dem Kanal führen rund um das alte Stadtzentrum. Sie werden begleitet von mehrsprachigen Erläuterungen zu den Sehenswürdigkeiten auf dem Weg (u. a. auf Englisch).

Delft

Entdecken

Das kleine, zauberhafte Delft steht für das berühmte blau-weiß bemalte Porzellan. Die Stadt ist außerordentlich beliebt bei Besuchern, die entlang der schmalen Grachten bummeln, die sehenswerten alten Gebäude bewundern und über den Werdegang von Johannes Vermeer sinnieren.

Vermeer zählt zu den bekanntesten Malern des Barocks und lebte in der Epoche des „Goldenen Zeitalters der Niederlande“. Er wurde hier geboren und wohnte in der Stadt.

Nach einer Tour durch die Königliche Delfter Porzellanfabrik (Koninklijke Porceleyne Fles) lohnt es sich, sich in der Touristeninformation eine Broschüre über Spaziergänge zu besorgen und die Schönheiten der Stadt auf eigene Faust zu erkunden. Und unbedingt Zeit fürs Shoppen, Essen und Trinken rund um den Markt einplanen!

Die Stadt bietet Hotels mit einem ausgezeichneten Preis-Leistungs-Verhältnis, sodass eine Übernachtung überlegenswert ist.

Das Beste ...

- **Sehenswertes** Vermeer Centrum Delft
- **Essen** Kek
- **Ausgehen** De Waag (S. 228)

Top-Tipp

Delfter Porzellan und Vermeer sind nicht alles in Delft, es lohnt sich, sich die Zeit für einen Bummel durch die Straßen einer der hübschesten niederländischen Städte zu nehmen: Delft ist ein Schatzkästchen der gotischen und Renaissance-Architektur.

Delft

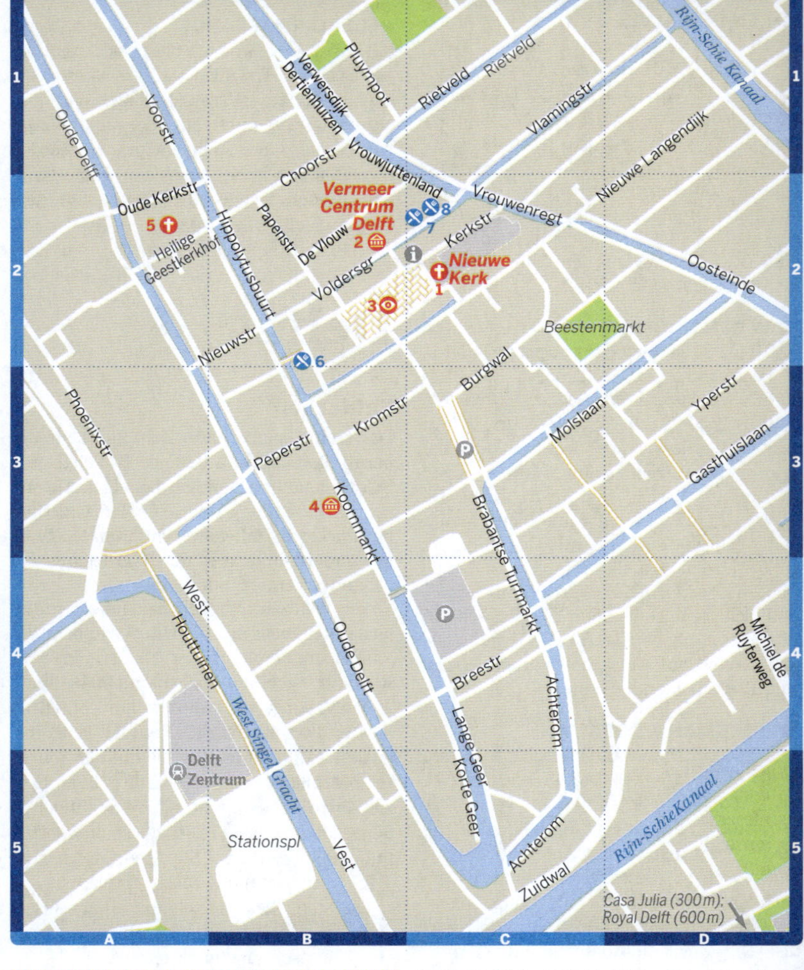

An- & Weiterreise

Auto Von der A4 auf die A13/E19 wechseln, Delft liegt an der Strecke nach Rotterdam.

Zug Es gibt viele Verbindungen zwischen Amsterdam Centraal Station und Delft (13,80 €, 1 Stunde, 4-mal pro Stunde).

Gut zu wissen

- **Lage** 55 km südwestlich von Amsterdam
- **Delft by Cycle** (www.delftbycycle.nl)
- **Touristeninformation** (☎015-215 40 52; www.delft.com; Kerkstraat 3; ⏲April–Sept. Di–Sa 10–17, So & Mo bis 16 Uhr, Okt.–März Di–Sa 10–16, So & Mo 11–15 Uhr)

SEHENSWERTES

★VERMEER CENTRUM DELFT MUSEUM
(☎015-213 85 88; www.vermeerdelft.nl; Voldersgracht 21; Erw./Kind 9/5 €; ⏲10–17 Uhr) Vermeer wurde 1632 in Delft geboren und lebte hier bis zu seinem Tod im Jahr 1675. Obwohl keines seiner Werke in Delft geblieben ist, stellt das Zentrum Reproduktionen seiner Gemälde aus, zeigt einen Kurzfilm über sein Leben und liefert Informationen zu Maltechniken und

Delft

Materialien des 17. Jahrhunderts. Audioguides und Führungen am Sonntag um 10.30 Uhr sind kostenlos. Das Zentrum verkauft Karten für den Vermeer Cube Walk, der zu Vermeer-Infopunkten in der ganzen Stadt führt.

★ NIEUWE KERK — KIRCHE

(Neue Kirche; www.oudeennieuwekerkdelft.nl; Markt 80; Erw./Kind inkl. Oude Kerk 5,50/1,50 €, Kirchturm 4,50/2,50 €, inkl. Oude Kerk & Kirchturm 8,50/3,50 €; April–Okt. Mo–Sa 9–18 Uhr, Nov.–Jan. Mo–Fr 11–16, Sa 10–17 Uhr, Febr. & März Mo–Sa 10–17 Uhr) Der Bau der Nieuwe Kerk dauerte von 1381 bis 1655. Die Kirche dient seit 1584 als letzte Ruhestätte fast aller Mitglieder der Oranier, darunter auch Wilhelm von Oranien (Willem der Stumme), der in einem Mausoleum aus Marmor ruht. Kinder unter fünf Jahren dürfen den 109 m hohen Turm nicht besteigen. Hat man die 376 schmalen, spiralförmigen Stufen erklommen, entlohnt ein Panoramablick den Aufstieg.

OUDE KERK — KIRCHE

(Alte Kirche; www.oudeennieuwekerkdelft.nl; Heilige Geestkerkhof 25; Erw./Kind inkl. Nieuwe Kerk 5,50/1,50 €, inkl. Nieuwe Kerk & Turm der Nieuwe Kerk 8,50/3,50 €; April–Okt. Mo–Sa 9–18 Uhr, Nov.–Jan. Mo–Fr 11–16, Sa 10–17 Uhr, Feb. & März Mo–Sa 10–17 Uhr) Die gotische Oude Kerk wurde 1246 eingeweiht und bietet einen fast schon surrealen Anblick: Der 75 m hohe Kirchturm ist fast 2 m aus dem Lot. Das Gelände, auf dem die Kirche steht, hat sich durch seine Lage am Kanal gesenkt. Die Einheimischen haben der Kirche deshalb den Spitznamen „Scheve Jan" (Schiefer Jan) verpasst. Der ältere Teil der Kirche hat ein schlichtes Tonnengewölbe, das neuere nordische Querschiff eine gotische Gewölbedecke. In einem der Gräber in der Kirche ruht Vermeer.

MARKT — PLATZ

Der rechteckige Markt, einer der größten historischen Marktplätze Europas, wurde Ende des 15. Jahrhunderts angelegt. Er wird gesäumt vom Rathaus, der Nieuwe Kerk, Cafés, Boutiquen und Souvenirläden. Donnerstags findet ein Markt statt.

ROYAL DELFT — FABRIK

(Koninklijke Porceleyne Fles; 015-760 08 00; www.royaldelft.com; Rotterdamseweg 196; Erw./Kind 14/8,75 €; Mitte März–Okt. 9–17 Uhr, Nov.–Mitte März Mo–Sa 9–17, So 12–17 Uhr) In der berühmten Steingutfabrik wird seit 1653 das blau-weiße Porzellan in Handarbeit hergestellt. Im Eintritt ist eine Audiotour enthalten, die eine Demonstration des Porzellanbemalens, den Besuch des Firmenmuseums und einen Blick auf den Produktionsprozess umfasst. Für viele ist der Geschenkeladen der Höhepunkt. Er liegt 1,5 km südlich des Marktes.

MUSEUM PAUL TETAR VAN ELVEN — MUSEUM

(015-212 42 06; www.tetar.nl; Koornmarkt 67; Erw./Kind 5 €/kostenlos; Di–So 13–17 Uhr) Das Museum wurde im Atelier und in der Wohnung von Paul Tetar van Elven, einem Künstler aus dem 19. Jh., eingerichtet. Tetar van Elven lebte und arbeitete hier von 1864 bis 1894. Das Museum zeigt u. a. Reproduktionen bekannter Gemälde (seine Spezialität), außerdem seine Sammlung alter Möbel, orientalischen Porzellans und Delfter Keramik. Auch die Originalmöbel blieben erhalten und vermitteln den Besuchern ein wohnliches Gefühl.

ESSEN & AUSGEHEN

★ KEK — CAFÉ €

(www.kekdelft.nl; Voldersgracht 27; Gerichte 4–10,50 €; 8.30–18 Uhr;) Auf der Speisekarte dieses stylishen Cafés stehen frische Säfte, Fruchtsmoothies und eine Auswahl an Kuchen, Muffins und Sandwiches aus lokalen, saisonalen Zutaten (vegane, zucker- und glutenfreie Optionen erhältlich). Außerdem gibt's hier ganztägig Frühstück und Kaffee aus in Rotterdam gerösteten Giraffe-Bohnen.

PURO CUCINA — CAFÉ €

(www.purocucina.nl; Voldersgracht 28; Gerichte 5,50–14 €; Mi–Mo 9–18 Uhr;) Der schlichte, moderne Innenraum liegt rund um eine offene Küche. Auf der Speisekarte stehen Frühstücksfavoriten wie Pfannkuchen mit Ricotta und Honig oder Müsli mit Joghurt und Obst, einfache, aber schmackhafte Mittagsgerichte wie Salate und ein tägliches Nudelgericht sowie Kaffee und Kuchen.

DE WAAG CAFÉ €€

(☎015-213 03 93; www.de-waag.nl; Markt 11; Hauptgerichte im Café 7,50–20 €, Hauptgerichte im Restaurant 24 €; ⏲Küche 10–22, Bar bis 1 Uhr; 📶) In einem atmosphärischen ehemaligen *waag* (Waagenhaus) aus dem 16. Jh. hinter dem Rathaus liegt dieses Café, das sich hervorragend für ein Bier nach dem Sightseeing eignet. Das Essen liegt deutlich über dem Durchschnitt – sowohl im gehobenen Restaurant im ersten Stock (nur Abendessen) als auch im legeren Café im Erdgeschoss.

SCHLAFEN

CASA JULIA B&B €€

(☎015-256 76 12; www.casajulia.nl; Maerten Trompstraat 33; EZ/DZ/Suite/FZ ab 65/75/115/155 €; 📶) Das Boutique-B&B in einem Gebäude aus den 1920er-Jahren ist die stylishste und komfortabelste Unterkunft in Delft und bietet 24 Zimmer mit Fernseher, Schreibtisch und Tee. Die meisten sind klein, also möglichst die „Komfort“-Option buchen. Es gibt auch eine Suite mit Balkon und kleiner Küche sowie zwei Familienzimmer. Das Frühstück kostet 12 €.

Zaanse Schans

Erkunden

Viele Besucher kommen eigentlich nur für eine Stunde und bleiben dann oft viel länger als zunächst geplant. Es ist der beste Ort in den Niederlanden, um die traditionellen Windmühlen in Aktion zu sehen – auch wenn nur ein paar der einst 1000 Mühlen der Region restauriert worden sind.

In einer der sechs Windmühlen werden Gläser mit frisch gemahlenem Senf verkauft, in den anderen werden Öle gepresst, Mehl gemahlen und Holzbretter gesägt. Die meisten Mühlen können auch von innen besichtigt werden. Es macht auch unglaublich viel Spaß, die knarrenden Anlagen zu besichtigen.

Top-Tipp

Ein Fahrrad leihen und von Amsterdam nach Zaanse Schans radeln. Die landschaftlich reizvolle Tour dauert 90 Minuten und ist ein Highlight vieler Urlaubsreisen.

An- & Weiterreise

Auto Auf der Ringstraße A10 zur nordwestlichen Seite Amsterdams fahren, dort auf die A8 wechseln und bei Zaandijk abfahren.

Zug Von Amsterdams Centraal Station (3,30 €, 18 Min., 4-mal stdl.) nimmt man den Zug nach Alkmaar und steigt in Zaandijk Zaanse Schans aus. Der 1,5 km lange Weg nach Zaanse Schans ist gut ausgeschildert.

Gut zu wissen

- **Lage** 22 km nordwestlich von Amsterdam
- **Touristeninformation** (☎075-681 00 00; www.zaanseschans.nl; Zaans Museum, Schansend 7; ⏲April–Sept. 9–17 Uhr, Okt.–März 10–17 Uhr)

SEHENSWERTES

★ DIE WINDMÜHLEN VON ZAANSE SCHANS WINDMÜHLEN

(☎075-681 00 00; www.dezaanseschans.nl; Kalverringdijk; pro Windmühle Erw./Kind 5/2,50 €; ⏲die meisten Windmühlen April–Okt. 9–17 Uhr, Nov.–März abweichende Öffnungszeiten) Das teilweise ganz normal bewohnte Dorf am Fluss Zaan ist gleichzeitig ein sehenswertes Windmühlenmuseum. Besucher dürfen die echten Windmühlen auf eigene Faust erkunden und vor Ort beobachten, wie sie funktionieren. Die Öffnungszeiten der einzelnen Windmühlen sind unterschiedlich.

In der Windmühle, in der Farbpigmente produziert und verkauft werden, kann man sehen, wie die Farbpulver hergestellt wurden, mit denen einst die Meisterwerke der Renaissance geschaffen wurden.

Die weiteren Gebäude sind aus dem ganzen Land hierhergebracht worden, um möglichst authentisch eine Ortschaft aus dem 17. Jh. nachzubauen, darunter eine Käserei, ein früher Albert-Heijn-Markt und eine Holzschuhfabrik (mit einem erstaunlich interessanten Museum). Der sympathische Zinngießer erklärt die Geschichte Dutzender winziger Figuren, während das weiche Metall in den Formen erstarrt.

Schlafen

In Amsterdam gibt's charmante Hotels in wundervollen Häusern: Alten Gebäuden wurde neues Leben eingehaucht, von Schulen und Industrielofts bis zu ganzen Reihen von Grachtenhäusern. Viele der Häuser haben einen Traumblick aufs Wasser oder in schöne Innenhöfe. Die Unterkünfte sind schnell ausgebucht, daher sollte man gerade im Sommer und an Wochenenden reservieren.

Hotels

Jedes Hotel mit mehr als 20 Zimmern gilt in Amsterdam schon als groß; die meisten Zimmer sind eher klein. An jedem Hotel hängt eine Tafel mit Sternen (eins bis fünf), die die Einstufung durch die Hotelstars Union (www.hotels.eu) verrät. Genaueres zu den Kriterien für die Sternebewertung erfährt man auf der Website.

WLAN ist fast immer vorhanden, Klimaanlagen und Aufzüge jedoch nicht.

BUDGETUNTERKÜNFTE

Einmal abgesehen von den Hostels sind Unterkünfte im untersten Preissegment nur spärlich zu finden. Ihr Mobiliar ist im besten Fall als „billig, aber charmant" einzustufen. Ein einfaches Frühstück ist im Preis oft inbegriffen.

Einige sehr einfache Budgetunterkünfte nehmen auch Partygäste und Kiffer auf, gekifft werden kann dort in Raucherlounges, nicht aber in den Zimmern. Wer im Zweifel ist, ob das Rauchen von Marihuana wirklich erlaubt ist, sollte vor der Reservierung nachfragen. Manche Hotels haben ein striktes Drogenverbot.

MITTELKLASSEHOTELS

In den meisten Hotels dieses Preisspektrums geht's wenig förmlich zu. Wenige Mittelklassehotels mit mehr als zwei Stockwerken haben Fahrstühle; die engen Treppenhäuser (die teils fast an Leitern erinnern) sind gewöhnungsbedürftig, vor allem mit Gepäck. Das Frühstück muss immer häufiger extra bezahlt werden.

SPITZENKLASSEHOTELS

Aufzug, Minibar und Zimmerservice sind hier Standard. Die luxuriösesten Hotels bieten Klimaanlage und Fitnessbereiche. Das Frühstück ist selten im Preis enthalten.

B&Bs & Houseboats

Viele B&Bs sind nicht gekennzeichnet und vermieten nur nach Reservierung. Einige befinden sich auf Hausbooten. Der Name ist irreführend, denn oft gibt's kein Frühstück.

Hostels

In Amsterdam gibt's viele *Jeugdherbergen* (Jugendherbergen. Der niederländische Jugendherbergsverein heißt Stayokay (www.stayokay.com) und ist dem Verband Hostelling International (HI; www.hihostels.com) angeschlossen. Zudem finden sich unabhängige Luxus-Hostels.

Ferienwohnungen

Amsterdams Behörden haben festgelegt, dass private Unterkünfte (auch auf Airbnb gelistete) nur an maximal vier Personen gleichzeitig und nur für höchstens 30 Tage im Jahr vermietet werden dürfen. Nur der Besitzer selbst darf sie vermieten. Die Stadtverwaltung führt Kontrollen durch, Gäste in illegal vermieteten Wohnungen können der Unterkunft verwiesen werden. Ferienwohnungen sind oft teuer, Apartmentkomplexe wie Yays (www.yays.com), die „Serviced Apartments" vermieten, oder Hotels können da durchaus die günstigere Option sein.

Eine tolle Alternative ist **SWEETS Hotel** (☎020-740 10 10; www.sweetshotel.amsterdam; DZ ab 160 €; 📶), das über 28 Brückenhäuser an den Grachten verfügt, die in Apartments für zwei Personen umgewandelt wurden. Sie sind mit Kühlschrank, Besteck und Geschirr ausgestattet, zwei auch mit Miniküchen, und bieten Blick aufs Wasser. Der Zugang erfolgt per Bluetooth-App, für die man per E-Mail ein Passwort erhält. Die Gäste müssen über 21 Jahre alt sein.

GUT ZU WISSEN

Preiskategorien

Die folgenden Preiskategorien gelten für ein DZ mit Bad in der Hochsaison (ohne Frühstück).

€	unter 100 €
€€	100–180 €
€€€	über 180 €

Nützliche Websites

- **Lonely Planet** (lonelyplanet.com/the-netherlands/amsterdam/hotels) Hotelempfehlungen.
- **I amsterdam** (www.iamsterdam.com) Die offizielle Seite der Stadt bietet viele Optionen.

Reservierungen

- Man sollte so früh wie möglich buchen, vor allem bei Festivals, im Sommer und an Wochenenden.
- Viele Hotels bieten Rabatte an, wenn man über ihre Website bucht.
- Oft gilt ein Mindestaufenthalt von zwei oder drei Nächten, besonders an Wochenenden und bei wichtigen Veranstaltungen oder Festen.

Trinkgeld

Ein Trinkgeld wird nicht erwartet. In größeren Hotels erhält der Portier aber oft 1 oder 2 Euro, und auch die Zimmerreinigungskraft bekommt von zufriedenen Gästen ein paar Euros.

Steuern

Meist ist die städtische Touristensteuer *toeristenbelasting* in Höhe von 7 % im angegebenen Preis bereits enthalten, aber besser ist es, vor der Reservierung nachzufragen. Bei Kreditkartenzahlung wird teilweise ein Aufpreis von bis zu 5 % verlangt.

Top-Tipps

Hotel Not Hotel (S. 238) Studenten der Design Academy Eindhoven haben diese verrückten Räume entworfen.

Volkshotel (S. 241) Designerhotel in einem ehemaligen Zeitungsgebäude mit einer fabelhaften Bar auf dem Dach.

Sir Albert Hotel (S. 240) Einst Diamantenschleiferei, jetzt ein funkelndes Designhotel.

Ambassade Hotel (S. 234) Dieses Hotel erstreckt sich über mehrere Grachtenhäuser aus dem Goldenen Zeitalter. An den Wänden hängen originale CoBrA-Kunstwerke.

Die besten Unterkünfte nach Preisklasse

€

Cocomama (S. 235) Boutique-Hostel mit roten Vorhängen in einem ehemaligen Bordell.

Generator Amsterdam (S. 241) Designhostel mit Blick auf den Oosterpark.

St Christopher's at the Winston (S. 232) Treffpunkt im Rotlichtviertel mit eigenem Nachtclub.

Christliche Jugendherberge „The Shelter Jordan" (S. 236) Eine Oase des Maßvollen.

€€

Hotel Fita (S. 238) Kleines Hotel in Familienhand um die Ecke vom Museumplein.

Hotel V (S. 235) Hotel im Retro-Schick mit Blick auf den grünen Frederiksplein.

Conscious Hotel Westerpark (S. 236) Dieses Westerpark-Hotel befindet sich in einem denkmalgeschützten Gebäude und ist sehr umweltbewusst, es verwendet etwa viele recycelte Materialien.

€€€

Hotel Okura Amsterdam (S. 240) Aussicht von oben und insgesamt vier Michelin-Sterne im Haus.

Toren (S. 235) Kombiniert die Opulenz des 17. Jhs. mit sinnlicher Dekadenz.

Pillows Anna van den Vondel (S. 239) Traumhaftes Boutique-Hotel in drei Villen aus dem 19. Jh.

Schöner Grachtenblick

Seven Bridges (S. 235) Eines der bezauberndsten kleinen Hotels der Stadt an einer ihrer schönsten Grachten.

Linden Hotel (S. 237) Ein Juwel in Jordaan.

Hotel Estheréa (S. 233) Klassische Pracht in einem Grachtenhaus aus dem Goldenen Zeitalter.

Nur in Amsterdam

SWEETS Hotel (S. 238) In einem der 28 umgebauten Brückenhäuser an den Grachten fühlt man sich wie ein Amsterdamer Brückenwärter.

Faralda Crane Hotel (S. 241) In einem Kran in Amsterdam Noord.

Mr Jordaan (S. 237) Zu den Designelementen gehören Bettkopfteile, die aussehen wie die Giebel der Amsterdamer Kanalhäuser.

De Dageraad (S. 233) Boutique-B&B-Hausboot, das in den östlichen Docks vor Anker liegt.

Tolles Design

Hotel Notting Hill (S. 236) Die Wand aus alten Koffern in der Lobby ist nur einer der tollen Einfälle von Designer Wim Hoopman.

Hotel Not Hotel (S. 238) Studierende der Design Academy haben die Zimmer in spektakuläre Kunstinstallationen verwandelt.

Andaz Amsterdam (S. 235) Ein Wunderland entworfen vom kultigen niederländischen Designer Marcel Wanders.

Sir Adam (S. 242) Designerzimmer im A'DAM Toren.

Wohin zum Übernachten?

STADTVIERTEL	VORZÜGE	NACHTEILE
Altstadt & Rotlichtviertel	Mittendrin im Geschehen; Sehenswürdigkeiten, Nachtleben, Theater und Verkehrsmittel in der Nähe.	Kann laut, touristisch und zwielichtig sein; nicht gerade preiswert.
Nieuwmarkt, Plantage & die östlichen Inseln	Auch Nieuwmarkt ist dicht am Geschehen, aber etwas zwangloser als das mittelalterliche Zentrum. Die Hotels von Plantage liegen ruhig und im Grünen.	Einige Ecken von Nieuwmarkt liegen dicht genug am Rotlichtviertel, um noch die Auswirkungen zu spüren. Die Unterkünfte in Plantage und besonders auf den östlichen Inseln liegen teilweise einen ordentlichen Fußweg von den wichtigsten Sehenswürdigkeiten entfernt, Bus oder Straßenbahn sind hier oft ratsam.
Westlicher Grachtengürtel	Baumgesäumte Grachten; zauberhafte Boutiquen und Cafés; in Laufweite der beliebtesten Sehenswürdigkeiten der Stadt.	Angesichts all der Vorteile sind die Zimmer schnell ausgebucht und immer teuer.
Südlicher Grachtengürtel	Superschicke Hotels, zentral und unweit der Restaurantmeile Utrechtsestraat gelegen.	Kann laut, überfüllt, teuer und touristisch sein, besonders in den verkehrsreichen Gegenden des Leidseplein und Rembrandtplein (wenn das Nachtleben tobt).
Jordaan & der Westen	Gemütliche Cafés, schrullige Läden und ein zauberhafter Dorfcharakter.	Es gibt nur wenig Unterkünfte, auch wegen des Mangels an bekannten Sehenswürdigkeiten in der Nähe.
Vondelpark & der Süden	Stille, grüne Straßen; oft in Laufnähe zum Museumplein; kleine, reizende Häuser, jede Menge Mittelklassehotels und coole Designhotels.	Kaum Nachtleben im Süden; rund um den Vondelpark sind die Preise oft hoch.
De Pijp	Immer noch ein cooles Ausgehviertel; liegt nahe dem Museumplein und dem südlichen Grachtengürtel.	Begrenzte Auswahl an Unterkünften.
Oosterpark & das Viertel östlich der Amstel	Niedrigere Preise aufgrund der Lage etwas außerhalb (aber nur eine kurze Fahrt mit Straßenbahn/Metro von der Altstadt entfernt); ruhige Gegend und Wohnen inmitten der Einheimischen.	Weniger Auswahl an Restaurants und Lokalen.
Amsterdam Noord	Ein paar einzigartige Unterkünfte; eine expandierende Auswahl an Lokalen & Restaurants sowie eine kreative Szene.	Die öffentlichen Verkehrsmittel sind zum Teil eingeschränkt.

Altstadt & Rotlichtviertel

ST CHRISTOPHER'S AT THE WINSTON HOSTEL €

Karte S. 312 f. (020-623 13 80; www.st-christophers.co.uk; Warmoesstraat 129; B/EZ/DZ ab 32/97/121 €; ; 4/14/24 Dam) Hier steppt den ganzen Tag lang der Bär – kein Wunder bei den Rock'n'Roll-Zimmern, einem lebhaften Nachtclub (S. 79) mit allabendlich spielender Liveband, einer Bar, einem Restaurant, einem Biergarten und einer Raucher-Terrasse. In den Schlafsälen mit eigenem Bad stehen bis zu acht Betten. Künstlern der Region wurde bei der Ausgestaltung der Zimmer freie Hand gelassen. Das Ergebnis reicht von supermodernen Zimmern (komplett aus Edelstahl) bis zu etwas fragwürdig-anzüglichen „Kunstwerken". Im Zimmerpreis sind Frühstück (und Ohrstöpsel!) inbegriffen.

FLYING PIG DOWNTOWN HOSTEL HOSTEL €

Karte S. 312 f. (020-420 68 22; www.flyingpig.nl; Nieuwendijk 100; B 35–64 €, DZ ab 137 €; ; 2/4/11/12/13/14/17/24/26 Centraal Station) In diesem entspannten, riesigen Hostel mit 250 Betten kann man mit Hunderten von jungen, Hasch rauchenden Rucksacktouristen abhängen. Es ist ein bisschen schmuddelig, aber das scheint niemanden zu stören, dafür ist der Spaßfaktor durch die Bar in der Lobby zu hoch. Außerdem gibt's eine voll ausgestattete Gästeküche und einen mit Kissen ausgelegten Keller, den sog. Happy Room. Am Wochenende muss man mindestens drei Nächte buchen.

HOTEL THE EXCHANGE DESIGNHOTEL €€

Karte S. 312 f. (020-523 00 80; www.hoteltheexchange.com; Damrak 50; DZ ab 147 €; ; 2/4/11/12/13/14/17/24/26 Centraal Station) Liegt gegenüber der ehemaligen Börse (daher der Hotelname). Die 61 Zimmer wurden auf spektakuläre Weise von Studierenden des Amsterdam Fashion Institute wie „Models" gestylt. Hier ist alles erlaubt – seien es Wände, die übergroße Knöpfe zieren, oder ein Marie-Antoinette-Kleid, das wie ein Zelt über dem Bett drapiert wurde. Die Bandbreite der 1- bis 5-Sterne-Zimmer reicht von klein und ohne Ausblick bis zu geräumigen Refugien, aber alle haben ein eigenes Bad.

A-TRAIN HOTEL HOTEL €€

Karte S. 312 f. (020-624 19 42; www.atrainhotel.nl; Prins Hendrikkade 23; EZ/DZ/3BZ/FZ ab 110/160/188/300 €; ; 2/4/11/12/13/14/17/24/26 Centraal Station) Seine unschlagbare Lage gegenüber der Centraal Station wird im Bahn-Thema dieses altmodischen familiengeführten Hotels reflektiert; es erstreckt sich von den Uhren, Fotos und Erinnerungsstücken an der Rezeption bis zum Flurboden mit aufgemalten Bahngleisen, die zum Frühstücksraum führen (kontinentales Frühstück ist im Preis enthalten), dessen Nischen an Zugabteile erinnern. Die 34 Zimmer sind mit Möbeln aus dunklem Holz eingerichtet. Darunter befinden sich auch zwei Familienzimmer für vier Personen mit Miniküche.

HOTEL RÉSIDENCE LE COIN APARTMENT €€

Karte S. 316 f. (020-524 68 00; www.lecoin.nl; Nieuwe Doelenstraat 5; Apt. ab 175 €; ; Rokin) Das Hotel gehört der Universität von Amsterdam. Es bietet 42 erstklassige, wenn auch kleine Apartments, die sich über sieben historische Gebäude verteilen. Alle Wohnungen sind mit Designermöbeln ausgestattet, haben Holzböden, schnelles WLAN sowie Miniküchen – und sind mit einem Fahrstuhl erreichbar. Die Lage ist fantastisch, denn es sind nur fünf Gehminuten zum hübschen Nieuwmarkt.

HOTEL LUXER HOTEL €€

Karte S. 312 f. (020-330 32 05; www.hotelluxer.nl; Warmoesstraat 11; DZ/3BZ ab 150/225 €; ; 2/4/11/12/13/14/17/24/26 Centraal Station) Das schicke kleine Hotel mitten im Rotlichtviertel ist eine angenehme Überraschung und bietet ein hervorragendes Preis-Leistungs-Verhältnis. Die 47 Zimmer sind klein, aber gut ausgestattet (Klimaanlage!). Nachts verwandelt sich der Frühstücksbereich in eine schicke kleine Bar. Für das Frühstück wird bei vorheriger Buchung 9 € verlangt, ansonsten kostet es 12,50 €.

★ HOTEL V NESPLEIN DESIGNHOTEL €€€

Karte S. 316 f. (020-662 32 33; www.hotelvnesplein.nl; Nes 49; DZ/Suite ab 196/279 €; ; Rokin, 4/14/24 Rokin) Die Gemeinschaftsbereiche und Gästezimmer des Hotels sind mit Vintage- und Designmöbeln bestückt. Die Lage am Nesplein mit seinen vielen Theatern ist hervorragend. Die geräumigen Zimmer fangen bei einer Größe von 18 m² an und haben Holzböden, Backsteinwände sowie Regenduschen in den schicken Bädern (manche verfügen auch zusätzlich über eine Badewanne). Das Restaurant „Lobby" im Industriedesign serviert kreative moderne niederländische Küche.

INK HOTEL AMSTERDAM DESIGNHOTEL €€€

Karte S. 312 f. (020-627 59 00; www.accorhotels.com; Nieuwezijds Voorburgwal 67; DZ/Suite ab 190/322 €; ; 2/11/12/13/17 Nieuwezijds Kolk) In diesem Gebäude hatte von 1904 bis 1986 die katholische niederländische Zeitung *De Tijd* (Die Zeit) ihren Sitz. Das Ink gedenkt seines journalistischen Erbes mit Druckplatten, alten Schreibmaschinen und alten Zeitungsausgaben an den Wänden des Restaurants „Pressroom" mit Bar. Das führende Architekturbüro Concrete entwarf die 149 Zimmer, in denen sich nette Details wie Wandgemälde im Stil von Kreidetafeln finden.

Der Fitnessraum im Untergeschoss hat ganztägig geöffnet.

★ **W AMSTERDAM** DESIGNHOTEL €€€

Karte S. 316 f. (020-811 25 00; www.marriott.com; Spuistraat 175; DZ/Suite ab 358/508 €; @; 2/11/12/13/17 Dam) Die Amsterdamer Häuser der Designhotelkette W Hotels befinden sich in zwei markanten historischen Gebäuden, der früheren Telefonzentrale der Königlichen Niederländischen Post- und Telefongesellschaft und einer ehemaligen Bank, in der auch der Laden des niederländischen Design-Megastores X Bank (S. 82) ansässig ist. In den 238 Zimmern, darunter miteinander verbundene Familienzimmer und 28 Suiten, wurden Design- und historische Elemente kombiniert. Das Hotel bietet ein erstklassiges Spa, einen Fitnessbereich, einen fantastischen großen Pool auf dem Dach sowie Restaurants und Bars.

HOTEL TWENTY SEVEN LUXUSHOTEL €€€

Karte S. 316 f. (020-218 21 80; www.hoteltwentyseven.com; Dam 27; Suite ab 595 €; ; 4/14/24 Dam) In einem monumentalen Gebäude von 1916 am Dam mit Blick auf den Königlichen Palast eröffnete 2018 dieses megaluxuriöse Hotel. Die 16 prächtigen Suiten sind zwischen 40 und 219 m² groß und mit Eichenholzböden, nepalesischen Teppichen, handgewebten italienischen Stoffen und CoBrA-Originalkunstwerken eingerichtet, zudem verfügen sie über einen persönlichen Butler. Unten befinden sich das mit einem Michelin-Stern ausgezeichnete Restaurant und eine Cocktailbar.

HOTEL ESTHERÉA HOTEL €€€

Karte S. 316 f. (020-624 51 46; www.estherea.nl; Singel 303-309; DZ/DZ/Suite ab 255/355/425 €; P; 2/11/12 Spui) Klassische europäische Grandeur verspricht dieses Hotel, das sich auf mehrere Grachtenhäuser aus dem Goldenen Zeitalter erstreckt. Jedes der 91 Zimmer ist einzigartig gestaltet, mit Mahagonipaneelen, Kronleuchtern und prächtigen Stoffen und Tapeten. Einige Zimmer gehen auf den Kanal, die anderen auf den grünen Innenhof. Die Zimmer im Erdgeschoss verfügen über Terrassen und Whirlpools. Zu den Hoteleinrichtungen gehören ein Fitnessbereich, eine Bibliothek und eine rund um die Uhr geöffnete Bar. Parken kostet 55 €, das Frühstück schlägt mit 18 € zu Buche.

Nieuwmarkt, Plantage & die östlichen Inseln

CHRISTIAN YOUTH HOSTEL „THE SHELTER CITY" HOSTEL €

Karte S. 318 f. (020-625 32 30; www.shelterhostelamsterdam.com; Barndesteeg 21; B 22,90–27,40 €; @; M Nieuwmarkt) Das Hostel hat eine tolle Lage unweit der Stadtmitte. Das weitläufige Gebäude in christlicher Trägerschaft liegt zwar unweit des Rotlichtviertels, ist aber ideell dank seiner klaren religiösen Ausrichtung und dem strikten Alkohol- und Drogenverbot Lichtjahre davon entfernt. Gäste, die sich darauf einlassen, können sich auf blitzsaubere Männer- bzw. Frauenschlafsäle (2 bis 20 Betten, einige mit eigenem Bad), ein ordentliches kostenloses Frühstück, ein friedliches Café und einen begrünten Innenhof mit bunter Sitzmöblierung freuen.

★ **LLOYD HOTEL** BOUTIQUE-HOTEL €€

Karte S. 320 f. (020-561 36 07; www.lloydhotel.com; Oostelijke Handelskade 34; DZ/Suite ab 140/218 €; @; 26 Rietlandpark) Im prächtigen Lloyd am Wasser haben 1921 niederländische Emigranten übernachtet, bevor sie ihr Schiff bestiegen, um auszuwandern. Vieles von der ursprünglichen Ausstattung ist erhalten geblieben, dazu kommen zeitgenössische Kunstinstallationen und ein modernes Design. Es gibt 1- bis 5-Sterne-Zimmer – von der günstigen Variante mit Gemeinschaftsbad bis hin zu riesigen, extravaganten Zimmern mit einzigartiger Einrichtung (Bad mit Falttüren, Riesenbett für sieben Personen, Konzertflügel etc.).

DE DAGERAAD HAUSBOOT €€

Karte S. 320 f. (http://bedbreakfastdedageraad.nl; Ertskade 2; DZ 125–165 €; ; 26 Rietlandpark) Dieses B&B-Boutique-Hausboot von 1929 mit zwei Schlafzimmern liegt am östlichsten Zipfel von Zeeburg vor Anker. Es ist gemütlich und verfügt über zwei wunderschön eingerichtete weiße Kabinen, beide mit eigenem Bad, Sonnenterrasse, Fußbodenheizung, Fernseher und eine gemeinsam genutzte Miniküche mit Kühlschrank und Mikrowelle. Das Frühstück ist im Preis enthalten.

HOTEL REMBRANDT HOTEL €€
Karte S. 320 f. (020-627 27 14; www.hotelrembrandt.nl; Plantage Middenlaan 17; EZ/DZ ab 135/150 €; ; 14 Plantage Kerklaan) Das prächtige Rembrandt-Hotel wurde im 19. Jh. für einen Kaufmann gebaut und hat eine beeindruckende rot-weiße Fassade. Die Zimmer sind alle unterschiedlich gestaltet, hell und freundlich und mit bunten Vorhängen, Designelementen und Kunstdrucken an den Wänden ausgestattet. Zimmer 8 schmückt ein fast lebensgroßes Wandgemälde der Nachtwache, drei Zimmer haben einen Balkon oder eine Gartenterrasse und ein Zimmer sogar eine Sauna.

★ MISC EATDRINKSLEEP BOUTIQUE-HOTEL €€€
Karte S. 318 f. (020-330 62 41; www.misceatdrinksleep.com; Kloveniersburgwal 20; DZ ab 175 €; ; M Nieuwmarkt) Nur einen Katzensprung vom Nieuwmarkt bietet das Misc sechs charmante Zimmer, die alle individuell eingerichtet sind, vom Wonders Room mit Laternen und Himmelbett bis zum hell und modern gestalteten Design Room. Zur Wahl stehen Zimmer mit Gartenblick und mit Grachtenblick; Letzte haben eine Klimaanlage und sind teuer. Alle Zimmer sind hell und freundlich. Ein gehaltvolles Frühstück ist im Preis enthalten.

Westlicher Grachtengürtel

BANK HOTEL BOUTIQUE-HOTEL €€
Karte S. 322 (020-667 80 86; www.thebankhotelamsterdam.nl; Haarlemmerstraat 120; EZ/DZ/3BZ/Suite ab 145/165/195/255 €; ; 18/21/22 Buiten Brouwersstraat) Erbaut in den 1920er-Jahren als Hauptsitz der Amsterdamsche Bank, wurde dieses Art-déco-Gebäude aus roten Ziegeln in ein modernes Hotel mit 20 Zimmern verwandelt, die alle Natursteinbäder haben. Ein Doppelzimmer verfügt über einen Balkon, und in der Penthouse-Suite bietet sich ein weiter Blick über die Silhouette der Stadt. Das Restaurant serviert tagsüber anspruchsvolle Bargerichte und abends gehobene niederländische Cuisine.

★ AMBASSADE HOTEL BOUTIQUE-HOTEL €€€
Karte S. 324 (020-555 02 22; www.ambassade-hotel.nl; Herengracht 341; DZ/3BZ/Suite ab 260/360/450 €; ; 2/12 Spui) Über zehn Grachtenhäuser aus dem Goldenen Zeitalter an der Herengracht verteilen sich 56 einzigartige Zimmer und Suiten unterschiedlicher Größe, die mit historischen Möbeln, Antiquitäten, vergoldeten Kronleuchtern und Kunstwerken aus der großen Sammlung von CoBrA-Kunst des Hotels ausgestattet sind. Von vielen bietet sich ein romantischer Blick auf die Gracht. Zudem gibt's eine Hausbibliothek mit Tausenden Büchern sowie eine Bar und eine französische Brasserie.

★ 'T HOTEL BOUTIQUE-HOTEL €€€
Karte S. 322 (020-422 27 41; www.thotel.nl; Leliegracht 18; DZ/FZ ab 209/379 €; ; 13/17 Westermarkt) Die acht Zimmer des charmanten Grachtenhauses aus dem 17. Jh. sind nach Amsterdamer Kanälen benannt. Alle Zimmer sind individuell mit schwarz-weißen Zeichnungen von alten niederländischen Szenen, bedruckten Kissen und Duschvorhängen geschmückt.

Die gemusterten Tapeten hat Katarina Stupavska, eine Druckdesignerin entworfen, ihrer Familie gehört das Hotel. Das Familienzimmer beeindruckt mit strahlend blau-weißen Fliesenmotiven und hat einen Schlafbereich im Loft, zu dem eine Leiter hochführt.

★ HOTEL IX BOUTIQUE-HOTEL €€€
Karte S. 322 (020-845 84 51; www.hotelixamsterdam.com; Hartenstraat 8; DZ ab 187 €; ; 13/17 Westermarkt) Im Herzen des zauberhaften Einkaufsviertels Negen Straatjes liegt das IX, benannt nach den „neun Straßen" des Viertels. Es bietet fünf superschicke Suiten für bis zu vier Personen mit schwarz-weißen Wandgemälden und kostenloser Minibar.

Die schönste Suite heißt „Berenstraat" und hat eine eigene Dachterrasse. Im Hotel gibt's übrigens keine Rezeption (der Einlass erfolgt über Digicodes, die vorab zugeschickt werden), kein Frühstück und keinen Aufzug.

DYLAN BOUTIQUE-HOTEL €€€
Karte S. 324 (020-530 20 10; www.dylanamsterdam.com; Keizersgracht 384; DZ/Suite ab 370/655 €; @; 2/11/12 Spui) Das exquisite Boutique-Hotel befindet sich an der Keizersgracht in einem Grachtenhaus aus dem 18. Jh., das einen schönen, klassisch begrünten Innenhof umrahmt. Speziell angefertigtes Mobiliar wie etwa die Barschränke mit Silberbeschlägen und Perlmutt zieren die 40 individuell eingerichteten Zimmer und Suiten (manche erstrecken sich über zwei Ebenen).

Das von Michelin ausgezeichnete Restaurant „Vinkeles" bietet die Möglichkeit, während einer Grachtenfahrt auf dem restauranteigenen Boot *Muze* edel zu speisen.

ANDAZ AMSTERDAM DESIGNHOTEL €€€

Karte S. 324 (020-523 12 34; www.hyatt.com; Prinsengracht 587; DZ/Suite ab 375/775 €; ; 2/11/12 Prinsengracht) Der visionäre niederländische Designer Wanders hat Amsterdams ehemalige städtische Bücherei in eine Fantasie mit gigantischem Gold- und Silberbesteck, Wandbildern von Fischen, Teppichen im Delfter Blau, an die Wand geschriebenen Seiten aus Büchereibüchern und anderen originellen Einfällen verwandelt. Die 122 Gästezimmer und -suiten bieten eine GenevaMusikanlage, Kingsize-Betten, kostenlose Snacks und nichtalkoholische Getränke. Außerdem gibt's kostenfreie Leihräder.

TOREN BOUTIQUE-HOTEL €€€

Karte S. 322 (020-622 60 33; www.thetoren.nl; Keizersgracht 164; EZ/DZ/Suite ab 203/237/339 €; ; 13/17 Westermarkt) Was die Raumgröße und den persönlichen Service betrifft, ist das Toren preisverdächtig. Die Aufenthaltsräume prunken mit der Opulenz des 17. Jhs, einschließlich vergoldeter Spiegel, Kamine und Kerzenleuchter. Die 38 Gästezimmer sind elegant möbliert und mit Nespresso-Kaffeemaschinen ausgestattet.

Südlicher Grachtengürtel

★ COCOMAMA HOSTEL €

Karte S. 326 f. (020-627 24 54; www.cocomamahostel.com; Westeinde 18; B/DZ ab 42/120 €, Mindestaufenthalt 2 Nächte; ; 4 Stadhouderskade) Die Doppelzimmer und Schlafsäle in einem ehemaligen Edel-Bordell sind hell, bunt und mit Flair eingerichtet. Sie haben weiße Wände und witzige Designmotive, meist Delfter Fliesen und Windmühlen. Mit einem eigenen Bad für jedes Zimmer sowie WLAN, einem Garten hinter dem Haus zum Entspannen und einer superbequemen, rund um die Uhr geöffneten Lounge übersteigt die Ausstattung bei Weitem die eines typischen Hostels. Das Frühstück ist im Preis inbegriffen.

★ HOTEL V FREDERIKSPLEIN BOUTIQUE-HOTEL €€

Karte S. 326 f. (020-662 32 33; www.hotelvfrederiksplein.nl; Weteringschans 136; DZ 99–219 €; ; 1/7/19/24 Frederiksplein) Mit beruhigendem Ausblick über den üppig begrünten Frederiksplein, aber dennoch nicht zu weit von den Bars und Restaurants der Utrechtsestraat entfernt gelegen, strahlt das Hotel V einen Stil aus, der deutlich über seiner Preisklasse liegt. Die 48 Zimmer zeichnen sich durch schickes Design aus, z. B. in Form von witzigen Schablonenzeichnungen an den Wänden und Ledersesseln aus der Mitte des letzten Jahrhunderts.

SEVEN BRIDGES BOUTIQUE-HOTEL €€

Karte S. 326 f. (020-623 13 29; www.sevenbridgeshotel.nl; Reguliersgracht 31; DZ 135–280 €; ; 4 Keizersgracht) Das Seven Bridges liegt traumhaft an einem der schönsten Kanäle Amsterdams und lässt seine Gäste in aristokratische Opulenz eintauchen. Die Zimmer sind prächtig mit orientalischen Teppichen und polierten Antiquitäten eingerichtet. Angesichts des eleganten Porzellans, auf dem das Frühstück (10 €) im Zimmer serviert wird, hat es so mancher Gast gar nicht mehr so eilig mit der Stadtbesichtigung...

HOTEL FREELAND BOUTIQUE-HOTEL €€

Karte S. 326 f. (020-622 75 11; www.hotelfreeland.com; Marnixstraat 386; EZ/DZ/3BZ ab 80/130/150 €, EZ ohne Bad ab 70 €; ; 1/2/5/7/11/12/19 Leidseplein) Mit roten Wänden, weißer Bettwäsche, Philippe-Starck-Stühlen, guten Soundsystemen und Rechnern in den Zimmern wirkt dieses kleine, LGBT-freundliche Hotel schon etwas flippig. Reservierungen sind weit im Voraus notwendig. Das Frühstück kostet 8 € und wird bis 13 Uhr serviert.

HOTEL KAP HOTEL €€

Karte S. 326 f. (020-624 59 08; Den Texstraat 5b; DZ/3BZ/4BZ ab 120/170/210 €; ; M Vijzelgracht, 1/7/19/24 Vijzelgracht) Dieses Boutique-Hotel in einem Gebäude aus dem 19. Jh. mit altmodischem Flair punktet mit seiner guten Lage und den zuvorkommenden, LGBT-freundlichen Besitzern. Die Treppen sind steil und es gibt keinen Fahrstuhl, doch die Zimmer wurden vor Kurzem renoviert und sind hell und modern. Die Bäder und Fußböden wurden komplett erneuert und der Fernseher hat Netflix-Zugang.

HOTEL LA BOHEME HOTEL €€

Karte S. 326 f. (020-624 28 28; www.la-boheme-amsterdam.com; Marnixstraat 415; DZ/3BZ 150/210 €; ; 1/2/5/7/11/12/19 Leidseplein) Die Zimmer des La Boheme sind einfach und sauber, und dank der zentralen Lage sind sie sehr gefragt, deshalb geht hier ohne langfristige Reservierung nichts. An den Wochenenden gilt ein Mindestaufenthalt von drei Nächsten. Das Frühstück ist im Preis enthalten.

HOTEL ADOLESCE BOUTIQUE-HOTEL €€
Karte S. 326 f. (☎020-626 39 59; www.en.adolesce.nl; Nieuwe Keizersgracht 26; EZ/DZ 90/160 €, mit Gemeinschaftsbad 85/125 €; ; MWaterlooplein, 14 Waterlooplein) Das kleine familiengeführte Hotel befindet sich in einem Grachtenhaus genau gegenüber vom Hermitage Museum und verströmt viel gemütlichen altmodischen Charme. Steile Stufen führen hinauf zu zehn makellosen Zimmern in ganz unterschiedlichen Größen und Formen; alle sind mit hellen, modernen Kunstdrucken dekoriert. Das Frühstück ist im Preis inbegriffen und wird den ganzen Tag über serviert.

★SEVEN ONE SEVEN BOUTIQUE-HOTEL €€€
Karte S. 326 f. (☎020-427 07 17; www.717hotel.nl; Prinsengracht 717; DZ ab 400 €; ; 2/11/12 Prinsengracht) Die exquisit eingerichteten Zimmer, die aussehen wie aus einer Zeitschrift für stilvolles Wohnen, bieten einen in Amsterdam seltenen Luxus: Geräumigkeit. Die Zimmer mit ihren hohen Decken, riesigen Sofas, dem beeindruckenden Einsatz von Farben und einer Inneneinrichtung im Stil von „modern-trifft-auf-antik" mag man gar nicht wieder verlassen.

HOTEL NOTTING HILL DESIGNHOTEL €€€
Karte S. 326 f. (☎020-523 10 35; www.hotelnottinghill.nl; Westeinde 26; DZ ab 250 €; ; 4 Stadhouderskade) Das Notting Hill hat der niederländische Designer Wim Hoopman von Hoopman Interior Projects (passend als HIP abgekürzt) mit viel Flair eingerichtet. Aus dem ehemaligen Bürogebäude wurde ein Boutique-Hotel mit 71 eleganten, stilvollen Zimmern, die durch ihre ungewöhnlichen Tapeten auffallen. Die teureren Zimmer haben zudem einen schönen Blick auf den Kanal. Überall finden sich übergroße, moderne Kunstwerke. Das Hotel liegt genau in der Mitte zwischen Utrechtsestraat und De Pijp.

BANKS MANSION HOTEL €€€
Karte S. 326 f. (☎020-420 00 55; www.carlton.nl/banksmansion; Herengracht 519–525; EZ/DZ ab 250/350 €, EZ/DZ Suite 400/600 €; ; 2/11/12 Keizersgracht) Das schicke, renovierte Hotel bietet luxuriös-bequeme Jugendstilzimmer und eine stilvolle Lobby mit Anklängen an Frank Lloyd Wright. Die Bäder sind mit riesigen Regenduschen ausgestattet. Die Zimmer mit Kanalblick kosten etwa 40 € mehr, wobei die seitlichen Zimmer den Mini-Blick gratis gewähren. Alle Getränke, Minibar und Frühstück (Büfett und warme Gerichte) sind im Preis inbegriffen.

Jordaan & der Westen

CHRISTIAN YOUTH HOSTEL 'THE SHELTER JORDAN' HOSTEL €
Karte S. 332 f. (☎020-624 47 17; www.shelterhostelamsterdam.com; Bloemstraat 179; B 33–41 €; @; 5/13/17/19 Marnixstraat) Sich in diesem 96-Betten-Hostel mit der „Alles verboten"-Vorgabe (Alkohol, Kiffen, Partys) zu arrangieren fällt gar nicht schwer, da es so schön ist. Die nach Geschlechtern getrennten Schlafräume sind ruhig und sauber. Dazu gibt's ein Klavier und einen Garten im Innenhof. Das Frühstück ist hervorragend – vor allem die locker-leichten Pfannkuchen. Das Café serviert den ganzen Tag günstige Gerichte.

★CONSCIOUS HOTEL WESTERPARK BOUTIQUE-HOTEL €€
Karte S. 325 (☎020-820 33 33; www.conscioushotels.com; Haarlemmerweg 10; DZ/3BZ ab 134/142 €; ; 5 Van Limburg Stirumstraat) Das 2018 eröffnete Hotel mit 89 Zimmern residiert im prächtigen, 1885 erbauten Ziegelgebäude Stadsdeelkantoor, das heute unter Denkmalschutz steht. Viele Elemente in den Zimmern, von den Kleiderbügeln bis zu Teilen der Heizung, bestehen aus recycelten Materialien. Der Strom stammt aus Windenergie, an den Aquaponik-Wänden wachsen die im Café verwendeten Gemüsesorten und Kräuter (das Bio-Frühstück ist im Preis enthalten) und im Bad gibt's Bio-Toilettenartikel.

★HOUSEBOAT MS LUCTOR B&B €€
Karte S. 325 (☎06 2268 9506; www.boatbedandbreakfast.nl; Westerdok 103; DZ ab 140 €; ; 48 Westerdoksdijk) Ein üppiges Bio-Frühstück (im Preis enthalten) wird jeden Morgen zu diesem Hausboot von 1913 mit Metallrumpf und Mahagonivertäfelung geliefert. Es ankert an einem ruhigen Wasserlauf nur zehn Gehminuten von der Centraal Station und fünf Minuten vom Jordaan entfernt. Umweltschutz wird hier großgeschrieben: Solarenergie wird gewonnen, es gibt zwei Leihräder und ein Kanu, mit dem die Kanäle erkundet werden können. Der Mindestaufenthalt liegt bei zwei Nächten.

LINDEN HOTEL BOUTIQUE-HOTEL €€

Karte S. 330 f. (☎020-622 14 60; www.lindenhotel.nl; Lindengracht 251; DZ ab 150 €; 📶; 🚋3/5 Marnixplein) Das Linden findet man in ruhiger Lage am Kanal, nur ein paar Schritte von einigen der besten Restaurants und Märkte im Jordaan entfernt. Es bietet kleine, aber wunderschön eingerichtete Zimmer mit auffallend gestalteten Wänden in Jadegrün, schimmernden Kissen in Muschelrosa, Teppichen mit gewirbeltem Muster und Duftkerzen. Tee, Kaffee und verschiedene Wassersorten stehen kostenlos in der Lobby zur Verfügung. Es gibt sogar einen winzigen Aufzug. Und das Personal ist ausgesprochen freundlich und hilfsbereit.

BACKSTAGE HOTEL HOTEL €€

Karte S. 332 f. (☎020-624 40 44; www.backstagehotel.com; Leidsegracht 114; EZ mit Gemeinschaftsbad ab 85 €, DZ mit eigenem Bad/Gemeinschaftsbad ab 159/125 €; 📶; 🚋5/7/19 Leidseplein) Das Backstage ist richtig witzig und bei Musikern, die in der Nähe in Melkweg und Paradiso auftreten, sehr beliebt. Das zeigt sich auch am Klavier und Billardtisch in der Lobby, die beide mit Autogrammen übersät sind. Konzertplakate (viele davon signiert) säumen die Korridore; die Zimmer sind in den Neo-retro-Farben Schwarz und Weiß gehalten und mit Musikanlagen und Schlagzeug-Deckenbeleuchtung ausgestattet. Gäste können Gitarren sowie Plattenspieler und Schallplatten für ihr Zimmer ausleihen.

HOTEL DE WINDKETEL APARTMENT €€

Karte S. 325 (www.windketel.nl; Watertorenplein 8; DZ ab 160 €; 📶; 🚋5 Van Hallstraat) Der kleine achteckige Wasserturm, der mitten auf einem verkehrsberuhigten Platz steht, wurde 1897 als Teil der Amsterdamer Wasserwerke erbaut und von engagierten Anwohnern vor dem Abriss gerettet.

Niederländisches Design ziert die Küche und das Esszimmer im Erdgeschoss, das Wohnzimmer im ersten Stock und das Badezimmer und Schlafzimmer (mit Dachfenster) im obersten Stock unter der originalen Holzdecke. Der Mindestaufenthalt beträgt drei Nächte, Kinder unter zwölf Jahren sind nicht erwünscht.

★MR JORDAAN DESIGNHOTEL €€€

Karte S. 330 f. (☎020-626 58 01; www.mrjordaan.nl; Bloemgracht 102; EZ/DZ/3BZ ab 129/220/285 €; 📶; 🚋13/17 Westermarkt) Aus Holz gearbeitete Kopfteile der Betten in Form von Grachten-Giebelhäusern, eine Beleuchtung aus Wasserrohren und Kakteen neben dem Bett und Vintage-Elemente in den öffentlichen Bereichen wie Fernseher aus den 60er-Jahren, abgewetzte Koffer und Schreibmaschinen – das sind nur ein paar der überraschenden Designelemente des supercoolen, erfrischend unkonventionellen Hotels im Herzen des Jordaan.

MORGAN & MEES BOUTIQUE-HOTEL €€€

Karte S. 332 f. (☎020-233 49 30; www.morganandmees.com; 2e Hugo de Grootstraat 2-6; DZ/Suite ab 187/238 €; ❄📶; 🚋3 Hugo de Grootplein) In diesem schicken kleinen Hotel am Rand des Jordaan dreht sich alles um Komfort und Stil. Neun weiße Zimmer mit Coco-Mat-Betten in King- oder Queensize-Größe und mit großen Fernsehern liegen oberhalb der schicken hoteleigenen Bar mit Restaurant. Dank des gelassen agierenden Personals fühlen sich Gäste hier schnell wie zu Hause. Die etwas versteckte Lage trägt das Ihre zum intimen Ambiente bei.

ROOM MATE AITANA DESIGNHOTEL €€€

Karte S. 325 (☎020-891 48 00; www.room-matehotels.com; IJdok 6; DZ/3BZ/Suite ab 260/305/340 €; P❄@📶; 🚋48 Westerdoksdijk) In funkelndem Glas strahlt dieses markante Hotel mit Blick auf die westlichen Inseln und den Fluss IJ. Die Inneneinrichtung stammt vom Architekten Tomas Alia. Die topmodernen Zimmer sind unterschiedlich groß und individuell gestaltet: von kräftigen Rot- und Pinktönen bis zu dekorativen Silhouetten von Grachtenhäusern. Alle haben raumhohe Fenster. Außerdem gibt's einen rund um die Uhr geöffneten Fitnessbereich, ein Restaurant, eine Bar, eine sonnige Terrasse am Ufer und Bootsliegeplätze für Gäste, die mit dem Boot kommen.

Vondelpark & der Süden

STAYOKAY AMSTERDAM VONDELPARK HOSTEL €

Karte S. 334 f. (☎020-589 89 96; www.stayokay.com; Zandpad 5; B 20–65 €, 2BZ ab 100 €; 📶; 🚋1/3/11 1e Constantijn Huygensstraat) Ganz in der Nähe des Vondelparks liegt dieses Hostel mit 536 Betten, in dem Backpacker aus aller Welt, Familien und Gruppen übernachten. Es bietet Privatzimmer sowie farbenfrohe gemischte oder nach Geschlechtern getrennte Schlafsäle. Das Frühstück ist etwas besser als in den meisten anderen Hostels und es gibt ein großes, mit Pflanzen geschmücktes Lobby-Café mit Arbeitsplätzen und ruhigen Ecken.

CITYHUB AMSTERDAM
HOSTEL €

Karte S. 334 f. (www.cityhub.com/amsterdam; Bellamystraat 3; Kapsel ab 85 €; ; 7/17 Ten Katestraat) Unweit von De Hallen (S. 172) vermietet dieses Hightech-Hostel Kapseln oder „Hubs" im japanischen Stil. Sie sind zwar klein, haben aber farbige Beleuchtung und eingebaute Lautsprecher, die per App bedient werden. Als Zimmerschlüssel dient ein Armband, das auch Zutritt in die Selbstbedienungsbar gewährt. Die Bäder sind makellos sauber, die Mitarbeiter freundlich und es gibt Schließfächer fürs Gepäck.

★ HOTEL NOT HOTEL
DESIGNHOTEL €€

Karte S. 334 f. (020-820 45 38; www.hotelnothotel.com; Piri Reisplein 34; DZ mit/ohne Bad ab 139/60 €; ; 7/17 Witte de Withstraat) Hier übernachtet man quasi in einem Gesamtkunstwerk: die Zimmer selbst sind alles Kunstinstallationen. So kann man in der Amsterdam Tram 965 schlafen (Kingsize-Bett), es sich in einem niedlichen blau-weißen VW-Bus gemütlich machen, sich hinter einem geheimen Bücherregal aufs Ohr hauen, dem alltäglichen Stress in der Crisis-Free-Zone entfliehen (in der Holzschnitzereien in transsilvanischem Stil alle böse Geister vertreiben sollen) oder über eine Leiter einen Schiffsausguck erklimmen.

★ HOTEL FITA
HOTEL €€

Karte S. 334 f. (020-679 09 76; www.fita.nl; Jan Luijkenstraat 37; EZ/DZZ ab 125/159 €; ; 2/3/5/12 Van Baerlestraat) Das Hotel ist in Familienbesitz und liegt an einer ruhigen Straße unweit der Museen. Es hat 20 lichtdurchflutete Zimmer mit Nespresso-Kaffeemaschinen und schicken Bädern. Außerdem gibt's ein umfangreiches (im Preis enthaltenes) Frühstück mit Eiern, Pfannkuchen, Käse und verschiedenen Brotsorten sowie einen Aufzug. Der freundliche junge Besitzer sorgt dafür, dass das Gebäude im Topzustand bleibt und die Mitarbeiter sind aufmerksam. Das Preis-Leistungs-Verhältnis ist für diese Gegend spitze, darum ist das Hotel schnell ausgebucht.

COLLECTOR
B&B €€

Karte S. 334 f. (020-673 67 79; www.the-collector.nl; De Lairessestraat 46; DZ 120–150 €; @; 3/5/12 Museumplein) Reizende B&B mit zwei geräumigen, sehr gepflegten Zimmern mit großen Fenstern. Beide sind mit einer eigenen museumsähnlichen Sammlung an Uhren, Holzclogs und Antiquitäten dekoriert, die der Besitzer Karel über die Jahre gesammelt hat, und haben einen Balkon und einen Fernseher. Die Küche ist gut ausgestattet für Gäste, die sich ein Frühstück zubereiten möchten – die Eier kommen von Karels Hühnern im Garten.

CONSCIOUS HOTEL MUSEUM SQUARE
BOUTIQUE-HOTEL €€

Karte S. 334 f. (020-820 33 33; www.conscioushotels.com; De Lairessestraat 7; DZ/FZ ab 135/166 €; @; 3/5/12 Museumplein) Das intimste Hotel der Conscious-Hotel-Gruppe liegt den wichtigsten Museen der Stadt am nächsten. 2019 wurde es renoviert. Es hat eine üppig begrünte Gartenterrasse und umweltfreundliche Zimmer mit Möbeln aus recycelten Materialien. Jeden Abend um 18 Uhr gibt's zur Free Wine Hour ein kostenloses Glas Wein, und morgens kommt Bio-Frühstück auf den Tisch (16 € zusätzlich).

SWEETS HOTEL OVERTOOMSESLUIS
FERIENHAUS €€

Karte S. 334 f. (020-740 10 10; www.sweetshotel.amsterdam; Overtoomsesluis; Suite ab 140 €;) Eines der 28 historischen Brückenhäuser in der ganzen Stadt, die von einem Team von Architekten, Designern und Bauunternehmern in Hotelsuiten verwandelt wurden. Es liegt zwischen dem Vondelpark und dem Rembrandtpark, sodass Restaurants und das Nachtleben unkompliziert zu erreichen sind. Eingerichtet ist es mit hippen Möbeln, einer gemütlichen Schlafnische und einer Miniküche.

ALLE EINSTEIGEN!

Im entspannten Hostel **Train Lodge** (020-684 92 24; www.trainlodge.com; Changiweg 121; B ab 30 €, 3-/6-Bett Privatabteile ab 93,50/182 €; ; M Sloterdijk) auf den Schienen des Bahnhofs Sloterdijk bieten ehemalige Schlafwagen der Strecke Zürich–Rom insgesamt 132 Betten in Drei- und Sechs-Bett-Abteilen (manche nur für Frauen). Diese haben jeweils ein Waschbecken; Duschen und Toiletten befinden sich auf dem Gang. Obwohl sich das Train Lodge außerhalb der Stadt befindet, sind es nur sechs Minuten mit der Metro bis zur Centraal Station. Das Frühstück kostet 6,50 €.

CONSCIOUS HOTEL THE TIRE STATION HOTEL €€

Karte S. 334 f. (☎020-820 33 33; www.conscioushotels.com; Amstelveenseweg 5; DZ 100–180 €; P📶; 🚋1 Rhijnvis Feithstraat) In der ehemaligen Michelin-Reifenstation und nur ein paar Türen vom Schwesterhotel Conscious Hotel Vondelpark entfernt (insgesamt gibt's vier Conscious-Hotels) residiert dieses Hotel, dessen schicke, aber umweltfreundliche Zimmer bei Travellern beliebt sind. Die bequemen Betten haben Kopfteile aus Kork; als Dekoration gibt's witzige Bilder. Die recht kleinen Bäder haben gute Duschen und ein freundlich aufforderndes Schild „Get Naked".

OWL HOTEL HOTEL €€

Karte S. 334 f. (☎020-618 94 84; www.owl-hotel.nl; Roemer Visscherstraat 1; EZ/DZ 125/165 €; 📶; 🚋1/3/11 1e Constantijn Huygensstraat) Das günstig in der Nähe des Vondelparks gelegene Hotel mag ein wenig altmodisch sein, doch die Zimmer sind hell und ruhig und die Mitarbeiter freundlich und hilfsbereit. Die Eulenfiguren an der Rezeption wurden von ehemaligen Gästen aus aller Welt hergeschickt, um die hoteleigene Sammlung zu vergrößern. Es gibt auch Familienzimmer. Das Frühstücksbüffet wird in einem lichtdurchfluteten Raum mit Blick in den Garten serviert.

CONSCIOUS HOTEL VONDELPARK BOUTIQUE-HOTEL €€

Karte S. 334 f. (☎020-820 33 33; www.conscioushotels.com; Overtoom 519; DZ/3BZ ab 90/121,50 €; ❄📶; 🚋1 Rhijnvis Feithstraat) Der Vondelpark-Ableger der umweltbewussten Hotelgruppe ist mit seinen 81 Zimmern eine gastfreundliche Unterkunft und liegt unweit des Restaurants „Overtoom" und des grünen Vondelpark. Es trägt sein Umweltbewusstsein klar zur Schau: Es gibt eine Pflanzenwand in der Lobby, selbstversorgende Topfpflanzen in den Zimmern, riesige Wandmalereien mit Blumenmotiven sowie eine kunstvolle Verwendung recycelter Materialien bei der Zimmerausstattung. So sind etwa die Ablageflächen in den Bädern aus gepresstem Karton. Für das Bio-Frühstücksbüfett werden 16 € verlangt.

NEIGHBOUR'S MAGNOLIA HOTEL €€

Karte S. 334 f. (☎020-676 93 21; www.magnoliahotelamsterdam.com; Willemsparkweg 205; EZ/DZ ab 100/125 €; 📶; 🚋2 Emmastraat) Das ruhig gelegene Hotel im Oud-Zuid (Alter Süden), dem wohlhabendsten Viertel Amsterdams, liegt etwas südlich vom Vondelpark und ist mit seinem ausgezeichneten Preis-Leistungs-Verhältnis eine gute Wahl. Das Mitarbeiterteam ist freundlich. Die Zimmer mit netten Farbakzenten haben einen hübschen Ausblick. Die Zimmer auf der Gebäuderückseite bieten Balkone hin zum ruhigen Innenhof mit seinen vielen Blumen (und natürlich einem Magnolienbaum). Das Frühstück kostet 12,50 €.

FLYNT B&B B&B €€

Karte S. 334 f. (☎020-618 46 14; www.flyntbedandbreakfast.nl; 1e Helmersstraat 34; DZ 90–140 €; @📶; 🚋1 1e Constantijn Huygensstraat) Das toll in der Nähe des Museumsviertels gelegene B&B hat einen freundlichen Besitzer, zwei kreativ gestaltete Zimmer (natürlich inklusive Fahrrad an der Wand im Fahrradzimmer) und eine gemütliche Frühstücksecke – die Zutaten fürs Frühstück stehen rund um die Uhr zur Verfügung.

★ PILLOWS ANNA VAN DEN VONDEL BOUTIQUE-HOTEL €€€

Karte S. 334 f. (☎020-683 30 13; www.pillowshotels.nl; Anna van den Vondelstraat 6; DZ ab 300 €; ❄📶; 🚋1/11 Jan Pieter Heijestraat) Das solide Hotel, das sich in einer Reihe von drei prächtigen, rot-weiß gestreiften Herrenhäusern aus dem 19. Jh. befindet, bietet herausragenden Service und Zimmer mit Ausblick über den besinnlichen englischen Privatgarten. Die Betten sind mit weicher weißer Bettwäsche bezogen, die Wände sind in zartem Taubengrau gehalten, und die Bestuhlung wirkt wie aus der Mitte des letzten Jahrhunderts und ist mit hellblauem Knautschsamt bezogen. Mittels eines Geräts neben dem Bett kann der Zimmerservice kinderleicht genutzt werden Das Frühstück kostet 26 €.

HILTON AMSTERDAM HOTEL €€€

Karte S. 334 f. (☎020-710 60 00; www.hilton.com; Apollolaan 13; DZ ab 220 €; ❄📶; 🚋2 Cornelius Schuytstraat) Dies ist das Hotel, in dem John und Yoko 1969 ihr berühmtes „Bed-in for peace" veranstalteten. Es liegt im grünen Viertel Oud-Zuid (Alter Süden) in der Nähe des Vondelparks und hat schöne Rasenflächen direkt an der Gracht und natürlich allen Luxus, den man von einem Fünf-Sterne-Hotel gewohnt ist. Man kann sogar in der „John & Yoko"-Suite übernachten, also quasi in einem Stück Geschichte. Der Ausblick aus den riesigen Fenstern und vom Balkon ist toll.

CONSERVATORIUM HOTEL DESIGNHOTEL €€€

Karte S. 334 f. (☎020-570 00 00; www.conservatoriumhotel.com; Van Baerlestraat 27; DZ ab 470 €;

❄📶🏊; 🚋3/5/12 Van Baerlestraat) Der prächtige neogotische Bau gegenüber vom Concertgebouw, in dem das Hotel residiert, war ursprünglich eine Bank und später das städtische Konservatorium. Beim jüngsten Umbau wurde es in ein großartiges achtstöckiges Fünf-Sterne-Hotel mit imposanten öffentlichen Bereichen verwandelt. Besonders beeindruckend ist der riesige überdachte Innenhof mit den hohen Glaspaneelen und den Stahlträgern zwischen den Mauerwänden aus dem 19. Jh. Die modernen Zimmer sind in neutralen Farben und mit Designermöbeln gestaltet.

HOTEL DE HALLEN DESIGNHOTEL €€€

Karte S. 334 f. (☎020-515 04 53; www.hoteldehallen.com; Bellamyplein 47; DZ 190–280 €; ❄📶; 🚋7/17 Ten Katestraat) In ehemaligen Straßenbahnhallen, in denen jetzt das Kulturzentrums De Hallen (S. 172) beheimatet ist, bietet das Designhotel coole Details, z. B. eine Schaukel in der Lobby oder die 55 Zimmer in schickem Industriedesign. Alle sind mit Kokosmatratzen, Nespresso-Kaffeemaschinen und Minibar ausgestattet. In den eleganten Gemeinschaftsbereichen befinden sich u. a. das Restaurant Remise 47, ein Loungebereich, eine Bar und eine rundum verlaufende Terrasse mit Sonnenschirmen. Für das Frühstück werden 20 € verlangt.

De Pijp

BICYCLE HOTEL AMSTERDAM HOTEL €€

Karte S. 338 f. (☎020-679 34 52; www.bicyclehotel.com; Van Ostadestraat 123; DZ/3BZ/FZ ab 100/150/160 €, EZ/DZ/3BZ mit Gemeinschaftsbad ab 65/85/105 €; @📶; Ⓜ De Pijp, 🚋3/4 2e Van der Helststraat) 🍃 Marjoleins und Clemens' Hotel ist umweltbewusst – der Strom wird mit Solarzellen auf dem Dach gewonnen – und hat freundliche, gemütliche Zimmer. Die Inhaber verleihen Räder (pro. Tag 8 €) und servieren ein hervorragendes Bio-Frühstück, das im Preis inbegriffen ist. Verfehlen kann man das Hotel übrigens nicht: An der Backsteinfassade hängen Fahrräder.

LITTLE AMSTEL B&B €€

Karte S. 338 f. (☎06 1532 1577; www.littleamstel.com; Amsteldijk 700; DZ ab 125 €; 📶; 🚋4 Stadhouderskade) Die Fenster der zwei kabinenartigen Zimmer auf einem Hausboot blicken direkt über die Amstel, den Fluss, dem Amsterdam seinen Namen verdankt. Das „Basic"-Zimmer hat ein Fenster gen Osten, während das „Standard"-Zimmer Ausblick in gleich zwei Richtungen bietet. Beide Zimmer haben einen eigenen Eingang sowie ein eigenes Bad, einen kleinen Kühlschrank und bieten die Möglichkeit, Tee und Kaffee zu kochen. Ein Frühstück (5–15 €) kann geliefert werden.

NINE(T)TEEN B&B €€

Karte S. 338 f. (☎020-233 32 19; www.nine-t-teen.nl; Hemonystraat 10; DZ/Suite ab 134/274 €; 📶; 🚋4 Stadhouderskade) Toll gelegenes B&B in der nordöstlichen Ecke von De Pijp unweit des südlichen Grachtengürtels. Es bietet 19 Zimmer mit Bad, die sich auf vier Stadthäuser verteilen. Die Erdgeschossräume haben kleine Fenster, die Suiten Balkons oder Terrasse. Alle Räume sind mit Nespresso-Maschinen und einem kleinen Kühlschrank ausgestattet, für das Frühstück werden 9,50 € extra verlangt.

★ SIR ALBERT HOTEL DESIGNHOTEL €€

Karte S. 338 f. (☎020-710 72 58; www.sirhotels.com/albert; Albert Cuypstraat 2-6; DZ/Suite ab 170/320 €; ❄@📶; Ⓜ De Pijp, 🚋3/12/24 De Pijp) Das schicke Designhotel in einer ehemaligen Diamantenschleiferei aus dem 19. Jh. vermietet 90 kreativ gestalteten Zimmer und Suiten. Die Räume haben hohe Decken und große Fenster sowie speziell angefertigtes Bettzeug und Espressomaschinen. Im Arbeitszimmer mit Perserteppichen stehen iPads zur Verfügung. Das Hotelteam ist hilfsbereit und arbeitet sehr professionell. Von den zehn Zimmern mit Balkon bieten die nach Westen ausgerichteten Zimmer Nr. 336, 337 und 338 einen schönen Ausblick auf den Sonnenuntergang über der Gracht.

HOTEL OKURA AMSTERDAM HOTEL €€€

Karte S. 338 f. (☎020-678 71 11; www.okura.nl; Ferdinand Bolstraat 333; DZ/Suite ab 198/255 €; ❄@📶🏊; 🚋4/12 Cornelis Troostplein) Das Hotel richtet sich an Geschäftsleute und bietet Extras, mit denen es sich deutlich von der ganzen Konkurrenz in Amsterdam abhebt. Dazu gehören Panoramaausblicke über die Stadt (vor allem von den teureren Zimmern gen Norden) sowie ein Wellnessclub mit einem 18 m langen Schwimmbad mit Gegenstromanlage. Das Hotel hat zudem insgesamt vier Michelin-Sterne im Haus: zwei für das „Ciel Bleu" (S. 194) im obersten Stock, ein Stern für das japanische Restaurant im Erdgeschoss sowie ein Stern für das Teppanyaki-Restaurant „Sazanka" im Erdgeschoss. Für das üppige Frühstücksbüfett werden 32 € verlangt

Oosterpark & das Viertel östlich der Amstel

GENERATOR AMSTERDAM HOSTEL €
Karte S. 340 (020-708 56 00; www.generatorhostels.com; Mauritskade 57; B 43 €, DZ & 4BZ 120–200 €; ; 14 Alexanderplein) Als Teil einer coolen Designhostel-Kette befindet sich das Hostel in einem 100 Jahre alten ehemaligen Zoologie-Gebäude der Universität mit großen Fenstern, die den grünen Oosterpark überblicken. Das Viertel befindet sich schwer im Kommen. Die Zwei- und Vierbettzimmer sind hell und geradezu schick eingerichtet und haben alle ein eigenes Bad. Die Gäste können sich im Café (mit Terrasse und Blick auf den Park) oder in der Bar (im alten Vorlesungssaal) treffen.

STAYOKAY AMSTERDAM OOST HOSTEL €
Karte S. 340 (020-551 31 90; www.stayokay.com; Timorplein 21; B 20–65 €, 2BZ ab 80 €; ; 14 Zeeburgerdijk) Diese Filiale der Stayokay-Hostels beeindruckt mit über 600 Betten auf drei Etagen in einem großen, stattlichen Gebäude aus roten Ziegeln. Die meisten der blitzsauberen Zimmer sind Schlafsäle für vier, sechs oder acht Personen. Alle sind hell und freundlich und haben ein eigenes Bad. Es gibt auch Privatzimmer für zwei bis sechs Personen. Die Bettwäsche ist im Preis enthalten, Handtücher kosten aber 4,50 €.

★ VOLKSHOTEL HOTEL €€
Karte S. 340 (020-261 21 00; www.volkshotel.nl; Wibautstraat 150; Zi. 120–250 €; ; M Wibautstraat) Von der tristen Umgebung sollte man sich nicht abschrecken lassen: Das Volkshotel wirkt wie eine ultracoole Medienfirma mit glaskastenähnlichen Besprechungszimmern und jeder Menge aufstrebender junger Menschen mit Laptops im Arbeitsbereich. Die originellen Zimmer sind alle unterschiedlich, immer aber mit Designerelementen und in kräftigen Farben gestaltet. Auf dem Dach kann man sich in Whirlpools entspannen und dabei die unglaubliche Aussicht genießen. Die Dachterrassenbar Canvas (S. 205) ist einer der coolsten Treffpunkte Amsterdams.

Amsterdam Noord

★ CLINKNOORD HOSTEL €
Karte S. 341 (020-214 97 30; www.clinkhostels.com; Badhuiskade 3; B/EZ/DZ ab 28/90/135; ; Buiksloterweg) Clink ist eine Kette von Designhostels, die auch in London Ableger hat. Dieses Hostel befindet sich in einem Laborgebäude aus den 1920er-Jahren am Flussufer des IJ, direkt am Fähranleger Buiksloterweg. Die Fähre vom Hauptbahnhof dorthin braucht nur fünf Minuten, ist kostenlos und fährt rund um die Uhr. Die Schlafsäle mit vier bis 16 Betten sind in einem minimalistischen Industriestil gehalten und haben alle ein eigenes Bad.

CAMPING VLIEGENBOS CAMPINGPLATZ €
Karte S. 341 (020-636 88 55; Meeuwenlaan 138; Stellplatz für 2 Pers. 18–22 €, Hütte 75–100 € April–Okt.; ; IJplein, M Noorderpark) Dieser Zeltplatz im Wald liegt keine 2 km vom IJplein-Fähranleger entfernt. Er ist klein und kann recht voll werden, ist aber dafür auch sehr grün und wirkt trotz seiner Nähe zur Stadt recht ländlich. Wer ohne Zelt anreist, kann eine der einfachen Hütten mit Etagenbetten oder ein Tipi mieten. Das Personal ist hilfsbereit und freundlich. Es gibt ein Café mit Bar und einen Fahrradverleih (12 € pro Tag).

SWEETS HOTEL GERBEN WAGENAARBRUG FERIENHAUS €€
Karte S. 341 (020-740 10 10; www.sweetshotel.amsterdam; Kraaienplein; Suite ab 140 €; ; IJplein, M Noorderpark) Nur einen kurzen Fußweg von Amsterdam Noords Bars, Restaurants und Cafés steht dieses dreistöckige Haus mit Blick auf die Boote im Noordhollandsch Kanaal. Es ist das größte der 28 historischen Brückenhäuser, die von einem Team aus Architekten, Designern und Baumeistern in Hotelsuiten verwandelt wurden. Das Haus ist in leuchtenden Farben gestaltet und mit allem ausgestattet, was man benötigt.

★ FARALDA CRANE HOTEL DESIGNHOTEL €€€
Karte S. 341 (020-760 61 61; www.faralda.com; NDSM-plein 78; Suite ab 975 €; ; NDSM-werf) Was ist der hohe, auffällige Industriekran an der NDSM-Werft? Ein Hotel. Die drei Suiten in unterschiedlichen Höhen – „Free Spirit", „Secret" und „Mystique" – sind alle drei Fantasiewelten nachempfunden und wirken mit ihren freistehenden Badewannen, der auffallenden Kunst und den schwindelerregenden Ausblicken wie der Nobel-Unterschlupf eines Drogenbarons im Film. Auf dem Dach des Krans können die Gäste im Außenwhirlpool baden und den

umwerfenden Panoramablick auf das Zentrum von Amsterdam genießen.

★ SIR ADAM DESIGNHOTEL €€€

Karte S. 341 (☎020-215 95 10; www.sirhotels.com; Overhoeksplein 7; DZ/Suite ab 210/450 €; ❄@📶; ⛴Buiksloterweg) Dieses coole Designhotel passt mit seinen riesigen Fensterscheiben, originellen Kissen-Speisekarten, Regenduschen, Illy-Kaffeemaschinen und Crosley-Cruiser-Plattenspielern in den Zimmern perfekt ins hippe Amsterdam Noord. Es ist Teil der Hotelgruppe Sir Hotel und befindet sich im A'DAM Toren (S. 210), in dem es auch etliche Bars, Clubs und Restaurants gibt, darunter das Moon (S. 212).

Amsterdam verstehen

Geschichte

Amsterdam mag zwar eines der größten Handelsimperien der Welt hervorgebracht haben, aber die Gegend war einstmals nicht mehr als ein unwirtlicher Flickenteppich aus Seen, Sümpfen und Mooren, die zum Teil unterhalb des Meeresspiegels lagen und ihre Gestalt mit den Herbststürmen und der Flut veränderten. Die ältesten archäologischen Funde im heutigen Amsterdam stammen aus der Römerzeit, als der Fluss IJ zeitweilig die nördliche Grenze des Römischen Reiches bildete. Einträglicher Seehandel, eine egalitäre Haltung und technische Erfindungsgabe bereiteten den Weg für die heutige moderne Metropole.

Die Anfänge

Die mächtigen Römer, die das Land, die heutigen Niederlande, im 1. Jh. erobert hatten, hinterließen – in ganz untypischer Weise – weder Arenen noch prachtvolle Gräber und auch sonst fast keinerlei Siedlungsspuren. Zwar erschwerte der morastige Untergrund auf Höhe des Meeresspiegels die Errichtung großer Bauwerke, aber die Römer hatten bekanntermaßen solche Probleme zuvor schon in anderen Regionen gelöst. Letztendlich hatten sie wohl schlichtweg andere und wichtigere Länder südlich der Niederlande zu beherrschen.

Um das Jahr 1200 entstand ein Fischerdorf namens Aemstelredamme („der Damm über die Amstel") am heutigen Dam und so wurde der Name Amsterdam geboren.

Das Symbol der Stadt, XXX, erscheint auf dem Wappen, der Flagge (zwei waagerechte rote Streifen mit einem schwarzen Streifen in der Mitte und drei diagonal angeordneten weißen Andreaskreuzen), an städtischen Gebäuden und auf Waren. Es entstand 1505, als Amsterdam noch ein Fischerort war (der hl. Andreas ist der Patron der Fischer).

Der Beginn des Handels

Landwirtschaft war auf dem Marschland direkt an der Küste eine heikle Angelegenheit. Deshalb widmeten sich die frühen Siedler der Fischerei. Aber richtig erfolgreich wurden sie schließlich als Händler. Im Unterschied zu den mächtigen Stadtstaaten, die sich auf den Überlandhandel mit Flandern und Norditalien konzentrierten, verlegte sich Amsterdam schlauerweise und auch notgedrungen auf die Meeresstraßen. Der große Preis? Die Nord- und die Ostsee, die vor allem von dem mächtigen Verbund der Hanse und den wohlhabenden Hansestädten beherrscht wurden.

ZEITACHSE

1150–1300

Um den IJ zwischen der Zuiderzee und Haarlem zu stauen, werden Deiche errichtet. Am Ufer der Amstel entsteht eine winzige Gemeinde von Heringsfischern.

1275

Der Graf von Holland erlässt den Anwohnern des Amstelufers den Wegezoll; Amsterdam wird gegründet. Über das heutige Ijsselmeer erhält die Stadt ihren direkten Zugang zum Meer.

1380

Die Grachten, die das heutige Zentrum prägen, werden gebaut. Die Stadt blüht auf, erlangt Kontrolle über den Seehandel in Skandinavien und schließlich freien Zugang zur Ostsee.

Amsterdams gerissene *vrijbuiters* (Freibeuter) ignorierten den einschüchternden Ruf der Hanse und steuerten die Ostseehäfen direkt an, um Stoffe und Salz gegen Getreide und Holz zu tauschen. Ein gelungener Coup: Ende des 15. Jhs. stammte die Mehrheit aller Schiffe, die auf der Ostsee Handel trieben, aus Amsterdam.

Mittlerweile lebten und arbeiteten hier Seeleute, Händler, Handwerker und Glücksritter aus den gesamten Niederlanden (die damals ungefähr dem Gebiet der heutigen Beneluxstaaten entsprachen).

Amsterdam war zu jener Zeit nicht von Strukturen eingeengt wie andere europäische Gesellschaften. Weder gab es die kirchlicherseits sanktionierte Feudalherrschaft noch die Trennung in Adel und Leibeigene und es wurden so gut wie keine Steuern erhoben. So entwickelte sich eine individualistische und ausgesprochen kapitalistische Gesellschaft. Das moderne Image von Amsterdam – frei, offen, progressiv und voller Chancen – war geboren.

Unabhängige Republik

Bei der Reformation ging es nicht ausschließlich um Glauben und Religion, sondern auch um den klassischen Machtkampf zwischen „neuem Geld" der aufstrebenden Kaufleute und Handwerker und „altem Geld" der Grundbesitzer und Aristokratie, deren Macht von der katholischen Kirche gestützt wurde.

In den Niederlanden verbreitete sich eine radikale moralische Strömung des Protestantismus, der Calvinismus. Dieser betonte die Allmacht Gottes und betrachtete die Menschen als sündige Wesen, deren Pflicht es war, ein genügsames Leben zu führen und auch hart zu arbeiten. Die asketischen Calvinisten traten dafür ein, Entscheidungen in der Gemeinde zu treffen, und verachteten die starren Hierarchien, die in der katholischen Kirche vorherrschten.

Der Calvinismus war eine treibende Kraft im Unabhängigkeitskampf gegen König Philipp II. von Spanien. Der asketische und fanatische Katholik Philipp erbte als ältester Sohn Karls V. das Königreich Spanien, die Kolonien in Amerika und auch die Niederlande. Mit seinem Bestreben, die spanische Inquisition einzuführen, die Regierung zu zentralisieren und Steuern zu erheben, zog er sich den Zorn der Bevölkerung zu und erweckte eine Art Nationalstolz.

Die sieben nördlichen Provinzen riefen 1579, mit dem mächtigen Amsterdam auf ihrer Seite, eine unabhängige Republik unter Führung von Wilhelm von Oranien aus – dem Urahn der heutigen königlichen Familie. Den Beinamen „der Schweiger" erhielt Wilhelm, weil er sich weise aus der religiösen Debatte heraushielt. Bis heute ist er der unbestrittene Gründer – und Vater – der Niederlande.

Die Magie der kleinen Dinge (2014) ist ein Roman von Jessie Burton, der im Goldenen Zeitalter spielt. Hauptfigur ist Petronella Oortman, die Besitzerin des verwinkelten Puppenhauses, das inzwischen viele Besucher ins Rijksmuseum zieht. In dem Buch ist sie eine mysteriöse Künstlerin, welche Nella dabei hilft, das Haus zu möblieren ... und möglicherweise auch die Schlüssel zur Zukunft ihrer Familie hält.

1452

Nach dem zweiten verheerenden Feuer im 15. Jh. wird gesetzlich verordnet, dass nur noch Ziegel und Kacheln als Baumaterialien in der Stadt verwendet werden dürfen.

1519

Der Habsburger Karl V. wird zum deutschen König gewählt. Durch Verträge und Eheschließungen fällt auch Amsterdam an Habsburg.

1543

Karl V. vereint die historischen Niederlande (in etwa die heutigen Beneluxländer) und erklärt Brüssel zur Hauptstadt dieser Region.

1578

In einem unblutigen Putsch wird Amsterdam besetzt. Ein Jahr später schließen sich sieben Provinzen zur Republik der Niederlande zusammen.

Das Goldene Zeitalter (1580–1700)

Im Jahr 1588 wurde Den Haag zum Sitz der Niederländischen Republik ernannt, doch Amsterdam wuchs rasch und wurde die größte und einflussreichste Stadt der Niederlande.

Um 1600 kontrollierten holländische Schiffe den Seehandel zwischen England, Frankreich, Spanien und dem Ostseeraum; sie besaßen quasi ein Monopol auf den Fischfang in der Nordsee und den Walfang in der Arktis. Von jüdischen Einwanderern lernten die holländischen Seeleute zudem neue Handelswege kennen und begründeten die Niederländische Ostindien-Kompanie und die Niederländische Westindien-Kompanie. Eine Zeit lang stellten die Niederlande die Flotten mächtiger Staaten in den Schatten, die für eine Reaktion zu langsam oder zu schwerfällig waren. Da es weder eine dominierende Religion noch eine ethnische Mehrheit oder ein einheitliches Staatswesen gab, standen das Geld und wirtschaftliche Interessen unangefochten an erster Stelle.

Zwei Jahrzehnte später erkundeten niederländische Kaufleute bereits die Welt bis in die letzten Winkel. Mitte des 17. Jhs. besaßen die Niederländer mehr seetüchtige Handelsschiffe als England und Frankreich zusammen. Die Hälfte aller Schiffe, die zwischen Europa und Asien verkehrten, gehörten den Niederländern und exotische Erzeugnisse und Produkte wurden zu Massenware – Kaffee, Tee, Gewürze, Tabak, Baumwolle, Seide und Porzellan. In Amsterdam entwickelte sich Europas größte Schiffbauindustrie – Wohlstand und technische Innovationen ließen die Stadt florieren.

Im Jahr 1651 erließ England die ersten von mehreren Schifffahrtsgesetzen, die zu einer ernsthaften Bedrohung für den niederländischen Handel werden sollten. Dies führte zu mehreren erbitterten, aber ergebnislosen Seeschlachten. Die europäische Konkurrenz spähte Hollands Handelsgeheimnisse aus, organisierte sich neu und eroberte schließlich die Seewege zurück.

Im Jahr 1664 verloren die Niederlande die Kolonie Nieuw Nederland, einschließlich der Provinzhauptstadt Nieuw Amsterdam (das spätere New York), an die Briten. Nach dem anschließenden Zweiten Englisch-Niederländischen Krieg (1665–1667) wurde im Frieden von Breda 1667 festgelegt, dass Nieuw Nederland in der Hand der Briten, Suriname in Südamerika dafür unter Herrschaft der Niederlande (bis 1954) verbleiben sollten. Die Briten verloren darüber hinaus ihren Anspruch auf die ostindonesische Gewürzinsel Run (niederländisch regiert bis 1949 – ein guter Deal für die Niederlande, welche sehr vom Handel mit den wertvollen Gewürzen, insbesondere der Muskatnuss, profitierten.

Zwei Jahrzehnte später marschierte Ludwig XIV. von Frankreich in die Niederlande ein. So endeten die Jahrzehnte des Wohlstands, das

Lektüre zur Geschichte: Sachbuch

Amsterdam: A History of the World's Most Liberal City (Russell Shorto)

Überfluss und schöner Schein (Simon Schama)

Amsterdam: Biographie einer Stadt (Geert Mak)

Lektüre zur Geschichte: Belletristik

Tulpenfieber (Deborah Moggach)

Max Havelaar (Eduard Douwes Dekker)

Der Kaffeehändler (David Liss)

Rembrandts Mätresse (Sylvie Matton)

1580

Die protestantische Reformation nimmt Fahrt auf und der Katholizismus wird verboten; heimliche Gottesdienste sind erlaubt.

17. Jh.

Das Goldene Zeitalter macht Amsterdam zu einem Zentrum der Kultur. Zur Zeit Rembrandts wird der innere Grachtengürtel gebaut. Die Einwohnerzahl beträgt rund 200 000.

1602

In Amsterdam entsteht die erste Wertpapierbörse der Welt, als die Kammern der Niederländischen Ostindien-Kompanie ihre eigenen Aktien ausgeben.

1618

Die erste Wochenzeitung der Welt, die *Courante uyt Italien, Duytslandt, &c.*, wird in Amsterdam gedruckt. Katholizismus wird verboten, die Ausübung im Privaten aber geduldet.

„Goldene Zeitalter". Die Stadt selbst wurde dadurch zwar nicht ruiniert, aber es sollte über ein Jahrhundert dauern, bis sich die am Boden liegende Wirtschaft wieder erholen konnte.

DAS MERKWÜRDIGE TULPENFIEBER

Der Spekulationswahnsinn des holländischen Tulpenfiebers von 1636 bis 1637 gehört zu den größten Wirtschaftsbooms und -pleiten der Geschichte.

Tulpen waren ursprünglich Wildblumen aus Zentralasien und wurden erstmals von den Türken gezüchtet, die ihre Höfe mit diesen wunderschönen Frühlingsblumen bepflanzten (das Wort „Tulpe" ist wegen der Form der Blütenblätter von „Turban" abgeleitet). Mitte des 16. Jhs. brachte der habsburgische Botschafter in Istanbul einige Zwiebeln nach Wien, wo der kaiserliche Botaniker Carolus Clusius sie vermehren konnte. 1590 wurde Clusius Direktor des Hortus Botanicus in Leiden – eines der ältesten botanischen Gärten Europas – und konnte im kühlen, feuchten Klima und dem fruchtbaren Marschboden der Niederlande mit Erfolg Tulpen züchten und kreuzen.

Die exotischeren Tulpensorten mit fedrigen Blütenblättern und „geflammten" Farbstreifen fanden reiche Kaufleute besonders attraktiv. Sie kauften sie für ihre Wohnzimmer und Flure, um Besucher zu beeindrucken. Zunehmender Wohlstand und Kapital in allen Gesellschaftsschichten schürte den Appetit auf Exotisches und immer mehr Tulpenzüchter befriedigten die steigende Nachfrage.

Als der Spekulationsrausch einsetzte, zahlten die Leute ein Vermögen für die edelsten Tulpenzwiebeln, die oft mehrmals den Besitzer wechselten, bevor sie austrieben. Riesenprofite wurden gemacht und Spekulanten überschlugen sich, um sich gegenseitig zu überbieten. Die Versteigerungen fanden häufig unter Alkoholkonsum in Tavernen statt, was die Begeisterung zweifellos befeuerte.

Die ungebremsten Gewinne konnten natürlich nicht andauern. Als im Februar des Jahres 1637 schließlich mehrere Zwiebelhändler in Haarlem nicht die erwarteten Preise erzielten, brach der Markt ein. Innerhalb weniger Wochen gingen viele der reichsten Kaufleute des Landes bankrott und weitaus mehr Menschen aus bescheideneren Verhältnissen verloren ihr gesamtes Hab und Gut.

Die Liebe zur ungewöhnlichen Tulpe hielt jedoch an und kluge, vernünftige Züchter perfektionierten ihr gärtnerisches Handwerk. Bis heute sind die Niederländer weltweit führend in der Tulpenzucht und liefern die meisten Zwiebeln für den europäischen und nordamerikanischen Markt. Sie züchten auch erfolgreich andere Blumenzwiebeln, wie Narzissen, Hyazinthen und Krokusse.

Und was wurde aus den geflammten, fedrigen Tulpen? Sie werden noch immer gezüchtet, sind aber aus der Mode gekommen. Heute heißen sie Rembrandt-Tulpen, weil sie auf so vielen Gemälden aus dem 17. Jh. abgebildet sind.

Wer mehr über diese Zeit lesen möchte, findet interessante Information in *Tulpenwahn: Die verrückteste Spekulation der Geschichte* von Mike Dash.

1636–1637

Als die Tulpenmanie im Land um sich greift, kosten Blumenzwiebeln mehr als ein Grachtenhaus. Spekulanten werden rasch reich, doch der Markt bricht zusammen und viele gehen pleite.

1664–1667

Die Briten erobern die Kolonie Nieuw Nederland (heute der Nordosten der USA), darunter auch Nieuw Amsterdam (heute New York).

1688

Wilhelm III. von Oranien wehrt die Franzosen ab; 1688 landet Wilhelm in England, wo er und seine Frau Maria II. 1689 zu König und Königin gekrönt werden.

1795

Französische Truppen besetzen die Niederlande, die Batavische Republik wird ausgerufen. Die Vereinigten Provinzen werden ein Zentralstaat mit Amsterdam als Hauptstadt.

Sanfter Niedergang (1700–1814)

Die Niederlande besaßen zwar nicht die Mittel, um Frankreich und England direkt zu bekämpfen, aber sie hatten das Geld Amsterdams, um sich freizukaufen und sich die Freiheit der Meere zu sichern.

Doch mit steigenden Kosten veränderte sich Amsterdam. Der Ort, an dem einst alles (was Profit abwarf) möglich war, verwandelte sich in eine lethargische Gesellschaft, in der Vermögensbildung eine Frage der Zinssätze war. Vorbei die Zeit der wagemutigen Seereisen, der Errungenschaften von Kunst, Wissenschaft und Technik, der innovativen Ideen von Regierungen und Finanzkreisen. Hafenstädte wie London und Hamburg wurden zu mächtigen Rivalen.

Während seiner Herrschaft im frühen 19. Jh. wurden Louis Napoleons Versuche, niederländisch zu lernen, geschätzt, auch wenn diese nicht immer erfolgreich waren. So zum Beispiel, als der einmal aussagte, er sei der *Konijn van 'Olland* (Hase von Holland) anstatt der *Koning van Holland* (König von Holland).

Mit dem Niedergang des Handels kam die Armut, ungewöhnlich kalte Winter behinderten den Transport und führten zu Nahrungsengpässen. Die Winter in den Jahren 1740 und 1763 waren so streng, dass einige Einwohner sogar erfroren.

Weil Amsterdam den amerikanischen Unabhängigkeitskrieg (1776) unterstützte, blockierten die Briten die niederländische Küste und Hafenstädte, eroberten niederländische Handelsniederlassungen in aller Welt und erzwangen schließlich die Auflösung der Niederländischen Westindien- und Ostindien-Kompanie.

Auftritt der Franzosen: Im Jahr 1794 marschierten französische Revolutionstruppen in den Niederlanden ein. Napoleon setzte in bewährter Vetternwirtschaft seinen Bruder Louis als König ein und so wurde 1806 aus der Republik eine Monarchie.

Nach Napoleons Niederlage in der Völkerschlacht bei Leipzig (1813) erholte sich Amsterdams internationaler Handel nur langsam; die Vorherrschaft auf den Meeren gehörte mittlerweile den Briten.

Neue Infrastruktur (1814–1918)

In der ersten Hälfte des 19. Jhs. war Amsterdam eine triste und langweilige Stadt. Der Hafen war verwahrlost und die Sandbänke im IJ erwiesen sich als zu großes Hindernis für die moderne Schifffahrt. Rotterdam sollte nun zum wichtigsten Hafen des Landes aufsteigen.

Die Lage sollte sich im Jahr 1839 bessern, und zwar durch die Eröffnung der ersten Eisenbahnverbindung des Landes zwischen Amsterdam und Haarlem. Der Ostindien-Handel war das Rückgrat der Amsterdamer Wirtschaft und dank eines Kanals, der später bis zum Rhein verlängert wurde, profitierte die Stadt schon bald von der beginnenden Industrialisierung in Europa.

Amsterdam lockte erneut Einwanderer an und die Bevölkerung verdoppelte sich in der zweiten Hälfte des 19. Jhs. Spekulanten bauten

1806

Napoleon I. setzt seinen Bruder Louis Bonaparte als König ein – aus der Republik wird ein Königreich.

1813–1814

Nach der Vertreibung der Franzosen wird Wilhelm VI. von Oranien als Wilhelm I. zum König der Niederlande gekrönt..

1830

Mit Hilfe aus Frankreich spalten sich die südlichen Provinzen ab und gründen das Königreich Belgien, das aber erst 1839 von den Niederlanden als souveräner Staat anerkannt wird.

1865–1876

Eine Zeit des rasanten wirtschaftlichen und sozialen Wandels. Der Nordseekanal wird gebaut, das niederländische Schienennetz erweitert und eine Sozialgesetzgebung eingeführt.

VON OUD AMSTERDAM ZU NIEUW AMSTERDAM

Eine der Tafeln im Schreierstoren (S. 71) im Rotlichtbezirk erzählt die Geschichte des englischen Kapitäns Henry Hudson, der 1609 mit seinem Schiff, der Halve Maen (Halbmond), dort die Segel gesetzt hatte. Die Niederländische Ostindien-Kompanie hatte ihn gesandt, eine Nordpassage nach Niederländisch-Ostindien (heute Indonesien) zu finden. Seine Reise führte ihn allerdings zu dem Fluss in Nordamerika, der noch heute seinen Namen trägt. Zurück in England beschlagnahmten die Behörden sein Schiff und verboten ihm, jemals wieder ein fremdes Land zu bereisen.

Davon ließ der Einzelgänger Hudson sich jedoch nicht aufhalten. Beauftragt durch mächtige Privatinvestoren aus Großbritannien und Russland segelte er erneut nach Amerika, um die berüchtigte Nordpassage zu finden. Seinen großen Kenntnissen in der Seefahrt zum Trotz machte sich der eigensinnige Hudson wenig beliebt bei seiner Crew, die im Sommer 1611 einen Aufstand gegen ihn wagte: Hudson, sein Sohn und ein paar weitere seiner Männer wurden in einem Paddelboot auf dem Meer ausgesetzt, das heute als Hudson Bay bekannt ist. Man geht davon aus, dass sie dort nicht lange überlebten.

Trotz allem fand sein Bericht über eine Insel an der Mündung des Hudson River den Weg zurück nach Europa. Schon bald errichteten die Niederlande ein Fort auf dieser Insel mit dem Namen Manhattan, das nicht lange darauf zu einer florierenden Siedlung namens Nieuw Amsterdam wurde. Im Jahr 1626 kaufte ein Vertreter der neu gegründeten Niederländischen Westindien-Kompanie die Insel von den dortigen Eingeborenen für 60 Gulden, zu der Zeit umgerechnet knapp 25 Euro. 1664 trat der Gouverneur der Kompanie vor Ort, der gebieterische Calvinist Pieter Stuyvesant, die Siedlung an die Briten ab, die diese ohne Zögern zu New York umbenannten. Stuyvesant zog sich in eine Gartensiedlung namens Bouwerij in Lower Manhattan zurück; eine Gegend, die heute als Bowery bekannt ist.

Interessanterweise befand sich in der Wall Street in Manhattan, heute eines der Weltfinanzzentren, ursprünglich ein befestigter Wall, den die Niederländer errichtet hatten, um sich gegen die Briten zu verteidigen.

in aller Eile neuen Wohnraum jenseits des Grachtengürtels – triste, schlampig gebaute Mietskasernen.

Im Ersten Weltkrieg blieben die Niederlande neutral, aber Amsterdams Ostindien-Handel litt unter den Seeblockaden. Wegen der Lebensmittelknappheit kam es schließlich zu Aufständen. Der Versuch, die sozialistische Revolution in die Niederlande zu tragen, wurde von königstreuen Truppen niedergeschlagen.

Boom & Depression (1918–1940)

Auch nach dem Ersten Weltkrieg blieb Amsterdam das industrielle Zentrum des Landes. Die Niederländische Schiffbau-Kompanie betrieb

1885

Das Rijksmuseum öffnet seine Tore an seinem heutigen Standort, 87 Jahre nachdem es in Den Haag gegründet wurde.

1889

Die Centraal Station wird mit großem Pomp eröffnet und Amsterdam ist im Nu mit dem Rest Europas über Schienen verbunden.e.

1914–1920

Im Ersten Weltkrieg bleiben die Niederlande neutral. Nahrungsknappheit lähmt das Land, die Folge sind Streiks, Unruhen und die Stärkung der Kommunistischen Partei.

1928

Amsterdam ist in den 1920er-Jahren Gastgeber der Olympischen Spiele. Zum ersten Mal seit den antiken Spielen wird die olympische Flamme entzündet.

die zweitgrößte Werft der Welt und förderte eine umfangreiche Stahl- und Dieselmotoren-Industrie. Im Hafen wurden verschiedene tropische Erzeugnisse, beispielsweise Tabak und Kakao, umgeschlagen und auch gleich vor Ort weiterverarbeitet; bis heute ist Amsterdam der weltgrößte Kakao-Importeur.

In den 1920er-Jahren erlebte die Stadt einen Aufschwung. Die KLM (Koninklijke Luchtvaart Maatschappij; Königliche Luftfahrtgesellschaft) startete im Jahr 1920 von einer Piste im Süden der Stadt den

DAS JÜDISCHE AMSTERDAM

Die Rolle der jüdischen Einwohner bei der Entwicklung des gesellschaftlichen und wirtschaftlichen Lebens der Stadt Amsterdam kann gar nicht genug hervorgehoben werden. Die erste belegte jüdische Präsenz stammt aus dem 12. Jh., doch erst die Vertreibung aus Spanien und Portugal in den 1580er-Jahren brachte eine große Zahl von sephardischen Flüchtlingen (Juden spanischer, portugiesischer, orientalischer oder nordafrikanischer Abstammung) in die Stadt.

Wie fast überall in Europa waren die Juden in Amsterdam von vielen Berufen ausgeschlossen. Die Zünfte wachten streng über das Monopol ihrer Gewerbe. Doch einige der Sephardim waren Diamantenschleifer und dafür gab es damals noch keine Zunft. Andere führten das Druckereiwesen und die Tabakverarbeitung ein oder arbeiteten in anderen unbeschränkten Gewerben wie Einzelhandel, Finanzwesen, Heilkunst und Bekleidungsindustrie. Die meisten schlugen sich jedoch als Hilfsarbeiter und Kleinhändler durch und lebten in der Gegend rund um den Nieuwmarkt, die sich allmählich zum jüdischen Viertel entwickeln sollte.

Dennoch genossen Amsterdams Juden gewisse Rechte wie nirgendwo sonst in Europa. Sie waren in kein Getto eingesperrt und durften, wenn auch mit Auflagen, Grundbesitz erwerben. Die protestantische Führungsschicht versuchte zwar diverse Beschränkungen einzuführen, aber die Behörden scheuten davor zurück, so leistungsfähige Mitglieder der Gesellschaft zu behindern.

Das 17. Jh. brachte weitere jüdische Einwanderer, diesmal Aschkenasim (mittel-, nord- und osteuropäische Juden), die vor den Pogromen in Mittel- und Osteuropa flohen. Amsterdam wurde zum größten jüdischen Zentrum Europas. Während der französischen Okkupation wurden die Zünfte sowie sämtliche Einschränkungen für Juden abgeschafft, und im 19. Jh. blühte Amsterdams jüdische Gemeinde auf.

Doch mit dem Zweiten Weltkrieg war alles vorbei: Die deutschen Besatzer vernichteten die jüdische Gemeinde von Amsterdam beinahe vollständig. Vor dem Krieg lebten etwa 140 000 Juden in den Niederlanden, davon rund 90 000 in Amsterdam. Nur etwa 5500 Amsterdamer Juden sollten den Krieg überleben.

Heute leben wieder etwa 30 000 Juden in den Niederlanden, ungefähr die Hälfte von ihnen sind in Amsterdam (ca. 15 000) zu Hause.

1939

Die niederländische Regierung gründet das Auffanglager Westerbork für jüdische Flüchtlinge, das später die Deutschen übernehmen.

1940

Die Deutschen marschieren in die Niederlande ein. Rotterdam wird von der Luftwaffe bombardiert, Amsterdam erleidet vor der Kapitulation nur geringfügige Schäden.

1944–1945

Die Alliierten befreien die südlichen Niederlande, doch der Norden und der Westen des Landes sind vom Nachschub abgeschnitten. Tausende sterben im bitteren „Hungerwinter“.

1966

Kronprinzessin Beatrix heiratet den Deutschen Claus von Amsberg (1926–2002). Trotz heftiger Proteste bei der Hochzeit wird er einer der beliebtesten Angehörigen des Königshauses.

ersten regelmäßigen Flugverkehr zwischen Amsterdam und London. Viele der Flugzeuge bezog KLM aus der Fabrik Anthony Fokkers nördlich des IJ. Zudem gab es zwei riesige Brauereien, eine beträchtliche Textilindustrie und sogar eine heimische Autofabrik. Im Jahr 1928 richtete Amsterdam die neunten Olympischen Sommerspiele aus. Hauptaustragungsort war das dafür errichtete Olympiastadion.

Die weltweite Depression der 1930er-Jahre sollte auch Amsterdam schwer treffen. Diverse Maßnahmen zur Arbeitsbeschaffung trugen kaum dazu bei, die wachsenden Spannungen zwischen Sozialisten, Kommunisten und einer kleinen, aber dafür stimmgewaltigen Faschistenpartei zu entschärfen.

Die Stadt nahm etwa 25 000–30 000 jüdische Flüchtlinge aus Deutschland auf; viele wurden jedoch wegen der Neutralitätspolitik des Landes an der Grenze abgewiesen.

Hans Brinker, der seinen Finger in ein Loch im Deich gesteckt und so die Niederlande vor einer Flut gerettet haben soll, ist eine amerikanische Erfindung und in den Niederlanden unbekannt. Er ist Hauptfigut in einem Kinderbuch aus dem 19. Jh.

Zweiter Weltkrieg (1940–1945)

Die Niederlande bemühten sich auch im Zweiten Weltkrieg um Neutralität, aber 1940 marschierten die Deutschen ein. Nach beinahe 400 Jahren erlebten die Amsterdamer den Krieg wieder am eigenen Leib. Nur wenige sahen das wahre Ausmaß der Tragödie voraus (schließlich hatten die nationalsozialistischen Ideologen verlautbart, dass die Niederländer zur „arischen Gemeinschaft" gehörten).

Im Februar 1941 riefen die Hafenarbeiter den „Februar-Streik" aus, um gegen die fürchterliche Behandlung der Juden zu protestieren. Doch zu diesem Zeitpunkt war schon alles zu spät.

Der Widerstand der Niederländer, in dem Calvinisten und Kommunisten eine seltsame Allianz bildeten, gewann erst eine breite Basis, als die zunehmend verzweifelten Deutschen niederländische Männer als Arbeitskräfte nach Deutschland verschleppten.

Gegen Ende des Krieges war die Lage in Amsterdam entsetzlich. Es gab keine Kohle mehr, Männer zwischen 17 und 50 Jahren waren untergetaucht oder mussten in Deutschland arbeiten, öffentliche Einrichtungen waren lahmgelegt und die deutschen Besatzer beschlagnahmten nahezu alles, was sie für die Fortsetzung des Krieges noch gebrauchen konnten. Schließlich starben Tausende Einwohner an Kälte und Hunger. Im Mai 1945, in den letzten Tagen des Krieges in Europa, befreiten kanadische Truppen die Stadt.

Jüdische Einwohner gaben der Stadt ihren Beinamen, Mokum, aus dem Jiddischen für „Stadt" (abgeleitet vom hebräischen *makom*, d. h. „Ort"). Der Name wird heute oft verwendet und Amsterdamer werden auch als Mokummers bezeichnet.

Nachkriegsaufschwung (1945–1962)

Nach dem Weltkrieg, ab 1948, begann die Stadt mit Hilfe des amerikanischen Marshallplans wieder zu wachsen.

1976

Die Drogengesetze in den Niederlanden unterscheiden zwischen weichen und harten Drogen; der Besitz kleiner Mengen Marihuana wird entkriminalisiert.

1980

Die Amtseinsetzung von Königin Beatrix wird von Rauchbomben und Krawallen gestört, angezettelt von Hausbesetzern, die gegen den Mangel an bezahlbarem Wohnraum demonstrieren.

2001

Die Niederlande legalisieren als erstes Land der Welt gleichgeschlechtliche Ehen. Seither sind zahlreiche Länder diesem Beispiel gefolgt.

2002

Pim Fortuyn, Hardliner in Sachen Immigrationspolitik, wird ermordet. Durch die Regierungsparteien geht ein Rechtsruck, nachdem sie bei den Wahlen große Verluste hinnehmen mussten.

SEHENSWÜRDIGKEITEN FÜR GESCHICHTSFANS

- **Amsterdam Museum** (S. 70) Hier wird der Schleier über der Vergangenheit der Stadt gelüftet.
- **Stadsarchief** (S. 127) Schmökern in den reichen Archiven Amsterdams.
- **Anne Frank Huis** (S. 110) Hier wird der geheime Unterschlupf der Familie Frank gezeigt, ebenso einige Seiten aus Annes Tagebuch.
- **Verzetsmuseum** (S. 96) Interessantes über den niederländischen Widerstand während des Zweiten Weltkriegs.
- **West-Indisch Huis** (S. 112) In diesem Bau aus dem 17. Jh. bevollmächtigten die Gouverneure der Niederländischen Westindienkompanie ihre Abgesandten, Nieuw Amsterdam (heute New York City) zu gründen.

In den Randgebieten westlich der Stadt entstanden riesige Wohnblocks, um den Bedarf an Wohnraum zu decken, den der Trend zur Kleinfamilie noch verschärfte. Aus demselben Grund entstand das gigantische Sozialbauprojekt Bijlmermeer (heute De Bijlmer genannt) im Südosten der Stadt, das Mitte der 1960er-Jahre begonnen und in den 1970er-Jahren fertiggestellt wurde.

Kulturelle Revolution (1962–1982)

Bis zu den 1960er-Jahren hatte die *verzuiling* („Versäulung") fast ein Jahrhundert lang die holländische Gesellschaft geprägt. Damit ist eine Sozialordnung gemeint, die allen religiösen und politischen Gruppen ein eigenständiges Recht zugesteht. Jede dieser sozialen Gruppen repräsentierte eine eigene „Säule", die den Status quo in einer allgemeinen „Akzeptanz der anderen Meinung" erhält. In den 1960er-Jahren wurden die alten sozialen Trennungen mehr und mehr überflüssig und die „Säulen" brachen zusammen. Das galt aber nicht für die Philosophie, die sie hervorgebracht hatte.

Amsterdam entwickelte sich zu Europas *magisch centrum* („magisches Zentrum"): Hippies rauchten auf dem Dam Haschisch, kampierten im Vondelpark und schmissen Trips in Clubs wie dem Melkweg, einer aufgegebenen Molkerei. Im Jahr 1972 eröffnete der erste Coffeeshop und 1976 wurde Marihuana entkriminalisiert, um Polizeiressourcen für den Kampf gegen harte Drogen freizusetzen. Wegen der stark steigenden Mieten zogen Hausbesetzer in leerstehende Spekulationsobjekte ein. Dadurch retteten sie auch gleichzeitig mehrere bedeutende Gebäude vor dem drohenden Abriss.

2004
Die Ermordung des Filmemachers Theo van Gogh, eines harschen Islamkritikers, löst eine heftige Debatte über die Grenzen der niederländischen multikulturellen Gesellschaft aus.

2008
Die Stadt verkündet das Projekt 1012. Ziel ist die Schließung von Prostituiertenfenstern und Coffeeshops, weil sie mutmaßlich vom organisierten Verbrechen kontrolliert werden.

2010
Mitglieder der niederländischen Regierung entschuldigen sich offiziell bei der jüdischen Gemeinde, weil sie die jüdische Bevölkerung nicht vor dem Völkermord geschützt haben.

2013
Nach 33 Jahren auf dem Thron dankt Königin Beatrix zugunsten ihres ältesten Sohns Willem-Alexander ab; er ist seit 123 Jahren der erste König der Niederlande

Seit 2010 ist Hausbesetzung illegal und einige ehemals besetzte Häuser haben sich zu legalen Kulturzentren entwickelt.

Neuer Konsens (1982–2000)

Gut 20 Jahre nach Beginn der gesellschaftlichen Revolution entstand ein neuer Konsens für eine dezentrale Verwaltung. Stadtteilräte wurden gegründet mit dem Ziel, eine lebenswertere Stadt zu schaffen: Arbeitsplätze, Schulen und Geschäfte, die zu Fuß oder mit dem Fahrrad erreichbar sind, weniger Autoverkehr, Renovierung statt Abriss, bürgernahe Polizeibeamte, eine pragmatische Einstellung gegenüber Drogen, gesetzliche Anerkennung homosexueller Paare.

Zu Beginn der 1990er-Jahre wurden Familien und kleine Gewerbebetriebe, die die Innenstadt in den frühen 1960er-Jahren bevölkerten, von bessergestellten Berufstätigen und zahllosen gastronomischen Betrieben wie Kneipen, Coffeeshops, Restaurants und Hotels verdrängt. Die erfolgreiche Anwerbung großer ausländischer Firmen brachte zudem einen gewaltigen Zustrom von qualifizierten Arbeitnehmern aus dem Ausland mit sich.

Amsterdam ist die offizielle (verfassungsmäßige) Hauptstadt der Niederlande, doch Den Haag ist der Regierungssitz und Huis ten Bosch die Residenz der Königsfamilie. Alle Botschaften haben ihren Sitz in Den Haag, manche Länder unterhalten auch Generalkonsulate in Amsterdam.

Schwierige Zeiten (2000 bis heute)

Das 21. Jh. war für Amsterdam bisher ein ständiges Auf und Ab. Die Debatte über die Einwanderungspolitik führte zu einer Verschärfung der Gesetze. Das Land sei „voll", hatte der rechtsstehende Politiker Pim Fortuyn erklärt, der 2002 ermordet wurde. Die Zahl der Menschen, die das Land verließen, war die höchste seit rund 50 Jahren, auch wenn die meisten aus wirtschaftlichen oder aus familiären Gründen gingen.

2004 flammten die Spannungen erneut auf, als der Filmemacher Theo van Gogh – bekannt für seine antimuslimischen Ansichten – auf einer Straße in Amsterdam ermordet wurde. Die führenden politischen Parteien der Niederlande reagierten mit einem deutlichen Rechtsruck. Im Jahr 2006 verabschiedete die Regierung ein umstrittenes Einwanderungsgesetz, das Neuankömmlingen – außer jenen aus Ländern mit gegenseitigen Vereinbarungen oder bereits bestehenden Verträgen – für den Erhalt einer Aufenthaltsgenehmigung Kenntnisse der niederländischen Sprache und Kultur abverlangt. Die Einwanderung aus nichtwestlichen Ländern ging nach der Gesetzesänderung beträchtlich zurück, ehe sie mit dem erhöhten Zustrom von Flüchtlingen aus dem syrischen Bürgerkrieg und anderen Krisenherden des Nahen Ostens wieder anstieg. Ohnehin ist die Zahl an Zuwanderern seit dem Jahr 2008 kontinuierlich gestiegen, und Amsterdams Bevölkerung wächst beständig und schnell, nicht zuletzt aufgrund der boomenden Technologiebranche in der Stadt.

2015

Dutzende Prostituierte demonstrieren gegen die Schließung von etwa einem Fünftel der berühmten „Schaufenster" im Rotlichtviertel.

2017

Premierminister Mark Ruttes Volkspartij voor Vrijheid en Democratie (VVD) besiegt Geert Wilders' Partij voor de Vrijheid (PVV) bei den allgemeinen niederländischen Wahlen.

2018

Femke Halsema wird Amsterdams erste Bürgermeisterin und die erste der linken Partei GroenLinks.

2021

Premierminister Mark Ruttes Partei für Freiheit und Demokratie (VVD) erhält eine Mehrheit bei den Parlamentswahlen. Die gleichgeschlechtliche Ehe wird für zukünftige Monarchen erlaubt.

Im Jahr 2008 verkündete die niederländische Regierung, man wolle die Zahl der Coffeeshops und der zugelassenen Bordelle senken. Das Mindestalter für die Ausübung der Prostitution wurde im Jahr 2013 von 18 auf 21 Jahre angehoben, und mittlerweile wurden tatsächlich Coffeeshops in der Nähe von Schulen geschlossen. Was Maßnahmen dieser Art und vor allem den Betrieb von Coffeeshops angeht, sind die Amsterdamer Behörden in der Regel eher zögerlich bei der Umsetzung von Gesetzen und Verordnungen des Landes. Dennoch mussten in den letzten Jahren einige der Coffeeshops aufgeben, und auch zahlreiche Schaufenster im Rotlichtbezirk sind mittlerweile verschwunden. Bei Redaktionsschluss stand zur Diskussion, Ausländern den Zugang zu Coffeeshops zu verweigern und die Bordelle des Rotlichtbezirks in Bereiche außerhalb des Stadtzentrums zu verlegen, um das Problem des Massentourismus unter Kontrolle zu bekommen.

Eine Haushaltskrise über Sparmaßnahmen aufgrund der globalen Finanzkrise führte 2012 zum Sturz der niederländischen Regierung. Nach den Neuwahlen blieb Premierminister Mark Rutte Regierungschef einer neuen Koalitionsregierung aus der liberalen Volkspartij voor Vrijheid en Democratie (VVD) und der Mitte-links-Partei PvdA (Partij van de Arbeid). Der Arbeiterpartei gehört auch Eberhard van der Laan an, der von 2010 bis kurz vor seinem Tod im Jahr 2017 Bürgermeister der Stadt Amsterdam war.

2017 wurde enthüllt, dass König Willem Alexander, ein erfahrener Pilot, 21 Jahre lang zweimal im Monat als „Gastpilot" für die niederländische Fluglinie KLM (und zuvor für Martinair) geflogen war. Inzwischen hat er den Teilzeitjob aufgegeben.

Bei der Parlamentswahl von 2017 besiegte die VVD, die Partei von Premierminister Mark Rutte, die Partij voor Vrijheid (PVV) des umstrittenen rechten Politikers Geert Wilders mit 33 gegenüber 20 Sitzen. Im Januar 2021 trat das Kabinett Rutte infolge eines Kindergeld-Skandals zurück, nachdem zahlreiche Mütter und Väter jahrelang fälschlicherweise von den Behörden beschuldigt worden waren, betrügerische Ansprüche auf Kindergeld erhoben zu haben. Die Parlamentswahlen im März desselben Jahres wurden aufgrund der COVID-19-Pandemie über drei Tage abgehalten. Rutte und seine VVD gewannen mit 35 Sitzen eine relative Mehrheit, während Wilders' PVV mit 17 Sitzen auf den dritten Platz rutschte. Rutte wurde wieder Premierminister unter einer Koalition mit einer linksliberalen und zwei konservativen Parteien. Die nächste Parlamentswahl soll 2025 abgehalten werden.

Femke Halsema wurde 2018 die erste Bürgermeisterin Amsterdams und die erste der linksgerichteten Partei GroenLinks, nachdem sich diese bei den Kommunalwahlen durchgesetzt hatte.

Im Jahr 2013 dankte Königin Beatrix ab und machte Platz für ihren ältesten Sohn Willem-Alexander, der am 30. April desselben Jahres in der Nieuwe Kerk zum König gekrönt wurde. Er ist der erste männliche Thronfolger der Niederlande seit 1890.

2021 bestätigte Premier Rutte auf Linie mit den existierenden Gesetzen zur gleichgeschlechtlichen Ehe, dass auch ein niederländischer Monarch eine Person jeden Geschlechts heiraten kann, wobei königliche Hochzeiten nach wie vor die Zustimmung des Parlaments erfordern. Catharina-Amalia, Prinzessin von Oranien und ältestes Kind sowie Thronfolgerin von König Willem-Alexander, nahm nach ihrem 18. Geburtstag im Dezember 2021 einen Posten im Beratungsausschuss des Staatrates an. Der Staatsrat ist ein Verfassungsorgan, welches das Kabinett und das Parlament bei Gesetzgebung und Regierungsführung berät, zudem agiert er als höchstes Verwaltungsgericht des Landes.

Niederländische Malerei

Die niederländischen Meister – Rembrandt, Frans Hals und Jan Vermeer – werden nicht umsonst so genannt. Sie gehören als Klassiker zu den renommiertesten und berühmtesten Malern der Welt. Und dann sind da natürlich noch Vincent van Gogh, der sich schmachvoll quälte und von seinem Bruder Theo finanziell unterstützt wurde, und die Künstler des 20. Jhs. wie der De-Stijl-Verteter Piet Mondrian und das Grafikgenie Maurits Cornelis Escher. Um den Kern der niederländischen Malerei zu verstehen, ist ein Blick zurück in die Geschichte nötig.

Oben: *Die fröhliche Familie* (S. 259), Jan Steen

15. & 16. Jahrhundert (Flämische & niederländische Schule)

Bis Ende des 16. Jhs., als Belgien noch Teil der Niederlande war, konzentrierte sich die Kunst in den flämischen Städten Gent, Brügge und Antwerpen. Typisch für die Malerei der flämischen Schule waren biblische und allegorische Themen, wie sie von den Geldgebern – Kirche, Hof und (weniger ausgeprägt) Adel – bevorzugt wurden.

Zu den Berühmtheiten der Epoche gehören Jan van Eyck (um 1390–1441), Begründer der flämischen Schule und einer der ersten Künstler, die mit Öl detaillierte Tafelbilder malten, Rogier van der Weyden (1400–1464), der seinen religiösen Porträts Individualität verlieh, sowie Hieronymus (oder Jeroen) Bosch (um 1450–1516) mit seinen makabren, allegorischen Bildern voller biblischer Motive. Pieter Bruegel der Ältere (um 1525/1530–1569) bevorzugte in seinen sinnbildlichen Szenen flämische Landschaften und bäuerliches Leben.

In den nördlichen Niederlanden begannen die Maler, einen eigenen Stil zu entwickeln. Auch wenn die Künstler jener Zeit nie die Anerkennung erfuhren wie ihre flämischen Kollegen, wurde die Niederländische Schule dafür bekannt, dass ihr Realismus wichtiger war als Allegorie. Haarlem, direkt westlich von Amsterdam gelegen, war das Zentrum der Bewegung – mit Künstlern wie Jan Mostaert (1475–1555), Lucas van Leyden (1494–1533) und Jan van Scorel (1495–1562). Maler in der Stadt Utrecht waren berühmt für ihren Gebrauch des Chiaroscuro (scharfer Kontrast von Licht und Schatten), eine Technik, die man mit dem italienischen Meister Caravaggio verbindet.

Im Goldenen Zeitalter der Niederlande gab es kaum Malerinnen. Damals war Judith Leyster (1609–1660) die einzige Frau, die der Künstlergilde beigetreten war. Gelernt hat sie bei Frans Hals, und in ihren Porträts ist sein Einfluss gut zu erkennen. Im Rijksmuseum werden einige ihrer Arbeiten gezeigt.

17. Jahrhundert (Goldenes Zeitalter)

Nach der Vertreibung der Spanier aus den Niederlanden änderte sich der Kunstmarkt. Es gab keine katholische Kirche mehr, die Kunstwerke erwarb, und auch keinen Hof von Rang. Kunst wurde zum Geschäft und die Künstler mussten sich auf dem freien Markt durchschlagen. An die Stelle von Kirche und Hof trat das neue Bürgertum aus Kaufleuten, Handwerkern und Ladenbesitzern, die für die Verschönerung ihrer Häuser und Arbeitsplätze gerne Geld ausgaben. Entscheidend war allerdings, dass die Bilder einen Bezug zum jeweiligen Käufer aufzuweisen hatten.

Die Maler wurden zu eigenständigen Unternehmern und produzierten in Großateliers wie am Fließband triviale Bilder, Kopien und Meisterwerke. Gemälde wurden quasi zur Massenware, die auf den Märkten neben Möbeln und Geflügel zum Verkauf stand. Schon bald waren die Wände der reichsten Haushalte von oben bis unten mit Bildern bedeckt. Aus diesem Grund spotteten Besucher aus dem Ausland, dass selbst in Bäckereien und Metzgereien das eine oder andere Bild zu sehen sei. Die meisten Maler spezialisierten sich daher auf eines der angesagten Genres jener Zeit.

Rembrandt van Rijn

Rembrandt van Rijn (1606–1669), der größte Künstler des 17. Jhs., wuchs als Sohn eines Müllers in Leiden auf, war aber bereits mit knapp 20 Jahren ein versierter Maler.

Im Jahr 1631 zog er nach Amsterdam, um das Atelier des wohlhabenden Kunsthändlers Hendrick van Uylenburgh zu leiten. Besonders Porträts verkauften sich gut und Rembrandt und seine Angestellten (oder „Schüler") produzierten solche Bildnisse wie am Fließband, darunter auch Gruppenporträts wie *Die Anatomie des Dr. Tulp*. 1634 heiratete er van Uylenburghs Nichte Saskia, die ihm oft Modell stand.

Zwar überwarf sich Rembrandt mit seinem Chef, doch das Vermögen seiner Frau ermöglichte es ihm, das prächtige Haus neben van Uylenburghs Atelier (heute Museum het Rembrandthuis, S. 90) zu erwerben. Hier eröffnete er sein eigenes Atelier, seine Angestellten arbeiteten in einem Lagerhaus im Jordaan. Es waren erfüllte und produktive Jahre: Rembrandt hatte großen Erfolg mit seinen Gemälden und sein Atelier wurde zum größten in den ganzen Niederlanden, auch wenn ihm seine groben Manieren und sein offener Agnostizismus nicht gerade Abendeinladungen der Elite eintrugen.

Rembrandt wurde einer der bedeutendsten Kunstsammler der Stadt. Er hatte nicht nur Talent in der bildlichen Darstellung, sondern er war auch bekannt dafür, dass er bei Auktionen den Preis seiner eigenen Werke in die Höhe trieb. Oftmals zeichnete und malte er nur für sich und ermutigte seine Angestellten, es ihm gleichzutun. Vorbilder für seine ausdrucksstarken biblischen Szenen fand er in den Bewohnern des umliegenden jüdischen Viertels.

Großartige Bilder von Rembrandt

Die Nachtwache (1642; Rijksmuseum)

Der Apostel Petrus verleugnet Christus (1660; Rijksmuseum)

Selbstporträt (1628; Rijksmuseum)

Die Nachtwache

Im Jahr 1642, ein Jahr nach der Geburt ihres Sohnes Titus, starb Saskia. Mit den Geschäften ging es bergab. Obwohl Rembrandts majestätisches Gruppenbild *Die Nachtwache* (1642) von Kunstkritikern hoch gelobt wurde (es ist heute das Prunkstück des Rijksmuseum, und auf dem Rembrandtplein steht sogar eine lebensgroße Skulptur als Nachbildung), waren einige der dargestellten Personen gar nicht erfreut. Jeder Einzelne von ihnen hatte 100 Gulden bezahlt und manch einer beklagte sich, weil er in den Hintergrund geschoben worden war. Rembrandt teilte ihnen mit, sie könnten ihm den Buckel runterrutschen. Plötzlich bekam er immer weniger Aufträge.

Rembrandt fing eine Affäre mit dem Kindermädchen seines Sohnes an, das er aber wenige Jahre später entließ, als er sich in die neue Magd, Hendrickje Stoffels verliebte, mit der er seine Tochter bekam. Die Öffentlichkeit empörte sich über den Lebensstil dieses Mannes und seine wachsenden Schulden. Schließlich war er 1656 bankrott. Sein Haus und die umfangreiche Kunstsammlung musste er verkaufen und in die Rozengracht im Jordaan ziehen.

Radierungen

Auch wenn er nicht mehr der Liebling der Reichen war, malte und zeichnete Rembrandt weiterhin und fertigte Stiche an – seine im Museum het Rembrandthuis ausgestellten Radierungen gehören zu den besten, die je geschaffen wurden. Gelegentlich erhielt er Aufträge, z. B. das monumentale Gemälde *Die Verschwörung des Claudius Civilis* (1661) für das Rathaus – das dann aber nicht gefiel und wieder entfernt wurde. Im Jahr 1662 vollendete er im Auftrag der Tuchmacherzunft die *Staalmeesters* („Porträt der Vorsteher der Tuchmacherzunft") und sorgte dafür, dass jede Person gut zu erkennen war. Dennoch sollte dies sein letztes Gruppenporträt sein.

Spätwerke

Seine späteren Werke zeigen, dass Rembrandt nichts von seinem Talent verloren hatte. Da er nicht mehr an Kundenwünsche gebunden war, genoss er die neue künstlerische Freiheit; seine Arbeiten wurden unkonventioneller und ließen dennoch eine stärkere Einfühlung erkennen, wie in dem Bild *Die Judenbraut* (1665). Seine zahlreichen Porträts von Titus und von Hendrickje sowie seine Selbstporträts, die immer düsterer gerieten, zählen zu den ergreifendsten Werken der Kunstgeschichte.

Der fröhliche Trinker, Frans Hals

Zwischen 1663 und 1666 fiel jeder siebte Amsterdamer einer Pestepidemie zum Opfer, darunter auch Hendrickje. Titus starb, frisch verheiratet, 1668 im Alter von 27 Jahren, Rembrandt folgte ihm ein Jahr später als gebrochener Mann.

Frans Hals

Ein weiterer herausragender Maler seiner Epoche war Frans Hals (ca. 1582–1666). Er wurde in Antwerpen geboren, lebte aber in Haarlem. Den größten Teil seiner Karriere widmete er der Porträtmalerei, versuchte sich aber gelegentlich an Genreszenen in dramatischer Hell-Dunkel-Malerei (Chiaroscuro). Er besaß wie Rembrandt die Begabung, das Minenspiel seiner Modelle einzufangen, doch ging er nicht im gleichen Maße ihrem Charakter auf den Grund. Beide Meister arbeiteten mit expressivem, grobem Pinselstrich und bei beiden wandelte sich der Stil vom fröhlichen Überschwang der frühen Schaffensjahre zu düsterem Ernst im Spätwerk. Sein Gemälde *Der fröhliche Trinker* (1630), in der Sammlung des Rijksmuseum, mit seinem kühnen Pinselstrich könnte beinahe das Werk eines Impressionisten sein.

Großartige Bilder von Frans Hals

Der fröhliche Trinker (1628–1630; Rijksmuseum)

Hochzeitsporträt (1622; Rijksmuseum)

De magere Compagnie (1637; Rijksmuseum)

Gruppenporträts

Hals hatte sich außerdem auf Gruppenporträts spezialisiert, in denen er die einzelnen Personen in fast natürlicher Pose darstellte, also ganz anders als die starren Aufstellungen seiner weniger bedeutenden Zeitgenossen. Er war allerdings auch nicht so ungeniert wie Rembrandt, der oft die Gesichter der Komposition unterordnete. Ein gutes Beispiel sind die beiden Bilder im Frans Hals Museum in Haarlem, die unter dem gemeinsamen Namen *Regenten und Regentinnen des Altmännerhospizes* (1664) bekannt sind. Hals kannte das Haus, in dem heute das

Der Damrak, George Hendrik Breitner (S. 260)

Museum untergebracht ist, sehr gut, denn er lebte selbst die letzten Jahre seines Lebens in diesem Armenhaus.

Jan Vermeer

Der Dritte im Bunde der großen Meister des 17. Jhs. ist Jan Vermeer van Delft (1632–1675). Er malte in seinem Leben lediglich 35 – akribisch angefertigte – Bilder, starb bettelarm und hinterließ zehn Kinder. Um die Schulden von über 600 Gulden zu begleichen, bezahlte seine Frau den Bäcker mit zwei Bildern. Vermeer beherrschte die Genremalerei wie kein anderer. Zu seinem Gesamtwerk gehören die frühen historischen und biblischen Szenen, seine berühmte *Ansicht von Delft* (1661) und einige liebevolle Porträts unbekannter Frauen, wie etwa das betörend schöne *Mädchen mit dem Perlenohrring* (ca. 1665), beide im Mauritshuis in Den Haag.

Einen Eindruck, wie Vermeer Perspektive einsetzte, vermittelt *Der Liebesbrief* (1670) im Rijksmuseum (S. 160). Dort hängt auch seine einzige Straßenszene: *Straße in Delft* (1658).

Jan Steen führte nebenbei ein Wirtshaus und seine Darstellungen von häuslichem Chaos erweiterten die holländische Sprache um den Ausdruck „Jan-Steen-Haushalt".

Weitere Maler des Goldenen Zeitalters

Mitte des 17. Jhs. wichen der Blick für Stimmung und das subtile Spiel mit dem Licht allmählich der Pracht des Barock. Jacob van Ruisdael (um 1628–1682) malte ausdrucksstarke Himmel, Albert Cuyp (1620–1691) italienisch anmutende Landschaften. Van Ruisdaels Schüler Meindert Hobbema (1638–1709) bevorzugte verspielte ländliche Szenen.

Die Genrebilder des Jan Steen (um 1626–1679) offenbaren eine fast frivole Seite des Barock. Ein gutes Beispiel dafür ist das ausgelassene Gelage auf seinem Bild *Die fröhliche Familie* (1668) im Rijksmuseum; die Erwachsenen vergnügen sich am Esstisch, während die Kinder im Vordergrund unbemerkt Alkohol trinken.

18. Jahrhundert

Nach dem Angriff Frankreichs auf die Niederlande 1672 endete das Goldene Zeitalter der niederländischen Malerei fast ebenso plötzlich, wie es begonnen hatte. Die Wirtschaft brach zusammen und mit ihr auch der Markt für Bilder. Die Maler, die im Geschäft blieben, schlugen sich auf die „sichere Seite" und knüpften an frühere Erfolge an. Im 18. Jh. kopierten sie die Stilrichtungen der Franzosen und schlugen so aus der modischen Bewunderung für alles Französische Kapital.

Cornelis Troost (1696–1750), einer der besten Genremaler, wird wegen seiner satirischen und zugleich einfühlsamen Porträts einfacher Leute manchmal mit dem britischen Künstler William Hogarth (1697–1764) verglichen; wie dieser nahm Troost Szenen von häuslichen Trinkgelagen in seine Pastellgemälde auf.

Gerard de Lairesse (1641–1711) und Jacob de Wit (1695–1754) spezialisierten sich auf Wand- und Deckenmalerei – de Wits Trompe-l'œil-Bilder (naturgetreue Gemälde, die auf den ersten Blick real erscheinen) im Bijbels Museum (S. 112) sind sehenswert.

Großartige Bilder von Vermeer

Dienstmagd mit Milchkrug (ca. 1660; Rijksmuseum)

Die Briefleserin (ca. 1663; Rijksmuseum)

Das Mädchen mit dem Perlenohrring (ca. 1665; Mauritshuis, Den Haag)

19. Jahrhundert

Das späte 18. und fast das gesamte 19. Jh. brachten, abgesehen von der Landschaftsmalerei des Johan Barthold Jongkind (1819–1891), den realistischen, beinahe schon fotografischen Amsterdam-Szenen von George Hendrik Breitner (1857–1923), und – nicht zu vergessen – den Werken von Vincent van Gogh (1853–1890), nichts erwähnenswert Neues. Jongkind und Breitner inspirierten offensichtlich die französischen Impressionisten, von denen viele Amsterdam besuchten.

Die beiden entdeckten den Realismus des 17. Jhs. neu und beeinflussten die Haager Schule der 1880er- und 1890er-Jahre. Maler wie Hendrik Mesdag (1831–1915), Jozef Israels (1824–1911) und die drei Brüder Maris (Jacob, Matthijs und Willem) schufen Landschaftsgemälde, Seestücke und Genrebilder wie Mesdags beeindruckendes *Panorama Mesdag* (1881; in Den Haag), ein gigantisches, zylinderförmiges Gemälde (14 m hoch, Umfang von 120 m) des Seebads Scheveningen als 360-Grad-Panorama.

Typisch für Vermeers Arbeiten ist der Lichteinfall durch hohe Fenster. Der ruhige, vergeistigte Eindruck steigert sich noch durch die Farbgebung – dunkle Blautöne, tiefes Rot und warmes Gelb – und die ausgewogene Komposition. Gute Beispiele sind *Die Küchenmagd* (1658) und *Die Briefleserin* (1664).

Vincent van Gogh

Der bedeutendste niederländische Maler des 19. Jhs. war zweifellos Vincent van Gogh (1853–1890). Seine aufgebrochenen Formen und die furiosen Farben bilden eine Welt für sich und entziehen sich bis heute jeder Kategorisierung. (Ein Post-Impressionist? Ein Vorläufer des Expressionismus?)

Die niederländischen Meister waren zwar bekannt für ihre dunklen, schwermütigen Gemälde, aber erst van Gogh erhob mit seinem ganz eigenen morbiden Stil das Leiden zur Kunstform. Selbst heute noch verkörpert er das ewige Ringen des Künstlers: bittere Armut, keine öffentliche Anerkennung, Abhängigkeit von einem Mäzen – in seinem Fall von seinem treuen Bruder Theo –, psychische Labilität und vorzeitiger Tod durch Selbstmord. Und natürlich das abgeschnittene Ohr, die berühmteste Ausdrucksweise von Selbstzerstörung eines Künstlers.

Das Leben des Künstlers

Vincent van Gogh war arm – er verkaufte zu Lebzeiten nur ein einziges Gemälde – und starb jung. Er war erst 37 Jahre alt, als er sich das Leben nahm, was auf seinen Selbstporträts nicht ersichtlich ist, auf denen er viel älter erscheint (zum Teil als Folge seiner Armut). Aber sein kurzes Leben beeinflusst die Kunst bis heute.

Oben: Das *Selbstporträt von* Vincent van Goghs, heute in der National Gallery of Art, Washington, D.C.

Rechts: Johannes Vermeers *Dienstmagd mit Milchkrug* (S. 160) im Rijksmuseum

DUTCHSCENERY/SHUTTERSTOCK ©

Der 1853 in Zundert geborene niederländische Maler lebte mit seinem jüngeren Bruder Theo, einem Kunsthändler, der ihn von seinem bescheidenen Einkommen finanziell unterstützte, in Paris. Dort begegnete er wegweisenden Künstlern wie Edgar Degas, Camille Pissarro, Henri de Toulouse-Lautrec und Paul Gauguin.

Van Gogh zog 1888 nach Arles in der Provence. Er schwelgte in dem intensiven Licht und den strahlenden Farben und malte mit glühender Inbrunst Sonnenblumen, Schwertlilien und andere leuchtende Motive. Er schickte seine Gemälde zum Verkauf an Theo nach Paris und träumte davon, eine Künstlerkolonie in der Provence zu gründen. Doch nur Gauguin folgte seiner Einladung. Ihre unterschiedlichen künstlerischen Ansätze – Gauguin malte aus der Fantasie, van Gogh, was er sah – und ihr künstlerisches Temperament, aufgeputscht vom Absinth, gipfelten in einer Auseinandersetzung, in deren Folge sich van Gogh ein Ohr abschnitt (das er einer ihm bekannten Sexarbeiterin gab). Er wurde anschließend in Arles in ein Krankenhaus eingeliefert.

Selbst van Goghs angeblich letzte Worte klingen noch nach der qualvollen, melancholischen Schönheit, die seine besten Bilder ausdrücken. Zwei Tage nachdem er sich selbst in die Brust geschossen hatte, soll er seinem Bruder Theo auf Französisch gesagt haben „*la tristesse durera toujours*“ (die Traurigkeit wird ewig andauern).

Im Mai 1889 ging van Gogh freiwillig in eine Nervenheilanstalt in Saint-Rémy de Provence. Dort blieb er ein Jahr, eine Woche und einen Tag und malte in dieser Zeit zahllose Bilder, darunter Meisterwerke wie *Schwertlilien* und *Sternennacht*. Theo schickte ihm französische Zeitungen mit positiven Kritiken seiner Werke. Im folgenden Monat kaufte Anna Boch, die Schwester seines Freundes Eugène Boch, für 400 Franc (heute knapp 100 €) das Bild *Roter Weinberg* (1888). Es hängt heute im Puschkin-Museum in Moskau.

Vermächtnis eines gequälten Genies

Am 16. Mai 1890 zog Van Gogh nach Auvers-sur-Oise bei Paris, um näher bei Theo zu leben. Doch am 27. Juli desselben Jahres erschoss er sich, vermutlich um seinem Bruder nicht weiter finanziell zur Last zu fallen, der auch die kränkliche Mutter der beiden Brüder unterstützte. Theos Frau hatte gerade einen Sohn zur Welt gebracht, der den Namen Vincent erhielt. Van Gogh starb zwei Tage später mit Theo an seiner Seite. Theo erlitt daraufhin einen Nervenzusammenbruch, kam ebenfalls ins Krankenhaus und wurde körperlich krank. Er starb im Alter von 33 Jahren, nur sechs Monate nach seinem Bruder Vincent.

Es sollte noch knapp ein Jahrzehnt dauern, bis van Goghs Talent breite Anerkennung fand. Anfang der 1950er-Jahre war er schließlich weithin bekannt. 1990 erzielte sein Gemälde *Porträt des Dr. Gachet* bei Christie's den Rekordpreis von 82,5 Mio. US$. Unter Berücksichtigung der Inflation ist es bis heute noch immer der höchste Preis, der je auf einer öffentlichen Versteigerung für ein Kunstwerk bezahlt wurde.

Van Gogh malte in seiner zehnjährigen Künstlerkarriere eine erstaunliche Anzahl von Bildern, von denen 864 Gemälde und fast 1200 Zeichnungen und Stiche erhalten blieben.

20. & 21. Jahrhundert

Im 20. Jh. hatte die herausragende Bewegung De Stijl großen Einfluss auf die Kunst, während auch der abstrakte Expressionismus Wellen schlug. Im 21. Jh. konzentrierten sich die künstlerischen Bemühungen auf niederländisches Design und technische Innovationen, doch die Werke künftiger Amsterdamer Meister können in Galerien und Studios der Stadt besichtigt werden.

De Stijl

De Stijl („Der Stil"), auch Neoplastizismus genannt, war eine niederländische Bewegung, die alle Künste miteinander in Einklang bringen wollte, indem sie die künstlerischen Ausdrucksmittel auf ihren Kern zurückführte. Eine wichtige Stimme der Gruppe war die gleichnamige Zeitschrift, die 1917 erstmals von Theo van Doesburg (1883–1931) publiziert wurde.

Ein führender Vertreter von De Stijl war Piet Mondrian (eigentlich Mondriaan, 1872–1944), der ursprünglich in der Tradition der Haager Schule malte. Nach einer Annäherung an den Kubismus begann er, mit kühnen, rechteckigen Flächen zu arbeiten und benutzte nur noch die drei Primärfarben (Gelb, Blau und Rot), die er gegen die drei neutralen Farben (Weiß, Grau und Schwarz) setzte. Er nannte diese Stilrichtung, die er als unverfälschte Wiedergabe der Wirklichkeit in reiner Form und reiner Farbe betrachtete, Neoplastizismus. Ein eindrucksvolles Beispiel ist seine *Komposition in Rot, Schwarz, Blau, Gelb und Grau* (1920) in der Sammlung des Stedelijk Museum (S. 165).

Mondrians spätere Arbeiten waren schroffer (oder „reiner"), wurden aber wieder dynamischer, als er 1940 nach New York zog. Die weltweit größte Sammlung seiner Gemälde befindet sich im Gemeentemuseum (Stadtmuseum) in seiner Geburtsstadt Den Haag.

Während der 1920er- und 1930er-Jahre zog De Stijl auch Bildhauer, Dichter, Architekten und Designer an. Zu ihnen gehörte Gerrit Rietveld (1888–1964), der das Van Gogh Museum und andere Gebäude entwarf. Die größte internationale Aufmerksamkeit zog er aber mit Möbelstücken auf sich, dem *Rot-Blauen Stuhl* (1918) und einer Reihe unbequemer Sitze in Zickzackform, die von der Seite ein „Z" mit Rückenlehne bilden.

MC Escher

Einer der bemerkenswertesten Grafiker des 20. Jhs. war Maurits Cornelis Escher (1898–1972). Seine Zeichnungen, Lithografien und Holzschnitte von offensichtlich unmöglichen Ansichten faszinieren Mathematiker bis heute: ein Wasserfall, der sich aus sich selbst speist, ein Treppenhaus, das endet, wo es begonnen hat, zwei Hände, die sich gegenseitig zeichnen. Seine Arbeiten sind im Stedelijk Museum (S. 165) und im passionierten Escher-Museum im ehemaligen Palais in Den Haag ausgestellt.

CoBrA

Nach dem Zweiten Weltkrieg rebellierten Künstler gegen die gestalterischen Konventionen und fanden im abstrakten Expressionismus ein Ventil für ihren Zorn. In Amsterdam griffen Karel Appel (1921–2006) und Constant (Constant Anton Nieuwenhuys, 1920–2005) Stilrichtungen auf, deren Vorläufer Paul Klee und Joan Miró waren. Sie benutzten leuchtende Farben und nahmen sich „unverfälschte" Kinderzeichnungen zum Vorbild für ihre lebhaften Werke, die förmlich aus der Leinwand heraussprangen. In Paris trafen sie 1945 auf den Dänen Asger Jorn (1914–1973) und den im belgischen Lüttich geborenen Niederländer Corneille (Guillaume Cornelis van Beverloo, 1922–2010). Zusammen mit anderen Künstlern und Schriftstellern gründeten sie die Gruppe CoBrA (Copenhagen, Brüssel, Amsterdam), die gern als letzte große Avantgarde-Bewegung bezeichnet wird.

Ihre erste große Ausstellung 1949 im Stedelijk Museum löste einen Proteststurm aus (mit Kommentaren wie „mein Kind malt genauso"). Dennoch übten die CoBrA-Künstler selbst noch nach der Auflösung der Gruppe 1951 einen starken Einfluss in ihren jeweiligen Ländern aus. Das Cobra Museum (S. 172) in Amstelveen südlich des Stadtzentrums von Amsterdam gibt einen guten Überblick über die Arbeiten der Gruppe, darunter auch farbenfrohe Keramiken.

Die berühmten Fünf im Van Gogh Museum

Sonnenblumen (1889)

Weizenfeld mit Krähen (1890)

Selbstbildnis mit Filzhut (1886/1887)

Mandelblüten (1890)

Das Schlafzimmer (1888)

MC Eschers Werk wurde stark durch seinen Besuch der Alhambra (dem maurischen Palast aus dem 14. Jh. in Granada, Spanien) beeinflusst. Die sich wiederholenden, ineinandergreifenden geometrischen Muster der Wände und Decken dienten im als Inspiration für seine eigenen Entwürfe.

Architektur in Amsterdam

Die hübsche Landschaft an den Grachten sieht noch heute erstaunlicherweise fast genauso aus wie in den alten Gemälden von Amsterdam. Die Stadt blieb von Kriegszerstörungen verschont und hat den alten Baubestand vor allzu eifrigen Baulöwen geschützt. In der bezaubernden Altstadt gibt es tatsächlich 7000 historische Bauten, zwischen Brücken und den vielen Bäumen entlang der Grachten, darunter Ulmen, Platanen, Linden, Pappeln und Weiden.

Oben: Centraal Station (S. 69)

Eine Stadt, gebaut auf Freiheit

Im Unterschied zu anderen Großstädten kann Amsterdam nicht mit so vielen Prachtbauten protzen. Es gab einfach nicht genug Platz für Bauwerke wie den Louvre oder die Westminster Abbey, die ohnehin nicht der calvinistischen Bescheidenheit gerecht geworden wären. Aber kaum eine andere Stadt kann eine solche Fülle an prächtigen Wohnhäusern vorweisen, die eher durch zurückhaltende Eleganz als durch Prunk und Pomp bestechen.

Amsterdam verdankt seine Schönheit der Freiheit – der Handelsfreiheit, der Religionsfreiheit und der Freiheit der Ästhetik. Viele der Giebelhäuser und Speicher haben Kaufleute im Goldenen Zeitalter errichtet. Das Aussehen der Stadt wurde also geprägt von ihren einflussreichen Bürgern.

Niederländische Architektur ist heute einer der erfolgreichsten Exportartikel des Landes. Namen wie Rem Koolhaas und Lars Spuybroek drücken Bauprojekten von Beijing bis Seattle ihren Stempel auf. Und auch im eigenen Land – in Amsterdam oder Rotterdam – konkurrieren begabte Architekten um einen Platz im Architektur-Olymp.

Eines der bekanntesten Gebäude der Stadt und ein Lieblingsmotiv Rembrandts, der Montelbaanstoren (S. 93), wurde 1516 als Verteidigungsturm erbaut. Seine achteckige Spitze wurde vom Meisterarchitekten Hendrick de Keyser 1606 hinzugefügt, um Platz für eine Uhr zu bieten, die noch heute funktioniert.

Mittelalter

Um 1200 war Amsterdam ein morastiger kleiner Handelsposten an der Amstel. Da der Marschboden keine Ziegel tragen konnte, wurden die ersten, oft mit Lehm und Stroh gedeckten Häuser aus Holz gebaut, ganz ähnlich wie sie heute noch in Amsterdam-Noord zu sehen sind. Doch selbst diese bescheidenen Behausungen bekamen auf dem sumpfigen Boden schon bald Schlagseite.

Nachdem zwei verheerende Feuer in den Jahren 1421 und 1452 weite Teile des Stadtzentrums zerstört hatten, wurde Holz als tragendes Baumaterial verboten. Es gab zwar genug Lehm, um daraus Ziegel zu brennen, aber die waren – ebenso wie Steine – auf dem lockeren Untergrund nicht gut zu gebrauchen.

Die Baumeister lösten das Problem, indem sie Pfähle in den Sumpf rammten. Holz konnte nun durch Backstein ersetzt werden, und auch auf den Dächern lösten Ziegel das Reet ab. Schließlich setzten sich Ziegel und Sandstein als gängige Baustoffe im Häuserbau durch.

Grachtenhäuser, die man sehen muss

Bartolotti-Haus (Westlicher Grachtengürtel)

Entrepotdok (Plantage)

Museum Willet-Holthuysen (Südlicher Grachtengürtel)

Huis met de Hoofden (Westlicher Grachtengürtel)

Niederländische Renaissance

Als die italienische Renaissance nach Norden vordrang, entwickelten die niederländischen Architekten einen ornamentreichen Stil, der klassische und traditionelle Elemente mit ihrem ganz eigenen subtilen Humor verband. Sie setzten Blendsäulen, sogenannte Pilaster, auf die Fassaden und bauten Treppengiebel anstelle der alten Ausgussgiebel. Entlang dem Grachtengürtel tauchten plötzlich Skulpturen, Säulen und kleine Obelisken auf. Der letzte Schrei waren roter Backstein und waagerechte weiße Mauerblenden.

Zweifellos das bekannteste Talent dieser Zeit war Hendrick de Keyser (1565–1621), der Bildhauer und Baumeister der Stadt. Er arbeite-

GIEBEL

Zu den größten architektonischen Schätzen Amsterdams gehören die großartigen Giebel – das oberste Stück der Fassaden, das die eleganten Häuser an den Grachten ziert. Der Giebel verbarg das Dach vor den Blicken und gab dem Haus die Identität, bis 1795 die französischen Besatzer Hausnummern einführten. Von da an waren die Giebel mehr eine modische Zutat.

Es gibt vier Hauptformen von Giebeln: den einfachen Schnabelgiebel, mit einer diagonalen Silhouette und halbrunden Fenstern oder Fensterläden, der vor allem vom späten 15. bis zum 17. Jh. bei Lagerhäusern angewendet wurde; den Stufengiebel, eine spätgotische Form, die bei den niederländischen Architekten der Renaissance beliebt war; den Schweifgiebel, der in den 1640er-Jahren eingeführt wurde, und den Volutengiebel, der in den 1660er-Jahren aufkam und im 18. Jh. populär wurde.

NEMO Science Museum (S. 96) von Architekt Renzo Piano

te mit Hendrick Staets, einem der Planer des Grachtengürtels, und Cornelis Danckerts, dem städtischen Maurermeister, um einige von Amsterdams schönsten Meisterwerken zu schaffen, darunter großartige Architektur an den Kanälen wie das Bartolotti-Haus (Karte S. 322) an der Herrengracht 170–172. De Keyser entwarf auch mehrere der Amsterdamer Kirchen. Seine Zuiderkerk (S. 91), Noorderkerk (S. 145) und Westerkerk (S. 112) präsentieren den Stil der Zeit mit raffinierten Grundrissen und abwechslungsreichen Dachlinien, reich verzierten Kirchtürmen und üppig geschmückten Wänden.

Das beeindruckendste Beispiel für den niederländischen Klassizismus ist Jacob van Campens Rathaus (1665; heute Königspalast). Es war zur Entstehungszeit das größte Rathaus in Europa; das Äußere besteht aus Bentheimer Sandstein, die Marmorausstattung des Inneren wurde von römischen Palästen inspiriert.

Niederländischer Klassizismus

Im Goldenen Zeitalter der Kunst im 17. Jh. griffen Architekten wie Jacob van Campen oder die Brüder Philips und Justus Vingboons anstelle der spielerischen Verzierungen von de Keyser auf die klassischen Stilrichtungen der Griechen und Römer zurück.

Unter dem Einfluss italienischer Architekten errichteten die Niederländer Fassaden, die Tempeln glichen, mit Pilastern, die wie Säulen aussahen. Cleveres Blendwerk lautete die Devise. Halsgiebel mit dekorativen Schnörkeln, oft gekrönt von einem tempelartigen Dach, kamen in Mode. Unter den Fenstern tauchten Girlanden auf und der rote Backstein wurde mit dunkler Farbe gehärtet.

Die Brüder Vingboons entwarfen das Bijbels Museum (S. 112) und das Haus an der Keizersgracht 319 (Karte S. 324). Unbedingt sehenswert ist Justus Vingboons' Trippenhuis (S. 93) mit einer strengen Formensprache, die ihresgleichen sucht. Er baute es zwischen 1660 und 1664 für die wohlhabenden Brüder Trip, die ein großes Vermögen mit dem Handel von Metall, Geschützen und Munition anhäuften. Das markanteste Merkmal befindet sich auf dem Dach – Schornsteine in Form von Mörsern.

Grachtenhäuser mit ganz verschiedenen Giebeln (S. 265)

Die „Louis-Stile" des 18. Jahrhunderts

Als die niederländische Handels- und Wirtschaftsmacht im Niedergang begriffen war, mussten die Reichen auf ihre Vermögen aus der wirtschaftlichen Blütezeit zurückgreifen. Viele von ihnen investierten ihr Geld oder verlegten sich auf das Bankwesen und führten ihre Geschäfte von ihren opulenten Wohnhäusern aus. Händler verstauten ihre Waren nicht mehr auf ihren Dachböden, da sie sich nun separate Speicher leisten konnten.

Die gediegenen Fassaden und Statuen im Stil von Louis XIV dominierten noch bis etwa 1750. Danach kamen in rascher Folge die Stile Louis XV – Rokoko-Wirbel und -Wellen – und Louis XVI, in dem Pilaster und Pfeiler ein Comeback erlebten. Ein herrliches Beispiel für den späten Stil unter Louis XVI. ist das Felix Meritis (S. 119) mit seinen riesigen korinthischen Halbsäulen.

Bedeutende historische Bauten

Oude Kerk (Alte Kirche; Rotlichtviertel)

Nieuwe Kerk (Neue Kirche; Altstadt)

Königlicher Palast (Altstadt)

Amsterdam American Hotel (Südlicher Grachtengürtel)

Rijksmuseum (Süden)

Neo-Stilrichtungen des 19. Jahrhunderts

Nach der napoleonischen Ära stagnierte die niederländische Wirtschaft, die Unternehmer hielten ihre Geldbeutel verschlossen und der Bau nobler Architektur kam zum Erliegen. Der Formen, die mit dem Klassizismus Einzug gehalten hatten, galten als sicher und gut verkäuflich, und so hielt dieser an, bis die Stadtplaner in den florierenden 1860er-Jahren wieder etwas mehr Spielraum hatten, die Vergangenheit neu zu entdecken.

Im späten 19. Jh. waren die Neogotik, ein Rückgriff auf die prächtigen gotischen Kathedralen des Mittelalters, und die Neorenaissance vorherrschend. In diesem Zeitraum erhielten auch die Katholiken die Religionsfreiheit zurück und ließen wie verrückt Gotteshäuser im neugotischen Stil bauen.

Die Amsterdamer Schule führte eine neue Philosophie in der Stadtplanung ein. Die Olympischen Sommerspiele, die 1928 in Amsterdam stattfanden, rückten sie ins Licht der Öffentlichkeit. Schlichte Wohnblocks wurden zu Backsteinskulpturen mit abgerundeten Ecken, seltsamen Fenstern und raketenförmigen Türmen – zur Verwunderung (oder dem Ärger) der Traditionalisten.

Ein führender Architekt dieser Zeit war Pierre Cuypers (1827–1921), der für seine geschickten Entwürfe neugotischer Kirchen bekannt ist. Amsterdam verdankt Cuypers auch zwei seiner berühmtesten Bauten: die Centraal Station (S. 69) und das Rijksmuseum (S. 160), die beide Formen der Backsteingotik und der niederländischen Renaissance präsentieren.

Eine ähnliche Mischung zeigt das Hoofdpostkantoor (ehemalige Hauptpost) von C. H. Peters (1847–1932), heute das Einkaufszentrum Magna Plaza (S. 86).

Zur Jahrhundertwende kam die Neogotik auf einmal aus der Mode, als der Jugendstil mit seinen kurvigen Pflanzenformen sich über ganz Europa ausbreitete. Zu den herausragenden Überbleibseln dieser Zeit zählen das Amsterdam American Hotel (S. 131) und das überschwängliche Pathé Tuschinskitheater (S. 138).

Berlage & die Amsterdamer Schule

Der Vater der modernen niederländischen Architektur ist der in Amsterdam geborene Hendrik Petrus Berlage (1856–1934). Er lehnte die üppigen Neo-Stilrichtungen und deren Festhalten an der Vergangenheit („Historismus") ab und forderte Schlichtheit und vernünftigen Materialeinsatz.

Große Wohngebiete sollten nach Berlages Ansicht eher ein ganzheitliches Konzept verfolgen. Bei den Stadtvätern kam er damit nicht immer gut an. Dennoch wurde Berlage zum Vorreiter der späteren Amsterdamse School (Amsterdamer Schule) und beeinflusste deren führende Vertreter Michel de Klerk, Piet Kramer und Johan van der Mey.

Die Titanen der Amsterdamer Schule entwarfen Häuser für „Plan Zuid", ein ehrgeiziges Wohnprojekt, das Berlage entwickelt hatte. Es war eine produktive Ära: Die Beurs van Berlage (S. 71) mit freiliegenden inneren Strebebalken und markanten, aber schlichten Backsteinakzenten repräsentiert perfekt das Ideal des Meisters.

Johan van der Meys bemerkenswertes Scheepvaarthuis (S. 91) war das erste Gebäude im Stil der Amsterdamer Schule. Es folgt dem Straßenverlauf und ähnelt dadurch einem Schiffsbug.

De Klerks Het Schip (S. 146) und Kramers De Dageraad (S. 186) sehen aus wie Märchenburgen und sind eine Hommage an die niederländische Version des Art déco. Die exzentrischen Details sind zauberhaft, aber die Bauphilosphie „Form vor Funktion" bedeutete auch, dass diese Häuser nicht immer bewohnerfreundlich waren.

Funktionalismus

Während die Amsterdamer Schule noch die Richtung vorgab, rebellierte bereits die nächste Generation gegen die unpraktische und teure Herangehensweise der Bewegung. Unter dem Einfluss der deutschen

SEILZÜGE & SCHIEFE HÄUSER

Viele Häuser an den Grachten haben bewusst eine leichte Neigung nach vorn. In Anbetracht der engen Treppenhäuser brauchten die Eigentümer eine Möglichkeit, große Waren und Möbel in die oberen Stockwerke zu befördern. Die Lösung: ein Seilzug, der am Giebel angebracht war, Gegenstände hochzog und durch die Fenster hievte. Die leichte Neigung ermöglichte das Hochziehen, ohne dass etwas gegen die Fassade schlug. Manche Häuser verfügen über mächtige Konstruktionen, bei denen ein Seil im Dachboden über ein Rad läuft. Die Neigung nach vorn lässt die Häuser auch größer erscheinen und macht es einfacher, die Fassade und den Giebel zu bewundern – ein glückliches Zusammentreffen.

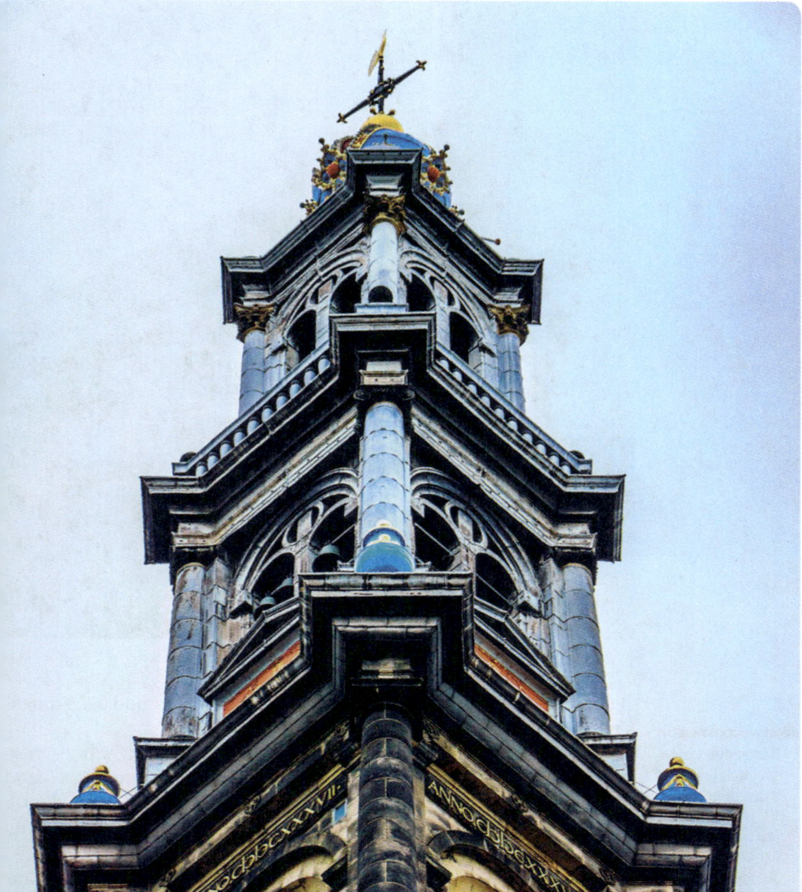

Oben: Der Glockenturm der Westerkerk (S. 112)

Rechts: Entrepotdok (S. 95)

ARTUR BOGACKI/SHUTTERSTOCK ©

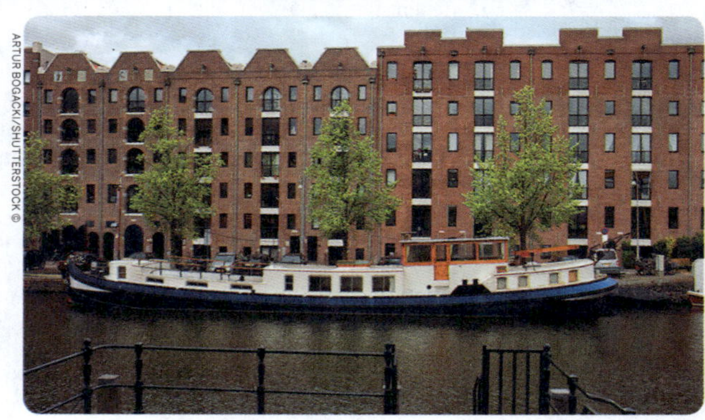

Kraanspoor (S. 211) von OTH Architecten

Bauhaus-Schule, des Amerikaners Frank Lloyd Wright und des Franzosen Le Corbusier bildete sich 1927 die Gruppe „De 8“.

Architekten wie Ben Merkelbach und Gerrit Rietveld waren überzeugt, dass die Form der Funktion untergeordnet werden müsse, und machten sich für Stahl, Glas und Beton stark. Das Komitee für Ästhetik war allerdings anderer Meinung, deshalb gibt es am Grachtengürtel nur wenige Beispiele für diesen Funktionalismus.

Nach dem Zweiten Weltkrieg wurden ganze Vorstädte wie Bijlmermeer in Amsterdam-Zuidoost nach den Vorgaben des Funktionalismus geplant. Ende der 1960er-Jahre wuchs jedoch der Widerstand gegen derartig unpersönliche Riesenprojekte.

Rietveld hinterließ Amsterdam das Van Gogh Museum (S. 163), in dem die großartigen Werke des Künstlers in minimalistisch gestaltetem, offenem Raum glänzen können.

Das einflussreiche Architekturbüro Concrete ist in Amsterdam zu Hause und hat Projekte auf der ganzen Welt realisiert, vom Londoner Spice Market über Seouls Hyundai-Kaufhaus bis zu den Wolkenkratzern von New Jerseys Harborside Plaza. Vor Ort in Amsterdam entwarf Concrete das REM Eiland, die zentrale Halle des Van Gogh Museum und viele andere Gebäude.

Die Gegenwart

An den Ufern des IJ, direkt östlich der Centraal Station gelegen, befindet sich das Oosterdokseiland, eine Reihe markanter Bauten, darunter auch die OBA: Openbare Bibliotheek Amsterdam (S. 97), dazu eine dicht gedrängte Mischung aus Läden, Restaurants, Büros, Wohnungen und ein Konservatorium.

Kaum zu übersehen ist im Südosten der Centraal Station die grüne Kupfernase des NEMO (S. 96). Das von Renzo Piano entworfene Wissenschaftsmuseum ähnelt einem Schiffsbug. Etwas weiter nördlich steht das Muziekgebouw aan 't IJ (S. 105). Das riesige Entrepotdok (S. 95) im Plantage-Viertel ist ein Muss. Die alten Speicherhäuser, die sich an einem ehemaligen Verladedock entlang erstrecken, wurden zu begehrten Wohnungen, Studios und Geschäftsräumen umgebaut.

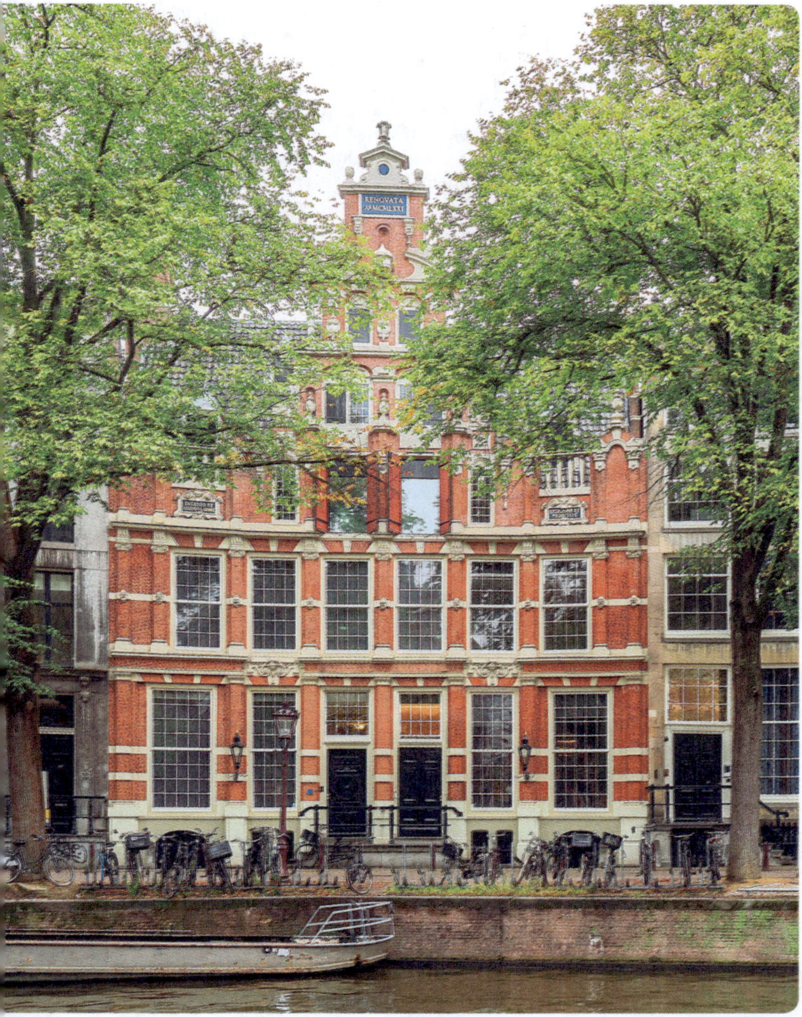

DENNIS VAN DE WATER/SHUTTERSTOCK ©

Oben: Das Bartolotti-Haus (S. 266)

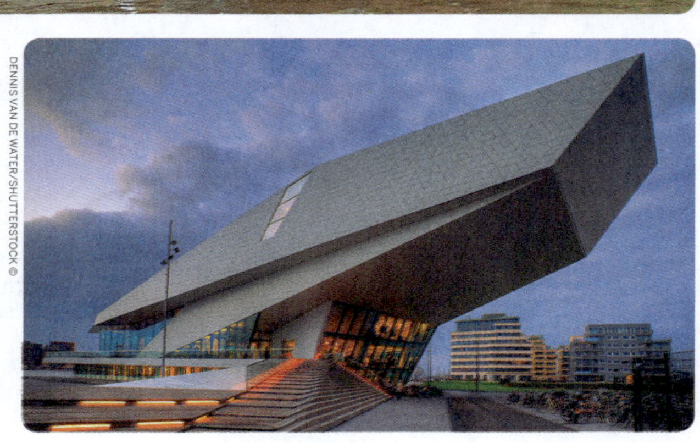

Rechts: EYE Film Institute (S. 211) von Delugan Meissl Associated Architects

Bemerkenswerte zeitgenössische Bauten

NEMO Science Center (Östliche Inseln)

EYE Film Instituut (Amsterdam-Noord)

Muziekgebouw aan 't IJ (Östliche Inseln)

The Whale (Östliche Inseln)

OBA: Centrale Bibliotheek Amsterdam (Östliche Inseln)

Weiter im Osten wurden die baufälligen Industriegebäude der Docks und östlichen Inseln in den 1980er-Jahren und Anfang der 1990er-Jahre zu neuem Leben erweckt. Auf den Inseln Borneo und Java sowie auf der KNSM-Insel (im östlichen Hafengebiet) stehen innovative Wohnbauten und stilvoll umgebaute Altgebäude.

Weiter östlich liegt auf einer Reihe künstlicher Inseln, gut 10 km vom Stadtzentrum entfernt, das Stadtviertel IJburg. Auf den Inseln Steigereiland, Haveneiland und Rieteilanden sind Wohnungen für etwa 45 000 Menschen vorgesehen. Sie sind über die vielbogige Enneüs Heerma Brug mit dem Festland verbunden.

Nordwestlich der Centraal Station und ebenfalls am IJ gibt es im Bereich der Houthavens (Holzhäfen) heftige Bautätigkeit. Die sieben künstlichen Inseln entwickeln sich zu einem neuen Wohngebiet.

Und auch östlich des oberen Laufs der Amstel schießen mehrstöckige Wohn- und Geschäftshäuser wie Pilze aus dem Boden.

In Amsterdam-Noord am anderen IJ-Ufer entsteht auf einem ehemaligen Industriegelände der neue Stadtteil Overhoeks mit Wohnblöcken und Bürotürmen. Kernstücke sind dort das EYE Film Instituut (S. 211) und der A'DAM Toren (S. 210) sowie die kastenförmige, verglaste Kranspur, der Kraanspoor (S. 211).

Niederländisches Design

Modernes niederländisches Design hat den Ruf, minimalistisch zu sein und Möbel sowie Einrichtungsgegenstände kreativ, aber mit einem traditionellem Touch und einer Prise augenzwinkerndem Humor lebendig zu gestalten. Was mit einigen Vorkämpfern begann, hat sich rasch zu einer Bewegung entwickelt, die die Niederlande an die Spitze der Branche stellt. Auch die niederländische Mode, fantasievoll und praktisch zugleich, findet internationale Anerkennung.

Der Beginn einer Bewegung

Die aktuelle niederländische Designbewegung begann mit einer Handvoll Designern, die etwa im gleichen Zeitraum mit verschiedenen Materialien und Medien arbeiteten und sich allmählich im eigenen Land und auch im Ausland Respekt verschafften.

Ein wichtiges Sprungbrett war Droog (S. 105), das 1993 gegründet wurde. Das Designkollektiv arbeitet mit Designern zusammen und hilft ihnen bei Herstellung und Verkauf ihrer Arbeiten. Dafür sorgen

Designer clogs by Viktor & Rolf (S 276)

Partner, die Know-how und Verbindungen haben und eine Zusammenarbeit mit großen Markennamen ermöglichen.

Typische Droog-Designs haben einen witzigen Touch, wie ein Kronleuchter aus über 80 Glühlampen, die wie Fischeier zusammengeknäuelt sind, oder ein seitlich abgeknickter Regenschirm, der vom stürmischen Wetter des Landes inspiriert ist.

Design-Pioniere

Zu den modernen Vorreitern gehörte Marcel Wanders, der für seinen *Knotted Chair* aus Aramid- und Kohlefasern und Baumharz, von Droog 1996 produziert, als Erster internationale Anerkennung erhielt. Wanders' Lufttrocknungsverfahren sorgte dafür, dass der „Knüpfstuhl" durch Schwerkraft geformt wurde. Er ist heute Teil der ständigen Ausstellung des Museum of Modern Art in New York. 2001 gründete Wanders Moooi (S. 156) – der Name ist ein Wortspiel mit dem holländischen Wort für „schön" mit einem zusätzlichen „o", das noch mehr Schönheit und Einzigartigkeit symbolisiert. Moooi, heute ein weltweit führendes Design-Label, repräsentiert auch weitere wegweisende Designer, wie Maarten Baas (bekannt für seine Möbelkollektion aus verkohltem Holz namens „Smoke") und Studio Job (Job Smeets und Nynke Tynagels neugotische ornamentale Kunst).

Zu den weiteren bahnbrechenden Designern gehören der Droog-Designer Jurgen Bey mit architektonischem Schwerpunkt auf Innenausstattung privater und öffentlicher Räume, Hella Jongerius, die u. a. mit neuen Drucktechniken Porzellanteller und -kacheln entwirft, Piet Hein Eeks, der mit recyceltem Holz arbeitet, Hans van Bentum, der tolle Kronleuchter entwirft, sowie Ineke Hans mit ihrem berühmten recycelbaren Plastikstuhl *Ahrend 380* samt integriertem Tisch.

Der Designer für Möbel, Gebrauchsgegenstände und Inneneinrichtung Richard Hutten ist mit Droog bereits seit dessen Gründung verbunden. Er ist berühmt für seine „un-designten", witzigen, funktionalen Möbel, die schon weltweit ausgestellt wurden und zur ständigen Ausstellung von diversen Museen gehören, darunter auch des Stedelijk Museum (S. 165) in Amsterdam.

Beste Designerläden

- *Droog (Nieuwmarkt)*
- *Moooi (Jordaan)*
- *Frozen Fountain (Westlicher Grachtengürtel)*
- *Hutspot (De Pijp)*
- *X Bank (Altstadt)*

Design-Events in den Niederlanden

- *Amsterdam Fashion Week (www.fashionweek.nl) Modenschauen zweimal jährlich.*
- *Design Icons (www.design-icons.com) Ein Wochenende Anfang April.*
- *vt wonen& design beurs (www.vtwonen.nl) Sechstägige Innenausstattungsmesse Anfang Oktober.*

In Schwung gekommen

Der Trend, den Wanders, Bey, Hutten und andere setzten, inspirierte eine Reihe junger Designer. Diese zweite Generation konzentrierte sich nicht nur auf Konzept und Funktion, sondern auch auf die Ästhetik. Oftmals bilden traditionelle Einflüsse die Basis, dann werden Vintage- und recycelte Materialien, Farben und Formen kombiniert, sodass etwas absolut Neues und Einzigartiges entsteht. Zu den Größen der zweiten Generation zählen Wieki Somers, die für ihren Karussell-Kleiderständer (Garderobe im Museum Boijmans Van Beuningen, Rotterdam) und ihre ruderbootförmige Badewanne schon mehrfach mit renommierten Preisen ausgezeichnet wurde, und Marloes Hoedeman, von der die Innenausstattung des Ladens Scotch & Soda stammt und die inzwischen mit einer Lingerie-und-Bademoden-Marke, LoveStories, ins Modegeschäft eingestiegen ist.

Die Zukunft des niederländischen Designs

Zu den niederländischen Designern, die man im Auge behalten sollte, gehören Lex Pott, der mit Materialien wie Holz, Stein und Metall arbeitet, Mae Engelgeer, eine Designerin, die in ihrem Atelier auf den Östlichen Inseln verschiedene Farben und Strukturen für Handtücher, Teppiche und andere Textilien verwendet, Dirk Vander Kooih, der 3D-Drucker

Oben: Kreationen der niederländischen Designerin Marlou Breuls bei der Amsterdam Fashion Week

Rechts: Moooi Gallery (S. 156)

Beste Boutiquen für niederländische Mode

Locals (Altstadt)

Johnny at the Spot (Vondelpark)

VLVT (Süden)

Tenue de Nîmes (Westlicher Grachtengürtel)

Vanilia (Westlicher Grachtengürtel)

Niederländisches Design online

Dutch Design Daily (www.dutchdesigndaily.com) Täglich eine neue Idee im Mittelpunkt.

Dutch Profiles (http://dutchdesign.submarinechannel.com) Kurze Videos erklären Design-Konzepte.

Amsterdam Next (www.amsterdamnext.com) Führer zu lokaler Innenarchitektur.

benutzt, um Möbel und Beleuchtungsartikel zu schaffen, und Floris Wubben, der Einrichtungsgegenstände aus Stampflehm herstellt.

Die vielen mutigen Designer haben einen Boom ausgelöst, der dem Verkauf von Arbeiten innovativer Künstler sehr förderlich ist. Viele Galerien wollen nicht einfach nur Ausstellungsort für künstlerisches Design, Inspirationsquelle und Verkaufsraum für Einrichtungsgegenstände für Wohnung oder Arbeitsplatz sein (obwohl sie auch all das bieten), sondern sie fungieren häufig nebenher als Cafés, wo die Leute zwischen den Angeboten in Design-Zeitschriften blättern können (oft ist selbst der Stuhl, auf dem sie sitzen, zu kaufen).

Design & Mode

Als die niederländischen Designer für Möbel, Gebrauchsgegenstände und Inneneinrichtung auf der Bildfläche erschienen, legte auch eine Generation innovativer Modedesigner los.

Das Amsterdamer Modehaus Viktor & Rolf, gegründet von Viktor Horsting und Rolf Snoeren, hat großen internationalen Erfolg. Von der Haute Couture bis zur Prêt-à-Porter-Mode für Männer und für Frauen reicht die Kollektion, dazu Schuhe und Accessoires wie Brillen und Parfums. Die Zusammenarbeit mit dem Einzelhändler H&M hat die Bandbreite des Angebots noch vergrößert.

Zu den niederländischen Labels, die weltweiten Erfolg haben, zählt auch die Amsterdamer Erfolgsstory **Scotch & Soda** (www.scotch-soda.com), die ihre eigenen Entwürfe für Männer, Frauen und Kinder verkauft, ebenso die Amsterdamer Blauw-Denim-Line und eine Kollektion von Vintage-Möbeln. Auch das Amsterdamer Label Denham the Jeanmaker (S. 120) hat sich einen Namen für Mode aus Denim gemacht, in der Stadt ebenso wie weltweit bis nach Japan.

Das Lingerie-Label Undressed von Marlies Dekkers (S. 121) wurde als Neuerfindung der Lingerie gepriesen; Spin-offs sind Undressed Men, Undressed Secrets (ihre Vintage-Lingerie-Kollection), Sundressed (Strandkleidung und Sonnenbrillen) und Nightdressed (Nachtwäsche). 2014 ging Marloes Hoedemans Lingerie-und-Bademoden-Label Love Stories (S. 120) an den Start und wurde umgehend zum Erfolg, sodass sie heute in Europa und darüber hinaus Boutiquen besitzt.

Die Designerin **Hester van Eeghen** (S. 122) entwirft schöne Lederschuhe sowie Handtaschen in leuchtenden Farben aus Fell, Leder, Wildleder mit geometrischen Mustern.

Das von Anja Klappe geleitete Modelabel Agna K (www.agnak.com) arbeitet mit wechselnden jungen Designern zusammen, um die klassischen gut geschnittenen Damenkollektionen zu kreieren.

Weitere Modedesignerinnen, die man nicht übersehen sollte, sind Daisy Kroon, die leuchtend bunte, schnörkellose Damenmode entwirft, und Jivika Biervliet, die mit ihrer tragbaren Herrenmode an Grenzen geht und sie manchmal auch überschreitet. Die bekannte Stylistin der Stars Danie Bles findet Anerkennung für ihre Kollektion bohèmehafter Retro-Kleidung und -Accessoires für Damen. Das Amsterdamer Schuhlabel EIJK, gegründet von Jolanda van Eijk, fertigt klassische und moderne High-Heels und Stiefel in Handarbeit. Jenny from the Block (Janna Meijer) entwirft Schmuck digital und druckt ihn dann in 3D aus Edelmetallen.

Designhotels

Niederländisches Design beschränkt sich nicht mehr auf Möbel und Mode, sondern ist zum Lifestyle geworden. Das zeigt sich bei einigen Hotels, bei denen Design ein Kennzeichen des Hauses ist.

Etwa Droog, das bahnbrechende Kollektiv. Es weitete sein Konzept aus und schuf einen Komplex (S. 105), zu dem der Laden mit einer Galerie

Droog (S. 105)

und einem Café gehört sowie ein Gästezimmer (eigentlich ein Apartment, mit Küche und einem abgeteilten Schlafzimmer) im obersten Stockwerk.

Ein weiteres Hotel, in dem die Bereiche Design und Mode zusammentreffen, ist das unabhängige Hotel The Exchange (S. 232) in Amsterdams früherer Börse. Die Zimmer des Hotel Exchange, gestaltet von Otto Nan und Suzanne Oxenaar, die auch für Amsterdams Lloyd Hotel (S. 233) arbeiteten, wirken wie Models, die von jungen Designern des Amsterdam Fashion Institute eingekleidet wurden. Die Gestaltung reicht von Details wie Knöpfen oder Stickrahmen an den Wänden bis zu umwerfenden Konzepten für ganze Zimmer wie ein gigantischer gestrickter Pullover oder ein Rembrandt-Kragen.

Marcel Wanders stellte sein Talent in den Dienst des zu Hyatt gehörigen Andaz Amsterdam (S. 235), in der ehemaligen Stadtbibliothek. Studenten der Designakademie von Eindhoven ließen bei der Gestaltung der Zimmer des Hotel Not Hotel (S. 238) ihrer Fantasie freien Lauf.

Niederländisches Design findet man außerdem im Hotel Mr Jordaan (S. 237) und im neuen W Amsterdam (S. 233), in einer ehemaligen Telefonzentrale und Bank, zu der heute auch das riesige Design-Geschäft X Bank (S. 82) gehört.

Um einzigartige Wohnungen für Kurzaufenthalte zu schaffen, hat das Amsterdamer Architekturbüro Space & Matter 28 Grachtenbrückenhäuser, in denen einst die Brückenwärter residierten, renoviert – sie sind unter dem Namen SWEETS Hotel bekannt (S. 229).

Praktische Informationen

Verkehrsmittel & -wege

ANKUNFT IN AMSTERDAM

Schiphol International Airport

Der **Schiphol International Airport** (AMS; www.schiphol.nl; Schiphol Blvd) liegt 18 km südwestlich des Stadtzentrums. Dort gibt es Geldautomaten, Wechselstuben, Touristeninformationen, Mietwagen, Schalter für Zugfahrkarten, eine Gepäckaufbewahrung, Essensmöglichkeiten und freies WLAN. Zwischen dem Flughafen und Amsterdam verkehren Züge.

Zug

24 Stunden am Tag fahren Züge zum Amsterdam Centraal (einfache Fahrt 4,50 €, 15 Min.). Von 6 bis 0.30 Uhr starten sie etwa alle zehn Minuten; am frühen Morgen stündlich. Der Bahnsteig befindet sich im Untergeschoss des Terminals (Rolltreppe).

Shuttlebus

Von 6.30 bis 21 Uhr steuert ein Shuttlebus der Firma **Connexxion** (www.schipholhotelshuttle.nl; einfach/hin & zurück 18,50/29,50 €) alle 30 Minuten vom Flughafen aus viele Hotels an. In Ankunftshalle 4 befindet sich ein Connexxion-Schalter.

Bus

Die Gegend um Museumplein und Leidseplein erreicht man am schnellsten mit dem Connexxion-Bus 397/Amsterdam Airport Express, der von 5.11 bis 0.44 Uhr fährt, und nachts mit dem Connexxion Bus N97, der zwischen 1.15 und 4.44 Uhr verkehrt. Die einfache Fahrt kostet in beiden Bussen 6.50 € und dauert 25 Minuten. Der Bus steht vor den Türen der Ankunftshalle. Karten gibt's beim Fahrer.

Taxi

Taxis brauchen 30 bis 45 Minuten ins Stadtzentrum (zu Stoßzeiten auch länger); die Fahrt kostet rund 39 €. Der Taxistand befindet sich direkt vor den Türen der Ankunftshalle.

Lelystad Airport

Der Lelystad Airport (☎0320-284 770; www.lelystadairport.nl; Emoeweg 7) liegt 50 km östlich von Amsterdam und wird gegenwärtig umfangreich erweitert. Er soll künftig viele Billigflieger und Frachtflüge vom Schiphol International Airport übernehmen. Neue Verkehrsverbindungen von und nach Amsterdam entstehen ebenfalls. Den aktuellen Stand erfährt man auf der Website des Flughafens.

Amsterdam Centraal

Der Bahnhof **Amsterdam Centraal** (Karte S. 312; Stationsplein; 🚋2/4/11/12/13/14/17/24/26 Centraal Station) liegt im Stadtzentrum und bietet gute Umsteigemöglichkeiten auch in andere Verkehrsmittel. Am Bahnhof findet man Geldautomaten, Wechselstuben, Touristeninformationen, Restaurants, Geschäfte, Gepäckaufbewahrungsstellen (7 bis 10 € pro Tag) und Fahrkarten für nationale und internationale Zugreisen.

Verkehrsverbindungen vom/zum Amsterdam Centraal

Die **U-Bahnlinien** 51, 52, 53 und 54 bedienen Amsterdam Centraal.

Straßenbahn Acht der 15 Straßenbahnen der Stadt halten am Hauptbahnhof und fahren fächerförmig in die übrigen Stadtviertel. Die Straßenbahnen 4, 14, 16, 24 und 26 fahren am äußersten linken Zipfel des Hauptbahnhofs (an der Ostseite) ab; erkennbar ist die Haltestelle an dem Schild mit dem „A". Die Straßenbahnen 1, 2, 5, 13 und 17 fahren rechts vom Haupteingang (Richtung Westen) ab, erkennbar an dem Schild mit dem großen „B".

KLIMWANDEL & REISEN

Bei jeder Art der Fortbewegung, die auf kohlenstoffbasiertem Kraftstoff beruht, wird CO_2 erzeugt, das die Hauptursache des menschengemachten Klimawandels ist. Modernes Reisen ist vom Fliegen abhängig. Flugzeuge verbrauchen zwar pro Kilometer weniger Kraftstoff als die meisten Autos, legen aber viel größere Entfernungen zurück. Auch die Höhe, auf der die Flugzeuge Gase, darunter CO_2, und Partikel freisetzen, wirkt sich negativ auf den Klimawandel aus. Viele Websites bieten sogenannte CO_2-Rechner an, mit denen jeder einschätzen kann, wie viel Treibhausgase seine Reise produziert. Sie errechnen auch den zum Emissionsausgleich erforderlichen Betrag, mit dem Reisende klimafreundliche Projekte in der ganzen Welt unterstützen können. Lonely Planet gleicht die CO_2-Bilanz aller Reisen von Mitarbeitern und Autoren aus.

Taxi Am Amsterdam Centraal steht die Taxischlange in der Nähe des Haupteingangs in westlicher Richtung. Der Fahrpreis richtet sich nach dem Taxameter und dürfte für Ziele im Stadtzentrum, innerhalb des Grachtengürtels und nach Joordan zwischen 15 und 20 € kosten.

Auto

Wer mit dem Auto anreist, tut gut daran, den Wagen auf einem Park-and-Ride-Parkplatz am Stadtrand abzustellen. Die Parkgebühr (rund 8 € für die ersten 24 Std. und danach 1 € pro Tag) berechtigt auch zum Kauf von ermäßigten Fahrkarten für die öffentlichen Verkehrsmittel der Stadt. Mehr Informationen unter www.amsterdam.com.

Busbahnhöfe

Busse von Eurolines (www.eurolines.com) und FlixBus (www.flixbus.com) verbinden Amsterdam mit allen wichtigen Hauptstädten Europas sowie mit zahlreichen kleineren Städten. Tickets bucht man am besten im Internet.

Die Eurolines-Busse nutzen den Bahnhof **Duivendrecht** (Stationsplein 3; Ⓜ Duivendrecht) südlich des Stadtzentrums. Von hier aus gibt es auch gute U-Bahn-Verbindungen zum Bahnhof Amsterdam Centraal (etwa 20 Min. mit den U-Bahnlinien 50 und 54).

FlixBus fährt vom und zum Bahnhof Sloterdijk westlich des Stadtzentrums, von wo die U-Bahnlinien 50 und 51 in 6 Minuten zum Bahnhof Amsterdam Centraal fahren.

UNTERWEGS VOR ORT

Die Innenstadt von Amsterdam ist relativ kompakt und lässt sich am besten zu Fuß oder mit dem Fahrrad erkunden. Der **GVB** (www.gvb.nl; Stationsplein 10; ⏲Mo–Fr 7–21, Sa 8–21, So 9–21 Uhr; 🚋2/4/11/12/13/14/17/24/26 Centraal Station) betreibt den öffentlichen Nahverkehr; dazu zählen Straßenbahnen, Busse, U-Bahnen (Metro) und Fähren.

Der hervorragende Reiseplaner 9292 (www.9292.nl) berechnet Routen, Kosten und Reisezeiten und bringt Besucher überall in der Stadt quasi von Tür zu Tür.

Auto

Wegen der engen Straßen, den nicht abgezäunten Grachtenufern und den Hunderttausenden von Fahrradfahrern ist das Autofahren in der Stadt nicht zu empfehlen.

Parken

➡ In der zentralen Parkzone muss Montag bis Samstag von 6 bis 24 Uhr und Sonntag von 12 bis 24 Uhr für das Parken bezahlt werden. An den Parkuhren benötigt man eine holländische Kreditkarte oder man geht auf www.3377.nl online, um zu bezahlen.

➡ Die Parkgebühren betragen in den meisten Gegenden des Stadtzentrums und am Grachtengürtel rund 7,50/55 € pro Std./Tag und rund 6/30 € in Jordaan, der Gegend am Museumplein und der weiteren Umgebung. Je weiter man vom Stadtzentrum entfernt parkt, desto günstiger wird der Tarif.

➡ Wegfahrsperren sind verbreitet und die Bußgelder sind hoch.

➡ Parkhäuser befinden sich u. a. am Bahnhof Amsterdam Centraal, am Damrak, unweit des Leidseplein und unter dem Museumplein und der Stopera, sie sind jedoch oft überfüllt und teurer als ein Parkplatz am Straßenrand.

➡ Am besten lässt man sein Auto auf einem Park-and-Ride-Parkplatz am Stadtrand stehen.

Verkehrsregeln

➡ In den Niederlanden gilt eine allgemeine Anschnallpflicht.

➡ Kinder unter zwölf Jahren müssen hinten sitzen, sofern Platz ist.

➡ Immer auf Fahrräder achten, denn beim Rechtsabbiegen haben Fahrräder, die geradeaus fahren, Vorfahrt.

- Straßenbahnen haben generell Vorfahrt.
- Im Kreisverkehr haben einfahrende Fahrzeuge Vorfahrt, es sei denn, Verkehrsschilder zeigen etwas anderes an.
- Das Alkohollimit liegt bei 0,5 Promille.

Mietwagen

Das Mieten eines Autos ist an folgende Voraussetzungen gebunden:

- Gültige Fahrerlaubnis des Heimatlandes.
- Mindestalter 23 Jahre (einige Anbieter verlangen einen Aufpreis für Fahrer unter 25 Jahren). Eine gängige Kreditkarte.

MIETWAGENFIRMEN

Fast alle Autos haben Schaltgetriebe. Wer einen Automatikwagen braucht, muss weit im Voraus buchen und auf hohe Aufpreise gefasst sein.

Alle großen internationalen Autovermietungen sind hier vertreten; viele haben ihre Büros am Overtoom nahe dem Vondelpark. Für das Anmieten eines Wagens am Bahnhof Amsterdam Centraal und am Schiphol International Airport wird ein Aufschlag erhoben. Eine Auswahl an Autovermietern:

Avis (www.avis.nl)

Enterprise (www.enterprise.nl)

Europcar (www.europcar.nl)

Hertz (www.hertz.nl)

Sixt (www.sixt.nl)

AUTOMOBILCLUB

Der ANWB (www.anwb.nl) ist der niederländische Automobilclub. Mitglieder ausländischer Automobilclubs (ADAC etc.) erhalten u. a. Hilfeleistungen, kostenlose Straßenkarten und Ermäßigungen.

Bus

Der GVB bietet Karten für unbegrenzt viele Fahrten im Zeitraum von einem bis sieben Tagen (8,50 bis 36,50 €) mit Straßenbahn, Bus und U-Bahn an.

- Alternativ kauft man sich eine Einzel-OV-Chipkaart (www.ov-chipkaart.nl; 1 Std. 3,20 €) beim **Informationsbüro des GVB** (www.gvb.nl; Stationsplein 10; ⏲Mo–Fr 7–21, Sa 8–21, So 9–21 Uhr; 🚊2/4/11/12/13/14/17/24/26 Centraal Station).
- *Nachtbussen* (Nachtbusse) verkehren nach Betriebsende anderer Verkehrsmittel (1–6 Uhr, stündl., 4,50 € pro Fahrt).
- Die Connexxion-Busse an der Centraal Station, welche die Sehenswürdigkeiten im Süden Amsterdams anfahren, und der Flughafenbus Nr. 397 gehören nicht zum GVB. Die Fahrkarten sind relativ teuer (um 6,50 €).

Fahrrad

Die große Mehrheit der Amsterdamer ist in der Stadt mit *fietsen* (Fahrrädern) unterwegs. Fahrräder sind hier eine große Sache. Überall in der Stadt gibt es daher Fahrradverleihfirmen (S. 33).

Schiff/Fähre

Von Ende März bis Anfang November bietet **Canal Bus** (☎020-217 05 00; www.stromma.nl; Tageskarte 24,50 €, Rundfahrten 11,50–14,50 €, Tretboote 10 €; ⏲Mo–Mi 9–18, Do–So bis 20 Uhr; 🛜) einen einzigartigen Hop-on-Hop-off-Service zwischen seinen Docks in der Innenstadt und den großen Museen an.

Kostenlose Fähren nach Amsterdam Noord legen hinter dem Bahnhof Amsterdam Centraal ab.

Straßenbahn

- Das meistgenutzte öffentliche Verkehrsmittel innerhalb der Stadt ist die Straßenbahn. Die Bahnen fahren schnell, häufig und überall und verkehren zwischen 6 und 0.30 Uhr.
- Fahrkarten kann man in der Bahn nur mit Kreditkarten oder Debitkarten bezahlen, Bargeld wird nicht akzeptiert. Eine Einzel-OV-Chipkaart (www.ov-chipkaart.nl; 1 Std. 3,20 €) und Tageskarten (1–7 Tage 8,50–36,50 €) bekommt man im **Informationsbüro des GVB** (www.gvb.nl; Stationsplein 10; ⏲Mo–Fr 7–21, Sa 8–21, So 9–21 Uhr; 🚊2/4/11/12/13/14/17/24/26 Centraal Station).
- Beim Ein- *und* Aussteigen wischt man die Karte über einen Kartenleser, um „ein- und auszuchecken".

Taxi

- Taxis sind teuer und angesichts des Amsterdamer Straßenlabyrinths nicht unbedingt schnell am Ziel.

MIT DER STRASSENBAHN

Altstadt	Linien 2, 4, 11, 12, 13, 14, 17, 24
Jordaan & Westlicher Grachtengürtel	Linien 3, 5, 13, 17, 19
Südlicher Grachtengürtel	Linien 1, 2, 5, 7, 11, 12, 19 zum Leidseplein; 4, 7, 14, 24 zum Rembrandtplein
Vondelpark & der Süden	Linien 1, 2, 3, 5, 11, 12, 24
De Pijp	Linien 3, 4, 12, 24
Nieuwmarkt & Plantage	Linien 1, 3, 7, 14, 19, 26

ZUGREISEN AB AMSTERDAM

NS (www.ns.nl) ist Betreiber der staatlichen Eisenbahn. Vom Bahnhof Amsterdam aus fahren mehrmals in der Stunde viele Züge in andere niederländische Städte, beispielsweise nach Haarlem, Leiden und Delft. Tagesausflüge sind daher ganz einfach zu organisieren.

Der Hauptfahrkartenschalter für In- und Auslandsreisen befindet sich an der Westseite des Bahnhofs.

Fahrkarten für die Niederlande

➡ Fahrkarten sind am Serviceschalter der NS oder an den Fahrkartenautomaten erhältlich. Am Schalter ist es in der Regel am einfachsten, allerdings stehen dort oft lange Schlangen.

➡ Bezahlt wird entweder bar, mit EC- oder mit Kreditkarte. Visa- und MasterCard sind kein Problem, allerdings wird bei deren Nutzung eine Gebühr von 0,50 € erhoben, und sie müssen mit Chip ausgerüstet sein und eine PIN besitzen.

➡ Wer nur eine Karte für eine einfache Fahrt kauft, muss 1 € mehr zahlen. Einheimische nutzen daher eine personalisierte aufladbare Plastik-Chipkarte (OV-Chipkaart), um diese Gebühr zu sparen.

➡ Auch Besucher können eine – allerdings nicht personalisierte – aufladbare OV-Chipkaart am NS-Schalter oder in den Büros der GVB kaufen. Sie kostet 7,50 € (wird nicht rückerstattet) und muss mit einem Guthaben von mindestens 20 € aufgeladen werden.

➡ Wer die Fahrkarte am Automaten ziehen und mit Bargeld bezahlen will, sollte bedenken, dass nur Münzen und keine Scheine angenommen werden. Die Anweisungen des Automaten sind auf Englisch gehalten.

➡ Es gibt kaum Unterschiede zwischen der 1. und 2. Klasse, aber wenn es im Zug voll ist, sind in der 1. Klasse meist noch Plätze frei.

➡ Es gibt zwei Arten von Inlandszügen: Intercity (schneller und mit weniger Zwischenstopps) und Sprinter (langsamer, hält an jedem Bahnhof).

➡ Die Fahrradmitnahme kostet 6,90 €. Fahrräder sind nur in Sprinter-Zügen und nur außerhalb der Stoßzeiten erlaubt.

➡ Mit der Fahrkarte oder der Karte muss sowohl ein- als auch ausgecheckt werden: Beim Betreten des Bahnsteigs hält man die Fahrkarte oder Karte vor das Lesegerät an den Schranken oder an einem frei stehenden Pfosten und es piept einmal. Wenn man den Bahnsteig wieder verlässt, macht man es genauso, es piept dann zweimal.

Auslandsfahrkarten

➡ **NS International** (www.nsinternational.nl) hat eigene Schalter für den Kauf von Bahnfahrkarten für Reisen ins Ausland eingerichtet. Hier können die Schlangen recht lang sein. Beim Betreten des Service Centers erhält man eine Wartenummer, die aufgerufen wird, sobald man an der Reihe ist.

➡ Wer keine Kreditkarte mit Chip und Pin hat (selbst wenn, funktionieren nicht alle ausländischen Karten), muss die Fahrkarte vor Ort in bar zahlen. In dem Fall wird eine Buchungsgebühr von 7,50 bis 22.50 € fällig.

➡ Alternativ ist es möglich, sich seine Fahrkarte online auf www.b-europe.com zu besorgen (dabei werden auch ausländische Kreditkarten akzeptiert). Man muss das Ticket dann unter Umständen aber ausdrucken.

➡ Zu Stoßzeiten sollte man immer im Voraus reservieren.

➡ Taxis werden, anders als in vielen anderen Städten, in Amsterdam nicht etwa herangewinkt, sondern sie warten an den Taxiständen am Amsterdam Centraal, Leidseplein und an anderen stark frequentierten Orten in der Stadt. Es ist übrigens nicht zwingend erforderlich, das erste Taxi in der Schlange zu nehmen.

➡ Man kann Taxis auch telefonisch bestellen. **Taxicentrale Amsterdam** (TCA; ☎020-777 77 77; www.tcataxi.nl) ist das zuverlässigste Unternehmen.

➡ Der Fahrpreis richtet sich nach dem Taxameter. Die Grundgebühr beträgt 3,19 €, dazu kommen dann 2,35 € pro Kilometer. Eine Fahrt vom Leidseplein zum Dam kostet etwa 6 €, von Amsterdam Centraal nach Jordaan 13 bis 19 €.

➡ Der Fahrtenvermittler Uber (www.uber.com) bietet in Amsterdam Fahrten an, die Preise variieren entsprechend der Nachfrage.

Zug

NS (www.ns.nl) betreibt Züge zu den Vororten Amsterdams. Für Besucher sind in der Regel nur die Züge vom und zum Flughafen von Interesse, es sei denn, sie wollen Ziele außerhalb der Stadt ansteuern. Um mit den NS-Zügen zu fahren, muss man die OV-Chipkaart an NS-Automaten aufladen.

Das U-Bahnnetz, das sowohl einige Bahnhöfe in der Innenstadt als auch Vororte umfasst, wird vom **GVB** (www.gvb.nl; Stationsplein 10; ⏲Mo–Fr 7–21, Sa 8–21, So 9–21 Uhr; 🚊2/4/11/12/13/14/17/24/26 Centraal Station) betrieben. Hier gelten die Verbundtickets des GVB. Wenn zwischen zwei Stadtvierteln eine U-Bahn verkehrt, ist diese häufig viel schneller als die Straßenbahnen, besonders zu Stoßzeiten.

GEFÜHRTE TOUREN

Im Rahmen einer Führung kann man die Stadt am besten kennenlernen, besonders dann, wenn nicht besonders viel Zeit dafür zur Verfügung steht.

Es gibt viele Stadtrundgänge, darunter themenorientierte Touren zu Geschichte, Architektur oder Essen. Auch Rad- und Bootstouren sind allgegenwärtig.

Im Rotlichtviertel wurden geführte Touren entlang der Bordellfenster von den Behörden verboten. Außerhalb des Rotlichtviertels sind kommerzielle geführte Touren noch erlaubt, wenn die Guides eine entsprechende Genehmigung haben und strenge Regeln befolgen.

Kostenlose Führungen und Tourenwerbung sind in der ganzen Stadt verboten. Alle Teilnehmer an geführten Touren müssen eine Touristensteuer (VMR) zahlen.

★Plastic Whale (☎020-737 30 49; www.plasticwhale.com; 2½-std. Führung 39,50 €; ⏲nach Vereinbarung) Wer helfen möchte, Amsterdams Wasserwege vom Plastikmüll zu befreien, ist bei diesem Pionier der Bewegung „Plastik fischen" (dem ersten der Welt) genau richtig. Jeder Teilnehmer bekommt ein Netz, um Plastikmüll in den Flüssen, Häfen und Grachten zu „fangen". Er wird recycelt und u. a. zu Möbeln verarbeitet; sogar das neunsitzige Elektroboot selbst besteht daraus. Das ganze Jahr über starten täglich an verschiedenen Orten Amsterdams Fahrten.

★Rederij Lampedusa (Karte S. 320; http://rederijlampedusa.nl/en; Dijksgracht 6; 2-stünd. Grachtentour 19 €; ⏲Mai–Sept. Sa 11 & 13.30 Uhr; 🚊26 Muziekgebouw) Der niederländische Gründer Tuen veranstaltet zweistündige Grachtentouren rund um den Amsterdamer Hafen in einem ehemaligen Flüchtlingsboot, das von der italienischen Insel Lampedusa hergebracht wurde. Die mit Herzblut gestalteten Touren bieten faszinierende Einblicke nicht nur in die ge-

ZEITFAHRKARTEN

➡ Zeitfahrkarten sind äußerst praktisch und auch erheblich billiger als Einzelfahrausweise.

➡ Der GVB bietet Tages- oder Wochentickets (7 Tage) an (8,50 bis 36,50 €), die dann für Straßenbahnen, einige Busse und die U-Bahn gelten und unbegrenzt viele Fahrten erlauben.

➡ Diese Karten gibt es im Informationsbüro des GVB und in den Besucherzentren von I amsterdam (S. 291), nicht aber in den Bussen und Bahnen.

➡ Die I amsterdam City Card (www.iamsterdam.com; für 24/48/72/96/120 Std. 60/85/100/115/125 €) beinhaltet gleichzeitig eine Zeitkarte für den GVB.

➡ Wer auch außerhalb der Stadt unterwegs sein möchte, sollte sich ein Amsterdam & Region Day Ticket (19,50 €) besorgen, womit man auch außerhalb des Straßenbahn- und U-Bahn-Netzes reisen kann. Darin sind eingeschlossen: Nachtbusse, Flughafenbusse, Connexxion-Busse und regionale EBS-Busse nach Haarlem, Muiden und Zaanse Schans, um nur einige Ziele zu nennen. Diese Karte ist im Büro des GVB und in Touristeninformationen erhältlich.

➡ Eine weitere Möglichkeit ist das Amsterdam Travel Ticket (für 1/2/3 Tage 17/22,50/28 €). Das ist im Grunde eine unbegrenzt geltende Karte für den GVB-Bereich plus ein Ticket vom oder zum Flughafen. Man erhält es am Flughafen (NS-Schalter) oder im Büro des GVB.

genwärtige Migration, sondern auch in die Auswirkungen, welche die Einwanderung auf die Geschichte Amsterdams hatte. Abfahrt neben dem Mediamatic.

„Who is Amsterdam"-Touren (☎06 4204 2506; www.whoisamsterdamtours.com; 59 €; ⌚nach Reservierung Do–So 10.30 Uhr) „Who is Amsterdam" bietet einen persönlicheren Einblick in die Stadt als die typischen Stadtführungen. Dabei lernt man die Menschen hinter den Fassaden kennen und bekommt einen Einblick ins echte Leben der Amsterdamer, deren Geschichten die Tourleiterin Alexandra engagiert erzählt. Die Touren dauern dreieinhalb Stunden und beinhalten „den besten Apfelkuchen Amsterdams" und ein Glas lokales Craft-Bier.

Mee in Mokum (Karte S. 318; www.gildeamsterdam.nl; Gedempte Begijnensloot; Führungen Erw./Kind 10/5 €; ⌚Di–So 11 & 14 Uhr; 2/11/12 Spui) Die Stadtrundgänge von Mee in Mokum werden von Freiwilligen aller Altersstufen geleitet, die oftmals auch persönliche Anekdoten zum Besten geben. Die Führungen dauern zwischen zwei und drei Stunden und starten vom Café im Amsterdam Museum (S. 70). Man sollte mindestens einen Tag vorher reservieren und dann am Tag selbst bar bezahlen.

Architectuur Tours (Karte S. 318; ☎06 3014 0945; www.architectuurtoursamsterdam.nl; Dijkstraat 55; Standardführungen 12,50–25 €; Ⓜ Nieuwmarkt) Der Architekturhistoriker Alex Hendriksen bietet sehr empfehlenswerte Touren, darunter Stadtspaziergänge zu den Gebäuden des Nieuwmarkt und Bootstouren auf dem IJ, in deren Verlauf die faszinierenden Aspekte von Amsterdams Geschichte und Entwicklung offenbar werden. Ob es freie Plätze für die englischsprachigen Führungen gibt, kann man auf der Website nachschauen. Die Standardtouren finden ab mindestens acht Teilnehmern statt, außerdem sind maßgeschneiderte Privatführungen möglich.

Hungry Birds Street Food Tours (www.hungrybirds.nl; 5-std. Tour tagsüber/abends pro Pers. 89/95 €; ⌚nach Reservierung) Die Guides dieser Tour führen die Teilnehmer abseits der Touristenpfade zu den holländischen und ethnisch interessanten Spezialitäten. Die Touren dauern um die fünf Stunden und steuern lokale Hotspots in mehreren Stadtvierteln an, von Straßenständen bis zu familiengeführten Restaurants. Außerdem ist tagsüber eine dreistündige Führung in De Pijp im Angebot (79 €). Das gesamte Essen ist im Preis enthalten. Der Treffpunkt wird nach der Reservierung mitgeteilt.

Allgemeine Informationen

Barrierefrei reisen

- Auf die Bedürfnisse von Reisenden mit eingeschränkter Mobilität ist Amsterdam nur bedingt eingestellt.
- Die meisten Behörden und Museen verfügen über Aufzüge und/oder Rampen sowie Behindertentoiletten.
- Viele preiswerte Unterkünfte und Mittelklassehotels sind alles andere als barrierefrei, denn sie befinden sich oftmals in alten Gebäuden mit steilen Treppen ohne Aufzug.
- Restaurants liegen normalerweise im Erdgeschoss, manchmal sind trotzdem ein paar Stufen zu überwinden.
- Die meisten Busse sind rollstuhlgerecht, ebenso die U-Bahnhöfe. Straßenbahnen werden umgerüstet und sind daher barrierefreier. Viele Linien haben erhöhte Haltestellen für Rollstuhlfahrer. Auf der GVB-Website (www.gvb.nl) sind rollstuhlgerechte Haltestellen verzeichnet.
- Accessible Travel Netherlands hat einen Stadtführer herausgebracht, den man herunterladen kann (www.accessibletravelnl.com). Hier werden Restaurants, Sehenswürdigkeiten, Verkehrsmittel und Wege für Menschen mit Einschränkungen empfohlen.
- Bei Fragen nach behindertengerechten Zugängen in der Stadt hilft Toegankelijk Amsterdam (www.toegankelijkamsterdam.nl).
- Kostenlose Guides für barrierefreies Reisen gibt's auf der Website von Lonely Planet unter https://shop.lonelyplanet.com/categories/accessible-travel.

Ermäßigungen

Vertreter bestimmter Berufsstände – wie Künstler, Journalisten, Museumskonservatoren und Lehrer – erhalten unter Umständen in einigen Einrichtungen gegen Vorlage eines Nachweises eine Ermäßigung.

Studenten zahlen in der Regel bei Museumseintritten gegen Vorlage eines Ausweises ein paar Euro weniger. Senioren über 65 Jahre und ihre Partner ab 60 Jahren erhalten Ermäßigungen im öffentlichen Nahverkehr, in Museen, Konzerten usw.; auch hier ist ein Ausweis erforderlich.

I amsterdam Card (www.iamsterdam.com; 24/48/72/96/120 Std. 60/80/95/105/115 €) Ermöglicht freien Eintritt in mehr als 30 Museen, eine Grachtenfahrt und Ermäßigungen in Geschäften, außerdem gibt es Preisnachlässe in Unterhaltungsveranstaltungen und Restaurants. Eine Dauerkarte für den GVB ist ebenfalls inbegriffen. Sehr sinnvoll für mehrtägige Aufenthalte in der Stadt. Erhältlich in I amsterdam Visitor Centres und in einigen Hotels.

Museumkaart (www.museumkaart.nl; Erw./Kind 64,90/32,45 €, plus einmalig 5 € beim ersten Kauf) Kostenloser bzw. ermäßigter Eintritt in etwa 400 Museen im ganzen Land, erhältlich bei den teilnehmenden Museen. Zunächst erhält man ein Ticket, das für 31 Tage (und maximal fünf Museen) gültig ist. Dieses kann man online registrieren und erhält dann eine Jahreskarte, die innerhalb von drei bis fünf Werktagen an eine niederländische Adresse (z. B. ans Hotel) geschickt wird.

Holland Pass (www.hollandpass.com; 3/4/6 Attraktionen ab 45/60/75 €) Ähnelt der I amsterdam Card (einen Monat gültig). Der Preis richtet sich nach der Anzahl der Attraktionen, die man aus einer Rangliste wählt (die beliebtesten und teuersten Sehenswürdigkeiten gehören zur Kategorie Gold). Inbegriffen sind auch eine Zugfahrt vom Flughafen in die Innenstadt und eine Grachtenrundfahrt. Erhältlich ist der Holland Pass online und an bestimmten Stellen, darunter am Flughafen Schiphol und im Stadtzentrum.

Feiertage

Die meisten Museen sind an Feiertagen und an Sonntagen geöffnet (außer an Weihnachten und Neujahr), selbst wenn Erstere auf einen Tag fallen, an dem die Museen normalerweise geschlossen haben, beispielsweise Montag.

Nieuwjaarsdag (Neujahr) 1. Januar

Goede Vrijdag (Karfreitag) März/April

Eerste Paasdag (Ostersonntag) März/April

Tweede Paasdag (Ostermontag) März/April

Koningsdag (Königstag) 27. April (bzw. 26. April, wenn der 27. April auf einen Sonntag fällt)

Dodenherdenking (Totengedenktag) 4. Mai (inoffiziell)

Bevrijdingsdag (Befreiungstag) 5. Mai (inoffiziell jährlich gefeiert; offiziell nur alle fünf Jahre, der nächste ist 2025)

Hemelvaartsdag (Christi Himmelfahrt) 40 Tage nach Ostersonntag

Eerste Pinksterdag (Pfingstsonntag) 50 Tage nach Ostersonntag

Tweede Pinksterdag (Pfingstmontag) 50 Tage nach Ostermontag

Eerste Kerstdag (erster Weihnachtstag) 25. Dezember

Tweede Kerstdag (zweiter Weihnachtstag) 26. Dezember

Frauen unterwegs

Für allein reisende Frauen ist Amsterdam so sicher wie die meisten europäischen Großstädte. Es kommt selten zu Belästigungen auf der Straße, das gilt auch für das Rotlichtviertel. Dennoch sollte man als Frau dort, zumal abends, besser in Begleitung unterwegs sein, um ungewollte Aufmerksamkeit auf ein Minimum zu reduzieren.

Geld

Die offizielle Landeswährung der Niederlande ist der Euro (€). Im Gegensatz zu vielen Ländern der Eurozone werden in den Niederlanden keine Ein- und Zwei-Cent-Münzen verwendet.

Bargeld

Überraschend viele Geschäfte akzeptieren keine Kreditkarten. Man sollte also immer ausreichend Bargeld dabeihaben (umgekehrt gibt es auch viele Einrichtungen, die nur Karten nehmen).

Geldautomaten

Geldautomaten befinden sich an den meisten Banken, im Flughafen und in der Centraal Station. Die Mehrzahl akzeptiert Kreditkarten wie Visa und MasterCard, aber auch EC-Karten mit Maestro-, Cirrus- und PLUS-Logo. Die Hausbank kann vor der Abreise über anfallende Gebühren informieren. Vor Geldautomaten in der Innenstadt und am Flughafen bilden sich oftmals lange Schlangen. Manchmal sind die Bestände an Wochenenden leer.

Geldwechsel

Die beste Wechselstube ist im Allgemeinen GWK Travelex (www.gwk.nl) mit mehreren Filialen in der Stadt:

GWK Travelex Centraal Station (☎020-627 27 31; Stationsplein 13f; ⏲10–17 Uhr; 🚊2/4/11/12/13/14/17/24/26 Centraal Station)

GWK Travelex Leidseplein (☎020-622 14 25; Leidsestraat 103; ⏲Mo–Fr 9–21, Sa ab 10, So 10–20 Uhr; 🚊1/2/5/7/11/12/19 Leidseplein)

GWK Travelex Schiphol Airport (☎020-653 51 21; Arrival Hall 3; ⏲6–22 Uhr)

Kreditkarten

Alle wichtigen internationalen Kreditkarten sind in den Niederlanden geläufig, und die meisten Hotels und größeren Geschäfte nehmen sie auch entgegen. Allerdings gibt es eine ganze Menge Geschäfte, Restaurants und andere Einrichtungen (darunter auch einige Supermärkte), die grundsätzlich keine Kreditkarten akzeptieren oder allenfalls solche, die mit Chip und PIN versehen sind. Ausländische Karten (selbst Kredit- oder Bankkarten mit Chip oder PIN) werden nicht immer angenommen (das gilt auch für manche Ticketautomaten), also besser vorher nachfragen!

Manche Läden schlagen bei Kreditkartenzahlung 5 % (oder mehr) drauf, um die Gebühren, die die Kreditkartengesellschaften berechnen, auszugleichen. Also immer vorher klären!

Trinkgeld

Bars Wird nicht erwartet.

Hotels 1 bis 2 € für Gepäckträger, ein paar Euro für Reinigungspersonal bei guter Arbeit.

Restaurants 5 bis 10 % im Café (bei einem Rechnungsbetrag von 9,50 € am besten auf 10 € aufrunden), rund 10 % für ein Essen im Restaurant.

Taxis 5 bis 10 % oder auf den nächsten Euro aufrunden.

Internetzugang

- Freies WLAN ist in Unterkünften aller Preislagen durchaus üblich; in vielen Häusern gibt es vor Ort auch einen Computer für Gäste.
- Hotels drucken für ihre Gäste auf Anfrage in der Regel Bordkarten und Tickets aus.
- Die meisten Bars, *cafés* (Kneipen) und Coffeeshops bieten freies WLAN an. Unter Umständen muss man den Zugangscode erfragen.
- Kostenlose WLAN-Hotspots in der Stadt finden sich unter www.wifi-amsterdam.nl.

PRAKTISCH & KONKRET

- **Maße & Gewichte** In Holland wird das metrische System verwendet.
- **Rauchen** In Hotelzimmern, Bars und Restaurants gesetzlich verboten, aber draußen, beispielsweise auf einer Terrasse, ist es erlaubt.
- **Holländische Zeitungen** *De Telegraaf* ist die meistgelesene Zeitung der Niederlande, und *Het Parool* ist eine Zeitung für Amsterdam, die sich auf das konzentriert, was in der Stadt passiert.
- **Internationale Zeitungen** Die *New York Times International Edition* und der *Guardian* sowie Wochenzeitungen wie der *Economist* und *Time* sind durchaus erhältlich. Ähnliches gilt für andere internationale Zeitungen und Magazine.
- **Kulturmagazine** *Uitkrant* liegt kostenlos überall in der Stadt aus.

LGBT-Reisende

Die Niederlande waren das erste Land, das gleichgeschlechtliche Ehen für legal erklärt hat (2001). Daher ist es kein Wunder, dass die LGBT-Szene der Stadt zu den größten der Welt gehört.

Die fünf Hotspots der Szene sind Warmoesstraat, Zeedijk, Rembrandtplein, Leidseplein und Reguliersdwarsstraat.

Zu den Top-Veranstaltungen zählen das Musik- und Tanzfestival **Milkshake Festival** (www.milkshakefestival.com) Ende Juli und die **Pride Amsterdam** (www.pride.amsterdam) von Ende Juli bis Anfang August.

Infos:

Gay Amsterdam (www.gayamsterdam.com) Hotels, Shops und Clubs sowie Stadtpläne.

Pink Point (Karte S. 320; ☎020-428 10 70; www.pinkpoint.nl; Westermarkt; ⏲Mo–Sa 10.30–18, So 12–18 Uhr; 🚊13/17 Westermarkt) Liegt hinter der Westerkerk und ist teils Informationskiosk, teils Souvenirladen. Hier gibt es Infos zu Partys, Events und sozialen Gruppen.

Reguliers (www.reguliers.net) Infos zur Szene an der Reguliersdwarsstraat, u. a. aktuelle Berichte zu Eröffnungen und Schließungen von Clubs.

Gay & Lesbian Information and News Center (www.gaylinc.nl) Liste von Hotels, Restaurants, außerdem Infos zum Nachtleben und zu Events in der ganzen Stadt.

Medizinische Versorgung

Für EU-Bürger oder Bewohner der Schweiz reicht die Europäische Krankenversicherungskarte (EHIC), die normalerweise in der regulären Versichertenkarte enthalten ist, um eine medizinische Behandlung zu bekommen. Diejenigen, auf die dies zutrifft, sollten jedoch vor Reiseantritt die nötigen Papiere zu Hause einholen. Die Arztrechnungen muss man unter Umständen immer noch vor Ort bezahlen, aber man kann diese dann nach der Rückkehr ins Heimatland erstattet bekommen.

- Bürger anderer Länder oder Privatversicherte ohne Auslandsschutz sollten eine zusätzliche private Auslandsreiseversicherung abschließen.

Apotheken

In vielen Ländern kann man Grippetabletten, entzündungshemmende Mittel etc. im Supermarkt kaufen. In Holland muss man für alles, was stärker ist als eine Zahnpasta, eine Apotheke aufsuchen.

Nach den allgemeinen Schließzeiten ruft man die **Informatie Dienstdoende Apotheken** (☎020-592 33 15; ⏲24 Std.) an, um herauszufinden, welches die nächstliegende diensthabende Apotheke ist.

Ärztliche Überweisungen

Die Centrale Doktersdiensten (Zentraler Ärzteservice; www.doktersdiensten.nl) überweisen Tag und Nacht an Ärzte, Zahnärzte oder Apotheken.

Notaufnahmen

Viele Krankenhäuser haben eine 24-Stunden-Notaufnahme eingerichtet, darunter:

Onze Lieve Vrouwe Gasthuis (☎020-599 91 11; www.olvg.nl; Oosterpark 9; ⏲24 Std.; r; 🚊1/3 Beukenweg)) Am Oosterpark nahe dem Tropenmuseum. Es ist das am nächsten zur Innenstadt gelegene Krankenhaus.

Amsterdam UMC (☎020-444 44 44; www.vumc.com; De Boelelaan 1117; ⏲24 Std.; r; 🚊16/24 VU Medisch Centrum) Universitätskrankenhaus im Süden der Stadt.

Nachhaltig reisen

Amsterdam entwickelt sich immer mehr zu einem nachhaltigen Reiseziel. Die Stadt legt neue Parks an, etwa den zentral gelegenen Weteringpark, durch den der betriebsame Kreisverkehr Weteringcircuit in eine Grünfläche verwandelt wurde. Außerdem werden durchgängige Waldgebiete des Amsterdamse Bos (S. 167) erweitert und Serviceeinrichtungen in weniger besuchten Parks wie dem Rembrandtpark ausgebaut, damit sich Besucher besser verteilen. Sämtlicher Straßen- und Wasserverkehr soll bis 2030 emissionsfrei sein, Gebäude ohne Erdgas auskommen und begrünte Dachflächen um 50 000 m² erweitert werden, um bis 2040 Wasserabfluss und Biodiversität zu verbessern sowie der Verschmutzung entgegenzuwirken. Ziel ist es, bis 2050 Klimaneutralität zu erreichen und eine umfassende Kreislaufwirtschaft aufzubauen, in der man alles, was verbraucht und konsumiert wird, wiederverwertet.

Tipps für nachhaltiges Reisen in Amsterdam:

Den ökologischen Fußabdruck minimieren Laufen, Radfahren oder ein elektrisches Boot mieten.

Unterkunft mit Bedacht wählen Bei Ferienwohnungen nur lizensierte Anbieter wählen oder Hotels mit hohen Umweltstandards buchen wie die Häuser von Conscious Hotels (S. 238), die recycelte Materialien verwenden und die Zutaten für das Essen selbst anbauen.

Nachhaltig essen Über die App Too Good to Go (www.toogoodtogo.nl) z. B. bei Bäckereien nicht verkaufte Waren zu Schnäppchenpreisen erstehen, außerdem biologische Produkte auf dem Boerenmarkt (Bauernmarkt) des Noordermarkt (S. 156) oder auf dem Nieuwmarkt bei De Waag (S. 105), die jeweils samstags stattfinden, kaufen. Instock (S. 100) verarbeitet „gerettete" Lebensmittel mit kurzem Haltbarkeitsdatum zu Drei-Gänge-Menüs. De Kas (S. 204) baut seine Zutaten in einem Gewächshaus an, das gleichzeitig als Speisesaal dient.

Lokal shoppen Nach lokalen Produkten Ausschau halten, beispielsweise von den niederländischen Designermarken Droog (S. 105) und X Bank (S. 82).

Übertourismus entgegenwirken Unter der Woche kommen (wenn möglich), Anwohner respektieren, Lärm reduzieren und offen für weniger touristische Alternativen sein.

Notfall

Polizei, Feuerwehr, Krankenwagen ☎112

Öffnungszeiten

Die Öffnungszeiten sind in der Nebensaison (Oktober bis Ostern) manchmal verkürzt.

Allgemeine Geschäftszeiten Montag bis Freitag 8.30–17 Uhr.

Cafés (Kneipen), Bars & Coffeeshops Öffnen gegen Mittag (Zeiten variieren); die meisten schließen Sonntag bis Donnerstag um 1 Uhr nachts, Freitag und Samstag erst um 3 Uhr.

Geschäfte Montag bis Samstag 9/10–18, Sonntag 12–18 Uhr. Kleinere Läden haben unter Umständen kürzer geöffnet und/oder sind am Montag geschlossen. Viele haben donnerstags länger (21 Uhr) auf.

Museen 10–17 Uhr, manche bleiben montags geschlossen.

Restaurants 11–14.30 und 18–22 Uhr

Supermärkte 8–20 Uhr; einige im Stadtzentrum bis 21/22 Uhr

Post

Die niederländische Post wurde privatisiert und hat seither mehrmals ihren Namen geändert. Der derzeitige Betreiber nennt sich PostNL (www.postnl.nl). Er hat die meisten Postämter in der Stadt geschlossen. Wer einen Brief oder ein Päckchen aufgeben will, muss also zu einem Post-Shop gehen, und das kann ein Supermarkt, ein Tabakladen oder dergleichen sein. Die Adressen sind auf der Website angegeben (auch auf Englisch).

Rechtsfragen

Die Amsterdamer *politie* ist recht entspannt und hilfsbereit, solange man nichts offensichtlich Falsches tut, etwa direkt vor der Nase eines Polizisten Abfall wegwirft oder gar einen Joint raucht.

Die Polizei darf Personen bis maximal sechs Stunden zu Vernehmungszwecken festhalten (danach weitere sechs Stunden, falls die Identität des Beschuldigten nicht geklärt werden kann, bzw. bis zu 24 Stunden, wenn ein schwerwiegendes Vergehen vorliegt). Das Recht auf einen Telefonanruf besteht nicht, die Polizei benachrichtigt aber auf Anfrage das Konsulat. Es gilt die Unschuldsvermutung, bis die Schuld bewiesen ist.

Ausweispapiere

Personen über 14 Jahre müssen stets einen Ausweis mit sich tragen. Ausländer sollten einen Pass oder eine Fotokopie der relevanten Seiten dabeihaben; ein Führerschein reicht nicht aus.

Drogen

➜ Eigentlich ist Marihuana illegal. Der Besitz von weichen Drogen (z. B. Cannabis) in Portionen bis zu 5 g wird jedoch toleriert. Der Besitz größerer Mengen ist strafbar.

➜ Einen Joint sollte man außerhalb von Coffeeshops nicht rauchen; ansonsten immer um Erlaubnis fragen.

➜ Der Besitz harter Drogen ist auch in den Niederlanden kein Bagatelldelikt, sondern wird als schweres Vergehen geahndet.

➜ Niemals sollte man Drogen – welcher Art auch immer – auf der Straße kaufen; es gibt manchmal auch Todesfälle.

Prostitution

Prostitution ist in den Niederlanden legal. Das Gewerbe ist rechtlich geschützt und Prostituierte zahlen

Steuern. Mit dieser offenen Haltung sollen Zuhälter und Kriminalität vom Sexgewerbe ferngehalten werden.

Im Amsterdamer Rotlichtviertel werden die Straßen gut kontrolliert. Die Seitengassen sind jedoch etwas bedenklicher.

Sicherheit

Amsterdam ist eine sichere, besucherfreundliche Stadt, und mit ein wenig gesundem Menschenverstand sollte man keine Probleme bekommen.

➡ In touristischen Hotspots wie dem Bahnhof Centraal, dem Bloemenmarkt und dem Rotlichtviertel Taschendiebstahl vorbeugen.

➡ Nachts verlassene Straßen im Rotlichtviertel meiden.

➡ Es ist verboten, Frauen in den Fenstern des Rotlichtviertels zu fotografieren; die Regel wird streng umgesetzt.

➡ Rund um die Grachten vorsichtig sein; sie sind in der Regel nicht durch Zäune oder Begrenzungen gesichert.

➡ Auf den Radverkehr achten; nicht auf Radwegen laufen und sich immer gut umsehen, bevor man diese überquert.

➡ Aktuelle Beschränkungen und Vorschriften bezüglich Covid-19 für Reisen in die Niederlande sind unter www.government.nl (auf Englisch) nachzulesen. Infos über aktuelle Maßnahmen in Amsterdam gibt's auf www.amsterdam.nl/en/coronavirus/covid19.

Steuern & Erstattungen

Auf die meisten Produkte und Serviceleistungen in Restaurants, Hotels, bei Buchungen und im Verkehrswesen sowie auf Arzneimittel und Museumseintritte wird eine Mehrwertsteuer (auf Niederländisch BTW) von 6% erhoben, ansonsten gelten meist 21%. Im angegebenen Preis ist sie in der Regel inbegriffen.

Nicht-EU-Bürger können sich unter Umständen die Steuer auf einen Mindestbetrag von 50 € pro Geschäft und Tag zurückerstatten lassen. Weitere Infos liefert die Website www.belastingdienst.nl.

Strom

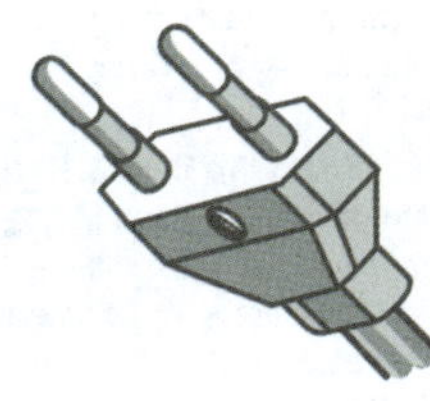

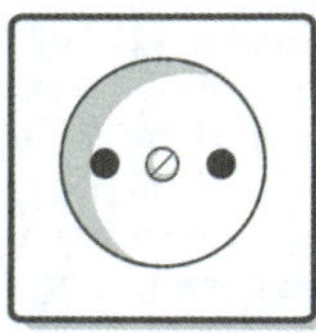

Typ C
220V/50Hz

Typ F
230V/50Hz

Telefon

Das holländische Telefonnetz KPN (www.kpn.com) ist zuverlässig und nach europäischen Maßstäben preislich in Ordnung.

Mobiltelefone

Der eigene Mobilfunkbetreiber kann Tipps geben, ob für das Telefonieren im Ausland weitere Gebühren anfallen. Alternativ kann man eine holländische Prepaid-SIM-Karte kaufen und in die meisten entsperrten Handys einsetzen. Seit Juni 2017 sind sämtliche Roaming-Gebühren in der EU entfallen. Als Mobilfunkkunde zahlt man deshalb im Urlaub nur so viel wie in seinem Heimatland. Gegen Missbrauch gibt es eine neue Fair-Use-Grenze.

Telefonnummern

Wer von außerhalb der Niederlande anruft, wählt 0031 und dann die Ortsvorwahl ohne führende Null.

Ländervorwahl 31

Amsterdam 020

Gebührenfreie Anrufe 0800

Handynummern 06

Gebührenpflichtige Informationsanrufe 0900, die Gebühren wechseln

Toiletten

➡ Öffentliche Toiletten sind in den Niederlanden eher rar. Hier und da gibt es frei stehende Urinale für Männer, so beispielsweise im Rotlichtbezirk.

➡ Viele Leute gehen deshalb eher in ein *café* (immer fragen!) oder Kaufhaus.

➡ Die Standardgebühr für das Reinigungspersonal beträgt 0,50 €.

➡ Die App HogeNood (Höchste Not; www.hogenood.nu) weist den Weg zu der dem eigenen Standort nächstgelegenen Toilette.

Touristen-information

I amsterdam Visitor Centre (Karte S. 312; ☎020-702 60 00; www.iamsterdam.com; Stationsplein 10; ⏲9–18 Uhr; 🚊2/4/11/12/13/14/17/24/26 Centraal Station) Die Haupttouristeninformation vor dem Centraal verkauft ermäßigte Tickets, Eintrittskarten für Theater und Museen, Stadtpläne und Fahrkarten für den Nahverkehr. Außerdem ist es eine gute Anlaufstelle für die erste Orientierung.

Zeit

Amsterdam liegt in der Mitteleuropäischen Zeitzone (MEZ). Wie überall in der EU wird die Uhr am letzten Sonntag im März eine Stunde auf Sommerzeit (MESZ) vorgestellt (von 2 Uhr auf 3 Uhr nachts). Am letzten Sonntag im Oktober wird sie wieder auf die MEZ (von 3 Uhr auf 2 Uhr nachts) zurückgestellt.

Zoll

Für EU-Bürger besteht nur bei sehr großen Warenmengen eine Zollpflicht, Genaueres ist unter www.belastingdienst.nl zu erfahren.

Für Nicht-EU-Bürger gelten folgende Begrenzungen:

Alkohol 1 l Spirituosen, 2 l Wein oder 16 l Bier.

Kaffee 500 g Kaffee oder 200 g Kaffee-Extrakt.

Parfüm Bis zu einem Wert von 430 €.

Tee 100 g Tee oder 40 g Tee-Extrakt.

Tabak 200 Zigaretten oder 250 g Tabak (Feinschnitt oder Pfeifentabak) oder 100 Zigarillos oder 50 Zigarren.

Sprache

Niederländisch wird weltweit von rund 20 Millionen Menschen gesprochen. Die germanische Sprache ist eng mit dem Deutschen verwandt, insbesondere das Niederdeutsche weist viele Gemeinsamkeiten auf.

Die Aussprache des Niederländischen ist relativ einfach. Unterschieden wird zwischen Langvokalen und Kurzvokalen, die bedeutungsunterscheidend sein können – wie z. B. bei *man* (Mann) und *maan* (Mond).

Auch die Konsonanten sind recht einfach auszusprechen. Das ch wird hinten im Kehlkopf gebildet, wie das „ch" in „Loch". Das r wird gerollt, das zh ist ein stimmhafter „sch"-Laut (wie beim „j" in „Journalist"). Wer die rot unterlegte Aussprachehilfe auf diese Weise liest, sollte zumindest verstanden werden. Betonte Silben sind kursiv wiedergegeben.

Wo erforderlich, werden die höfliche oder förmliche (höfl.) Ausdrucksweise ebenso angegeben wie die eher informelle (inf.).

GRUNDLAGEN

Guten Tag./Hallo.	*Dag./Hallo.*	dach/ha·*loh*
Auf Wiedersehen.	*Dag.*	dach
Ja./Nein.	*Ja./Nee.*	yaa/nee
Bitte.	*Alstublieft.* (höfl.) *Alsjeblieft.* (inf.)	al·stü·*blihft* a·sye·*blihft*
Danke.	*Dank u/je.* (höfl./inf.)	dangk ü/ye
Gern geschehen.	*Graag gedaan.*	chraach che·*daan*

NOCH MEHR NIEDERLÄNDISCH?

Mehr zur niederländischen Sprache und weitere nützliche Redewendungen gibt es im *Dutch Phrasebook* von Lonely Planet. Er kann auch unter **shop.lonelyplanet.com** oder als iPhone Phrasebook im Apple App-Store erworben werden.

Entschuldigung.	*Excuseer mij.*	eks·kü·zee mey

Wie geht es Ihnen?
Hoe gaat het met u/jou? (höfl./inf.) — huh chaat het met ü/yau

Gut. Und Ihnen?
Goed. — chuht
En met u/jou? (höfl./inf.) — en met ü/yau

Wie heißen Sie?
Hoe heet u/je? (höfl./inf.) — huh heet ü/ye

Ich heiße ...
Ik heet ... — ik heet ...

Sprechen Sie Englisch?
Spreekt u Engels? — spreykt ü *eng*·els

Ich verstehe nicht.
Ik begrijp het niet. — ik beh·*chreyp* heht niht

ESSEN & TRINKEN

Was würden Sie empfehlen?
Wat kan u aanbevelen? — wat kan ü *aan*·be·ve·len

Was ist in dem Gericht enthalten?
Wat zit er in dat gerecht? — wat zit er in dat che·*recht*

Ich hätte gern die Speisekarte.
Ik wil graag een menu. — ik wil chraach ehn me·*nü*

Köstlich!
Heerlijk/Lekker! — *heer*·lihk/*le*·ker

Prost!
Proost! — prohst

Bringen Sie bitte die Rechnung.
Mag ik de rekening alstublieft? — mach ik de *re*·ke·ning al·stü·*blihft*

Ich möchte einen Tisch für ... reservieren	*Ik wil graag een tafel voor ... reserveren.*	ik wil chraach ehn *taa*·fel vohr ... rey·ser·*ve*·ren
(zwei) Personen	*(twee) personen*	(twee) per·*soh*·nen
(acht) Uhr	*(acht) uur*	(acht) ür

Ich esse kein/e/en ...	*Ik eet geen ...*	ik eet cheen ...
Eier	*eieren*	*ey*·ye·ren
Fisch	*vis*	vis
(rotes) Fleisch	*(rood) vlees*	(roht) vlees
Nüsse	*noten*	*noh*·ten

Wichtige Begriffe

Abendessen	*avondmaal*	*aa*·vont·maal
Bar	*bar*	bar
Café	*café*	ka·*fe*
Flasche	*fles*	fles
Frühstück	*ontbijt*	ont·*beyt*
Gabel	*vork*	vork
Getränkekarte	*drankkaart*	*drang*·kaart
Glas	*glas*	chlas
kalt	*koud*	kaut
Kneipe	*kroeg*	kruch
Lebensmittelladen	*kruidenier*	kröy·de·*nihr*
Löffel	*lepel*	*le*·pel
Markt	*markt*	markt
Messer	*mes*	mes
mit/ohne	*met/zonder*	met/*zon*·der
Mittagessen	*middagmaal*	*mi*·dach·maal
Restaurant	*restaurant*	res·toh·*rant*
scharf	*heet*	heet
Speisekarte	*menu*	me·*nü*
Teller	*bord*	bort
vegetarisch/es (Essen)	*vegetarisch*	ve·che·*taa*·ris
würzig	*pikant*	pih·*kant*

Fleisch & Fisch

Austern	*oester*	*uhs*·ter
Ente	*eend*	eent
Fisch	*vis*	vis
Fleisch	*vlees*	vlees
Forelle	*forel*	fo·*rel*
Garnelen	*garnalen*	char·*naa*·len
Hering	*haring*	*haa*·ring
Hummer	*kreeft*	kreeft
Hähnchen	*kip*	kip
Kalbfleisch	*kalfsvlees*	*kalfs*·vlees
Kammmuscheln	*kammosselen*	*ka*·mo·se·len
Krabben	*steurgarnaal*	*stör*·char·naal
Lachs	*zalm*	zalm
Lamm	*lamsvlees*	*lams*·vlees
Muscheln	*mosselen*	*mo*·se·len
Rindfleisch	*rundvlees*	*runt*·vlees
Schweinefleisch	*varkensvlees*	*var*·kens·vlees
Thunfisch	*tonijn*	toh·*neyn*
Tintenfisch	*inktvis*	*ingkt*·vis
Truthahn	*kalkoen*	kal·*kuh*

SCHLÜSSELSÄTZE

Diese einfachen Satzmuster kann man mit Wörtern aus dem Verzeichnis kombinieren, um ein Anliegen vorzutragen:

Wann geht (der nächste Bus)?
Hoe laat gaat (de volgende bus)? — huh laat chaat (duh *vol*·chen·deh bus)

Wo ist (der Bahnhof)?
Waar is (het station)? — waar is (heht sta·*syon*)

Ich suche (ein Hotel).
Ik ben op zoek naar (een hotel). — ik ben op zuhk naar (ehn hoh·*tel*)

Haben Sie (eine Karte)?
Heeft u (een kaart)? — heeft ü (en kaart)

Gibt es hier (eine Toilette)?
Is er (een toilet)? — is er (en twa·*let*)

Ich hätte gern (die Speisekarte).
Ik wil graag (een menu). — ik wil chraach (en me·*nü*)

Ich möchte (einen Wagen mieten).
Ik wil graag (een auto huren). — ik wil chraach (en *au*·toh *hü*·ren)

Kann ich (hereinkommen)?
Kan ik (binnengaan)? — kan ik (*bi*·nen·chaan)

Können Sie bitte (helfen)?
Kunt u alstublieft (helpen)? — kunt ü al·stü·*blihft* (*hel*·pen)

Muss ich (ein Visum beantragen)?
Moet ik (een visum hebben)? — muht ik (en *vih*·zum *he*·ben)

Obst & Gemüse

Ananas	*ananas*	*a*·na·nas
Apfel	*appel*	*a*·pel
Banane	*banaan*	ba·*naan*
Beeren	*bessen*	*be*·sen
Blumenkohl	*bloemkool*	*bluhm*·kohl
Bohnen	*bonen*	*boh*·nen
Erbsen	*erwtjes*	*erw*·tyes
Gemüse	*groenten*	*chruhn*·ten
Gurke	*komkommer*	kom·*ko*·mer

Kartoffeln	*aardappels*	*aart*·a·pels
Kohl	*kool*	kohl
Linsen	*linzen*	*lin*·zen
Möhre/Karotte	*wortel*	*wor*·tel
Nüsse	*noten*	*noh*·ten
Obst	*fruit*	fröyt
Orange	*sinaasappel*	sih·*naas*·a·pel
Paprika	*paprika*	*pa*·prih·ka
Pfirsich	*perzik*	*per*·zik
Pflaumen	*pruimen*	*pröy*·men
Pilze	*paddestoelen*	*pa*·de·stuh·len
Spinat	*spinazie*	spih·*naa*·zih
Tomaten	*tomaten*	toh·*maa*·ten
Weintrauben	*druiven*	*dröy*·fen
Zitrone	*citroen*	sih·*tuhn*
Zwiebeln	*uien*	*öy*·yen

Andere Lebensmittel

Brot	*brood*	broht
Butter	*boter*	*boh*·ter
Eier	*eieren*	*ey*·ye·ren
Eis	*ijs*	eys
Essig	*azijn*	a·*zeyn*
Gebäck	*gebak*	che·*bak*
Honig	*honing*	*hoh*·ning
Käse	*kaas*	kaas
Marmelade	*jam*	zhem
Nudeln	*noedels*	*nuh*·dels
Pfeffer	*peper*	*pe*·per
Reis	*rijst*	reyst
Salz	*zout*	zaut
Sojasoße	*sojasaus*	*soh*·ya·saus
Suppe	*soep*	suhp
Zucker	*suiker*	*söy*·ker
Öl	*olie*	*oh*·lih

FRAGEWÖRTER

Wie?	*Hoe?*	huh
Was?	*Wat?*	wat
Wann?	*Wanneer?*	wa·*neer*
Wo?	*Waar?*	waar
Wer?	*Wie?*	wih
Warum?	*Waarom?*	waa·*rom*

Getränke

Bier	*bier*	bihr
Kaffee	*koffie*	*ko*·fih
Milch	*melk*	melk
Rotwein	*rode wijn*	*roh*·de weyn
Saft	*sap*	sap
Softdrink	*frisdrank*	*fris*·drangk
Tee	*thee*	tee
Wasser	*water*	*waa*·ter

NOTFÄLLE

Hilfe!
Help! — help

Lass mich in Ruhe!
Laat me met rust! — laat me met rust

Rufen Sie einen Arzt!
Bel een dokter! — bel en *dok*·ter

Rufen Sie die Polizei!
Bel de politie! — bel de poh·*liht*·sih

Es hat einen Unfall gegeben.
Er is een ongeluk gebeurd. — er is en *on*·che·luk che·*bört*

Ich habe mich verlaufen.
Ik ben verdwaald. — ik ben ver·*dwaalt*

Mir ist schlecht.
Ik ben ziek. — ik ben zihk

Es tut hier weh.
Hier doet het pijn. — hihr duht het peyn

Wo sind die Toiletten?
Waar zijn de toiletten? — waar zeyn de twa·*le*·ten

Ich bin allergisch gegen (Antibiotika).
Ik ben allergisch voor (antibiotica). — ik ben a·*ler*·chihs vohr (an·tih·bih·*yoh*·tih·ka)

SHOPPEN & DIENSTLEISTUNGEN

Ich möchte ... kaufen
Ik wil graag ... kopen. — ik wil chraach ... *koh*·pen

Ich schaue mich nur um.
Ik kijk alleen maar. — ik keyk a·*leen* maar

Kann ich mir das ansehen?
Kan ik het even zien? — kan ik het *e*·ven zihn

Haben Sie noch andere?
Heeft u nog andere? — heeft ü noch *an*·de·re

Wie viel kostet das?
Hoeveel kost het? — huh·*veel* kost het

Das ist zu teuer.
Dat is te duur. — dat is te dür

Können Sie den Preis reduzieren?
Kunt u wat van de prijs afdoen? — kunt ü wat van de preys *af*·duhn

In der Rechnung ist ein Fehler.
Er zit een fout in de rekening. — er zit en faut in de re·ke·ning

Geldautomat	*pin-automaat*	pin·au·toh·maat
Wechselstube	*wisselkantoor*	wi·sel·kan·tohr
Postamt	*postkantoor*	post·kan·tohr
Einkaufszentrum	*winkelcentrum*	wing·kel·sen·trum
Touristeninformation	*VVV*	ve·ve·ve

UNTERKUNFT

Haben Sie ein ... Zimmer?	*Heeft u een ...?*	heeft ü en ...
Einzel-	*éénpersoonskamer*	een·per·sohns·kaa·mer
Doppel-	*tweepersoonskamer met een dubbel bed*	twee·per·sohns·kaa·mer met en du·bel bet
Zweibett-	*tweepersoonskamer met lits jumeaux*	twee·per·sohns·kaa·mer met lih zhü·moh
Was kostet es pro ...?	*Hoeveel kost het per ...?*	he·veel kost het per ...
Nacht	*nacht*	nacht
Person	*persoon*	per·sohn

Ist das Frühstück enthalten?
Is het ontbijt inbegrepen? — is het ont·beyt in·be·chre·pen

Bad	*badkamer*	bat·kaa·mer
Bed and Breakfast	*gastenkamer*	chas·ten·kaa·mer
Zeltplatz	*camping*	kem·ping
Pension	*pension*	pen·syon
Hotel	*hotel*	hoh·tel
Fenster	*raam*	raam
Jugendherberge	*jeugdherberg*	yöcht·her·berch

VERKEHR

Öffentlicher Nahverkehr

Ist das die ... zum (linken Ufer)?	*Is dit de ... naar (de linkeroever)?*	is dit de ... naar (de ling·ker·uh·ver)
Fähre	*veerboot*	veer·boht
U-Bahn	*metro*	me·troh
Straßenbahn	*tram*	tram
Bahnsteig	*perron*	pe·ron

SCHILDER

Ingang	Eingang
Uitgang	Ausgang
Open	Offen
Gesloten	Geschlossen
Inlichtingen	Information
Verboden	Verboten
Toiletten	Toiletten
Heren	Herren
Dames	Damen

Fahrplan	*dienstregeling*	dihnst·re·che·ling
Wann fährt ... (der Bus)?	*Hoe laat gaat de ... (bus)?*	huh laat chaat de ... (bus)
erste	*eerste*	eer·ste
letzte	*laatste*	laat·ste
nächste	*volgende*	vol·chen·de

Eine Fahrkarte nach ..., bitte.
Een kaartje naar ... graag. — en kaar·tye naar ... chraach

Wann ist die Abfahrtszeit?
Hoe laat vertrekt het? — huh laat ver·trekt het

Hält er in ...?
Stopt het in ...? — stopt het in ...

Welches ist die nächste Haltestelle?
Welk is de volgende halte? — welk is de vol·chen·de hal·te

Ich möchte gern bei ... aussteigen
Ik wil graag in ... uitstappen. — ik wil chraak in ... öyt·sta·pen

Ist dieses Taxi frei?
Is deze taxi vrij? — is de·ze tak·sih vrey

Bringen Sie mich bitte nach ...
Breng me alstublieft naar ... — breng me al·stü·blihft naar ...

Radfahren

Ich möchte ...	*Ik wil graag ...*	ik wil chraach ...
mein Fahrrad reparieren lassen	*mijn fiets laten herstellen*	meyn fihts laa·ten her·ste·len
ein Fahrrad mieten	*een fiets huren*	en fihts hü·ren
Ich möchte einen ... leihen	*Ik wil graag een ... huren.*	ik wil chraach en ... hü·ren
Korb	*mandje*	man·dye
Kindersitz	*kinderzitje*	kin·der·zi·dye
Helm	*helm*	helm

Haben Sie einen Fahrradabstellplatz?
Heeft u parking voor fietsen? — heeft ü *par*·king vohr *fiht*·sen

Können wir dort mit dem Rad hinkommen?
Kunnen we er met de fiets heen? — *ku*·nen we er met de fihts heyn

Ich habe eine Reifenpanne.
Ik heb een lekke band. — ik hep en *le*·ke bant

Fahrradweg	*fietspad*	*fihts*·pat
Luftpumpe	*fietspomp*	fihts·*pomp*
Fahrradmonteur	*fietsenmaker*	fiht·sen·*maa*·ker
Fahrradständer	*fietsenrek*	fiht·sen·*rek*

WEGWEISER

Wo ist ...?
Waar is ...? — waar is ...

Wie weit ist es?
Hoe ver is het? — huh ver is het

Wie lautet die Adresse?
Wat is het adres? — wat is het a·*dres*

Können Sie das bitte aufschreiben?
Kunt u dat alstublieft opschrijven? — kunt ü dat al·stü·*blihft op*·s chrey·ven

Können Sie mir das zeigen (auf der Karte)?
Kunt u het mij tonen (op de kaart)? — kunt ü het mey *toh*·nen (op de kaart)

ZAHLEN

1	*één*	een
2	*twee*	twee
3	*drie*	drih
4	*vier*	vihr
5	*vijf*	veyf
6	*zes*	zes
7	*zeven*	*ze*·ven
8	*acht*	acht
9	*negen*	*ne*·chen
10	*tien*	tihn
20	*twintig*	*twin*·tich
30	*dertig*	*der*·tich
40	*veertig*	*feer*·tich
50	*vijftig*	*feyf*·tich
60	*zestig*	*ses*·tich
70	*zeventig*	*se*·ven·tich
80	*tachtig*	*tach*·tich
90	*negentig*	*ne*·chen·tich
100	*honderd*	*hon*·dert
1000	*duizend*	*döy*·zent

an der Ecke	*op de hoek*	op de huhk
bei der Ampel	*bij de verkeerslichten*	bey de ver·*keers*·lich·ten
hinter	*achter*	*ach*·ter
vor	*voor*	vohr
links	*links*	lingks
nahe (bei)	*dicht bij*	dicht bey
neben	*naast*	naast
gegenüber	*tegenover*	tey·chen·*oh*·ver
direkt geradeaus	*rechtdoor*	rech·*dohr*
rechts	*rechts*	rechs

ZEIT & DATUM

Wie spät ist es?
Hoe laat is het? — huh laat is het

Es ist (10) Uhr.
Het is (tien) uur. — het is (tihn) ür

Halb (11).
Half (elf). — half (elf)

vormittags	*'s ochtends*	*soch*·tens
nachmittags	*'s middags*	*smi*·dachs
abends	*'s avonds*	*saa*·vonts

gestern	*gisteren*	*chis*·te·ren
heute	*vandaag*	van·*daach*
morgen	*morgen*	*mor*·chen

Montag	*maandag*	*maan*·dach
Dienstag	*dinsdag*	*dins*·dach
Mittwoch	*woensdag*	*wuhns*·dach
Donnerstag	*donderdag*	*don*·der·dach
Freitag	*vrijdag*	*vrey*·dach
Samstag	*zaterdag*	*zaa*·ter·dach
Sonntag	*zondag*	*zon*·dach
Januar	*januari*	*ya*·nü·waa·rih
Februar	*februari*	*fe*·brü·waa·rih
März	*maart*	maart
April	*april*	a·*pril*
Mai	*mei*	mey
Juni	*juni*	*yü*·nih
Juli	*juli*	*yü*·lih
August	*augustus*	au·*chus*·tus
September	*september*	sep·*tem*·ber
Oktober	*oktober*	ok·*toh*·ber
November	*november*	noh·*vem*·ber
Dezember	*december*	dee·*sem*·ber

GLOSSAR

biertje – ein Glas Bier

bitterballen – kleine, runde Fleischkroketten

broodje – Brötchen (mit Belag)

bruin café – „braunes Café", traditionelle Kneipe

café – Kneipe, Bar; auch *kroeg* genannt

coffeeshop (auf Niederländisch auch *koffieshop*) – Café, das Cannabis verkaufen darf

CS – Centraal Station; Hauptbahnhof

dagschotel – Tagesgerichte in Restaurants

drop – salzige oder süße Lakritze

dwarsstraat – eine Straße, die zwei (ehemalige) Grachten verbindet

eetcafé – Café-Restaurant

fiets – Fahrrad

frites – Pommes frites

gezellig – gesellig, gemütlich

gezelligheid – Geselligkeit/ Gemütlichkeit

Grachtengordel – Grachtengürtel

GVB – Gemeentevervoerbedrijf; Verkehrsgesellschaft Amsterdam

GWK – Grenswisselkantoor; amtliche Wechselstube

hofje – Armenhaus oder Gebäudekomplex rund um einen kleinen Hof, z. B. der Begijnhof

jenever – Jenever oder Genever; niederländischer Gin

kaas – Käse

kade – Kai

kerk – Kirche

koffiehuis – Café (kein *coffeeshop*)

koninklijk – königlich

kroketten – Kroketten

markt – Stadt-/Marktplatz

NS – Nederlandse Spoorwegen; niederländische Bahngesellschaft

OV-chipkaart – Elektronische Fahrkarte für alle öffentlichen Verkehrsmittel

paleis – Schloss

pannenkoeken – Pfannkuchen

plein – Platz

proeflokaal – Probierstube

Randstad – wörtlich „Randgebiet"; Großraum Amsterdam, Utrecht, Rotterdam und Den Haag

stadhuis – Rathaus

stamppot – Eintopf aus Kartoffelbrei und Gemüse sowie Speckwürfel und Räucherwurst

stedelijk – kommunal

steeg – schmale Straße, Gasse

straat – Straße

stroopwafel – Sirupwaffel

toren – Turm

VVV – Touristeninformation

waag – alte Stadtwaage

De Wallen – Rotlichtviertel

zaal – Saal

Hinter den Kulissen

WIR FREUEN UNS ÜBER FEEDBACK

Post von Travellern zu bekommen ist für uns ungemein hilfreich – Kritik und Anregungen halten uns auf dem Laufenden und helfen, unsere Bücher zu verbessern. Unser reiseerfahrenes Team liest alle Zuschriften genau durch, um zu erfahren, was an unseren Reiseführern gut und was schlecht ist. Wir können solche Post zwar nicht individuell beantworten, aber jedes Feedback wird garantiert schnurstracks an die jeweiligen Autoren weitergeleitet, rechtzeitig vor der nächsten Auflage.

Wer uns schreiben will, erreicht uns unter **www.lonelyplanet.de/kontakt**.

Hinweis: Da wir Beiträge möglicherweise in Lonely Planet Produkten (Reiseführer, Websites, digitale Medien) veröffentlichen, ggf. auch in gekürzter Form, bitten wir um Mitteilung, wenn die Nennung des Names gewünscht wird. Wer Näheres über unsere Datenschutzpolitik wissen will, erfährt das unter www.lonelyplanet.com/legal.

DANK DER AUTORINNEN

Catherine Le Nevez

Hartelijk bedankt sei vor allem Julian – und natürlich jeder in Amsterdam und den Niederlanden, der mir bei der Arbeit an dieser Aktualisierung und in den Jahren davor mit Hinweisen, Anregungen und guter Laune geholfen hat. Ein großer Dank gebührt meinen Mitautorinnen Kate und Barbara sowie Matt Phillips, Dan Fahey und allen Beteiligten bei Lonely Planet. Wie immer *merci encore* an meine Eltern, meinen Bruder, *belle-sœur, neveu* und *nièce*.

Kate Morgan

Ein großes Dankeschön an den Verantwortlichen Redakteur Matt Phillips, der mir die Gelegenheit gegeben hat, an einem Reiseführer zu dieser fantastischen Stadt mitzuarbeiten. Danke außerdem an Christa Doorhof und das ganze Team von I amsterdam für die Unterstützung und an die vielen Menschen in Amsterdam, die mir unter die Arme gegriffen und tolle Tipps gegeben haben. Zu guter Letzt danke ich meinem Partner und Reisebegleiter Trent, der immer für mich da ist.

Barbara Woolsey

Ein herzliches Dankeschön an alle, die mir über die Jahre auf meinem beruflichen Weg geholfen haben, denn mit der Fertigstellung meines ersten Lonely Planet-Projekts ist ein großer Traum in Erfüllung gegangen. In keiner bestimmten Reihenfolge sind das: Clair Woolsey, Remy Woolsey, René Frank, Marlene Dow mit Familie, Debby Harris, Dixie Michie, Brenda Woolsey-Hartford, Bhec Fernandez, Alyssa Gabrielle und Allexa Scarlet Masongsong, Nolan Janssen, Marc Linneweber, Alexa Kaminsky, Garth und Gloria Pickard, Andrea Schulte-Peevers und Nicola Williams.

QUELLENNACHWEIS

BER DIESES BUCH

es ist die 8. deutsche Auflage von *Amsterdam*, basiend auf der mittlerweile 13. nglischen Auflage. Verfasst nd recherchiert wurde das uch von Catherine Le Nez, Kate Morgan and Barba- Woolsey.

eser Band wurde von folenden Personen betreut:

Verantwortliche Redakteure Daniel Fahey, Matt Phillips
Leitende Produktmanagerinnen Angela Tinson. Sandie Kestell, Genna Patterson
Leitende Kartografen Mark Griffiths, Corey Hutchison
Produktmanagerinnen Barbara Delissen, Kate James
Layout Nicolas D'Hoedt, Jessica Rose
Redaktionsassistenz James Bainbridge, Imogen Bannister, Dan Bolger, Michelle Bennett, Melanie Dankel, Gemma Graham, Lorna Parkes, Tamara Sheward, Simon Williamson
Kartografie Hunor Csutoros, Mick Garrett
Umschlagrecherche Gwen Cotter
Dank an Sasha Drew, Paul Harding, Sonia Kapoor, Gabrielle Stefanos

Siehe auch Teilregister für:
AUSGEHEN & NACHTLEBEN S. 304
ESSEN S. 305
SCHLAFEN S. 306
SHOPPEN S. 306
SPORT & AKTIVITÄTEN S. 307
UNTERHALTUNG S. 307

Register

Sehenswertes 000
Kartenverweise **000**
Fotoverweise **000**

Sehenswertes 000
Kartenverweise **000**
Fotoverweise **000**

AUSGEHEN & NACHTLEBEN

Sehenswertes 000
Kartenverweise **000**
Fotoverweise **000**

ESSEN

Sehenswertes 000
Kartenverweise **000**
Fotoverweise **000**

SCHLAFEN

SHOPPEN

SPORT & AKTIVITÄTEN

UNTERHALTUNG

Sehenswertes 000
Kartenverweise **000**
Fotoverweise **000**

Cityatlas

Sehenswertes

- Strand
- Vogelschutzgebiet
- Buddhistisch
- Burg/Festung
- Christlich
- Konfuzianisch
- Hinduistisch
- Islamisch
- Jainistisch
- Jüdisch
- Denkmal
- Museum/Galerie/Hist. Gebäude
- Ruine
- Shintoistisch
- Sikhistisch
- Taoistisch
- Weingut/Weinberg
- Zoo/Tierschutzgebiet
- Andere Sehenswürdigkeit

Aktivitäten, Kurse & Touren

- Bodysurfing
- Tauchen
- Kanu-/Kajakfahren
- Kurs/Tour
- Sentō/Onsen
- Skifahren
- Schnorcheln
- Surfen
- Schwimmen/Pool
- Wandern
- Windsurfen
- Andere Aktivität

Schlafen

- Unterkunft
- Campingplatz
- Hütte/Schutzhütte

Essen

- Restaurant

Ausgehen & Nachtleben

- Bar/Kneipe/Club
- Café

Unterhaltung

- Theater/Kino/Oper

Shoppen

- Geschäft/Einkaufszentrum

Praktisches

- Bank
- Botschaft/Konsulat
- Krankenhaus/Arzt
- Internet
- Polizei
- Post
- Telefon
- Toilette
- Touristeninformation
- Noch mehr Praktisches

Landschaften

- Strand
- Schranke
- Hütte/Schutzhütte
- Leuchtturm
- Aussichtspunkt
- Berg/Vulkan
- Oase
- Park
- Pass
- Rastplatz
- Wasserfall

Städte

- Hauptstadt
- Landeshauptstadt
- Stadt/Großtstadt
- Ort/Dorf

Transport

- Flughafen
- Grenzübergang
- Bus
- Seilbahn/Standseilbahn
- Fahrradweg
- Fähre
- Metro/MRT-Bahnhof
- Monorail
- Parkplatz
- Tankstelle
- S-Bahn-/Skytrain-Station
- Taxi
- Bahnhof/Eisenbahn
- Tram/Straßenbahn
- U-Bahn-Station
- Anderes Verkehrsmittel

Verkehrswege

- Mautstraße
- Autobahn
- Hauptstraße
- Landstraße
- Verbindungsstraße
- Sonstige Straße
- Unbefestigte Straße
- Straße im Bau
- Platz/Fußgängerzone
- Stufen
- Tunnel
- Fußgängerbrücke
- Spaziergang/Wanderung
- Wanderung mit Abstecher
- Pfad/Wanderweg

Grenzen

- Staatsgrenze
- Bundestaaten-/Provinzgrenze
- Umstrittende Grenze
- Regionale/Vorortgrenze
- Meerschutzgebiet
- Klippen
- Mauer

Gewässer

- Fluss/Bach
- Periodischer Fluss
- Kanal
- Gewässer
- Trocken-/Salz-/Periodischer See
- Riff

Gebietsformen

- Flughafen/Start- & Landebahn
- Strand/Wüste
- Christlicher Friedhof
- Sonstiger Friedhof
- Gletscher
- Watt
- Park/Wald
- Sehenswertes Gebäude
- Sportanlage
- Sumpf/Mangroven

Hinweis: Nicht alle Symbole kommen in den Karten dieses Reiseführers vor.

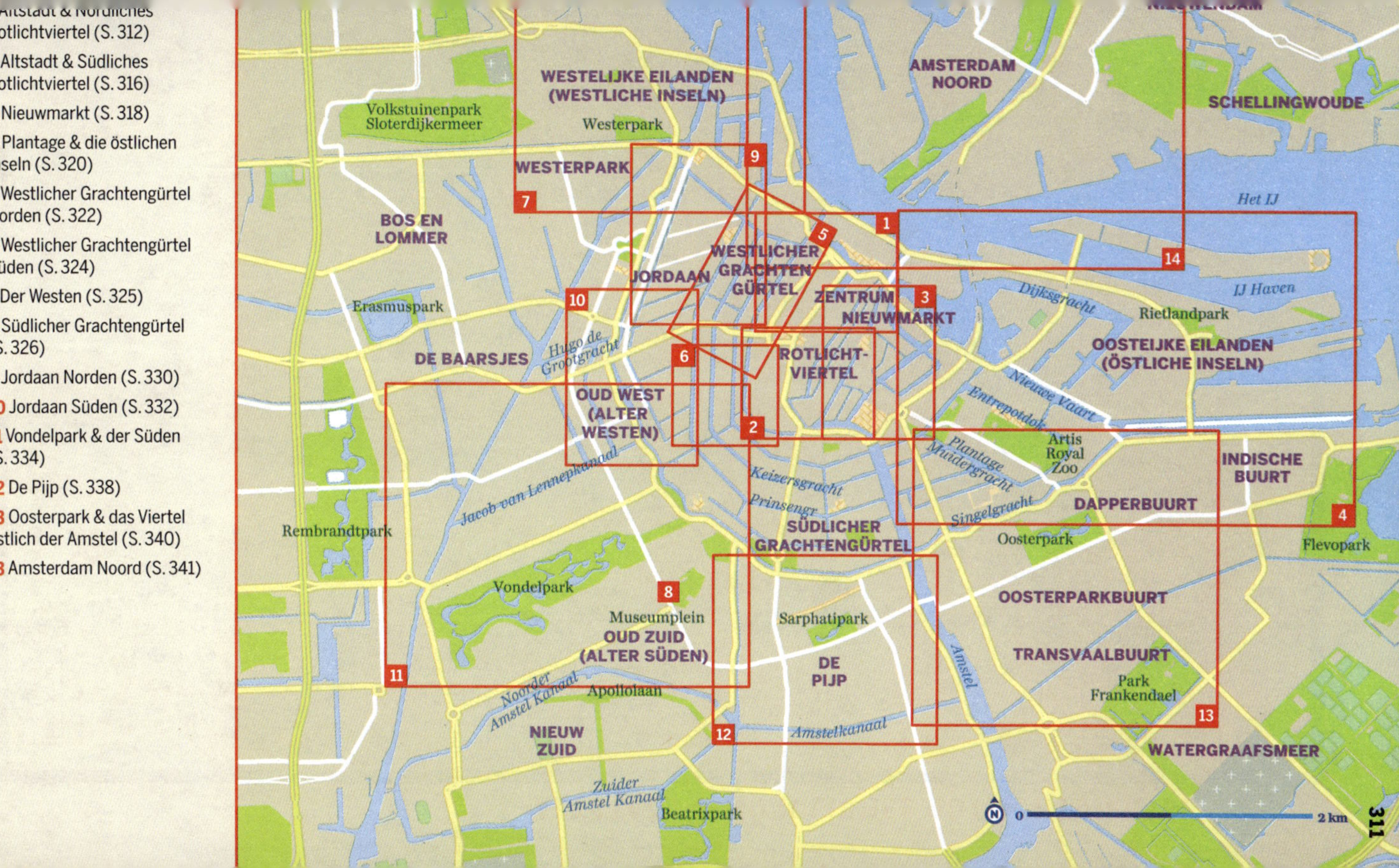
AMSTERDAM NOORD
SCHELLINGWOUDE
WESTELIJKE EILANDEN (WESTLICHE INSELN)
Volkstuinenpark Sloterdijkermeer
Westerpark
WESTERPARK
Het IJ
IJ Haven
BOS EN LOMMER
WESTLICHER GRACHTEN GÜRTEL
JORDAAN
ZENTRUM
NIEUWMARKT
Dijksgracht
Rietlandpark
OOSTEIJKE EILANDEN (ÖSTLICHE INSELN)
Erasmuspark
DE BAARSJES
Hugo de Grootgracht
ROTLICHT-VIERTEL
OUD WEST (ALTER WESTEN)
Nieuwe Vaart
Entrepotdok
Plantage Muidergracht
Artis Royal Zoo
INDISCHE BUURT
Jacob van Lennepkanaal
Keizersgracht
Prinsengr
Singelgracht
DAPPERBUURT
Rembrandtpark
SÜDLICHER GRACHTENGÜRTEL
Oosterpark
Flevopark
Vondelpark
Museumplein
OUD ZUID (ALTER SÜDEN)
Sarphatipark
OOSTERPARKBUURT
DE PIJP
Amstel
TRANSVAALBUURT
Park Frankendael
Noorder Amstel Kanaal
Apollolaan
NIEUW ZUID
Amstelkanaal
WATERGRAAFSMEER
Zuider Amstel Kanaal
Beatrixpark
0
2 km

Legende auf S. 314

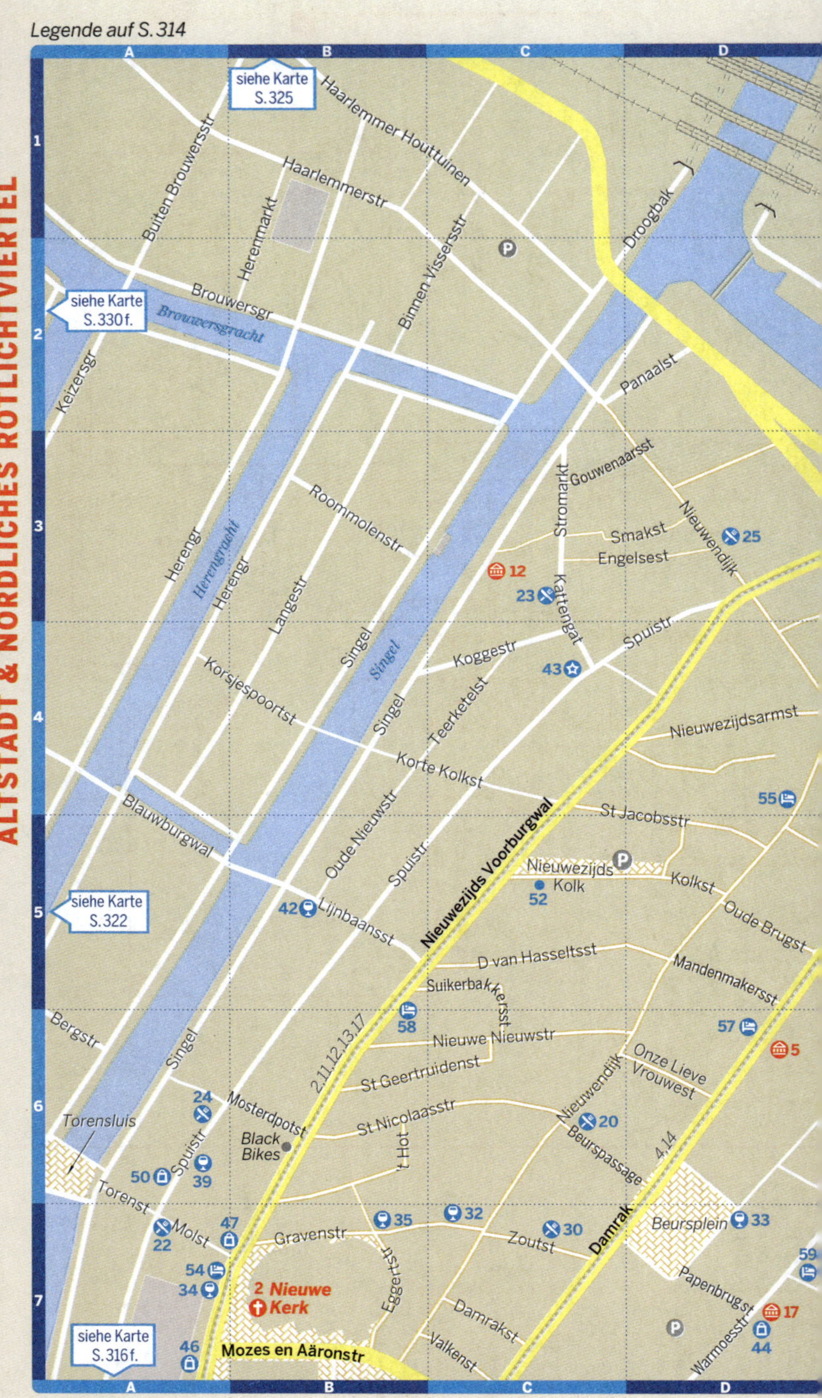

siehe Karte S.341
NDSM-werf (2 km)
Fähre nach Amsterdam Noord
MacBike
51
Het IJ
De Ruijterkade
I-amsterdam-Filiale
Centraal Station (Hauptbahnhof)
Centraal Station (West)
Open Havenfront
siehe Karte S.320 f.
53
Stationsplein
7
Centraal Station (Ost)
Centraal Station
Prins Hendrikkade
Martelaarsgr
I-amsterdam-Besucherzentrum
Hasselaerssteeg
Haringpakkerssteeg
Damrak
8
Prins Hendrikkade
15
Nieuwbrugsteeg
Oosterdok
13
14
Karnemelksteeg
St Olofspoort
37
40
45
Oudezijds Kolk
19
Damrak
38
Wijngaardsstr
56
Prins Hendrikkade
Oudezijds Armsteeg
31
26
Oudebrugsteeg
Heintje Hoeksteeg
6
Geldersekade
Museum Ons' Lieve Heer op Solder
1
Spooksteeg
Warmoesstr
Lange Niezel
48
Geldersekade
Geldersekade
Wadseilandsgracht
Beursstr
36
18
10
49
41
Enge Kerksteeg
Zeedijk
Oudezijds Voorburgwal
Korte Niezel
21
Geldersesteeg
Stormsteeg
3
4
Oude Kerk
Oudezijds Achterburgwal
Waalsteeg
St Annendwarsstr
16
Binnen Bantammerstr
Oude Kennissteeg
9
NIEUWMARKT
Trompettersteeg
Dollebegijnensteeg
11
28
Nieuwe Ridderstr
Molensteeg
29
St Annenstr
27
siehe Karte S.318 f.
ALTSTADT & NÖRDLICHES ROTLICHTVIERTEL

ALTSTADT & NÖRDLICHES ROTLICHTVIERTEL *Karte auf S. 312 f.*

ALTSTADT & SÜDLICHES ROTLICHTVIERTEL *Karte auf S. 316 f.*

Highlights (S. 64)

- 1 Amsterdam Museum ... B4
- 2 Begijnhof ... B5
- 3 Königspalast ... C1

Sehenswertes (S. 69)

- 4 Allard Pierson Museum ... D5
- 5 Begijnhof Kapel ... B5
- 6 Below the Surface ... D3
- 7 Cannabis College ... F2
- 8 Civic Guard Gallery ... C4
- 9 Dam ... C1
- 10 Engelse Kerk ... B5
- 11 Fashion for Good ... C5
- 12 Hash, Marijuana & Hemp Museum ... F2
- 13 Hemp Gallery ... F2
- 14 Houten Huis ... B5
- 15 Kalverstraat ... C3
- 16 Madame Tussauds Amsterdam ... C2
- 17 Nationaal Monument ... D1
- 18 Nes ... D3
- 19 Papegaai ... C3
- 20 Spui ... B5

Essen (S. 74)

- 21 Broodje Bert ... A4
- 22 Butcher ... A2
- 23 De Laatste Kruimel ... D5
- 24 Dutch Delicacy ... A5
- 25 D'Vijff Vlieghen ... A5
- 26 Gartine ... C5
- 27 Lanskroon ... A5
- 28 Pannenkoekenhuis Upstairs ... D5
- 29 Tomaz ... B5
- 30 Van Stapele ... A5
- 31 Vleminckx ... C6
- 32 White Room ... D1

Ausgehen & Nachtleben (S. 77)

- 33 Abraxas ... B2
- 34 Bierfabriek ... D4
- 35 Café de Dokter ... B5
- 36 Kapitein Zeppo's ... D5
- 37 Coffeeshop Rusland ... F4
- 38 Dampkring ... B6
- 39 Greenhouse ... E3
- 40 Hoppe ... A5
- 41 Hummingbird ... B3
- 42 Tailor Bar ... D2
- 43 Tweede Kamer ... A5
- 44 Wynand Fockink ... E2

Unterhaltung (S. 82)

- 45 Casa Rosso ... F2
- 46 De Brakke Grond ... D3
- 47 Frascati ... D4
- 48 Tobacco Theater ... D4

Shoppen (S. 82)

- 49 American Book Center ... B5
- 50 Andries de Jong BV ... D7
- 51 Art Market ... B5
- 52 Bonbon Boutique ... B4
- 53 De Bierkoning ... B2
- 54 De Bijenkorf ... D1
- 55 Gastronomie Nostalgie ... B4
- 56 Hempstory ... F2
- 57 Laundry Industry ... B3
- 58 Locals ... A4
- 59 Oudemanhuispoort Book Market ... E5
- 60 PGC Hajenius ... C5
- 61 Posthumus ... B4
- 62 Postzegelmarkt ... B3
- 63 WonderWood ... E4
- 64 X Bank ... B2

Sport & Aktivitäten

- 65 Mee in Mokum ... B4

Schlafen (S. 232)

- 66 Hotel Estheréa ... A4
- 67 Hotel Résidence Le Coin ... E6
- 68 Hotel Twenty Seven ... D2
- 69 Hotel V Nesplein ... D3
- 70 W Amsterdam ... B1

Legende auf S. 315

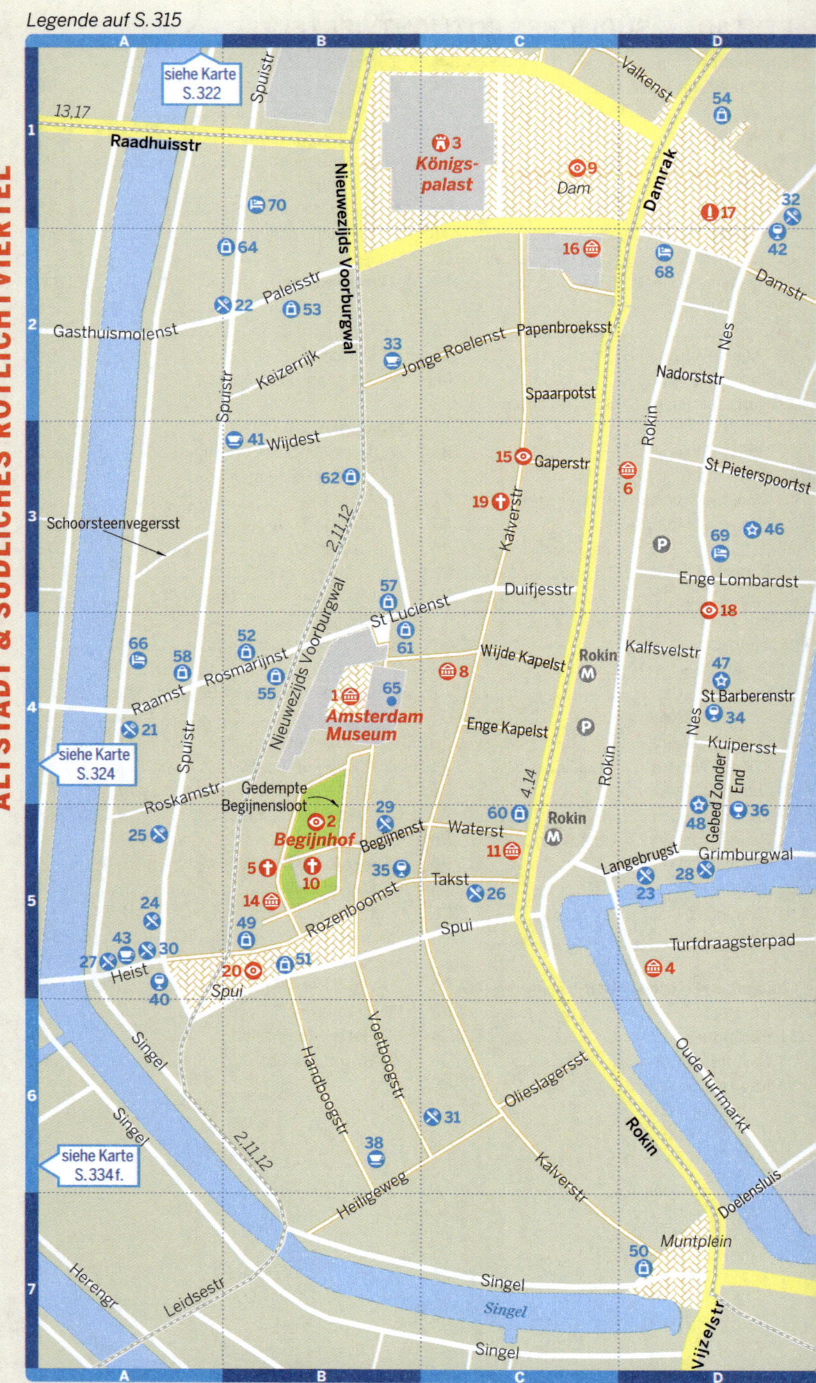

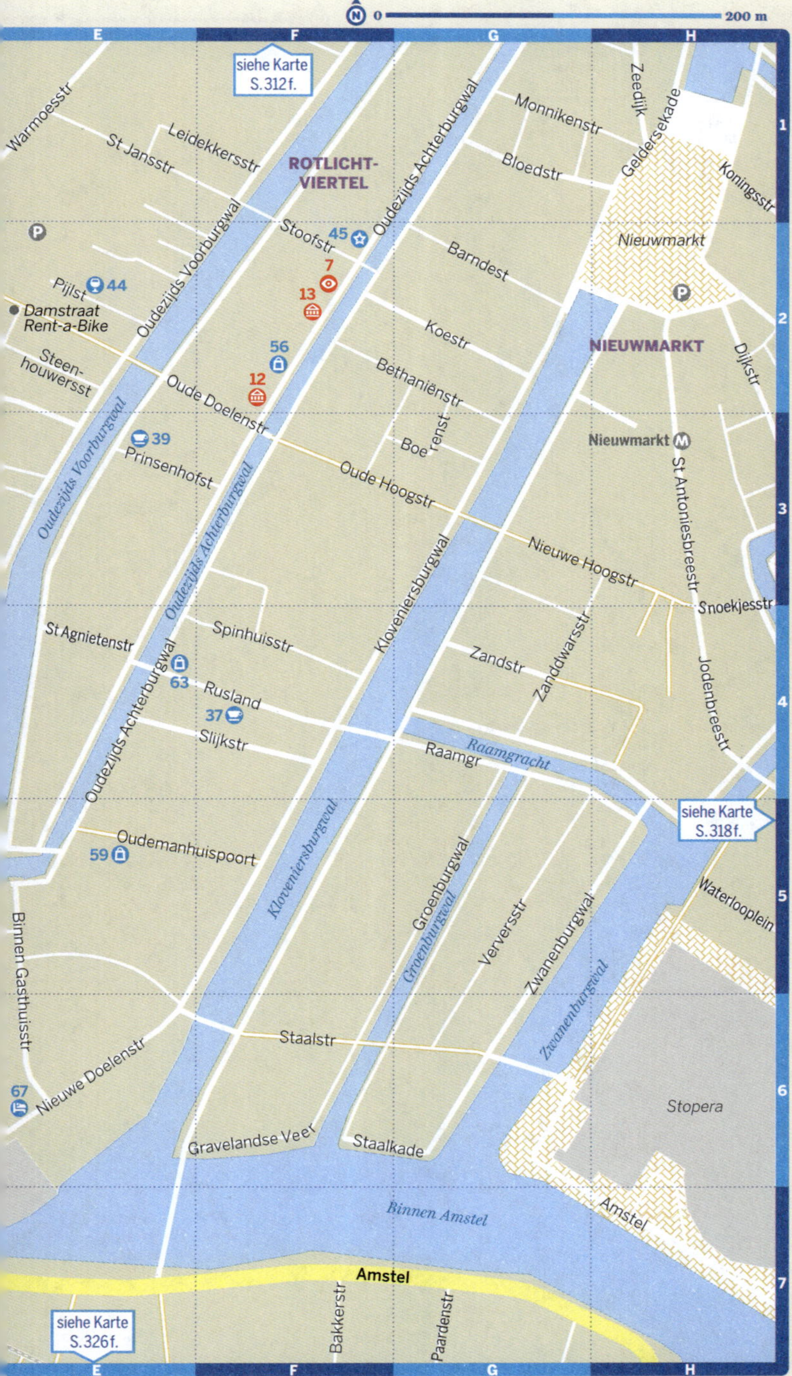

0
200 m
E
F
G
H
siehe Karte S. 312 f.
Warmoesstr
St Jansstr
Leidekkersstr
ROTLICHT-VIERTEL
Oudezijds Achterburgwal
Monnikenstr
Zeedijk
Geldersekade
Bloedstr
Koningsstr
Stoofstr
45
7
13
Barndest
Nieuwmarkt
Pijlst
44
Damstraat Rent-a-Bike
Oudezijds Voorburgwal
56
Koestr
NIEUWMARKT
Dijkstr
Steen-houwersst
12
Bethaniënstr
Oude Doelenstr
Oudezijds Voorburgwal
39
Boe
renst
Nieuwmarkt
Prinsenhofst
Oude Hoogstr
St Antoniesbreestr
Oudezijds Achterburgwal
Nieuwe Hoogstr
Kloveniersburgwal
Snoekjesstr
St Agnietenstr
Spinhuisstr
Zandstr
Zanddwarsstr
Jodenbreestr
63
Rusland
37
Oudezijds Achterburgwal
Slijkstr
Raamgr
Raamgracht
siehe Karte S. 318 f.
Oudemanhuispoort
59
Kloveniersburgwal
Waterlooplein
Binnen Gasthuisstr
Groenburgwal
Groenburgwal
Verversstr
Zwanenburgwal
Zwanenburgwal
Staalstr
67
Nieuwe Doelenstr
Stopera
Gravelandse Veer
Staalkade
Binnen Amstel
Amstel
Amstel
Bakkerstr
Paardenstr
siehe Karte S. 326 f.
1
2
3
4
5
6
7
ALTSTADT & SÜDLICHES ROTLICHTVIERTEL

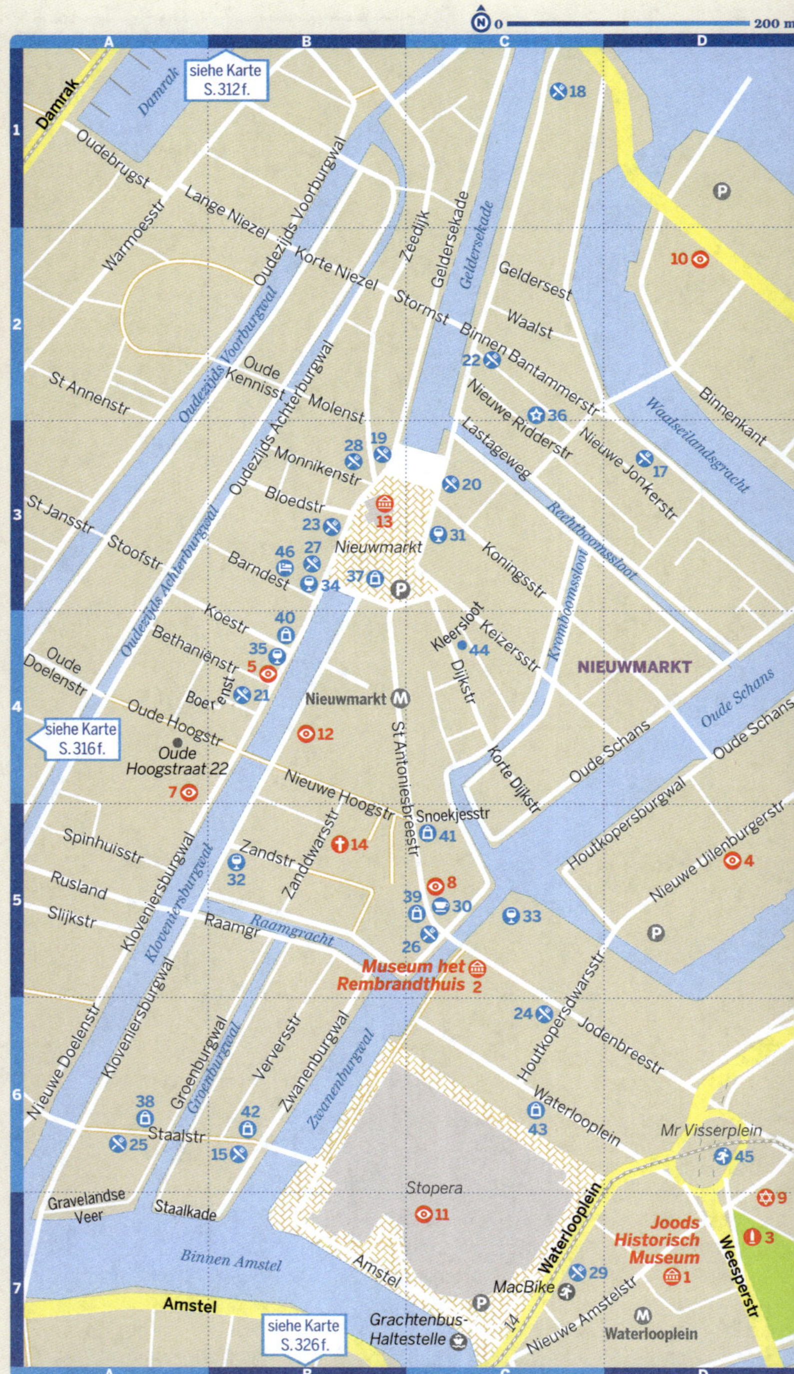
NIEUWMARKT
siehe Karte S. 312 f.
siehe Karte S. 316 f.
siehe Karte S. 326 f.
Damrak
Oudebrugst
Warmoesstr
Lange Niezel
Oudezijds Voorburgwal
Korte Niezel
Zeedijk
Geldersekade
Geldersest
Waalst
Stormst
Binnen Bantammerstr
Binnenkant
Waalseilandsgracht
St Annenstr
Oude Kennisst
Molenst
Oudezijds Achterburgwal
Monnikenstr
Nieuwe Ridderstr
Lastageweg
Nieuwe Jonkerstr
Bloedstr
St Jansstr
Stoofstr
Barndest
Nieuwmarkt
Koningsstr
Reehoornssloot
Kromboomssloot
Koestr
Bethaniënstr
Kleersloot
Keizersstr
Dijkstr
NIEUWMARKT
Oude Doelenstr
Boerenst
Oude Hoogstr
Oude Hoogstraat 22
Nieuwe Hoogstr
St Antoniesbreestr
Snoekjesstr
Korte Dijkstr
Oude Schans
Houtkopersburgwal
Nieuwe Uilenburgerstr
Spinhuisstr
Zandstr
Zandwarsstr
Rusland
Slijkstr
Kloveniersburgwal
Raamgr
Raamgracht
Museum het Rembrandthuis
Houtkopersdwarsstr
Jodenbreestr
Nieuwe Doelenstr
Groenburgwal
Verversstr
Zwanenburgwal
Waterlooplein
Mr Visserplein
Staalstr
Gravelandse Veer
Staalkade
Stopera
Joods Historisch Museum
Weesperstr
Binnen Amstel
Amstel
MacBike
Nieuwe Amstelstr
Waterlooplein
Grachtenbus-Haltestelle
200 m

Highlights (S.88)
1 Joods Historisch Museum.. D7
2 Museum het Rembrandthuis................ C5

Sehenswertes (S.91)
3 Hafenarbeiter-Denkmal...... D7
4 Gassan Diamonds.............. D5
5 Kleine Trippenhuis............. B4
6 Montelbaanstoren...............E3
NAP Besucherzentrum..(s. 11)
7 Oost-Indisch Huis............... A4
8 Pintohuis.......................... C5
9 Portugiesisch-Israelitische Synagoge........................ D7
10 Scheepvaarthuis................ D2
11 Stopera............................. C7
12 Trippenhuis........................ B4
13 Waag................................. B3
14 Zuiderkerk.......................... B5

Essen (S.97)
15 Frenzi................................. B6
16 Gebr Hartering.....................E4
17 Hemelse Modder................ D3
18 Lastage................................C1
19 Latei.................................... B3
20 Nam Kee............................ C3
21 Nyonya.............................. B4
22 OCHA Thai......................... C2
23 Poco Loco.......................... B3
24 Soup en Zo......................... C6
25 Sterk Staaltje...................... A6
26 TisFris................................ C5
27 Toko Joyce......................... B3
28 Tokoman............................ B3
29 Tokoman............................ C7

Ausgehen & Nachtleben (S.101)
30 Bluebird............................. C5
31 Cafe Cuba.......................... C3
32 Cafe de Engelbewaarder B5
33 De Sluyswacht.................... C5
34 Lokaal 't Loosje................... B3
35 Rosalia's Menagerie........... B4

Unterhaltung (S.104)
36 Amsterdams Marionetten Theater.......................... C2
Muziektheater ....(siehe 11)

Shoppen (S.105)
Antiquitätenmarkt ..(siehe 37)
37 Boerenmarkt...................... B3
38 Droog................................ A6
39 Henxs................................ C5
40 Jacob Hooy & Co................ B4
41 Knuffels............................. C5
42 Puccini Bomboni................ B6
43 Waterlooplein Flohmarkt.............................. C6
Webers......................(siehe 5)

Sport & Aktivitäten (S.106)
44 Architectuur Tours.............. C4
45 TunFun.............................. D6

Schlafen (S.233)
46 Christian Youth Hostel 'The Shelter City'.............. B3
Misc EatDrinkSleep...(siehe 5)

E
Oosterdok
Prins Hendrikkade
6
16
siehe Karte S.320 f.
Uilenburgergracht
Valkenburgerstr
Rapenburgerstr
Muiderstr
Schippersgr
JD Meijerplein
Nieuwe Herengracht
Nieuwe Herengr
siehe Karte S.340
E

PLANTAGE & DIE ÖSTLICHEN INSELN

siehe Karte S.326 f.

siehe Karte S.340

Highlights **(S.88)**
1 Königlicher Tiergarten Artis B4
2 Het Scheepvaartmuseum B3
3 Micropia B4
4 NEMO Science Museum B2
5 Verzetsmuseum B4

Sehenswertes **(S.94)**
6 ARCAM B3
7 Windmühle De Grooyer D4
8 Entrepotdok B4
9 Hollandsche Schouwburg B4
10 Hortus Botanicus A4
11 Muiderpoort C5
12 OBA: Centrale Bibliotheek Amsterdam A2
13 Vereniging Museumhaven B3
14 Wertheimpark A4

Essen **(S.99)**
15 Bonboon F1
16 Box Sociaal B4
17 Café Kadijk B3
18 Café Smit en Voogt A4
19 De Plantage B4
20 Éénvistwéévis B3
21 Frank's Smokehouse C3
22 Greetje A3
23 Happyhappyjoyjoy D2
24 IJscuypje B4
25 IJsmolen D4
26 Instock D4
27 Kompaszaal F1

Ausgehen & Nachtleben **(S.102)**
Brouwerij 't IJ ..... (siehe 7)
28 Café Koosje B4
29 De Druif B3
30 De Groene Olifant C5
31 De Nieuwe KHL E2
32 Hannekes Boom B2
33 HPS A3
34 Kanis & Meiland F1
35 SkyLounge A2

Unterhaltung **(S.104)**
36 Bimhuis B1
37 Kriterion B5
38 Mezrab – House of Stories D2
Muziekgebouw aan 't IJ ..... (siehe 36)

Shoppen **(S.106)**
39 Pols Potten F1

Sport & Aktivitäten **(S.106)**
40 GlowGolf B3
41 Rederij Lampedusa B2

Schlafen **(S.233)**
42 De Dageraad G2
43 Hotel Rembrandt B4
44 Lloyd Hotel E2

WESTLICHER GRACHTENGÜRTEL (NORDEN)

WESTLICHER GRACHTENGÜRTEL-NORD

WESTLICHER GRACHTENGÜRTEL (SÜDEN)

Sehenswertes (S.112)

1 Bijbels Museum C3
2 Het Grachtenhuis C3
3 Huis Marseille B4

Essen (S.114)

4 Café Restaurant van Puffelen B1
5 De Struisvogel B2
6 Pancakes! B2
7 Singel 404 .... C3

Ausgehen & Nachtleben (S.117)

8 Café het Molenpad A4
9 De Doffer B3
10 Koffiehuis de Hoek B1
11 Pâtisserie Pompadour B3
12 Pluk B1
13 Proeflokaal A van Wees C2

Unterhaltung (S.119)

14 Felix Meritis B2

Shoppen (S.119)

15 360 Volt B1
16 Anecdote B2
17 Darling B3
18 De Kaaskamer B3
19 Denham the Jeanmaker Men's Store A3
20 Denham the Jeanmaker Women's Store B3
21 Frozen Fountain A4
22 Laura Dols C2
23 L'Étoile de Saint Honoré B1
24 Love Stories C2
25 Marie-Stella-Maris B3
26 Marlies Dekkers B2
27 Mendo B2
28 Negen Straatjes B2
29 Vanilia B3
30 Zipper C3

Schlafen (S.234)

31 Ambassade Hotel C3
32 Andaz Amsterdam A4
33 Dylan B3

DER WESTEN

Sehenswertes **(S. 146)**

1 Drieharingenbrug D3
2 Museum Het Schip B2
3 Ravestijn Gallery E3
4 Westergasfabriek B3
5 Westerpark C3
6 Zandhoek E3

Essen **(S. 149)**

7 Apostrof D3
8 De Bakkerswinkel B3
9 Marius D2
10 Mossel En Gin A3
11 Raïnaraï A3
12 Wolf Atelier E4
13 Worst Wijncafe D2

Ausgehen & Nachtleben **(S. 154)**

14 Brouwerij De Prael Houthavens A1
15 Brouwerij Troost Westergas B3
16 Espressofabriek B3
17 Westergasterras A3
18 Westerunie A3

Unterhaltung **(S. 155)**

19 Comedy Café E3
20 Pacific B3

Sport & Aktivitäten

21 Boats4Rent B3

Legende auf S. 328

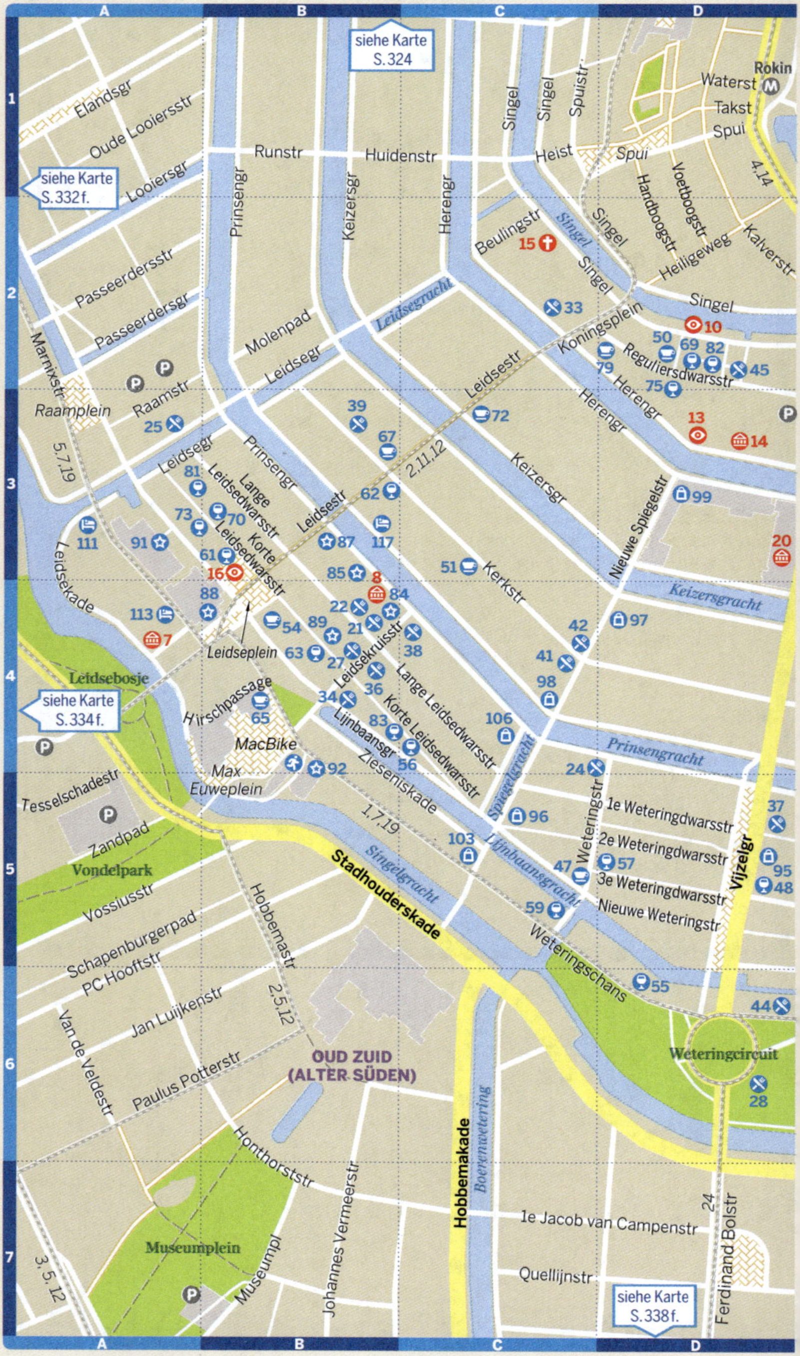

SÜDLICHER GRACHTENGÜRTEL

A
B
C
D
1
2
3
4
5
6
7

siehe Karte S. 324
siehe Karte S. 332 f.
siehe Karte S. 334 f.
siehe Karte S. 338 f.

Elandsgr
Oude Looiersstr
Looiersgr
Runstr
Huidenstr
Prinsengr
Keizersgr
Herengr
Singel
Spuistr
Heist
Spui
Rokin
Waterst
Takst
4,14
Handboogstr
Voetboogstr
Heiligeweg
Kalverstr
Beulingstr
15
Singel
Passeerdersstr
Passeerdersgr
Molenpad
Leidsegracht
Leidsegr
33
Koningsplein
10
50
69
82
45
79
Reguliersdwarsstr
75
Herengr
Marnixstr
Raamplein
Raamstr
25
Leidsestr
72
39
67
2,11,12
13
14
5,7,19
Leidseg
81
Leidsedwarsstr
Lange
Prinsengr
Keizersgr
Leidsestr
62
Nieuwe Spiegelstr
99
73
70
Korte
Leidsedwarsstr
111
91
61
16
87
117
85
8
84
51
Kerkstr
20
Leidsekade
Keizersgracht
88
113
7
22
54
89
21
Leidsekruisstr
38
42
97
Leidseplein
63
27
41
Leidsebosje
Hirschpassage
34
36
Lange Leidsedwarsstr
98
65
Lijnbaansgr
83
Korte Leidsedwarsstr
106
Spiegelgracht
Prinsengracht
MacBike
56
92
Zieseniskade
24
Tesselschadestr
Max Euweplein
1,7,19
Weteringstr
1e Weteringdwarsstr
37
96
Zandpad
Stadhouderskade
103
Lijnbaansgracht
2e Weteringdwarsstr
95
Vondelpark
Hobbemastr
Singelgracht
47
57
3e Weteringdwarsstr
48
Vijzelgr
Vossiusstr
59
Nieuwe Weteringstr
Schapenburgerpad
PC Hooftstr
Weteringschans
55
2,5,12
44
Jan Luijkenstr
Van de Veldestr
Weteringcircuit
OUD ZUID (ALTER SÜDEN)
28
Paulus Potterstr
Honthorststr
Boerenwetering
Hobbemakade
Johannes Vermeerstr
1e Jacob van Campenstr
24
Ferdinand Bolstr
Museumplein
3, 5, 12
Museumpl
Quellijnstr

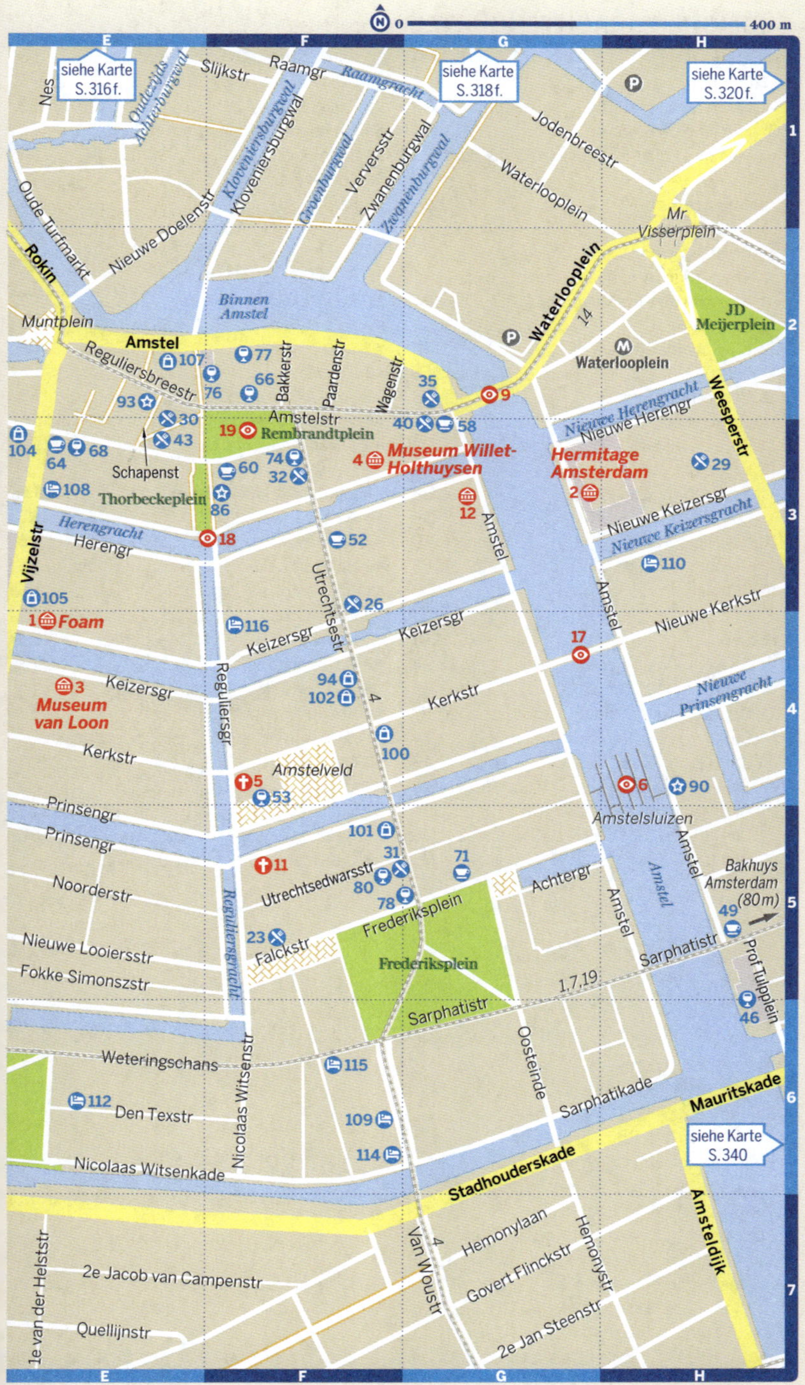
0 400 m
siehe Karte S. 316 f.
siehe Karte S. 318 f.
siehe Karte S. 320 f.
siehe Karte S. 340
Museum Willet-Holthuysen
Hermitage Amsterdam
Foam
Museum van Loon
Rembrandtplein
Thorbeckeplein
Frederiksplein
Amstelveld
Waterlooplein
JD Meijerplein
Mr Visserplein
Muntplein
Binnen Amstel
Amstel
Amstelsluizen
Bakhuys Amsterdam (80 m)
Reguliersbreestr
Utrechtsestr
Vijzelstr
Herengracht
Keizersgr
Kerkstr
Prinsengr
Stadhouderskade
Mauritskade
Sarphatistr
Weteringschans
Weesperstr
Amsteldijk

SÜDLICHER GRACHTENGÜRTEL *Karte auf S. 326 f.*

Highlights (S.123)

1 Foam E4
2 Hermitage Amsterdam G3
3 Museum van Loon E4
4 Museum Willet-Holthuysen F3

Sehenswertes (S.125)

5 Amstelkerk F4
6 Amstelsluizen H4
7 Amsterdam American Hotel A4
8 Amsterdam Pipe Museum B4
9 Blauwbrug G2
10 Bloemenmarkt D2
11 De Duif F5
12 Gijsbert Dommer Huis G3
13 Golden Bend D3
14 Kattenkabinet D3
15 Krijtberg C2
16 Leidseplein B3
17 Magere Brug G4
18 Reguliersgracht F3
19 Rembrandtplein F3
20 Stadsarchief D3

Essen (S.129)

21 Bo Nam B4
22 Bojo B4
23 Bouchon du Centre F5
24 Buffet van Odette C4
25 Café George A3
26 Café van Leeuwen F3
27 De Blauwe Hollander B4
28 De Carrousel D6
29 Dignita Hoftuin H3
30 Eatmosfera E3
31 Golden Temple F5
32 Guts F3
33 Herengracht Restaurant & Bar C2
34 In de Buurt B4
35 Lo Stivale d'Oro G2
36 Pantry B4
37 Patisserie Holtkamp D5
Piet de Leeuw (siehe 37)
38 Poké Perfect C4
39 Ron Gastrobar Oriental B3
40 Salsa Shop G3
41 Soup en Zo C4
42 Stach C4
43 Van Dobben E3
44 Van Vlaanderen D6
45 Vegan Junk Food Bar D2

Ausgehen & Nachtleben (S.133)

46 A Bar H5
47 Back to Black C5
48 Bar Dó D5
49 Bar Lempicka H5
50 Betty Boop D2
51 Bocca Coffee C3
52 Boerejongens F3
53 Brasserie NeL F4
54 Bulldog Palace B4
Café Americain (siehe 7)
55 Café Brecht D6
56 Café de Spuyt C4
57 Café de Wetering D5
58 Café Langereis G3
59 Cafe Mankind C5

60 Café Schiller ... F3
61 Chicago Social Club ... B3
62 Church ... B3
63 Club Up ... B4
64 Coffeeshop Free ... E3
65 De Balie ... B4
66 De Kroon ... F2
67 Dolphins Coffeeshop ... B3
68 Door 74 ... E3
69 Duke of Tokyo ... D2
70 Eijlders ... B3
71 Frederix ... G5
72 Greenwoods ... C3
ITA Brasserie ... (siehe 88)
73 Jimmy Woo ... A3
74 Lellebel ... F3
75 Lion Noir ... D2
76 Montmartre ... F2
77 Mulligans ... F2
78 Oosterling ... G5
79 Otherside ... D2
80 Pata Negra ... F5
81 Suzy Wong ... A3
82 Taboo Bar ... D2
83 Whiskey Café L&B ... B4

Unterhaltung **(S.138)**

84 Bourbon Street Jazz & Blues Club ... B4
85 Cave ... B3
86 De Heeren van Aemstel ... F3
87 De Uitkijk ... B3
88 Internationaal Theater Amsterdam ... B4
89 Jazz Café Alto ... B4
90 Koninklijk Theater Carré ... H4
91 Melkweg ... A3
92 Paradiso ... B4
93 Pathé Tuschinskitheater ... E2

Shoppen **(S.140)**

94 Concerto ... F4
95 Hart's Wijnhandel ... D5
96 Hoogkamp Antiquariaat ... C5
97 Jaski ... D4
98 Kramer Kunst & Antiek ... C4
99 Lieve Hemel ... D3
100 Look Out ... F4
101 MaisonNL ... F5
102 Mobilia ... F4
103 Reflex Modern Art Gallery ... C5
104 Shirt Shop ... E3
105 Skateboards Amsterdam ... E3
106 Tinkerbell ... C4
107 Vlieger ... E2

Schlafen **(S.235)**

108 Banks Mansion ... E3
109 Cocomama ... F6
110 Hotel Adolesce ... H3
111 Hotel Freeland ... A3
112 Hotel Kap ... E6
113 Hotel La Boheme ... A4
114 Hotel Notting Hill ... F6
115 Hotel V Frederiksplein ... F6
116 Seven Bridges ... F4
117 Seven One Seven ... B3

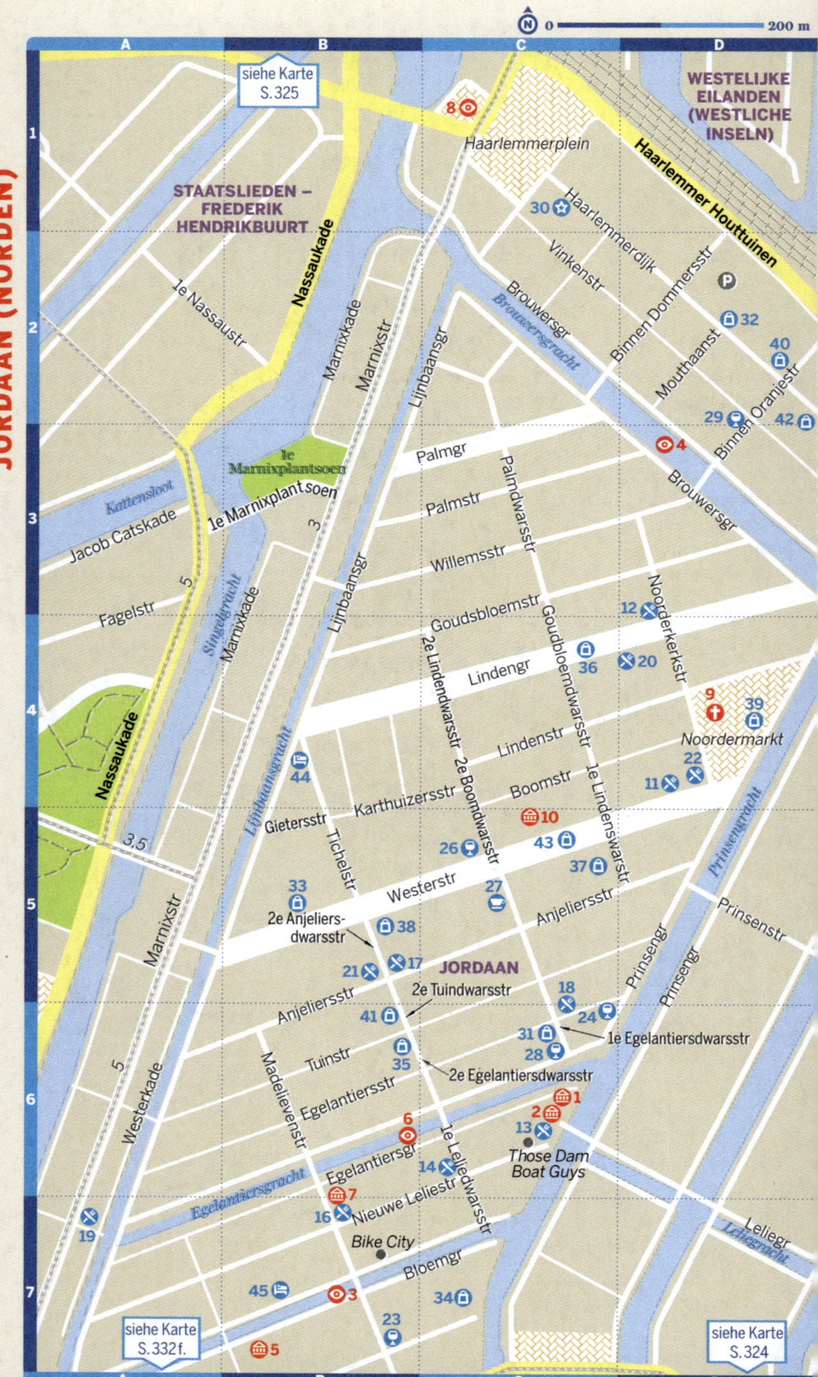

siehe Karte S.325
siehe Karte S.332f.
siehe Karte S.324
STAATSLIEDEN – FREDERIK HENDRIKBUURT
WESTELIJKE EILANDEN (WESTLICHE INSELN)
JORDAAN
Haarlemmerplein
Haarlemmerdijk
Haarlemmer Houttuinen
Vinkenstr
Brouwersgr
Brouwersgracht
Binnen Dommersstr
Mouthaanst
Binnen Oranjestr
Nassaukade
1e Nassaustr
Marnixkade
Marnixstr
Lijnbaansgr
1e Marnixplantsoen
1e Marnixplant soen
Kattensloot
Jacob Catskade
Fagelstr
Singelgracht
Palmgr
Palmstr
Palmdwarsstr
Willemsstr
Goudsbloemstr
Goudbloemdwarsstr
Noorderkerkstr
Lindengr
2e Lindendwarsstr
Lindenstr
Boomstr
2e Boomdwarsstr
1e Lindenswarsstr
Noordermarkt
Lijnbaansgracht
Gietersstr
Karthuizersstr
Tichelstr
Westerstr
Anjeliersstr
2e Anjeliersdwarsstr
2e Tuindwarsstr
Prinsengr
Prinsengracht
Prinsenstr
Westerkade
Tuinstr
Madelievenstr
Egelantiersstr
2e Egelantiersdwarsstr
1e Egelantiersdwarsstr
Egelantiersgr
Egelantiersgracht
1e Leliedwarsstr
Nieuwe Leliestr
Those Dam Boat Guys
Bike City
Bloemgr
Leliegr
Leliegracht
200 m

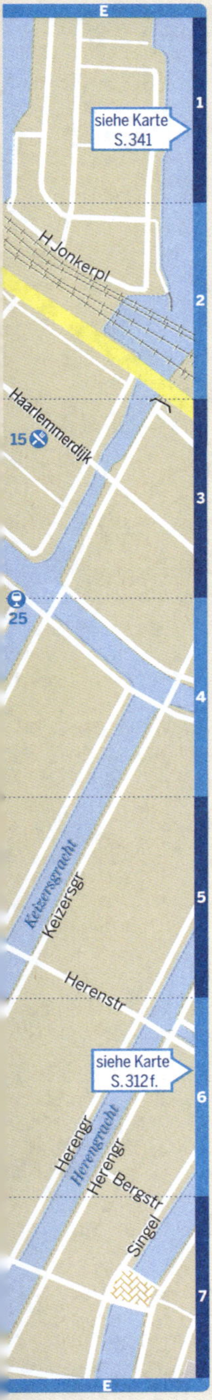

E
siehe Karte S.341
H Jonkerpl
Haarlemmerdijk
15
25
Keizersgracht
Keizersgr
Herenstr
siehe Karte S.312f.
Herengr
Herengracht
Herengr
Bergstr
Singel
E
1
2
3
4
5
6
7

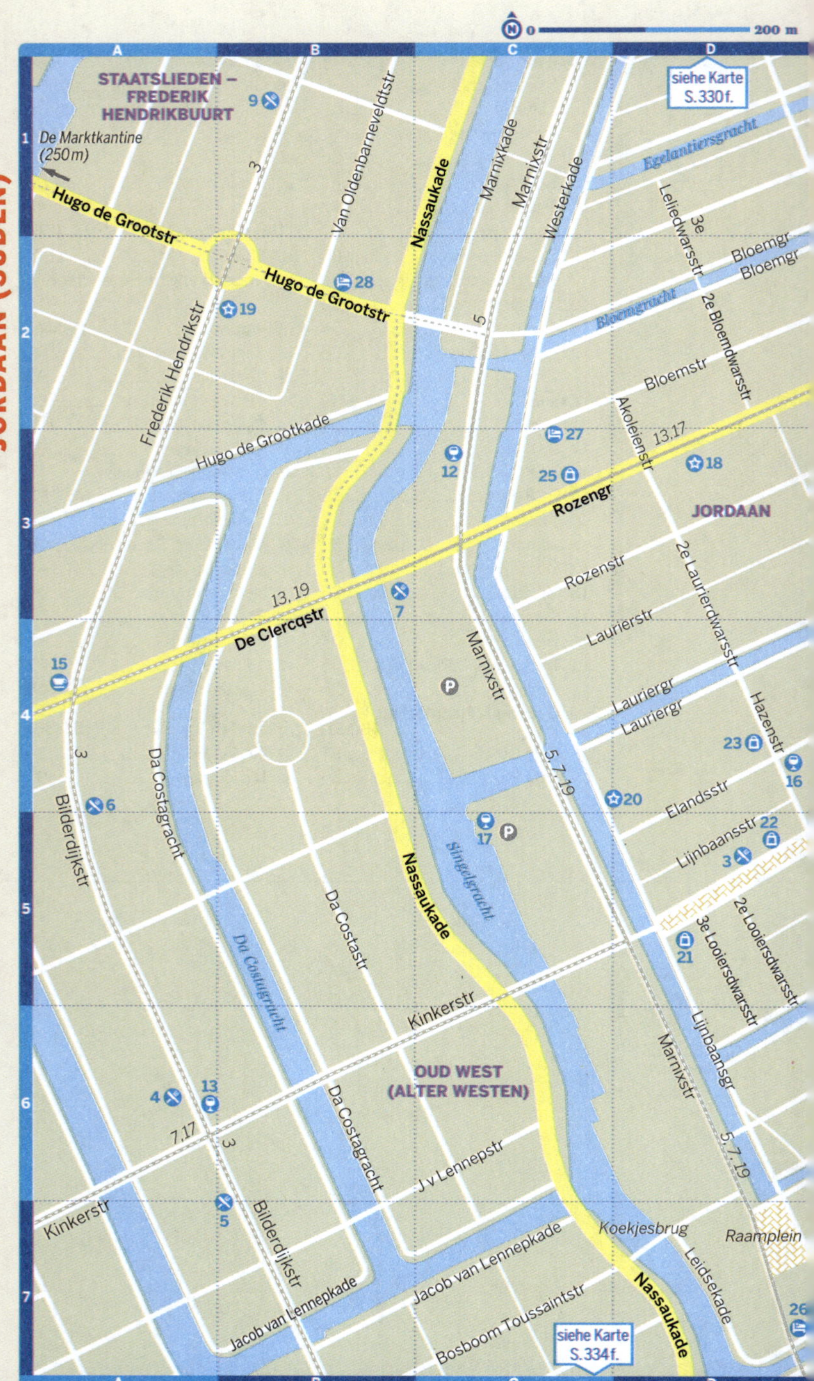

STAATSLIEDEN – FREDERIK HENDRIKBUURT
De Marktkantine (250 m)
Hugo de Grootstr
Van Oldenbarneveldtstr
Nassaukade
Marnixkade
Marnixstr
Westerkade
siehe Karte S. 330 f.
Egelantiersgracht
3e Leliedwarsstr
Bloemgr
Bloemgracht
2e Bloemdwarsstr
Bloemstr
Frederik Hendrikstr
Hugo de Grootkade
Akoleienstr
Rozengr
JORDAAN
Rozenstr
2e Laurierdwarsstr
De Clercqstr
Lauriergr
Laurierstr
Hazenstr
Elandsstr
Lijnbaansstr
Da Costagracht
Bilderdijkstr
Singelgracht
Da Costastr
3e Looiersdwarsstr
2e Looiersdwarsstr
Da Costagracht
Kinkerstr
OUD WEST (ALTER WESTEN)
Lijnbaansgr
J v Lennepstr
Kinkerstr
Koekjesbrug
Raamplein
Leidsekade
Jacob van Lennepkade
Bosboom Toussaintstr
siehe Karte S. 334 f.

Sehenswertes (S.144)

1 Houseboat Museum E4
2 Johnny Jordaanplein E4

Essen (S.146)

3 Balthazar's Keuken............. D5
4 Little Collins A6
5 Mastino V B7
6 Meatless District................. A4
7 Moeders B3
8 Pazzi.....................................E5
9 Yam Yam.............................. B1

Ausgehen & Nachtleben (S.151)

10 Café de Jordaan...................E5
11 Café Pieper E7
12 Cafe Soundgarden.............. C3
13 De Trut A6
14 La Tertulia............................E5
15 Monks Coffee Roasters.......................... A4
16 Saarein D4
17 Waterkant C5

Unterhaltung (S.154)

18 Boom Chicago..................... D3
19 De Nieuwe Anita.................. B2
20 Maloe Melo..........................D4

Shoppen (S.155)

21 Antiekcentrum Amsterdam D5
22 Arnold Cornelis D5
23 Cats & Things...................... D4
24 Memento............................. E3
25 Urban Cacao C3

Schlafen (S.236)

26 BackStage Hotel D7
27 Christian Youth Hostel 'The Shelter Jordan'......... C3
28 Morgan & Mees B2

Legende auf S. 336

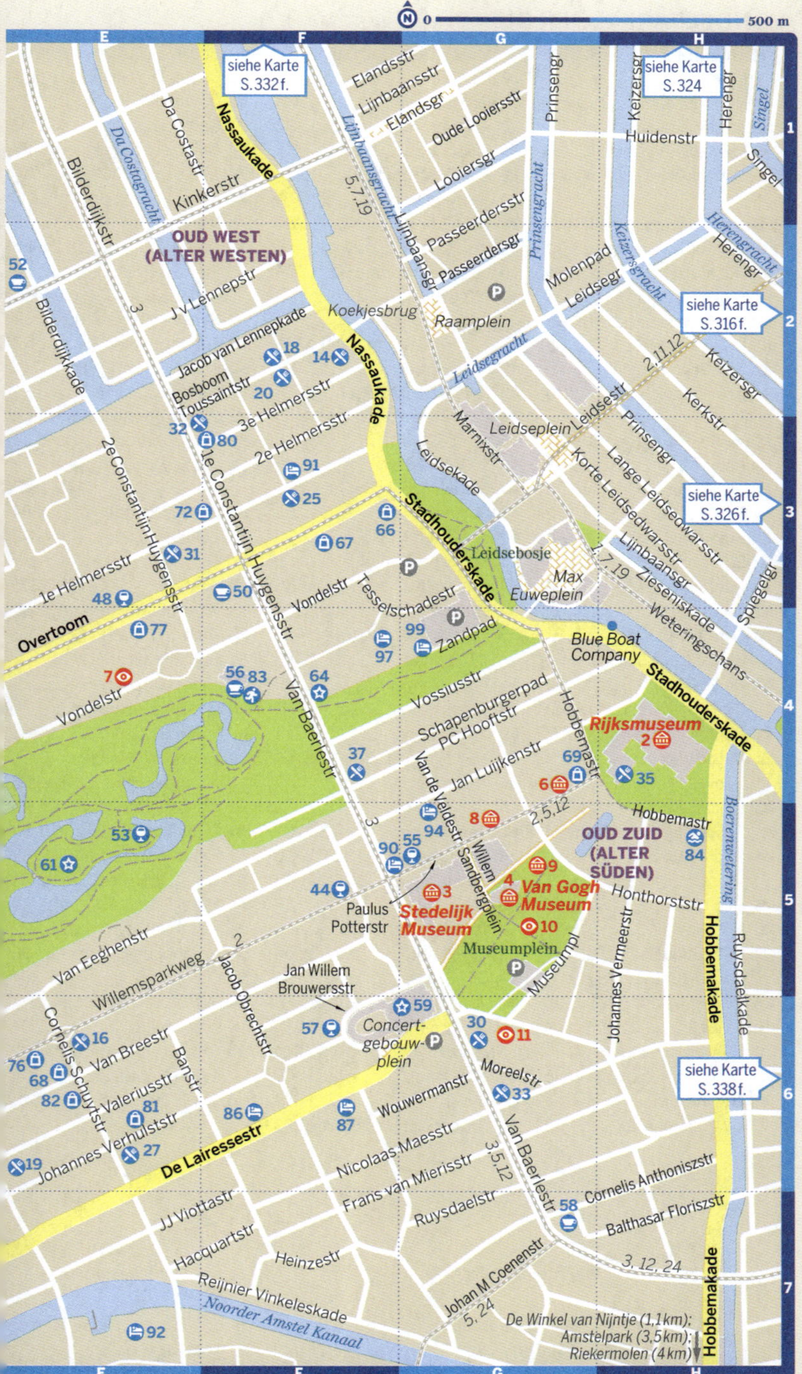

VONDELPARK & DER SÜDEN
0 500 m
siehe Karte S.332f.
siehe Karte S.324
siehe Karte S.316f.
siehe Karte S.326f.
siehe Karte S.338f.
OUD WEST (ALTER WESTEN)
OUD ZUID (ALTER SÜDEN)
Rijksmuseum
Van Gogh Museum
Stedelijk Museum
Nassaukade
Stadhouderskade
Overtoom
De Lairessestr
Hobbemakade
Leidseplein
Museumplein
Max Euweplein
Blue Boat Company
Leidsebosje
Raamplein
Koekjesbrug
Concertgebouwplein
Paulus Potterstr
Jan Willem Brouwersstr
De Winkel van Nijntje (1,1km):
Amstelpark (3,5km):
Riekermolen (4km)
Noorder Amstel Kanaal

VONDELPARK & DER SÜDEN *Karte auf S. 334 f.*

DE PIJP *Karte auf S. 338 f.*

DE PIJP

Legende auf S. 337

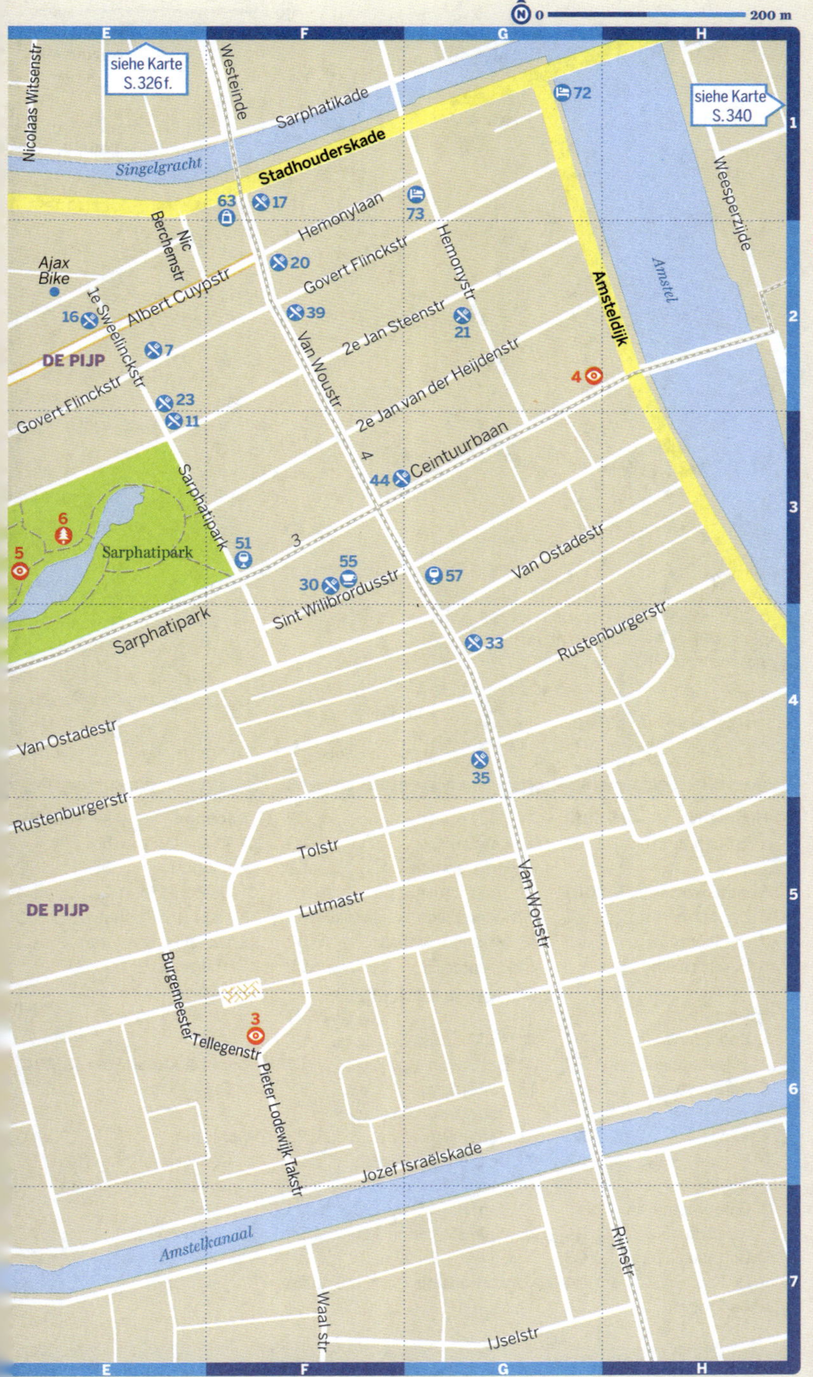

0
200 m
E
F
G
H
siehe Karte S.326 f.
siehe Karte S.340
Nicolaas Witsenstr
Westeinde
Sarphatikade
Singelgracht
Stadhouderskade
72
63
17
73
Hemonylaan
Nic Berchemstr
Ajax Bike
20
Govert Flinckstr
Hemonystr
Weesperzijde
Amstel
Amsteldijk
1e Sweelinckstr
Albert Cuypstr
16
39
2e Jan Steenstr
21
DE PIJP
7
Van Woustr
2e Jan van der Heijdenstr
4
Govert Flinckstr
23
11
44
Ceintuurbaan
Sarphatipark
6
5
Sarphatipark
51
55
30
Sint Willibrordusstr
57
Van Ostadestr
Sarphatipark
33
Rustenburgerstr
Van Ostadestr
35
Rustenburgerstr
Tolstr
Van Woustr
DE PIJP
Lutmastr
Burgemeester Tellegenstr
3
Pieter Lodewijk Takstr
Jozef Israëlskade
Amstelkanaal
Rijnstr
Waal str
IJselstr
1
2
3
4
5
6
7

DE PIJP

OOSTERPARK & DAS VIERTEL ÖSTLICH DER AMSTEL

Highlights (S.198)
- 1 Tropenmuseum........C1

Sehenswertes (S.200)
- 2 Dappermarkt............C1
- 3 De Schreeuw...........C2
- 4 Haus Frankendael.......................D4
- 5 Oosterpark..............C2
- 6 Park Frankendael....D4
- 7 Sklavereidenkmal....B2
- 8 Spreeksteen............C2

Essen (S.202)
- 9 Beter & Leuk............A3
- 10 Cafe Mojo.................C3
- 11 Cafe-Restaurant Dauphine...............B4
- 12 Cottage....................C3
- 13 De Kas......................D4
- 14 De Tropen.................C1
- 15 Eddy Spaghetti................C3
- 16 Eetcafe Ibis.......................A3
- 17 Het IJsboefje......................B2
- 18 Louie Louie........................C1
- Merkelbach............(siehe 4)
- 19 Mr & Mrs Watson...............D3
- 20 Roopram Roti.....................C2

Ausgehen & Nachtleben (S.204)
- 21 4850.......................................B2
- 22 Bar Basquiat.......................D1
- 23 Bar Bukowski.......................B2
- Canvas................(siehe 39)
- 24 Coffee Bru...........................B3
- 25 De Biertuin..........................C1
- 26 De Ysbreeker.......................A3
- 27 Rum Baba Cafe....................C3
- 28 Walter Woodbury Bar......D1

Unterhaltung (S.206)
- 29 Studio K...............................D1

Shoppen (S.206)
- 30 All the Luck in the World...........................C2
- 31 De Pure Markt.................D4
- 32 Het Faire Oosten............D3
- 33 Linnaeus Bookstore.......D3
- 34 Things I Like Things I Love..................................D1
- 35 We Are Vintage...............C1

Sport & Aktivitäten (S.204)
- 36 Baking Lab.......................C2

Schlafen (S.241)
- 37 Generator Amsterdam..B2
- 38 Stayokay Amsterdam Oost.................................D1
- 39 Volkshotel........................A3

Highlights (S.209)
1 A'DAM Toren B4
2 NDSM-werf A1
3 Nieuwendammerdijk.... D2

Sehenswertes (S.210)
4 EYE Film Institute B3
5 Kraanspoor A1
6 Kunststad....................... A1
7 Sexyland A1

Essen (S.211)
8 Cafe Modern B3
9 Cafe-Restaurant Stork.......................... C4
10 Coba D3
11 Hangar.......................... D3
12 Hotel de Goudfazant D3
13 Il Pecorino B3
Moon .... (siehe 1)
14 Proeflokaal Kef B3
15 Waargenoegen B1

Ausgehen & Nachtleben (S.214)
16 Café de Ceuvel............. B2
17 Café Noorderlicht.......... A1
18 Café 't Sluisje D2
19 Caffé Italiano Al Ponte B4
20 Coffee Virus A-Lab B3
21 Garage Noord D3
22 Oedipus Brewery & Tap Room.................. C3
23 Pllek A1
24 Walhalla Taproom C3

Unterhaltung (S.215)
25 De Ruimte B2
26 FC Hyena...................... D3
27 Tolhuistuin B4

Shoppen (S.215)
28 Blom & Blom................. B2
29 IJ Hallen......................... A1
30 Neef Louis Design.......... B1
31 Van Dijk & Ko B1

Schlafen (S.241)
32 Camping Vliegenbos D3
33 ClinkNOORD B3
34 Faralda Crane Hotel A1
Sir Adam .... (siehe 1)
35 SWEETS Hotel Gerben Wagenaarbrug........... C3

Unsere Autorinnen

Catherine Le Nevez

De Pijp; Jordaan & der Westen; Altstadt & Rotlichtviertel; Westlicher Grachtengürtel; Tagesausflüge Catherines Reiselust wurde schon geweckt, als sie mit vier Jahren von Paris aus auf Reisen durch Europa mitgenommen wurde. Seither ist sie unterwegs, wann immer es geht: Sie hat rund 60 Länder bereist, hat Masterabschlüsse und Promotion erreicht und sich auf Redaktion und Publizistik spezialisiert. In rund 15 Jahren hat hat sie Dutzende Lonely Planet Bände und Artikel über Paris, Frankreich und weitere Ziele innerhalb und außerhalb Europas veröffentlicht. Daneben arbeitet sie für zahlreiche Online- und Print-Journale. Für diesen Band verfasste sie auch die Kapitel Reiseplanung, Amsterdam verstehen und Praktische Informationen.

Kate Morgan

Amsterdam Noord; Nieuwmarkt, Plantage & die östlichen Inseln; Oosterpark & das Viertel östlich der Amstel; Vondelpark & der Süden Seit mehr als zehn Jahren schreibt Kate für Lonely Planet und durfte dabei so faszinierende Ziele wie Shanghai, Japan, Indien, Russland, Simbabwe, die Philippinen und Phuket bereisen. Zeitweise lebte sie in London, Paris und Osaka, heute nennt sie einen ihrer Lieblingsorte überhaupt ihr zu Hause: Victoria, Australien. Wenn sie nicht gerade um die Welt reist oder darüber schreibt, ist Kate gerne dort und geht ihrer Arbeit als freiberufliche Redakteurin nach.

Barbara Woolsey

Südlicher Grachtengürtel Barbara ist die Tochter einer Philippinerin und eines irisch-schottischen Vaters. Geboren und aufgewachsen ist sie aber in der kanadischen Prärie. Diese Kindheit und Jugend hat ihre Begeisterung für das Erzählen interkultureller Geschichten für ihr weiteres Leben vorherbestimmt. Zu Beginn ihrer Karriere arbeitete Barbara in Bangkok zunächst für die größte englischsprachige Zeitung Thailands, bevor sie als TV-Moderatorin für einen in Bangkok ansässigen Sender durch Asien reiste. Mittlerweile ist sie per Flugzeug, Zug und Motorrad in über 40 Länder auf fünf Kontinenten gereist. Neben Lonely Planet schreibt Barbara auch für Zeitungen, Zeitschriften und Websites, ihre Texte werden auf der ganzen Welt gelesen. Niedergelassen hat sie sich in ihrer Wahlheimat Berlin, wo sie den Großteil ihrer Zeit verbringt.

Die Lonely Planet Story

Ein uraltes Auto, ein paar Dollar in den Hosentaschen und Abenteuerlust, mehr brauchten Tony und Maureen Wheeler nicht, als sie 1972 zu der Reise ihres Lebens aufbrachen. Diese führte sie quer durch Europa und Asien bis nach Australien. Nach mehreren Monaten kehrten sie zurück – pleite, aber glücklich –, setzten sich an ihren Küchentisch und verfassten ihren ersten Reiseführer *Across Asia on the Cheap*. Binnen einer Woche verkauften sie 1500 Bücher und Lonely Planet war geboren. Heute unterhält der Verlag Büros in den USA, in Irland und China sowie ein Netzwerk aus über 2000 Mitwirkenden in allen Ecken der Welt. Sie alle teilen Tonys Überzeugung, dass ein guter Reiseführer drei Dinge tun sollte: informieren, bilden und unterhalten.

Lonely Planet Global Limited
Digital Depot
The Digital Hub
Dublin D08 TCV4
Ireland

Verlag der deutschen Ausgabe:
MAIRDUMONT, Marco-Polo-Straße 1, 73760 Ostfildern,
www.lonelyplanet.de, www.mairdumont.com, lonelyplanet-online@mairdumont.com

Redaktion: Verlagsbüro Wais & Partner, Stuttgart (Juliane Hansen, Julia Rietsch, Kai Wieland)
Mitarbeit: Natasa Sipka
Übersetzung der 8. Auflage: Julie Bacher, Anne Cappel, Britt Maaß, Max Maucher, Gunter Mühl, Petra Sparrer, Carina Wurzinger
(An früheren Auflagen haben zusätzlich mitgewirkt: Rosemarie Altmann, Dr. Birgit Beile-Meister, Petra Dubilski, Matthias Eickhoff, Günter Feigel, Beatrix Gehlhoff, Marion Gieseke, Monika Grabow, Katharina Grimm, Christiane Gsänger, Dr. Ulrike Jamin, Claudia Keilig, Dagmar Klotz, Jutta König, Guido Meister, Raphaela Moczynski, Dr. Annegret Pago, Dr. Thomas Pago, Jutta Ressel M.A., Robert Suske, Inga-Brita Thiele, Dr. Heinz Vestner, Kari Weidlich, Renate Weinberger, Anja Wiebensohn)
Technischer Support: Primustype, Notzingen

Amsterdam
8. deutsche Auflage Februar 2023
übersetzt von *Amsterdam 13th edition*, Mai 2022
Lonely Planet Global Limited
Deutsche Ausgabe © Lonely Planet Global Limited, Februar 2023
Fotos © wie angegeben 2022

Printed in China

FSC www.fsc.org
MIX
Paper from responsible sources
FSC® C124385